國家古籍整理出版專項經費資助項目

中國史學基本典籍叢刊

宋太宗皇帝實録校注

上

〔宋〕錢若水 修
范學輝 校注

中華書局

圖書在版編目(CIP)數據

宋太宗皇帝實録校注/(宋)錢若水修;范學輝校注.—
北京:中華書局,2012.11(2025.9 重印)
(中國史學基本典籍叢刊)
ISBN 978-7-101-08801-4

Ⅰ.宋… Ⅱ.①錢…②范… Ⅲ.中國歷史-北宋-976~997-實録 Ⅳ.K244.043

中國版本圖書館 CIP 數據核字(2012)第 161992 號

責任編輯:魯 明
封面設計:周 玉
責任印製:韓馨雨

中國史學基本典籍叢刊
宋太宗皇帝實録校注
(全三册)
〔宋〕錢若水 修
范學輝 校注

*

中華書局出版發行
(北京市豐臺區太平橋西里 38 號 100073)
http://www.zhbc.com.cn
E-mail:zhbc@zhbc.com.cn
北京新華印刷有限公司印刷

*

850×1168 毫米 1/32 · 33½印張 · 6 插頁 · 770 千字
2012 年 11 月第 1 版 2025 年 9 月第 4 次印刷
印數:4801-5400 册 定價:138.00 元

ISBN 978-7-101-08801-4

宋太宗皇帝實録校注目録

前言

「雖寸縑斷璧，猶是五百年前舊物。銘心絶品，正不在多許耳。」這是清嘉慶元年（一七九六）臘月十二日，時任蘇州紫陽書院院長的錢大昕，爲黄丕烈所藏南宋理宗朝館閣寫本宋太宗皇帝實録十二卷，所作跋語中的一句。確實，歷經千百年烽火劫難，原本煌煌三千餘卷、册的兩宋十四朝實録〔一〕，惟餘太宗皇帝實録的「寸縑斷璧」。宋太宗皇帝實録，錢若水修，是完整記載宋太宗一朝二十二年（九七六—九九七）歷史的官修實録體史書。因宋太宗陵號永熙，故亦有熙陵實録、永熙實録、永熙國書諸稱，通稱太宗實録、宋太宗實録。全書八十卷，另有事目二卷〔二〕。現存二十卷，即卷二六至三五，卷四一至四五，卷七六至八〇，

〔一〕宋史卷二〇三藝文志二共收録宋太祖、太宗、真宗、仁宗、英宗、神宗、哲宗、徽宗、欽宗、高宗、孝宗、光宗、寧宗、理宗十四朝實録，十六種。其中，神宗實録有朱墨本三百卷和趙鼎、范沖重修二百卷兩種，徽宗實録有湯思退進二百卷和李燾重修二百卷兩種。又，宋史言寧宗實録爲四百九十九册，理宗實録則爲理宗實録初稿，一百九十册。寧宗實録以前的實録，總計爲二千七百卷。

〔二〕通志卷六六藝文略第四經史章目曰：「太宗實録目二卷。」案：宋會要輯稿運曆一之二九記完成時間略晚於太宗實録的重修太祖實録也是「凡五十卷，并事目二卷」。可知目爲事目的簡稱。

其中尚有些許脱葉〔一〕。

一、錢若水、楊億與太宗實録的編纂

至道三年（九九七）三月，宋太宗逝世，至十一月甲子（三日），「祔神主於太廟」，葬儀正式結束。按「累聖祔廟之後，即詔國史院修纂實録」〔二〕的宋朝典制，太宗實録的編撰隨即提上議程。十一月己巳（八日），宋真宗下詔修太宗實録，命工部侍郎、集賢院學士錢若水「主其事」〔三〕，經錢若水舉薦，由錢若水、給事中柴成務、侍御史宗度〔四〕、祕閣校理

〔一〕卷二七缺太平興國八年十一月丁卯至己卯記事，卷二八缺太平興國九年正月癸酉條至二月記事，卷二九缺太平興國九年四月癸巳至辛丑條記事，卷三一缺太平興國九年十月甲申至乙未記事，卷三五缺雍熙三年正月己丑條部分記事，卷七九缺至道二年十月甲子及十一月、十二月乙巳前記事，卷八〇則缺至道三年八月庚申後記事。

〔二〕宋會要輯稿職官一八之七〇。

〔三〕見楊文公談苑。錢若水，群書考索卷一七正史門國史類實録、張元濟跋太宗皇帝實録皆誤作「李若水」。張元濟並言其説出郡齋讀書志，然郡齋讀書志袁本、衢本皆曰：「皇朝錢若水等撰。」並無「李若水」之説。

〔四〕宗度，直齋書録解題失其名。郡齋讀書志則作「宋度」，文獻通考及張金吾愛日精廬藏書志、瞿鏞鐵琴銅劍樓藏書目録、張元濟跋太宗皇帝實録、胡玉縉四庫未收書目提要續編等沿襲郡齋讀書志，亦稱「宋度」。案：武夷新集卷九、樂全集卷三九、渭南文集卷二六、

吴淑〔一〕、左正言楊億五人組成修撰班子。修書專局設於皇宫中的諸王賜食廳，由中官劉承規負責日常事務，還特許「修實録官遞宿本院」〔二〕。

錢若水（九六〇—一〇〇三），字澹成，一字長卿，河南新安人，雍熙二年進士及第，「美風神，有器識，能斷大事」〔三〕，顯名當時。經名臣寇準推薦，由地方幕職歷任祕書丞、直史館，遷右正言、知制誥、翰林學士等，至道元年，晋升同知樞密院事要職，是太宗晚年頗加寵遇的執政和「顧命大臣」之一。真宗即位，錢若水堅請解機務。至道三年六月，罷爲工部侍郎、集賢院學士、判院事，遂受命修太宗實録及重修太祖實録。此後，錢氏出任知天雄軍，兼兵馬部署，巡撫陝西緣邊諸郡，并代經略使、知并州等職，真宗曾稱譽：「若水，儒臣中知兵者也。」〔四〕

玉海卷四八、卷一六七、宋朝事實類苑卷三、卷一六、宋史卷二六六錢若水傳、卷四七五戚同文傳等諸多史籍，皆作「宗度」。徐規王禹偁事迹著作編年亦斷爲宗度。其人當名宗度無疑，郡齋讀書志誤。又，亦有誤爲「宋庚」。

〔一〕郡齋讀書志袁本前志卷二上實録類第七太宗實録條誤作「吴涉」。

〔二〕玉海卷四八咸平太宗實録條。

〔三〕宋史卷二六六錢若水傳。

〔四〕宋史卷二六六錢若水傳。

咸平六年卒。錢若水其人，楊億概括爲「有德有言，多材多藝」。錢氏「幼聰悟，十歲能屬文」[一]，在知制誥、翰林學士任上，所草賜趙保忠詔深得太宗贊賞，朱熹編五朝名臣言行録卷二之二引金坡遺事曰：「錢若水爲學士，太宗禮遇殊厚。嘗草賜趙保忠詔，云：『不斬繼遷，存狡兔之三穴；潛疑光嗣，持首鼠之兩端。』太宗覽之，甚悦，謂若水曰：『此四句，正道着我意。』又與趙保吉詔，有『既除手足之親，已失輔車之勢』，其辭甚美，太宗御筆批其後云：『依此詔本，極好！』至今其子延年寶藏之。」楊億所撰錢若水墓誌銘，亦曰：「每天子臨便坐，決啟奏，軍書手詔，急於星火。斧扆之側，授簡立成，曲盡事機，不加點竄，秉筆者推之。」堪稱「有言」、「多材」；錢氏「好汲引後進，推賢重士，胸中豁如也。其在樞密，同年生有爲縣佐者，每謁見若水，必序齒而拜之」[二]，是故「賢士大夫皆宗慕之」，「士林歌頌，堆案盈几」，「及至易簀而没，家無餘財，行路之間，人皆流涕」[三]，堪稱「有德」。更爲關鍵的是，

[一] 宋史卷二六六錢若水傳。
[二] 續資治通鑑長編卷四一至道三年六月甲辰條。
[三] 東都事略卷三五、隆平集卷九錢若水傳、武夷新集卷九。

錢氏頗擅史學，「雅好班固漢書，常日讀一卷」[一]。真宗以其專修太宗實録，可謂得人。

楊億（九七四—一〇二〇），字大年，建州浦城人，自幼有「神童」之譽。太平興國九年，楊億十一歲，宋太宗即制授其爲祕書省正字，太宗實録卷三一太平興國九年十一月癸酉條謂楊億「年十一，能屬文，援筆立成，上聞其名，乃詔江南轉運使張去華就加考試。去華試以詩賦文論，咸有可觀，送至闕。引對便殿，神采俊爽，占對閒雅，上出詩、賦題試之，億援筆頃刻而成，詞采靡麗，上大嗟賞。因謂宰相曰：『童蒙敏慧，未嘗有如此者。』宋琪等奏曰：『陛下好文獎善，故異人間出。』上曰：『可與一官，留於京師，時召之，令賦詩於前，以釋心耳。』故有是命。」淳化三年三月太宗又特賜其進士及第，歷光禄寺丞、直集賢院。至道二年，遷著作佐郎。其時，宋真宗以儲君爲開封尹，楊億從祖楊徽之任開封府判官，開封府往來書疏，多成於楊億之手，因此特受真宗眷遇。真宗即位，超拜左正言。咸平元年，遂預修太宗實録。此後楊億數任翰林學士，是真宗朝公認的文壇領袖，「文格雄健，才思敏捷」，

[一] 武夷新集卷九。

真宗曾稱贊説：「朕在宮府，多令楊億草牋奏，文理精當，世罕偕者，宜即加獎擢。」「億之詞筆冠映當世，後學皆慕之。」[一]歐陽修、范仲淹亦皆言楊億「以文章擅天下」，「每欲作文，則與門人賓客飲博、投壺、奕棋，語笑諠譁，而不妨構思。以小方紙細書，揮翰如飛，文不加點，每盈一幅，則命門人傳録，門人疲於應命，頃刻之際，成數千言，真一代之文豪也」[二]、「楊大年以應用之才，獨步當世」[三]。且富於史才，「博覽强記，尤長典章制度，時多取正」，「經傳子史、百家之學，罔不通貫」[四]。太宗實録八十卷，「而億獨草五十六卷」。除太宗實録之外，楊億還參預國史、册府元龜的編纂，撰有武夷新集、楊文公談苑等，又編詩集西崑酬唱集，以「西崑體」名世。

錢若水和楊億之外參與修撰的還有三人：柴成務，字寶臣，曹州濟陰人，乾德六年，

[一] 續資治通鑑長編卷四一至道三年四月辛亥條、卷八五大中祥符八年八月庚午條。

[二] 歸田録卷一。

[三] 范文正公集卷六尹師魯河南集序。

[四] 宋史卷三〇五、隆平集卷一三、東都事略卷四七楊億傳。

由時任開封尹的太宗推薦，得狀元及第。太宗、真宗朝，柴氏歷任轉運使、知州、知制誥等職，至道三年，得與錢若水同修太宗實録。據楊億所撰柴成務行狀所言，柴氏學問淵博，「爰在童幼，發言成章。總角之年，出就外傅。橫經學問，迴如宿習，秉筆屬文，動偕作者」，尤長於治史，「好學多能，博物稽古」，「廣聚墳史，手不釋卷」〔一〕。吴淑，字正儀，潤州丹陽人，本爲南唐舊臣，入宋後預修太平御覽、太平廣記、文苑英華等書。吴氏「學問優博」，以古文字、地理及南唐歷史、掌故見長，撰有説文五義、江淮異人録、祕閣閒談等，宋史將其列入文苑傳。宗度，生平事迹不詳，惟宋史卷四五七戚同文傳言其乃蔡州上蔡人，師從宋初名士戚同文，「舉進士，至侍御史，歷京西轉運使，預修太祖實録」。太祖實録，顯爲太宗實録之誤。

錢氏所舉薦的人選當中，本來還有李宗諤，但因其父李昉在太宗朝任宰相多年，被真宗否決。此外，王禹偁於當年十月亦主動上請撰大行皇帝實録表，以「端拱元年春季日曆

〔一〕武夷新集卷一一。

是臣編修」等理由，請求修撰太宗實録，然未獲批準。太宗曾有言：「王禹偁文章，當今天下獨步。」[一]他未能參與太宗實録的修撰，可謂憾事。

咸平元年（九九八）八月乙巳（十九日），太宗實録修撰完成，「若水等奉表以獻」，「纔九月而畢，上甚歎其速」[二]。考慮到太宗時期與實録相關的前期準備一直很不充實，如續資治通鑑長編卷四二至道三年十二月甲午條即記錢若水等言：「所修太宗實録，自太平興國八年以前，君臣獻替，不著於話言；淳化五年以前，親決萬機，不聞於策府。請降詔旨，許臣等於前任、見任宰相、參知政事、樞密院使、三司使等處移牒求訪，以備闕文。」有學者指出：「蓋太平興國八年九月從胡旦之請，始復太祖朝已中斷的修撰時政記的工作，此前太宗朝時政記未備，故云『君臣獻替，不著於話言』；而淳化五年四月從張佖之請，置院命官以修起居注，則這之前起居注亦不備，是以謂『親決萬機，不聞於策府』。故錢若水等至是

[一] 涑水記聞卷三。

[二] 玉海卷四八咸平太宗實録條。續資治通鑑長編卷四三咸平元年八月乙巳條亦曰：「纔九月而畢。」然楊億所撰柴成務行狀則曰：「受詔同修太宗實録，十月而畢。」見武夷新集卷一一。

有廣求博訪史料之請。」[一]可見，如若再扣除「求訪」史料的時間，太宗實録的修撰進度當更爲迅速。

太宗實録成書奏御之後，立即得到了宋真宗的高度評價，「上覽書流涕，賜詔褒諭，賜賚有差」，「若水等加食邑、階勳，賜器帛」[二]，隨即又命錢氏再主持太祖實録的重修，當錢若水請辭時，真宗還當面對他説：「卿新修太宗實録，甚爲周備。太祖事多漏落，故再命卿，毋多讓也。」[三]「兩朝大典，出於公手」[四]，這在當時，堪稱殊榮。如王禹偁在請撰大行皇帝實録表中即曾慨嘆：「儻得措一詞於帝典之中，署一名于國史之後，臣雖死之日，如生之時。」[五]對參與其事的楊億，真宗亦據此認定其「有史才」[六]，後命其主撰國史。王禹偁亦於

〔一〕蔡崇榜宋代修史制度研究，台北文津出版社一九九一年版，第七七頁。

〔二〕續資治通鑑長編卷四三咸平元年八月乙巳條，玉海卷四八咸平太宗實録條。

〔三〕續資治通鑑長編卷四三咸平元年九月甲子條。

〔四〕武夷新集卷九錢若水墓誌銘。

〔五〕小畜集卷二二。

〔六〕續資治通鑑長編卷四三咸平元年九月甲子條。

其時作送正言楊學士億之任縉雲詩有句云：「弱冠珥朝簪，才堪任翰林。重違君厚遇，聊奉母歡心。筆削留惇史，囊裝貯賜金。」〔一〕給予楊億和太宗實録以較高的評價。

當然，也有一些批評的意見出現，續資治通鑑長編卷四三咸平元年八月乙巳條曰：「初，太宗有畜犬甚馴，常在乘輿左右，及上仙，犬輒號叫不食，因送永熙寢宫。李至嘗作歌紀其事以遺若水，其斷章云：『白麟朱雁且勿書，勸君書此懲浮俗。』而若水不爲載。呂端雖爲監修，而未嘗涖局，書成不署端名，至抉其事以爲專美。若水稱詔旨專修，不隸史局，又援唐朝故事若此者甚衆，時議不能奪。」對楊億所草張洎附傳，亦有認爲其出於私怨，故「多醜辭」之説，涑水記聞卷三云：「洎女嫁楊文公，驕倨不事姑，或效其姑語以爲笑，後終出之。由是兩家不相能，故文公修國史，爲洎傳，極言其短。」案：不署呂端名，錢氏已有解釋；不書義犬事，則屬見仁見智的取舍不同；張洎傳事，王仲犖先生有曰：「按太宗實録述張洎事綦詳」、「按張洎行事如此，誠傾側小人，億直筆詆之是也，豈得以翁壻之故，諱而

〔一〕小畜集卷一一。

不敢言邪！今宋史張洎傳，多據實録。」〔一〕要之，其説皆如郡齋讀書志所説的「流議」，皆不足爲太宗實録病。

大中祥符九年二月，宰相王旦以太祖、太宗「兩朝實録，事有未備者」，建議付修史官增修，於是由趙安仁、晁迥等具體執筆，於次年形成了一個「卷帙如舊」仍爲八十卷的太宗實録增修本〔二〕，李燾在續資治通鑑長編當中稱其爲别本實録，或實録别本。但是，正如研究者所指出的，此一增修本主要是增補了「頌揚太宗聖政的内容」，因而「在整體上或許未能超越初修本及其影響，故使其日後較少流傳，而且影響至微」〔三〕。除了續資治通鑑長編、玉海有所徵引之外〔四〕，在郡齋讀書志、直齋書録解題、宋史藝文志等當中皆未提及其名，凡

〔一〕王仲犖西崑酬唱集注，中華書局一九八〇年版，第三〇四、三〇五頁。

〔二〕宋會要輯稿運曆一之二九。

〔三〕燕永成關於宋太宗實録的若干問題，史學史研究二〇〇五年第三期。

〔四〕玉海卷三三雍熙草書條曰：「雍熙二年，出御草書，謂宋琪曰：『朕聽政之外，未嘗晝寢，讀書寫字，自得其趣。正書之外，草書、飛白，尤愛臨學，雖非帝王事業，但遊畋聲樂，性所不好；宫中釋悶，惟書籍筆札而已。』琪曰：『陛下躬親庶務，固前代所未有，又讀書染翰，無有棄日，信聖心務學之至也。』嘗夜召書學葛湍，問：『徐鉉草書如何？』湍曰：『鉉留心籀篆，不聞草聖。』上曰：『鉉嘗見朕書否？』

太宗實録，皆作錢若水撰。顯然，這也從一個側面，説明錢若水所撰太宗實録是成功的。

二、借箸之畫，咸所預聞；執簡而書，莫非摭實

「晉董狐，齊太史」，「其文直，其事核，不虛美，不隱惡，故謂之實録」〔一〕。「直筆」，是古代史家最爲推崇的價值追求；「秉筆直書」與否，「信史」與否，則是衡量、評價一部史書是否具有生命力最爲重要的標準。

實録作爲官修史書，最易爲人所詬病的，往往即其是否爲「信史」，如太宗朝扈蒙預修太祖實録，時人蘇易簡就批評他是「性懦，逼於權勢，多所諱避，甚非直筆」〔二〕。哲宗朝，圍繞

湍曰：『臣僚非詔賜，無由得覩。』上喜，於軸中出御草書二紙，曰：『一以賜汝，一以賜鉉。』」並明確注明録自太宗實録。案：此事在雍熙二年五月癸亥，然今存本太宗實録卷三三雍熙二年五月癸亥條記事爲：「賜近臣御製五言詩、草書扇各一，又草書李白廬山瀑布詩，共二十幅，分賜之。謂宋琪等曰：『朕公事之外，未嘗晝寢，讀書寫字，自得其趣。』琪等對曰：『天下庶務，陛下皆親決之，又以讀書染翰爲樂，前代帝王所不能及也。』」其下並無「嘗夜召書學葛湍」云云一段。兩相對照，不難斷定此條當出太宗實録王旦增修本。

〔一〕漢書卷六二司馬遷傳。

〔二〕宋會要輯稿運曆一之二九。

着神宗實録的修撰，陸佃和范祖禹、黄庭堅之間亦彼此攻訐，陸佃「以修撰神宗實録徙禮部。數與史官范祖禹、黄庭堅争辯，大要多是安石，爲之晦隱。庭堅曰：『如公言，蓋佞史也。』佃曰：『盡用君意，豈非謗書乎！』」〔一〕。朱熹更曾慨嘆曰：「大抵史皆不實，緊切處不敢上史，亦不關報。史甚弊，因神宗實録皆不敢寫。傳聞只據人自録來者。才對者，便要所上文字，並奏對語上史館」〔二〕。包括太宗實録在内的宋代實録，可以説都程度不同地存在着此類問題。

但也應該注意到，在士大夫主體意識空前高漲的宋代，真正自甘於「佞史」、「謗書」者屈指可數，只是實録本身具有帝王大典、一代國書的敏感性質，加上臣子顧及君臣大倫而不願指斥君父，使得史家「秉筆直書」的空間相當有限。即便如此，絶大多數當時的史家也都盡可能地探尋實現「直筆」的方式。蔡絛所言：「國朝實録、諸史，凡書事皆備春秋之義，隱而顯。」〔三〕

〔一〕宋史卷三四三陸佃傳。
〔二〕朱子語類卷一二八本朝二法制。
〔三〕鐵圍山叢談卷三。

當更爲客觀。朱熹「史皆不實」之説，倒恐失於苛責了。

就太宗實録而言，「執簡而書，莫非摭實」、「百代而下，垂于信書」[一]，這是錢若水、楊億在上書表中對太宗實録的自我評價，也可以視爲其修撰過程中的追求和主旨。楊億還曾當面向真宗表白曰：「史臣記事，誠合詳備，臣預修太宗實録，凡事有依據可載史册者，方得記録。」[二]也就是説，若楊億認爲「事有依據可載史册」，他在太宗實録當中是不會缺乏「秉筆直書」勇氣的。宋真宗就多次談到，楊億「不通商量，真有氣性」[三]，如真宗議册立劉皇后，「上欲得億草制，使丁謂諭旨，億難之。因請三代，謂曰：『大年勉爲此，不憂不富貴。』億曰：『如此富貴，亦非所願也。』乃命它學士草制」[四]，足以見其節操。至於錢若水，更

[一] 玉海卷四八咸平太宗實録條、武夷新集卷九錢若水墓誌銘。

[二] 續資治通鑑長編卷六六景德四年八月壬寅條。

[三] 歸田録卷一曰：「楊大年爲學士時，草答契丹書云：『鄰壤交歡。』進草既入，真宗自注其側云：『朽壤、鼠壤、糞壤。』大年遽改爲『鄰境』。明旦，引唐故事：學士作文書有所改，爲不稱職，當罷，因亟求解職。真宗語宰相曰：『楊億不通商量，真有氣性。』」

[四] 續資治通鑑長編卷八〇大中祥符六年六月己巳條。

以「名節」自勵，「秉節高邁，不貪名勢」[一]，被公認是領范仲淹、王安石等宋代士大夫「以道進退」風氣之先的人物。他在太宗實録書成之後，儘管宰相呂端以擁戴真宗即位，而聲勢煊赫，仍勇於不署其名，就是一個「秉筆直書」的很好例證。

尤須注意者，太宗實録得以順利完成，宋真宗發揮了積極作用，他一是專委責成，命錢若水專修，「不隸史局」、「時若水判集賢院，因用院印，史館無所預」，宰相呂端亦「未嘗涖局」[二]；二是專門下詔，授權錢若水等博訪相關史料，方使得「凡史官紬繹之所須者，上則中書、密院，下則百司、庶府，以至四方萬里，郡國之遠，重編累牘，如水赴海，源源而集」[三]，從而爲實録的修撰提供了較好的客觀條件。最爲重要的，則是他就太宗實録的修撰，對錢若水如下的訓示，「若水舉官同修，起居舍人李宗諤與焉。上曰：『自太平興國八年已後，皆李昉在中書日事。史策本憑直筆，若子爲父隱，何以傳信於後代乎？』除宗諤不可，餘悉許

[一] 續資治通鑑長編卷四一至道三年六月甲辰條。
[二] 續資治通鑑長編卷四三咸平元年八月乙巳條。
[三] 渭南文集卷四除修史上殿劄子。

之」[一]。真宗此語的要害，不在於李宗諤一人的可否，而在於其借此公開點明了極其敏感的「子爲父隱」的問題。我們有理由斷定：真宗既然是以避免「子爲父隱」爲由否定了李宗諤，其本人同樣無意於，或者説起碼是不十分熱衷於「子爲父隱」，無原則地强令錢若水等史官爲其父太宗歌功頌德。

相比於修太祖實録時太宗的訓令，「太祖受命之際，固非謀慮所及。昔曹操、司馬仲達皆數十年窺伺神器，先邀九錫，至于易世，方有傳禪之事。太祖盡力周室，中外所知，及登大寶，非有意也」[二]。兩者的不同，更一望可知：太宗是爲陳橋兵變預定下一個「非有意也」人爲的基調，對修史者無疑是嚴重的束縛和干預；真宗强調的，正如宋人對此事的評論「史官直筆，取信萬世」[三]，則是「史策本憑直筆」、「傳信於後代」、「取信萬世」，也就爲錢若水、楊億等史官留下了「秉筆直書」所必需的空間。

[一] 續資治通鑑長編卷四二至道三年十一月己巳條。
[二] 續資治通鑑長編卷三五淳化五年四月癸未條。
[三] 讜論集卷三奏彈鄧洵武。

正因爲真宗、錢若水、楊億君臣能有如此共識，在「秉筆直書」方面，太宗實録就被公認爲是有宋實録當中一個典範。〔一〕如宋太祖子趙德昭死於被逼自殺，太宗實録書其事爲「暴疾卒」，似乎未能做到「直筆」，然蔡絛解釋説，按實録的體例，此即典型的「春秋筆法」，「若至貴者以不善終，則多曰『無疾而崩』，大臣親王則曰『暴卒』，或云『暴疾卒』。無疾者，如李穀是也。暴疾卒，如魏王德昭是也」〔二〕。也就是説，太宗實録是委婉却明確地揭出了德昭不得善終的事實。國史成書於實録之後，但趙德昭本傳却書曰：「德昭好啖肥猪肉，因而遇疾不起。」〔三〕相比於太宗實録，其可信性反而大大倒退了。

又如秦王趙廷美的身世問題，太宗實録的相關記載值得玩味，像既載太宗語「廷美，朕乳母陳國夫人耿氏所生」，但同時並列、大書太宗「廷美，朕之同氣也」、「永惟骨肉之親，絶

〔一〕鐵圍山叢談卷三：「太凡前書不若後書。前書猶庶幾，至後書生紛競更易，則益闊疏，難取信矣。」其所首肯之「前書」，具體指的就是太宗實録。

〔二〕鐵圍山叢談卷三。

〔三〕續資治通鑑長編卷二〇太平興國四年八月甲戌條。

而不殊」數語[一]，而此數語，「玩其語意，仍是親弟」[二]，也就是説太宗自相矛盾。更爲關鍵的，則是借宰相李昉之口，點明此乃「宫禁中事，若非陛下委曲宣示，臣等何由知之」，亦即明確宣示，「廷美，朕乳母陳國夫人耿氏所生」之説，純粹出自於太宗本人，此前朝野上下從無此説。顯然，這屬於不寫之寫，與趙德昭「暴疾卒」相同，同樣是典型的「隱而顯」的「春秋筆法」，留給了讀者充分的空間辨明真相，陳世隆北軒筆記即曰：廷美若「果耿氏出，天下莫不聞，何必太宗嘵嘵然鳴之於大臣」、「史臣難之，故其紀錯亂而矛盾，使後世疑之，必辨之。」事實上，古今史家確即由此入手，斷定是説純屬太宗編造，而其根源則在於太宗無意踐約「金匱之盟」，故德昭、廷美皆先後不得其死。

如果説，趙德昭之死、趙廷美的身世，都牽涉到了最爲敏感險惡、史家也最難下筆的皇位授受問題，太宗實録因而使用了「春秋筆法」的話，對太宗在雍熙北伐中的責任問題，實録則做到了直書其事，不愧爲「直筆」。雍熙三年五月，宋軍主力慘敗於岐溝關，而這場空

[一] 太宗實録卷二八太平興國九年正月丁卯條。
[二] 張其凡宋太宗，吉林文史出版社一九九七年版，第五三頁。

前慘敗最直接的原因，在於宋軍敵前貿然撤退，導致退兵途中爲敵所乘，純粹屬於指揮失誤。那麽，誰應該爲失誤負責呢？太宗實録的相關記載是：「軍士疲乏，所賫糧且盡。上憂之，令還師境上。」〔一〕一個「令」字，分量頗重，點明了太宗本人的「將從中御」乃罪魁禍首，前綫將士的責任倒在其次。續資治通鑑長編則根據國史契丹傳和曹彬傳「再往涿州，復還境上，非有詔旨也」的記載，認定責在主帥曹彬「違詔失律」，太宗非但無過，反倒是運籌帷幄，料敵制勝，本已勝券在握，惟曹彬及衆將「不遵成算，各騁所見」〔二〕，自行其事，以至於戰敗。太宗實録和國史、續資治通鑑長編所記，究竟哪一個更接近歷史的真相？答案是不言而喻的。依太宗在雍熙北伐及歷次戰爭中的一貫表現，「每事欲從中降詔，授以方略，或賜以陣圖，依從則有未合宜，專斷則是違上旨」〔三〕，十數萬大軍「還師境上」的大行動，若没有他的「詔旨」，是絶對不可能的。曹彬固亦難逃喪師之責，然他在涿州之戰中的真正問題，

〔一〕續資治通鑑長編卷二七雍熙三年四月。
〔二〕續資治通鑑長編卷二七雍熙三年五月丙子條。
〔三〕續資治通鑑長編卷三〇端拱二年正月乙未條。

恐怕正如時人所言:「元戎不知將校之能否,將校不知三軍之勇怯,各不相管轄,以謙謹自任,未聞賞一效用,戮一叛命者。」〔一〕恰恰在於「以謙謹自任」,機械地執行太宗脱離戰場的「詔旨」。若曹彬真有「違詔」的膽識,敢於臨機決斷,恐怕就不至有岐溝關的慘敗了。事實上,他連「賞一效用,戮一叛命」的勇氣和權力都没有。兩相對照,太宗實録的記載無疑較國史、續資治通鑑長編更爲可信。也正是因爲曹彬承認「違詔失律」,甘於充當太宗的替罪羊,他並没有因岐溝關戰敗受到真正多麽嚴厲的處罰。

此類「秉筆直書」的情況,在太宗實録當中還可以舉出許多例證,如以下的三則記事:太平興國二年二月,「新擬寶州録事參軍孟鑾,避遠宦不之任,詣匭自陳,上怒,命決杖流海島」;太平興國三年十月,「詔兩浙所送淮海國王伶人馬安國等百餘人,俾教坊肄習之」;太平興國四年五月北漢平,「上令籍亡命者至,悉斬之」〔二〕。顯然,這三條記載當中太宗的所作所爲,或是有「淫刑」之嫌,或是有「好聲色」之嫌,或是有「濫殺」之嫌,要之皆非

〔一〕續資治通鑑長編卷三〇端拱二年正月乙未條。

〔二〕續資治通鑑長編卷一八太平興國二年二月辛酉條、卷一九太平興國三年十月乙亥條、卷二〇太平興國四年五月甲申條。

「盛德之事」。而在祖宗故事、國史、續資治通鑑長編等史書當中，太宗實録的上述記載，都被進行了改動，如孟鑾決杖流海島事，祖宗故事就加上了「引事惑衆，誣罔切害」八個字；「教坊肄習」之後，國史和續資治通鑑長編則加上了「尋以三十六人還杭州，四十五人賜儆」一段話；「悉斬之」，則被國史改爲「亡命卒數百人，選其巨害者斬之，餘悉分隸諸軍」。這些改動，用李燾的話説，就是皆屬於「修書官潤色」〔一〕，當代學者更形象地將此類做法，概括爲「包裝」〔二〕。經過「包裝」之後，宋太宗的形象固然完美了許多，但其真實性、可信度，却遠不如未經「包裝」或者「包裝」尚輕的太宗實録了。

三、當時人所作當代史——太宗實録的史料價值

太宗實録作爲當時人所作的當代史，是太宗朝現存第一手的史料，其本身即具有不可替代的史料價值，更記事詳贍，可與宋會要輯稿、宋大詔令集、續資治通鑑長編、宋史等互

〔一〕續資治通鑑長編卷一八太平興國二年二月辛酉條。

〔二〕鄧小南祖宗之法，三聯書店二〇〇六年版，第五一五頁。

爲印證。

其一，太宗實録可補諸多史籍之闕。

相比於續資治通鑑長編，吴廷燮已有言：「宋代凡一路知首府州者，謂之大藩，往往提點一路兵甲，權寄埒於方鎮，長編未能全書，向輯北宋經撫年表，於太宗一朝，知大藩府者得之此書頗多，如雍熙二年三月戊午，以屯田郎中趙昌言知大名府；四年五月壬午，光州刺史王明知并州；三年三月丁卯，工部侍郎張雍知京兆府之類，皆據是書，此可以補長編之闕。」類似的例子還有很多，如太宗兩次更改禁軍名號，太平興國二年的一次，續資治通鑑長編所記僅限於上四軍，「詔以美名易禁軍舊號，鐵騎曰日騎，控鶴曰天武，龍騎曰龍衛，虎捷曰神衛。」[一]而太宗實録則曰：「詔改簇御馬直曰簇御龍直，鐵騎曰日騎，龍捷曰龍衛，控鶴曰天武，虎捷曰神衛，骨鋘子直曰御龍骨鋘子直，散手雄威曰雄勇，龍騎曰雄猛，以美名易禁軍之舊號也。」[二]不僅較續資治通鑑長編全面得多，而且訂正了續資治通鑑長編「龍騎

[一] 續資治通鑑長編卷一八太平興國二年正月庚辰條。

[二] 玉海卷一三九太平興國易禁軍號條。

曰龍衛」的錯誤。雍熙四年五月的一次，續資治通鑑長編所記僅有一句：「改日騎曰捧日。」〔一〕太宗實録則詳記爲：「庚辰，改殿前司日騎爲捧日，驍猛爲拱辰，雄勇爲神勇，上鐵林爲殿前司虎翼，腰弩爲神射；侍衛步軍司鐵林爲侍衛司虎翼。」〔二〕

又如，雍熙三年正月北伐契丹，太宗實録卷三五詳細記載了曹彬、潘美、田重進及以下近四十位將領的名單〔三〕，包括他們在大軍中具體的職務情況，是一份完備的雍熙北伐宋軍戰鬥序列表，而續資治通鑑長編卷二七相應部分對此却基本失載。雍熙四年七月置三班院，續資治通鑑長編僅書曰：「秋七月，詔即内客省使廳置三班院，以崇儀副使蔚進知院事」，亦無干支。太宗實録則不僅記有具體干支，更詳述了三班院的設置緣由，「庚辰，詔置三班院，以崇儀副使蔚進掌其事。先是，供奉官、殿直、殿前承旨悉隸宣徽院。至是，以其衆多，或出使於外，有訴以勞逸不均者，因命别置院，考校殿最，引對便殿，定其黜陟焉」〔四〕。

〔一〕續資治通鑑長編卷二八雍熙四年五月庚辰條。

〔二〕太宗實録卷四一雍熙四年五月庚辰條。

〔三〕太宗實録卷三五雍熙三年正月庚寅、壬子條。

〔四〕太宗實録卷四一雍熙四年七月庚辰條。

再者，端拱元年二月甲辰，續資治通鑑長編此條僅記有：「置建寧軍於建州。」而太宗實録則於其下詳記了「以武寧軍節度使曹彬加檢校太尉」等節鎮變動，特别是三衙管軍的人事調整情況，「殿前都虞候張訓領歸義軍節度使，傅潛領昭化軍節度使，並充殿前副都指揮使。侍衛馬軍都虞候李繼隆領保順軍節度使，充侍衛馬軍都指揮使。侍衛步軍都虞候戴興領振武軍節度使，充侍衛步軍都指揮使」〔一〕。這是一條很有價值的材料，因按宋制：殿前都虞候、副都指揮使等三衙管軍之職通常僅爲一人，而此則記張訓、傅潛二人並列殿前都虞候、副都指揮使。

兩相對照，太宗實録的許多記事遠較續資治通鑑長編爲詳。從總體上看，續資治通鑑長編對太宗一朝史實的記載，從卷一七至卷四一，不足二十四卷的篇幅，而太宗實録的篇幅則是八十卷，當然要較續資治通鑑長編詳贍許多。以雍熙四年六月爲例，續資治通鑑長編卷二八是一字亦無，而太宗實録卷四一則有壬辰朔、甲午、丙申、丁酉、戊戌、庚子、辛丑、

〔一〕太宗實録卷四三雍熙五年二月甲辰條。

癸卯、甲辰、丁未、戊申、己酉、庚戌、壬子、甲寅、丁巳、戊午，共計十七個干支的記事，約二千字，其中還有田欽祚、王仁睿兩個人的附傳。同年七月，續資治通鑑長編僅有一條記事，太宗實録則有壬戌朔、癸亥、乙丑、己巳、壬申、丙子、己卯、庚辰、辛巳、丁亥、庚寅多達十一個干支的記事，並有王杲的附傳。

太宗實録中的臣僚附傳，多可補宋史本傳之闕，錢大昕曾舉過一例：「劉廷讓避太宗諱改名，宋史闕而不書，亦當依實録增入。」〔一〕此類事例，其實俯拾皆是，較典型的如：太宗實録記石守信「字德貞」，沈義倫追封爲魯國公，宋史以及東都事略、隆平集中石守信傳、沈倫傳皆失載。案：田錫咸平集卷二九收故左僕射致仕贈侍中沈倫可追封魯國公敕，足證實録所記正確。又如名將郭進之死，宋史本傳、續資治通鑑長編等皆言郭進乃自殺，惟太宗實録田欽祚的附傳在自殺説之外，又書曰：「事甚曖昧，時皆以爲欽祚殺之〔二〕，左右無敢言者。」顯然，這是一條可資補充的重要綫索。太宗實録中的湯悦、王杲、麻希夢、陳廷山、

〔一〕錢大昕潛研堂文集卷二八跋宋太宗實録。
〔二〕太宗實録卷四一雍熙四年六月庚子條。

李繼凝、曹思進、張茂宗、劉宇等八人的附傳，皆爲宋史所無，其史料價值亦十分重要。

即便是以史料繁富著稱的宋會要輯稿，太宗實録所記亦有可補其闕之處，如卷七八至道二年記太宗謂宰相曰：「地廣荒大而不治，士之辱也，朕常念五代戰争已來，民多捨本趨末，極目千里，污萊不闢，心欲恢復古道，驅民於南畝，致於富庶，晝夜思之，未嘗暫捨。前後上書言農田利害者多矣，或知其末而暗其本，有其説而無其用，陳靖此奏甚詣理，舉而行之，正是朕之本意。」而太宗從「地廣荒大而不治」至「未嘗暫捨」一大段話，宋會要輯稿食貨二之一、六三之六八皆失載，惟記其後「前後上書」至「舉而行之」寥寥數語，亦顯較實録爲略。

值得一提的是，太宗朝禁軍中級將領的人事變動，往往僅見於太宗實録，如卷四一雍熙四年六月壬辰朔條就記載了捧日、天武、龍衛、神衛、虎翼、拱辰諸部軍都指揮使和部分殿前諸班直都虞候，共計十八位軍官的任職情況。卷四五端拱元年七月乙酉朔、癸巳、甲午、乙未、丙申諸條，更詳細地開列了時任捧日左廂都指揮使、右廂都指揮使，天武左廂都指揮使、右廂都指揮使，龍衛右廂都指揮使，神衛右廂都指揮使，馬步軍都軍頭、副都軍頭，以及殿前指揮使左班都虞候、右班都虞候，員僚左右六直都虞候，散指揮都虞候，東西班都虞候，散員都虞候，内殿直都虞候，散祇候都虞候，散都頭都虞候，内員僚直都虞候，金槍直都虞候，御龍弓箭直都虞候；捧日左第二軍都指揮使、第三軍都指揮使、右第二軍都指揮使、右第三軍都虞候，天武左第一軍都虞候、左第二軍都虞候、右第一軍都虞候，右第二軍都虞候，龍衛左第一軍都虞候，神衛左第一軍都虞候、左第三軍都虞候，殿前虎翼左第一軍都指揮使，右第二軍都指揮使、右第三軍都指揮使，拱辰上十指揮都指揮使、下十指揮都指揮使，宣武上十都指揮使、下十都指揮使，馬軍副都軍頭等等，多達三十九位禁軍中級將領的名單，及其官銜、職務變動情況，堪稱爲其時禁軍中級將領的序列總表和禁軍番號表，是極其寶貴的史料。

其二，太宗實録可訂諸多史籍之誤。

以宋會要輯稿、宋大詔令集和續資治通鑑長編爲例，如太宗實録記太宗北伐詔幽州吏民，有「常令萬物以由庚」句[一]，宋會要輯稿兵七之一〇則作「由庾」。案：由庚爲詩經小雅南

[一] 太宗實録卷三五雍熙三年正月丁酉條。

有嘉魚之什三逸篇之一，毛詩正義卷一〇之一載毛詩序曰：「由庚，萬物得由其道也。」「常令萬物以由庚」，顯然典出毛詩序，意指「萬物得由其道」，當據太宗實録以訂正宋會要輯稿之誤。又如趙廷美死後的追贈，宋會要輯稿帝系一之二四曰：「九年正月卒，追封涪王。」然據太宗實録所記，其實是「追封爲涪陵王」。宋大詔令集卷二一五恩宥上在京畿縣降雜犯死罪放流罪已下德音，繫其時於至道三年二月甲寅，而據太宗實録，實爲「甲辰」之誤；卷一九〇誡飭一誡約劍南招安使上官正詔，宋大詔令集繫此詔於至道元年五月，據太宗實録，當爲至道元年十一月。又，太宗實録記太宗謚册，其中有句「旋平汾、晉」，宋大詔令集則誤作「旅平汾、晉」；其中「甌脱彌嚴」一句，宋會要輯稿作「甌脱弛嚴」、宋大詔令集作「甌脱弛禁」，既與實録文意正相反，也與其時宋、遼戰争正激烈進行不符，顯然或係誤寫，或係改動，當以太宗實録爲是。續資治通鑑長編卷二四太平興國八年十二月己酉條記曰：「銅錢三直鐵錢一。」而據太宗實録，實係「鐵錢三直銅錢之一」[一]之誤。

[一] 太宗實録卷二七太平興國八年十二月己酉條。

宋史此類情況更爲典型，錢大昕即謂：「其中與宋史互異，如李從善僞封鄭王，『鄭』作『鄧』，年四十八作五十；蘇易簡妻弟崔範作妻兄；劉遇滄州清池人作浮陽，漢州刺史『漢』作『溪』，蔚州防禦使『蔚』作『鬱』，洮州團練使『洮』作『應』；劉庭讓浩州團練使『浩』作『涪』；陳從信年七十三作七十二，皆當以實録爲正。」又如，宋史宋琪傳言宋雄與宋琪齊名，而太宗實録宋琪附傳作：「與同郡室昉齊名。」〔一〕室昉，後位至契丹宰相。另，太宗實録有高繼元、趙滔兩人的附傳，而宋史卷四八三世家六荆南高氏高保融傳則作高繼充，卷二七五趙瑫傳作「趙瑫」，皆當以太宗實録爲正。

其三，太宗實録可以恢復許多制詔的歷史原貌。宋史卷三〇五楊億傳記太宗對其所下詔書曰：「汝方髫齔，不由師訓，精爽神助，文字生知。越景絶塵，一日千里，予有望於汝也。」而太宗實録則記爲：「年方髫齔，富有文華，召試於前，筆不停綴，詞體優贍，粲然可觀，言念俊奇，宜加秩序。噫！進修不已，砥礪彌堅，越景絶塵，一日千里，予有望于汝

〔一〕太宗實録卷七九至道二年九月戊寅條。

也。」〔一〕考慮到楊億本人就是太宗實録的主要執筆者，太宗實録所記顯然要較宋史更接近歷史原貌。這是一個頗有代表性的例子。宋代制詔爲後人所改十分普遍，而改動又分爲兩種情況：一是清人所改，多爲改動戎、夷、胡、虜等字以及清代帝王的名諱，像太宗實録卷四一記雍熙三年北伐詔幽州吏民，其中的「戎夷竊據」，宋朝事實卷二〇改作「契丹竊據」；「猶爲被髮之鄉」，則改作「猶違禮義之鄉」；「尚雜茹毛之俗」，作「尚限邊荒之俗」；「盡焚老上之庭」，作「盡焚沙漠之庭」等。而以上諸句，宋大詔令集卷二一八所收之北伐詔則乾脆空白，顯然皆爲清人改動，當以太宗實録所記爲本，據之改正。二是宋人所改，如周必大即有曰：「凡當時所下制詔，往往爲史官改易，殆以文體或未古也。」〔二〕相比於清人所作改動，宋人所改更難以斷定，而太宗實録的存在，就使得恢復太宗時期相當數量制詔的歷史原貌成爲可能，又可以明曉宋人究竟更改在何處，爲分析其更改原因及相關背景等進一步研究提供條件。

〔一〕太宗實録卷三一太平興國九年十一月癸酉條。
〔二〕文忠集卷一八〇二老堂雜誌卷二史官改定制詔。

其四，太宗實録具有後代史書難以比擬的强烈時代感。

太宗實録作爲當時人所作的當代史，錢若水等作爲太宗時代的一分子，其對時代的親身體會和直觀感受，具有天然的優勢，是後代史家難以比擬的。如太宗實録記太宗語曰：「蕃戎言語不通，衣服異制，朕常以禽獸畜之。」續資治通鑑長編則曰：「吐蕃言語不通，衣服異制，朕以化外視之。」[一]「以禽獸畜之」一語，活畫出了太宗對西北諸部的漫不經心和盲目自大，李燾改爲「以化外視之」，感情色彩淡化了許多。

太宗實録又記太宗曾對宰相曰：「往者劉繼元盜據汾、晋，周世宗及太祖皆親征不利，朕決取之，除心腹之患，爲世宗、太祖刷耻，擒劉繼元致闕下。」續資治通鑑長編則曰：「曩者劉繼元盜據汾、晋，周世宗及太祖皆親征不利。朕決取之，爲世宗、太祖刷耻，親禽繼元。」[二]顯係照録太宗實録，惟獨删掉了「心腹之患」一句。或者在李燾看來，北漢地狹兵寡，不足爲「心腹之患」。然而，「心腹之患」一句，恰恰是點睛之筆，也正是當時宋人對北漢

[一] 太宗實録卷二六、續資治通鑑長編卷二四太平興國八年九月庚午條。

[二] 太宗實録卷二七、續資治通鑑長編卷二四太平興國八年十一月戊午條。

認識的極好反映。因北宋承自後周，而後周係因篡奪後漢而來，北漢「欲存漢氏宗祀」，這種道義和正統上的優勢地位，就一直是對宋莫大的壓力，堪稱不折不扣的「心腹之患」。續資治通鑑長編卷九開寶元年七月丙午條載：宋太祖「嘗因北漢界上諜者謂北漢主曰：『君家與周氏世仇，宜不屈。今我與爾無所間，何爲困此一方之人也？若有志中國，宜下太行以决勝負。』北漢主遣諜者復命曰：『河東土地兵甲，不足當中國之十一，區區守此，蓋懼漢氏之不血食也。』上哀其言，笑謂諜者曰：『爲我語劉鈞，開爾一路以爲生。』故終孝和之世，不以大軍北伐。」朱熹在回答學生提問「藝祖平定天下如破竹，而河東獨難取，何耶？以爲兵强，則一時政事所爲，皆有敗亡之勢。不知何故如此」時，曾解釋説：「這却本是他家底。郭威乘其主幼而奪之，劉氏遂據有并州。若使柴氏得天下，則劉氏必不服，所以太祖以書喻之，謂本與他無讎隙，渠答云：『不忍劉氏之不血食也。』此其意可見矣。被他辭直理順了，所以難取。」後還有言：「如秦初猶未得正統，及始皇并天下，方始得正統。晉初亦未得正統，自泰康以後，方始得正統。隋初亦未得正統，自滅陳後，方得正統。如本朝至太宗并了太原，方是得正統。」〔一〕

〔一〕朱子語類卷一二七本朝一太祖朝，卷一〇五朱子二論自注書通鑑綱目條。

然從李燾删去「心腹之患」來看，脱離了具體歷史背景的後代史家對這種心理上的無形壓力，有時難以充分地估計。

當然，太宗實録也存在着一些問題，需要參照宋會要輯稿、宋大詔令集、續資治通鑑長編、宋史等史籍來校訂。對此，李燾在續資治通鑑長編的注文當中已經多有考證，如卷一八太平興國二年七月丁巳條：「有司上諸州所貢閏年圖。故事，每三年一令天下貢地圖，與版籍皆上尚書省。國初以閏爲限，所以周知山川之險易，户口之衆寡也。」李燾注曰：「實録于此下即云，時吴、晋悉平，奉圖來貢者，州郡凡四百卷。此大誤也。按地理志，乃雍熙中事，今削去。會要亦同實録。」就太宗實録今存二十卷而言，也存在着多處明顯錯訛，如卷三一太平興國九年八月壬辰條「自今兩宫及諸道州府」，「兩宫」係「兩京」之誤；卷三二雍熙二年正月乙未條「控印、峽以捍蠻蜑」，「印、峽」係「邛、峽」之誤；卷四四端拱元年五月庚辰條「趙希贊爲秦州刺史」，「秦州」係「泰州」之誤；卷七八至道二年閏七月丁亥條張觀「改知廣州」，「廣州」係「黄州」之誤。又如，卷二九太平興國九年四月壬午條「悦本姓犯翼祖廟諱」，「翼祖」爲宋太祖祖父趙敬。湯悦本姓殷，犯宋太祖之父宣祖趙弘殷諱，不犯翼祖諱，「翼祖」應係「宣祖」之誤；卷三三雍熙二年七月甲子條陳王夫人李氏「故隰州防禦使謙浦之女」，「謙浦」係「謙溥」之誤，而李氏實爲李謙溥之姪女，並非其女；卷四二雍熙四年九月己巳條李從善「字子師，江南國主景之次子，煜之弟也」，李從善實爲李璟之第七子而非「次子」；卷七九至道二年「是歲，天下户四百五十七萬四千二百五十七」，「四百」實爲「三百」之誤，等等。除此之外，太宗實録中的官名、地名常用古稱；對祥瑞的記載也過於冗濫，以致遭到時人「白麟朱雁且勿書」的譏諷。

四、編年附傳——太宗實録與實録體

正如繆荃孫所言：「前代實録，只唐順宗實録五卷及此兩種，實録體例可以概見。」〔一〕太宗實録，作爲現存惟一的宋代實録，是探究實録體裁在宋代的發展，以及宋代實録修撰體

〔一〕藝風藏書再續記傳鈔本第七宋太宗實録。

例的重要依據。

按照宋人的看法，實録「起於蕭梁，至唐而盛，雜取編年、紀傳之法而爲之，以備史官採擇」[一]，至宋代遂發展成爲與編年、紀傳相並列的史學體裁之一，時人稱之爲「實録體」。實録體最顯著的特征，則是直齋書録解題所概括的「編年附傳」[二]。從太宗實録來看，編年，自不待言，指的是「以事繫日、以日繫月」[三]、以月繫年。附傳，則落實在所附文武群臣的傳記上，僅就太宗實録現存二十卷來統計，就有六十一個附傳；成書略晚於太宗實録的重修太祖實録，則「文武群臣舊載者九十二人，今增其遺漏一百四人」[四]，共計附傳一百九十六個。值得注意的是，真宗實録、仁宗實録、神宗實録等在文武群臣附傳的同時，還有契丹附傳，如續資治通鑑長編卷五五咸平六年七月己酉條李燾注：「實録契丹附傳，以隆緒爲梁王

[一] 玉海卷四八藝文。
[二] 直齋書録解題卷五雜史類建康實録條。
[三] 宋會要輯稿職官一八之六一。
[四] 宋會要輯稿運曆一之二九。

而不載其弟所封國名，正傳則以隆緒爲常王。」[一]這是指真宗實録；卷一五七慶曆五年十月乙卯條注：「契丹附傳、正傳並不載耶律翰等來使。」這是指仁宗實録；卷二九五元豐元年十二月乙巳條注：「此據墨本所記聖德，朱本簽貼云移入契丹傳。」這是指神宗實録。那麽，太宗實録是否也有契丹附傳呢？據續資治通鑑長編卷二一太平興國五年十一月壬寅條「契丹寇雄州」李燾注曰：「實録、本紀皆不載此事，獨契丹傳十一月書此。」答案應該是否定的。爲契丹在實録中立附傳，當是真宗實録之後的事。編年附傳，就使得實録體兼具了編年和紀傳兩大史學體裁的優點，資治通鑑、續資治通鑑長編等爲代表的著名的「長編體」，主要就是在「實録體」編年附傳的基礎之上，加上考異，而發展起來的。

實録作爲官修史書，其編撰必須要遵守嚴格的體例規範，王禹偁在請撰大行皇帝實録表中即有言：「編年紀傳之例，備嘗探討，粗見指歸。」他説的「編年紀傳之例」，就是指實録編撰的體例規範，宋人稱之爲實録「體格」，或「格目」，後人則稱爲「實録凡例」。以太宗實録

[一]蔡崇榜宋代修史制度研究：「此實録爲少數民族政權立傳之證明。」台北文津出版社一九九一年版，第一一一頁。

爲例，可以發現，其在起止時間、取材内容、行文格式等許多方面，都遵循着嚴格的規範。而這些規範，顯然就是宋代實録體例的基本組成部分。

「起即位，至至道三年丁酉三月。」這是晁公武郡齋讀書志關於太宗實録起止時間的説法。而從太宗實録卷八十標明的「起至道三年正月，盡山陵」來看，太宗實録當止於太宗山陵的結束。按照宋代禮制，山陵結束的標誌是神主祔於太廟，太宗神主祔太廟的時間是至道三年十一月甲子。也就是説，太宗實録當止於至道三年十一月。從太宗實録卷八十來看，至道三年三月癸巳太宗「崩於萬歲殿，太子即皇帝位」之後，所書内容即僅限於喪禮，喪禮之外的事務，顯當另行載入真宗實録。晁氏「起即位」的説法，也同樣令人懷疑，因爲錢若水修太宗實録時，曾要求博訪史料，隨即有「昭宣使王延德上太宗皇帝南宮事迹三卷，命送實録院」[一]。顯然，太宗皇帝南宮事迹是專門爲修太宗實録所用的。另，真宗實録、仁宗實録、英宗實録、神宗實録、哲宗實録等皆爲「起藩邸」，太宗實録似也不當例外。要之，「起即

[一] 續資治通鑑長編卷四三咸平元年正月壬申條。

位，「至至道三年丁酉三月」很不準確，太宗實録應是「起藩邸，止山陵」，此亦宋實録之通例。

從現存的二十卷來看，太宗實録的内容，主要包括如下幾大項：一是君主言行，這是實録最中心的内容，不僅是與君主相關的朝廷政務，像君主與臣下的言論即「聖語」，以及御殿、出遊、吟詩、書畫、射獵、宴會、打毬等，也都一一照録，確堪稱是「君舉必書」、「人君之言動必録」。而在續資治通鑑長編等史書當中，其中相當部分都被視爲無關宏旨而删削掉了。二是詔令，太宗實録現存二十卷當中，就收有各種詔令一百多份。這些詔令，包括篇幅很長的大赦詔書，顯然都是全文照録，而且在詔令之下往往還要加以簡要地説明，如太平興國九年五月詔令各州擇司理參軍，其下即有云：「先是，諸處多闕此官，而吏部以資叙相妨，難於注擬。上以庶獄爲重，不可暫闕，故委本部選擇焉。」〔一〕三是官員任免、奬懲，對任命記述得特别詳細，其範圍基本上是知州、通判以上的文官，和刺史以上的武官，尤詳於中央各部門要職、禁軍中高級將校和各路轉運使。宰相的拜罷，還要專門照録拜罷詔書。

〔一〕太宗實録卷三〇太平興國九年五月乙丑條。

陸游老學庵筆記卷一曰：「實録例載拜相麻，予在史院，欲删此一聯，會去國不果。」其他官員的任免，時常也注明任命的緣由，以「故有是命」結尾，如「以右領軍衛大將軍李仲寓爲郢州刺史。仲寓，故追封吴王煜之子也，上憫其聚族京師，故有是命」[一]。四是臣僚上言，以簡明概述爲主，側重於「諸司奏請改更條法關治體者」。五是附傳，卿、監以上的文臣，刺史以上的武臣，在記録其去世的當日，皆要録一附傳，太宗實録現存二十卷當中，盧多遜可能是惟一没有附傳的大臣。附傳的内容，主要包括：名字、籍貫、父祖、出身、履歷、政績、葬儀和簡要的評價。附傳字數的長短，通常要取決於地位的高低。六是祥異，包括天象、祥瑞、災害等，以雍熙四年四月至八月爲例，太宗實録卷三三中即記有天象三例：四月己丑「月掩心後星」，七月丁巳「月有食之」，八月丙戌「熒惑與歲星合於軫」；祥瑞四例：四月庚子「夜，甘露降於後苑花木之上」，五月壬戌「亳州獻兩岐秀麥」，壬申「霸州獻白烏」，癸酉「鳳翔府言岐山縣周公廟有泉忽涌」；災害三例：五月辛亥「天長軍上言有蝗食苗稼」，七月

[一] 太宗實録卷四一雍熙四年七月己卯條。

甲子「朗州上言江水溢，害稼」，八月辛丑「瀛、莫二州上言大水損民田」。此類内容，例佔頗重的分量。除此之外，節假、祭祀、外國朝貢、征伐、死刑要案、宗室改名、官員致仕、年終户口等内容，顯然也都屬「所當書者」的範圍。

通過上述對太宗實録内容的考察，筆者認爲，應對南宋館閣録卷四所收録的修日曆式與宋代實録體例之間的關係，給予特别的重視。這個修日曆式，「舊式，少監程俱定。紹興三十二年四月，少監陳之淵、著作佐郎張震復上建炎以後日曆格。至乾道間，著作佐郎鄭伯熊以新、舊格參立」，是南宋乾道年間綜合北宋末和南宋紹興末兩個修日曆式而成的。宋代實録是在日曆的基礎上編撰而成的，實録的内容，在很大程度上就要由日曆來決定。而且，據宋會要輯稿記載：南宋的修日曆式的編定，本來就是「依祖宗實録體格」〔一〕，也就是説主要遵照着北宋實録的編撰體例。從太宗實録來看，二者之間確實存在着極爲密切的關係，修日曆式作爲宋代實録體例的重要參照，當無多少問題，現將其照録如下：

〔一〕宋會要輯稿職官一八之六一。

排甲子，節假，祭祀，忌日，御殿後殿云「御後殿」，前殿云「常朝」，不坐云「不視朝」，宰執進呈無即云「三省、樞密院奏事」，臣僚面對、進對奏事進對則有「召見」、「引見」；本職奏事則有「左右史直前」、「三衙倚杖子」；面對奏事只云「面對」，朝見、辭任滿回，或差出回，或赴行在，皆云「朝見進對」；已有差遣，云「朝辭進對」，引見公事係推垛子轉員軍頭司，車駕出入，外國進奉，詔書，赦書，群臣上表有所請，唯録首表及第一批答，臣僚章疏並書，妃、主、相、將初拜及遷改録制書，兩府出入升降黜録麻詞，兩制有功過陞降録制詞雖監當亦書，文武官有功賞及特改官，官雖卑，因事賞罰者書，轉官文臣宣義郎以上，武臣修武郎以上，差遣文臣在京職事官，在外監司、參謀參議官、知通以上；武臣總管，路分、州鈐轄，一路都監、將副。諸軍陞改，雖官小，任京局並帶閤職亦書。詔書獎諭，諸司奏請改更條法關治體者書，臣僚薨卒行狀事迹文臣卿監，武臣刺史以上。没王事者不以官品高下悉書，致仕文臣朝奉郎，武臣大夫以上，封贈，録子孫，賜章服，宗室賜名，講書，祥異，年終户口，大辟〔一〕。

太宗實録的行文格式，一是以干支紀日，即「排甲子」，且嚴格地「以事繫日」，干支在前，

〔一〕南宋館閣録卷四修纂下。

記事在後，像續資治通鑑長編「先是，并州都部署潘美、定州都部署田重進皆承詔入朝。庚寅，出御製平戎萬全陣圖，召美、重進及崔翰等，親授以進退攻擊之略」〔一〕一類的體例，太宗實録中是没有的，此事太宗實録即書爲：「庚寅，上制平戎萬全陣圖出示近臣，因召邊將田重進、潘美、崔翰等陛殿，親授其進退攻擊之方略。」〔二〕一是外地奏報的事件，遵照「奏到乃書」的原則，如地斤澤之戰實際發生於太平興國九年九月，但太宗實録則繫其事於當年十月，李燾解釋説：「實録載此事於十月庚寅，蓋據奏到耳。」〔三〕又如，淳化五年五月甲寅宋軍克閬州，李燾注亦曰：「十三日收閬州。今但依實録，奏到乃書。」〔四〕三是叙事「必具首尾」，例以倒叙的形式，對事件的始末加以記載。

除此之外，從今存二十卷來看，與資治通鑑、續資治通鑑長編「年號皆以後來者爲定」

〔一〕續資治通鑑長編卷二八雍熙四年五月庚寅條。
〔二〕太宗實録卷四一雍熙四年五月庚寅條。
〔三〕續資治通鑑長編卷二五雍熙元年九月。
〔四〕續資治通鑑長編卷三六淳化五年五月甲寅條。

的體例不同，太宗實録對年號的使用十分嚴格。如太宗於太平興國九年十一月，改元雍熙元年，太宗實録是當年正月至十一月仍書爲太平興國九年，改元之後方稱雍熙元年十二月；雍熙五年二月，改元端拱，雖然雍熙五年僅有一個月，但太宗實録書端拱元年依然從二月開始，當年正月仍稱雍熙五年。

五、吉光片羽，尚在人間——太宗實録的流傳與版本

按宋代制度，實録成書後，草稿不得家藏[一]，成本不得刻印，通常僅抄寫數部，一存皇宮，一存館閣[二]，專供史官修撰國史和宰執重臣處理政務參考，原則上不得私自傳寫。但實際上却是既有朝臣引用，也有傳寫，甚至在北宋時有已經流傳到了遼國境内的説法。以致於哲宗、徽宗時，連續下詔明令禁止對實録的私自傳寫刻印，如續資治通鑑長編卷四四五元祐五年七月戊子條：「禮部言：『凡議時政得失、邊事軍機文字，不得寫録傳布；本朝

[一] 錢若水墓誌銘即曰：錢氏「歸全之明日，上遣近侍，求兩朝策書遺草，若沖等搜於巾箱，盡以進御」。

[二] 宋會要輯稿崇儒四之二三、二四即曰：「詔比搜訪到祖宗正史、實録、實訓、會要，令史館各抄録二本。一本進入，一本付祕書省。」

會要、國史、實録，不得雕印。違者徒二年，許人告，賞錢一百貫。內國史、實録仍不得傳寫，即其他書籍欲雕印者，納所屬申轉運使、開封府，牒國子監選官詳定，有益於學者方許鏤板。候印訖，以所印書一本，具詳定官姓名，申送祕書省。如詳定不當，取勘施行。諸戲褻之文，不得雕印，違者杖一百。凡不當雕印者，委州、縣、監司、國子監覺察。』從之。以翰林學士蘇轍言，奉使北界，見本朝民間印行文字，多已流傳在彼，請立法故也。」宋會要輯稿職官一八之一四、一五則分別記徽宗大觀三年正月詔：「實録藏於祕閣，輒傳録者，依實録院法。」政和四年四月：「詔國史院，祕閣見闕國史、實録，各繕寫一部，頒付本閣收藏，仍不許本省官及諸處關借抄録。雖暴曬點校，亦不得輒將擎下閣。」

如此三令五申，其本身恰説明了實録在宮廷之外已經得以廣泛流傳的事實，況且這些禁令「殆文具也」，始終是收效寥寥，如汪藻云：「本朝實録，自艱難以來，金匱石室之藏，無復存者。伏觀列聖自哲宗皇帝而上，皆有成書，流傳人間，頗有其本。」〔一〕趙翼亦有言：「蓋

〔一〕浮溪集卷二乞修日曆狀。

宋朝國史記載本散布於民間，如李燾作通鑑長編，徐夢莘作北盟會編之類，若非得國史原本，憑何撰述？可知日曆、實録，士大夫家有其書也。」〔一〕昭槤更曰：「偶閲宋人文集，其制、表諸文，多有用本朝故事者，蓋當時實録、日録頒行海内，家喻户曉，故其功績膾炙人口，足以傳世。自明代深藏實録，其底草皆焚於太液池中，使讀書士人終身不知祖宗功績，良可慨歎。」〔二〕

具體到太宗實録，仁宗朝名臣包拯在皇祐年間所上請謚王明，即曰：「臣竊觀太宗皇帝實録，載禮部侍郎王明傳。」並以太宗實録所附王明傳爲依據，建議仁宗對王明「追賜美謚」〔三〕。這是對太宗實録的較早引用。神宗熙寧四年，歐陽修在蔡州再乞致仕第二劄子亦曰：「臣竊見實録所載，太宗時有太常少卿孔承恭者，年纔六十一便乞致仕。太宗皇帝欣然許之，仍特降詔書褒獎，以敦勸人倫。蓋當時議者不以朝廷許承恭早去爲非，而但稱承恭

〔一〕廿二史劄記卷二六宋四六多用本朝事。
〔二〕嘯亭續録卷四宋人多用本朝故事。
〔三〕孝肅包公奏議卷二論功請謚王明。

之善，又以有臣如此，可以勸勵風俗，自爲朝廷美事也。」[一]在集古録跋尾卷一〇郭忠恕小字説文字源、郭忠恕書陰符經條中，他又曰：「忠恕者，五代漢、周之際，爲湘陰公從事。及事皇朝，其事見實録」、「實録言忠恕死時甚怪。」歐陽修這裏所説的實録，皆指太宗實録。又，熙寧七年，爲争論在成都行市易法的是非，馮京和王安石在神宗面前，皆徵引太宗實録來證己説，續資治通鑑長編卷二四九熙寧七年正月癸亥條記載：「上與輔臣論及市易，馮京曰：『曩時西川因榷買物，致王小波之亂，故今頗以市易爲言。臣檢實録，實有此説。』王安石曰：『王小波自以饑民衆，不爲官司所恤，遂相聚爲盜，而史官乃歸咎般取蜀物上供多而致然。不知般取孟氏府庫物以上供，於饑民有何利害！』上曰：『李杞行未？』安石曰：『未也。然願陛下勿疑，臣保市易必不能致蜀人爲變也。』」馮京所言之「實録」，顯指太宗實録；而王安石所言之史臣，當即指錢若水等。

至徽宗朝，對太宗實録的傳抄、外傳開始頻繁出現。此一風氣，應由接觸館閣藏書較

[一] 歐陽修全集卷九四蔡州再乞致仕第二劄子。

爲便利的執政大臣開其端。如趙挺之任宰相時，據其媳李清照撰金石録後序所言，就是「居政府，親舊或在館閣，多有亡詩逸史、魯壁汲冢所未見之書，遂力傳寫，浸覺有味，不能自已」，從而「家藏國史、實録善本」〔一〕。蔡京所修哲宗實録，後即出之於其家私藏。徽宗朝的另一位宰相林攄，其家更是「有道君皇帝御書、太祖以來國史、實録、國朝會要等書，及歷代經、史、子、集，書籍全備」。蔡京、余深、薛昂等其他多位宰執，情况也都同趙挺之、林攄相類似。宰執之外，徽宗朝位至節度使的張棣，亦「家藏六朝實録、會要、國史志等書，計二百二十二册」〔二〕。「六朝實録」，即指「太祖至神宗六朝實録」〔三〕，太宗實録顯然包括在内。又如當時一位下級官員黄濛，其家亦藏有「太祖皇帝實録五十卷、太宗皇帝實録八十卷、真宗皇帝實録一百五十卷、仁宗皇帝實録二百卷、英宗皇帝實録三十卷，天聖南郊鹵薄册記一十册」〔四〕。甚至

〔一〕宋會要輯稿崇儒四之二二。

〔二〕宋會要輯稿崇儒四之二一。

〔三〕建炎以來朝野雜記甲集卷四神宗哲宗新實録。

〔四〕宋會要輯稿崇儒四之二一。

一位名叫何克忠的「布衣」，同様家藏「太祖皇帝實録四册，國朝寶訓一十二册，名臣列傳二册，國朝會要三册」〔一〕。可見，徽宗時家藏太宗實録及諸朝實録者確已頗有其人。

正因爲此，儘管因北宋的滅亡，導致宫廷館閣所藏實録及其他典籍大多灰飛煙滅，所謂「建炎兵火後，史院片紙不存」、「南渡以來，祖宗御府舊藏，舉皆散失」、「御前圖籍，以累經遷徙，散亡殆盡」〔二〕，但主要依靠林攄、張楙和黄濛等數家的私藏，南宋紹興初年，很快即完成了對包括太宗實録在内的北宋歷朝實録的徵集，「祕書省初復，士庶始有以家藏國史、實録、寶訓、會要等書來獻者，國有大禮大事，於兹有考焉」〔三〕。紹興四年六月，起居郎常同已言：「渡江以來，始命搜訪典記，祖宗正史、實録、寶訓、會要，得於搢紳士庶之家，殘缺之餘，補緝僅足，良亦艱矣。」南宋朝廷隨即下詔：「比搜訪到祖宗正史、實録、寶訓、會要，令史館各抄録二本，一本進入，一本付祕書省。」〔四〕在此基礎之上，紹興十四年四月，「時祕書

〔一〕宋會要輯稿崇儒四之二〇，建炎以來朝野雜記甲集卷四神宗哲宗新實録。

〔二〕建炎以來朝野雜記甲集卷四徽宗欽宗高宗孝宗光宗實録、宋會要輯稿崇儒四之二七、四之二一。

〔三〕南宋館閣録卷三儲藏。

〔四〕宋會要輯稿崇儒四之二三、二四。

省所校祖宗實録猶多舛誤，戊戌，詔令再校，後更有差，即具名以聞」[一]。孝宗乾道七年十一月，又詔：「祕省繕寫太祖至哲宗實録，讎校以進」[二]。至此，南宋朝廷「已存録有經過校勘的太宗實録」等北宋諸朝實録[三]。

南宋從高宗開始，即以「紹祖宗垂創之基」、「法祖宗」爲立國根本[四]，朝野上下侈談「祖宗之法」，科舉考試亦重「祖宗故事」、「本朝故事」，而太宗實録等北宋實録是「祖宗之法」、「祖宗故事」、「本朝故事」最重要的載體之一，爲南宋朝野所公認，如皇宋中興兩朝聖政卷九紹興元年四月辛巳條記宋高宗曰：「初止令進累朝實録，蓋欲盡見祖宗規模，此是朕家法，要得遵守。」留正等評論曰：「太上皇帝欲盡見祖宗規模，且曰：『此是朕家法，要得遵守。』則是中興以來致治之效，皆由於此，今日尤當率循而不忘也。」群書會元截江網卷四法祖條亦曰：「進累朝實録，則曰欲盡則祖宗規模。」因此，終南宋一代，館閣傳抄、家藏實録諸書蔚然成風，「公

[一] 中興小紀卷三一紹興十四年四月戊戌條。
[二] 玉海卷四八紹興重修哲宗實録條。
[三] 燕永成關於宋太宗實録的若干問題，史學史研究二〇〇五年第三期。
[四] 鄧小南祖宗之法，三聯書店二〇〇六年版，第四五〇頁。

卿子弟，因父兄得以竊窺，冒禁傳寫」[一]，「近之士夫，至有借出館書攜而去國者，是久假不歸，惡知其非有也；有人所未見之書，私印其本，刊售於外者，是以祕府之文，爲市井貨鬻之利也」[二]。實録在南宋的流傳，「凡藏書家，幾皆有之」[三]，確乎達到了「家有其書」、「家喻户曉」空前廣泛的程度，著録和研讀實録的熱潮，亦隨之持續不斷。

晁公武郡齋讀書志、尤袤遂初堂書目、陳振孫直齋書録解題，皆著録太宗實録，這三種書目都主要是據作者私人藏書而著，晁公武、尤袤和陳振孫三人顯然也都收藏有包括太宗實録在内的北宋實録和國史；李燾所撰續資治通鑑長編，以實録、國史爲主要史源，「凡實録、正史、官文書，無不是正，就一律也」[四]。其太宗朝記事，尤其是注文當中，徵引太宗實録極爲繁富，且並及錢若水本及王旦别本；李心傳撰舊聞證誤，廣引太祖、太宗實録等北宋諸朝實録、國史，考諸野史筆記；洪适、洪遵、洪邁兄弟皆中博學宏詞科，洪邁容齋隨筆頗引

[一] 宋史卷一五六選舉二。
[二] 南宋館閣續録卷三儲藏。
[三] 傳增湘雙鑑樓叢書太宗實録吴廷燮序。
[四] 水心文集卷一二巽巖集序。

太祖實録、真宗實録等，洪适盤洲文集卷四三討論環衛官劄子則徵引太宗實録；陳傅良撰讀藝祖皇帝實録一卷，其止齋集卷二六乞放身丁錢劄子徵引真宗實録、仁宗實録，文獻通考則記陳氏曾引太宗實録云：「上謂趙普等曰：王仁贍縱吏爲姦，諸州場院，皆隱没官錢，朕初即位，悉罷去，分命使臣掌其事，利入遂數倍。」〔一〕陳傅良弟子蔡幼學，採太宗實録等北宋六朝實録，編國朝實録列傳舉要十二卷，「起國初，止神宗朝」；又採國史、實録等書，編成國史編年政要四十卷，「起建隆，訖靖康」〔二〕；杜大珪編名臣碑傳琬琰之集，其潘武惠公美傳即照録自太宗實録，張齊賢傳出真宗實録，唐介傳、程顥傳出神宗實録，吕公著傳、王安石傳、文彦博傳、韓維傳、范祖禹傳、吕大防傳、蔡確傳皆出哲宗實録，曾布傳、程頤傳則出徽宗實録；陳均幼時「侍從祖丞相正獻公，獲觀國朝史、録諸書」〔三〕，其所編皇朝編年綱目備要引用諸書即有皇朝實録，顯有太宗實録在内；王明清家藏書幾萬卷，所撰揮麈録徵引真宗、

〔一〕文獻通考卷一四征榷一。
〔二〕文獻通考卷一九七經籍二四。
〔三〕皇朝編年綱目備要真德秀序。

英宗、神宗、哲宗、徽宗數朝實録，後録卷五則徵引太宗實録；其父王銍撰默記則徵引仁宗實録，且「尤長於國朝故事，莫不能記，對客指畫誦說，動數百千言。退而質之，無一語繆」〔一〕，編撰有祖宗兵制、七朝國史、哲宗皇帝元祐八年補録等書，其家藏有太宗實録等諸朝實録是無疑的；陸游老學庵筆記，亦言其「嘗與查元章讀太宗實録」〔二〕；朱熹晦庵集別集卷三有「張帥寄鹽鐵論來，末卷前少却一板，告爲印寄，更煩於太宗實録中檢白鹿洞一事，在太平興國五年會要作六年更詳之六月以洞主明起爲褒信主簿，其下有少本末，並告録示。此已有之。但不知是實録語否耳？」葉適曾言：「余讀實録，至靖康元年二月壬寅詔贈公太師，未嘗不感憤淚落也。」〔三〕其習學記言也徵引仁宗、神宗實録多處；章如愚群書考索引太宗實録等頗多；王應麟多「假館閣書讀之」〔四〕，且「每以小册納袖中入祕府，凡見典籍異聞，則筆録之，

〔一〕老學庵筆記卷六。

〔二〕老學庵筆記卷一。

〔三〕水心文集卷九司馬温公祠堂記。

〔四〕宋史卷四三八儒林八王應麟傳。

復藏袖中而出」[一]。其名作困學紀聞、玉海，尤其是玉海，徵引太宗實録分量之重，是極其突出的；王栐所撰燕翼詒謀録，亦多徵引太宗實録。至若古今合璧事類備要、記纂淵海、翰苑新書、群書會元截江網等類書，對太宗實録等北宋實録徵引亦夥。

元代著録和徵引太宗實録的相關記載急劇減少，除宋史藝文志著録外，惟馬端臨文獻通考經籍考有著録，其卷一四征榷一並轉録陳傅良止齋所引一條太宗實録；黄溍日損齋筆記辯史十六則中另有「按宋實録：繼遷以太宗淳化二年賜姓趙，名保吉」一條[二]。究其原因，除了戰火摧殘之外，一是可能隨着南宋的滅亡，籠罩在太宗實録之上的「祖宗之法」的光環亦隨之褪却；二是如錢大昕所言：「蓋正史修於易姓之後，汗青甫畢，實録遂成廢紙，尟有過而問焉者矣。」[三]元代宋史修成之後，宋之實録幾成廢紙，太宗實録亦難幸免。

[一] 張大昌王深寧先生年譜，見四明文獻集附録。

[二] 燕永成關於宋太宗實録的若干問題考證曰：「黄氏是否存有宋太宗實録，或是轉録於此，在此存疑。同時，據該書宋濂於順帝十四年所作序，知該書寫定於元末順帝時。又黄氏曾參與過宋史的編修。」史學史研究二〇〇五年第三期。案：元人于欽撰齊乘卷六人物辛幼安條亦引宋實録曰：「幼安贊韓侂胄用兵，侂胄敗，幼安獲罪於士論。」此指宋寧宗實録。或元曾有宋代實録合輯流傳。

[三] 錢大昕跋黄丕烈藏本。

明代太宗實録的著録和流傳情況，吴廷燮撰傳增湘雙鑑樓叢書太宗實録序有概述云：「明初，盧熊姑蘇志於宋代知蘇州者引實録，年月皆具，其時尚未亡佚。永樂大典只載目録，不載其文，自後文淵閣書目即不見。」案：查以盧氏洪武蘇州府志爲基礎的正德姑蘇志，其卷三古今守令表宋知州魏庠條，確有按語考證曰：「舊題名作諫議大夫。按本傳：淳化四年五月自户部使除。而實録、長編當在九月後。」可見吴廷燮的判斷是能够成立的。

又，除盧熊蘇州府志、正德姑蘇志和永樂大典之外，明人所撰，成書於永樂大典之前的宋朝要録一書，據學者研究，其内容多來自於宋實録，如其太宗朝記事即有三條與今本實録基本相同，説明其當徵引於太宗實録[一]。應當引起注意的是，永樂大典以後，雖然没有發現對太宗實録的直接著録，但明、清之際的王夫之，在其所撰宋論卷二太宗第八論元佐一條中，即駁斥了實録所記元佐「爲燕不得與」遂縱火之説，而今存太宗實録卷三四雍熙二年九月丁巳條正云：「上宴諸王，而元佐以病新間，不預。」顯然，王夫之所言的實録，當即爲太宗實録。至

[一] 燕永成宋朝要録考略，史學史研究一九九八年第四期。

於説王夫之是轉引，還是讀到過太宗實録，甚至於藏有太宗實録，已難確考。明萬曆年間陳第所撰世善堂藏書目録卷上有：「宋太祖實録，抄，三本，李沆。」足證明中後期宋代實録仍有流傳，王夫之讀到太宗實録並不足爲奇。

至清康熙四十七年，御定佩文齋書畫譜纂輯書籍著録有：「宋太宗實録，錢若水。」並言：「乃出内府書籍，纂成是書。」然其書惟於卷二〇引用宋太宗實録一條，即「太宗嘗夜召書學葛湍，問：『徐鉉草書如何？』湍曰：『鉉留心篆籀，不聞草聖。』上曰：『鉉嘗見朕書否？』湍曰：『臣僚非詔賜，無由得觀。』上喜，於軸中出御草書一紙，曰：『一以賜汝，一以賜鉉。』」然此出玉海卷三三雍熙草書條，王應麟注明其出自太宗實録，實則出自王旦主持增修的實録别本，並非出錢若水本。頗令人懷疑御定佩文齋書畫譜是轉引自玉海。

嘉慶、道光年間，開始出現了十二卷和八卷兩種太宗實録的殘本：

十二卷本，南宋理宗朝館閣寫本，出自黄丕烈士禮居。嘉慶元年臘月，錢大昕得見於吴門寓所，斷定其爲南宋理宗朝館閣寫本，並爲黄氏作題跋。此後的流傳情況大致是：先歸汪士鐘藝芸精舍，其藝芸書舍宋元本書目史部著録，再歸趙宗建舊山樓，吴大澂題記據其上有「汪氏、士禮居圖章」，故「知係黄氏蕘圃先生舊藏」，翁同龢、費念慈、曾之撰等人亦曾獲觀。清末民初，舊山樓書散出，曹菊生舊山樓書目跋云：「未見於此書目之宋館閣抄本太宗實録殘册及碑帖，爲大房後人售去，曾經涉訟。」先歸翁之繕所藏〔一〕，後歸張元濟涉園。在此之前，録自十二卷寫本的抄本也有傳出〔二〕。一九四二年，張元濟將太宗實録南宋理宗朝館閣寫本十二卷，售與「文獻保存同志會」，現歸台北「國家圖書館」收藏。

八卷本，傳抄本，出自陳揆稽瑞樓，其稽瑞樓書目小櫥叢書曰：「宋太宗實録八卷，殘本，鈔，一册。」張金吾亦從之傳抄，其愛日精廬藏書志卷一一別史類曰：「宋太宗實録殘本八卷。抄本，從陳君子準藏舊抄本傳録。」陳揆稽瑞樓抄本後歸瞿氏鐵琴銅劍樓，四部叢刊三編影印本太宗皇帝實録卷二六上端即有稽瑞樓藏書印，下方才爲鐵琴銅劍樓藏書印。然瞿鏞鐵琴銅劍樓藏書目録卷九宋太宗實録條曰：「郡中黄氏得南宋時館閣鈔本，此從之

〔一〕翁之繕，翁同龢之曾侄孫，其家海虞翁氏爲常熟大家，四部叢刊三編影印本太宗皇帝實録卷四三卷末、卷七七卷首等多處有翁之繕藏書印，可知太宗實録自舊山樓散出後曾歸翁之繕。

〔二〕繆荃孫、傅增湘皆曾得清抄本十二卷。

傳録。」則此八卷，或亦由陳揆轉抄自黄丕烈士禮居，爲南宋館閣寫本的抄本。此外，清道光年間，八卷本已有李兆洛、吴蘭修、曾釗等多家抄本，李兆洛抄自張金吾愛日精廬，吴蘭修得自李兆洛，曾釗則自吴蘭修轉抄。李兆洛，字申耆；曾釗，字勉士；吴蘭修，字石華。徐松亦從吴蘭修處得以收藏。同治初年，據繆荃孫藝風藏書續記卷四史學第五：「徐書散出，歸韓小亭觀察，由韓歸鄭盦師，今歸式之比部。」韓小亭，即韓泰華；鄭盦，即潘祖蔭；式之，即章鈺。

太宗實録現存的版本和收藏情況如下：

1南宋理宗朝館閣寫本。存十二卷：卷三一至三五，四一至四五，七七至七八。高廿七公分，寬十八公分。台北「國家圖書館」藏。

2清抄本。卷三一至三五，四一至四五，七七至七八。配瞿氏鐵琴銅劍樓抄本，張元濟跋。三册，九行二十字，無格。存二十卷，卷二六至三五，四一至四五，七六至八〇。中國國家圖書館藏。

3清曾氏詁訓堂抄本。清曾釗、吴蘭修、章鈺跋。一册，十行二十二字，小紅格，白口，四周雙邊。存八卷：二六至三〇，七六、七九、八〇。中國國家圖書館藏。

4清抄本。存五卷：三一至三五。南京圖書館藏。

5清抄本。存八卷，二六至三〇，七六、七九。八〇。山西省文物局藏。

6清曾釗面城樓抄本。存八卷，二六至三〇、七六、七九、八〇。浙江圖書館藏。

7清曾釗面城樓抄本。存八卷，二六至三〇、七六、七九、八〇。中山大學圖書館藏。

一九一二年，鄧實、繆荃孫將太宗實録八卷傳抄本，刊入古學彙刊内，由上海國學扶輪社排印。一九三六年，張元濟以所藏南宋館閣寫本十二卷，配以瞿氏鐵琴銅劍樓所藏傳抄本八卷，共二十卷，合刊於商務印書館四部叢刊三編史部中，綫裝，一函四册。此前，傅增湘亦曾於一九三五年將其所得清抄本十二卷和八卷太宗實録合刊入雙鑑樓叢書，吴廷燮撰序，古籍出版社一九五七年影印出版。

此次校注，以上海商務印書館民國二十五年（一九三六）六月版四部叢刊三編史部上海涵芬樓影印海鹽張氏涉園藏宋館閣寫本、常熟瞿氏藏舊抄本太宗皇帝實録爲工作底本，並參考了古籍出版社一九五七年據傅增湘藏園本校刊宋太宗實録、中國書店一九九四年影印宋太宗實録、甘肅人民出版社二〇〇五年燕永成先生點校本宋太宗實録、全宋文、柳詒徵宋太宗實録校證[一]、任生太宗皇帝實録讀後記[二]，廣泛徵引舊五代史、新五代史、宋史等正史，宋會要輯稿、玉海、宋大詔令集、資治通鑑、稽古録、隆平集、東都事略、太平寰宇記、續資治通鑑長編、皇宋通鑑長編紀事本末、皇朝編年綱目備要、太平寶訓政事紀年、宋大事記講義、宋朝諸臣奏議、宋宰輔編年録、宋朝事實、群書考索、古今源流至論、名臣碑傳琬琰之集等宋代史籍，柳開、田錫、楊億、張詠、歐陽修、包拯、張方平、洪适、羅從彦等宋人文集，楊文公談苑、丁晋公談録、王文正公筆録、涑水記聞、玉壺清話、儒林公議、歸田録、夢溪筆談、邵氏聞見録、澠水燕談録、建炎以來朝野雜記、能改齋漫録、容齋隨筆、老學庵筆記、朝野類要、揮麈録、清波雜志、燕翼詒謀録、麟臺故事、南宋館閣録續録等宋人野史筆記，郡齋讀書志、直齋書録解題等宋人書目，景定建康志、三山志、姑蘇志等宋、明地方志，

[一] 原刊史學與地學一九二七年第三期，收入柳詒徵史學論文集，上海古籍出版社一九九一年版，及南京大學百年學術精品歷史學卷，南京大學出版社二〇〇二年版。
[二] 責善半月刊一九四〇年第一卷第四期。

宋史全文、文獻通考、北軒筆記、宋史紀事本末、宋論、廿二史劄記、嘯亭雜録等元、明、清著作，以及當代學者的相關研究論著，約計三百餘種文獻，對太宗實録進行了標點、校勘、注釋、考訂、輯佚等幾個方面的工作。

需要説明的是，對太宗實録的輯佚，燕永成先生點校本宋太宗實録已經做了大量工作，在其基礎之上，除續資治通鑑長編李燾注文以外，筆者特别重視玉海和燕翼詒謀録。玉海，是王應麟爲參加科舉考試博學宏詞科所作的資料彙編，博學宏詞科以「本朝故事」爲考試中心内容之一，而「本朝故事」是以實録等官修史書作爲依據，因此，玉海「爲詞科應用而設」的性質，就決定了其書取材，確如四庫館臣所言：「宋一代之掌故，率本諸實録、國史、日曆，尤多後來史志所未詳。」而且，玉海是一部類書，多爲照録原書，與續資治通鑑長編等史家個人著述對所引實録多有加工，已非原貌相比，玉海在輯佚上的價值顯然更高。又據宋史其本傳記載，王應麟、王應鳳兄弟分别於理宗寶祐四年和開慶元年中博學宏詞科，其多「假館閣書讀之」〔一〕，且「每

〔一〕宋史卷四三八儒林八王應麟傳。

以小册納袖中，入祕府，凡見典籍異聞，則筆録之，復藏袖中而出」(一)，主要也應該在宋理宗時期。太宗實録今存二十卷，其中十二卷即爲南宋理宗館閣寫本，其餘八卷則爲南宋館閣寫本的傳抄本，很有可能與玉海録自同一寫本。

此次輯佚，一是將玉海中王氏標明出自太宗實録，或僅注出「實録」但可考爲太宗實録的條目輯出。但玉海卷三〇太平興國大名凱旋詩條所録：「實録云：興國五年，太宗親征北虜，師還，帝作詩，有『鑾輿臨紫塞，朔野陣雲飛』之句，何蒙采二句爲詩賦以獻。」案：此當出實録何蒙附傳，而何蒙卒於大中祥符六年，故斷其爲真宗實録，而非太宗實録。又，一説此兩句詩爲唐太宗所作；何蒙，則作何象，全唐詩録其詩(二)。又如，玉海卷一二九太平興國

(一) 張大昌王深寧先生年譜，見四明文獻集附録。

(二) 全唐詩卷七六八何象條曰：何象，遂寧令，詩一首。賦得御製句朔野陣雲飛：「塞日穿痕斷，邊鴻背影飛。縹緲浮黃屋，陰沈護御衣。」注曰：「御製詩，有『鑾輿臨紫塞，朔野陣雲飛』之句。象進鑾輿臨紫塞賦、朔野陣雲飛詩，召對，嘉賞，授贊善大夫。」文淵閣四庫全書本、四部叢刊初編本詩話總龜前集卷四則引古今詩話曰：「唐太宗征遼，師還途中，御製詩，有『鑾輿臨紫塞，朔野陣雲飛』之句。遂寧令何象進鑾輿臨塞賦、朔野雲飛詩，召對嘉賞，授贊善大夫，詩有『塞日穿痕斷，邊鴻背影飛。縹緲浮黃屋，陰沉護御衣』之句。」然玉壺清話卷八載：「太宗親征北虜，師還，途中御製詩有『鑾輿臨紫塞，朔野凍雲飛』。遂令何蒙進鑾輿臨塞賦、朔雲飛詩，召對嘉賞，授贊善。詩有『塞日穿痕斷，邊雲背影飛。縹緲隨黃屋，陰沈護御衣』。」宋史卷二七七何蒙傳亦曰：「太平興國五年，調遂寧令。時

戒子篇條：「實録郭贄傳：兼皇子侍讀，興國二年遷右補闕。一日，太宗至東宫，出戒子篇，命贄注解，且令委曲講説，以諭諸王。」案：郭贄卒於真宗大中祥符三年，按實録臣僚死後方立附傳的體例，此實録當爲真宗實録〔一〕，而非太宗實録。以上兩條即不予收録。二是用續資治通鑑長編李燾注文、晦庵集、群書考索、翰苑新書等明確出自太宗實録的條文作爲綫索，與玉海加以對照，從玉海中輯出了相關條目。如玉海卷一六八太平興國崇文院條，「自梁徙汴都，舊制未備。禎明中，始於今右長慶門東北小屋數十間爲三館」云云，亦見於群書考索後集卷六，章如愚並標明其出自太宗實録，足證玉海此條亦出於太宗實録。且群書考索改「禎明」爲「正明」，避仁宗趙禎諱，玉海則作「禎明」，顯爲照録原書。三是將玉海

太宗親征契丹還，作詩以獻。召見嘆賞，授右贊善大夫。」疑全唐詩、詩話總龜之説不確。又，宋太宗是年所作詩，另有「一箭未施戎馬遁，六軍空恨陣雲高」句，如石林燕語卷七即曰：「太平興國五年，契丹戎主親領兵數萬犯雄州，乘虚遂至高陽關。太宗下詔親征。行至大名，戎主聞上至，亟遁歸，未嘗交鋒，車駕即凱旋。上作詩示行在群臣，有『一箭未施戎馬遁，六軍空恨陣雲高』之句。」玉海卷三〇同條亦有曰：太平興國五年「十一月己酉，詔巡北邊。壬子，發京師。戊午，次大名。雄州言：『契丹遁去。』車駕即凱旋，上作詩示群臣，有『一箭未施戎馬遁，六軍空恨陣雲高』之句。」

〔一〕容齋三筆卷五張詠傳條與此情況相同，亦出真宗實録。

中用干支紀日的太宗朝條目輯出，用續資治通鑑長編、宋史、稽古録等加以對照，排除出於續資治通鑑長編、宋史等的條目之後，再與太宗實録今存二十卷加以對照，凡出於二十卷以内的，用與今本進行對校；二十卷所無的條目，則作爲太宗實録的佚文加以輯出〔一〕。

燕翼詒謀録，南宋王栐所撰，成書於宋理宗寶慶年間，其書的史料來源，據王氏本人序曰：「今余所述，無非考之國史、實録、寶訓、聖政等書，凡稗官小説，悉棄不取，蓋以前人爲戒也。凡我同志，譏其妄論則可，以爲繆誤則不可矣。」〔二〕四庫館臣也評價説：「今觀其臚陳故事，如絲聯繩貫，本末粲然，誠雜史中之最有典據者也。」而寶訓、聖政諸書，正如鄧小南先生所指出的：「都是分條列事而並非繫年繫日的。這種分類叙事的編纂方式，一方面有

〔一〕據筆者統計，玉海太宗朝的條目，王應麟所注明的來源，主要有太宗實録、國史（本紀、志）、會要、續資治通鑑長編、九朝通略。案：宋會要使用曆日法紀日，如宋會要輯稿職官二六之一七：「宣和七年十二月二十一日，詔擷芳、擷景園所並罷。」國史，清代學者趙翼廿二史劄記宋史多國史原本條及鄧廣銘全集第九卷讀宋史札記宋史因襲國史實録痕迹等當代學者的考證，宋史脱胎於宋之國史是無疑的；九朝通略，熊克撰，今已失傳，朱子語類卷一二八本朝二法制有評論曰：「長編太詳，難看。熊子復編九朝要略，不甚好。」其書本略，續資治通鑑長編又徵引其書，其太宗朝紀事，當不出續資治通鑑長編範圍可以斷定。

〔二〕燕翼詒謀録附録宋朝燕翼詒謀録序。

益於突出主題，便於後世帝王按圖索驥，有針對性地學習；另一方面也正是爲解決『聖人一日萬幾，不能遍覽』問題而採用的對應方法」、「其篇章結構，或分門類輯録，或提示分類綫索；在條目繫事之後，往往有發揮闡説的文字。」〔一〕既然如此，燕翼詒謀録中太宗朝以干支紀日的條目，將出於宋史和太宗實録現存二十卷者排除之後，其餘條目就可以視作太宗實録的佚文，加以輯出。

續資治通鑑長編、玉海、燕翼詒謀録以外，又從歐陽修全集、孝肅包公奏議、盤洲文集、宋大詔令集、揮麈録、邵氏聞見後録、清波雜志、雲谷雜紀、困學紀聞、群書考索、名臣碑傳琬琰之集、古今合璧事類備要、記纂淵海等文獻當中輯出若干條目〔二〕，續資治通鑑長編、玉海當中王旦增修本太宗實録的條目，也一並輯出，以供參考。

〔一〕鄧小南祖宗之法，第三八三頁、第三八五—三八六頁。

〔二〕群書考索後集卷七、古今合璧事類備要後集卷二七皆有録自太宗實録一條：「淳化三年，詔置三班院，以崇儀副使蔚進掌之。先是，供奉官等悉隸宣徽院，至是別置三班院，以考殿最。自後多命近臣主之。」案：「淳化三年」實爲「雍熙四年」之誤，此條見於玉海卷一一七雍熙三班院條及太宗實録卷四一雍熙四年七月庚辰條，並非佚文。記纂淵海卷二九檢院條有：「田錫，字表聖，入判登聞檢院，因壽寧節獻詩二十韻，太宗和賜。上東封書，翌日，命知制誥。太宗實録。」然此實爲真宗實録田錫附傳。又，古今合璧事類備要後集本書能够完成，有賴同窗畏友于濤兄的督促和指教，在此謹致謝忱！校書如掃葉，甘苦自知，書中錯誤之處，定在所難免，還盼讀者批評指正。

范學輝二〇〇八年元旦凌晨於山東大學，二〇一一年五月再修訂

卷一五、古今事文類聚新集卷八真宰相才條皆有「寇萊忠愍公準召爲參知政事，嘗奏事切直，太宗怒起，輒攀帝衣復坐，事決乃退，太宗曰：『此真宰相才也。』」一條，並皆言出自太宗實録。翰苑新書前集卷四則曰：「仁宗實録：寇萊忠愍公準，召爲參知政事，嘗奏事切直，太宗怒起，輒攀帝衣復坐，事決乃退，太宗曰：『此真宰相才也。』」案：續資治通鑑長編卷一〇一天聖元年閏九月戊戌條：「寇準卒於雷州。」天聖乃仁宗年號，據實録體例，其附傳必在仁宗實録無疑，翰苑新書出仁宗實録的説法是正確的，而古今合璧事類備要、古今事文類聚新集出太宗實録的説法是錯誤的。

凡例

一、全式標點，加專名號。

二、分段出注，各卷正文以干支紀日分段，加阿拉伯數碼排序。記作「同日」、「是月」、「是歲」者，另起一段。注文序號用〔〕形式。

三、正文及注文中原本自注，皆較本文小一號字。

四、底本之異體字、俗體字，盡量改爲通行正字。

五、底本因避後世諱而缺筆字，回改爲正字，不出注。

六、底本之誤字，正文保留，在注文中説明；底本抄手已改者，改字加〔〕，誤字放在改字後，加（）。

七、底本之衍字，正文保留，在注文中説明；底本抄手已删者，正文仍予保留，加（）。

八、底本抄手所補闕字，加〔〕。

九、底本抄手所乙正之文字，已據改，不出注。

一〇、底本抄手所標「原闕」，仍予保留，加（）；其下條正文若有闕文，亦加（原闕）標示。

一一、佚文按年、月、紀日干支時間順序排列，凡經筆者考證後所加之年、月、干支及個別補入文字，加〔〕。僅有月份但干支無考之條目，放在當月末；月、日俱無考者放在當年末。

一二、底本所附題記與跋文，移入附録三諸家著録與題跋。

一三、注文引用文獻，除今人論著、部分古人文集和必需者以外，僅出書名。作者、版本詳見主要參考書目。

太宗皇帝實録卷第二十六 起太平興國〔一〕八年六月，盡十月。

〔一〕太平興國　宋太宗的首個年號。開寶九年十月二十一日，太宗即位，隨即改太祖開寶年號爲太平興國，共八年（九七六—九八四）。楊文公談苑曰：「太宗改元太平興國，識者謂太平字一人六十也，太宗壽〔五〕（六）十九，中間歲内改元，亦叶其數。」宋朝事實卷二紀元亦曰：「帝即位，改元太平興國，議者竊謂太平字，一人六十也。至道三年，帝升遐，壽五十九歲，亦叶其數。」對太宗不逾年而改元，宋人多有議論，如續資治通鑑長編卷一七不用太平興國，仍稱開寶九年，李燾並在注中加有按語曰：「據資治通鑑例，年號皆以後來者爲定。武德元年，從正月便爲唐高祖武德元年，更不稱隋義寧二年。明皇先天元年正月，便不稱景雲三年。梁開平元年正月，便不稱唐天祐四年。按太宗於開寶九年十月二十一日即位，十二月二十二日改元，不俟踰年，與常例不同，今仍稱開寶九年。」容齋續筆卷一〇踰年改元條曰：「自漢武帝建元紀年之後，嗣君紹統，必踰年乃改元。雖安帝繼殤帝，亦終延平而爲永初。桓帝繼質帝，亦終本初而爲建和。唐宣宗以叔繼姪，亦終會昌六年而改大中。獨本朝太祖以開寶九年十月二十日上仙，太宗嗣位，是年十二月二十二日，改爲太平興國元年，去新歲纔八日耳。意當時星辰曆象考卜兆祥，必有其説，而國史傳記皆失傳。竊計嶺、蜀之遠，制書到時，已是二年之春。是時，宰相薛居正、沈倫、盧多遜失於不考引故實，致行之弗審，使人君即位而無元年，尤爲不可也。」朱子語類卷一二七本朝一太祖朝記，學生問朱熹：「開寶九年，不待踰年而遂改元，何也？」朱熹回答道：「這是開國之初，一時人材粗疏，理會不得。當時藝祖所以立得許多事，也未有許多秀才説話牽制他。到這般處，又忒欠得幾箇秀才説話。」日本竺沙雅章著、方建新譯宋朝的太祖和太宗則據明劉定之宋史筆斷，認爲：「這正是太宗誅兄篡位的不打自招，而把年號稱爲『興國太平之世』，這等於明確宣佈自己是創業君主，遠遠超過太祖。」浙江大學出版社二〇〇六年版，第一〇八頁。同書第一〇一頁並引遼史景宗本紀上：「宋主匡胤殂，其弟炅自立，遣使來告。」認爲：「稱太宗的即位是『自立』。很明顯，所謂『自立』，也就是篡奪。」

1 六月乙酉朔，以給事中、直學士院〔一〕徐鉉〔二〕爲右散騎常侍；以職方員外郎高繼申〔三〕爲兩浙諸州轉運使。

〔一〕直學士院　學士院官職之一。學士院，也稱翰林學士院，石林燕語卷七記載：「唐翰林院，本内供奉藝能技術雜居之所，以詞臣侍書詔其間，乃藝能之一爾。開元以前，猶未有學士之稱，或曰『翰林待詔』，或曰『翰林供奉』，如李太白猶稱『供奉』。自張垍爲學士，始别建學士院于翰林院之南，則與翰林院分而爲二，然猶冒翰林之名。蓋唐有弘文館學士，麗正殿學士，故此特以翰林别之。其後遂以名官，訖不可改。然院名至今但云學士而不冠以翰林，則亦自唐以來沿襲之舊也。」宋學士院設翰林學士數名，資深的翰林學士可以得到翰林學士承旨的頭銜，俗稱「翰長」、「院長」，地位較普通翰林學士要高，群書考索後集卷四官制門國初舊官制注曰：「宋朝翰林學士，掌内制，承旨爲長。承旨，始於唐憲宗元和元年命鄭絪也。宋朝不常置，以院中久次者一人充。」在翰林學士之外，從宋太祖開始又先後新增「直學士院」和「權直學士院」等名目，簡稱「直院」和「權直院」，宋史卷一六二職官志二：「凡他官入院未除學士，謂之直院；學士俱闕，他官暫行院中文書，謂之權直。」

〔二〕徐鉉　南唐名臣，宋太祖時數次出使北宋，桯史卷一曰：「國初三徐，名著江左，皆以博洽聞中朝，而騎省鉉，又其白眉者也。會修述職之貢，騎省實來，及境，例差官押伴。朝臣皆以辭令不及爲憚，宰相亦艱其選，請于藝祖。玉音曰：『姑退朝，朕自擇之。』有頃，左璫傳宣殿前司，具殿侍中不識字者十人，以名入。宸筆點其中一人，曰：『此人可。』在廷皆驚，中書不敢請，趣使行，殿侍者慌不知所繇，薄弗獲己，竟往渡江。始燕，騎省詞鋒如雲，旁觀駭愕。其人不能答，徒唯唯；騎省叵測，强聒而與之言。居數日，既無與之醻復者，亦勸且默矣。余按當時陶、竇諸名儒，端委在朝，若使角辯騁詞，庸詎不若鉉？藝祖正以大國之體，不當如此耳，其亦不戰屈人，兵之上策歟！其後，王師征包矛于煜，騎省復將命請緩師，其言累數千言，上諭之曰：『不須多言，江南亦何罪？但天下一家，卧榻之側，豈容他人鼾睡耶！』大哉聖言，其視騎省之辯，正猶螢爝之擬羲舒也。」徐鉉於南唐滅亡後入宋，以文才儼然當時文壇領袖，終因不忘故主之義而被貶。涑水記聞卷一曰：「王師平江南，徐鉉從李煜入朝，太祖讓之，以其不早勸李煜降也。鉉曰：『臣在江南，備位大臣，國亡不能止，罪當死，尚何所言！』上悦，撫之曰：『卿誠忠臣，事我當如事李氏也。』」儒林公議卷上曰：「太祖既下江南，得徐鉉、湯悦、張洎輩，謂之曰：『朕平金陵，止得卿輩爾。』」卷下：「江南徐鉉歸朝，儒筆履素，爲中朝士大夫所重，王溥、王祐與之交款，李至、蘇易簡，咸師資之。李穆尚書有清識，嘗語人曰：『吾觀江表冠蓋，若中立有道之士，惟徐公近之耳。』」東軒筆録卷一：「太祖、太宗下諸國，其僞命臣僚忠於所事者，無不面加獎激，以至棄瑕録用，故徐鉉、潘昚修輩皆承眷禮。至如衛融、張洎應答不遜，猶優假之，故雖疏遠寇讎，無不盡其忠力。太平興國中，吳王李煜薨，太宗詔侍臣撰吳王神道碑。時有與徐鉉争名而欲中傷之者，面奏曰：『知吴王事迹，莫若徐鉉爲詳。』太宗未悟，遂詔鉉撰碑，鉉遽請對而泣曰：『臣舊侍李煜，陛下容臣存故主之義，乃敢奉詔。』太宗始悟讓者之意，許之。故鉉之爲碑，但推言歷數有盡，天命有歸而已。其警句云：『東鄰構禍，南箕扇疑。投杼致慈親之惑，乞火無里婦之談。始勞固壘之師，終後塗山之會。』又有偃王仁義之比，太宗覽讀稱嘆。異日復得鉉所撰吴王挽詞三首，尤加歎賞，每對宰臣，稱鉉之忠義。吴王挽詞，今記者二首，曰：『倏忽千齡盡，冥茫萬事空。青松洛陽陌，荒草建康宫。道德遺文在，興衰自古同。受恩無補報，反袂泣途窮。』又曰：『土德承餘烈，江南廣舊恩。一朝人事變，千古信書存。哀挽周原道，銘旌鄭國門。此生雖未死，寂寞已消魂。』李王葬北邙，江南録乃鉉與湯悦奉詔撰，故有鄰國、信書之句。東鄰，謂錢俶也。」然默記卷上曰：「徐鉉歸朝，爲左散騎常侍，遷給事中。太宗一日問：『曾見李煜否？』鉉對以：『臣安敢私見之！』上曰：『卿第往，但言朕令卿往相見可矣。』鉉遂徑往其居，望門下馬，但一老卒守門。徐言：『願見太尉。』卒言：『有旨不得與人接，豈可見也！』鉉云：『我乃奉旨來見。』老卒往報。徐入，立庭下久之。老卒遂入，取舊椅子相對。鉉遥望見，謂卒曰：『但正衙一椅足矣。』頃間，李主紗帽道服而出，鉉方拜，而李主遽下堦引其手以上。鉉告辭賓主之禮，主曰：『今日豈有此禮？』徐引椅少偏，乃敢坐。後主相持大哭，乃坐默不言。忽長吁歎曰：『當時悔殺了潘佑、李平。』鉉既去，乃有旨再對，詢後主何言。鉉不敢隱，遂有秦王賜牽機藥之事。牽機藥者，服之前卻數十回，頭足相就，如牽機狀也。又後主在賜第，因七夕命故妓作樂，聲聞于外，太宗聞之，大怒。又傳『小樓昨夜又東風』及『一江春水向東流』之句，併坐之，遂被禍云。」據此，則徐鉉對李煜之死實不無責任。

〔三〕職方員外郎高繼申　高繼申，柳詒徵宋太宗實録校證曰：「諸書均未載。高瓊諸子以『繼』字爲次，繼申當亦高瓊子姓。」案：宋史卷二〇一刑法三載：「乾德四年，大理正高繼申。」卷四八一世家四南漢劉氏亦曰：開寶四年「太祖命攝大理卿高繼申引澄樞、托、崇譽斬于千秋門外。」此事又見續資治通鑑長編卷一二開寶四年五月乙未朔條。其時，高瓊尚僅爲太宗晋邸親隨，高繼申顯非其子姓。

2丙戌，河南府言：「洛水漲五丈餘，壞鞏縣官寺、軍壘，民廬舍殆盡。」左諫議大夫、知開封府邊珝卒。珝字待價，華州下邽人〔一〕。父蔚，仕至太常卿。珝，天福六年舉進士登第，解褐，授祕書省祕書郎、直昭文館〔二〕。遷右補闕，起居舍人；改庫部、職方員外郎，受詔知通州。以牢盆賦於民，大煮鹽於郎山〔三〕，歲得萬餘石。國初，出爲洛陽令，徵爲倉部郎中。隴、蜀平，命珝知三泉縣，入爲職方郎中。揚州言民盜殺廣陵縣尉謝圖父，捕繫民凡三百日，獄未具，州以聞。命珝按之，盡得其實，民抵罪〔四〕。開寶中，知揚州，會征江表，兼領淮南轉運使。上即位，遷吏部郎中、嶺南轉運使，徵爲右諫議大夫、領吏部選事，移知開封府。至是卒〔五〕，年六十三。珝强力，有吏材，上方欲倚用，及聞其死，嗟嘆者數四。賜其家絹百匹〔六〕、錢二十萬，以營葬事。

〔一〕華州下邽人　柳詒徵宋太宗實録校證曰：「按宋史列傳述邊珝事迹，詳於實録，當是修國史時，別據家傳及他書撰集，不盡依實録。史稱珝爲華州鄭人，鄭即華州治所，與下邽中隔渭水，不得以下邽爲鄭也。」

〔二〕授祕書省祕書郎、直昭文館　祕書郎，宋史卷二七〇其本傳記爲「校書郎」；昭文館，則記爲「洪文館」。中華書局點校本宋史卷二七〇校勘記〔四〕曰：「按唐代於門下省置弘文館，五代沿置。此處『洪文館』原當作『弘文館』，蓋宋人避宋太祖父弘殷諱而改。」

〔三〕郎山　宋史卷二七〇其本傳作「狼山」，太平寰宇記卷一三〇通州、輿地紀勝卷四一通州皆作狼山，疑實録誤。

〔四〕民抵罪　本段當有錯訛，宋史卷二七〇其本傳記其事爲：「有富民訴廣陵尉謝圖殺其父，本部收尉囚之，官吏推劾累三百日，獄未具，州以狀聞。詔翊案鞫，盡得其實。乃富民以私憾誣告尉，即反坐之。」柳詒徵宋太宗實録校證曰：「揚州獄事，實録與史相反，實録謂民殺縣尉之父，史稱縣尉殺民之父，詳其情狀，當以史爲近是。」

〔五〕至是卒　宋會要輯稿禮四四之一三作「左諫議大夫邊翊：太平興國六年六月以知開封府卒」，顯誤。

〔六〕賜其家絹百匹　宋會要輯稿禮四四之一三與實録同，然宋史卷二七〇其本傳作「賻其家絹四百匹」。

3丁亥，以翰林學士、中書舍人李穆知開封府；膳部郎中、知雜滕中正〔一〕爲右諫議大夫、權御史中丞〔二〕。吏部郎中許仲宣爲左諫議大夫、依前嶺南轉運使；兵部郎中劉保勳爲右諫議大夫；刑部郎中辛仲甫爲右諫議大夫、依舊知益州。以庫部員外郎楊徽之爲刑部郎中〔三〕，大理正孔承恭爲庫部員外郎，同考校京、朝官殿最〔四〕。

〔一〕膳部郎中、知雜滕中正　知雜，爲「侍御史知雜事」的簡稱，在御史臺中的地位僅次於御史中丞。又，宋史卷二七六滕中正傳曰：「太平興國五年，召爲膳部郎中兼侍御史知雜事。六年，命與中書舍人郭贄、户部郎中雷德驤同知京朝官考課。中正嘗薦舉監察御史張白知蔡州，假貸官錢二百貫糴粟麥以射利，坐棄市。中正降爲本曹員外郎，依舊知雜。未幾，又擢拜右諫議大夫、權御史中丞。」則滕氏乃以膳部員外郎、知雜遷右諫議大夫、權御史中丞，與實録不同。案：續資治通鑑長編卷二四太平興國八年四月壬子條有曰：「上怒，命膳部郎中、知雜御史滕中正即訊之，德超具伏。」則至遲在太平興國八年四月滕氏已復膳部郎中，當以實録爲是。

〔二〕右諫議大夫、權御史中丞　按宋代制度，正官御史中丞缺，或由給事中、諫議大夫權領。

〔三〕楊徽之爲刑部郎中　楊徽之，後周時曾上書周世宗，反對由趙匡胤出任殿前都點檢。宋太祖在陳橋兵變後曾有意誅之，賴太宗勸諫乃止。事見涑水記聞卷二：「楊徽之，建州浦城人。少好學，善屬文，有志節。是時福建屬江南，江南亦置進士科，以延士大夫。徽之耻之，乃間道詣中朝應舉，夜浮江津。周世宗時及第，爲拾遺。是時，太祖已爲時望所歸，徽之上書言之。及太祖即位，將殺徽之，太宗時爲晋王，力救之，曰：『此周室忠臣也，不可殺。』其後左遷爲峨眉令，十餘年不得調。太宗即位，始召之，用爲太子諭德、侍講，官至兵部侍郎，卒，贈僕射。」續資治通鑑長編卷四乾德元年十二月己亥條亦曰：「右拾遺浦城楊徽之，亦嘗言于世宗，以爲上有人望，不宜典禁兵。上即位，將因事誅之，皇弟光義曰：『此周室忠臣也，不宜深罪。』於是亦出爲天興令。」又，澠水燕談録卷七歌詠曰：「楊侍讀徽之，以能詩聞於祖宗朝。太宗知其名，索其所著。以百篇獻上，卒章曰：『少年牢落今何幸，叨遇君王問姓名。』太宗和賜，且語近臣曰：『徽之文雅可尚，操履端正。』拜禮部侍郎，選十聯寫於御屏。梁周翰貽之詩曰：『誰似金華楊學士，十聯詩在御屏風。』」

〔四〕同考校京、朝官殿最　宋會要輯稿職官五九之三記太宗太平興國八年四月一日詔曰：「國家並建庶官，分掌衆務，各司攸局，咸盡其材。不明殿最之文，曷伸懲勸之道？應州縣幕職官等，吏部蓋有舊規。自今京、朝官釐事於外者，秩滿歸闕，曾經責罰及臨事簡慢者，並與邊遠州郡；課績高等，治行尤異者，授以近地，式示勸能，著爲定制。」六月，遂有楊徽之等考校京、朝官殿最之命。

4甲午，河南府言：「穀水、伊水、洛水、瀍水暴漲〔一〕，溢出岸，壞官寺、軍壘、寺觀、祠廟、民廬舍萬餘區，溺死者以萬計。」

〔一〕穀水、伊水、洛水、瀍水暴漲　皇朝編年綱目備要卷三曰：太平興國八年「六月，穀、洛、伊、瀍溢。溺死者以萬計」。宋史卷四太宗一則作：「是月，穀、洛、瀍、澗溢，壞官民舍萬餘區，溺死者以萬計，鞏縣壞殆盡。」

5丁酉，詔曰：「自今京、朝官〔一〕知録事參軍〔二〕及知縣事者〔三〕，見本郡〔四〕長吏，用賓主之禮。宴集班位，其常參官〔五〕在判官之上；未常參官〔六〕在推官之上。所乘馬，並不得用繁纓〔七〕。違者，所在以聞〔八〕，當行責罰。」

〔一〕京、朝官　老學庵筆記卷八：「唐自相輔以下，皆謂之京官，言官於京師也。其常參者曰常參官，未常參者曰未常參官。國初以常參官預朝謁，故謂之升朝官，而未預者曰京官。元豐官制行，以通直郎以上，朝預宴坐，仍謂之升朝官；而按唐制，去京官之名，凡條制及吏牘，止謂之承務郎以上，然俗猶謂之京官。」

〔二〕知録事參軍　宋襲唐制，於各府、州置録事參軍，諸府稱爲司録參軍，諸州則稱爲録事參軍，掌州院庶務，爲府、州幕僚官之首。在宋官員銓選制度中，知録事參軍和知縣同爲一等，即第三十六階。

〔三〕知縣　以京、朝官出任知縣，是宋太祖針對五代弊政所實行的重要舉措。東軒筆録卷三：「五代任官，不權輕重，凡曹、掾、簿、尉，有齷齪無能，以至昏耄不任驅策者，始注爲縣令。故天下之邑，率皆不治，甚者誅求刻剥，猥迹萬狀，至今優諢之言，多以長官爲笑。」澠水燕談録卷五官制：「建隆中，擇才能之士出宰大邑，大理正奚嶼知大名府館陶縣，監察御史王祜知魏縣，選朝官知縣自此始。太祖重縣令之任至矣。」續資治通鑑長編卷四乾德元年六月庚戌條：「命大理正奚嶼知館陶縣，監察御使王祜知魏縣，楊應夢知永濟縣，屯田員外郎于繼徽知臨清縣。常參官知縣，自嶼等始也。」並在注文中考證説：「諸書皆言朝官知縣自奚嶼等始。按實録建隆二年十一月己丑，以祠部郎中王景遜爲河南令，職方員外郎邊珝爲洛陽令，左司員外郎段思恭爲開封令，駕部員外郎劉涣爲浚儀令，代盧辰、張文遂、邊玗、宋彦昇等。不知何故諸書乃言知縣始此，豈令與知縣不同乎？當考。」又見宋朝事實卷九、文獻通考卷六三、群書考索後集卷一四等。

〔四〕本郡　郡爲秦漢地方行政區劃名，宋代常作爲州的代稱。宋會要輯稿儀制五之三亦載此詔，「本郡」即作「本州」，疑爲後所改易。

〔五〕常參官　宋會要輯稿儀制五之三作「升朝官」。

〔六〕未常參官　宋會要輯稿儀制五之三作「京官」。

〔七〕所乘馬，並不得用繁纓　宋會要輯稿儀制五之三無此句。然宋史卷一五〇輿服二有：太平興國「八年，詔京朝知録事參軍及知縣者，所乘馬，並不得飾纓。」當以實録爲是。

〔八〕所在以聞　宋會要輯稿儀制五之三作「在所以聞」。

6己亥，制曰：「漢以尚書平處奏議，魏以中書參掌機密。邦國之務，率繫於樞衡；軍旅之謀，多出於帷幄。授受之際，厥惟難哉！宣徽南院使、兼樞密副使、金紫光禄大夫、檢校司徒、上柱國、瑯琊縣開國男王顯：器量恢宏，襟靈秀拔。常事藩邸，備極公忠。累踐榮班，遂膺顯用。風雨如晦，益勵匪躬之誠；夙夜惟寅，愈挺〔一〕致君之志。樞機之任，獻替尤資〔二〕。宜正名稱，用伸毗倚；勉堅許國之節〔三〕，式副知臣之明。可檢校太保，充樞密使〔四〕，進封本郡侯。」上召謂顯曰：「卿代非儒門〔五〕，少罹兵亂，必寡學問。今在朕左右，典掌萬機，固無暇博覽群書。」命左右取軍戒〔六〕三篇賜顯，曰：「讀此，亦可免於面牆矣。」〔七〕又以宣徽北院使柴禹錫爲宣徽南院使〔八〕，依前樞密副使；右諫議大夫王明爲給事中，依前充鹽鐵使；左衛將軍陳從信〔九〕爲本衛大將軍，依前度支使。

〔一〕挺　宋宰輔編年録卷二作「定」。

〔二〕樞機之任，獻替尤資　宋宰輔編年録卷二作「樞密之任，獻納攸資」。

〔三〕勉堅許國之節　宋宰輔編年録卷二此處無「勉」字，當爲脱漏。

〔四〕充樞密使　王顯，出身太宗藩邸親隨，是最得太宗寵信的親信心腹之一，宋史二六八王顯傳曰：「初爲殿前司小吏，太宗居藩，嘗給事左右」、「顯自三班不數年正樞任，奬擢之速，時無儗之者。顯吏軍司時，張永德以滑州節制爲殿前都點檢。及顯自樞密鎮孟津兼相帥，永德由太子太師爲相帥，同日宣制，永德兼大夫，反在顯下，時人訝之。顯居中執政，矯情以厚胥吏，齪齪自固而已。在藩鎮頗縱部曲擾下，論者非之。」

〔五〕卿代非儒門　宋史卷二六八王顯傳：「上謂之曰：『卿世家本儒，少遭亂失學。』」與此相反。然玉海卷一四一太平興國軍誡條曰：「太平興國八年六月己亥，以宣徽南院使、樞密副使王顯爲樞密使。上召謂顯曰：『卿世非儒家，少罹兵患，必寡學問。今在朕左右，典掌萬機，〔固無〕（因年）暇博覽群書。』左右取軍誡三篇賜顯，曰：『讀此亦可以免面牆矣。』」續資治通鑑長編卷二四太平興國八年正月己卯條記太宗對王顯曰：「卿世非儒門，少罹兵亂，必寡學問。」錦綉萬花谷後集卷九樞府條引職官分紀亦曰：「賜軍戒三篇。國朝興國八年，王顯充樞密使，上召謂曰：『卿代非儒門，少罹兵亂，必寡於學問。今在朕左右，典掌萬幾，固無暇博覽群書。』命左右取軍戒三篇賜之，曰：『讀此，亦可免於面牆矣。』」古今事文類聚新集卷一七樞密院部典掌萬幾條則引會要曰：「太平興國八年，王顯充樞密使，上召謂曰：『卿代非儒門，必寡學問，今在朕左右，典掌萬幾，固無暇博覽群書。』命左右取軍戒三篇賜之，曰：『讀此，則可以免面牆矣。』」皆與實録同，顯當以實録爲是。柳詒徵宋太宗實録校證亦曰：「按史稱『卿世家本儒』，與實録『卿代非儒門』語大舛，當以實録爲近是。」

〔六〕軍戒　玉海卷一四一太平興國軍誡條曰：「王顯，一武人，雖以才力任用至樞密使，太宗慮其不學，不能曉通變之事，故以軍戒授之，使知賢者行事也。唐藝文志裴守一軍誡三卷。」指唐裴守一軍誡。

〔七〕讀此，亦可免於面牆矣　太平寶訓政事紀年卷一太宗皇帝引寶訓記此事曰：「以王顯爲樞密使，太宗謂之曰：『卿學問寡，今掌樞機，無暇讀書。』令左右取軍戒三篇，曰：『讀此可免面牆矣。』」並引富弼等人對此事的評論曰：「大臣不知學問，則暗大體。王顯以才力至樞密使，太宗慮其不學，不能曉通變之事，故以軍戒授之，使知賢者行事也。」

〔八〕宣徽南院使　宣徽院長官之一，却掃編卷下曰：「宣徽使……有南北院，南院資望比北院尤優。」其職權爲總領内諸司、殿前三班、内侍，及郊祀、朝會、宴會供帳、檢視貢品等宫廷瑣事，往往都是由皇帝的親信擔任。宋會要輯稿職官六之四四曰：「宣徽使，班位在樞密副使之上。」

〔九〕王顯、柴禹錫、陳從信都是太宗在太祖朝的幕府隨從人員，宋人稱之爲「藩邸」或「潛邸」舊僚，也形象地稱之爲「隨龍」之人。在宋代，「藩邸」舊僚始終是最得皇帝寵信的群體，也最容易平步青雲，仕至高位。如丁晋公談録云：「太宗即位後未數年，舊爲朱邸牽攏僕馭者，皆位至節帥，人皆歎訝之。」司馬光傳家集卷三八言郭昭選劄子：「國初草創，天步尚艱，故祖宗即位之始，必拔擢左右之人，以爲腹心、羽翼，豈以爲永世之法哉？乃遭時不得已而然也。自後嗣君，守承平之業，繼聖考之位，亮陰未言之間，有司因循，踵爲故事。凡東宫僚吏，一概超遷，謂之隨龍。」而王顯諸「隨龍」之人，皆庸才耳，宋史卷二六八論曰所云：「莫逃於齷齪之譏。」可謂定評。以王顯爲例，雖自太平興國八年六月至淳化二年九月，執掌「本兵之地」的樞密院八年有餘，「專司兵要」，然「謀略非長」，實難以勝任，在對遼、党項戰事中皆乏善可陳。宋宰輔編年録卷二淳化二年九月癸卯王顯罷樞密使，其制曰：「裨贊元首，實賴於股肱；緝熙庶務，允歸於樞軸。苟依違而無狀，必黜陟之是行。具官王顯：早自中涓，亟陞近列。一掌樞務，十年於兹。參幃幄之籌，曾無補職之効；居負乘之地，實有致寇之虞。而乃植立私黨，紊撓紀綱，蔽賢傷善，固寵偷安，蓋非據之使然，於盡瘁而何有！揣斗筲之器，既有覺於滿盈；

畏搢紳之言，始懇求於引退。朕以情深念舊，志在包荒，百拜祈恩，有足哀者。九命作牧，舉而授之。勉思全度之仁，無忘惕厲之戒。」同卷又曰：「顯自太平興國八年兼樞密副使，六月遷樞密使，是年九月罷，在樞府凡八年。顯自三班不數年正樞任，奬擢之速，無與爲比，居位僅十年。屬蕃戎寇邊，河決近郡，機務煩急，朝夕咨訪，顯無謀略，不任職，太宗切責之。顯再拜謝過，遂有是命。」

7 潭州言：「長沙縣民翟景鴻五世同居，内無異爨。」詔旌表門閭，常稅外免其他役。

8 陝州言：「永定澗水漲溢出岸，壞民廬舍、軍壘千餘區。」

9 丙午，乾寧軍言：「御河〔一〕水漲七尺五寸。」

〔一〕御河　即永濟渠，資治通鑑卷二六八後梁均王乾化三年五月壬子胡三省注曰：「隋煬帝大業四年穿永濟渠，引沁水南達於河，北通涿郡，後人因謂之御河。」太平寰宇記卷五四曰：「白溝水，煬帝號爲永濟渠，亦名御河，西去縣十里。」宋史卷九五河渠五：「御河源出衛州共城縣百門泉，自通利、乾寧入界河，達於海。」御河從後周時期經周世宗的整治之後，一直是北宋向河北、宋遼邊境地區運輸糧餉的重要水運通道，如孝肅包公奏議卷一〇請於懷衛糴米修御河船運即曰：「臣竊見御河上自懷、衛、通利軍，下至沿邊州軍，順流般運斛斗，無便於此。」聞見近録亦曰：「御河，蓋世宗運漕河也……世宗開御河，本爲薊、燕漕運計，御河其不可廢也。」

10 戊申，新及第進士王世則以下十八人〔一〕，送中書門下〔二〕處分，餘並送流内銓〔三〕，命文明殿學士李昉、樞密直學士張齊賢、王沔、中書舍人王祐〔四〕同於吏部注擬〔五〕。上謂李昉等曰：「天下州縣闕官，朕親選多士〔六〕，忘其飢渴，召見臨問，以觀其才，豈望拔十得五，但十得三四〔七〕，亦巖穴無遺逸，朝廷多君子矣。朕每見布衣、搢紳間，有端雅爲衆所推舉者，朕代其父母喜；或召拜近臣，必擇良日，欲其保終吉也。朕於士大夫，無所負矣〔八〕！」昉等拜謝。

〔一〕王世則以下十八人　爲第一甲。宋會要輯稿選舉一之六：「分甲取人始於太平興國八年。」宋史卷一五五選舉一亦曰：「進士始分三甲。」此後宋代科舉通常是把進士分爲五甲，即五等，通常第一、二甲爲「進士及第」，第三甲爲「進士出身」，第四甲和第五甲則爲「同進士出身」。第一甲第一、二、三名就分别俗稱狀元、榜眼和探花。太平興國八年貢舉，據徐規王禹偁事迹著作編年的相關研究，兩京、諸道州府貢士計一萬二百六十人，正月，以中書舍人宋白權知貢舉，知制誥賈黄中、吕蒙正、李至，直史館王沔、韓丕、宋準，司封員外郎李穆，監察御史李範，祕書丞楊礪等九人權同知貢舉。宋白等上所試合格奏名進士王禹偁以下若干人。三月，覆試禮部貢舉人，擢長沙王世則以下百七十五人，諸科五百一十六人，並賜及第；進士五十四人，諸科百七十人，同出身。賜宴瓊林苑，其後遂爲定制。甲科進士十八人，以大理評事知縣，餘皆授判、司、簿、尉。省試試題爲四科取士何先論，殿試試題則爲六合爲家賦、鸚囀上林詩、文武雙興論。宋太宗、真宗朝文壇領袖人物王禹偁爲省試第一人，但殿試僅中第二甲乙科進士。王禹偁後於淳化三年作寄獻鄜州行軍司馬宋侍郎詩寄贈宋白（載小畜集卷三），憶及當年省試時受知情景云：「賤子在廣場，知見殊流輩。進士數且千，馳騖稱俊邁。人人握靈蛇，許我珠無纇。超拔冠多士，權貴不得礙。」中是年進士者除王世則、王禹偁外，尚有姚鉉、羅處約、李巽、朱九齡、馮伉、薛昭、翟驤、戚綸、王子輿、高紳、韓見素、李士衡、吴鉉、劉文杲、韋襄、鄭文寶、李虚己、梁鼎、卞兖、劉昌言、盧琰、楊覃、和嶸、崔遵度、曾致堯、李建中等。見仰素集，杭州大學出版社一九九九年版，第一〇二—一〇三頁。又，王世則在殿試中以速成六合爲家賦得太宗嘆賞，遂擢爲第一人，青箱雜記卷二曰：「五代之際，天下剖裂，太祖啟運，雖則下西川，平嶺表，收江南，而吴越、荆、閩納籍歸覲，然猶有河東未殄。其後太宗再駕乃始克之，海内自此一統，故因御試進士，乃以『六合爲家』爲賦題。時進士王世則遽進賦曰：『搆盡乾坤，作我之龍樓鳳閣；開窮日月，爲君之玉户金關。』帝覽之大悦，遂擢爲第一人。是年李巽亦以六合爲家賦登第，賦云：『闢八荒而爲庭衢，并包有截；用四夷而作藩屏，善閉無關。』此亦善矣，然不若世則之雄壯。巽字仲權，邵武人，以蜃樓、士鼓、周處斬蛟三賦馳名，累舉不第，爲鄉人所侮曰：『李秀才應舉，空去空回，知席帽甚時得離身？』巽亦不較。至是乃遺鄉人詩曰：『當年踪迹困泥塵，不意乘時亦化鱗。爲報鄉閭親戚道，如今席帽已離身。』蓋國初猶襲唐風，士子皆曳袍重戴，出則以席帽自隨。巽後仕至度支郎中、兩浙轉運使卒。與王禹偁相友善，今小畜集有送李仲權赴官序，即巽也。」太宗早年殿試，喜以交卷最速者爲狀元，如歸田録卷一曰：「太宗時親試進士，每以先進卷子者賜第一人及第。孫何與李庶幾同在科場，皆有時名，庶幾文思敏速，何尤苦思遲。會言事者上言：『舉子輕薄，爲文不求義理，惟以敏速相誇。』因言：『庶幾與舉子於餅肆中作賦，以一餅熟成一韻者爲勝。』太宗聞之大怒，是歲殿試，庶幾最先進卷子，遽叱出之。由是何爲第一。」東軒筆録卷一亦曰：「孫何榜，太宗皇帝自出試題巵言日出賦，顧謂侍臣曰：『比來舉子浮薄，不求義理，務以敏捷相尚，今此題淵奥，故使研窮意義，庶澆薄之風可漸革也。』語未已，錢易進卷子，太宗大怒，叱出之。」孫何榜，在淳化三年，宋會要輯稿選舉七之五曰：「淳化三年三月四日，帝御崇政殿試禮部奏名進士，内出巵言日出賦、射不主皮詩、儒行論題，得孫何已下三百五十三人，第爲五等，並賜及第、出身。時御出賦題，孫何等不知所出，相顧惶駭，閣筆不敢措詞。人教之上請，因相率叩殿檻，乞指示，帝初不爲言，既所請再三，始爲陳其大義焉。命三司使、翰林學士、丞郎、兩省給舍已上三館職事官等，糊名考校，定優劣爲五等，第一至三，賜及第；第四、第五，賜出身。」此外，中

太平興國八年進士名見諸史籍者，尚有荆伯珍、魏元樞、彭垂象等三人，見分門古今類事卷四伯珍注名條：「荆伯珍，字君玉，南陽人，累舉進士不第。太平興國八年，省試正旦御乾元殿受朝賀賦，以『正月之節文武稱賀』爲韻，伯珍下語曰：『簾霧初捲，爐香正焚。』誤書『焚』爲『噴』。歸而始覺，中夕不寐，起曰：『我聞二相公廟，子游、子夏也，舉子祈之必應。』乃草一祝文，叙其事，以乞夢。是夕，夢二神人朱衣坐大壇上，謂伯珍曰：『鶯鳴六合，數應二末，亦須頭戴金樞，脚蹈玉象。』懷中出一枝花，曰：『桂也。』伯珍跪受之，遂覺。試策日，以祝廟文具叙其事於主司宋公白。既詣省，尚早，乃息於省前，俄有二皂衣吏擕簿書坐其側，伯珍詢之，一吏答曰：『我輩，非人也，冥中走吏。送今年舉人過南宫姓名入泰山去。』伯珍乃求其名，答曰：『荆伯珍，始試賦落韻，不合過。二相公苦救之，前夜已命宋舍人與改了，今却注名過也。』又問及第否？『此別有籍，吾不知也。』逡巡，二吏揖去。伯珍心喜，遂見宋公。公云：『君非荆伯珍乎？所試賦甚佳，一噴字固知筆誤，前夜已與賈舍人同改爲焚字了，勿憂、勿憂。』其年過省，御前試六合爲家賦、鶯轉上林詩，名字在第二等末徙尾第二人，魏元樞之下，彭垂象之上，並應神人之語。伯珍爲神告傳以紀之。吏云：『此別有籍。』以是知得失高下陰籍注定，人力區區，胡爲哉！」六合爲家，語出賈誼過秦論。王世則，東都事略、宋史無傳，畫墁録曰：「王世則，長沙人，冠歲辭親入南嶽讀書，其父遺之二千。居數年，還家寧親，既而出二千，封識如故。明年，狀元及第。」分門古今類事卷五曰：「王世則、韓見

素，趙諫同謁陳希夷，世則詐爲僕隸，拜堦下。先生笑而降堦曰：『侮人者，自侮也。』揖世則，使坐諸生之右，曰：『將來君獨首冠，諸公盡在此會也。』明年，世則舉進士，果狀第，其餘俱列于次，以此益知科名之前定也。」清雍正修湖廣通志卷四九亦記：「宋王世則，清源人，徙居應山。姓譜：太平興國八年登進士第一，淳化初以右正言使交州，還朝，條事迹及山川形勢上之，進直史館。未幾，以言儲貳事黜知象州。」

〔二〕中書門下　北宋神宗元豐改制前宰相的辦事機構，宋會要輯稿職官一之一七：「中書門下在朝堂西，榜曰中書，爲宰相治事之所，印文行敕曰中書門下。」職官一之六八亦曰：「國朝中書門下題榜止曰中書，印文行敕曰中書門下。中書令、侍中及丞郎以上至三師、同中書門下平章事並爲正宰相，二員以上，即分日知印。官至僕射以上，書敕中不著姓。緣唐制，領館職，昭文殿大學士、監修國史，首相領之；集賢殿大學士，次相領之。又嘗令首相領玉清昭應宮使，亦如唐領太清宮使也，後罷之。中書舍人以上至尚書爲參知政事，貳宰相之任也。」簡稱「中書」，俗稱「政事堂」、「政府」和「朝廷」。文天祥文山集卷三御試策一道說中書，「謂之朝廷，天子所與謀大政出大令之地也。政令不出於中書，昔人謂之斜封、墨敕，非盛世事」。

〔三〕流内銓　春明退朝録中曰：「吏部流内銓，每除官皆云權、判，正衙謝，復正謝前殿，引選人謝辭，繇唐以來，謂之『對敭』。判銓與選人同入起居畢，判銓於殿廷近北西嚮立，選人謝辭訖，出。判銓官亦謝而出。近止令選人門謝辭，判銓不復入。」

〔四〕王祐　續資治通鑑長編寫作「王祜」，據祝尚書王祜不名「祐」辨（載中華文史論叢一九八九年第二期）的考證，「王祐」乃「祜」之誤，以下正文仍存原貌「王祐」，注文中皆稱爲「王祜」。

〔五〕同於吏部注擬　是年甲科進士十八人授大理評事知縣，其餘皆授判、司、簿、尉。王禹偁於是年中第二甲進士，即授成武縣主簿。

〔六〕朕親選多士　指殿試，亦稱廷試。宋太祖開寶六年，在科舉考試中開始確立了皇帝親自主持的殿試制度，自此及第者遂有「御前及第、天子門生」之稱。燕翼詒謀録卷一：「自唐以來，進士皆爲知舉門生，恩出私門，不復知有人主。開寶六年，下第人徐士廉撾登聞鼓，言久困場屋。乃詔入策進士、終場經學，並試殿庭。三月庚午，御講武殿覆試新進士宋準以下一百二十七人。是歲禮部所放進士十一人而已，五經止二十二人。藝祖皇帝以初御試，特優與取放，以示異恩。而御試進士不許稱門生於私門，一洗故習，大哉宏模，可謂知所先務矣。」柳開河東集卷八與鄭景宗書：「太祖皇帝開寶六年命今僕射李公考試貢舉人，取士有不能盡。是時太祖方剋意務理，思與前代英主並立，然而刑政德業世用不變於唐。春，進士徐士廉求見太祖，太祖夕召，與之見。廉即具道貢舉人事，請太祖試之，曰：『方今中外兵百萬，提强黜弱，日決自上前，出無敢悖者。惟歲取儒爲吏，官下百數，常常贅戾，以其受於人而不自決致也。爲國家天下，止文與武二柄，取士耳，無爲其下鬻恩也。』太祖即命禮部試所中、不中貢舉人，列於殿廷試之，得百有二十七人，賜登高第，開幸在其數。後二年，廷試事如六年。明年，太祖崩，今上即位，廷試事亦如太祖。然其優賜殊恩，與太祖絶大，蓋上多文好學，知變而謀久者也。」東原録：「太平興國二年正月六日，太宗始御講武殿試進士，賜吕蒙正以下及第。三年、五年，又賜胡旦、蘇易簡以下及第。初，京師期集，未有題名石刻，至七年，馮起以贊善大夫通判歙州，蘇能以著作郎權知歙州，乃刻賜詩七首。

其賜呂蒙正詩有云：『帝澤雖寬異，官榮莫忘貧。』賜胡旦詩有云：『報言新進士，知舉是官家。』御注云：『每相見，但相勸爲美善之事，莫教朝野人笑，道主文官家知舉不了。』」儒林公議卷上亦曰：「自朱梁至郭周，五十餘年，凡五易姓，天下無定主。文武大臣，朝比肩、暮北面，忠義之風蕩然矣。」「太宗皇帝以親邸勳望，紹有大統，深懲五代之亂，以刷滌污俗，勸人忠義爲本。連闢禮闈，收采時俊。每臨軒試士，中第者不下數百人。雖俊特者相踵而起，然冗濫亦不可勝言。當時議者，多以爲非古選士之法。故真皇嗣位之初，王禹偁首上疏言得失，謂舉選非天子親臨之事，請以歸有司。然太宗滌污革舊，一新簪笏，則明者亦默知其意焉。」

〔七〕但十得三四　太宗即位後，空前未有地增加了科舉録取的名額，續資治通鑑長編卷一八太平興國二年正月戊辰條曰：「上初即位，以疆宇至遠，吏員益衆，思廣振淹滯，以資其闕，顧謂侍臣曰：『朕欲博求俊乂於科場中，非敢望拔十得五，止得一二，亦可爲致治之具矣。』」燕翼詒謀録卷一：「唐末，進士不第，如王仙芝輩唱亂，而敬翔、李振之徒，皆進士之不得志者也。蓋四海九州之廣，而歲上第者僅一二十人，苟非才學超出倫輩，必自絶意於功名之塗，無復顧藉。故聖朝廣開科舉之門，俾人人皆有覬覦之心，不忍自棄於盜賊奸宄」、「國初，進士尚仍唐舊制，每歲多不過二三十人。太平興國二年，太宗皇帝以郡縣闕官頗多，放進士幾五百人，比舊二十倍。」

〔八〕朕於士大夫無所負矣　太宗在增加録取名額的同時，還大幅度地提高了進士的政治地位，及第者隨即授予官職，尤其是第一甲的前四五名通常都能平步青雲，位至公卿，開始出現了「滿朝朱紫貴，盡是讀書人」（貴耳集卷二）和皇帝「與士大夫治天下」（續資治通鑑長編卷二二一熙寧四年三月戊子條）的歷史新格局。續資治通鑑長編卷一八太平興國二年正月戊辰條曰：「第一、第二等進士並九經授將作監丞、大理評事，通判諸州，同出身進士及諸科並送吏部免選，優等注擬，初資職事判、司、簿、尉。寵章殊異，歷代所未有也。薛居正等言取人太多，用人太驟。上意方欲興文教，抑武事，弗聽。」儒林公議卷上：「太宗臨軒放牓，三五名以前，皆出貳郡符，遷擢榮速，陳堯叟、王曾，初中第即登朝，領太史之職，賜以朱紱。爾後狀元登第者，不十餘年，皆望柄用，人亦以是爲常，謂固得之也。每殿庭臚傳第一，則公卿以下，無不聳觀，雖至尊亦注視焉。自崇政殿出東華門，傳呼甚寵，觀者擁塞通衢，人摩肩不可過，錦韉繡轂，角逐爭先，至有登屋而下瞰者。士庶傾羡，讙動都邑。洛陽人尹洙，意氣横躒，好辯人也，嘗曰：『狀元登第，雖將兵數十萬，恢復幽薊，逐强虜於窮漠，凱歌勞還，獻捷太廟，其榮亦不可及也。』」東軒筆録卷六：「本朝狀元及第，不五年即爲兩制，亦有十年至宰相者。」容齋隨筆卷九高科得人條曰：「國朝自太平興國以來，以科舉羅天下士，士之策名前列者，或不十年而至公輔。呂文穆公蒙正、張文定公齊賢之徒是也。及嘉祐以前，亦指日在清顯。東坡送章子平序，以謂仁宗一朝十有三牓，數其上之三人，凡三十有九，其不至於公卿者，五人而已。蓋爲士者知其身必達，故自愛重而不肯爲非，天下公望亦以鼎貴期之，故相與愛惜成就，以待其用。至嘉祐四年之制，前三名始不爲通判，第一人才得評事、簽判，代還升通判，又任滿，始除館職。王安石爲政，又殺其法，恩數既削，得人亦衰矣。觀天聖初牓，宋鄭公郊、葉清臣、鄭文肅公戩、高文莊公若訥、曾魯公公亮五人連名，二宰相，二執政，一三司使。第二牓，王文忠公堯臣、韓魏公琦、趙康靖公概連名。第三牓，王宣徽拱辰、劉相沆、孫文懿公抃連名。楊寘榜，寘不幸即死，王岐公珪、韓康公絳、王荆公安石連名。劉煇牓，煇不顯，胡右丞宗愈、安門下燾、劉忠肅公摯、章申公惇連名。其盛如此。治平以後，第一人作侍從，蓋可數矣。」其續筆卷一三科舉恩數條則曰：「國朝科舉取士，自太平興國以來，恩典始重。」續資治通鑑長編卷三〇端拱二年正月於太平興國八年中進士的王禹偁亦有言：「自陛下統御，力崇儒術，親主文闈，志在得人，未嘗求備。大則數年便居富貴，小則數月亟預官常。或一行可觀，一言可采，寵錫之數，動逾千萬。」續資治通鑑長編卷二四太平興國八年六月戊申條記事下，記太宗「又謂宰相曰：『唐置採訪使，蓋欲察官吏善惡，人民疾苦。然所命者，官高則權勢太重，官卑則威令不行，又所過州郡，承迎不暇，豈能審知利害，但虛有其名耳。曷若慎選群才，各分任使，有功有過，賞罰分明。且國家選才，最爲切務，人君深居九重，何由徧識，必須採訪。苟稱善者多，即是操履無玷，若擇得一好人，爲益無限。古人言「得千良馬不若得一伯樂，得十利劍不若得一歐冶」，此言殊有理。朕孜孜訪問，止要求人，庶得良才以充任使也。』趙普曰：『帝王進用良善，實助太平之理，然於採擇，要在得所。蓋君子小人，各有黨類，先聖謂觀過各於其黨，不可不慎也。』上然之。」

11己酉，兖州言：「泰山父老並瑕丘等七縣民陳延福等千四百九十三人〔一〕，自言詣闕請封禪，遣觀察判官廖文鐸護送之。」

〔一〕千四百九十三人　續資治通鑑長編卷二四太平興國八年六月己酉條記爲「四千一百九十三人」。

12辛亥，賜樞密使王顯開封府道德坊宅一區，賜宰相、文明〔一〕、翰林、樞密直學士、中書舍人、節度、觀察使建州所貢新茶〔二〕。

〔一〕文明　宋宰輔編年録卷二太平興國八年引官制曰：「太平興國五年，置文明殿。九年，殿災，改建爲文德殿，遂廢此職。」宋會要輯稿職官七之六則曰：「後唐明宗置端明殿學士二員，立翰林學士之上，專被顧問。太平興國五年，沿殿名而改此職，益重矣。」「慶曆七年，以文明殿學士稱呼同真宗謚號，乃改名爲紫辰殿，以冠學士之職。又以紫辰殿非人臣所可稱呼，乃以延恩殿更名觀文殿，置學士。」

〔二〕建州所貢新茶　即「建茶」。太宗太平興國初年，在建州建安北苑（今福建建甌附近）的産茶區，設立「御園」，所産茶葉作爲貢品上貢宫廷。後發展成爲宋規模最大，也最有名的官營茶園，廣袤約三十餘里，役茶夫千餘人，出産「龍鳳團茶」等蠟茶名品，宋人稱之謂「一朝團焙成，價與黄金逞」、「龍鳳新團出帝家」。蠟茶，亦稱蠟面茶，演繁露續集卷五解釋説：「建茶名蠟茶，爲其乳泛湯面，與鎔蠟相似，故名蠟面茶也。」類似於今天的茶磚，是把茶葉蒸熟後榨去茶汁，碾成粉末，然後放置到茶模中去壓製成形。飲用時，需採用煎、煮的方式。從宋太宗開始，皇帝也往往把建茶賞賜給臣下，如楊億武夷新集卷四北苑焙曰：「靈芽呈雀舌，北苑雨前春。入貢先諸夏，分甘及近臣。越甌猶借渌，蒙頂敢争新。鴻漸茶經在，區區不遇真。」建茶的淵源則可追溯至唐末，南唐時開始成爲皇家貢品，楊文公談苑曰：「建州，陸羽茶經尚未知之，但言福建等十二州未詳，往往得之，其味極佳。江左日近方有蠟面之號，李氏别令取其乳作片，或號曰京挺、的乳及骨子等。每歲不過五六萬斤，訖今歲出三十餘萬斤。凡十品，曰龍茶、鳳茶、京挺、的乳、石乳、白乳、頭金、蠟面、頭骨、次骨。龍茶以供乘輿及賜執政、親王、長主，餘皇族、學士、將帥皆得鳳茶，舍人、近臣賜京挺的乳，館閣白乳。龍、鳳、石、乳茶皆太宗令造，江左乃有研膏茶供御，即龍茶之品也。丁謂爲北苑茶録三卷，備載造茶之法，今行於世。」澠水燕談録卷八事誌：「建茶盛於江南，近歲製作尤精，龍、鳳團茶最爲上品，一斤八餅。慶曆中，蔡君謨爲福建運使，始造小團以充歲貢，一斤二十餅，所謂上品龍茶者也。仁宗尤所珍惜，雖宰臣未嘗輒賜，惟郊禮致齋之夕，兩府各四人，共賜一餅，宫人翦金爲龍、鳳花，貼其上，八人分蓄之，以爲奇玩，不敢自試，有嘉客，出而傳玩。」

13 秋七月甲寅朔〔一〕，工部侍郎致仕劉載卒。載，字德輿，范陽人，唐節度使總之五代孫也〔二〕。父昭，任潁州下蔡令。載，後唐清泰中舉進士及第，解褐授祕書省校書郎，累遷左拾遺，集賢殿學士，改殿中侍御史。周顯德中，歷倉部員外郎、知制誥，擢拜右諫議大夫、給事中。國初，出知貝州。代還，奉使江表。復命知鎮州，坐與兵馬部署何繼筠〔三〕不協，爲所構，太祖惡之，出爲山南東道節度行軍司馬，僅十年。上即位，徵赴闕，復爲給事中，以老病乞骸，改工部侍郎致仕，仍賜一子出身。至是卒，年七十六〔四〕。載頗刻勵爲學，博通史傳，著弔戰國賦萬餘言，行於世〔五〕。雅好釋氏，佞佛甚謹，晚年專以蔬食、誦經爲事。雅尚名節，頗爲流輩所稱。

〔一〕秋七月甲寅朔　柳詒徵宋太宗實録校證曰：「宋史本紀未書朔，四史朔閏考書甲寅朔，遼同，陳大任作乙卯。」

〔二〕唐節度使總之五代孫也　宋史卷二六二劉載傳記爲「唐盧龍節度濟之六世孫」。

〔三〕兵馬部署何繼筠　兵馬部署，後改稱兵馬總管，職官分紀卷三五兵馬總管副總管條曰：「國朝馬步軍都總管，以節度使充；副總管，以觀察使以上充。有止一州者，有數州爲一路者，有帶兩路、三路者。或文臣知州，則管勾軍馬事。舊相重臣，亦爲都總管。有禁兵駐泊其地者，冠以駐泊之名。」建炎以來朝野雜記甲集卷一一曰：「馬步軍都總管，祖宗時大帥職也，舊名都部署，避英宗諱改之。」何繼筠，太祖朝名將，續資治通鑑長編卷一二開寶四年七月癸亥條曰：「建武節度使、判棣州何繼筠來朝。癸亥，卒于京師。上親臨其喪，流涕謂左右曰：『繼筠捍邊有功，朕不早授藩鎮者，慮其數奇耳。今領旄鉞未幾，果至淪没，豈不哀哉！』即命中使護喪事，別賜寶劍、甲冑以葬。繼筠深沈有智略，與士卒同甘苦，得其死力。居北邊前後二十年，善揣知敵情，屢以少擊衆，契丹人畏伏，多畫像拜之。」

〔四〕年七十六　宋史卷二六二其本傳記爲「年七十一」。

〔五〕著弔戰國賦、萬餘言，行於世　劉載作品，據宋史卷二六二其本傳還有爲君、爲相、爲將、去讒、納諫等五論、明憲皇后謚册文等。

14 戊午，泰山父老辭歸故郡，各賜束帛以遣之〔一〕。以新及第進士王世則等一十八人，並爲大理評事、知縣、録事參軍，又以第二等進士吴鉉〔二〕爲大理評事、史館勘書。鉉，餘杭人，舉進士，嘗重定切韻〔三〕。及上親試，因捧以獻〔四〕。既中第，因令隸史館，校定字書，故有是命。鉉所定切韻，多以吴音，作俗字數千增之，鄙陋尤甚。尋禮部試貢士，爲鉉韻所誤，有司以聞。詔盡索而毁之，永不得行用〔五〕。

〔一〕各賜束帛以遣之　續資治通鑑長編卷二四太平興國八年六月己酉條曰：「上謙讓不允。」

〔二〕吴鉉　玉海卷四五又有「一作吴鋭」。

〔三〕切韻　隋陸法言撰，五卷。

〔四〕及上親試，因捧以獻　群書考索卷一一曰：太宗「留心字學」。

〔五〕永不得行用　群書考索卷一一曰：吴鉉後與句中正等人「考古今之同異，究篆隸之根源」，撰雍熙廣韻一百卷；玉海卷四三亦曰：吴鉉曾駁釋智騫所撰爾雅音義，又言：「國學板本爾雅釋文多誤。」

15丁卯，制曰：「計功稱代，則銘於旂常；尚齒優賢，則賜以几杖。我有舊老，時惟宗臣；願追赤松之遊，盡納水衡之俸。不舉殊典，何答元勳？開府儀同三司、檢校太師、行右金吾衛上將軍、判街仗司事、上柱國、邠國公王彦超〔一〕：早擁節旄，亟更藩閫；許國之誠夙厲，臨戎之績素高。爲列辟之楷模，實累朝之勞舊。緹騎二百，寵以執金之權；宸居九重，聿成高枕之適。遽形表疏，願避官榮，爰推進秩之恩，以遂懸車之請。優以稟給，表予眷懷。可太子太師致仕〔二〕，仍依舊給右金吾衛上將軍俸料〔三〕。」

〔一〕邠國公王彦超　五代後漢、後周資深將領，與宋太祖、宋太宗的父親趙弘殷有舊，宋太祖漫遊天下之初曾投奔過王彦超，但未被接納，續資治通鑑長編卷二建隆二年三月癸亥條曰：「上步自明德門，幸作坊宴射。酒酣，顧前鳳翔節度使、兼中書令臨清王彦超曰：『卿曩在復州，朕往依卿，卿何不納我？』彦超降堦頓首曰：『當時臣一刺史耳，勺水豈可容神龍乎？使臣納陛下，陛下安有今日！』上大笑而罷。」北宋開國後，王彦超是少數的幾位國公之一，春明退朝録上曰：「舊制：將相食邑萬户，即封國公。」

〔二〕可太子太師致仕　朝野類要卷五引年致仕曰：「古之大夫七十而致仕之例也。古則皆還其官爵於君，今則不然。故謂之『守本官致仕』，惟不任職也。若雖未及七十，但昏老不勝其任，亦奏請之，故曰引年。」宋會要輯稿職官七七之二九、三〇記王彦超致仕事曰：「雍熙二年，王彦超進封邠國公，謂人曰：『吾聞朝廷之制，七十致仕，吾今六十九矣，當自知止足之分。』於是年冬末預修求致政表，凡僕隸之食者，皆罷遣之。明年，果遂其請，以太子太保致仕。彦超歷仕累朝，領節制者九，所至雖無異政，而能以富貴知止，人以此多之。」「王彦超歷數鎮節制，罷爲金吾上將軍，與李昉、宋白善。一日，昉、白詣之，時彦超年六十九歲，謂昉、白曰：『人言七十致仕，出何書？』昉曰：『禮：大夫七十而致仕，若不得謝，賜之几杖，杖於朝。蓋筋力尚可從政，時君所賴也。』彦超曰：『我，前朝舊臣，與時無用，豈可食爵位而昧廉耻。』遂託白草求致仕表，來年假開日之上，再表得請，以太子太保致仕，給上將軍俸。居常白衣出入故舊家，僕從簡省，無童騎。性嗜張進酒、軟骨魚，語親舊曰：『有此二物，吾當不召自往矣。』張進者，建州人，隸内酒坊，善釀，味絶美，品在法酒之亞，善飲者多好之。」案：宋會要輯稿言王彦超以太子太保致仕，然隆平集卷一七、東都事略卷一九、宋史卷二五五王彦超傳等皆曰：「以太子太師致仕。」與實録同，當以實録爲是。

〔三〕仍依舊給右金吾衛上將軍俸料　致仕官員，按宋代制度本應「給半俸」，仍舊領全俸是一種優待。宋會要輯稿職官七七之三〇載太宗淳化元年五月詔曰：「應曾任文武職事官恩許致仕者，並給半俸，以他物充，於所在州縣支給。」石林燕語卷五曰：「唐致仕官，非有特敕，例不給俸。國初循用唐制，至真宗乃始詔致仕官特給一半料錢，蓋以示優賢養老之意。當時詔云：始呈材而盡力，終告老以乞骸。賢哉雖歎於東門，邈矣遂辭於北闕。用尊耆德，特示殊恩。故士之得請者頗艱。慶曆中，馬季良在謫籍得致仕，言者論而奪之，蓋以此。其後有司既爲定制，有請無不獲，人寖不以爲貴。乃有過期而不請者，於是御史臺每歲一檢舉；有年將及格者，則移牒諷之，今亦不復舉矣。」又，其考異則曰：「唐貞元五年，蕭昕等致仕，給半俸，遂爲例。太和元年，楊於陵致仕，特全給俸料，辭曰：『半給之俸，近古所行，伏自思維，已爲過幸。』此云唐致仕官非有特敕，例不給俸，非也。太宗淳化元年，詔致仕官給半俸，此云真宗，非也。」宋會要輯稿職官七七之二八記宋代官員致仕待遇曰：「國朝，凡文武官致仕者，皆轉一官，或加恩其子孫。觀察使、防禦、團練使、刺史及內職、三班，即換環衛；幕職、州縣官，改京朝官。升朝官父在者，遇慶恩授致仕官，其不仕者，文官始大理評事，武官始副率，再經恩累加焉。祖在而求回授者，亦聽，皆不給俸。亦有子居要近，加賜章服者。」

16 己巳，安化軍節度使沈承禮卒。承禮，字正臣，吴興人〔一〕。錢鏐辟置幕下，攝處州刺史。鏐卒，子元瓘以其女妻之，署以牙校。及錢俶襲位，加承禮知威武軍節度使〔二〕。王師征江南，俶命承禮率所部助攻毗陵，平之；又攻潤州，吴人夜竊出焚外柵，將帥皆欲馳救，承禮曰：「古人有言『擊東南而備西北』者，此之謂也。」命士皆擐甲、蓐食，堅壁不動。他壘不設備者，悉驚擾，獨承禮所部整肅，吴人不敢窺。既平丹陽，遂率兵抵建業。江南平，太祖録其功，特授威武軍節度、福州管內觀察處置等使。上即位，錢俶盡獻浙右之地，以承禮爲密州刺史、安化軍節度使。至是卒，年六十七。詔輟視朝兩日，贈太子太保，葬事官給〔三〕。

〔一〕吴興人　宋史卷四八〇世家三吴越錢氏曰：「沈承禮，湖州烏程人。」續資治通鑑長編卷一六開寶八年七月甲申條亦曰：「俶以兵屬其大將烏程沈承禮，隨王師進討。」

〔二〕加承禮知威武軍節度使　宋史卷四八〇世家三吴越錢氏曰：「命知威武軍節度事，充兩浙都鈐轄使。」疑實録誤。

〔三〕贈太子太保，葬事官給　贈太子太保，宋史卷四八〇世家三吴越錢氏：沈承禮「贈太子太師」。與實録不同。葬事官給，是爲「宣葬」，朝野類要卷五宣葬：「賜資財令辦葬事。喪家多願宣葬，蓋省費於敕葬也。」又，雞肋編卷下有記吴越軼事曰：「世以浙人孱懦，每指錢氏爲戲。云：俶時有宰相姓沈者，倚爲謀臣，號沈念二相公，方中朝加兵江、湖，俶大恐，盡集群臣問計，云：『若移兵此來，誰可爲禦？』三問無敢應者。久之，沈相出班奏事。皆傾耳以爲必有奇謀。乃云：『臣是第一個不敢去底！』」或即指沈承禮。

17 辛未，制〔一〕曰：「中書舍人、參知政事郭贄〔二〕：簪筆持橐，獲侍於初潛；曳組鳴珂，久塵於清切。頃參台席，實代天工。而啓沃蔑聞，尸素斯極。飲酒過量，自貽沈湎之譏；發言無稽，益彰容易之態〔三〕。所宜左降，尚屈典刑。可責授祕書少監〔四〕。」

〔一〕制　朝野類要卷四制書曰：「但是聖旨文字，皆爲制書。」

〔二〕郭贄　春渚紀聞卷七熙陵獎拔郭贄曰：「先友郭照爲京東憲日，嘗爲先生言，其曾大父中令公贄，初爲布衣時，肄業京師皇建院。一日方與僧對奕，外傳南衙大王至，以太宗龍潛日，嘗判開封府，故有南衙之稱。忘收棋局，太宗從容問所與棋者，僧以郭對。太宗命召至，郭不敢隱，即前拜謁。太宗見郭進趨詳雅，襟度朴遠，屬意再三。因詢其行卷，適有詩軸在案間，即取以跪呈。首篇有觀草書詩云：『高低草木芽争發，多少龍蛇眼未開。』太宗大加稱賞，蓋有合聖意者。即載以後乘歸府第，命章聖出拜之。不閱月而太宗登極，遂以隨龍恩命官。爾後眷遇益隆，不十數年位登公輔，蓋與孟襄陽、賈長江不侔矣。」又，玉壺清話卷五曰：「郭仲儀贄，真宗在藩，爲皇子侍讀。太宗幸東宫，御製戒子篇，命贄注解，且令委曲講論。真宗每以純厚長者遇之，在儲宫作詩贈之，略曰：『該明聖典通今古，發啓沖年曉典常。』後參大政，因論事朴直，上意不悦，後坐入對之際，宿酲未解，左遷荆南。因終身戒酒，至卒不飲，早暮餌藥亦斥之，其節剛若是矣。」楊文公談苑則記太宗嘗謂近臣曰：「詞臣之選，古今所重，朕嘗聞人言，朝廷命一舍人，六姻相賀，諺以謂一佛出世，豈容易哉？郭贄，南府門人，朕初即位，以其樂在詞筆，遂命掌誥，頗聞制書一出，人或哂之，亦其素無時望，不稱厥任，朕亦爲之靦顔，業已進用，亦終不令入翰苑。」

〔三〕益彰容易之態　宋會要輯稿職官七八之三作「寔彰容易之態」。

〔四〕可責授祕書少監　責授，朝野類要卷五責授曰：「責者，不限降幾官之數，徑指低階責授之。」郭贄之貶，宋宰輔編年録卷二太平興國八年七月記曰：「贄執政凡一年。曹彬爲彌德超所譖，贄爲辨其誣。宰相趙普因是重之，遂不次擢用。至是，以晨朝被酒，遂致罷黜。尋知荆南府。真宗即位，累遷禮部尚書。及卒，贈左僕射，謚文懿。贄長者，喜延譽後進，宋白、趙昌言皆其所薦也。」

18壬申，以左衛上將軍向拱領左金吾街仗事，宥州刺史李繼瑗爲右清道率府副率。

19庚辰，以左諫議大夫宋琪爲刑部尚書，依前參知政事；文明殿學士、工部尚書李昉守本官、參知政事〔一〕。

〔一〕宋琪、李昉參知政事，宋宰輔編年録卷二太平興國八年七月：「昉，字明遠，深州饒陽人。郭贄既貶，中書惟趙普、宋琪，時普恩禮稍替，將復命相。廷臣獨工部尚書李昉宿舊，上欲用昉參政。以琪先入，當班列昉上，加琪刑部尚書，昉守參知政事。昉執政僅半年，十一月拜相。」又注曰：「六部尚書，以吏部爲冠，兵部次之，户部次之，刑部又次之，禮部又其次，而工部居下。」又，後山談叢卷五曰：「李相昉在周朝知開封府，人望已歸太祖，而昉獨不附。王師入京，昉又獨不朝，貶道州司馬。昉步行，日十數里。監者中人問其故，曰：『須後命爾。』上聞之，詔乘馬，乃買驢而去。三歲，徙延州別駕。在延州，爲生業以老。三歲當徙，昉不願内徙。後二年，宰相薦其可大用，召判兵部。昉五辭，行至長安，移疾六十日，中使促之行。至洛陽，又移疾三十日而後行。既至，上勞之，昉曰：『臣前日知事周而已，今以事周之心事陛下。』上大喜，曰：『宰相不謬薦人。』」

20辛巳，詔：「開封府管内酸棗、陽武、封丘、長垣等四縣民田爲黄河水所害，及開封、浚儀、中牟、尉氏、襄邑、雍丘等六縣民田爲蔡河、廣濟、白溝河溢及水潦所損者，並蠲其租〔一〕。鄜州言：「河水漲溢入城，壞官寺、民廬舍四百餘區。」河南府言：「黄河水漲五丈七尺，壞河清縣豐饒務倉庫、軍壘、民廬舍千餘區。」荆門軍言：「長林縣山水暴漲，壞民廬舍五十一區，凡五十六人溺死。」陝州言：「河水漲，斷浮梁。」

〔一〕並蠲其租　宋會要輯稿食貨七〇之一五六亦載此詔，文字與實録略同，惟「並蠲其租」作「並蠲其税」。

21 壬午，免監察御史張巽，仍削四任，坐通判〔一〕澶州日，縱部下館驛吏擅費用官物而不舉也。夔州言：「江水漲七尺。」乾寧軍言：「御河水漲六尺。」襄州言：「漢水漲三丈二尺。」破虜軍言：「滹沲河水漲一丈四尺。」祁州言：「資河水漲，溢入城，壞軍壘、民廬舍百餘區。」滄州言：「葫蘆河漲水八尺。」雄州言：「易水漲一丈三尺，壞民廬舍。」

〔一〕通判　歸田録卷二曰：「國朝自下湖南，始置諸州通判，既非副貳，又非屬官。故嘗與知州争權，每云：『我是監郡，朝廷使我監汝。』舉動爲其所制。太祖聞而患之，下詔書戒勵，使與長吏協和，凡文書，非與長吏同簽書者，所在不得承受施行。至此遂稍稍戢。然至今州郡往往與通判不和。往時有錢昆少卿者，家世餘杭人也，杭人嗜蟹，昆嘗求補外郡，人問其所欲何州，昆曰：『但得有螃蟹無通判處則可矣。』至今士人以爲口實。」陳登原國史舊聞第二分册〔三八四〕通判條曰：「通判一官，對於地方行政長吏，有監督之權，故曰監郡，又曰監統，而所以實施監統，則在於文書同簽，即是副署之權，故宋史職官志述此官，亦謂非伊簽署，長吏不得擅有興發。」中華書局二〇〇〇年版，第二七二頁。

22癸未，駕幸含芳園，習射、張樂，賜從官飲。

23八月戊子朔〔一〕，以祠部郎中羅延吉兼侍御史知雜事。

〔一〕八月戊子朔　柳詒徵宋太宗實録校證曰：「諸書皆未書朔，四史朔閏考：『是年八月甲寅朔，遼同。』以七月甲寅朔推之，是月不應甲寅朔，當是實録誤書朔字。」

24辛卯，司天言：「壽星〔一〕見丙地。」海門採珠場貢真珠二百二十八斤〔二〕。

〔一〕壽星　宋會要輯稿瑞異一之一曰：「一云老人星『薦人君之壽，既稽元命之圖，表天下之安。』指二十八宿中的角、亢二星，爾雅釋天曰：「壽星，角、亢也。」史記封禪書索隱曰：「壽星，蓋南極老人星也，見則天下理安，故祠之以祈福壽。」從東漢至明，都把祭祀壽星列入國家祀典，以祈求國運長久。

〔二〕海門採珠場貢真珠二百二十八斤　續資治通鑑長編卷二四太平興國八年八月下引宋朝要録注曰：「辛卯，嶺南採珠貢真珠二千八百二十觔。」

25壬辰，制曰：「古先哲王，恭默思道。一物失所，在予之罪實深；四時不和，責躬之言尤切。今歲天降霖雨，自春徂秋，水出平原，河決近郡。下民離於昏墊，大田變於污萊。蓋念堯、舜之功格天，不能逃陰陽之數；禹、湯之言罪己，所以致邦國之興。朕端居九重，夕惕若厲，潔粢豐盛以懇禱，卑宮菲食以隱憂。至誠上通，和氣來應。氛霾清霽，稼穡豐穰。

取萬箱而可期，食四鬴而何遠？宜伸肆眚之澤，以答乃眷之仁。應兩京、諸道、州、府、軍、監、縣、鎮繫囚，限德音〔一〕到日，除十惡〔二〕、官吏犯正枉法贓〔三〕，及謀殺、故殺、劫殺人外，其餘罪無輕重，特與除放。諸處亡命軍人，及聚山林爲群盜者，限詔到一月，並許於所在陳首，限滿不首，復罪如初。配流徒役人等，並具元罪犯以聞，別聽進止〔四〕。

〔一〕德音　朝野類要卷四德音：「泛降而寬恤也。」文獻通考卷一七三則曰：「雜犯死減等，而餘罪釋之；流以下減等，杖笞釋之，皆謂之德音。」

〔二〕十惡　文獻通考卷一六五曰：「一曰謀反，二曰謀大逆，三曰謀叛，四曰惡逆，五曰不道，六曰大不敬，七曰不孝，八曰不睦，九曰不義，十曰内亂。十惡及故殺人獄成者，雖會赦猶除名。」

〔三〕官吏犯正枉法贓　實録卷七六至道二年正月辛亥條作「官典犯正枉法贓至死」，此處疑漏「至死」二字。

〔四〕宋大詔令集卷二一五政事六八恩宥上亦收録此詔，題名曰霖雨河決後年豐德音，然其文與實録差異很大，「門下：古先哲王，恭默思道，引萬方而罪己，將百姓以爲心。典册具存，音徽寧遠。睠惟今歲，自夏徂秋，霖雨爲災，水潦作沴，河渚有決防之患，人民懷昏墊之憂。朕端居九重，軫念兆庶，責躬減膳，暗禱明神。而精感有通，上元降鑒，變霪潦爲霽景，登稼穡爲有年。遐邇傳聞，黔黎安泰。豈沖人之獲祐，蓋上帝之垂休。宜覃兑悦之恩，用洽寰中之慶。限德音到日，云云。於戲！災祥之應，宜理昭然，愈持兢畏之心，庶答元穹之誡。布告中外，知朕意焉」。

26 癸巳，詔曰：「桂州管内，先配民歲市沙糖〔一〕，及茶園久荒，吏歲徵其課；先以官牛給與民，歲取租，牛死而吏猶督其直；關市征常額外，增錢百八十貫文〔二〕；並除之。官牛二百三十頭，賦與貧民〔三〕。」

〔一〕桂州管内，先配民歲市沙糖　桂州，今廣西桂林。沙糖，即甘蔗糖，東漢張衡七辨注曰：「沙糖，與石蜜乃其等類，閩王遣漢高祖石蜜十斛。」據季羨林考證，中國的製蔗糖技術就是此時從印度地區傳來。新唐書卷二二一上西域傳摩揭它記載：唐太宗時，又派專人從印度地區引進了當時較爲先進的製糖工藝，「太宗遣使取熬糖法」。老學庵筆記卷六亦曰：「聞人茂德言：沙糖，中國本無之。唐太宗時，外國貢至。問其使人：『此何物？』云：『以甘蔗汁煎。』用其法煎成，與外國者等。自此，中國方有沙糖。唐以前書傳，凡言及糖者，皆糟耳，如糖蟹、糖薑皆是。」也有一種看法認爲廣西桂林本爲蔗糖的原産地之一。容齋五筆卷六則引王灼糖霜譜，詳記唐、宋沙糖及糖霜等蔗糖製作工藝的發展狀況曰：「糖霜之名，唐以前無所見，自古食蔗者始爲蔗漿，宋玉招魂所謂『胹鼈炰羔有柘漿』是也。其後爲蔗餳，孫亮使黄門就中藏吏取交州獻甘蔗餳是也。後又爲石蜜，南中八郡志云：『笮甘蔗汁，曝成飴，謂之石蜜。』本草亦云『煉糖和乳爲石蜜』是也。後又爲蔗酒，唐赤土國用甘蔗作酒，雜以紫瓜根是也。唐太宗遣使至摩揭陁國，取熬糖法，即詔揚州上諸蔗，榨瀋如其劑，色味愈於西域遠甚，然只是今之沙糖。蔗之技盡於此，不言作霜，然則糖霜非古也。歷世詩人模奇寫異，亦無一章一句言之，唯東坡公過金山寺，作詩送遂寧僧圓寶云：『涪江與中泠，共此一味水。冰盤薦琥珀，何似糖霜美。』黄魯直在戎州，作頌答梓州雍熙長老寄糖霜云：『遠寄蔗霜知有味，勝於崔子水晶鹽。正宗掃地從誰説，我舌猶能及鼻尖。』則遂寧糖霜見於文字者，實始二公。甘蔗所在皆植，獨福唐、四明、番禺、廣漢、遂寧有糖冰，而遂寧爲冠。四郡所産甚微，而顆碎色淺味薄，纔比遂之最下者，亦皆起於近世。唐大曆中，有鄒和尚者，始來小溪之繖山，教民黄氏以造霜之法。繖山在縣北寺十里，山前後爲蔗田者十之四，糖霜户十之三。蔗有四色，曰杜蔗，曰西蔗，曰艻蔗，本草所謂荻蔗也，曰紅蔗，本草崑崙蔗也。紅蔗止堪生噉，芳蔗可作沙糖，西蔗可作霜，色淺，土人不甚貴，杜蔗紫嫩，味極厚，專用作霜。凡蔗最困地力，今年爲蔗田者，明年改種五穀以息之。霜户器用，曰蔗削、曰蔗鎌、曰蔗凳、曰蔗碾、曰榨斗、曰榨牀、曰漆甕，各有制度。凡霜，一甕中品色亦自不同，堆疊如假山者爲上，團枝次之，甕鑑次之，小顆塊次之，沙脚爲下；紫爲上，深琥珀次之，淺黄又次之，淺白爲下。宣和初，王黼創應奉司，遂寧常貢外，歲別進數千斤。是時，所産益奇，牆壁或方寸，應奉司罷，乃不再見。當時因之大擾，敗本業者居半，久而未復。遂寧王灼作糖霜譜七篇，具載其説，予採取之以廣聞見。」

〔二〕增錢百八十貫文　續資治通鑑長編卷二四太平興國八年八月癸巳條作「百八十貫」，無「文」字；宋會要輯稿食貨一七之一一作「八十餘貫」。

〔三〕官牛二百三十頭，賦與貧民　續資治通鑑長編卷二四太平興國八年八月癸巳條所記詔文與實録略同，惟無此句。宋會要輯稿食貨一七之一一亦載此詔，然文字與實録、續資治通鑑長編差異較大，其文曰：「八月，詔桂州承前配納糖及茶葉，並死傷牛租米，及四處税場增添年額共八十餘貫，並與除罷。」

27丁酉，山後兩林蠻王子牟昂等二百三十九人〔一〕以名馬來貢。以右補闕、直史館徐休復爲職方員外郎，右贊善大夫蘇易簡爲右拾遺，並加知制誥〔二〕。詔曰：「朕選用群材，分領庶職〔三〕。雖九品之賤，一命之微〔四〕，未嘗專委於有司〔五〕；必須召對於便殿，親與之語〔六〕，以觀其能。儻敷納之可觀，必越次而命賞〔七〕。恩或由於僥倖，理未至於澄清〔八〕。自今應親臨選擢官吏，並送中書，更審勘履歷，別聽進止。」辰州言：「溪、錦、敘、富等四州蠻〔九〕求内附，輸租税。」詔令州長吏察其傜俗情僞〔一〇〕，並按視山川地形，具圖來上〔一一〕。

〔一〕山後兩林蠻王子牟昂等二百三十九人　二百三十九人，宋史卷四九六蠻夷四曰：「蠻主弟牟昂及王子牟蓋、摩忙、卑愧、副使牟計等二百三十九人來貢。」與實録同。然續資治通鑑長編卷二四太平興國八年八月丁酉條却記其人數爲「百三十九人」。又，宋史卷四九六蠻夷四、續資治通鑑長編卷二四太平興國八年八月丁酉條皆言牟昂乃蠻王之弟，非其子。宋會要輯稿蕃夷五之五一亦記此事曰：「八年，蠻主弟牟昂等來貢，貢馬，黎州推官張軺部送赴闕。」並曰：「至道元年五月，詔加歸德大將軍牟昂檢校司徒、王子懷化將軍少益爲保順將軍、王叔副使懷化司階離襪爲懷化郎將，皆以其輸誠内附也。」疑實録誤。柳詒徵宋太宗實録校證改作「弟」，曰：「抄本作子。」

〔二〕知制誥　負責草擬詔令，與翰林學士對掌外制、内制，合稱爲「兩制」。辦事機構爲舍人院，隸中書門下，故俗稱「宰相判官」，地位要低於翰林學士。按照宋代的制度，一般是先任爲知制誥，再由知制誥晉升翰林學士。

〔三〕朕選用群材，分領庶職　宋大詔令集卷一六〇政事十三官制一亦收録此詔，題名曰親選擢官吏中書審勘別聽進止詔，「朕選用群材，分領庶職」作「朕選用群財，分領衆職」。宋會要輯稿職官五九之三所記此詔則作「朕選用群材，令司衆職」。

〔四〕雖九品之賤，一命之微　宋大詔令集與實録同，宋會要輯稿作「九品之賤，一命之微」，無「雖」字。

〔五〕未嘗專委於有司　宋會要輯稿與實録同，宋大詔令集作「未嘗專望於有司」。

〔六〕必須召對於便殿，親與之語　東軒筆録卷二曰：「太宗欲周知天下之事，雖疏遠小臣，苟欲詢訪，皆得登對。王禹偁大以爲不可，上疏，略曰：『至如三班奉職，其卑賤可知，比因使還，亦得上殿。』云云。當時盛傳此語。」

〔七〕必越次而命賞　宋會要輯稿與實録同，宋大詔令集作「必越次而茂賞」。

〔八〕恩或由於僥倖，理未至於澄清　宋大詔令集與實録同，宋會要輯稿作「靡容僥倖，庶叶澄清」。

〔九〕溪、錦、叙、富等四州蠻　據宋史卷四九三蠻夷一，溪、錦、叙、富四州俱爲宋在瑶族聚居區所設的羈縻州，其刺史、知州等地方官皆由當地酋長出任和世襲，但要得到朝廷的承認，並給予敕告、印符，才取得合法地位，朝廷通常也不直接干預其政務。朝野類要卷一羈縻曰：「荆、廣、川、峽溪洞諸蠻，及部落蕃夷，受本朝官封而時有進貢者，本朝悉制爲羈縻州。蓋如漢、唐置都護之類也。」又，「叙」字玉海卷一六太平興國海外諸域圖條作「漵」。案：漵州乃唐五代時習稱，宋作叙州。

〔一〇〕傜俗情僞　玉海卷一六太平興國海外諸域圖條、宋史卷四九三蠻夷一西南溪峒諸蠻上皆作「謡俗情僞」。案：謡俗，漢書卷七六韓延壽傳曰：「延壽欲更改之，教以禮讓，恐百姓不從，乃歷召郡中長老爲鄉里所信向者數十人，設酒具食，親與相對，接以禮意，人人問以謡俗，民所疾苦。」顔師古注曰：「謡俗，謂閭里歌謡，政教善惡也。」實録「傜俗」誤。又，情僞，後漢書卷七六循吏列傳曰：「初，光武長於民間，頗達情僞。」李賢注曰：「左傳楚子曰：『晋侯在外十九年矣，人之情僞盡知之矣。』」

〔一一〕具圖來上　續資治通鑑長編卷二四太平興國八年八月丁酉條此後曰：「卒不許。」並記參與其事的官吏爲「殿直王昭訓與權沅陵縣高象元、權辰溪縣令張用之」。

28戊戌，以故永興軍節度使吴廷祚〔一〕次子元扆爲右衛將軍、駙馬都尉〔二〕。徐州言：「清河漲一丈七尺，溢出堤，塞城三門以禦之。」

〔一〕吴廷祚　北宋開國後首任樞密使。

〔二〕次子元扆爲右衛將軍、駙馬都尉　宋史卷二五七吴廷祚傳附元扆傳：「太平興國八年，選尚太宗第四女蔡國公主，授左衛將軍、駙馬都尉。」又，元扆據宋史卷二五七其本傳乃吴廷祚之第四子，而非次子。駙馬都尉，馬永卿嬾真子卷五駙馬都尉條曰：「駙馬都尉之名，起於三國，故何晏尚魏公主，謂之駙馬都尉。然不獨官名，以駙馬給之，蓋御馬之副，謂之駙馬，從而給之，示親愛也。」

29庚戌，制曰：「宥密之務，蓋總於萬機；師長之任，實參乎百揆。職事斯設，在勞逸而則殊；名器所先，固授受而惟允。樞密使、金紫光禄大夫、户部尚書、上柱國、樂陵郡侯石熙載〔一〕：達識兼濟，偉量旁通，早在初潛，實預賓佐〔二〕。韋弦之誡〔三〕，動静有常；金石之誠，夷險如一。自總鈞軸，屢進讜言。方參帷幄之謀，遽嬰寒暑之疾。抗章引退，瀝懇彌堅。宜推加等之恩，即侯有瘳之喜。勉思頤養，式副倚毗。可尚書、右僕射。」先是，熙載以足疾假滿〔四〕，抗表解職，故有是命。

〔一〕石熙載　宋宰輔編年録卷二太平興國四年正月記載：「熙載，字凝積，洛陽人。太宗初領泰寧節度，辟爲掌書記。及即位，遂擢用焉。是年，除簽書樞密院事。簽書樞密院，自熙載始。四月庚戌，除樞密副使。」又同卷太平興國六年九月，太宗以其爲樞密使，「用文資正官充樞密使，自熙載始也」。

〔二〕早在初潛，實預賓佐　太宗於建隆元年八月，以皇弟、殿前都虞候領泰寧軍節度使，即辟石熙載爲泰寧軍掌書記。掌書記，由節度使自行辟召，負責草擬文書，通常爲節度使的心腹之人。如宋太祖的謀主趙普，陳橋兵變時的職務就是歸德軍節度掌書記。邵氏聞見録卷一：「太祖初登極時，杜太后尚康寧，與上議軍國事，猶呼趙普爲書記。嘗勞撫之曰：『趙書記且爲盡心，吾兒未更事也。』太祖待趙韓王如左右手。」廿二史劄記卷二二五代幕僚之禍亦曰：「五代之初，各方鎮猶重掌書記之官。蓋群雄割據，各務爭勝，雖書檄往來，亦恥居人下，覘國者並於此觀其國之能得士與否，一時遂各延致名士，以光幕府。」

〔三〕韋弦之誡　指有益的規勸，典出韓非子觀行：「西門豹之性急，故佩韋以自緩；董安于之心緩，故佩弦以自急。」二程集河南程氏遺書卷一八曰：「人有實無學而氣蓋人者，其氣有剛柔也。故强猛者當抑之，畏縮者當充養之。古人佩韋弦之戒，正爲此耳。」

〔四〕假滿　宋代官員長假期限爲一百天，一百天後，則停發俸禄。

30 辛亥，詔增周公謚法〔一〕五十五字：美謚七十一字爲一百字，平謚七字爲二十字，惡謚十七字爲三十字。仍令翰林學士承旨〔二〕扈蒙、中書舍人王祐同詳定。蒙等奏議曰：「上所增五十五字，皆可用，其沈約、宋琛續廣謚〔三〕請停廢。」詔從之。詔曰：「史氏之職，歷代所先。政令之大小必書，人君之言動皆録。累朝多故，舊典闕如。策書所記言〔四〕，殊爲漏落。自今軍國謀議，宰相與聞者，宜令工部尚書、參知政事李昉撰録，每季終送史館〔五〕；樞密院公事，亦令副使一人，專知纂録，送付史氏〔六〕。」昉上言：「所修時政記，每月先以奏御，後付所司〔七〕。」從之。

〔一〕周公謚法　崇文總目卷一曰：「周公謚法，一卷，不著撰人名氏。謚法始於周，學者録之，因託以名篇。」

〔二〕翰林學士承旨　翰林學士，地位僅較中書門下和樞密院二府大臣略低，是宋代最爲清流美職的高級文官，被視爲「儒者之榮事」和「儒生之至榮」，如宋史卷二六七張洎傳記太宗曾多次談到：「學士之職，清要貴重，非他官可比，朕常恨不得爲之。」翰林學士與知制誥合稱爲「兩制」，翰林學士爲内制，知制誥爲外制。其職權據文獻通考卷五四職官八記載，一是「代王言」，代皇帝起草朝廷大政的重要詔令和任免宰相等高級官員的文書，「掌内制，制、誥、詔、赦、敕、國書及宮禁所用之文辭。凡后妃、親王、公主、宰相、節度使除拜，則學士草詞，授待詔書訖以進。赦降德音，則先進草；大詔命及外國書，則具本稟奏得畫亦如之。凡拜宰相或事重者，宣召面諭旨，則給筆札書所得旨，稟奏歸院，具辭以進。餘遣内侍授中書省，熟狀亦如之。若已畫旨而有未盡，則論奏貼正」。二是「備顧問」，「乘輿行幸，則侍從以備顧問，有所獻納，則請對，或奏對」。翰林學士在宋代的政治框架當中居於特殊重要的位置，金坡遺事説：「有大號令、大除拜、邊境急奏，惟天子與學士知之。雖戴鶡之士，充滿千廬，典司翰墨，一人而已，居是職豈不貴重乎哉！」文獻通考卷五四職官八曰：「故事：學士掌内廷書詔，指揮邊事，曉達機謀，天子機事，密命在焉。不當豫外司公事，蓋防纖微間或漏省中語。」鐵圍山叢談卷一：「中外文武百僚罔有不隷尚書省班，屬御史臺者，獨學士、待制不隷外省班，自屬閤門，號稱内朝官。」又，同書卷二記蔡京爲翰林學士，就曾對宰相説：「某待罪禁林，實天子私人，非公僚佐。」翰林學士不但秉承皇帝個人意志起草詔令，而且參預決策，在很大程度上分割了宰相的決策大權，因此被形象地稱之爲「天子私人」和「内相」。資深的翰林學士可以得到翰林學士承旨的頭銜，俗稱「翰長」、「院長」，地位較普通翰林學士要高一些。

〔三〕沈約、宋琛續廣謚　宋琛乃賀琛之誤，郡齋讀書志卷二曰：「沈、賀謚法，四卷。右梁沈約撰，凡七百九十四條。賀琛又加婦人謚二百三十八條。」崇文總目卷一亦曰：「梁賀琛撰。初，約本周公之謚法；至琛，又分君臣美惡，婦人之謚，各以其類標其目。曰舊謚者，周公之謚法；曰廣謚者，約所撰也；曰新謚者，琛所增也。」

〔四〕策書所記言　宋大詔令集卷一五〇政事三經史文籍記此詔，名爲修時政記詔，此處無「言」字，疑實録衍。

〔五〕史館　與昭文館、集賢院合稱「三館」，端拱元年五月太宗又設祕閣，合稱「館閣」，史館掌修國史、實録、日曆，及保管整理館藏書籍，其官有監修國史、史館修撰、判史館、直史館、史館勘書、史館編修、史館校勘、史館檢討、史館祇候、史館編校書籍等。「館閣」官員，宋代合稱爲「館職」。石林燕語卷二曰：「唐貞觀初，始置史館於門下省，以他官兼領，秩卑者以爲直館，宰相莅修撰。開元中，李林甫爲監修國史，始遷於中書省。復置史館修撰，迄五代，遂爲故事。本朝乾德初，首以趙韓王監修國史，修撰之外復有編修、校勘、勘書。校勘、編修隨時創制不一，舊但以書庫吏鈔録報狀論次，其後遂命進奏院及諸司，凡詔令等皆關送。開寶後，命中書、樞密皆書時政記，以授史官。淳化中張佖請别置起居院，爲左右史之職，以梁周翰、李宗諤爲之。凡長春、崇德殿宣諭陳列事，中書以時政記記之，樞密院則本院記之，其餘百司封拜、除授、沿革、制置等事，皆悉記録，月終送史館。而起居郎、舍人分直崇政殿，别記言動爲起居注。元豐官制行，左右史所書如舊，各爲廳於兩後省，史館歸之。著作局、國史院有故，則置假左散騎常侍廳爲之，而後始以宰相監修。」

〔六〕送付史氏　宋大詔令集此處無「付」字。又，宋會要輯稿職官六之三〇亦載此詔，但較實録、宋大詔令集詳細，文字也與實録、宋大詔令集有較明顯差異，其文曰：「太宗太平興國八年八月詔：史氏之職，歷代所崇。帝王之言動必書，朝廷之政令咸録。所以紀首猷於一代，垂盛烈於千年。爰自累朝，繼逢多故，遂令編纘，頗致闕遺。今國家奄有萬方，親臨庶務，出一令無非利物，發一言必在憂民，史臣莫得於聞知，美事多成於漏略。宜當聖代，復振宏綱。今後中書門下應有國家裁制之事，及帝王宣諭之言，合書史册者，宜令參知政事李昉旋抄録，逐季送史館，以憑修撰日曆，樞密院所行公事有合送史館者，亦令副使一，準此。」

〔七〕每月先以奏御，後付所司　續資治通鑑長編卷二四太平興國八年八月辛亥條下有：「時政記奏御，自昉始也。」宋會要輯稿職官六之三〇亦載：「是月，李昉上言：所修時政記請每月先以奏御，後付所司。從之。時雖有時政記之名，但題云送史館事件。昉未幾拜相，仍舊編修。又蘇易簡爲參知政事，令代之，自是中書皆參知政事一員編録，惟吕蒙正嘗以宰相領，後或參知政事兩員録之。至景德元年，始題云時政記。」

31壬子，詔曰：「先是，祠部給僧、尼牒〔一〕，並傳送諸處，州長吏親給〔二〕，如聞吏爲姦〔三〕，募人以緡錢市取，賫以至外郡賣焉，得善價，即付與之。自今所在，宜奉行前詔，違者重致其罪〔四〕。」

〔一〕祠部給僧、尼牒　牒，即「度牒」、「度僧牒」，是僧、尼合法身份的證明。宋代制度規定，出家爲僧者必須得到官府的批準，交付一定的費用，領取由祠部特製和發放的度牒之後，才有資格爲僧，憑度牒享受僧人的權利。這是爲防止出家人數過多的限制措施，通常是「凡僧百人，方得歲度弟子一人」，因而度牒在宋代往往是奇貨可居。除民間交易之外，據宋會要輯稿道釋一之一四曰：「太宗太平興國元年二月，户部郎中侯陟言：『沙彌童行剃度文牒，每道納錢百緡。自今望令罷納，委處據名申奏，于祠部給牒送逐處。』詔祠部實封，本州令長吏與本州判官給付。」太宗時度牒收費時徵時廢。然從宋神宗時期開始，北宋有意識地提高度牒的價格，一般是「每道納錢百緡」，成爲增加官府收入的重要手段。當籌措軍費、興修水利時，官府收費發放度牒竟成慣例。如續資治通鑑長編卷三三〇元豐五年十月壬申條即曰：「賜京西轉運司度僧牒二百，應副原武埽。」又，雲麓漫鈔卷四記南宋度牒之制曰：「紹興中，軍旅之興，急於用度，度牒之出無節；上户和糴所得，減價至三二十千。時有『無路不逢僧』之語，覺、果、了諸人，皆青出藍者，每人會下不啻一二千人，徜徉江浙間，士夫富室巨家爲之傾動，小民亦信向，佛法之盛，無出斯時。東坡云『殆非浮屠氏之福』者，是也；果之南遷，亦坐此。後禁度牒，二十餘年間，僧徒消爍殆盡，福建諸寺多用保甲看管。今度牒賣八百貫，人競買之。守之以堅，真良法也。」王之道相山集卷二一乞賣度牒糴軍糧劄子亦有云：「今欲乞權造綾紙度牒五千道，每道立價錢一千貫，俾自今以往，度爲僧、道者，依職員例，預免私罪杖，公罪徒，逐歲等第分降諸路轉運使出賣書填，不惟可使此徒知度牒之艱得，悉自顧惜，互相勉勵，遵釋、老之遺訓，報君父之大德，且復歲得數百萬緡。若行封樁，不得別有支動，於秋成日，於米賤州軍趁時每斗量增數錢收糴，除水脚糜費外，可得三百萬斛，仍於瀕江州軍儲積，緩急以備軍須，亦今日足食之策也。」

〔二〕並傳送諸處州長吏親給　宋會要輯稿職官一三之一六、一七亦載此詔，「並傳送諸處州長吏親給」作「並傳送諸州長吏親給」，無「處」字。

〔三〕如聞吏爲姦　宋會要輯稿職官一三之一七作「如聞吏緣爲姦」。

〔四〕違者重致其罪　宋會要輯稿道釋二之一所記此詔與實録大爲差別，其文曰：「太宗太平興國八年八月，詔自今後諸處申請祠部戒牒，當職官交付本處進奏如後官訖，具限以聞，知後官等獲時，如法封角，遞赴本處訖，具狀申報。兼下諸路轉運司及本屬轉運司、州府軍監，遍行逐處，委長吏即時勾集，給付訖，分析申奏。先是，州市吏爲募人以緡錢市取，齎以至外郡，賣得善價，即付與之，故命條約。」

32 九月癸丑朔，以洛苑使王賓領潭州刺史〔一〕，與儒州刺史許昌裔同知水路發運。軍器庫使、順州刺史王繼昇、駕部員外郎劉蟠〔二〕同知陸路發運。先是，每歲運江、淮米四五百萬斛以給京師，率用官錢僦牽船役夫，頗爲勞擾。至是，每艘計其直，給與舟人，俾其自召募，甚以爲便。而舟數百艘，留河津，月餘不得去。上遣期門卒〔三〕偵之，計吏自言有司除常載外，別科買羊皮、赤堊、鉛錫、蘇木等物，守藏者不即受故也。上怒，奪三司使〔四〕一月俸，分命王賓等領水、陸發運〔五〕。自是，貢輸無滯矣〔六〕。以國子監主簿楊文舉爲國子監丞、史館編修。宿州言：「濉河水漲溢，寖民田六十里。」祕書監錢昱獻太平興國録一卷〔七〕。

〔一〕以洛苑使王賓領潭州刺史　續資治通鑑長編卷二四太平興國八年九月癸丑朔條作「以洛苑使許田王賓領濱州刺史」，中華書局點校本本卷校勘記〔一五〕曰：「『濱州』，宋本及宋會要職官四二之一五、宋史卷二七六王賓傳均作『演州』，太宗實録卷二六則作『潭州』。」其實，實録本卷九月己巳條亦曰：「以軍器庫使王繼昇爲左神武將軍，依前領順州刺史；洛苑使王賓爲右神武將軍，依前領演州刺史。」與此條自相矛盾，疑實録此處誤，當以「演州刺史」爲是。

〔二〕駕部員外郎劉蟠　續資治通鑑長編卷二四太平興國八年九月癸丑朔條作「駕部郎中劉蟠」，與實録不同。案：宋史卷二七六劉蟠傳曰：「詔許再任，賜金紫，改駕部員外郎。八年，丁内艱，時以諸州綱運留滯，起復，知京城陸路發運司事。」宋會要輯稿職官四二之一五、食貨四二之一皆曰：「軍器庫使領順州刺史王繼昇、駕部員外郎劉蟠同知陸路發運。」「以軍器庫使順州刺史王繼昇、駕部員外郎劉蟠在京勾當陸路發運使。」亦與實録同。當以實録等爲是，續資治通鑑長編誤。

〔三〕期門卒　用漢代的古稱，實指皇城司的特務。宋初設武德司作爲特務機關，太宗改其名爲皇城司，宋會要輯稿職官三四之二三曰：「在内中，最爲繁劇，祖宗任爲耳目之司。」司馬光温國文正公文集卷二一論皇城司巡察親事官劄子亦曰：「臣等竊以祖宗開基之始，人心未安，恐有大姦陰謀無狀，所以躬自選擇左右親信之人，周流民間，密行伺察。」因此，宋人稱皇城司之爲「皇城探事司」，其探事卒，能改齋漫録卷二事始：「謂之察子。」

〔四〕三司使　續資治通鑑長編卷二四太平興國八年八月辛亥條作「度支使」，是正確的，據宋會要輯稿食貨五六之一〇、澠水燕談録卷五官制，宋太宗太平興國二年三司「復析爲三使」，直至淳化年間方「又合爲三司」。實録誤。

〔五〕分命王賓等領水陸發運　皇朝編年綱目備要卷三太平興國八年九月置江、淮水陸發運使條曰：「於京師。」

〔六〕貢輸無滯矣　宋會要輯稿食貨四二之一所記此事與實録較異，可資參照，其文曰：「先是，歲漕江、浙熟米四百萬碩赴京，以備軍食，皆和雇百姓駕船，雖有和雇之名，其實擾人。太宗聞之，時令給每船所用人數雇召之直，委主綱者取便雇人，不得更差擾百姓。及是，有舟船數十綱到京，卸畢月餘不能離岸者。帝訪知，乃責有司，且問其故，乃省司來南米運船於力勝外，別附皮革雜用之物，至京而掌庫者不時受納，是有停滯之患。判使而下減奪俸以勵之。」

〔七〕祕書監錢昱獻太平興國録一卷　玉海卷五八太平興國録條此下有云：「求換臺省官，令學士院召試制詔三篇，改祕書監，判尚書都省。」宋史卷四八〇世家三吳越錢氏亦曰：「俄獻太平興國録。求換臺省官，令學士院召試制誥三篇，改祕書監，判尚書都省。」柳詒徵宋太宗實録校證曰：「按實録稱祕書監，當是事後追書。」錢昱，玉壺清話卷一曰：「錢昱，忠獻王宏佐長子也。讀書彊記。在故國，與贊寧僧録迭舉竹數束，得一事抽一條，昱得百餘條，寧倍之。昱著竹譜三卷，寧著笋譜十卷。昱輕便美秀，太祖受禪，伯父俶遣持貢入闕，賜後苑宴射。時江南使者已先中的，令昱解之，應弦而中，賜玉帶旌賞之。歸朝，願以刺史求試，乞換臺閣，送學士院試制誥三篇，格在優等，改祕書監。尤善翰牘，太宗取閲，深愛之，謂左右曰：『諸錢筆札多學浙僧亞栖書，體格浮軟，其失仍俗，獨此兒不類。』以御書金花扇，及行草寫急就章賜之。後南郊，當增秩，上曰：『丞、郎德應星象，昱，王孫也，檢操無守，不宜膺之。』授郢團，蓋慎惜名器也。」春明退朝録上：「武臣換文資者，太宗時，白州刺史錢昱換祕書監，遷工部侍郎，復換觀察使。」

33 戊午，詔曰：「近年已來〔一〕，河堤頻決，壞廬舍，害田畝，數郡被其害〔二〕。先是，築遥堤以遏水勢〔三〕，民利其膏沃，多種藝，居處於其中。河漲，即罹其患。宜令殿中侍御史柴成務、國子監丞趙孚、供奉官萬彦恭〔四〕、殿直郭載，分往河南、北岸〔五〕，按行遥堤，有不完處，發丁男治之。民先占堤內種植者，免其稅，遷於善地焉〔六〕。」御製晚秋五、七言詩二首，賜近臣〔七〕。

〔一〕近年已來　宋大詔令集卷一八一政事三四河防收録此詔，題名遣使按行遥堤詔，「近年已來」作「近年以來」。

〔二〕數郡被其害　宋大詔令集作「數郡被其災」。

〔三〕築遥堤以遏水勢　宋大詔令集作「築遥堤以遏」，無「水勢」二字。

〔四〕供奉官萬彦恭　燕永成點校宋太宗實録改「萬」作「葛」，其卷二六校勘記〔五〕曰：「據宋大詔令集卷一八一、長編卷二四、宋史卷二八七趙安仁傳及卷三〇六柴成務傳改。」甘肅人民出版社二〇〇五年版，第一四頁。

〔五〕分往河南、北岸　續資治通鑑長編卷二四太平興國八年九月戊午條詳曰：「遣殿中侍御史濟陰柴成務、供奉官葛彦恭緣河北岸，國子監丞趙孚、殿直郭載緣河南岸，西自河陽，東至于海，同覽隄之舊址，凡十州二十四縣，並勒所屬官司條析隄内民籍、稅數，議蠲賦徙民，興復遥隄利害以聞。載，浚儀人也。」

〔六〕民先占堤内種植者，免其稅，遷於善地焉　宋大詔令集無此句。

〔七〕御製晚秋五、七言詩二首，賜近臣　太宗好與臣下賦詩唱和，黄氏日抄卷四四所引劉安世元城語録譏其曰：「太祖未嘗文談，蓋欲激厲將士之氣。太宗未平晋，已爲平晋詩、賦；未平燕山，已爲平燕山詩、賦。群臣屬和，將士歆艶，而於武事不競，故有潘美之敗。澶淵之役，渡河橋至半，高瓊曰：『此處好唤丞相吟兩首詩。』蓋平日憾之，有此語。」同書卷四亦曰：「劉元城嘗言：『我藝祖不事虚文，至太宗朝，方用兵河東，群臣已作詩歌。』」

34甲子，詔曰：「臨淮、壽春浮梁，先禁馬高五尺已上，不得渡淮〔一〕。今江、浙已平，吏猶守舊法，宜除之。」

〔一〕先禁馬高五尺已上，不得渡淮　南方缺馬，五代宋初南北對峙期間，都對向南方輸出馬匹採取限制措施，續資治通鑑長編卷一五開寶七年十月丁卯條曰：「曹彬等敗江南二萬餘衆于采石磯，生擒一千餘人及馬步軍副都部署楊收、兵馬都監孫震等，又獲戰馬三百餘匹。初，江南無戰馬，朝廷每歲賜與百匹，至是驅爲前鋒以拒王師，既獲之，驗其印記，皆朝廷所賜者也。」宋會要輯稿方域一三之一九記此詔，並述其原委曰：「太宗太平興國八年九〔月〕，詔：『國家同文共軌，四海一家，方蘇歸化之人，豈禁代勞之畜？其泗州浮橋，今後應有馬經過，不得更有禁止，並下沿淮州軍，准此。』先是，江、浙未平，馬有度淮之禁。至是，用贊善大夫闞衡言而有是命。」

35乙丑，詔曰：「國家敦本厚生，取什一之稅，豐財足用，聚九年之儲，兵食所資，蓋不得已。尚念力耕數耘之苦，祁寒暑雨之勞，供王租而既勤，獲地利而甚薄。先是，兩税起徵，特設三限，限外又加一月〔二〕。州縣吏苟務苛虐，罔守章程，施鞭朴以立威，用掊克而爲政。不體勤恤之意，自求課最之名。昔之良吏，善治民者，有增租從調、減年就役之事，豈若是乎？自今宜令諸州長吏、本判官、録事參軍，專察所屬縣令、主簿政治善惡，書於吏部南曹曆子外，以其狀聞。當申黜陟，用彰朕愛民之旨焉。」先是，上謂宰相曰：「朕視萬民如赤子，念其耕稼之勤，春秋賦租，軍國用度所出，恨未能去之。此令三限外特加一月〔二〕，而官吏不體朝旨，自求課最，恣行箠楚，以求辦事。此一事尤傷和氣，宜下令申儆之。」故有是命〔三〕。

〔二〕兩税起徵，特設三限，限外又加一月　唐、五代兩税法規定：各地夏税都要在六月之前，秋税都要在十一月之前交納完畢，各級官吏爲了保證在徵税期限内完事，常常要提前開徵，「其弊也，先期而苛斂，增額而繁徵，至於五代極矣」。北宋開國後，對此進行了重大改革，改爲按各地實際情況具體掌握，不再强求一律，宋史卷一七四食貨上二曰：「開封府等七十州夏税，舊以五月十五日起納，七月三十日畢。河北、河東諸州氣候差晚，五月十五日起納，八月五日畢。潁州等一十三州及淮南、江南、兩浙、福建、廣南、荆湖、川峽五月一日起納，七月十五日畢。秋税自九月一日起納，十二月十五日畢，後又並加一月。或值閏月，其田蠶亦有早晚不同，有司臨時奏裁。繼而以河北、河東諸州秋税多輸邊郡，常限外更加一月。江南、兩浙、荆湖、廣南、福建土多秔稻，須霜降成實，自十月一日始收租。」文獻通考卷四田賦考四亦曰：「其輸之遲速，視收成早暮而寬爲之期，夏有至十月，秋有至明年二月者，所以紓民力也。」又，宋會要輯稿食貨七〇之四記端拱元年正月詔曰：「諸州形勢門户所輸税，自今委本判官置簿催促，須於三季前半月内納畢。」是年四月再詔：「開封府等七十州，夏税舊以五月十五日起納，至七月三十日畢；河北、河東諸州，五月十五日起納，八月五日畢；潁州等十三州及淮南、河南、兩浙、福建、廣南、荆湖、川峽，五月一日起納，至七月十五日畢。秋税，自九月一日起納，十二月十五日畢。自今並可加一月限，或值閏月，及田蠶早晚不同處，令有司臨時奏裁。其掌納官吏，以限外欠數差定其罰，限前畢者，減一選，升資。夏税簿，正月一日造；秋税簿，四月一日造，並限四月十五日畢。諸縣民逋税踰限者，取保放歸了納，勿得禁繫。」至道元年六月，太宗又令諸州重造兩税版籍，頒其式於天下，宋會要輯稿食貨七〇之五曰：「凡一縣所管若干户夏秋二税、桑功正税及緣科物，用大紙作長卷，排行實寫，送州覆校定，以州印印縫，藏於長吏廳側。自今後每歲二税將起納前，令本縣先如式造帳一本送州，本縣納税版簿，亦以州印印縫，給付令佐。」

〔二〕此令三限外特加一月　燕永成點校宋太宗實録「此」改作「比」，其卷二六校勘記〔六〕曰：「據長編卷二四、太平治迹統類卷三、皇朝編年綱目備要卷三改。」甘肅人民出版社二〇〇五年版，第一四頁。

〔三〕故有是命　皇朝編年綱目備要卷三「寬兩税限，禁嚴刑催科」在此下尚有云：「且令長吏皆察所屬，有嚴刑催科者，論其罪。又令自今遣使檢覆災旱，必立限以遣之，防稽緩也。」續資治通鑑長編卷二四太平興國八年九月乙丑條曰此乃太宗之語，太宗「又謂宰相曰：『民訴水旱，即使檢覆，立遣上道，猶恐後時。頗聞使者或逗遛不發，州縣慮賦斂違期，日行鞭箠，民亦竢檢覆改種。若此稽緩，豈朕勤恤之意乎？自今遣使檢覆災旱，量其地之遠近、事之大小，立限以遣之。』」宋會要輯稿食貨六一之七一更詳曰：「太宗太平興國八年九月，詔自來水旱災傷，晝時差官檢括，救其艱苦，唯恐後時。頗聞差出使臣，遲留不進；州縣之吏，日行鞭朴，懼收賦之違限，罹有司之殿罰，且令耕者改種失期，甚無謂也。自今應差檢田使臣，宜令中書量地里遠近，及公事大小，責與往來日限，違者科罪。」

36丙寅，詔曰：「荆湖、江浙、淮南諸州，每歲上供錢帛〔一〕，遣部民之高貲者護送至闕下，非便。自今直遣牙校，勿復擾民。」先是，上謂宰相曰：「諸州於部内擇高貲户，部送官物，民家人質魯，無御下之術。篙工、檝師，皆頑猾不逞輩，侵盜官物，恣爲不法，民家多破產償之，甚無謂也。」故有是詔〔二〕。授山後兩林蠻王弟牟昂懷化大將軍，首領王子牟蓋、磨忙〔三〕、卑塊〔四〕並授歸德郎將，副使牟計等一百二十人並授懷化司戈〔五〕。

〔一〕上供錢帛　續資治通鑑長編卷五乾德二年十二月：「令諸州自今每歲受民租及筦榷之課，除支度給用外，凡緡帛之類，悉輦送京師，官乏車牛者，僦於民以充用。趙普之謀也。」是謂「制其錢穀」，和「稍奪其權」、「收其精兵」一起，同爲宋初强幹弱枝的「三大政策」之一。

〔二〕故有是詔　宋會要輯稿食貨四二之一亦記太宗此語及此詔，然文字與實録差異較大，其文曰：「十三日，帝曰：『諸道州府，多差部内有物力人户，充軍將部押錢帛、糧斛赴京，此等（皆是）鄉村之民，而篙工、水手及牽駕兵士，皆頑惡無藉之輩，豈斯人可擒制耶？侵盜官物，恣爲不法者，十有七八，及其欠折，但令主綱者填納，甚無謂也。亡家破産，往往有之。』乃詔：『自今荆湖諸州綱船，令三司相度合銷人數，依江、淮例差軍將、大將管押。其江淮、兩浙諸州，一依前詔，不得差大户押綱。』」

〔三〕磨忙　續資治通鑑長編卷二四太平興國八年八月丁酉條、宋史卷四九六蠻夷四皆作「摩忙」。

〔四〕卑塊　續資治通鑑長編卷二四太平興國八年八月丁酉條作「卑魄」，宋史卷四九六蠻夷四則作「卑愧」。

〔五〕一百二十人並授懷化司戈　一百二十人，宋史卷四九六蠻夷四亦曰：「牟計等百二十人，並爲懷化司戈。」與實録同，然續資治通鑑長編卷二四太平興國八年八月丁酉條作「百二十二人」。懷化司戈，武官名，容齋續筆卷一一武官名不正條曰：「懷化、歸德大將軍，訖于司戈、執戟，皆以待蕃戎之君長臣僕。」

37 丁卯，海州言：「州城内東山坡先廢佛牙寺真身塔，相傳言隋末士人於巖崖間聞誦經聲，一日，天大雨，崖崩，士人共見桑門坐於崖下，逼而視之，膚皃如生人，但气息已絶，因立塔廟祠之。顯德中，詔毁廢佛寺〔一〕，而桑門真身獨存。開寶初，節度使張鐸〔二〕親禱之，有神光之異。鐸欲遷於城東，天大雨雹，不果遷而止。州民列狀，願復築宫祠之。」詔從其請，仍賜號聖因院。交州黎桓〔三〕遣使貢方物。

〔一〕顯德中詔毁廢佛寺　周世宗發動了大規模的「滅佛」運動，自顯德二年以來，先後廢毁寺廟三〇三三六座，强迫還俗僧尼數十萬人，佛教遭到了極其沉重的打擊。宋太祖時雖然緩和了周世宗的滅佛政策，續資治通鑑長編卷八乾德五年七月丁酉條：「詔勿復毀（佛像），仍令所在存奉。」但仍規定「毋更鑄」，並「詔天下，凡寺之廢於顯德者，不得更興」。見宋朝諸臣奏議卷八四。

〔二〕張鐸　北宋開國爲鎮安節度使、侍衛親軍馬步軍都虞候，建隆二年「杯酒釋兵權」後外放鎮寧軍節度使，宋太祖爲皇弟趙廷美娶其第三女，開寶三年卒。

〔三〕交州黎桓　交州本爲漢、唐州縣，五代時期擺脱了南漢的控制，建立了丁氏丁朝政權。北宋統一後，向宋稱臣納貢。宋太宗太平興國五年，丁氏大將黎桓廢幼主丁璿自立，建前黎朝（九八〇——一〇〇九）政權。宋史卷四八八外國四交阯記：太平興國六年宋與黎桓爆發衝突，宋軍不利，「七年春，桓懼朝廷終行討滅，復以丁璿爲名，遣使貢方物，上表謝罪。八年，桓自稱權交州三使留後，遣使貢方物，并以璿表來上，帝賜桓詔曰：『丁氏傳襲三世，保據一方，卿既受其倚毗，爲之心膂，克徇邦人之請，無負丁氏之心。朕且欲令璿爲統帥之名，卿居副貳之任，剸裁制置，悉繫於卿。俟丁璿既冠，有所成立，卿之輔翼，令德彌光，崇獎忠勳，朕亦何吝！若丁璿將材無取，童心如故，然其奕世紹襲，載綿星紀，一旦捨去節鉞，降同士伍，理既非便，居亦靡安。詔到，卿宜遣丁璿母子及其親屬盡室來歸。俟其入朝，便當揆日降制，授卿節旄。凡茲兩途，卿宜審處其一。丁璿到京，必加優禮。今遣供奉官張宗權齎詔諭旨，當悉朕懷。』亦賜璿詔書如旨。時黎桓已專據其土，不聽命。」

38己巳，以軍器庫使王繼昇爲左神武將軍，依前領順州刺史；洛苑使王賓爲右神武將軍，依前領演州刺史。

39 庚午，吐蕃戎人以名馬來貢，召見其酋長於崇政殿。因謂宰相曰：「蕃戎言語不通，衣服異制，朕常以禽獸畜之〔一〕。自唐已來，頗爲邊患。以國家兵力，聊舉偏師，即可驅於數千里外〔二〕。但念其種族蕃熾，各安其土，儻盡驅之，必恣殺戮，所以置於度外，存而勿論也。」各賜酋長束帛，以慰撫之。

〔一〕蕃戎言語不通，衣服異制，朕常以禽獸畜之　續資治通鑑長編卷二四太平興國八年九月庚午條記太宗曰：「吐蕃言語不通，衣服異制，朕以化外視之。」顯爲後所改易。

〔二〕以國家兵力，聊舉偏師，即可驅於數千里外　續資治通鑑長編卷二四太平興國八年九月庚午條記太宗語爲：「以國家兵力雄盛，聊舉偏師，便可驅逐數千里外。」宋代黨項、吐蕃等西北各族勢力皆歷數代經營，盤根錯節，實不可輕侮，太宗輕敵如此，宜乎有宋西北邊患愈來愈烈。

40 癸酉，詔曰：「廣州〔一〕歲貢藤，每斤去皴麤外〔二〕，中用者才三兩〔三〕；大通冶〔四〕歲輸鐵尚方〔五〕，鑄兵器，鍛鍊外，十纔得其四五。自今嶺南貢藤，取其堪用者；大通冶輸鐵，先鑄成器〔六〕，俾官工淬治之〔七〕，無使負重致遠，匱民力焉〔八〕。」

〔一〕廣州　續資治通鑑長編卷二四太平興國八年九月癸酉條「廣州」記爲「廣南諸州」，宋會要輯稿食貨四一之三九所記此詔亦作「廣州」，與實録同。

〔二〕每斤去皴麤外　宋會要輯稿食貨四一之三九、續資治通鑑長編卷二四太平興國八年九月癸酉條皆無「外」字。

〔三〕中用者才三兩　續資治通鑑長編卷二四太平興國八年九月癸酉條記「朕比閱工作」云云，似用於器物。又，藤亦供藥用，仁齋直指卷二二藥材中即有「廣藤」一味。

〔四〕大通冶　即大通監，隸河東太原，今山西交城附近，與兗州的萊蕪、徐州利國、相州利成，並列爲北宋四大官營鐵冶業的中心。

〔五〕尚方　指作坊，宋在開封置作坊，作爲最主要的兵器製造機構，續資治通鑑長編卷一七開寶九年二月乙未條曰：「時京師有作坊，諸州有作院，皆有常課。作坊所造兵器，每旬一進，上親閲之，列五庫以貯焉。」

〔六〕自今嶺南貢藤，取其堪用者，大通冶輸鐵，先鑄成器　宋會要輯稿食貨四一之三九作：「自藤取其堪用者，鐵先鑄成器。」文義不通，顯有遺漏，當以實録爲是。

〔七〕俾官工淬治之　宋會要輯稿作：「俾工官淬治之。」似較實録爲長。

〔八〕匱民力焉　宋會要輯稿作：「以匱民力。」

41丙子，占城獻馴象，能拜伏，詔養於寧陵縣〔一〕。

〔一〕詔養於寧陵縣　宋會要輯稿蕃夷四之六四曰：占城太平興國「八年九月，遣使來獻馴象，能拜伏，詔畜於京畿之寧陵縣。」

42丁丑，以河決未塞，命樞密直學士張齊賢乘傳詣白馬津，以太牢沈祠，加以璧。太平軍言：「颶風拔木，壞官寺、民舍一千八百十七區。」海門採珠场[一]貢真珠一百二十斤。

[一]海門采珠场　續資治通鑑長編卷一三開寶五年五月丙寅條曰：「劉鋹於海門鎮募兵能采珠者二千人，號『媚川都』。凡采珠，必以石縋索繫於足而没焉，深或至五百尺，溺死者甚衆。」北宋滅亡南漢後，設官營采珠場，禁止民衆私自采珠。續資治通鑑長編卷二五雍熙元年十二月丁亥條曰：「廢嶺南諸州采珠場。」自是，唯商船互市及受海外之貢。

43冬十月，甲申，詔徵侍衛馬軍都指揮使、定州兵馬部署米信[一]赴闕。以新譯經五卷示宰相，因謂之曰：「浮屠氏之教，有裨政治，而梁武捨身爲寺家奴，布髮於地，令桑門踐之，此真大惑，朕甚不取也。先是，胡僧自西域賫貝多葉經至[二]，朕因令以華語譯之，殆百餘卷。雖小道，亦有可觀，卿等試之。蓋存其教耳，非溺於釋氏者也。」[三]以西天竺中印土譯經三藏僧法護爲明法大師。

[一]米信　太祖、太宗兩朝大將，時以彰化軍節度使爲侍衛馬軍都指揮使、定州兵馬部署，是負責對契丹戰事的主將之一。太宗積極籌劃對契丹作戰，故徵米信入京。

[二]賫貝多葉經至　貝多，梵文pattra的音譯，即貝多羅樹，多産於印度熱帶地區，因早期佛教多用其葉來刻寫佛經，故亦以「貝多」來指代佛經，如唐李商隱題僧壁詩即曰：「若信貝多真實語，三生同聽一樓鍾。」

〔三〕非溺於釋氏者也　太宗實尊崇佛教，儒林公議卷上曰：「太宗志奉釋老，崇飾宮廟，建開寶寺靈感塔，以藏師舍利，臨瘞爲之悲涕。興國寺構二閣，高與塔侔，以安大像，遠都城數十里，已在望。登六七級，方見佛殿腰腹，佛指大皆合抱，觀者無不駭愕。兩閣又開通飛樓爲御道。麗景門内創上清宮，以尊道教。殿塔排空，金碧照耀，皆一時之盛觀。自景祐初至慶曆中，不十年間，相繼災燬，略無遺焉。欲爲之福，如是其效乎？」

44戊子，詔：「祀土德於黄帝壇，珪、幣、牢具如大祠制〔一〕，禆祠官領之。」

〔一〕珪、幣、牢具如大祠制　續資治通鑑長編卷二四太平興國八年十月戊子條曰：「珪、幣、牢具如太祠。」無「制」字，然宋會要輯稿禮一九之一八所記此詔與實録完全相同。

45己丑，乾明節〔一〕，群臣上壽。越州以王羲之畫像並其石硯來獻〔二〕。

〔一〕乾明節　十月七日，太宗生日。淳化元年正月，改名爲壽寧節。朝野類要卷一聖節曰：「國朝故事，帝、后生辰，皆有聖節名。後免之，只名生辰，惟帝立節名。蓋自唐明皇千秋節始也。」雲麓漫鈔卷二亦曰：「魏、晋以前，不爲生日。南北朝江南風俗，兒生一期，隨男女以紙筆、針縷置前，觀其所取，號爲試兒；每至此日，飲酒宴樂。後人因爲生日。梁孝元帝於其誕辰，常設齋講；唐太宗曰：『今日吾生日，世俗皆爲樂，在朕飜成傷感，奈何以劬勞之日，更爲宴樂乎？』明皇始置千秋節，自是列帝或置或不置；自五季始立爲定制，臣下化之，多爲歌詞以頌贊之。厥後又有獻遺，故不得不置酒以復之。宣、政間，蔡太師；紹興間，秦太師，盛矣。自秦薨，因人有言，遂降旨以禁之，著爲令。以梁、唐二帝猶如此，今人寧不思念我生之初，父則憂愁，母則痛楚，具慶偏侍，猶曰娱親，永感之時，焉得不動心乎！顔魯子侍郎嘗以此鏤板，勸人於是日齋講。或習俗之久，親戚饋惠有不得辭，會於他日可也。」同書卷三又曰：「誕聖節，始於唐明皇，號曰千秋節，又改爲天長節。肅宗，地平、天成；代宗，天興；文宗，慶成；武宗，慶陽；宣宗，壽昌；懿宗，延慶；僖宗，應天；昭宗，嘉會；哀帝，乾和；梁祖，大明；末帝，明聖；唐莊宗，萬壽；明宗，應聖；末帝，千秋；晉高祖，天和；少帝，啓聖；漢高祖，聖壽；隱帝，嘉慶；周太祖，永壽；世宗，天清；恭帝，天壽；遂成故事。」容齋隨筆卷六誕節受賀條則曰：「唐穆宗即位之初年，詔曰：『七月六日，是朕載誕之辰，其日，百僚命婦宜於光順門進名參賀，朕於門内與百僚相見。』明日，又敕受賀儀宜停。先是，左丞韋綬奏行之，宰臣以古無降誕受賀之禮，奏罷之，然次年復行賀禮。誕節之制，起於明皇，令天下宴集休假三日，肅宗亦然，代、德、順三宗，皆不置節名，及文宗以後，始置宴如初。則受賀一事，蓋自長慶年，至今用之也。」

〔二〕越州以王羲之畫像並其石硯來獻　宋太宗酷愛書法，在位期間多方搜求王羲之等名家的墨迹，宋會要輯稿崇儒四之一五、一六曰：「太宗太平興國二年十月，詔諸州搜訪先賢筆迹、圖書以獻。荆湖獻晋張芝草書，及唐韓幹畫馬三本；潭州石熙載獻唐明皇所書道林寺王喬觀碑；袁州王澣獻宋之問所書龍鳴寺碑；昇州獻晋王羲之、王獻之、桓温二十八家石版書迹；韶州獻唐相張九齡畫像及文集九卷」、「六年十二月，詔開封府及諸道轉運徧下管内州縣，搜訪鍾繇墨迹，聽於所在進納，優給緡貫償之，並下御史臺告諭文武臣僚，如有收者，亦令進納。是歲，鎮國軍節度使錢惟演以鍾繇、王羲之、唐明皇墨迹凡七軸獻。八年，祕書監錢昱又獻鍾繇、羲之墨迹八軸，並優詔答之。八年十月，越州以王羲之畫像並其石硯來獻」、「雍熙二年三月，殿直潘昭慶以褚遂良、歐陽詢、虞世南墨迹三十本來獻。淳化四年四月，詔以所購募先賢墨迹爲歷代帝王名臣法帖十卷，賜近臣。」又，宋會要輯稿崇儒六之五曰：「五代以來，筆札無體，鍾、王之法幾乎絶矣。

太宗在南宮，留意翰墨，斷行片簡，傳之於外，則争求之，實爲楷法，自是學者書體丕變，實聖教所致。」職官三六之一一〇亦曰：雍熙「四年三月，以翰林書學趙偉等七人並爲翰林書待詔。先是，太宗留心筆札，召善書者十餘人於後殿日習鍾、王書，而偉等爲工，故有是命。」

46庚寅，詔賜諸軍校百夫長已上建州茶有差，并賜諸營卒翦草茶〔一〕，各一斤。

〔一〕翦草茶　西塘集耆舊續聞卷八：「臘茶出於福建，草茶盛於兩浙。兩浙之品，日鑄爲上。自景祐以後，洪之雙井、白芽漸盛。」

47丁酉，宴中書門下、翰林學士、樞密直學士、文武常參官、節度、觀察、防禦、團練使、刺史、諸軍校百夫長已上、諸州進奉使、外國蕃客於大明殿。

48戊戌，命西八作坊使張璿知房州〔一〕。詔：「皇長子衛王德崇改名元佐，第二子廣平郡王德明改名元佑，第三子德昌真宗舊名改名〔二〕，第四子德嚴改名元雋，第五子德和改名元傑〔三〕。皇姪〔四〕孫文雍改名惟吉〔五〕，文治改名惟正，文起改名惟忠，文宬改名惟貞。」

〔一〕命西八作坊使張璿知房州　陳橋兵變後，退位的後周皇帝即居房州，此時皇弟趙廷美亦貶居房州。

〔二〕德昌改名　真宗原名「德昌」，改爲「元休」。真宗舊名，太宗實録修於真宗咸平元年，顯然不當有「真宗」之稱，此當爲南宋重抄實録時所改。疑原爲「今上舊名」。

〔三〕德和改名元傑　北宋開國，宋太祖趙匡胤、宋太宗趙光義和秦王趙廷美兄弟三人的兒子，共同用「德」字排行，至此太宗把自己兒子的排行字改爲「元」。

〔四〕皇姪　太平興國七年以前，在太祖的安排下，太祖趙匡胤、太宗趙光義和秦王趙廷美兄弟三人的子女，都稱爲皇子和皇女，舊聞證誤卷一曰：「太祖即位後有旨：諸房子並稱皇子、皇女。有言恐無差别，上曰：『猶子即子也。新得天下，便生分别，朕不欲爲也。』至太宗即位，分皇子、皇姪矣。闕書名。按史，太平興國七年以前，燕、秦二王及魏悼王之子皆稱皇子，故魏悼王長子德恭初除貴州防禦使，稱皇第四子，與德昭、德芳同。而其長女，亦封雲陽公主，女壻韓崇業除右衛將軍、駙馬都尉，循故事也。七年夏，魏王得罪，下詔削其子女封爵，並云德恭、德隆宜稱皇姪。」

〔五〕文雍　當爲「德雍」，宋太祖長子德昭之子，續資治通鑑長編卷二四太平興國八年十月戊戌條曰：「惟吉，魏懿王子也，太祖甚愛之，視如己子，故與諸叔聯名。上即位，猶居禁中，於是出閤，始改名焉。」宋史卷二四四宗室一曰：「惟吉字國祥，母鄭國夫人陳氏。惟吉生甫彌月，太祖命輦至内廷，擇二女媪養視之，或中夜號啼，必自起撫抱。三歲，作弱弓輕矢，植金錢爲的，俾之戲射，十發八中，帝甚奇之。五歲，日讀書誦詩。帝嘗射飛鳶，一發而中，惟吉從旁雀躍，喜甚，帝亦喜，鑄黄金爲奇獸、瑞禽賜之。常乘小乘輿及小鞍韉馬，命黄門擁抱，出入常從。太祖崩，惟吉裁六歲，晝夜哀號，孝章皇后慰諭再三，始進饘粥。太宗即位，猶在禁中，日侍中食。太平興國八年，始出居東宫，授左監門衛將軍，封平陽郡侯」、「凡邸第、供億、車服、賜與，皆與諸王埒，自餘王子不得偕也」、「惟吉好學，善屬文，性至孝。孝章皇后撫養備至，親爲櫛沐」。

49 己酉，制曰：「入總國政，實冠三司之崇；出分閫寄，聿當二老之任。所以推恩禮於輔弼，伸倚注於勳賢〔一〕。斯爲大猷，豈敢虚授〔二〕？開府儀同三司、守司徒、兼侍中、昭文館大學士〔三〕、梁國公趙普〔四〕：挺鍾間氣，富稟謀明〔五〕。草昧之初，締構〔六〕之功克著；巖廊之上，啓沃之效居多。朕疇咨老成，參用舊德，再授鹽梅之寄，用師藥石之言。彌縫之績既彰，調燮之勤期著〔七〕。煩我耆艾，職兹樞衡；授以蕃宣，均其勞逸。用加掌武之秩，以增衛社之雄；大啓南陽，夾輔王室。可檢校太尉〔八〕、兼侍中、行鄧州刺史、武勝軍節度使。」是日，制以皇長子衛王元佐進封楚王，第二子廣平郡王元佑進封陳王，第三子真宗舊名、第四子元雋、第五子元傑，並授特進、檢校太保、同中書門下平章事〔九〕、上柱國。真宗舊名封韓王，元雋封冀王，元傑封益王。以保静軍節度使劉遇爲滑州刺史、武成軍節度使。

〔一〕伸倚注於勳賢　宋宰輔編年録卷二太平興國八年十月己酉條收録此詔，宋大詔令集卷六五宰相十五罷免一亦收録，題名趙普罷相授太尉兼侍中武勝軍節度使制。「伸倚注於勳賢」，宋大詔令集作「仰倚注于勳賢」，宋宰輔編年録則與實録同。

〔二〕豈敢虚授　宋宰輔編年録與實録同，宋大詔令集作「豈敢虚受」，顯誤。

〔三〕昭文館大學士　北宋前期，以昭文館大學士爲首相，監修國史爲次相，集賢院大學士則爲末相。續資治通鑑長編卷五乾德二年正月壬寅條記：「國朝因唐及五代之故，命相分領三館，首相爲昭文館大學士，其次爲監修國史，其次爲集賢院大學士。」

〔四〕趙普　北宋的開國元勳，陳橋兵變的直接指揮者，宋太祖時從乾德二年至開寶六年，獨相十年。太宗太平興國六年九月，趙普復相，至此罷。端拱元年二月第三次拜相，至淳化二年病卒。宋太祖稱其爲「社稷之臣」、太宗稱其爲「開國勳舊，惟卿一人」。邵氏聞見録卷六記趙普本人語：「嘗思發迹之由，實有殊嘗之幸。其於際遇，近代無倫。伏自宣祖皇帝滁州不安之時，臣蒙召入卧内；昭憲太后在宅寢疾之日，陛下唤至牀前。念以傾心，皆曾執手，温存撫諭，不異家人。惟懷竭節盡忠，以至變家爲國。慙虧德望，有此遭逢。先皇開創之初，尋居密地；陛下纂承之後，再入中書。蒙二聖之深知，當兩朝之大用。不惟此世，應繫前生。禮雖限於君臣，恩實同於骨肉。」宋史卷二五六趙普傳稱：乾德二年「既拜相，上視如左右手，事無大小，悉咨決焉。」宋大事記講義卷四宰相有曰：「趙普之再入相也，與乾德之初入相不同（太祖时）。蓋太祖時規模廣大，故普慨然以天下自任而敢于事；太宗規模煩密，故普不免遠嫌疑，存形迹，而救過之不暇。」

〔五〕挺鍾間氣，富禀謀明　「挺鍾間氣，富禀謀明」，宋宰輔編年録作「挺鍾間傑，富禀誠明」；宋大詔令集則作「挺鍾間極，富禀誠明」。王瑞來宋宰輔編年録校補卷二太平興國八年十月己酉條校證〔一〕考證曰：「『間傑』，太宗實録卷二六趙普罷相制詞作『間氣』。案，太平御覽卷三六〇引春秋演孔圖云：『正氣爲帝，間氣爲臣。』『間氣』用以喻臣，制詞中『間傑』當爲『間氣』之誤。」中華書局一九八六年版，第四一頁。又，「謀明」，史記夏本紀記皋陶曰：「信其道德，謀明輔和。」當以實録爲是。

〔六〕構　宋宰輔編年録、宋大詔令集皆作「創」，當是避宋高宗趙構之諱。

〔七〕調燮之勤期著　宋大詔令集、宋宰輔編年録皆作「調燮之勤斯著」。案：調燮，乃宰相之職，如舊唐書卷一〇一王求禮傳曰：「宰相調燮陰陽。」續資治通鑑長編卷三〇端拱二年十月壬申條記宰相吕蒙正等曰：「臣等調燮無狀。」此制乃趙普罷相制，「期著」，顯當爲「斯著」之誤，當以宋大詔令集、宋宰輔編年録爲是。

〔八〕可檢校太尉　宋大詔令集作「可特授太尉」。案：宋史卷二五六趙普傳亦作：「八年，出爲武勝軍節度使、檢校太尉、兼侍中。」當以實録爲是。

〔九〕同中書門下平章事　簡稱同平章事、平章事，是北宋前期宰相的官名。隆平集卷二宰執曰：「宋興，以平章事爲宰相。」宋宰輔編年録卷一亦曰：「國朝沿唐制……以同中書門下平章事爲宰相。」石林燕語卷三：「自兩漢以來，謂中書爲政本。蓋中書省出令，而門下省覆之。王命之重，莫大於此，故唐以後，以同中書門下平章事爲宰相者，此也。」群書考索後集卷五官制門三公類詳曰：「宋沿唐制，其命相必曰同中書門下平章事，即真拜侍中者不復言平章事，然國初止除范質、趙普，外是亦未嘗除人，累朝因仍，三省長官尚書中書令、侍中、僕射不與政，皆爲空官，特以寓禄秩、位品而已。」

太宗皇帝實録卷第二十七起太平興國八年十一月，盡十二月。

1十一月壬子朔〔一〕，制曰：「平章百姓，唐堯所以疇咨；總領衆職，漢宣由是致治。非賢罔乂，得士則昌。聿求經濟之才，授以弼諧之任〔二〕。枚卜斯允，成命以行〔三〕。刑部尚書、參知政事宋琪〔四〕：宇量沖深〔五〕，規模宏遠；工部尚書、參知政事李昉：欝有公望，久服大僚。而皆罄竭謨明，裨贊樞軸〔六〕。君臣之際，人無間言；公家之事，行有餘力。修經術以自輔，體方直而靡渝。是宜擢正台衡〔七〕，職兹調爕。朕所注意，不假審象之求；汝既致君〔八〕，更思補衮之效。唯用盡己〔九〕，佇兹沃心；欽若訓詞，往踐乃位。並守本官，同中書門下平章事，加金紫光禄大夫。」琪封廣平侯郡侯〔一〇〕、昉封隴西郡侯。以皇姪孫惟吉爲左監門衛將軍，封平陽郡侯；惟正爲左千牛衛將軍；惟忠、惟貞並爲右千牛衛將軍。

〔一〕十一月壬子朔　續資治通鑑長編卷二四太平興國八年十一月壬子朔條亦繫其事於「十一月壬子朔」，與實録同。然宋大詔令集卷五一宰相一進拜一所收録宋琪李昉並相制，及宋宰輔編年録卷二太平興國八年十一月壬子宋琪李昉並拜相條，皆僅繫其時於「十一月壬子」。

〔二〕授以弼諧之任　宋大詔令集作「爰授弼諧之任」。

〔三〕枚卜斯允，成命以行　宋宰輔編年録卷二作「枚卜斯允，成命是行」，宋大詔令集則作「枚卜斯允，成命則行」。

〔四〕宋琪　宋太祖時太宗爲開封尹，宋琪任開封府推官，他是太宗藩邸舊僚中第一個拜相的，宋宰輔編年録曰：「琪自庶僚，一歲中爲宰相，其速如此。」

〔五〕宇量沖深　宋宰輔編年録與實録同，然宋大詔令集則作「宇量深沖」。案：唐大詔令集卷三五秦王等兼中書令制中即有「宇量沖深」語，此詔顯乃用典，宋大詔令集誤，當以實録爲是。

〔六〕裨贊樞軸　宋大詔令集與實録同，然宋宰輔編年録作「裨贊樞輔」。案：宋時宰輔大臣有「樞軸」之稱，如宋史卷二五六趙普傳記趙普對太宗曰：「願備樞軸，以察姦變。」太宗即以趙普復相。又，宋宰輔編年録卷二太平興國八年八月庚戌石熙載罷樞密使條曰：「自總樞軸，屢進讜言。」

〔七〕是宜擢正台衡　宋大詔令集與實録同，宋宰輔編年録作「公台」。

〔八〕汝既致君　宋宰輔編年録作「汝則致君」，宋大詔令集則作「汝既得君」。

〔九〕唯用盡己　宋大詔令集、宋宰輔編年録皆作「唯用虛己」。

〔一〇〕琪封廣平侯郡侯　此處顯衍一「侯」字，宋大詔令集即作「琪封廣平郡侯」。

2 癸丑，詔曰：「先是，開寶二年八月丁亥詔書〔一〕：『應廣南東西、川、峽路〔二〕諸州民，祖父母、父母在，子孫別籍異財者〔三〕，棄市。』自今並除之，論如律。」泗州言：「僧伽塔白晝有光，民燃頂及焚指、斷臂者數千人，吏不能禁〔四〕。」

〔一〕開寶二年八月丁亥詔書　續資治通鑑長編卷一〇開寶二年八月丁亥條記此詔曰：「令川、陜諸州，察民有父母在而别籍異財者，其罪死。」

〔二〕峽　續資治通鑑長編卷一〇開寶二年八月丁亥條作「陜」。案：宋代詔書多以川、峽並稱，疑續資治通鑑長編誤，當以實録爲是。

〔三〕祖父母、父母在，子孫别籍異財者　當時稱之爲「生分」，是指每個兒子結婚後都與父母分一次家，待父母去世後兄弟再徹底分家。唐末五代，這種家庭模式在南方地區十分盛行，如據宋大詔令集卷一九八禁西川山南諸道祖父母父母在别籍異財詔和李元弼作邑自箴卷九，當時兩廣、四川、兩湖等地區「凡民祖父母、父母在，子孫始娶便析産異灶」。太祖、太宗多次下令禁止「生分」，但收效寥寥，「生分」仍然是極爲普遍的社會現象。蔡襄集卷三四福州五戒文即曰：「觀今之俗，爲父母者視己之子猶有厚薄，迨至娶婦，多令異食。貧者困於日給，其勢不得不然，富者亦何爲之？蓋父母之心不能均於諸子以至此，不可不戒。人子之孝，本於養親，以順其志，死生不違於禮，是孝誠之至也。觀今之俗，貧富之家，多於父母異財，兄弟分養，乃至纖悉無有不校。及其亡也，破産賣宅，以爲酒肴，以勞親知，施與浮圖，以求冥福。原其爲心，不在於親，將以誇勝於人，是不知爲孝之本也。生則盡養，死不妄費，如此豈不善乎？」

〔四〕泗州言：「僧伽塔白晝有光，民燃頂及焚指、斷臂者數千人，吏不能禁。」　僧伽，即唐泗州普照王寺僧伽大師（普照王寺，唐時避武則天諱稱普光王寺），亦尊稱爲證聖大師、普照王、大聖僧伽和尚、普照明覺大師、大聖等慈普照明覺國師菩薩、僧伽大士等等。其生平事迹李邕李北海集卷三泗州臨淮縣普光王寺碑、宋高僧傳卷一八唐泗州普光王寺僧伽傳、太平廣記卷九六異僧僧伽大師、蔣之奇泗州大聖普照國師傳等唐、宋史籍記載頗詳，如太平廣記卷九六異僧僧伽大師條曰：「僧伽大師，西域人也。俗姓何氏，唐龍朔初來遊北土，隸名於楚州龍興寺，後於泗州臨淮縣信義坊乞地施標，將建伽藍。於其標下，掘得古香積寺銘記，並金像一軀，上有普照王佛字，遂建寺焉。唐景龍二年，中宗皇帝遣使迎師，入内道場，尊爲國師。尋出，居薦福寺。常獨處一室，而其頂有一穴，恒以絮塞之，夜則去絮，香從頂穴中出，煙氣滿房，非常芬馥。及曉，香還入頂穴中，又以絮塞之。師常濯足，人取其水飲之，痼疾皆愈。一日，中宗於内殿語師曰：『京畿無雨，已是數月，願師慈悲，解朕憂迫。』師乃將瓶水泛灑。俄頃，陰雲驟起，甘雨大降。中宗大喜，詔賜所修寺額，以臨淮寺爲名，師請以普照王字爲名，蓋欲依金像上字也。中宗以照字是天后廟諱，乃改爲普光王寺，仍御筆親書其額以賜焉。至景龍四年三月二日，於長安薦福寺端坐而終。中宗即令於薦福寺起塔，漆身供養，俄而大風欻起，臭氣徧滿於長安，中宗問曰：『是何祥也？』近臣奏曰：『僧伽大師化緣在臨淮，恐是欲歸彼處，故現此變也。』中宗默然心許，其臭頓息，頃刻之間，奇香郁烈。即以其年五月，送至臨淮，起塔供養，即今塔是也。後中宗問萬迴師曰：『僧伽大師何人耶？』萬迴曰：『是觀音化身也。如法華經普門品云應以比丘、比丘尼等身得度者，即皆見之，而爲説法。此即是也。』先是，師初至長安，萬迴禮謁甚恭，師拍其首曰：『小子何故久留，可以行矣。』及師遷化後不數月，萬迴亦卒。師平生化現事迹甚多，具在本傳，此聊記其始終矣。」蔣之奇泗州大聖普照國師傳亦曰：「普照明覺大師僧伽者，蓋西域人，莫知其國土與姓氏也。年三十，自西域來。唐高宗龍朔中，至長安、洛陽懸化，遂南遊江、淮，手執楊柳枝，攜瓶水，混稠衆中。或問師何姓，答曰：『姓何。』又問師何國人，答曰：『何國人。』然人莫測其爲何等語也。武后稱周帝，號武氏周。萬歲通天中，有制：『番僧樂住者，聽。』遂隸楚州龍興寺。後欲於泗上建寺，遂至臨淮，宿山陽令賀跋玄濟家，謂曰：『吾欲於此建立伽藍。』即現十二面觀音相。玄濟驚異，請捨所居爲寺。師曰：『此地舊佛宇也。』掘地，得古碑，乃齊香積寺銘，李龍建所創。並獲金像一軀，衆以爲然鐙佛。師曰：『普照王佛也。』視之，有石刻焉，果普照王佛。景龍二年，中宗遣使迎僧伽入内，號稱國師，帝及百官執弟子禮，與度慧岸、慧儼、木叉三人，以嗣傳鐙，並賜臨淮寺額，師請以佛號牓之。帝以照字觸天后諱，改號普光王寺，爲親書寺額。景龍四年，師寢疾，出住大薦福寺。三月三日，端坐而化，春秋八十有三，在西土三十年，入中國五十三年。帝命即薦福漆身建塔，忽臭氣滿城，亟祝送師歸臨淮。言訖，異香騰馥，遂送真身。以是年五月五日建塔，安大師真身於塔内。敕百官送至都門，士庶至灞水，僧尼至驪山。帝問萬迴：『僧伽大師是何人？』對曰：『觀音化身也。』普門品云：應以比丘身得度者，及皆親之，而爲説法，斯之謂也。』」按上述唐、宋史籍的説法，僧伽在身前身後，皆有種種神異傳説，並常手執楊柳枝、淨瓶，於各地施法，爲人解災、救苦救難。佛教典籍更明確地將其神化爲「觀音菩薩化身也」。因此，從唐代開始，僧伽信仰即日益盛行，至宋代發展成爲影響最大，最受社會各階層普遍崇拜的佛教信仰，其寺殿遍及各地，如宋高僧傳卷一八唐泗州普光王寺僧伽傳曰：「天下凡造精廬，必立伽真相，牓曰『大聖僧伽和尚』。有所乞願，多遂人心。」黄庭堅山谷别集卷四江陵府承天禪院塔記亦曰：「僧伽本起於盱眙，于今實祠偏天下，其道化乃溢於異域。何哉？豈釋氏所謂願力普及者乎。」宋代以後，僧伽則成爲著名的觀音信仰的重要組成部分。唐、宋時期，李白、韓愈、蘇軾、王安石、黄庭堅、李綱等衆多名流皆有詩文吟詠僧伽及泗州僧伽塔，如李太白全集卷七僧伽歌曰：「真僧法號號僧伽，有時與我論三車。問言誦咒幾千徧，口道恒河沙復沙。此僧本住南天竺，爲法頭陀來此國。戒得長天秋月明，心如世上青蓮色。意清淨，貌稜稜。亦不減，亦不增。瓶裏千年舍利骨，手中萬歲胡孫藤。嗟予落泊江淮久，罕遇真僧説空有。一言懺盡波羅夷，再禮渾除犯輕垢。」魏仲舉編五百家注昌黎文集卷七送僧澄觀曰：「浮屠西來何施爲？擾擾四海争奔馳。構樓架閣切星漢，誇雄鬬麗止者誰。僧伽後出淮泗上，勢到衆佛尤恢奇。越商胡賈脱身罪，珪璧滿船寧計資。清淮無波平如席，欄柱傾扶半天赤。火燒水轉掃地空，突兀便高三百尺。影沈潭底龍驚遁，當晝無雲跨虚碧。借問經營本何人？道人澄觀名籍籍。」蘇軾詩集卷六泗州僧伽塔：「我昔南行舟繫汴，逆風三日沙吹面。舟人共勸禱靈塔，香火未收旂脚轉。回頭頃刻失長橋，却到龜山未朝飯。至人無心何厚薄，我自懷私欣所便。耕田欲雨刈欲晴，去得順風來者怨。若使人人禱輒遂，造物應須日千變。今我身世兩悠悠，去無所逐來無戀。得行固願留不惡，每到有求神亦倦。退之舊云三百尺，澄觀所營今已换。不嫌俗士污丹梯，一看雲山繞淮甸。」東坡志林卷二更有曰：「泗洲大聖僧伽傳云：『和尚何國人也。』又云：『世莫知其所從來。』云：『不知何國人也。』近讀隋史西域傳，乃有何國。余在惠州，忽被命責儋耳。太守方子容自攜告身來，且弔余曰：『此固前定，可無恨。吾妻沈素事僧伽謹甚，一夕夢和尚告别，沈問所往，答云：「當與蘇子瞻同行。後七十二日，當有命。」今適七十二日矣，豈非前定乎？』余以謂事之前定者，不待夢而知。然余何人也，而和尚辱與同行，得非夙世有少緣契乎？」李綱梁谿集卷一六泗上瞻禮僧伽塔曰：「湯湯淮泗濱，實爲至人居。至人骨已冷，靈響初不渝。巍然窣堵波，金碧耀雲衢。突兀三百尺，勢欲凌霄虚。乃知天人師，宜有神明扶。憶昔歲乙未，奉親由此途。開關瞻睟容，端相不可誣。清秋日當午，爲現摩尼珠。蟬聯寶鐸間，懸綴如流蘇。萬目共瞻覩，稚耋讙驚呼。重來念舊事，感歎涕潸如。再拜禮雙足，如師真丈夫。」等等。僧伽信仰的流行，宋太宗發揮有十分重要的作用，宋高僧傳卷一八唐泗州普光王寺僧伽傳曰：「今上（指宋太宗）御宇也，留心於此。其年三月，有尼遊五臺山迴，因見伽於塔頂，作孾孩相，遂登刹柱，捨身命供養。太平興國七年，敕高品白承睿重蓋其塔，務從高敞，加其累層。八年，遣使別送舍利、寶貨同葬于下基焉。其日，有僧懷德預構柴樓，自持蠟炬，焚身供養。炎燎之中，經聲不絶。又將欲建浮圖，有巨木三根，沿淮而下，至近浮橋且止，收爲塔心柱焉。續敕殿頭高品李庭訓主之。先是，此寺因龕中金像刻其佛曰普照王，乃以爲寺額，後避天后御名，以光字代之。近宣索僧伽實録，上覽已，敕還其題額曰普照王寺矣。」又，劉攽中山詩話云：「泗州塔，人傳下藏真身，後閣上碑道興國中塑僧伽像事甚詳。退之詩曰：『火燒水轉掃地空。』則真身焚矣。塔本喻都料造，極工巧。俗謂塔頂爲天門，蘇國老詩曰：『上到天門最高處，不能容物只容身。』以譏在位者。」宋大詔令集卷二二三道釋上收録真宗時所下泗州僧伽大師加號普照明覺大師伽字公私文字不得指斥詔，其文曰：「能仁闡教，敷佑於群生；等覺儲靈，流慈於應物。顧丕切而莫大，在欽尚以攸宜。眷彼清淮，峙兹妙塔。示圓明之惠力，存妙寂之法身。俾薦名稱，用申嚴奉。泗州僧伽大師，宜加號曰普照明覺大師，其『伽』字公私文字不得指斥。仍遣屯田員外郎孟隆説，往彼致告。」參天台五臺山記卷三則曰：僧伽大師真身塔「八角十三重，高十五六丈許」。

3甲寅，詔曰：「並建子弟，以藩屏王室；申命相輔，以羽翼公朝〔一〕。舊邸之任雖崇，鈞台之寄尤重〔二〕。聿分内外，須正等威〔三〕。自今宰相序立，宜在親王之上。」刑部尚書、平章事臣琪，工部尚書、平章事臣昉等頓首言：「鈞衡之任，止曰台司；盤維之封，實承天緒。漢法：丞相在諸侯王之下；唐制：元子非百執事之列。典故昭晰，載在策書。伏望聖慈，俯遵前軌〔四〕。」上不允，琪等又叩頭，固讓久之。上曰：「宰相之任，實總百揆，與群官禮絕。藩邸之設，止奉朝請而已。元佐等尚幼，欲其知謙損之道，卿無至固讓也。」琪等拜舞稱謝。

〔一〕並建子弟，以藩屏王室；申命相輔，以羽翼公朝　宋大詔令集卷七〇宰相二〇尊禮收録此詔，題名令宰相立親王上詔，此句作：「並建子弟，所以蕃屏王室；申命輔相，所以羽翼公朝。」案：宋會要輯稿帝系二之一、儀制三之三亦載此詔，此句皆與實録相同，宋大詔令集當爲後所改易。

〔二〕舊邸之任雖崇，鈞台之寄尤重　宋大詔令集作「藩邸之任雖崇，鈞衡之寄尤重」，宋會要輯稿帝系二之一、儀制三之三則作「藩邸之任雖崇，鈞台之寄尤重」。

〔三〕聿分内外，須正等威　宋會要輯稿帝系二之一、儀制三之三皆與實録同，宋大詔令集作「聿分内外，須至等差」。

〔四〕伏望聖慈，俯遵前軌　宋宰輔編年録卷二太平興國八年十一月壬子曰：「令宰相班在諸王上，自此始。」案：續資治通鑑長編卷一四開寶六年九月壬申條記皇弟開封尹光義封晉王，始「詔晉王位居宰相上」。同書卷一七開寶九年十一月丁卯條太宗即位後亦「詔齊王廷美、武功郡王德昭位在宰相上」，至此方命親王班於宰相下。

4 戊午，高陽關捕得契丹生口〔一〕，送至闕下。召見，言契丹種族攜貳〔二〕，恐王師討伐，於近塞築城爲備。上謂宰相曰：「戎虜以剽掠爲事，乃修城壘，爲自全之計，蓋天亡之時也〔三〕。往者劉繼元盜據汾、晉，周世宗及太祖皆親征不利〔四〕，朕決取之，除心腹之患〔五〕，爲世宗、太祖刷耻，擒劉繼元致闕下。今日視之，猶机上肉耳。當其保堅城，結北虜爲援，豈易制乎！」〔六〕宋琪對曰：「臣少陷虜庭，備知戎馬之數。自晉末始彊盛，然種族蕃多，其心不一。自石嶺關之敗〔七〕，平劉繼元，三交、高陽關及沿邊諸郡，頻有克捷。以臣度之，其部下攜貳必多，國家不須致討，可坐待其滅也。」

〔一〕高陽關捕得契丹生口　宋會要輯稿蕃夷一之九作「高陽關捕得虜口」。高陽關，今河北高陽附近，宋史卷八六地理二曰：「舊名關南，太平興國七年，改名高陽關。」自周世宗收復三關後，即設關南兵馬都部署，作爲防禦契丹的軍事重鎮，如宋史卷二六一陳思讓傳曰：「顯德「六年春，世宗將北征，命先赴冀州以俟命。及得瓦橋關，爲雄州，命思讓爲都部署，率兵戍守。世宗不豫還京，留思讓爲關南兵馬都部署。」宋仁宗慶曆八年，北宋於高陽關設高陽關路安撫使，統轄宋、遼邊境地區的瀛、莫、雄、貝、冀、滄各州，及永静、保定、乾寧、信安軍，共十個州軍。

〔二〕言契丹種族攜貳　宋會要輯稿蕃夷一之九作「言虜中種族攜貳」。案：宋會要輯稿同條有云：「是年，契丹改元統和，尊母蕭氏爲承天皇太后，隆緒自號天輔皇帝。」契丹是時雖由女主蕭太后主政，然其重用韓德讓、耶律休哥、耶律斜軫等名臣猛將，契丹國勢正盛。遼史卷七一后妃景宗睿智皇后蕭氏傳曰：「后與斜軫、德讓參決大政，委于越休哥以南邊事」、「后明達治道，聞善必從，故群臣咸竭其忠。習知軍政，澶淵之役，親御戎車，指麾三軍，賞罰信明，將士用命。聖宗稱遼盛主，后教訓爲多。」所謂「種族攜貳」的説法，顯爲對太宗的迎合。

〔三〕戎虜以剽掠爲事，乃修城壘，爲自全之計，蓋天亡之時也　契丹本有游牧民族騎射的優勢，又吸收中原築城技術，在宋、遼邊境修築堅固的城壘，國力更盛，對宋形成了强大的軍事壓力，如續資治通鑑長編卷三二八元豐五年七月乙未條記宋神宗對此即有清醒的認識，「上謂輔臣曰：『唐明皇晚年逸豫，以致禍亂。如本朝無前世離宫別館、游豫奢侈之事，非特不爲，亦無餘力可爲也。蓋北有强敵，西有黠羌，朝廷汲汲枝梧不暇。然二敵之勢所以難制者，有城國，有行國。自古外裔能行而已，今兼中國之所有，比之漢、唐，尤强盛也。」太宗此語，純屬自大輕敵，其敗宜矣。

〔四〕周世宗及太祖皆親征不利　顯德元年五月，周世宗乘高平之戰大捷之勢，親征北漢。然太原城堅，不可卒下，契丹援兵又至，周軍阻擊不利，大將史彦超戰死，遂不得不退兵。開寶二年三月，宋太祖親征北漢，經過約三個多月的猛攻，還曾掘汾水灌城，但太原終不能下。由於契丹援兵再至，加以軍中疾疫流行，遂解圍班師。

〔五〕除心腹之患　宋滅北漢之後，方得爲正統，朱子語類卷一〇五朱子二論自注書通鑑綱目條有云：「如秦初猶未得正統，及始皇并天下，方始得正統。晋初亦未得正統，自泰康以後，方始得正統。隋初亦未得正統，自滅陳後，方得正統。如本朝至太宗并了太原，方是得正統。」

〔六〕結北虜爲援，豈易制乎　契丹是北宋的勁敵，東軒筆録卷一記宋太祖曰：「今之勍敵，止在契丹，自開運以後，益輕中國。」其實力決非北漢可以比擬。然太宗狃於滅亡北漢，擒劉繼元的小勝，對契丹長期持有輕敵的情緒，急於收復燕、雲十六州，建立超越周世宗和宋太祖的功業。雖經太平興國四年親征幽州大敗於高粱河，仍如此盲目樂觀，終又在雍熙三年北伐中遭到了岐溝關等一系列更爲慘重的失敗，宋軍在宋、遼戰爭中遂一蹶不振。

〔七〕自石嶺關之敗　石嶺關，位於太原東北百餘里，是契丹救援北漢的必經之路。太平興國四年三月，宋軍名將郭進在此阻擊契丹大捷，擊破契丹數萬衆，契丹大將敵烈等戰死，太原外援就此斷絶，終被宋軍攻下。事見遼史卷八景宗紀下、卷八四耶律沙傳、續資治通鑑長編卷二〇太平興國四年三月乙未條等。

5己未，御製蓮花心輪回文偈頌十部，共二百五十卷〔一〕，回文圖十軸，以示宰相、近臣。城南太一宮〔二〕成，命樞密直學士張齊賢、司天春官正楚芝蘭祠五福太一。齊賢等上言：「太一〔三〕，五帝之佐，天神之至貴者也，請用祀天之禮。殺其半，又小損之。」上令增教坊〔四〕伶官百人，自昏祠至明，如漢祀之制。

〔一〕共二百五十卷　玉海卷五六太平興國御製回文圖條曰：「八年十一月己未，御製蓮花心輪回文偈頌十部，共一百五十卷，回文圖十軸，以示宰相、近臣。」案：續資治通鑑長編卷二四太平興國八年十一月曰：「上撰蓮花心輪回文偈頌十部二百五十卷。」與實録同。又，全宋文卷七四宋太宗一五引臺灣新文豐出版公司影印高麗大藏經第三五册御製蓮華心經輪迴文偈頌卷一，録有御製蓮華心經輪迴文偈頌序，其文曰：「朕聞如來妙法理深也，不可輕易而銓量；真諦奥玄智廣也，豈非邪見而測度？諒慈悲而攝受諸相，匪宏遠而導達有情。救度群生，胎卵顯化，開大利益，示現傍通。喻説分明，遠離于昏濁顛倒；入我執著，可超于智慧菩提。發自予懷，而成斯偈。破煩惱障，入修行門。達彼岸而精進無邊，流苦海而逍遥自在。將其小善，普施衆生。且夫萬仞山高，劫盡而尚爲灰燼；五欲業重，緣牽而海變桑田。悟三乘者不戀愛河，明四智者常居浄土。曉浮生于幻夢，覺塵世若浮泡。每行化俗之方，庶招真空之理。得而自樂，退想忘情。朕機務之餘，留心釋典，乃構迴文之偈，精求玄妙之源。起因一章，終成千首。舒展狀蓮開一朵，聯綴似月彩初圓，立名曰蓮華迴文偈。深非帝王之能事，口（原闕）媿辭正以縱横。隨分可觀，甚爲魯質。兼詔高僧注解，稍究根源。大振于實鐸金文，貫穿于玄言妙旨。永作津梁，而濟沈溺；常爲慧炬，以破昏迷。俾使信心，咸知朕意。今雕成圖像注并偈、頌共二十五卷，具列于後。」

〔二〕太一宮　太一，北極星神名，史記封禪書曰：「亳人謬忌奏祠太一方，曰：『天神貴者太一，太一佐曰五帝。古者天子以春、秋祭太一東南郊，用太牢，七日，爲壇開八通之鬼道。』於是天子令太祝立其祠長安東南郊，常奉祠如忌方。」索隱引樂汁徵圖曰：「天宮，紫微。北極，天一、太一。」宋均云：「天一、太一，北極神之別名。」春秋佐助期曰：「紫宮，天皇曜魄寶之所理也。」石氏云：「天一、太一，各一星，在紫宮門外，立承事天皇大帝。」續資治通鑑長編卷二四七熙寧六年九月辛酉條記王安石曰：「太一即天帝。」夢溪筆談卷三辯證一曰：「十神太一：一曰太一，次曰五福太一，三曰天一太一，四曰地太一，五曰君基太一，六曰臣基太一，七曰民基太一，八曰大遊太一，九曰九氣太一，十曰十神太一。唯太一最尊，更無別名，止謂之太一，三年一移。後人以其別無名，遂對大遊而謂之小遊太一，此出於後人誤加之。京師東、西太一宮，正殿祠五福，而太一乃在廊廡，甚爲失序。熙寧中，初營中太一宮，下太史考定神位。予時領太史，預其議論。今前殿祠五福，而太一別爲後殿，各全其尊，深爲得體。然君基、臣基、民基避唐明帝諱，改爲『棊』，至今仍襲舊名，未曾改正。」春明退朝録中：「太宗時，建東太一宫於蘇邸，遂列十殿，而五福、君綦二太一處前殿，冠通天冠、服絳紗袍，餘皆道冠霓衣。」日知録卷三〇：「宋朝尤重太一之祠，乙太一飛在九宫，每四十餘年而一徙，所臨之地則兵疫不興，水旱不作。在太平興國中，太宗立祠於東南郊而祀之，則謂之東太一。在天聖中，仁宗立祠於西南郊而祀之，則謂之西太一。在熙寧中，神宗建集福宫而祀之，則謂之中太一。」石林燕語卷三：「太平興國中，司天言太一式有五福、大游、小游、四神、天一、地一、真符、君綦、臣綦、民綦，凡十神，皆天之貴神。而五福所臨，無兵疫，凡行五宫，四十五年一易。今自甲申歲，入黄室巽宫，當吴分，請即蘇州建宫祠之。已而復有言，今京城東南有蘇村，可應姑蘇之名，乃改築於蘇村。京師建太一宫，自此始。」皇朝編年綱目備要卷三作太乙宫條亦曰：「初，方士言：五福太乙，天之貴神也，行度所至之國，民受其福，以數推之，當在吴、越分，故令蘇州築宫以祠之，至是成。又詔作宫於蘇村。」又，宋史卷四〇五劉黻傳則曰：「且西太一之役，佞者進曰：『太一所臨分野則爲福，近歲自吴移蜀。』信如祈禳之説，西北坤維按堵可也。今五六十州，安全者不能十數，敗降者相繼，福何在邪？武帝祠太一於長安，至晚年以虚耗受禍，而後悔方士之繆。雖其悔之弗早，猶愈於終不知悔者也。」

〔三〕太一　續資治通鑑長編卷二四太平興國八年十一月己未條、皇朝編年綱目備要卷三等皆作「太乙」。

〔四〕教坊　宋史卷一四二樂一七曰：「自唐武德以來，置署在禁門内。開元後，其人寖多，凡祭祀、大朝會則用太常雅樂，歲時宴享則用教坊諸部樂。前代有宴樂、清樂、散樂，本隸太常，後稍歸教坊，有立、坐二部。宋初循舊制，置教坊，凡四部。其後平荆南，得樂工三十二人；平西川，得一百三十九人；平江南，得十六人；平太原，得十九人；餘藩臣所貢者八十三人；又太宗藩邸有七十一人。由是，四方執藝之精者皆在籍中。」

6丙寅，楚王元佐等五王〔一〕同日赴中書視事。西八作使郝守濬〔二〕責授慈州團練副使，坐護塞河決，懲無狀也。

〔一〕五王　續資治通鑑長編卷二四太平興國八年十月己酉條：太宗五子，「元佐進封楚王，元佑進封陳王，元休封韓王，元雋封冀王，元傑封益王，並加同平章事」。

〔二〕西八作使郝守濬　宋置八作司，以八作使爲長官，下轄泥作、赤白作、桐油作、石竹、瓦作、竹作、磚作和井作。郝守濬在宋太祖時即爲八作使，續資治通鑑長編卷一五開寶七年閏十月己酉條記載：在伐南唐的時候，宋太祖「遣八作使郝守濬率丁匠自荆南以大艦載巨竹絙，並下朗州所造黄黑龍船，于采石磯跨江爲浮梁」。

7丁卯，宴近臣於長春殿，餞武勝軍節度使趙普、武成軍節度使劉遇，赴鎮〔一〕也。上賜普詩，普捧而泣曰：「陛下賜臣詩，當刻於石，與臣朽骨同葬泉下。」上亦爲之動容。宴罷，謂近臣曰：「趙普於國家有大〔勳〕大力，朕布素時與之游從〔二〕，今齒髮衰矣，不欲煩以樞務。擇善地，俾之卧理，因詩什以導意。普感極且泣，朕亦爲之墮睫。君臣之際，亦盡善矣〔三〕。」時樞密使王顯等侍側，頻視上袴，上怪而問之。顯等曰：「陛下所衣袴文縷側倒。」上笑，謂曰：「朕未嘗御新衣，蓋澣濯頻所致耳。」上因言〔四〕：「此偪下已。」（原闕

〔一〕赴鎮　趙普自司徒、兼侍中，罷爲檢校太尉、兼侍中、武勝軍節度使，出鎮鄧州。劉遇，開寶六年爲侍衛步軍都虞

候，太平興國二年出爲彰信軍節度使，五年爲保静軍節度使，此年移鎮滑州，爲武成軍節度使。

〔二〕朕布素時與之游從　續資治通鑑長編卷二建隆二年六月甲午條：宋太祖、太宗母杜太后「嘗與上參决大政，猶呼趙普爲書記，常勞撫之曰：『趙書記且爲盡心，吾兒未更事也。』尤愛皇弟光義，然未嘗假以顔色，光義每出，輒戒之曰：『必與趙書記偕行乃可。』仍刻景以待其歸，光義不敢違。」

〔三〕君臣之際亦盡善矣　是語，玉海卷三〇太平興國賜趙普詩條亦曰：「上謂近臣曰：『君臣之際，亦盡善矣。』」與實録同。然據李燾所記疑乃宰相宋琪所語，續資治通鑑長編卷二四太平興國八年十一月丁卯條曰：「宋琪對曰：『普昨至中書，執御詩涕泣，謂臣曰：「此生餘年無階上答，庶來世得效犬馬之力。」臣既聞普此言，今復聞宣諭，君臣始終之分，可謂盡善矣。』」

〔四〕上因言　據續資治通鑑長編卷二四太平興國八年十一月丁卯條，此句全文當爲：「上因言：『此雖偪下已甚，蓋念機杼之勞苦，欲示敦樸，爲天下先也。』顯等拜舞稱謝。」又，太宗此事收入三朝寶訓，楊萬里誠齋集卷一一二東宫勸讀録三朝寶訓條曰：「萬里讀三朝寶訓，至祖宗不殺羔羊，不食水禽，及袴紋倒側等事。太子曰：『祖宗之德，仁、儉二字而已。』」

8（原闕）爲冀王府翊善〔一〕，著作佐郎姚坦爲益王府翊善〔二〕。

〔一〕翊善　續資治通鑑長編卷二四太平興國八年三月己巳條曰：太宗在「諸王及皇子府初置諮議、翊善、侍講等官，以户部員外郎王遹、著作佐郎姚坦、國子博士邢昺等十人爲之。先是，詔丞郎、給諫以上官於常參官中舉年五十以上通經者備宮僚，遹等被舉。坦、昺，皆濟陰人也。」高承事物紀原卷五曰：「宋朝王府之官多不置，別置翊善，曰某王府翊善。蓋古王傅之任，而輕其名位也。宋朝會要曰：『太平興國中始置。』」

〔二〕姚坦爲益王府翊善　益王，乃太宗第五子元傑。姚坦爲益王府翊善，以好直諫而著稱，涑水記聞卷二曰：「姚坦好直諫。王嘗作假山，所費甚廣，既成，召宮屬置酒共觀之，衆皆褒歎其美，坦獨俛首不視。王强使視之，坦曰：『但見血山耳，安得假山？』王驚問其故，坦曰：『坦在田舍時，見州縣督税，上下相驅峻急，里胥臨門，捕人父子兄弟，送縣鞭笞，血流滿身，愁苦不聊生。此假山皆民租賦所爲，非血山而何？』是時太宗亦爲假山，亟命毁之。王每有過失，坦未嘗不盡言規正。宮中自王以下皆不喜，左右乃教王詐稱疾不朝。太宗日使醫視之，逾月不瘳，上甚憂之，召王乳母入宮，問王疾增損狀，乳母曰：『王本無疾，徒以翊善姚坦檢束，王起居曾不得自便，王不樂，故成疾耳。』上怒曰：『吾選端士爲王僚屬者，固爲輔佐王爲善耳。今王不能用規諫，而又詐疾，欲使朕逐去正人以自便，何可得也。且王年少，未知出此，必爾輩爲之謀耳。』因命捽至後園，杖之數十。召坦慰諭之曰：『卿居王宮，爲群小所嫉，大爲不易。卿但能如此，毋患讒言，朕必不聽。』」

9己卯，詔江南、兩浙、劍南東西川、峽路、嶺南、河東，知州、通判、知軍、知縣及監掌庶務官等，自今滿三考，並與移替。

10庚辰，詔：「史館所修太平總類一千卷，宜令日進三卷，朕當親覽焉，自十二月一日爲始。」宰相宋琪等言曰：「天寒景短，日閲三卷，恐聖躬罷倦。」上曰：「朕性喜讀書〔一〕，頗得其趣，開卷有益，豈徒然也。因知好學者讀萬卷書，非虛語耳。」以著作佐郎呂文仲爲翰林侍讀〔二〕，賜緋魚袋。

〔一〕朕性喜讀書　太宗自幼酷嗜讀書，東都事略卷三太宗本紀載：太宗「幼穎悟，好讀書。宣祖爲將征淮上，克州縣，諸將皆爭子女玉帛，宣祖爲訪其書籍，歸以遺太宗，謂之曰：『文武，立身之本，汝其勉之。』」朱子語類卷一二七太宗真宗朝則有云：「才卿問：『秦、漢以下，無一人知講學明理，所以無善治。』曰：『然。』因泛論歷代以及本朝太宗、真宗之朝，可以有爲而不爲。『太宗每日看太平廣記數卷，若能推此心去講學，那裏得來！不過寫字作詩，君臣之間以此度日而已』。」

〔二〕翰林侍讀　石林燕語卷二：「國朝講讀官初未有定制，太宗始命吕文仲爲侍讀，繼而加翰林侍讀，寓直於御書院。文仲官著作佐郎，但知其本官班而已。真宗初即位，楊文莊公徽之爲樞密直學士，以老求罷。徽之嘗爲東宫官，乃特置翰林侍讀學士以命之，併授文仲、夏侯嶠三人。又以邢昺爲翰林侍讀學士，始升其班，次翰林學士，禄賜並與之同。設直廬於祕閣，侍讀更直，侍講長上。」

11辛巳，以郴州刺史孫方進爲右領軍衛將軍。

12十二月壬午朔，詔曰：「綏、銀、夏等州，民多流亡入蕃部〔一〕，宜令州縣吏設法招誘，俾之復業，仍給復三年。」

〔一〕民多流亡入蕃部　續資治通鑑長編卷二四太平興國八年五月乙亥條即曰：「先是，關、隴貧民多流亡入蕃部。乙亥，詔所在長吏設法誘之，令復業。」同卷十二月壬午朔條：「令綏、銀、夏等州官吏，招誘没蕃民，令歸業，仍給復三年。」

13丁亥，詔：「自京至廣州傳〔置〕卒，月別給百錢；河北、河東道沿邊戍卒，人賜黃絹襦一，絮以綿；京城内外諸軍卒，人給米一石。」淮海國王錢俶上言曰：「臣以蕞爾之軀，蒙被恩寵，賦禄百萬，兼職數四。元帥之任〔一〕，實本於兵柄；國王之號，蓋屏於王室〔二〕。尚書則總百揆之重，中書則掌八柄之繁。維師冠於上台，開府聿當於極品。臣之眇末〔三〕，罔克負荷。邦國之制，式著典常〔四〕。名器之間，固有涯分。徒速罪戾，以取顛擠。伏望聖恩〔五〕，特從省罷。」優詔不允，表三上，降制曰〔六〕：「分茅胙土，所以彰世及之榮；大路繁纓，所以表器數之重。至若褒寵勳舊，度越典常；曲阜肇分，得用六代之樂；平臺光啓，許載九斿之旂。洛于舊章，爰推異數。乃有體好謙之德，形固讓之辭。三扣帝閽，確乎不拔。用屈至公之論，式光知止之風。天下兵馬大元帥、開府儀同三司、守太師〔七〕、尚書令、兼中書令、淮海國王、食邑八萬户、賜劍履上殿、詔書不名錢俶：方嶽炳靈，風雲玄感。奄有勾吴之地，不忘象魏之心。挈族來朝，舉宗宿衛；盡以版籍，入于朝廷。爰分寶玉，胙之淮海，居天子二老之任，啓真王萬室之封。併加寵名，用答忠順。而乃固形表疏，願避官榮。諭之再三，誠不可奪。若以靈臺偃伯，武庫櫜兵，天下一家，書軌之無外；五侯九伯，征伐之不行。願寢元帥之名，勉徇由衷之請。其乃世祚，明德存於帶礪之盟；帝賚良弼，寵以鈞台之任。維師之秩，馭貴之階，非是懋功，適以昭德。勉膺渥澤，克副乃懷。仍加食采之封，載光書社之數。可依前守太師、尚書令、兼中書令、淮海國王，加食邑三千户〔八〕。」

〔一〕元帥之任　後梁末帝加錢鏐諸道兵馬元帥，後唐莊宗時，錢鏐又得天下兵馬都元帥的頭銜，自此吴越國王例得此號。北宋開國，加吴越國王錢俶爲天下兵馬大元帥。事見舊五代史卷一三三世襲列傳二。石林燕語卷四曰：「唐武德初，以太宗爲西討元帥，自是非親王不爲。安禄山叛，以哥舒翰守潼關，除諸道兵馬元帥，始以臣庶爲之。至德初，代宗以廣平王爲天下兵馬大元帥，以郭子儀爲副。其後又以舒王謨爲荆南等道節度，諸軍行營都元帥，加『都』字自是始，此皆實領兵柄。唐末以授錢鏐，則姑以名寵之爾。」

〔二〕蓋屏於王室　宋史卷四八〇世家三吴越錢氏錢俶傳作：「蓋屏於帝室。」

〔三〕臣之眇末　宋史卷四八〇其本傳作「臣之孱瑣」。

〔四〕式著典常　宋史卷四八〇其本傳作「式著等威」。

〔五〕伏望聖恩　宋史卷四八〇其本傳作「伏望聖旨」。

〔六〕降制曰　宋史卷四八〇錢俶傳亦載此詔，文字與實録大同小異，可與實録相互參照，其文曰：「分茅胙土，所以彰世及之榮；大輅繁纓，所以表名器之重。至若褒寵勳德，度越典常，咨于舊章，爰推異數。乃有體好謙之德，形固讓之辭，敦諭再三，確乎不拔，用曲至公之論，式光知止之風。淮海國王錢俶：方岳炳靈，風雲通感，奄有勾吴之地，不忘象魏之心，掃境來朝，舉宗宿衛，籍其土宇，入于朝廷，式昭職員，胙之淮海，居天子二老之任，啓真王萬户之封，併加寵章，用答忠順。而乃屢形表疏，願避官榮，發於深衷，誠不可奪。若以靈臺偃伯，武庫櫜兵，天下一家，書軌之無外；五侯九伯，征伐之不行。願寢元帥之名，勉徇由衷之請。其乃世祚明德，存於帶礪之盟；帝賚良弼，寵以台輔之任。極馭貴之爵，增衍食之封，非足疇庸，適以昭德，勉膺渥澤，克副眷懷。可罷天下兵馬大元帥，餘如故。」

〔七〕太師　宋會要輯稿職官一之一〇曰：「太師、太傅、太保爲三師，太尉、司徒、司空爲三公，並爲宰相、親王、使相加官。五代之制，司徒遷太保、太保遷太傅、太傅遷太尉、太尉遷太師，檢校者亦如之，國朝因之。」

〔八〕加食邑三千户　吴越錢俶以降王得太宗寵遇，續資治通鑑長編卷二〇太平興國四年五月甲申條記宋太宗滅北漢，北漢主劉繼元降後，「顧謂淮海國王錢俶曰：『卿能保全一方以歸於我，不致血刃，深可嘉也。』」默記卷上曰：「先子言：錢俶所以子孫貴盛蕃衍者，不特納土之功，使一方無兵火之厄，蓋有社稷大勳，雖其子孫莫知之也。從太宗平太原，既擒劉繼元以歸，又旁取幽、燕，幽、燕震恐。既迎大駕至幽州城下，四面攻城，而我師以平晋不賞，又使之平幽，遂軍變。太宗與所親厚夜遁，時俶掌後軍，有來報御寨已起者，凡斬六人。度大駕已出燕京境上，乃按後軍徐行，故鑾輅得脱。不然，後軍與前軍合，又虜覺之，則殆矣。蓋一夜達旦，大駕行三百里乃脱，皆俶之功也。」

14 庚子〔一〕，詔曰：「史館新纂太平總類一千卷，包括群書，指掌千古，頗資乙夜之覽，何止名山之藏。用錫嘉稱，以傳來裔。可改名太平御覽〔二〕。」

〔一〕庚子　玉海卷五四太平興國太平御覽太平廣記條引實録，在庚子下有曰：「書成，凡五十四門。」

〔二〕可改名太平御覽　宋大詔令集卷一五〇政事三經史文籍收録此詔，題名名太平御覽詔，文字與實録略同，惟「可改名太平御覽」作「宜改名太平御覽」。玉海卷五四亦作「可」，與實録完全相同。太平御覽原序所記太宗改名詔則與實録多有不同，其文曰：「史館新纂太平編類，包羅萬象，總括群書，紀歷代之興亡，自我朝之編纂，用垂永世，可改名爲太平御覽。」又，容齋五筆卷七國初文籍條言太平御覽引書在一千六百九十種以上，「國初承五季亂離之後，所在書籍印板至少，宜其焚煬蕩析，了無孑遺。然太平興國中編次御覽，引用一千六百九十種，其綱目並載于首卷，而雜書、古詩賦又不及具録，以今考之，無傳者十之七八矣，則是承平百七十年，翻不若極亂之世。姚鉉以大中祥符四年集唐文粹，其序有云：『況今歷代墳籍，略無亡逸。』觀鉉所類文集，蓋亦多不存，誠爲可歎。」

15癸卯，滑州言：「河決已塞。」群臣稱賀〔一〕。

〔一〕群臣稱賀　雲麓漫鈔卷三曰：「今國家有慶事，臣僚上表、進馬稱賀。蔡邕有上加元服與群臣上壽表，末云：『謹奉牛一頭，酒九鍾，稽首再拜，上千萬歲壽。』」

16甲辰，詔曰〔一〕：「朝廷比設貢舉〔二〕，以待賢材，如聞緇褐之流，多棄釋、老之業，反襲褒博，來竊科名。自今貢舉人内有曾爲僧、道者，並須禁斷。其進士、舉人，只務彫刻之工，罕有通緗素之學〔三〕，不曉經義，何以官人？自今宜令禮部貢院，特免帖經〔四〕，只試墨義〔五〕二十道，較其能否，以定黜陟。其諸科舉人〔六〕，于本業外〔七〕，別試法書、墨義十道，著爲定制〔八〕。」

〔一〕詔曰　此詔又見宋會要輯稿選舉三之四、五，宋大詔令集卷一七二政事二五科舉一亦收録，題名禁僧道爲舉人進士試帖經墨義諸科試法書墨義詔，然該卷現已散佚，龔延明宋大詔令集闕卷輯補點校（四篇）據宋會要輯稿選舉三之四、五輯補，並考辨曰：「宋大詔令集存目之標目，與該詔書内容有抵牾處。詔書包含三項指令：一、禁還俗僧道應舉；二、進士應舉免試貼經，試墨義二十道；三、進士、諸科始試律義（法書墨義）十道。對此，長編與宋史選舉志一均有記載：宋史選舉志一：『（太平興國）八年，進士、諸科始試律義十道，進士免貼經。』長編卷二四，太宗太平興國八年十二月壬午朔：『甲辰，令諸州禁還俗僧道赴舉。進士免貼經，只試墨義二十道，皆以經中正文大義爲問題。又增進士及諸科各試法書墨義十道。』原注：『進士增試律義，據本志增入，實録、會要並闕之。』以是言之，標目明顯有誤，『進士試貼經』應改爲『進士免貼經』，『墨義』前應補一『試』字。詔書中『宜令禮部貢院』後當補『進士』與『諸科』皆試律義。」中國古代職官科舉研究，中華書局二〇〇六年版，第六五六——六五七頁。

〔二〕朝廷比設貢舉　宋會要輯稿選舉三之四所記此詔作「朝廷比較設貢舉」，顯然衍一「較」字，當以實録爲是。

〔三〕罕有通緗素之學　宋會要輯稿作「罕通緗素之學」，因此詔爲四六體，疑實録衍一「有」字。

〔四〕帖經　亦寫作「貼經」，唐、宋科舉考試形式之一，演繁露卷二：「帖經者，以所習經，掩其兩端，中間惟開一行，裁紙爲帖。凡帖三字，隨時增損，可否不一，或得四、得五、得六者爲通。」也稱「帖書」，是將某經的某頁無關部分以紙蓋住，只留一行，又用紙帖住幾個字，稱爲「一帖」，由考生憑記憶填寫，主要考察考生對經書的記誦程度。續資治通鑑長編卷二二〇熙寧四年二月丁巳條記：宋神宗「定貢舉新制，進士罷詩賦、帖經、墨義」。

〔五〕墨義　唐、宋科舉考試形式之一，文獻通考卷三〇選舉三馬端臨曰：「愚嘗見東陽麗澤吕氏家塾有刊本吕許公夷簡應本州鄉舉試卷，因知墨義之式，蓋十餘條，有云：『作者七人矣，請以七人之名對。』則對云：『七人，某某也，謹對。』有云：『見有禮於其君者，如孝子之養父母也，請以下文對。』則對云：『下文曰：見無禮於其君者，如鷹鸇之逐鳥雀也，謹對。』有云：『請以注疏對者。』則對云：『注疏曰：云云，謹對。』有不能記憶者，則只云：『對未審。』蓋既禁其挾書，則思索不獲者，不容臆説故也。其上則具考官批鑿，如所對善，則批一『通』字；所對誤及未審者，則批一『不』字。大概如兒童挑誦之狀。」和帖經相類似，也純粹是考察考生對經書和注釋的背誦程度。宋仁宗慶曆三年九月范仲淹在上仁宗答詔條陳十事中批評墨義之弊，宋朝諸臣奏議卷一四七記曰：「國家乃專以辭賦取進士，以墨義取諸科，士皆捨大方而趨小道，雖濟濟盈庭，求有才有識之士，十無一二。況天下危困，乏人如此，將何以救之乎！教以經濟之業，取以經濟之才，庶可救其不逮。或謂救弊之術，無乃後時？臣謂四海尚完，朝謀而夕行，庶乎可濟。安得晏然不救，坐俟其亂哉？臣請諸路州郡有學校處，奏舉通經有道之士，專于教授，務在興行。其取士之科，即依賈昌朝等起請，進士先策論而後詩賦，諸科墨義之外，更通經旨。使人不專辭藻，必明理道，則天下講學必興，浮薄知勸，此最爲至要。」熙寧四年二月丁巳宋神宗在罷帖經同時，也罷墨義。

〔六〕其諸科舉人　續資治通鑑長編卷二四太平興國八年十二月甲辰條曰：「又增進及諸科各試法書墨義十道。」李燾注並曰：「進士增試律義，據本志增入，實録、會要並闕之。雍熙二年又復貼經，罷試律。」

〔七〕于本業外　宋會要輯稿作「於業外」，無「本」字。

〔八〕著爲定制　此詔發自太宗，續資治通鑑長編卷二四太平興國八年十二月甲辰條詳述其原委，「上謂宰相曰：『邇來場屋混淆，頗聞有僧道還俗赴舉者。此輩不能專一科教，可驗操履，他日在官，必非廉潔之士。進士先須通經，遵周、孔之教，或止習浮淺文章，殊非務本之道，當下詔切戒之。』甲辰，令諸州禁還俗僧道赴舉。進士免貼經，只試墨義二十道，皆以經中正文大義爲問題。又增進士及諸科各試法書墨義十道。又詔諸道下第舉人依舊重請文解，不得準近例常赴貢部」。

17乙巳，以著作郎李沆直史館。

18丙午，右補闕、直史館胡旦〔一〕獻河平頌，曰：「巨宋受命，二十有五載，夏五月，河決于滑，示災也；冬十有二月，塞之，明功也。古之王者，必有大患，然後彰大聖；必有大災，然後成大〔功〕（成）。故堯之水，湯之旱，太宗之蝗，玄宗之彗，皆所以彰災患而成聖功也。當堯之時，三苗未〔誅〕（舉），四凶未除，天示大水，以滌群兇。湯之時，夏政未釐，商民未熙，天示大旱，以爍澆風。太宗之時，餘寇未平，大政未成，天示其蝗，以啖萬物之豐。玄宗之時，群賢未集，大禮未立，天示其彗，以掃萬國之雄。則患息而啓聖，災平而著功，斯亦我宋之大道，聖績之無窮也。太平興國，紀號之始，在國家經營克復之際，蠻戎夷狄，罔不來格；礿祠烝嘗，罔不克備。文教被於内，武德焕其外，天子凝旒以示化，宰相備位以充職。而姦生治平，釁發無事。賊臣多遜，陰泄大政與孽弟廷美，詋詛不道，衷搆大難〔二〕，賴天地社稷之福，聖皇之靈，覺而黜之。時又彊臣普，恃功貪天，違理背正，削廢大典，構豪傑之罪，飾帝王之非；榛賢士之路，使恩不大賚，澤不廣洽。越八年夏，河擁積石，潰龍門，盪砥柱，泊大伾。高峰爲覊，長岸爲梏，怒無所作，水潦群汹，大決于滑；漂澶蕩濮，浮曹沈濟，灌于彭門，注于淮泗；孟諸鉅浸，漫漫而海。獸無攸處，鳥無攸居，況于人民乎？況于州邑乎？群臣僉言，築防以爲捍。帝曰：『非是也，百姓不親，五品不訓，司徒之過也。敷奏不以言，明試不以功，侍中之咎也。壅其下而不聞于上，蔽其賢而不進于位，宰相之罪也。漢家法制，以災異責三公〔三〕。』申命有司，明舉舊典，即譴普于鄧，假節爲帥，示優恩也。乃命内客省使郭守文，督内謁者、中常侍暨廷臣受旨者，凡數十百人；役兵籍民，凡三十萬；竹木、土石之數，不可勝計。以某月日經始，至某日畢功。自始至畢，皆騎置成筭以授之，莫不媮大功，集巨力，如坻如阜，如山如崗。衣土以薪，實舟以石，沈之築之，是壅是塞；濤回浪轉，川動雷駭，截洪流之迅奔，歸故道以長往。巨岸山峙，巨防嶽立，大災以寧，大功以成。是月癸卯，使者馳以奏。甲辰，平章事臣琪、臣昉，參知政事臣穆、臣蒙正、臣至，與將軍、大夫、郎中、博士，再拜稱賀，上言曰：『玄天降靈，大河已平，聖功巍巍，子孫相承，斯爲陛下之德也。』小臣職在史氏，位司諫列，豈不以天祐聖宋，方鳩大功，大功無所發，必有大災；旱不能有，蝗不能生，彗不能見，必有大水，與堯同休。是天子前黜多遜，後譴臣普，防大患而遏大災也。塞洪河之決，疏德澤之壅，彰大聖而成大功也。功已立而不宣，儒臣之罪也。宜其發頌聲，褒形容，以明萬萬之休烈。臣且不敏不明，謹獻頌，曰：『天祚我宋，以君兆民。配天承休，惟堯與鄰。粤有大水，昏墊下人。非曰聖祚〔四〕，孰究孰度？蔽賢者退，壅澤者罪，我防大患，河豈云敗。逆遜遠投，姦普屏外。聖道如堤〔五〕，崇崇海內。帝曰守文，是塞是親。調爾衛兵，程爾烝民。民以盡力，臣以勤職。役云其終，河以之塞。唐堯懷山，實警神德。漢武宣防，實彰令德〔六〕。我塞長河，融流惠澤。明明聖功，萬代成則。』上覽之，震怒，召宰相謂曰：「胡旦所獻頌，詞意悖戾，朕自擢于甲科，歷試外任，所至無善狀。知海州日，爲部下所訟，獄已具，適會大赦，朕録其材而捨其罪。尚令在近列，又領史職，乃敢自恣兇臆，狂躁如此。今朝多君子，如此人豈宜尚列於侍從〔七〕耶？亟逐去之！」

宜以其頌下史館〔八〕，中書舍人、史館修撰王祐等奏議曰：「胡旦幸以常材，謬登上第，職在史氏，身列諫垣，而乃獻頌明廷，發泄私憤，謗讟聖代，指斥大臣。躁人詞多，前典尤戒；下流訕上，先儒所惡。宜加竄逐，以肅縉紳。」

〔一〕胡旦　字周父，亦作繼周，太平興國三年狀元，是宋初文壇、政壇十分活躍的傳奇人物，宋史卷四三二儒林二胡旦傳曰：「旦喜讀書，既喪明，猶令人誦經史，隱几聽之，不少輟。著漢春秋、五代史略、將帥要略、演聖通論、唐乘、家傳三百餘卷。斵大硯，方五六尺，刻而瘞之，曰『胡旦修漢春秋硯』。晚尤黷貨，干擾州縣，持吏短長，爲時論所薄。」東原録記胡旦考中狀元後，宋太宗「賜胡旦詩有云：『報言新進士，知舉是官家。』御注云：『每相見，但相勸爲美善之事，莫教朝野人笑道，主文官家知舉不了。』」春明退朝録上曰：「楊庶幾孜言：胡祕監旦退居襄陽，鑱大硯以著漢春秋。書成，瘞其硯。每聞大臣名士薨卒，必作傳以紀其善惡，然世不傳。庶幾亦自有所述。」澠水燕談録卷四才識曰：「胡旦少有俊才，尚氣凌物，嘗語人曰：『應舉不作狀元，仕宦不作宰相，乃虚生也。』隨計之秋，郡守坐中聞鴈，旦賦詩曰：『明年春色裏，領取一行歸。』詩人皆壯其言。明年果魁天下。終以俊才忤物，不登顯位而卒。」又曰：「胡旦文辭敏麗，見推一時。晚年病目，閉門閑居。一日，史館共議作一貴侯傳，其人少賤，嘗屠豕豬。史官以爲，諱之即非實録，書之即難爲辭，相與見旦，旦曰：『何不曰某少嘗操刀以割，示有宰天下之志。』莫不歎服。」能改齋漫録卷一三：「陳洪進請謚于朝，胡旦揚言曰：『宜謚忠靖』。忠靖，乃下軍之名。其子惝懼，賂以白金數鎰，乃改之。」續資治通鑑長編卷四一至道三年三月癸巳：「初，太宗不豫，宣政使王繼恩忌上英明，與參知政事李昌齡、知制誥胡旦謀立楚王元佐，頗間上。宰相吕端問疾禁中，見上不在旁，疑有變，乃以笏書『大漸』字，令親密吏趣上入侍。及太宗崩，繼恩白后至中書召端，議所立。端前知其謀，即紿繼恩，使入書閣檢太宗先賜墨詔，遂鎖之。亟入宫，后謂曰：『宫車宴駕，立嗣以長，順也，今將奈何？』端曰：『先帝立太子，政爲今日，豈容更有異議！』后默然。上既即位，端平立殿下，不拜，請捲簾。升殿審視，然後降階，率群臣拜，呼萬歲。」宋史卷四三二其本傳亦記：胡旦「素善中官王繼恩，爲繼恩草制辭過美。繼恩敗，真宗聞而惡之，貶安遠軍行軍司馬，又削籍流潯州。」又，石介徂徠石先生文集卷一九祥符詔書記曰：楊億「乃斥古文而不爲，遠襲唐李義山之體，作爲新制。楊亦學問通博，筆力宏壯，文字所出，後生莫不愛之。然破碎大道，雕刻元質，非化成之文，而古風遂變。時執政馮文懿，與二三朝士竊病之。又黄州、漢公皆已死，他人柔弱，無以摧楊雄鋩，惟胡大監繼周在，且以罪廢，屏居廬江。乃相與延譽，徐言于上，乞召知制誥，以拉楊之虎牙。繼周既至，真宗命上殿，賜坐，從容延問曰：『知卿雖謫官，猶不廢學，今復用卿知制誥。』繼周以久去班行，朝禮多廢，即拜謝于殿上，真宗亦不之罪。繼周既退，直趨舍人院，箕倨坐廳上，睥睨言曰：『適來見上，上金口命胡旦復知制誥。胡旦老矣，豈能重入此小兒隊裏，知得他制誥？』矜傲輕忽，旁如無人。真宗以繼周素無行，尚疑之，潛令小黄門一人，隨其後觀之，黄門盡以告。明旦，真宗見文懿，具道其事，乃曰：『胡旦終未可用，觀其言，朕亦似被輕。』文懿以繼周自爲之，亦無如之何。繼周但得通判襄州去，楊遂肆然，無復回避。」續資治通鑑長編卷一〇二天聖二年二月癸亥條曰：「襄州上將作監致仕胡旦所撰漢春秋，上因問旦吏歷及著書本末，宰臣王欽若對曰：『旦詞學精博，舉進士第一，再知制誥。然不矜細行，數敗官，今已退居。嘗謂三代之後，獨漢得正統，因四百年行事立褒貶以擬春秋。』上稱歎之。癸亥，命旦爲祕書監，仍録其子彬爲將作監主簿。」

〔二〕衷構大難　續資治通鑑長編卷二四太平興國八年十二月丙午條注引宋朝要録作「爰構大難」。

〔三〕以災異責三公　後漢書卷四四徐防傳：「安帝即位，以定策封龍鄉侯。食邑千一百户。其年以災異、寇賊策免，就國。凡三公以災異策免，始自防也。」廿二史劄記卷二災異策免三公條考證説：「然薛宣爲丞相，成帝册曰：『災異數見，比歲不登，百姓饑饉，盜賊並興。君爲丞相，無以帥示四方，其上丞相印綬罷歸。』是防之先已有此制。如淳漢書注謂：『天文大變，天下大禍，則使侍中以上尊養牛賜丞相，策告殃咎，丞相即日自殺。』則並有不止策免者矣。亦有不待免而自劾者，如元帝永光元年，春霜夏寒，日青無光，丞相于定國自劾，歸侯印，乞骸骨；明帝永平十三年，日蝕，三公免冠自劾是也。」

〔四〕祚　宋史卷四三二儒林二胡旦傳爲「作」。

〔五〕堤　宋史作「隄」。

〔六〕德　宋史作「式」。

〔七〕侍從　朝野類要卷二侍從曰：「翰林學士、給事中、六尚書、八侍郎是也。又中書舍人、左右史，以次謂之小侍從。又在外帶諸閣學士、待制者，謂之在外侍從。」胡旦其時爲右補闕、直史館。又，考古編卷八法從條曰：「今世通稱侍從爲法從，豈以其從法駕故耶？按漢制：大駕八十一乘，即公卿奉引；至法駕三十六乘，惟河南尹、執金吾、洛陽令奉引，公卿不在其内。則謂侍從爲法從，似未當。」

〔八〕宜以其頌下史館　宜，續資治通鑑長編卷二四太平興國八年十二月丙午條作「且」，宋會要輯稿職官六四之三亦作「且以其頌下史館」，實録誤。

19丁未，詔曰：「右補闕、直史館胡旦：猥以庸瑣，謬升科級，兼領太史，爲吾近臣。頃以江、淮漕運，俾司其事，賞賜甚厚，恩獎備至。年少氣鋭，所爲不法。朕思欲全度，盡與洗滌。俾領東海，欲其自新。而乃沈湎於酒，恣行鞭朴，妄奏部下吏課最，以圖僥倖；增置胥吏，侵用官錢。醜迹升聞，逮捕繫獄，證左已具，適會大赦。朕猶示含垢之道，未行黜幽之典。俾在禁掖，司吾策書，乃敢獻頌闕廷，謗讟公輔，詞意狂悖〔一〕，莫甚于兹。人之無良，唯曰不足〔二〕；言之不善，雖遠必違。豈可寘於周行，所宜投諸四裔〔三〕。尚通朝〔四〕，俾隸方州，我非無恩，汝宜自省〔五〕。可守殿中丞〔六〕、充商州團練副使，依分司官例，支給半俸，仍不得簽署州事。」

〔一〕謗讟公輔，詞意狂悖　指胡旦河平頌中辱罵剛罷相的趙普，續資治通鑑長編卷二四太平興國八年十二月丁未條曰：「頌復有『逆遜投荒，姦普屏外』等語，上覽之震怒。」何冠環宋初朋黨與太平興國三年進士分析胡旦被貶之事曰：「而他的頌的正文更用到『逆遜投荒，姦普屏外』的字句。那是趙、盧及他們的同夥所不能容忍的。胡旦大概以爲，盧、趙已無望回朝，罵他們愈甚，則痛恨二人的『準皇儲』楚王元佐當會愈高興，而自己一旦得到元佐的歡心，將來晋升便大大有望。另一方面，他又可替自己以及受過盧、趙排抑的同年出氣，又可博取正直敢言的美名；不過，他的如意算盤却打不響，他錯估太宗的反應。這場大獄是太宗一手導演的，他利用趙普除去親弟，又任由趙普乘機鏟除其宿敵盧多遜及他的一黨；但後來弄到人心惶惶，株連無辜，那却未必是太宗的本意。太宗何嘗不知他這樣做，必招人物議。這敏感的事，自然不提爲佳。偏偏胡旦自作聰明，弄巧反拙。結果太宗覽奏後大怒。」中華書局一九九四年版，第一七—一八頁。

〔二〕唯曰不足　宋大詔令集卷二〇三政事五六貶責一亦收録此詔，題名胡旦謫官制，此句作「惟日靡足」，「日」字爲「曰」之誤。

〔三〕所宜投諸四裔　宋大詔令集作「所宜投之四裔」。

〔四〕尚通朝　語義不通，宋大詔令集此句作「尚通朝籍」，實録顯漏一「籍」字。

〔五〕汝宜自省　宋大詔令集作「爾宜自省」。

〔六〕可守殿中丞　宋大詔令集作「可授殿中丞」。

20 戊申，上於禁中讀書〔一〕，自巳至申始罷。有蒼鶻自上始開卷飛上殿吻〔二〕，殆掩卷而去〔三〕。上怪之，以語近臣，對曰〔四〕：「此上好學之所感也，昔楊震〔五〕方講間，有鸛雀啣三鱣魚墮於庭，亦同其應。」宥州言：「戎人二萬衆入寇，巡檢李詢率所部蕃漢卒繫走之，斬首二千級。」

〔一〕上於禁中讀書　玉海卷五四太平興國太平御覽太平廣記條曰：「一云清心殿。」

〔二〕有蒼鶻自上始開卷飛上殿吻　蒼鶻，玉海卷五四太平興國太平御覽太平廣記條所引實録作「蒼鸛」，並注曰：「一作鶴。」飛上殿吻，玉海所引實録作「飛止殿鴟尾」。

〔三〕殆掩卷而去　玉海所引實録作「逮掩卷而去」。

〔四〕對曰　玉海所引實録作「宰相宋琪對曰」。

〔五〕楊震　東漢名臣，後漢書卷五四楊震列傳曰：「震少好學，受歐陽尚書於太常桓郁，明經博覽，無不窮究。諸儒爲之語曰：『關西孔子楊伯起。』常客居於湖，不答州郡禮命數十年，衆人謂之晚暮，而震志愈篤。後有冠雀銜三鱣魚，飛集講堂前，都講取魚進曰：『蛇鱣者，卿大夫服之象也。數三者，法三台也。先生自此升矣。』年五十，乃始仕州郡。」

21己酉，詔曰：「先是，禁民於沿邊諸郡私市馬。戎人賣官馬，市良而棄駑〔一〕，又禁民不得私市。往來死於道者甚衆〔二〕，戎人少利，國馬無以充舊貫。自今邊郡吏，謹視馬之良駑者，刻毛以記〔三〕，許民私市，庶羌戎獲利，而歲驅馬通關市，有以補戰騎之闕焉。」福州言：「先是，錢銅兼用〔四〕，鐵錢三直銅錢之一〔五〕。吏受賕、盜用官物，參以銅、鐵錢，計其贓差重，自今望悉以銅錢定其罪。」從之。以懿州刺史田漢瓊爲錦州刺史，錦州刺史田漢希爲懿州刺史，皆五溪之酋帥，願易其地，因而授之也。

〔一〕禁民於沿邊諸郡私市馬。戎人賣官馬，市良而棄駑　宋代馬匹缺乏，依賴官府向周邊少數民族地區購買，文獻通考卷一六〇兵考十二馬政曰：「凡市馬之處：河東則府州、岢嵐軍，陝西則秦、渭、涇、原、儀、環、慶、階、文州，鎮戎軍，川、峽則益、黎、戎、茂、雅、夔州、永康軍。皆置務，遣官以主之。歲得五千餘匹，以布帛茶物準其直。舊運銅錢給之，太平興國八年有司言：戎人得錢，悉銷鑄爲器。乃定此制。其後諸州市畜馬，給直漸高，務增數以爲課績。景德中，戎事已息，因詔條約之。招馬之處：秦、渭、階、文之吐蕃、回紇，麟府之党項，豐州之藏才族，環州之白馬鼻家，保家名市族。洎涇、儀、鄜延、火山、保安軍、唐龍鎮、制勝關之諸蕃。每歲皆給以空名敕書，委沿邊長吏擇牙吏入蕃招募，給券詣京師。至，則估馬司定其直。自三十五千至千，凡二十三等。舊選三歲至十七歲者，景德二年詔：止市四歲至十三歲者，餘聽私市。其蕃部又有直進者，自七十五千至十七千，凡三等。有獻尚乘者，自百一十千至六十千，亦三等。」宋大詔令集卷一八一政事三四馬政亦收録此詔，題名許民市沿邊戎人馬駑駘者詔，「戎人賣官馬，市良而棄駑」一句作「戎人賣馬，官市良而棄駑」。宋會要輯稿兵二二之一則作「戎人賣馬入官，取其良而棄駑者」。又，禁民於沿邊諸郡私市馬，始於太平興國六年，宋會要輯稿兵二二之一曰：「太宗太平興國四年，詔市吏民馬十七萬匹，以備征討。六年十二月，詔歲於邊郡市馬，償以善價。內屬戎人驅馬詣闕下者，悉令縣次續食以優之。如聞富人皆私市之，致戰騎多闕。自今一切禁之，違者許相告發，每匹賞錢十萬，私市者論其罪。中外官犯者，所在以聞。」

〔二〕往來死於道者甚衆　宋會要輯稿、宋大詔令集作「往來死於道者衆」，皆無「甚」字。

〔三〕自今邊郡吏謹視馬之良駑者，刻毛以記　「自今邊郡吏謹視馬之良駑者」，宋大詔令集作「自今邊郡謹視馬駑駘者」；宋會要輯稿則作「自今邊郡吏謹視馬之良駑，駑者刻毛以記」。案：詔書下文曰「許民私市，庶羌戎獲利」，意指戎人之良馬由官府收購，駑馬則特許民私市，以鼓勵戎人前來賣馬。據此，宋會要輯稿顯較實録、宋大詔令集爲長，疑實録此處當漏一「駕」字。

〔四〕錢銅兼用　五代、北宋，福建地區長期流通鐵錢，續資治通鑑長編卷一五六慶曆五年六月丙辰條：「福建僞命時行鐵錢，本朝因之。」宋大詔令集卷一八三財利上所録太平興國九年八月壬辰許漳泉福建汀劍興化邵武軍鹽通商建州鑄大鐵錢詔曰：「漳、泉、福建、汀、劍等州及興化、邵武軍先禁鹽，自今許通商，官賣鹽，斤二十五。先是，民間少銅錢，宜於建州鑄大鐵錢，文曰『太平通寶』，與銅錢並用。」鐵錢是宋代的輔幣，主要在四川、福建、陝西、山西等特定地區流通，用鐵鑄造，每貫大約重六斤左右，亦稱「重寶」，如宋仁宗慶曆年間發行的鐵錢就叫「慶曆重寶」。

〔五〕鐵錢三直銅錢之一　續資治通鑑長編卷二四太平興國八年十二月己酉條記曰：「銅錢三直鐵錢一。」與此不同。案：宋會要輯稿刑法三之二曰：太平興國「八年十二月三十三日，福州言：『先是，銅、鐵錢兼用，鐵錢三直銅錢當一，吏受賕、盜用官物，參以銅、鐵錢，計其贓差重，自今望悉以銅錢定罪。』從之。」又，文獻通考卷九亦記宋代鐵錢與銅錢的比價通常爲「鐵錢三當銅錢一」、「以三當一」。顯然當以實録爲是。鐵價值低廉，單位價值自然也很低，當時市場上往往是鐵錢十方能兑銅錢一，北宋末年甚至是鐵錢二十才能換銅錢一。

22庚戌，賜左諫議大夫、參知政事吕蒙正麗景門宅〔一〕，右諫議大夫、簽署樞密院事張齊賢〔二〕宜秋門宅，王沔崇德坊宅，各一區。雷州言：「颶風飄壞官寺、倉庫、民廬舍七百區。」

〔一〕賜左諫議大夫、參知政事吕蒙正麗景門宅　宋會要輯稿方域四之二二作「賜右諫議大夫、參知政事吕蒙正麗景門宅」，顯誤。呂蒙正，太平興國二年狀元，太平興國八年十一月壬申由翰林學士、都官員外郎除參知政事。涑水記聞卷二：「呂蒙正相公不喜記人過。初參知政事，入朝堂，有朝士於簾内指之曰：『是小子亦參政邪？』蒙正佯爲不聞而過之。其同列怒之，令詰其官位姓名，蒙正遽止之。罷朝，同列猶不能平，悔不窮問，蒙正曰：『若一知其姓名，則終身不能復忘，固不如毋知也。且不問之，何損？』時皆服其量。」續資治通鑑長編卷二九端拱元年二月庚子：「蒙正質厚寬簡，有重望，不結黨與，遇事敢言，每論政，有未允者，必固稱不可。上嘉其無隱。」又，邵氏聞見録卷七曰：「呂文穆公諱蒙正，微時於洛陽之龍門利涉院土室中，與温仲舒讀書，其室中今有畫像，有詩云：『八灘風急浪花飛，手把魚竿傍釣磯。自是釣頭香餌別，此心終待得魚歸。』又云：『恠得池塘春水滿，夜來雷雨起南山。』後狀元及第，位至宰相。温仲舒第三人及第，官至尚書。公在龍門時，一日行伊水上，見賣瓜者，意欲得之，無錢可買，其人偶遺一枚於地，公悵然取食之。後作相，買園洛城東南，下臨伊水起亭，以『噎瓜』爲名，不忘貧賤之義也。」

〔二〕簽署樞密院事張齊賢　宋宰輔編年録卷二：太平興國八年十一月壬申張齊賢、王沔「並自樞密直學士遷右諫議大夫」、「同簽書樞密院事」。

書寫人：楊思恭　初對：班紹宗　覆對：霍良弼

太宗皇帝實録卷第二十八

起太平興國九年正月，盡二月。

1太平興國九年，春正月壬子朔，上不受朝，群臣詣閤拜表稱賀。

2丙辰，命户部推官、監察御史索湘、元玘按行河決所壞民田。

3丁巳，駕幸景龍門外水磑〔一〕。上臨水而坐，命近臣觀之，因謂近臣曰：「此水出於山源，清澄甘潔，近河之地，水味皆甘，豈河、澗所及乎？」宋琪等對曰：「亦猶人性，善惡，染習使然也。」上曰：「卿言是也。」回，習射於後園，上中的者五。張樂，賜從官飲。

〔一〕駕幸景龍門外水磑　景龍門，本名酸棗門，太平興國四年改景龍門。水磑，即水磨，宋時開封水磨主要用於磨麥，亦用於磨茶。周寶珠宋代東京研究曰：「東京水道縱横，水源充足，爲水磨加工提供了方便條件，因此，這裏水磨林立，爲他處所不及」、「總觀東京水磨加工業，僅宋初官辦之東西務即有二百零五人，東水門外水磨百盤，鄭州、長葛二百六十所，加上私人水磨，總人數相當可觀，是東京手工業中一個重要行業。」河南大學出版社一九九二年版，第二〇一、二〇四頁。

4戊午，右僕射石熙載〔二〕薨。熙載，字凝績，洛陽人也。周顯德中，以進士登第。在布衣時，磊落有度量，人皆重之。家貧，事後母以孝聞。治家嚴謹，閨門肅然。國初，上爲殿前都虞候、領泰寧軍節度〔二〕，辟爲掌書記。及上領開封尹，表爲推官。歷右拾遺，遷左補闕，出爲崇義軍掌書記〔三〕。及上即位，召歸，復爲左補闕，出知潭州。徵還，擢爲兵部員外郎、充樞密直學士，旋簽署樞密院事〔四〕。車駕征河東，從至鎮州，拜給事中、充樞密副使。還京，遷刑部侍郎、副使如故。未幾，授户部尚書、樞密使。以足疾，步履蹇澀，多請告。上幸其第臨問，太醫診視。久之，未愈，乃抗表求解所職。優詔許之，拜右僕射，至是薨，年五十七。上聞之，亟幸其第，臨喪涕泗〔五〕。詔輟視朝兩日，贈侍中，官給葬事。上悲嘆者累日，顧謂侍臣曰：「熙載事君之心，可謂純正無他矣。方將委用而遽至此，豈命乎！」熙載有文學，性忠實，遇事盡言，是非好惡，無所顧避，人有善必推薦之，時論稱其長者。

〔一〕石熙載　玉壺清話卷三：「石元懿熙載，西洛人，家貧游學，事母以孝聞。嵩陽道中遇一叟，熟視之，稽顙曰：『真太平良弼也。吾幼爲唐相房玄齡檢書蒼頭，公酷似之。』囑之曰：『見子事契相投者，即真主也，善事之。』語訖即滅。後國初，太宗建太寧軍節，公謁之，傾意投接，爲掌書記。游從觴詠，情禮深厚，公長於太宗，簡墨尊俎，常以兄呼之，然亦得事上之體，不諂不瀆，故免數斯之辱。迨踐祚，七年爲右僕射、平章事。卒，太宗親幸其第，臨喪哭之哀，謂近侍曰：『石某以純正事朕，自府幕至台席，朕窺之無纖瑕，方此委用，朕不幸也。』」

〔二〕上爲殿前都虞候、領泰寧軍節度　續資治通鑑長編卷一建隆元年八月壬午條：「以皇弟殿前都虞侯、睦州防禦使光義領泰寧軍節度使。」都虞侯，爲都虞候之誤，當據實録改正。

〔三〕出爲崇義軍掌書記　宋史卷二六三石熙載傳：「以讒出爲忠武、崇義二軍掌書記。」續資治通鑑長編卷五乾德二年五月丁丑朔條述其原委曰：「屯田員外郎、知制誥高錫以弟銑應進士舉，屬之開封府推官河南石熙載，求首薦。銑辭藝淺薄，熙載弗許，錫深銜之，累於上前言熙載裨贊無狀。上謂皇弟開封尹光義曰：『當爲汝擇人以代熙載。』光義曰：『熙載居官恪勤，此必高錫譖之也。』上感悟，將罪錫而未有以發。會遣錫使青州，私受節度使郭崇賂遺，所過恣其凶率，又嘗致書澧州託刺史求僧紫衣，爲人所告，下御史府按得實，責授萊州司馬。」

〔四〕旋簽署樞密院事　續資治通鑑長編卷二〇太平興國四年正月癸巳條曰：「以樞密直學士石熙載簽署院事，仍賜宅一區。　簽署樞密院事，自熙載始。」群書考索後集卷五簽書樞密院事條曰：「國初缺，至太平興國四年石熙載元懿公以樞密直學士，僉書之名始此會要，後又有同僉書。大抵以處資淺之人，若僉書一經親祠，方進同知及副使。若武臣擢預國政，只除同僉書。」

〔五〕上聞之，亟幸其第，臨喪涕泗　宋史卷二六三石熙載傳：「國朝大臣謝事而卒，車駕臨視者唯熙載焉。」

5己未，以元帥府掌書記黃夷簡〔一〕爲淮海國王府判官，元帥府支使慎知禮爲淮海國王府掌書記，元帥府別駕裴祚爲淮海國王府支使，以錢俶解元帥之任故也。

〔一〕黄夷簡　玉壺清話卷一曰：「黄夷簡閒雅有詩名，在錢忠懿王俶幕中陪尊俎二十年。開寶初，太祖賜俶開吴鎮越崇文耀武功臣，遣夷簡謝於朝。將歸，上謂夷簡曰：『歸語元帥，朕已於薰風門外建離宫，規模華壯，不減江、浙，兼賜名「禮賢宅」，以待李煜與元帥，先朝者即賜之。今煜崛彊不朝，吾將討之，元帥助我乎？無爲他謀所惑，果然，則將以精兵堅甲奉賜。向克常州，元帥有大功，俟江南平，可暫來相見否？無他，但一慰延想爾，固不久留，朕執圭幣，三見於天矣，豈敢自誣？即當遣還也。』夷簡受天語，俛首而歸，私自籌曰：『兹事大難，王或果以去就之計見決於我，胡以爲對？』殆歸，見俶，因不匿，盡以天訓授之，遂稱疾於安溪别墅，保身潛遁。夷簡山居詩有『宿雨一番蔬甲嫩，春山幾焙茗旗香』之句。雅喜治釋。咸平中，歸朝爲光禄少卿，後以壽終焉。」宋史卷四四一文苑黄夷簡傳曰：「夷簡少孤，好學，有名於江東，爲錢惟治明州判官。太平興國初，隨錢俶來朝，授檢校祕書少監、元帥府掌書記，賜以襲衣、器幣、鞍勒馬。八年，俶讓元帥，改授夷簡淮海國王府判官。」

6庚申，國子博士鹿峭以母老，拜章求解官就養，從之。以國子博士韓寶爲峽路轉運副使。徐州豐縣主簿李蒙正、縣尉張思問並削籍爲民，部下犯贓故也。蒙正配隸商州，禁錮。

7壬戌，詔曰：「國家勤求古道，啓迪化源。國典朝章，咸從振舉；遺編墜簡，蓋在詢求〔一〕。致理之先〔二〕，無以加此。宜令三館〔三〕，所有書籍，以開元四部書目比校，據見闕者，特行搜訪，仍具録所少書，告示中外〔四〕。若臣僚之家，有三館闕書，許詣館進納〔五〕。及三百卷已上者，與一子出身〔六〕；不及三百卷者，據卷帙優給金帛〔七〕。如不願納官者，借本繕寫。寫畢，却以付之〔八〕。」先是，上謂侍臣曰：「夫教化之本，治亂之源，若非書籍，何以取法？今三館貯書，數雖不少，若觀開元書目，即遺逸尚多，宜在廣行求訪。」〔九〕乃下是詔。

以右衛大將軍李從謙知隨州。

〔一〕國家勤求古道，啓迪化源。國典朝章，咸從振舉；遺編墜簡，蓋在詢求　宋大詔令集卷一五八求遺書載此詔，題名爲詔求三館闕書詔，宋會要輯稿崇儒四之一六、麟臺故事卷二中書籍亦録此詔。「國家勤求古道，啓迪化源。國典朝章，咸從振舉；遺編墜簡」數句，宋會要輯稿、宋大詔令集皆與實録同，麟臺故事則作「國家宣明憲度，恢張政治，敦崇儒術，啓迪化源，國典朝章，遺編墜簡」，與實録等多有差異，當爲後改。又，「蓋在詢求」，宋大詔令集作「宜在訪求」。宋會要輯稿崇儒作「宜在詢求」，麟臺故事則作「當務詢求」。

〔二〕致理之先　宋會要輯稿崇儒、宋大詔令集皆作「致治之先」，麟臺故事則作「眷言經濟」。

〔三〕三館　太宗太平興國三年二月新建三館，並賜名「崇文院」，文獻通考卷一七四經籍一曰：「先是，朱梁都汴，正明中，始以今右長慶門東北廬舍十數間列爲三館。湫隘卑庳，纔蔽風雨，周廬徼道，出於其側，衛士騶卒，朝夕喧雜，歷代以來，未遑改作。每諸儒受詔，有所論撰，即移於他所，始能成之。太平興國初，太宗因幸三館，顧左右曰：『若此之陋，豈可以蓄天下圖籍，延四方之士邪？』即詔經度左昇龍門東北舊車路院別建三館，命中使督其役。棟宇之制，皆親所規畫。三年二月，書院成，詔曰：『國家聿新崇構，大集群書，宜錫嘉名，以光策府。其三館新修書院，宜目爲崇文院。』自經始至於畢功，臨幸者再，輪奐壯麗，甲於内庭。西序啓便門，以備行幸。於是盡遷舊館之書以實之，院之東廊爲昭文書庫，南廊爲集賢書庫，西廊有四庫，分經、史、子、集四部，爲史館書庫。六庫書籍正、副本凡八萬卷，策府之文，焕乎一變矣。」

〔四〕告示中外　宋大詔令集與實録同，宋會要輯稿作「於待漏院榜示中外」。麟臺故事則作「宜令三館以開元四部書目閲館中所闕者，具列其名，於待漏院出榜告示中外」。

〔五〕許詣館進納　宋大詔令集、麟臺故事皆作「許詣官進納」；宋會要輯稿則作「許上之」。

〔六〕及三百卷已上者，與一子出身　宋大詔令集作「與子出身」，當是漏了「一」字。宋會要輯稿作「及三百卷以上者，其進書人送學士院引驗人才書判，試問公理，如堪任職官者，與一子出身。或不親儒墨者，即與安排」。麟臺故事則作「及三百卷以上者，其進書人送學士院引驗人材書札，試問公理，如堪任職官者，與一子出身，親儒墨者即與量才安排」。

〔七〕不及三百卷者，據卷帙優給金帛　「卷帙」，宋大詔令集作「卷秩」，當爲誤寫。宋會要輯稿、麟臺故事則皆作「如不及三百卷者，據卷帙多少優給金帛」。

〔八〕如不願納官者，借本繕寫。寫畢，却以付之　宋會要輯稿、麟臺故事作「如不願納官者，借本繕寫畢，却以付之」，宋大詔令集則作「如不願納官者，借本繕寫」。

〔九〕若觀開元書目，遺逸尚多，宜在廣行求訪　宋會要輯稿作「比之開元，則遺逸尚多，宜廣求訪」，麟臺故事則有「自是四方書籍往往出焉」一句。案：唐玄宗開元年間，朝廷所藏圖籍高達八萬九千六百卷，經唐末、五代持續的戰火摧殘，至北宋開國之初，官府藏書僅萬餘卷，文獻通考卷一七四經籍一曰：「唐分書爲四類，曰：經、史、子、集。而藏書之盛，莫盛於開元，其著録者五萬三千九百一十五卷，而唐之學者自爲之書者又二萬八千四百六十九卷。嗚呼！可謂盛矣。」「黄巢之亂，存者蓋尠。昭宗播遷，京城制置使孫惟晟斂書本軍，寓教坊於祕閣，有詔還其書，命監察御史韋昌範等諸道求購。及徙洛陽，蕩然無遺矣。」宋會要輯稿崇儒四之一五曰：「國初，三館書裁數櫃，計萬三千餘卷。」經宋太祖、太宗多方搜求，至太宗末年已恢復到了三萬餘卷，但較唐仍有很大的差距。

8 癸亥，命右神武將軍胡公霸督理汴河堤。

9 甲子，有司言：「有以竊盜計贓至死者。」特詔貸之〔一〕。因謂宰相曰：「朕常重惜人命，如此類者，往往貸其極刑，但時於其中取其甚者，以警衆多耳。不欲小人知寬貸之意，恐其犯法者衆。」

〔一〕特詔貸之　續資治通鑑長編卷二五雍熙元年正月甲子條作「有司上竊盜贓至大辟，詔特貸其死」。

10 乙丑，上元節〔二〕。上御丹鳳樓觀燈〔三〕，見士庶闐咽，謂宰相曰：「國家乘五代干戈之後，朕孜孜求理，惟望上天垂祐，福此生民。今天下阜安，京師繁盛，甚以爲慰。朕居常罕飲酒，今夜與卿等同樂，宜各盡醉。」於是每舉酒，以虛爵示群臣。

〔一〕上元節　正月十五日，即元宵節、元夜節，是宋代重要的官定節日。通常都城開封要張燈五天，各城三天，城門弛禁，通宵開放，同時舉行雜要、戲劇等表演，供民衆欣賞。皇帝和后妃也要在宮城門樓觀燈，以示與民同樂。事林廣記甲集卷三上元元宵元夜條曰：「正月十五日，爲上元。史記樂書云：『漢家祠太一，以昏時祠到明。』注云：『今人正月望日觀燈，是其故事。』唐鄭處誨明皇雜録曰：『上在東都，正月望夜，移仗上陽宮，設蠟炬，連屬不絶，結繒綵，爲燈樓三十間，高百五十尺，垂以珠玉。微風至，則鏗然成韻。』春明退朝録中曰：「上元然鐙，或云沿漢祠太一自昏至晝故事。梁簡文帝有列鐙賦，陳後主有光壁殿遥詠山鐙詩。唐明皇先天中，東都設鐙；文宗開成中，建鐙迎三宮太后。是則唐以前歲不常設。本朝太宗時，三元不禁夜，上元御乾元門，中元、下元御東華門，後罷中元、下元二節，而初元游觀之盛，冠於前代。」容齋三筆卷一上元張燈條曰：「上元張燈，太平御覽所載史記樂書曰：『漢家祀太一，以昏時祠到明。』今人正月望日夜游觀燈，是其遺事，而今史記無此文。唐韋述兩京新記曰：『正月十五日夜，敕金吾弛禁，前後各一日以看燈。』本朝京師增爲五夜，俗言錢忠懿納土，進錢買兩夜，如前史所謂買宴之比。初用十二、十三夜，至崇寧初，以兩日皆國忌，遂展至十七、十八夜。予案國史，乾德五年正月，詔以朝廷無事，區寓乂安，令開封府更增十七、十八兩夕。然則俗云因錢氏及崇寧之展日，皆非也。太平興國五年十月下元，京城始張燈如上元之夕，至淳化元年六月，始罷中元、下元張燈。」東京夢華録卷六元宵曰：「正月十五日元宵。大内前自歲前冬至後，開封府絞縛山棚，立木正對宣德樓，遊人已集御街，兩廊下奇術異能，歌舞百戲，鱗鱗相切，樂聲嘈雜十餘里。」蘆浦筆記卷一〇有描繪北宋上元節盛況的上元詞一四首：「春曉千門放鑰匙，萬官班從出祥曦。九重綵浪浮龍蓋，一點紅雲護赭衣。車馬過，打毬歸，芳塵灑定不教飛。鈞天品動回鑾曲，十里珠簾待日西」、「日暮迎祥對御回，宫花載路錦成堆。天津橋畔鞭聲過，宣德樓前扇影開。奏舜樂，進堯杯，傳宣車馬上天街。君王喜與民同樂，八面三呼震地來」、「紫禁煙光一萬重，五門金碧射晴空。梨園羯鼓三千面，陸海鼇山十二峰。香霧重，月華濃，露臺仙仗綵雲中。朱欄畫棟金泥幕，捲盡紅蓮十里風」、「香霧氤氲結綵山，蓬萊頂上駕頭還。繡韉狨坐三千騎，玉帶金魚四十班。風細細，珮珊珊，一天和氣轉春寒。千門萬户笙簫裏，十二樓臺月上欄。」「禁衛傳呼約下廊，層層掌扇簇親王。明珠照地三千乘，一片春雷入未央。宫漏永，御街長，華燈偏共月争光。樂聲都在人聲裏，五夜車塵馬足香」、「寶炬金蓮一萬條，火龍圍輦轉州橋。月迎仙仗回三殿，風遞韶音下九霄。登複道，聽鳴鞘，再頒酥酒賜臣僚。太平無事多歡樂，夜半傳宣放早朝」、「玉座臨軒宴近臣，御樓燈火發春温。九重天上聞仙樂，萬寳牀邊侍至尊。花似海，月如盆，不任宣勸醉醺醺。豈知頭上宫花重，貪愛傳柑遺細君」、「九陌遊人起暗塵，一天燈霧鎖彤雲。瑶臺雪映無窮玉，閬苑花開不夜春。攢寳騎，簇雕輪，漢家宫闕五侯門。景陽鐘動纔歸去，猶挂西窗望月痕」、「宣德樓前雪未融，賀正人見綵山紅。九衢照影紛紛月，萬井吹香細細風。複道遠，暗相通，平陽主第五王宫。鳳簫聲裏春寒淺，不到珠簾第二重」、「風約微雲不放陰，滿天星點綴明金。燭龍銜耀烘殘雪，羯鼓催花發上林。河影轉，漏聲沈，縷衣羅薄暮雲深。更期明夜相逢處，還盡今宵未足心」、「五日都無一日陰，往來車馬鬧如林。葆真行到燭初上，豐樂遊歸夜已深。人未散，月將沈，更期明夜到而今。歸來尚向燈前説，猶恨追遊不稱心」、「徹曉華燈照鳳城，猶嗔宫漏促天明。九重天上聞花氣，五色雲中應笑聲。頻報道，奏河清，萬民和樂見人情。年豐米賤無邊事，萬國稱觴賀太平」、「憶得當年全盛時，人情物態自熙熙。家家簾幙人歸晚，處處樓臺月上遲。花市裏，使人迷，州東無暇看州西。都人只到收燈夜，已向樽前約上池」、「步障移春錦繡叢，珠簾翠幙護春風。沈香甲煎薰爐煖，玉樹明金蜜炬融。車流水，馬游龍，歡聲浮動建章宫。誰憐此夜春江上，魂斷黄粱一夢中」、「真箇親曾見太平，元宵且説景龍燈。四方同奏昇平曲，天下都無歎息聲。長月好，定天晴，人人五夜到天明。如今一把傷心淚，猶恨江南過此生。」

〔二〕上御丹鳳樓觀燈　宋會要輯稿帝系一〇之二曰：「三元觀燈，本起於外方之説。自唐以後，常於正月望後開坊市門然燈。宋因之，上元前後各一日城中張燈，大内正門結綵爲山樓、影燈，起露臺教坊百戲。天子先幸寺觀行香，遂御樓，或御東華門。及東西角樓，飲從臣、四夷蕃客，各依本國歌舞列於樓下。東華、左右掖門、東西角樓、城門、大道、大宫觀、寺院，悉起山棚，張樂陳燈，皇城雉堞亦徧設之。其夕，開舊城門達旦，縱士民觀。後增至十七、十八夜。」甕牖閒評卷三則曰：「西域正月一日燃燈，中國正月十五日亦燃燈，但西域燃燈本是供佛，而中國燃燈，特宴飲而已。高麗復用二月十五日燃燈祀天神，見石林燕語，亦各從其便耶？」

11丙寅，月有食之，既。

12丁卯，房州上言：「涪陵縣公廷美卒。」上聞之震悼，乃降詔曰：「涪陵縣公廷美，朕之同氣也。爲姦臣所惑，溺於邪説。朕以宗社之故，迫於公議，房陵之謫〔一〕，不得不然。永惟骨肉之親，絶而不殊。方欲削平前事，復我舊恩〔二〕，忽尓淪謝，有志不果，痛悼之極〔三〕，其何可言！宜追封爲涪陵王〔四〕，輟視朝五日，仍賜謚曰悼。所司擇日册命。」廷美，宣祖第四子也。建隆元年，出閤，領嘉州防禦使。遷興元尹、山南西道節度使，封天水郡侯，進封郡公。乾德二年，加同平章事。開寶六年，加侍中、京兆尹、永興軍節度使。上即位，加中書令、開封尹，封齊王〔五〕。從平太原，進封秦王，開封尹如故。七年，出爲河南尹、西京留守。坐與宰相盧多遜交通〔六〕，群臣議請寘於法。上以至親，不忍，止令就第。未幾，黜爲涪陵縣公，遷房州安置。因憂恚成疾，至是卒。上聞之，嗚咽流涕，悲不自勝，謂宰相曰：「廷美自少剛愎，及長而兇惡如此！朕以同氣至親，不忍置之於法，俾居房陵，冀其思過。中心憫之，未嘗暫忘。方欲推恩，與之復舊，遽兹殞逝，痛傷奈何！」後因從容言及：「廷美，朕乳母陳國夫人耿氏所生〔七〕，耿氏後出嫁趙氏，生供奉官趙延俊，即廷美之同母弟也〔八〕。朕待延俊，固無猜忌，常令屬韃侍左右。而延俊以同母之故，頗泄禁中事於〔廷美〕（延俊）。頃者，方營西池，而橋梁未備，朕將欲泛舟於池中，廷美與左右謀，欲以此時竊發。謀若不果，即廷美詐稱疾於邸，俟車駕臨幸，即爲他變。有以是謀來告者，當時若令有司窮究，則廷美罪不容誅。朕以天倫之愛，不欲暴揚其醜。及與多遜連謀，即命居守西洛。而廷美猶不悔過，益怨望，言不遜，始命遷房陵，以全宥之。朕於廷美，固無所負。」

李昉對曰：「涪陵悖逆，天下共聞〔九〕。而宫禁中事，若非陛下委曲宣示，臣等何由知之？」

〔一〕房陵之謫　宋大詔令集卷三五贈典收録此詔，題名爲涪陵縣公廷美追封涪陵王制，惟時間誤斷爲太平興國元年正月丁卯。房陵之謫，宋大詔令集作「房陵之責」。

〔二〕復我舊恩　宋大詔令集卷三五作「盡復舊恩」。

〔三〕痛悼之極　宋大詔令集卷三五作「痛悼之意」。

〔四〕宜追封爲涪陵王　涪陵王，宋大詔令集卷三五、宋史卷四太宗一雍熙元年正月丁卯條亦作涪陵王，與實録同。然續資治通鑑長編卷二五雍熙元年正月丁卯條作「乃詔追封廷美爲涪王」、宋史卷二四四宗室一廷美本傳亦作「遂下詔追封廷美爲涪王」，皇朝編年綱目備要卷三作「贈涪王，謚曰悼」，宋會要輯稿帝系一之二四亦曰：「九年正月卒，追封涪王，賜謚曰悼。」皆與實録不同。疑當以實録爲是。

〔五〕上即位，加中書令，開封尹，封齊王　宋會要輯稿帝系一之二四曰：「太平興國元年十二月，加中書令、開封尹，封齊王，班宰相上。以避太宗名連字，改今名。」惲敬大雲山房文稿初集卷一續辨微論曰：「太宗即位，即以廷美爲開封尹，德昭爲武功郡王，明傳國之次也。」五代、宋初，親王出任開封尹，即在事實上取得了皇儲的地位，陸游渭南文集卷二二記太子親王尹京故事條考證曰：「隋齊王暕尹河南，唐秦公世民尹京兆，衛王重俊爲洛州牧，皆親王尹京故事也，然尚未甚以爲重。後唐秦王從榮以長子爲河南尹，又爲天下兵馬大元帥，故當時遂以尹京爲儲貳之位。至晋天福中鄭王重貴，周廣順中晋王榮，皆尹開封，用秦王故事也。國朝，太祖皇帝建隆二年七月以太宗皇帝爲開封尹，開寶末，太宗嗣位纔八日，即以齊王廷美爲開封尹後封秦王。太平興國七年，秦王出爲西京留守。自是開封不置尹，止命近臣權知府而已權知府自李符始。雍熙二年，始以陳王元僖爲開封尹，蓋是時太宗元子楚王元佐被疾廢，則陳王亦儲君也。淳化三年薨。後二年，真宗皇帝自襄王爲開封尹後封壽乂王。至道元年，正東宮。議者謂尹有品秩，非太子所宜兼領，乃改判府事。自後唐以來，雖以尹京陰爲儲副之位，然皆藩王。以太子判京府，則自至道始也。故事：開封尹之上有牧，雖具員，而初未嘗置，國朝惟親王乃除尹，餘但爲權知府事。自太祖至徽宗，八朝百七十年，未嘗改。」太宗朝初，廷美以秦王爲開封尹，得隱然居皇儲之位，實賴「昭憲顧命」，即著名的「金匱之盟」。續資治通鑑長編卷二二太平興國六年九月丙午條：「始太祖傳位於上，昭憲顧命也。或曰昭憲及太祖本意，蓋欲上復傳之廷美，而廷美將復傳之德昭。故上即位，亟命廷美尹開封，德恭授貴州防禦使，實稱皇子，皆緣昭憲及太祖意也。」李燾注又引王禹偁遺事云：「太祖孝於太后，友愛兄弟，曠古未有。萬機之暇，召晋王、秦王。秦王，上弟，宣祖第三子，名廷美，亦杜后所生。今本傳言王是太宗乳母王氏所生，非也。其有旨哉。及皇子南陽王德昭、東平王德芳，皆上子也。及皇姪、公主等共宴太后閤中，酒酣，上白太后曰：『臣百年後傳位於晋王，令晋王百年後傳位於秦王。』后大喜曰：『吾久有此意而不欲言之，吾欲萬世之下聞一婦人生三天子，不謂天生孝子成吾之志。』令晋王、秦王起謝之。既而后謂二王曰：『陛下自布衣事周室，常以力戰圖功，萬死而遇一生，方致身爲節度使。及受天命，將逾一紀，無日不征，無月不戰，歷盡艱危，方成帝業。汝輩無勞，安坐而承丕緒，豈不知幸乎！久後，各不得負陛下。吾不知秦王百年後將付何人？』秦王曰：『願立南陽王德昭。』后又喜曰：『是矣！是矣！然則陛下有此意，吾料之亦天意也。他日各不得渝，渝者罪同大逆，天必殛之。』上又令皇子德昭謝太后。太后又謂上曰：『可與吾呼趙普來，令以今日之約作誓書，與汝兄弟傳而收之，仍令擇日告天地宗廟，陛下可以行之否？』上即時如太后旨，召趙普入宫，令製文，普辭以素不能爲文，遂召陶穀爲文。别日，令普告天地宗廟，而以誓書宣付晋王收之。上崩，興國初，今上以書付秦王收之。後秦王謀不軌，王幽死，書後入禁中，不知所之。上子南陽王，尋亦坐事，逼令自殺，傳襲之約絶矣。」並考證説：「按：禹偁遺事既與國史不同，要不可信。然廷美尹開封，德恭授貴州防禦使，頗與太宗傳位之迹略相似，恐昭憲及太祖意或如此。故司馬光記聞亦云太后欲傳位二弟，蓋當時多有是説也。」宋史卷二四四宗室一廷美本傳亦曰：「初，昭憲太后不豫，命太祖傳位太宗，因顧謂趙普曰：『爾同記吾言，不可違也。』命普於榻前爲約誓書，普於紙尾書云『臣普書』，藏之金匱，命謹密宫人掌之。或謂昭憲及太祖本意，蓋欲太宗傳之廷美，而廷美復傳之德昭。故太宗既立，即令廷美尹開封，德昭實稱皇子。德昭不得其死，德芳相繼夭絶，廷美始不自安。」參看業師王育濟先生金匱之盟真僞考，載山東大學學報一九九三年第一期。

〔六〕坐於宰相盧多遜交通　宋會要輯稿儀制八之一、二記太平興國七年四月七日百官集議曰：「引進使梁迥奉傳詔旨，以盧多遜與秦王廷美結構姦謀，情狀顯露，比令鞫劾，多遜具伏者。臣等今詳：盧多遜自言累遣堂吏趙白以中書機事密告秦王廷美，去年九月中，又令趙白言於廷美云：『願宫車早萬歲，盡心事大王。』廷美又遣涓人樊德明報多遜曰：『丞相言正會我意，亦願宫車早晏駕。』又多遜嘗受秦王廷美私遺弓矢等事。」則秦王廷美與盧多遜交通之獄，乃是太宗詔旨，續資治通鑑長編卷二三太平興國七年四月丙寅條所云：趙普「廉得多遜與秦王廷美交通事」，或有所避忌。盧多遜於宋太祖開寶六年任參知政事，宋太宗即位伊始，拜中書侍郎、平章事，自此至太平興國七年四月，擔任宰相約六年。他是廷美一案中涉及的最高級官員。盧氏爲宋初「儒學之士」的代表人物，以學問淵博、精明幹練得宋太祖、太宗寵遇。宋史卷二六四盧多遜傳曰：「多遜博涉經史，聰明强力，文辭敏給，好任數，有謀略，發多奇中。」續資治通鑑長編卷九開寶元年四月丙子條：「上好讀書，每遣使取書史館，多遜預戒吏令遽白所取書目，多遜必通夕閲覽以待問。既而上果引問書中事，多遜應答無滯，同列皆服。上益寵異之。」又，王文正公筆録曰：「太祖皇帝以神武定天下，儒學之士初未甚進用。及卜郊肆，類備法駕，乘大輅。翰林學士（實爲知制誥）盧多遜攝太僕卿，升輅執綏，且備顧問。上因歎儀物之盛，詢政理之要，多遜占對詳敏，動皆稱旨。他日，上謂左右曰：『作宰相須用儒者。』盧後果大用，蓋兆於此。」丁晋公談録曰：「盧相多遜在朝行時，將歷代帝王年曆、功臣事迹、天下州郡圖誌、理體事務、沿革典故，括成一百二十絶詩，以備應對。由是太祖、太宗每所顧問，無不知者，以至踐清途，登鈞席，皆此力耳。」儒林公議卷上亦曰：「盧多遜，權謀之士也。太祖嘗患耶律氏據幽、薊，未有策以下之，多遜進説，願權都鎮州，經畫攻取，俟恢復漢土，則還蹕於汴，聞者異之。」從開寶六年至太平興國七年的近十年間，盧多遜一直是中書發揮決策作用的關鍵性人物。續資治通鑑長編卷二三太平興國六年九月庚子條即曰：「時盧多遜專大政，有司受群臣章奏，不先稟多遜則不敢通。」盧多遜與趙普是勢成水火的政治死敵，石林燕語卷七記載説：「盧相多遜，素與趙韓王不協。韓王爲樞密使，盧爲翰林學士。一日，偶同奏事，上初改元乾德，因言此號從古未有，韓王從旁稱贊。盧曰：『此僞蜀時號也。』帝大驚，遂命檢史，視之果然。遂怒，以筆抹韓王面，言曰：『汝争得如他多識！』韓王經宿不敢洗面。翌日奏對，帝方命洗去。自是隙益深，以及於禍。」續資治通鑑長編卷一四開寶六年六月丁未條：「盧多遜在翰林，因召對，數毁短普，且言普嘗以隙地私易尚食蔬圃，廣第宅，營邸店，奪民利。」盧多遜的攻訐，是導致趙普第一次罷相的重要因素之一。趙普之爲人，涑水記聞卷一曰：「普爲人陰刻，當其用事時，以睚眦中傷人甚多。」當然不會放過盧多遜，兩人遂明爭暗鬥。太平興國六年九月趙普重獲太宗信用，得以復相後，隨即對盧氏進行了報復，以「與秦王廷美交通」、「顧望呪詛，大逆不道」的罪名，削奪其官爵，並家屬流放崖州。雍熙二年盧多遜病死於流所。玉壺清話卷三曰：「盧多遜相生曹南，方幼，其父攜就雲陽道觀小學，時與群兒誦書，廢壇上有古籤一筒，競往抽取爲戲。時多遜尚未識字，得一籤，歸示其父，詞曰：『身出中書堂，須因天水白。登仙五十二，終爲蓬海客。』父見頗喜，以爲吉讖，留籤於家。迨後作相，及其敗也，始因遣堂吏趙白陰與秦王廷美連謀，事暴，遂南竄，年五十二，卒於朱崖。籤中之語，一字不差。初，多遜與趙韓王睚眦，太宗踐祚，每召對，即傾之。上以膚受，頗惑之，黜普於河陽。普朝辭，抱笏面訴，氣慴心懦，奏曰：『臣以無狀之賤，獲事累聖，況曩日昭憲聖后大漸之際，臣與先帝面受顧命，遺臣親寫二券，令大寶神器傳付陛下，以二書合縱批文，立臣銜爲證。其一書先后納於棺，一書先帝手封收宮中，乞陛下試尋之，孤危之迹，庶乎少雪。臣此行身移則事起，豺狼在途，危若累卵，誰與臣辨？』後果得此書於禁中，帝疑既釋，竄多遜於朱崖。上謂普曰：『朕幾欲誅卿。』故王禹偁韓王挽詞有『鴻恩書册府，遺訓在金縢。』乃此事也。」丁晉公談録亦曰：「太祖朝，昭憲皇后因不豫，召韓王普至卧榻前，問：『官家萬年千載之後，寶位當付與誰？』普曰：『晉王素有德望，衆所欽服，官家萬年千歲後，合是晉王繼統。』仍上一劄子論之。昭憲密緘題署，藏之於宮內。時韓王爲相，尋出鎮襄陽。洎太祖晏駕，太宗嗣位，忽有言曰：『若趙普在中書，朕亦不得此位。』盧多遜聞之，遂希旨密加誣譖，將不利於韓王。遽召歸，授太子太保，散官班中，日負憂惕，遂扣中貴，密達太宗云：『昭憲皇后寢疾時，臣曾上一劄子論事，時昭憲緘藏在宮中，乞賜尋訪。』果於宮中尋得。太宗大喜，方悟韓王忠赤。是時，上元，登樓觀燈，忽有宣旨，召趙普赴宴，左右皆愕然，緣太子太保散官，無例赴宴。乃奏曰：『趙普直上辛，在太廟宿齋。』太宗曰：『速差官替來。』少頃，召至，太宗便指於見任宰相沈相公上座。乃顧謂趙曰：『世間姦邪信有之。朕欲卿爲相，來日便入中書。』盧相聞之，惶駭不已。翌日，盧遂告趙曰：『聖上有此宣示，如何？』趙曰：『某今入相，公必不可同處。相公欲得保全，但請上章乞退，必無慮耳。』沈相尋亦乞致仕，盧乃上章，云：『陛下若不賜主張，微臣必遭毒手。』太宗怒，使令罷相，趙乃奏云：『乞除盧兵部尚書，罷相。』太宗不允，乃以所上章示於韓王。自後，以秦王事謫於朱崖。所以至今皆言盧遭趙之毒手耳。」續資治通鑑長編卷二二太平興國六年九月辛亥條、卷二三太平興國七年四月戊辰條概述此事的經過說：「太子太保趙普奉朝請累年，盧多遜益毀之，鬱鬱不得志。普子承宗，娶燕國長公主女。承宗適知潭州，受詔歸闕成婚，禮未踰月，多遜白遣歸任，普由是憤怒」、「趙普既復相，盧多遜益不自安。普屢諷多遜令引退，多遜貪權固位，不能自決。會普廉得多遜與秦王廷美交通事，遂以聞。上怒，戊辰，責授多遜兵部尚書，下御史獄」。宋太宗末年，「詔徙其家於容州，未幾，復移置荆南。端拱初，録其子雍爲公安主簿，還其懷州籍没先塋。雍卒，諸弟皆特敕除州縣官」。宋真宗時，「又録雍弟寬爲襄州司士參軍。寬弟察，中景德進士，將廷試，特詔授以州掾。大中祥符二年，始改簿尉。三年，察奉多遜喪歸葬襄陽，又詔本州賜察錢三十萬。四年，仍録其孫又玄爲襄州司士」，在實際上給予了一定程度的平反，事見宋史卷二六四盧多遜傳。續資治通鑑長編卷一〇一天聖元年十一月己未條亦曰：「大理寺丞、知彭山縣盧察乞官襄州，以掃灑墳墓。上問察家，王欽若對：『察父多遜，故宰相，謫死朱崖。』上惻然，許之。」李燾注云：「後贈多遜尚書，亦由察請。」宋大事記講義卷四「宰相」條評價趙普、盧多遜之爭云：「多遜相則趙普出，趙普入則多遜貶，大臣相傾之風已芽蘖于此。」又，據宋大詔令集卷一八七太宗太平興國七年四月丁丑還專門下秦王盧多遜貶逐諭兩京軍人父老詔，頗有意味，其文曰：「近以兵部尚書盧多遜，身居輔弼，心恣回邪，交結藩王，窺伺君父，呪詛不道，所不忍言。有司定刑，外廷集議，若循三尺之法，合行赤族之誅。尚念嘗秉鈞衡，久居廊廟。五刑之設，不及於大夫；四裔是投，式禦於魑魅。貸其極典，示我深恩。其盧多遜已削奪官爵，並一家親屬，配隸崖州禁錮，縱逢大赦，不在放還之限。期周以上親屬，悉以配隸邊郡。餘從百官所議施行。其秦王廷美，已勒歸私第，一房供給，並從優厚。秦府親吏及私署人等，並以分配諸處及停罷外，更不問罪。有敢以它事陳告者，以其罪罪之。朕敦叙乖方，委任非當。有弟若此，爲兄失教之使然；有臣如斯，居上不明之所至。以包羞忍愧，靡敢自安。凡爾軍民，深體兹意。」元釋念常撰佛祖歷代通載卷一八則曰：太平興國七年「九月竄秦王廷美，降涪陵縣公，安置房州。上嘗以傳國意訪之趙普，普曰：『太祖已誤，陛下豈容再誤耶？』廷美所以得罪，則普爲之也。盧多遜在朝握權，常短趙普，普惡之。遂入覲觀變，奏多遜謂：『陛下萬年之後，當以天下與魏王，魏王當還秦王，陛下不當立太子。』俱坐大逆，免死放歸田里。咸以爲冤。秦王，即太祖少子德芳也。上遂南遷二王，尋殺之。忽一日，趙普見空有火，一團一羔羊轉運其上，拜曰：『普之罪也。』須臾光滅。遂得疾，命方士禱疾，見煙焰中有朱牌金字書云『魏王廷美』。士謝曰：『普言非其罪也。』有答之曰：『杜太后遺言，丞相寫誓書藏之金櫃石室，而首發多遜之獄，致主上殺一弟一姪，安可謂之無罪！』俄而普薨。」鄧廣銘治史叢稿宋太祖太宗皇位授受問題辨析將秦王廷美、太宗居藩情況進行了對比，並評論此事曰：「趙普於太平興國六年，自告奮勇，甘願做幫凶以鏟除廷美及盧多遜等人。其所加於廷美的罪狀，除誣陷其欲於太宗泛舟金明池時乘機竊發一事之外，其它各節，與太宗居藩邸時之所行所爲是並無十分不同之處的。若即以此而判定廷美是『恣爲不法，心存非分』，則太宗當年之蓄意何在，實又等於不打自供了。」「在史官們的極端隱諱之下，在現存的史料中，尚可以找得出以上種種不法事迹，太宗居藩邸的行徑豈不可以想見？秦王廷美的罪狀，據各書所記也不過『交通盧多遜，顧望咒咀』，『私遺多遜弓箭』，『嘗使王繼勛求訪聲妓』，『又遺趙懷禄私召同母弟軍器庫副使趙廷俊與語』，『遺閻懷忠詣淮海王錢俶求犀玉帶、金酒器』，『又嘗遣懷忠賫銀碗、錦采、羊酒，詣其妻父御前忠佐馬軍都軍頭潘潾營燕軍校』等事。以兩人事狀相較，則晉邸中的太宗比秦邸中的廷美，其恣縱不法，却實在是有過之而無不及的。太宗以此得國，而廷美却以此而喪身了！」北京大學出版社一九九七年版，第四九一、四九四頁。

〔七〕廷美，朕乳母陳國夫人耿氏所生　續資治通鑑長編卷二四太平興國八年正月壬戌條即曰：「上乳母陳國夫人耿氏卒，涪陵縣公廷美之親母也。」太宗此說，意在否認廷美爲杜太后親生，亦即非太祖、太宗的同母兄弟。然關於廷美的身世，宋史卷二四二后妃上曰：「太祖母昭憲杜太后，定州安喜人也。父爽，贈太師。母范氏，生五子三女，太后居長。既笄，歸于宣祖。治家嚴毅有禮法，生邕王光濟、太祖、太宗、秦王廷美、夔王光贊、燕國、陳國二長公主。」續資治通鑑長編卷二一太平興國六年九月辛亥條李燾注引當時人王禹偁所撰建隆遺事云：「秦王，上弟，宣祖第三子，名廷美，亦杜后所生。今本傳言王是太宗乳母王氏所生，非也。其有旨哉。」又曰：「江休復嘉祐雜志云太宗、涪陵各相去十數歲生，與遺事略同，足明當時多有是説也。」元人陳世隆北軒筆記：「廷美之出於昭憲，路人知之……夫廷俊果耿氏出，天下莫不聞，何必太宗曉曉然鳴之於大臣，大臣曉曉然鳴之於群臣，又孰敢謂廷美昭憲出也？況彼時宰相，普也，普言亦何可信乎！且太祖下滁，宣祖尚無恙，未幾而帝，以太祖之仁孝，忍使其父有壯子之媵妾，改適他人者？夫既已適他人矣，已爲失節之婦，而陳國夫人之號，又孰崇之？蓋太宗一時爲塗面之言，以遮飾謀殺廷美之故，當時諱之，史臣難之，故其紀錯亂而矛盾，使後世疑之，必辨之。」錢大昕廿二史考異卷七五魏王廷美條亦曰：「此云乳母耿氏所生者，蓋廷美得罪之後，造爲此言。」宋太宗乳母耿氏，楊文公談苑中有一條記載：「陳國夫人耿氏，太宗乳母也，生秦王廷美。初，宣祖總兵，以燕國公主嫁軍國小校，會隊長外戍謀叛，營中無長少皆籍名當誅，太后愛其女，憂惱不知爲計，耿氏曰：『願代大女死。』即盛飾跨驢，以黄帕冑首，太祖自御以入，留處舍内，燕國乘驢而出。太后先以厚賂抱關卒，當其出爲他卒所見，猶呵詰，撾趁疾驅得免。會盡赦營中死，耿氏卒無恙。」見永樂大典卷一〇三一〇第一七頁。又，宋會要輯稿后妃三之二九曰：「乳母：太宗陳國夫人耿氏，始封鉅鹿郡夫人，太平興國二年八月封陳國夫人，八年正月卒。」

〔八〕生供奉官趙延俊，即廷美之同母弟也　趙延俊，續資治通鑑長編卷二三太平興國七年戊辰條、卷二五雍熙元年正月丁卯條、宋史卷二四四宗室一皆作「趙廷俊」。

〔九〕涪陵悖逆，天下共聞　秦王廷美被黜以至鬱鬱而終，在文獻中普遍被視爲太宗與趙普製造的冤案，如宋史卷二五六趙普傳論曰：「晚年廷美、多遜之獄，大爲太宗盛德之累，而普與有力焉。豈其學力之有限而猶有患失之心歟？君子惜之。」續資治通鑑長編卷二二太平興國六年九月辛亥條亦曰：「太子太保趙普奉朝請累年，盧多遜益毁之，鬱鬱不得志。普子承宗，娶燕國長公主女。承宗適知潭州，受詔歸闕成婚，禮未踰月，多遜白遣歸任，普由是憤怒。會如京使柴禹錫等告秦王廷美驕恣，將有陰謀竊發。上召問普，普對曰：『臣願備樞軸以察姦變。』退，復密奏：『臣開國舊臣，爲權倖所沮。』因言昭憲顧命及先朝自愬之事。上於宮中訪得普前所上章，并發金匱，遂大感寤，即留承宗京師，召普謂曰：『人誰無過，朕不待五十，已盡知四十九年非矣。』辛亥，以普爲司徒、兼侍中。始太祖傳位於上，昭憲顧命也。或曰昭憲及太祖本意，蓋欲上復傳之廷美，而廷美將復傳之德昭。故上即位，亟命廷美尹開封，德恭授貴州防禦使，實稱皇子，皆緣昭憲及太祖意也。德昭既不得其死，德芳相繼夭絶，廷美始不自安，浸有邪謀。他日，上嘗以傳國意訪之趙普，普曰：『太祖已誤，陛下豈容再誤邪！』於是普復入相，廷美遂得罪。凡廷美所以得罪，則普之爲也。」玉壺清話卷六：趙普「年七十一，病久，無生意，解所寶雙魚犀帶，遣親吏甄潛者詣上清太平宮醮星露，懇以謝往咎。上清道録姜道元爲公叩幽都，乞神語，神曰：『趙某開國忠臣也，奈何寃累，不可逃。』道元又叩乞所寃者，神以淡墨一巨牌示之，濃煙罩其上，但牌底見『大』字爾。潛歸，公力疾冠帶出寢，涕泣受神語，聞牌底『大』字，公曰：『我知之矣，此必秦王廷美也。然當時事曲不在我，渠自與盧多遜遣堂吏趙白交通，其事暴露，自速其害，豈當咎予？但願早逝，得面辨於幽獄，曲直自正。』是夕，普卒。上感悼涕泗，自撰神道碑，八分御書賜之。」續資治通鑑長編卷三三淳化三年七月乙巳條亦曰：「太師、贈尚書令、真定忠獻王趙普卒。先是，普遣親吏甄潛詣上清太平宮致禱，神爲降語曰：『趙普開國功臣，久被病，亦寃累爾。』寃累，蓋指涪陵悼庶人也。潛還，普力疾冠帶，出中庭受神語，涕泗感咽，且言：『涪陵自作不靖，故抵罪，豈當咎余！但願速死，血面論於幽冥以直之。』是夕，卒。」元人陳世隆北軒筆記更明確地説：「反覆廷美，始終未嘗有一顯罪確情，如淮南、江都之逆戾也。初告秦王驕恣，將有陰謀。陰謀，何謀也？王遹輩以告驟擢美官矣，王榮輩以交通安置矣。此趙普以私怨恨盧多遜，不藉廷美，則不中太宗之妬；不藉廷美，以中太宗之妬，則中多遜不毒。趙白、樊德明之報，多遜弓箭之遺，淮海犀玉之索，潘潾銀碗錦綵羊酒之私，皆一時廷臣羅織成之，廷美何罪。……則太宗之殘忍，趙普之險惡，廷美之寃憤，昭然如日月之行天，萬世不能掩也。」廷美得罪的真正原因，宋史卷二四四宗室一魏王廷美傳曰：「初，昭憲太后不豫，命太祖傳位太宗，因顧謂趙普曰：『爾同記吾言，不可違也。』命普於榻前爲約誓書，普於紙尾書云『臣普書』，藏之金匱，命謹密宮人掌之。或謂昭憲及太祖本意，蓋欲太宗傳之廷美，而廷美復傳之德昭。故太宗既立，即令廷美尹開封，德昭實稱皇子。德昭不得其死，德芳相繼夭絶，廷美始不自安。已而柴禹錫等告廷美陰謀，上召問普，普對曰：『臣願備樞軸以察姦變。』退復密奏：『臣忝舊臣，爲權幸所沮。』因言昭憲太后顧命及先朝自愬之事。上於宮中訪得普前所上章，并發金匱得誓書，遂大感悟。召普謂曰：『人誰無過，朕不待五十，已盡知四十九年非矣。』辛亥，以普爲司徒兼侍中。他日，太宗嘗以傳國之意訪之趙普，普曰：『太祖已誤，陛下豈容再誤邪？』於是廷美遂得罪。凡廷美所以遂得罪，普之爲也。」袁桷清容居士集卷四一修遼金宋史搜訪遺書條列事狀：「杜太后金縢之事，趙普因退居洛陽，太宗嫉之，後以此事密奏，太宗大喜。秦王廷美、吳王德昭、齊王德芳，皆由普以死，今宋史普列傳無一語及之。李燾作通鑑長編，亦不敢載。私家作普别傳，始言普將死，見廷美坐於牀側，與普忿争。其集號巽巖集，所宜搜訪。」北軒筆記：「廷美之致禍，則昭憲招之，金匱之詔曰：『汝百歲後，當傳位於汝弟。』嗟乎！太宗不能一日忘情於太祖，能一日忘情於廷美乎？」春明夢餘録卷二〇記明太祖朱元璋有云：「趙普負太祖，不忠，不可祀。」續資治通鑑卷一〇太平興國六年亦考異曰：「廷美之陰謀，事無佐證，特以地處危疑，爲衆人所屬目，太宗已懷猜忌，普復從而謀孽之，故禍不旋踵耳。」張其凡宋太宗則曰：「封建時代的文人，自然不會公開指斥與譴責皇帝，趙普便因此成了衆矢之的。實際上，害死廷美，是太宗傳位於子的必須，趙普不過是幫凶而已，元凶正是太宗本人。」吉林文史出版社一九九七年版，第六三頁。真宗即位後，「追復皇叔涪王廷美西京留守、檢校太師兼中書令、河南尹、秦王；張氏，楚國夫人。咸平二年閏三月詔擇汝、鄧地改葬汝州梁縣之新豐鄉」，在實際上平反了廷美的冤獄。仁宗即位，又贈廷美太師、尚書令。徽宗即位，改封魏王，事皆見宋史二四四宗室一魏王廷美傳。

13戊辰，命左領軍衛將軍蘇誨等六人分往諸郡，督修河之役。

14辛未，詔曰：「朕每恤烝民〔一〕，務均輿賦，或有災沴，即與蠲除。蓋欲惠貧下之民，豈復以多少爲限？自今諸州民訴水旱，二十畝以下者，皆令檢勘〔二〕。」先是，澶州上言：「民訴水旱，二十畝以下，請不在檢視之限。」上以貧民當恤之，故有是詔。

〔一〕朕每恤烝民　宋會要輯稿食貨一之一、六一之七一亦載此詔，「朕每恤烝民」作「朕每恤蒸民」。

〔二〕皆令檢勘　宋會要輯稿食貨一之一、六一之七一作「仍令檢勘」。

15壬申，詔諸道州、府：「去年官所貸粟，並除之。」

16癸酉，上爲涪陵王廷美發哀於別殿，群臣詣崇政門奉慰。左諫議大夫、參知政事李穆卒。穆字孟雍，開封陽武人也，與弟肅皆中進士第，釋褐，授郢州軍事推官，遷汝州防禦判官。未幾，拜右拾遺、殿中侍御史，通判洋州，移陝州。詔以郡中租輸洛邑，不即應命，坐免官。肅時爲博州從事，穆迎其母就肅〔一〕居。家貧，簞瓢自樂，兄弟怡怡如也。自是優游經、史間，殆無仕進意。久之，徵爲太子中允。逾年，拜左拾遺、知制誥。書命典雅，有元和之遺風〔二〕。

穆與參知政事盧多遜同門生，太祖嘗謂多遜曰：「穆，士大夫之中仁善者，詞學之外，他無所預。」多遜曰：「穆雖若是，然操行端直，臨事不以生死易節，所謂仁而有勇者也。」時太祖方圖取江南，已部分諸將，而未有發兵之端，求所以使江南召李煜入朝者。以爲履不測之險，難其人。由是，太祖謂多遜曰：「若如爾言，無以易穆。」遂遣之。穆至金陵，諭以朝旨，煜辭以疾。且言：「上事大朝者，以其望全濟之恩，今若此，有死而已。」穆曰：「朝與否，惟國主自處之。然大朝兵甲精鋭，萬物繁富，恐不易當其鋒，宜孰思之，無使後悔。」及還，具言其狀。太祖以謂所論要切，而江南亦謂所言誠實。後煜歸朝，獲全宥者，亦穆之力也。上即位，改左補闕、知制誥如故。尋充史館修撰、判館事。上征并、汾還，真拜中書舍人。文學履行，益爲上所知。盧多遜之得罪也，以其情分款洽，責授司封員外郎。明年春〔二〕，（原闕）。

〔一〕穆迎其母就肅　李穆以孝著稱，續資治通鑑長編卷二五雍熙元年正月癸酉條曰：「左諫議大夫、參知政事李穆性至孝，母嘗卧疾彌年，動止轉側，皆親自扶掖，乃稱母意，未嘗少懈。初坐涪陵事屬吏，穆子惟簡紿母以穆奉詔鞫獄臺中，及責官還家，卒不敢白其母，間日輒出訪親友，陽爲入直，暨牽復，母終弗知。執政月餘，遭母喪，詔强起之，穆不食葷茹，哀戚過甚，因致毁瘠。癸酉，穆晨起將朝，風眩暴卒。上臨哭出涕，謂宰相曰：『穆潔己守道，操履純正，真不易得。朕注意已久，方此擢用，遽至淪没，非斯人之不幸，乃朕之不幸也。』」

〔二〕有元和之遺風　元和，唐憲宗年號，韓愈和柳宗元等人在元和年間開始倡導古文運動。宋史卷二六三李穆傳曰：「五代以還，詞令尚華靡，至穆而獨用雅正，悉矯其弊。」

〔三〕明年春　即太平興國八年春，宋史卷二六三李穆傳記李穆此後事迹：「八年春，與宋白等同知貢舉，及侍上御崇政殿親試進士，上憫其顏貌癯瘁，即日復拜中書舍人、史館修撰、判館事。五月，召爲翰林學士。六月，知開封府，剖判精敏，姦猾無所假貸，由是豪右屏迹，權貴無敢干以私，上益知其才。十一月，擢拜左諫議大夫、參知政事。月餘，丁母憂，未幾，起復本官。穆三上表乞終制，詔强起之，穆益哀毁盡禮。九年正月，晨起將朝，風眩暴卒，年五十七。穆自責授員外郎，復中書舍人，入翰林，參知政事，以至于卒，不及周歲。上聞其死，哭謂近臣曰：『穆國之良臣，朕方倚用，遽兹淪没，非斯人之不幸，乃朕之不幸也。』贈工部尚書。」

17（原闕）盜，捕之經時不獲，上欲必得之，令原其罪，購賞。果有告者，乃軍人數輩結約，夜踰壘垣而出，盡獲而戮之。因徧索軍中，累有罪犯、兇惡無賴者，得數百餘人，不忍殺，以鐵鉗鉗其頸，覊於本軍。至是，並釋之，仍各賜錢三千〔一〕。

〔一〕並釋之，仍各賜錢三千　續資治通鑑長編卷二四太平興國八年十二月己酉條記其事曰：「是冬，軍士有夜劫民家者，上厚立賞捕之，既獲，悉戮于市。因諭諸軍偏索曾經罪罰凶猾無賴者，得百餘人，上不忍殺，以鐵鉗鉗其首，覊於本州，明年二月乃釋之，仍各賜錢三千。」宋會要輯稿刑法七之一更詳述此事原委曰：「太宗太平興國九年二月，釋軍人被鉗者。先是，去年冬，有軍人夜入人家劫盜，捕之，經時不獲，太宗欲必得之，令厚其購賞，果有告者，乃軍人數輩結約，夜踰壘垣而出，盡獲而戮之。因徧索軍中，累有罪罰，兇愚無賴者，得百餘人，不忍殺，以鐵鉗鉗頸，羈於本軍。至是，並釋之，仍各賜錢三千。」顯可補實録此條之闕。賜錢三千，宋會要輯稿刑法五之二則作「仍各賜錢三十文」，與實録、續資治通鑑長編不同。又，宋會要輯稿刑法五之一、之二亦記此事，然多處殘缺，可據宋會要輯稿刑法七之一和實録此條加以補充。

書寫人：張容　初對：班紹宗　覆對：霍宗弼

太宗皇帝實録卷第二十九 起太平興國九年三月，盡四月。

1 三月壬子朔，宴中書門下、翰林學士、文武常參官、節度、觀察、防禦、團練使、刺史、諸軍校百夫長已上、外國蕃客於大明殿。上謂宰相曰：「天下無事，良辰宴飲，無辭盡醉。」飲畢，以虚爵示群臣。宰相言：「飲酒過度，恐有失儀之責。」上召權御史中丞滕中正，笑而謂曰：「今日宴會，蓋以君臣相遇爲樂，朕賜酒，欲其歡洽，苟小有失儀，卿可勿舉劾也。」既罷，因召渤海都指揮使大鸞河〔一〕，慰撫久之。謂殿前都指揮使〔二〕劉延翰〔三〕曰：「鸞河，渤海豪將，投身歸我，朕甚嘉之。夷戎之俗，以射獵馳逐爲樂，待秋涼，當與馬數十匹，令出游獵，以遂其性。」仍賜酒及錢十萬。鸞河，渤海之酋帥也。上征并、汾，首率小校李勳等十六人、部族三百騎來降。上憐其忠順，故有是賜。是日，以河決將塞，命翰林學士宋白乘傳詣白馬津，以一太牢沈祠〔四〕，加璧。

〔一〕渤海都指揮使大鸞河　渤海屬遼東京道，宋太宗爲夾攻遼國，積極聯絡渤海，却始終難有實際成效，宋會要輯稿蕃夷四之一〇三、一〇四曰：「渤海，高麗之别種，後唐天武初，爲契丹阿保機攻扶餘，機下之，改扶餘爲東丹府，命其子突欲留兵鎮之。保機死，渤海王復攻扶餘，不能克。周顯德中，其酋崔烏斯等三十人歸化，自後不通中國。太宗太平興國四年，太宗征幽州，渤海酋帥大鸞河率小校李勳等十六人，部族三百騎來降，詔以鸞河爲渤海都指揮使。六年七月，賜烏舍城浮渝府渤海琰府王詔曰：『朕奄有萬邦，光被四表，無遠弗屆，無思不服。惟契丹小醜，介於北荒，紏合姦兇，侵騷邊鄙。朕昨提鋭旅，往征并明，而契丹舉國興師，犯關爲寇，疆吏來告，我伐用張，尋於涿鹿之墟，破其十萬餘衆，斬首數萬級，奪車帳萬餘乘，令國將席卷乘勝，長驅深入，收碣石之舊壤，焚龍庭之故墟，攘除腥膻，廓清氛祲。聞爾渤海國，爰從前代，本是大蕃。近年以來，頗爲契丹所制，侵漁爾封略，塗炭爾人民，無恊比之恩，有并吞之志。朕聞汝迫於兇醜，屈膝事之，讒慝滋多，誅求無藝，雖欲報怨，力且不能。今靈旗破虜之秋，是汝國復讎之日。所宜盡率部族，來應王師。俟逆黨翦平，當大行封賞。幽薊之地，入於朝廷；朔漠之外，悉以相與。汝能效順，朕不食言。今遣使諭意。』渤海，大國，近年役服於契丹。至是，帝將發師大舉，故先令告諭，俾之發兵爲應也。淳化二年，以渤海國不通朝貢，詔女真發兵攻之。凡斬一級，賜絹五匹爲賞。」宋太宗與渤海國詔書，亦見於宋史卷四九一外國七，但言辭差别很大。又太平實訓政事紀年卷一太宗皇帝引實訓記此事曰：雍熙元年「三月，宴文武官及外國蕃客于大明殿。太宗謂宰相曰：『天下無事，良辰宴飲，無辭盡醉。』既罷，召渤海大使鸞河，慰撫之。鸞河，渤海酋帥也。太宗征幽州，鸞河率部族歸順，故有是賜。」並引富弼等釋曰：「自古帝皇所戒者游畋荒縱，宴飲過度，及與輕薄之士、婦人、宦者狎昵耳。至於馭駕英豪，款接大臣，若全然恩意不通，則君臣之間，恩意何以相得？太宗與群臣歡飲及慰撫鸞河，正爲得君臣之分也。」

〔二〕殿前都指揮使　俗稱「殿帥」。按宋代制度，禁軍分爲殿前和侍衛親軍兩大系統，分設殿前司和侍衛馬軍司和侍衛步軍司爲其統帥機構，合稱爲「三衙」。殿前都指揮使，在宋太祖「杯酒釋兵權」之後，就成爲殿前司的長官，與殿前都虞候，侍衛馬軍都指揮使、都虞候，侍衛步軍都指揮使、都虞候等合稱爲「管軍」。蘇轍集欒城集卷四五乞定差管軍臣僚劄子述其職權爲：「況自祖宗以來，以管軍八人總領中外師旅，内以彈壓貔虎，外以威服夷夏，職任至重。」在管軍當中，殿前都指揮使，據宋會要輯稿職官三二之七爲「武臣極任」，地位最高，例由擁有節度使頭銜的高級武將出任，通常也都是皇帝的心腹將領，被形象地稱爲皇帝「爪牙」之臣。宋會要輯稿職官三二之一曰：殿前都指揮使「掌殿前諸班諸直及步、騎諸指揮之名籍，及訓練之政令，國初有都點檢、副都點檢之名，在都指揮使之上，後不復置。」

〔三〕劉延翰　宋史卷四九一外國七、卷八五地理一、卷四六六宦者李神祐傳、續資治通鑑長編卷二〇、武經總要後集卷四、玉海卷一三、群書考索卷一八聖翰門、宋史全文卷三宋太宗一、文獻通考卷三四六四夷考一三等，亦皆作「劉延翰」，與此同。但宋史卷四太宗一、卷二五九崔彦進傳、卷二七五孔守正傳、續資治通鑑長編卷二一、卷三〇、卷六四，太平治迹統類卷三、説郛卷七八，特别是宋史卷二六〇其本傳，皆作「劉廷翰」。疑其本名「劉廷翰」，或因避趙廷美諱改「劉延翰」，廷美垮臺後則仍復舊名。劉廷翰是宋初資深將領，宋太祖末年爲殿前司鐵騎都指揮使、領廉州刺史。宋太宗即位後，從征太原、幽州，以在滿城大破遼軍功領大同軍節度使、殿前都虞候，後升任殿前都指揮使。端拱二年十一月，以殿前都指揮使、武成節度使，外放爲鎮州都部署，是太宗時負責對遼防禦作戰的大將之一，淳化三年卒。宋史卷二六〇劉廷翰傳曰：「廷翰自衛士至上將，頗以武勇自任，寬厚容衆，雖不事威嚴，而長於御下。爲殿前都指揮使，入朝，常行衆中，每歷宮殿門，少識之者。嘗與郊祀恩，當追封三世，廷翰少孤，其大父以上皆不逮事，忘其家諱，上爲撰名，親書賜之。」

〔四〕以一太牢沈祠　沈祠，祭祀水神儀式，史記孝武本紀曰：「還至瓠子，自臨塞決河，留二日，沈祠而去。」索隱曰：「按：沈白馬祭河決，於是作瓠子歌，見河渠書。」宋史卷一〇二禮五則曰：「太平興國八年，河決滑州，遣樞密直學士張齊賢詣白馬津，以一太牢沈祠，加璧。自是，凡河決溢、修塞皆致祭。」

2甲寅，詔曰：「蓋聞刑者不可復屬，死者不可復生。故三聽行誅〔一〕，聖人之所至慎；一成不變，君子之所盡心。朕勤恤兆民，哀矜庶獄，每至三伏炎烝之際，隆冬寒沍之時〔二〕，未嘗不念彼圓扉，憫兹徽纆。而猾胥姦吏，弄法舞文，或苛虐以立威〔三〕，或稽留而不決。撓憲令之綱紀，傷天地之和平〔四〕，而欲百姓阜安，四時順序，其可得乎？應天下繫囚，宜令逐處州、府、軍、監，每十日一具所犯事由、收禁月日聞奏，仍委刑部糾舉〔五〕。」

〔一〕故三聽行誅　宋大詔令集卷二〇〇政事五三刑法上收録此詔，題名爲令天下繫囚十日具所犯由收禁月日奏詔，「故三聽行誅」作「故三復行誅」。

〔二〕每至三伏炎烝之際，隆冬寒沍之時　宋大詔令集作「每至三伏炎蒸之際，隆冬凝沍之時」。

〔三〕或苛虐以立威　宋大詔令集作「或苛害以立威」。

〔四〕傷天地之和平　宋大詔令集作「傷天地之至和」。

〔五〕仍委刑部糾舉　宋會要輯稿刑法六之五一所記此詔則與實録、宋大詔令集有所不同，可以互相補充，其文曰：太平興國「九年三月三日，詔：自今天下繫囚，依舊例十日一具所犯事因、收禁月日申奏。其間留寄禁店户將養，保明出外知在，並同見禁人數，仍委刑部糾舉。如事理可斷，及事有小虚，有禁繫者，本處官吏重行朝典，人吏仍勒停，配重處色役。奏禁人數不以實，及淹延日月，當密行察訪，許人告。」

3乙卯，日本國〔一〕僧奝然與其徒五六人自其國至，進銅器十餘事〔二〕，并本國職員、古今年代紀〔三〕，各一卷。奝然衣緑，自云俗姓藤原氏，父爲真連〔四〕。真連者，其國之五品官也。奝然善書札〔五〕，與中國無異，而不通華言。問其土風，但書以對。云：國有五經及釋氏經教，並得自中國〔六〕，有白居易集七十卷。五穀、果實，四時寒暑，大抵類中國。多米而少麥，交易用錢〔七〕，其文曰「乾文大寶」〔八〕。無槖駞，有水牛、驢、羊及犀、象。産絲蠶，織絹薄緻可愛〔九〕。樂有中國及高麗二部。國東鄰海島，夷人所居，身面皆有毛。其東則大海無際。東粤則産黄金，西別島〔一〇〕生白銀，爲國貢賦。國王以王爲姓，年號天地〔一一〕，元管六十八州，土地廣而人民少，壽百餘歲者往往有之。其國王傳襲，今六十四世矣。文武僚吏，亦皆世官。上聞之，歎曰：「此島夷耳，而世嗣長久，臣下亦世官，此皆古道。中國近自唐季，海内分裂，梁、唐至周，世數甚促〔一二〕，大臣子孫，鮮能繼襲父祖之業。朕雖德不及往聖，然孜孜求理，恐庶獄有枉橈，未嘗敢自暇自逸，以畋游聲伎爲樂。冀上玄降鑒，亦以爲子孫計，使皇家運祚永久，而臣僚世襲禄位。卿〔等〕（可）各宜盡心，以輔朕之爲治。無使遠夷，獨享斯慶。」因賜奝然紫衣，館於太平興國寺〔一三〕。

〔一一〕日本國　宋與日本雖有民間交往，但對日本的了解仍以傳聞爲主，宋史卷四九一外國七：「日本國者，本倭奴國也。自以其國近日所出，故以日本爲名；或云惡其舊名改之也。其地東西南北各數千里，西南至海，東北隅隔以大山，山外即毛人國。自後漢始朝貢，歷魏、晉、宋、隋皆來貢，唐永徽、顯慶、長安、開元、天寶、上元、貞元、元和、開成中，並遣使入朝。」楊文公談苑：「案日本，倭之别種也。以國在日邊，故以日本爲名。或言惡倭之名不雅改之。蓋通中國文字，故唐長安中遣其大臣真人來貢，皆讀經史，善屬文，後亦累有使至，多求文籍、釋典以歸。開元中，有朝衡者，隸太學，應舉，仕至補闕，求歸國，授檢校祕書監，放還。王維及當時名輩皆有詩序送别，後不果去，歷官至右常侍、安南都督」、「第管州六十八，土曠而人少，率長壽，多百餘歲。國王一姓，相傳六十四世。文武僚吏皆世官。」諸蕃志卷上倭國條曰：「倭國在泉之東北，今號日本國，以其國近日出，故名。或曰惡舊名改之。國方數千里，西南至海，東北限以大山，山外即毛人國。凡五畿、七道、三島，三千七百七十二鄉，四百一十四驛，八十八萬三千餘丁，地多山林，無良田，嗜海錯。俗多文身，自謂泰伯之後，又言上古使至中國，皆自稱大夫。昔夏少康之子封於會稽，斷髮文身，以避蛟龍之害。今倭人沈没取魚，亦文身以厭水族。計其道里，在會稽之正東。寒暑大類中國，王以王爲姓，歷七十餘世不易，文武皆世官。男子衣横幅，結束相連，不施縫綴；婦人衣如單袷，穿其中以貫頭，一衣率用二三縑，皆被髮跣足。亦有中國典籍，如五經、白樂天文集之類，皆自中國得之。土宜五穀而少麥。交易用銅錢，以乾元大寶爲文。有水牛、驢、羊、犀、象之屬，亦有金銀、細絹、花布。多産杉木、羅木，長至十四五丈，徑四尺餘，土人解爲枋板，以巨艦搬運至吾泉貿易。泉人罕至其國。樂有中國、高麗二部，刀、楯、弓、矢，以鐵爲鏃，挽射，矢不能遠。詰其故，以其國中不習戰鬪。有屋宇，父母、兄弟卧息異處，飲食用俎豆，嫁娶不持錢帛。死有棺無槨，封土爲塚。初喪，哭泣、不食肉；已葬，舉家入水潔浴，以祓不祥。舉大事，則灼骨以占吉凶。不知正歲、四時，但計秋收之時以爲年紀。人多壽，率八九十歲，婦女不淫不妬。無争訟，或罹于罪，重者族滅，輕者没其妻孥。以金銀爲貢賦，即其地之陸奥州及别島所産也。其國自後漢嘗通中國，歷魏、晉、宋、隋、唐，並遣使修朝貢，國朝雍熙元年，國僧奝然與其徒五六人浮海至，以銅器十餘事獻，極精緻。太宗召見，館於太平興國寺，賜紫衣、方袍，撫之甚厚。聞其王一姓傳繼，臣下皆世官，因歎息，謂宰臣宋琪、李昉曰：『此島夷爾，乃世祚遐久，其臣亦繼襲不絶，此古之道也。』夫以一島夷而動太宗之歎息，豈泰伯用夏變夷之遺風猶有存者歟！」歐陽修全集卷五四日本刀歌曰：「昆夷道遠不復通，世傳切玉誰能窮？寶刀近出日本國，越賈得之滄海東。魚皮裝貼香木鞘，黄白閒雜鍮與銅。百金傳入好事手，佩服可以禳妖凶。傳聞其國居大島，土壤沃饒風俗好。其先徐福詐秦民，採藥淹留丱童老。百工五種與之居，至今器玩皆精巧。前朝貢獻屢往來，士人往往工詞藻。徐福行時書未焚，逸書百篇今尚存。令嚴不許傳中國，舉世無人識古文。先王大典藏夷貊，蒼波浩蕩無通津。令人感激坐流涕，鏽澀短刀何足云！」清波雜志卷四倭國條曰：「煇頃在泰州，偶倭國一舟飄泊在境上，一行凡三、二十人，至郡館穀之。或詢其風俗，所答不可解。旁有譯者，乃明州人，言其國人遇疾無醫藥，第裸病人就水濱杓水通身澆淋，面四方呼其神請禱，即愈。婦女悉被髮，遇中州人至，擇端麗者以薦寢，名『度種』。他所云，譯亦不能曉。後朝旨令津置至明州，趁便風以歸。」鶴林玉露丙編卷四日本國僧條曰：「予少年時，於鍾陵邂逅日本國一僧，名安覺，自言離其國已十年，欲盡記一部藏經乃歸。念誦甚苦，不舍晝夜，每有遺忘，則叩頭佛前，祈佛陰相，是時已記藏經一半矣。夷狄之人，異教之徒，其立志堅苦不退轉至於如此。朱文公云：『今世學者，讀書尋行數墨，備禮應數，六經、語、孟，不曾全記得三五板，如此而望有成，亦已難矣。』其視此僧，殆有愧色。僧言其國稱其國王曰『天人國王』，安撫曰『牧隊』，通判曰『在國司』，秀才曰『殿羅罷』，僧曰『黄榜』，硯曰『松蘇利必』，筆曰『分直』，墨曰『蘇彌』，頭曰『加是羅』，手曰『提』，眼曰『媚』，口曰『窟底』，耳曰『弭弭』，面曰『皮部』，心曰『毋兒』，脚曰『又兒』，雨曰『下米』，風曰『客安之』，鹽曰『洗和』，酒曰『沙嬉』。」

〔二〕進銅器十餘事　玉海卷一五四元豐日本貢方物條作：「太平興國九年三月，日本，古倭奴國也，奝然來獻銅鈴、磬、飄壺。」

〔三〕本國職員、古今年代紀　玉海卷一五四作：「本國職員、全年代紀。」「全」字即「古今」之意。文獻通考卷三二四四裔一則作：「並本國職員、今年代紀，各一卷。」宋史卷四九一外國七亦曰：「並本國職員今、王年代紀各一卷。」案：據實録，疑文獻通考和宋史當是皆漏掉一「古」字，中華書局點校本宋史「並本國職員今、王年代紀各一卷」的斷句是不準確的，應改爲「並本國職員、（古）今王年代紀各一卷」。奝然所獻年代紀一書保存在史館，楊文公談苑曰：「予在史局，閲所降禁書，有日本年代紀一卷及奝然表啟一卷，因得修其國史，傳其詳。」宋史卷四九一外國七對其有詳細的記録，内容主要包括日本從天御中主以來直至當時守平天皇的六十四世天皇的名號和簡單事迹，以及日本的州縣設置、人口狀況等。

〔四〕父爲真連　楊文公談苑作：「奝然依録自云，姓藤原氏，爲真連，國五品官也。」與此不同。宋史亦作「父爲真連」。

〔五〕善書札　文獻通考卷三二四四裔一作「善隸書」。

〔六〕國有五經及釋氏經教，並得自中國　宋史卷四九一外國七即曰：奝然歸國「又求印本大藏經，詔亦給之」。由于日本實有大量中國典籍，五代之後開始出現了失傳典籍由日本倒流回來的現象。奝然此行，即獻當時已經失傳的東漢鄭玄孝經注及唐越王孝經新義予宋太宗，文獻通考卷三二四四裔一曰：日本「其國多中國典籍，奝然之來，復得孝經一卷、越王孝經新義第十五一卷，皆金縷紅羅縹，水晶爲軸。孝經，即鄭氏注者；越王，乃唐太宗子越王貞；新義者，記室參軍任希古等撰也」。玉海卷一五四：「太平興國九年三月，日本，古倭奴國也，奝然來獻銅鈴、磬、瓢壺，並本國職員、全年代紀。又言其國多中國典籍，因出孝經一卷，越王孝經新義一卷。孝經，即鄭氏注；越王，唐越王正也。」直齋書録解題卷三孝經類：「五代以來，孔、鄭注皆亡，周顯德中，新羅獻別序孝經，即鄭注者。而崇文總目以爲咸平中日本國僧奝然所獻，未詳孰是。」日知録卷二亦曰：「日本僧奝然以鄭康成注孝經來獻。」又，五代末年，佛教天台宗的部分失傳經典也由日本傳回，楊文公談苑曰：「吴越錢氏多因海舶通信，天台智者教五百餘卷有録而多闕，賈人言日本有之，錢俶置書於其國王，奉黄金五百兩，求寫其本，盡得之，訖今天台教大布江左。」

〔七〕交易用錢　宋史卷四九一外國七作「交易用銅錢」，包恢敝帚稿略卷一禁銅錢申省狀即曰：「倭所酷好者，銅錢而止。」宋會要輯稿食貨一一之七曰：「太平興國九年，日本國僧奝然等浮海而至，云其國〔用〕（周）銅錢，文曰『乾文寶』。」

〔八〕其文曰「乾文大寶」　宋史卷四九一外國七校勘記六曰：「按日村上天皇天德二年（公元九五八年）三月鑄造『乾元大寶』，此處『文』字疑爲『元』字之誤。」諸蕃志校釋卷上倭國條注釋五曰：「案乾元爲唐肅宗年號，日人之銅幣，向以仿中國爲例。」

〔九〕産絲蠶，織絹薄緻可愛　癸辛雜識續集下倭人居處條則曰：「所衣皆布，有極細者，得中國綾絹則珍之。」

〔一〇〕別島　宋史卷四九一外國七校勘記八曰：「按日本無『別島』，『別』係『對』字之誤，見諸蕃志校注卷上倭國條注一〇及注一九。」

〔一一〕年號天地　當時日本天皇爲圓融天皇，年號爲「天元」。圓融天皇（九六九—九八四年在位），十一歲即位，由藤原實賴攝政，乃日本第六十四代天皇，故奝然曰：「其國王傳襲，今六十四世矣。」宋史卷四九一外國七二「次守平天皇，即今王也。」

〔一二〕梁、唐至周，世數甚促　新五代史卷四九王進傳曰：五代「爲國長者不過十餘年，短者三四年至一二年。天下之人，視其上易君代國，如更戍長無異，蓋其輕如此」。王安石臨川文集卷三九上仁宗皇帝言事書：五代時「在位無復有知君臣之義，上下之禮者也，當是之時，變置社稷，蓋甚於奕棊之易」。馬氏南唐書卷一六義死傳上曰：「五代之際，霸據角立，君無世臣，臣無定主，而視神器爲蘧廬，則士之全節者無幾。」

〔一三〕太平興國寺　即唐開封龍興寺，周世宗時毁，宋太宗太平興國二年重修完畢，改名爲「太平興國寺」。續資治通鑑長編卷一八太平興國二年正月辛卯條曰：「以龍興寺爲太平興國寺。」宋東京考卷一五寺引遺史紀聞曰：「汴都太平興國寺，舊龍興寺也。周世宗廢爲龍興倉。國初，寺僧屢聲鼓司，求復爲寺。太宗怒，遣中使持劍以諭之曰：『此寺前朝所廢爲倉廒，以貯軍儲，汝何故煩瀆帝庭，朝命斷取汝首！』且戒曰：『倘偃蹇怖畏，即斬之。或臨劍無懼，即未可也。』既諭，神色自若，引頸就戮。中使以聞，上爲之感歎，即日如其請，復改爲寺。」儒林公議卷上曰：「興國寺構二閣，高與塔侔，以安大像，遠都城數十里已在望。登六七級，方見佛殿腰腹，佛指大皆合抱，觀者無不駭愕。兩閣又開通飛樓爲御道。」

4 丙辰〔一〕，選祕書丞楊延慶等十餘人，分爲諸州知州。上因謂宰相曰：「刺史之任，最爲親民〔二〕，非其人則下受其弊。昔後漢秦彭爲潁川郡守〔三〕，教化大行，百姓懷惠，乃有鳳凰、麒麟、嘉禾、甘露之瑞，足爲善政故也。以一太守善爲政猶若此，況君天下者乎！何謂太平之不可致，和氣之不可招也〔四〕？」

〔一〕丙辰　續資治通鑑長編卷二五雍熙元年三月丙午條作「丙午」。

〔二〕刺史之任，最爲親民　刺史，實指諸州知州。宋太祖、太宗重知州之任，續資治通鑑長編卷一七〇皇祐三年四月己酉條曰：「太祖革唐末、五代之弊，削外諸侯威權，專用文臣假守列郡，名品雖下，而眷待之意，固異常僚，故才者得以設施，不才者難乎冒進。太宗、真宗欽承前憲，遴選守臣，責效既嚴，敗官亦鮮，故能措世於盛平。」

〔三〕秦彭　東漢章帝時歷任山陽太守、潁川太守，政績卓著，「仍有鳳皇、麒麟、嘉禾、甘露之瑞，集其郡境」，是東漢有名的地方官，事見後漢書卷七六循吏列傳。

〔四〕況君天下者乎！何謂太平之不可致，和氣之不可招也　續資治通鑑長編卷二五雍熙元年三月丙午條記此語爲宰相「宋琪曰」，非太宗語。然玉海卷二〇〇太平興國瑞物六十三種圖條亦記：三月丙辰，選楊延慶等十餘人爲知州，上謂宰相曰：「刺史之任，最爲親民，漢秦彭爲潁川守，教化盛行，百姓懷惠，乃有鳳、麟、嘉禾、甘露之瑞。一太守善政猶若此，況君天下者乎！何謂太平不可致，和氣不可召也？」與實録同。

5丁巳，駕幸相國寺〔一〕，回，習射於後園，上中的者五。召近臣飲宴，上甚悦，因謂宰相曰：「夏州蕃部，並已寧謐，向之勁悍難制者，皆委身歸順〔二〕。凡得酋豪三百七十餘人，約三五萬帳族〔三〕，得十年已來戎人所掠人畜，凡二萬五千口。朕間者所遣將帥，皆丁寧誡諭，如蕃部中有狡惡爲害者，必以威武臨之；順伏易制者，必綏緝慰勞之。是以戎人畏威而感惠，昨亦不勞饋運，秖令齎茶於蕃部中貿易，供給亦無所闕。」又謂李繼捧〔四〕曰：「爾在夏州，能制蕃部乎？」對曰：「諸族狡惡，不可制，臣但羈縻而已。若非天威所加，豈能制御者乎？」命國子禮記博士孔維判監事。

〔一〕駕幸相國寺　燕翼詒謀録卷二曰：「東京相國寺，乃瓦市也。僧房散處，而中庭兩廡可容萬人，凡商旅交易，皆萃其中。四方趨京師，以貨物求售，轉售他物者，必由于此。太宗皇帝至道二年，命重建三門，爲樓其上，甚雄，宸墨親填書金字額，曰『大相國寺』，五月壬寅賜之。」麈史卷三亦曰：「都城相國寺，最據衝會，每月朔望三八日即開，技巧、百工、列肆，罔有不集；四方珍異之物，悉萃其間。因號相國寺『破贓所』。」東京夢華録卷三相國寺内萬姓交易條亦曰：「相國寺，每月五次開放，萬姓交易。大三門上皆是飛禽、猫犬之類，珍禽奇獸，無所不有。第二、三門皆動用什物，庭中設綵幙、露屋、義鋪，賣蒲合、簟席、屏幃、洗漱、鞍轡、弓劍、時果、臘脯之類。近佛殿，孟家道院王道人蜜煎、趙文秀筆及潘谷墨，占定兩廊，皆諸寺師姑賣繡作、領抹、花朵、珠翠、頭面、生色銷金花様幞頭、帽子、特髻冠子、絛線之類。殿後資聖門前，皆書籍、玩好、圖畫，及諸路散任官員土物、香藥之類。後廊皆日者、貨術、傳神之類。寺三門閣上並資聖門，各有金銅鑄羅漢五百尊、佛牙等。凡有齋供，皆取旨方開。三門左右有兩缾琉璃塔，寺内有智海、惠林、寶梵、河沙、東西塔院，乃出角院舍，各有住持僧官，每遇齋會，凡飲食、茶果、動使、器皿，雖三五百分，莫不咄嗟而辦。大殿兩廊，皆國朝名公筆迹，左壁畫熾盛光佛降九曜鬼百戲，右壁佛降鬼子母揭盂。殿庭供獻樂部馬隊之類，大殿朶廊皆壁隱樓殿人物，莫非精妙。」

〔二〕夏州蕃部，並已寧謐，向之勁悍難制者，皆委身歸順　李氏（拓跋）党項貴族，從唐末拓跋思恭以來，在以夏州爲中心的夏、銀、綏、宥、静五州地區經營，根基極深，發展成一支不可輕侮的地方勢力。北宋開國，李氏歸附宋朝，曾數次出兵助攻北漢，宋太祖也對其采取謹慎的懷柔政策。太平興國七年，太宗借李繼捧自請内遷歸朝的機會，令其親戚皆赴闕，試圖將其勢力一舉鏟除，結果却適得其反，李繼捧族弟李繼遷隨即起兵反宋，實力不斷擴大，成爲北宋西北大患。宋仁宗時，李繼遷孫元昊稱帝，國號「大夏」，與遼、宋鼎足而三。宋論卷二太宗一二曾評述太宗是語曰：「李氏自唐以來，世有銀、夏，阻於一方……則繼捧雖奉版以請吏，而以恩懷之，使仍擁定難之節，無失其世守；薄收其貢税，漸設其僉判，以待其定而後易制之；且勿使遷居内地，窺我設施，以相玩而啓戎心，不猶愈乎？且夫欲降者，繼捧與其二三僚幕而已。其從之以入者，倔彊之心，未嘗一日而去於其懷。故繼遷之走，旋起收之而樂爲之用。還繼捧於故鎮，則部落民庶既得内附之利，而無吏治之擾。繼遷無以蠱衆心，而嚚張漸革，無難折箠而收之矣。是策也，唯乘其初附而銷萌於未亂，則得也。迨繼遷復振之後，守臣殲，疆土失，趙普乃用之以縱繼捧而使歸，則中國已在其目中，徒以長寇而示弱。則繼捧北附於契丹，繼遷且僞降以緩敵；卒至帝制自雄，虔劉西土，掣中國以納賂於北狄，而日就亡削。謀之不臧，禍亦烈矣。乃當日者，處堂之君相，栩栩然曰：『天下已定，百年割據之遠人懷音歸我，披襟以受之，無難也。』不已妄乎？無其德，不建其威；恃其恩，不知其略；有隕自天之福，非其人不克承也。是故東漢之絶西域，宣德之斬交趾，誠有戒心焉。保天下以無虞者，唯不可動以小利而思其永，斯以得懷遠招攜之道，固非宋之所能勝任也。」

〔三〕凡得酋豪三百七十餘人，約三五萬帳族　續資治通鑑長編卷二五雍熙元年三月丁巳條曰：「凡得酋豪二百七十餘人，種族五百餘帳。」

〔四〕李繼捧　繼父、祖爲定難軍節度使，太平興國七年入朝，歷任節度使。爲抵禦李繼遷，太宗在端拱年間賜李繼捧名趙保忠，復委其爲夏州刺史、定難軍節度使，但他始終反復無常，其部族終被李繼遷吞併。真宗時病卒，事見宋史卷四八五外國一。

6己未，滑州言：「河決已塞。」群臣稱賀。先是，河決於韓村，數州之地，皆罹其災。上患之，集丁夫十餘萬治之。自秋逾冬，功既畢而復決，上以方春播種，不欲重煩民力。於是發卒五萬人〔一〕，以侍衛步軍都指揮使〔二〕田重進〔三〕總督其役，供奉官劉吉副之。吉，河東人〔四〕，有膽勇，不畏彊禦，明習河堤利害，自贊請行，且言：「河決未塞，願夷族。」上壯之，命吉領其役。吉親負土，與役徒晨夜兼作，至是而塞，吉之功居多。即以吉爲西京作坊副使，賜予甚厚。上製平河歌，賜宰臣宋琪等。因謂曰：「昔漢武有瓠子之歌〔五〕，今朕聊志一時之事。」

〔一〕不欲重煩民力。於是發卒五萬人 以士兵，尤其是廂軍替代民衆服勞役，是宋代十分普遍的現象，群書考索後集卷四一曰：「古者，凡國之役皆調於民，宋有天下，悉役廂軍，凡役作、營繕，民無與焉。」文獻通考卷一五六兵八曰：「自五代無政，凡國之役皆調於民，民以勞敝。宋有天下，悉役廂軍，凡役作、工徒、營繕，民無與焉。故天下民力全固。」太平治迹統類卷三〇亦曰：「自三代之後，凡國家之力役，皆調于民，故民以勞弊。宋有天下，悉役廂軍，凡役作、工徒、營繕，民無與焉。故天下民力完固，承平百年。」

〔二〕侍衛步軍都指揮使 俗稱「步帥」，北宋三衙「管軍」之一，爲侍衛步軍司長官，例由擁有節度使官銜的高級武將出任，宋會要輯稿職官三二之四述其職權爲：「掌步軍諸指揮之名籍，凡統制、訓練、番衛、戍守、遷補、賞罰皆總其政令。」按宋代制度，三衙地位依次爲殿前司、侍衛馬軍司和侍衛步軍司，步軍都指揮使的地位要較馬軍都指揮使和殿前都指揮使地位爲低。

〔三〕田重進 宋太祖、太宗朝名將，出身宋太祖麾下的親兵衛士，以勇猛善戰逐步晉升爲大將，尤其是在雍熙三年北伐契丹之役中，作爲中路宋軍主帥，指揮所部連獲大捷，當東路宋軍主力失敗後應對得當，在危局中全師而返，並曾反攻遼軍，以戰功卓著被破格提升爲侍衛馬步軍都虞候，續資治通鑑長編卷二七雍熙三年七月甲戌條曰：「以步軍都指揮、静難節度使田重進爲馬步軍都虞候。自張令鐸罷馬步軍都虞候，凡二十五年不以除授，幽州之役，惟重進之師不敗，故特命之。」田重進對宋太祖忠心耿耿，與太宗的關係則比較微妙，玉壺清話卷七曰：「田重進，范陽人，不識字，忠朴有守。太宗在藩邸，以酒餌賜之，拒而不受。使者曰：『晉王賜汝。』重進曰：『我只知有官家，誰人能喫他人酒食乎？』」人語太宗，極許之。後鄭文寶出漕陝右，上囑付曰：『田某先帝宿將，勇毅宣力，卿爲朕善待之。』」續資治通鑑長編卷三四淳化四年三月壬子曰：「上嘉其質直，故始終委遇，又以涪王女長壽縣主適其子守信焉。」

〔四〕吉，河東人　劉吉事南唐李後主爲傳詔承旨，遂稱江南人，並以江南爲榮，堵塞決口後時人稱其爲「劉跛江」。楊文公談苑記其事迹曰：「劉吉，江左人，有膂力，尚氣，事後主爲傳詔承旨，忠於所奉。歸補供奉官，以習知河渠利害，委以八作之務。太平興國中，河大決，吉護之，與丁夫同甘苦。使者至，訪吉不獲，甚怒，乃著皂帩頭短布褐，獨負二囊土爲先道，戒從吏勿敢言，使者密訪得之，白太宗，太宗厚賜之。内侍石全振者，領護河堤，尤苛急，自謂石爆裂，言其性多暴怒也。居常侵侮吉，吉默然不校。一日，與吉乘小艇督役，至中流，吉語之曰：『君恃貴近，見淩已甚，我不畏死，當與君同見河伯耳。』遂蕩舟覆之，全振號哭，搏頰求哀乞命，乃止，自是不復敢侵吉。其父本燕、薊人，自受李氏恩，常分禄以濟其子孫，朔望必詣其第，求拜後主，自李氏子姓，雖童幼必拜之，執臣僕之禮。後遷崇儀使，其刺字謁吴中故舊，題僧壁驛亭，但稱江南人劉吉，示不忘本也。有詩三百首，目爲釣鰲集，徐鉉爲之序。其首篇贈隱者，有『一箭不中鵠，五湖歸釣魚』之句，人多誦之。以其塞決河有方略，人目爲劉跛江，名震河上。」又，「劉吉護治京東河決，時張去華任轉運使，巡視河上，方會食，坐客數十人，膾鯉爲饌。去華顧謂四坐曰：『南人住水鄉，多以魚爲食，殊不厭其腥也。』意若輕鄙南士。吉奮然對曰：『運使舉進士狀元，曾不讀書，何自彰其寡學？尚書禹决九川，有魚鱉，使民鮮食，』『淮夷蠙珠暨魚。』易姤之九二『庖有魚』，又下繫『庖犧氏以畋以漁，蓋取諸離。』周官𪄀人：『掌以時𪄀爲梁，辨魚物，供王膳羞。』詩載嘉魚、魚藻、九罭之篇，小雅云：『庖鱉膾鯉』，『張仲孝友』。國風云：『豈其食魚，必河之魴？』又曰：『誰能烹魚？溉之釜鬵。』戴記云：『水潦降，不獻魚鱉。不中殺，不鬻於市。居山者，不以魚鱉爲禮。』『三月，天子乘舟，薦鮪于寢廟。孟秋，天子食稻與魚。又食魚者，去乙。』孔子，魯人，云：魚餒不食。趙盾，晉人，魚飧。田文，齊人，其上客皆食有魚。子産，鄭人，而人獻生魚。子公，亦鄭人，解黿染指於鼎。公父文伯，魯人，羞鼈致客怒而出。大舜漁於雷澤，吕望釣於渭濱，又何必皆南州之人？況今太官之盛饌，宗祊之備物，皆薦是品，而商旅販鬻，閭閻啖食，其濟民食廣矣。何談之容易？』去華色沮，不能酬其言。」又，張詠張乖崖集卷二有贈劉吉詩曰：「天地有至私，劉生與英氣。學必摘其真，文能取諸類。叫回堯舜天，聒破周孔耳。通塞不我知，要在歡生意。居危不苟全，憑艱立忠義。歸國有賢名，天子聞之喜。倒海塞横流，掀天建高議。冒死雪忠臣，讜言警貴侍。四海多壯夫，望風毛骨起。如今竟陵城，榷司茶菽利。鶴情終是孤，仁性困亦至。勞勞憂衆民，咄咄罵貪吏。方期與叫閽，此實不可棄。如何不自持，稍負纖人累。酣歌引酒徒，亂入垂楊市。狂來拔劍舞，踏破青苔地。群口咤若奇，我心憂爾碎。請料高陽徒，何如東山器。請料酒仙人，何如留侯志。去矣劉跋江，深心自爲計。」並有夾注記劉吉事迹曰：「仕江南僞主，指斥奸佞曰：果信是人，國將亡也。」「治黄河有功，議邊將不才，廷辨大臣阿諛。」「證楊業忠赤，爲姦臣所陷。」「重指中貴弄權。」則劉吉曾雪名將楊業之冤。

〔五〕漢武有瓠子之歌　史記河渠書曰：「天子既臨河決，悼功之不成，乃作歌曰：『瓠子決兮將奈何？皓皓旰旰兮閭殫爲河！殫爲河兮地不得寧，功無已時兮吾山平。吾山平兮鉅野溢，魚沸鬱兮柏冬日。延道弛兮離常流，蛟龍騁兮方遠遊。歸舊川兮神哉沛，不封禪兮安知外！爲我謂河伯兮何不仁，泛濫不止兮愁吾人？齧桑浮兮淮、泗滿，久不反兮水維緩。』一曰：『河湯湯兮激潺湲，北渡污兮浚流難。搴長茭兮沈美玉，河伯許兮薪不屬。薪不屬兮衛人罪，燒蕭條兮噫乎何以禦水！頹林竹兮楗石菑，宣房塞兮萬福來。』於是卒塞瓠子，築宮其上，名曰宣房宮。而道河北行二渠，復禹舊迹，而梁、楚之地復寧，無水災。」

7 壬戌，以左羽林統軍周保權知并州，以右屯衛上將軍孟玄珏爲宋、曹、兗、鄆都巡檢〔一〕。

〔一〕以左羽林統軍周保權知并州，以右屯衛上將軍孟玄珏爲宋、曹、兗、鄆都巡檢　周保權，本割據湖南；孟玄珏，後蜀國主孟昶之子。以降王子弟擔任内外要職，是宋初獨有的現象，廿二史劄記卷二四宋初降王子弟布滿中外條曰：「統計諸降王及諸降臣，無一不保全者。此等僭僞竊據之徒，歸降本非素志，況新造之邦，民志未定，國勢易揺，豈能一無顧慮，乃其主皆賜第京師，居肘腋之地，其子弟臣僚又皆分職州郡，掌兵民之權，而廟堂之上不聞操切猜防，入仕新朝者亦帖然各效其勤，無反側不靖之意。於此見宋太祖、太宗并包天下之大度，震服一世之神威，非詐力從事者所可及也。後之論者，往往謂宋開國之初即失於弱，豈知不恃詐力以爲强者，其强更甚也哉。」

8 乙丑，召宰相、近臣賞花於後園〔一〕。上曰：「春氣暄和，萬物暢茂，四方無事，朕以天下之樂爲樂，宜令侍從、詞臣〔二〕各賦詩。」上習射於水心殿，宰相宋琪等各以應制詩進〔三〕，上吟味久之。翰林學士承旨扈蒙有「微臣自媿頭如雪，也向鈞天侍玉皇」〔四〕之句，上笑謂曰：「卿善因事陳情也。」蒙頓首謝。

〔一〕賞花於後園　宋代著名的賞花賦詩、賞花釣魚，即始於此，玉海卷三〇雍熙賞花賜詩條曰：「雍熙元年三月乙丑，召宰相、近臣賞花後苑，上曰：『朕以天下之樂爲樂。』且令侍從詞臣各賦詩。賞花賦詩，自此始。」續資治通鑑長編卷二六雍熙二年四月丙子條曰：「是日，召宰相，參知政事，樞密，三司使，翰林，樞密直學士，尚書省四品、兩省五品以上，三館學士，宴于後苑，賞花釣魚，張樂賜飲，命群臣賦詩、習射。自是每歲皆然。賞花釣魚曲宴，始于是也。」李燾注考證説：「此據會要，賞花賦詩，已見雍熙元年三月。」從太宗雍熙二年開始，每年四月暮春時候，皇帝通常要在皇宮後苑召集宰相、近臣等官員賞花、釣魚，君臣賦詩唱和。賞花釣魚，是宋人筆下多有記述的盛事，歸田録卷二曰：「真宗朝歲歲賞花釣魚，群臣應制。嘗一歲，臨池久之，而御釣不食，時丁晋公謂應制詩云：『鶯驚鳳輦穿花去，魚畏龍顔上釣遲。』真宗稱賞，群臣皆自以爲不及也。」邵氏聞見録卷二曰：「仁宗皇帝朝，王安石爲知制誥。一日，賞花釣魚宴，内侍各以金楪盛釣餌藥置几上，安石食之盡。明日，帝謂宰輔曰：『王安石，詐人也。使誤食釣餌，一粒則止矣；食之盡，不情也。』帝不樂之。後安石自著日録，厭薄祖宗，於仁宗尤甚，每以漢文帝恭儉爲無足取者，其心薄仁宗也。故一時大臣富弼、韓琦、文彦博而下，皆爲其詆毁云。」續資治通鑑長編卷一〇七天聖七年正月丙辰條曰：「故事，上未得魚，侍臣雖先得不敢舉竿，及上得魚，左右以紅絲網承之。」

〔二〕詞臣　宋以翰林學士與知制誥爲兩制，俗稱「詞臣」。太宗極爲優禮、重視「詞臣」，宋大事記講義卷四曰：「上重内外制之任，曰：『詞臣之選，古今所重，人言朝廷命一制誥，六姻相賀，以爲一佛出世。』」翰苑群書卷八引蘇易簡續翰林志曰：「舊體：每遊醼，止學士得赴召。暨皇上留心儒墨，旋賞文翰，時綸閣之士始召赴曲宴，或令和御詩，舍人從遊宴，自此始也。……至上林春融，千花萬卉，妍麗冠絶，上必曲宴宰衡、勳舊、召兩制詞臣，俯龍池，垂金鉤，舉觴賦詩，終日而罷。上嘗謂宰執、近臣曰：『詞臣，實神仙之職也。』翌日，凡所進詩，悉御毫屬和以賜焉。」

〔三〕宰相宋琪等各以應制詩進　玉海卷七五太平興國習射水心殿條作「宰相宋琪等各以應制詩上進」，多一「上」字。

〔四〕微臣自媿頭如雪，也向鈎天侍玉皇　玉海卷三〇引扈蒙傳作「微臣自愧頭如雪，亦聽鈞天侍玉皇」，其文曰：「太平興國九年，將東封，進宣示内外御札草，上嘉其文，御批紙尾以奬之。明年春，侍宴後苑，近臣應制賦詩，蒙詩末句云『微臣自愧頭如雪，亦聽鈞天侍玉皇』。上曰：『善因事陳情。』翌日，和以賜之，有『珍重老臣』之語。」玉壺清話卷七曰：扈蒙「後應制後苑，詩有『微臣自媿頭如雪，也向鈎天侍玉皇』。上和以賜曰：『珍重老臣純不已，我慚寡昧繼三皇。』爲之美傳。」扈蒙，宋太祖、太宗兩朝資深翰林學士，宋史卷二六九扈蒙傳稱「典章儀注，多蒙所刊定」，但其位止於翰林學士承旨，不得大用。此時扈蒙已年近七十，故有「微臣自媿頭如雪」之句。

9辛未，詔曰：「昨以河堤偶決，近甸罹災，言念編民，載深軫慮。應開封府管内諸縣，無出今年租賦。」

10壬申，駕幸含芳園習射〔一〕，上中的者四。宋琪奏曰：「陛下控弦發矢，一如十五年前在晉邸時。」上曰：「朕比往時，筋力雖未覺衰，然少時好馬上馳射，今不復爲矣。」因謂琪曰：「囿游之地，三數年不一至，此且非數出宴游也。」時劉繼元、孟玄珏、錢惟濬、李繼捧亦侍坐〔二〕，宋琪奏曰：「繼元以下，各江南、塞北之人，嘗各據土疆，累世不賓，今並束身歸命，入侍旒扆，非神功聖德，冠絶千古，豈有如此之盛乎？」宋琪、李昉、吕蒙正、李至各賦詩進，上皆和而賜之。上又製晚春游含芳園五言十韻詩一首，賜宋琪等。

〔一〕駕幸含芳園習射　含芳園，本名北園，後名瑞聖園，爲宋代開封最著名的皇家園林之一，與瓊林苑、宜春苑、玉津園合稱「四園苑」。玉海卷一七一太平興國含芳園祥符瑞聖園條引會要曰：「瑞聖園，在景陽門外道東，初爲北園，太平興國二年詔名含芳，以三班及内侍監領軍校兵隸及主典，凡二百一十二人。」宋會要輯稿方域三之一三亦曰：「歲時節物，進供入内，孟秋駕幸，省斂穀實，錫從臣宴飲，賞賚園官、嗇夫有差。凡皇城諸園池入官者，皆屬焉。」曾鞏集卷八律詩八十首有上巳日瑞聖園錫燕呈諸同舍詩，記瑞聖園之景致云：「北上郊原一據鞭，華林清集綴儒冠。方塘渰渰春先渌，密竹娟娟午更寒。流渚酒浮金鑿落，照庭花並玉闌干。君恩倍覺丘山重，長日從容笑語歡。」瑞聖園規模頗大，多有空地，除播種五穀果蔬供皇宫御用外，也是皇帝射箭娛樂的場所，如太宗即四次率大臣至此習射，玉海卷七五太平興國含芳園習射條有曰：「太平興國六年十月丙寅幸含芳園習射，八年七月癸未幸含芳園習射，九年，即雍熙元年，三月壬申幸含芳園習射，上中的者四，宋琪曰：『陛下控弦發矢，一如在晉邸時。』時僞主劉繼元、李煜等皆侍坐，琪奏曰：『繼元等皆江南、塞北之人，累世不賓，非神功聖德，豈致如此？』琪與李昉等因賦詩進，以形容至德。上悦，屬和賜之。一本云：時劉繼元、李繼捧等皆侍坐，宰相宋琪因贊頌神武，與李昉等賦詩，上和賜之。雍熙二年閏九月十三日甲申幸含芳園張樂習射。」

〔二〕時劉繼元、孟玄珏、錢惟濬、李繼捧亦侍坐　玉海卷七五和群書考索卷三七皆曰：「九年，即雍熙元年，三月壬申幸含芳園習射……時僞主劉繼元、李煜等皆侍坐。」都是錯誤的，因李煜已卒於太平興國三年，當以實録爲是。又，雍熙三年，劉繼元爲保康軍節度使，宋史卷四二八世家五北漢劉氏曰：「雍熙三年，建房州爲保康軍，以繼元爲節度。」宋大詔令集卷一〇三亦録有雍熙三年十二月癸丑所下劉繼元授保康軍節度使制，其中有云：劉繼元「圜丘展禮，齋莊見助祭之容；紫殿宴私，温克盡爲臣之禮。綽有令譽，流於衆多。……昔之皓、叔實，不聞分命於山河；近則孟蜀、李吴，止是流連於京闕。膺斯重委，斷自朕心，勉樹風聲，永蕃王室。」似是允其離京就任。

11癸酉，麟州言：「閤門使田仁朗敗戎人，斬首三百級，獲馳馬、生口、器甲千計。」

12乙亥，以連州刺史任知杲本官致仕，上章告老故也。

13丙子，甘露降太一宫祠庭柏樹。先是，都城東南建五福太一祠，既成，致饗於神，祠官悉集，未明前數刻而降。

14己卯，召宰相、近臣宴於後苑〔一〕，上賦詩一章，賜侍臣，俾之屬和。

〔一〕己卯，召宰相、近臣宴於後苑　玉海卷三〇太平興國平河歌條作「乙卯，召宰臣、近臣宴後苑」。

15夏四月，壬午，光禄卿湯悦〔二〕卒。悦字德川，其先陳人，後家於江東之青陽。父文圭，乾寧五年進士登第。以世方亂，將南歸。梁祖時節制夷門〔三〕，愛其才，欲辟於幕府。

文圭不欲就，遁去。至會稽，錢鏐欲縻之，亦不願止，去詣宣州田頵。頵執甥姪之禮待之，文圭但從容談笑，無所預。頵敗，獲免。至淮南，楊渥以爲掌書記。悦幼穎悟，九歲而孤，善屬文，仕吴爲祕書省校書郎。時張廷翰、宋齊丘皆掌吴政，以悦俊敏，共推薦之，授祕書郎、直門下，遷水部員外郎，改本曹郎中，並知制誥。李昪建國，授中書舍人。時書命填委，悦援筆立成，詞理典贍。未幾，擢爲翰林學士。李景〔三〕繼立，加學士承旨。遷禮、兵部侍郎，改中書侍郎，簽署省事。罷職，拜户部尚書，依前充學士承旨。周世宗舉兵至淮上，李景以機務方繁，命悦知樞密院事。顯德五年，淮南平，景遣入貢。先是，世宗駐蹕於揚州孝先寺，見悦所撰碑，歎賞久之。及至，待之禮甚優異。太祖受禪，景擢遷洪州，以子煜守金陵，留悦佐之。煜嗣位，拜右僕射、充樞密使，加同平章事、節制潤州。不樂在鎮，改授太子太傅、監修國史〔四〕。旋守司空、判尚書省，再秉政。江南平，歸朝，改授太子少詹事。上即位，以悦素有才名，召直學士院。踰年，改光禄卿。至是卒，年七十三，輟視朝一日。悦本姓，犯翼祖廟諱〔五〕，而名崇義，後改姓，又改名〔六〕。有詞人從江南來，因謁悦，從容評及江南文士，謂悦曰：「二徐及公詩皆善，惟崇義差不及耳。」聞者傳以爲笑。

〔一〕湯悦　宋史無傳，馬氏南唐書卷二三湯悦傳曰：「湯悦，其先陳州西華人，父殷文圭，唐末有才名。悦本名崇義，仕南唐爲宰相。建隆初，避宣祖廟諱，改姓湯。悦嘗撰揚州孝先寺碑，世宗親征淮南，駐蹕于寺，讀其文，賞歎之。及畫江請平，元宗使悦入貢，世宗待之加禮。自淮上用兵，凡書檄教誥皆出於悦，特爲典贍，切於事情。世宗每覽江左章奏，形於嗟重。後仕皇朝，奉太宗皇帝敕撰江南録十卷，自言有陳壽史體。」然馬氏南唐書序評價江南録曰：「徐鉉、湯悦奉太宗皇帝敕追録所聞，而忘遠取近，率皆疏略。」

〔二〕夷門　指開封。

〔三〕李景　南唐中主，通常作「李璟」。

〔四〕改授太子太傅、監修國史　續資治通鑑長編卷一〇開寶二年正月丙午條詳述其事曰：「唐樞密使、左僕射、平章事湯悦罷爲鎮海節度使。悦不樂居藩，上章求解，於是改授太子太傅、監修國史，仍領鎮海節度使。」李燾竝有注考證曰：「悦初罷政，授鎮海節度，其年月不可知。按李後主集載悦所爲北苑侍宴賦詩序，乃乙巳歲，開寶二年二月也。其銜位稱新授太子太傅，必二月初正月末矣。故附見於此。悦傳云旋拜司空，復秉政。按後主集，三年秋送鄧王牧宣城，悦猶以太子太傅、監修國史作詩序。傳云旋拜司空，太速，今不取。」

〔五〕悦本姓犯翼祖廟諱　翼祖，指宋太祖祖父趙敬。湯悦本姓殷，實犯宋太祖父親宣祖趙弘殷之諱，不犯翼祖諱。馬氏南唐書卷二三湯悦傳曰：「建隆初，避宣祖廟諱，改姓湯。」續資治通鑑長編卷二建隆二年二月亦曰：「悦即殷崇義，池州人也，姓犯宣祖諱，故改焉。」是正確的，實録誤。

〔六〕又改名　湯悦本名崇義，犯太宗趙光義諱，故入宋後改名。直齋書録解題卷五僞史類曰：「江南録十卷。給事中廣陵徐鉉鼎臣、光禄卿池陽湯悦德川撰。二人皆唐舊臣，故太宗命之撰次。悦即殷崇義，避宣祖諱及太宗舊名，並改姓焉。」

16癸未，以涪陵王子德恭爲峰州刺史，德隆爲瀼州刺史，女壻韓崇義〔一〕爲静難軍節度行軍司馬。右衛率府副率段守榮決杖，仍削籍爲民，坐華州監倉，概量爲姦故也。

〔一〕韓崇義　宋史卷四太宗一雍熙元年三月癸未作「韓崇業」，宋史卷二五〇韓重贇傳、卷二四四宗室一、續資治通鑑長編卷二三太平興國七年四月己卯條亦皆作「韓崇業」。當爲避宋太宗趙光義諱改。續資治通鑑長編卷一七開寶九年十月丁巳條、壬戌條記太宗即位後「正諫即諫議也，避上名改之」、「有司言官階、州縣名與御名下字同者，皆改之」，如彰義軍改爲彰化軍等等。人名方面，如宰相沈義倫改名沈倫，殿前都指揮使楊義改名楊信等。宋大詔令集卷二名諱收録太平興國二年二月庚子改名詔曰：「王者對越上元，祇見九廟，凡因祭告，必署名稱。稽歷代之舊章，貴難知而易避。爰遵故事，載易嘉名炅。凡州縣、散官、職事官號及人名外，其舊名二字，今後不須迴避。」大中祥符二年六月戊甲太宗藩邸諱不避詔曰：「太宗皇帝藩邸舊諱，溥率咸知，雖先訓之具存，俾臨文而不避。」故實録反而不避「義」字。

17甲申，命宰相及群官分禱京城祠廟祈雨。是夕，雨足。以東上閤門副使王侁〔一〕爲西上閤門使。

〔一〕王侁　後周名相王朴之子。

18戊子，宰相宋琪率文武百官，及諸軍將校、蕃夷酋長、僧道、耆老，二萬六千三百五十人，詣東上閤門，再拜稽首，上言曰：「臣等聞皇王大功，莫大於混一中夏；古今盛禮，莫盛於登封介丘〔一〕。其或鯨海鷄林，已聞于效貢；金泥玉檢，尚闕於告成。則何以繼三五之鴻猷，副億兆之虔望。臣琪等誠惶誠懼，頓首、頓首，伏惟應運統天睿文英武大聖至明廣孝皇帝陛下〔二〕，紹勳華之正統，施造化之玄功。亘地蟠天，罔不率俾；望雲就日，無所不賓。爰自唐室衰微，四方雲擾，東吴西蜀，瓜剖豆分，民無適歸，亂靡有定。梁、唐祚短，不暇經營；晋、漢綱頽，莫能恢復。陛下膺圖出震，執契嚮明，四海於是會同，二儀以之交泰。歷代之典章畢舉，生民之耳目惟新；極千古以牢籠，掩八紘而覆育。離肩反踵之俗，襲冠帶者以百數；白環碧砮之貢，充蠻邸者以千計。鑿空萬里，攘地千都，豈止廣長榆而通大夏〔三〕；靈貺交集，珍符摠至，豈獨歌赤鴈而頌白麟！暢玄化於胥庭，均至和於寓縣。歷選列辟，盛德大業，未有如此之盛者也。是以三事大夫，洎于黄髮之叟，咸願延頸企踵，以觀大禮于升中。是宜訪制云亭，追蹤八九，以答玄貺，以徇群心，若却之而不顧，抑之而弗處，則何以塞神祇之望，慰夷、夏之心哉。伏請申命有司，草定儀注，擇吉日，登泰山〔四〕，昭厥成功，以光盛禮。臣等不勝大願。」詔答曰：「朕嘗乙夜觀書〔五〕，鑒前王之事迹多矣，若乃至聖同堯，大功超舜，底績類於伯禹，敷佑比於成湯，然後可以高蹈介丘，遐登日觀，告成功於上帝，祈景福于下民，歷萬代以流光，冠百王而擅美者也。其或功虧治定，德謝欽明，道未洽於黎甿，信未孚於寓縣，安可告成天地，展禮云亭？朕自纘丕圖，若涉淵水，方思日慎，以答天休。止期粗洽於小康，焉敢輒言于大禮？卿等忠於事主，善則稱君，誠雖可嘉，事則未暇，省覽數四，愧畏良深，所請宜不允。」

〔一〕古今盛禮，莫盛於登封介丘　指封禪泰山，在宋以前的政治文化當中，封禪泰山具有强化王朝統治權威性與合法化的特殊意義，史記封禪書即曰：「自古受命帝王，曷嘗不封禪？蓋有無其應而用事者矣，未有睹符瑞見而不臻乎泰山者也。」春秋繁露王道篇亦曰：君主應「郊天祀地，秩山川，以時至，封於泰山，禪於梁父」，以示受命於天。

〔二〕應運統天睿文英武大聖至明廣孝皇帝陛下　太宗於太平興國三年十月受尊號爲「應運統天聖明文武皇帝」，太平興國六年又受尊號「應運統天睿文英武大聖至明廣孝皇帝」。端拱二年則頒省尊號詔，宋大詔令集卷三記曰：「其自前所加尊號，宜從省去，今後四方所上表，只稱皇帝。」周必大文忠集卷一五三曰：「尊號始於開元，罷於元豐。」

〔三〕豈止廣長榆而通大夏　廣長榆，指拓邊開疆，水經注卷三河水曰：「其水東逕榆林塞，世又謂之榆林山，即漢書所謂『榆溪舊塞』者也。自溪西去，悉榆柳之藪矣。緣歷沙陵，屆龜茲縣西北，故謂『廣長榆』也。王恢云：『樹榆爲塞。』謂此矣。」史記衛將軍驃騎列傳：「遂西定河南地，按榆谿舊塞。」通大夏，指漢武帝遣張騫等通西域。

〔四〕擇吉日登泰山　宋會要輯稿禮二二之一曰：「太宗嗣位以來，年穀豐稔，方内乂安，而臣庶上疏獻頌請封禪者不可勝紀。」

〔五〕朕嘗乙夜觀書　宋大詔令集卷一一六典禮一封禪上收録此詔，題名宰相等表乞封太山答詔，文字與實録略同，「朕嘗乙夜觀書」作「朕常乙夜觀書」。又，宋大詔令集繫此詔於太平興國九年四月甲申，與實録繫於戊子不同。案：續資治通鑑長編卷二五雍熙元年四月戊子條亦曰：「戊子，群臣上表請封禪，表凡三上。」則太宗答詔必在群臣上表之後，不當在戊子（八日）前的甲申（四日），宋大詔令集顯誤，當以實録爲是。

19辛卯，群臣再上表曰：「臣琪等今月八日，拜章丹陛，瀝懇明庭，叙華夷億兆之心，述天地神祇之意，乞展告成之禮，聿修帝類之儀，庶耀玄功，式昭盛德。遽頒明詔，未允丹誠，中外顒顒，〔莫〕〔萬〕知所處，伏惟應運統天睿文英武大聖至明廣孝皇帝陛下，道侔覆載，明並照臨，追三五以同符，體陰陽之不測。而自紹開寶運，光啓鴻圖，親駕戎車，自秉武節，靈旗所指，并、汾摧破竹之威；文誥所施，東南無負海之固，此陛下武功震耀之力也。視朝之暇，靡倦觀書；聽政之餘，常聞論道。酌百王之步驟，盡得英華；考夏、商之質文，皆窮奥妙。淳化由是丕變，玄功以之孔昭，此陛下文德化成之功也。若乃萬機在念，常切宵衣；

一物疚懷，未嘗高枕。故得刑清訟息，俗阜民和。草木效祥，盡入朱絃之奏；羽毛薦瑞〔一〕，皆登清廟之歌。臣等歷觀自古受命封禪之君，交三神之歡，接千歲之統，未有如陛下之盛也。況道超軒昊，功冠古今，而尚闕登封之儀，猶稽肆覲之禮，臣等有所未諭也。伏願拾謙讓之小節〔二〕，思光大之遠圖。特詔禮官，申明大典，遂萬國侍祠之願，諧百靈望幸之心。俾耀寰區，以光簡册。」詔答曰：「朕恢纘丕圖，誕膺駿命，屬九服清宴，四時順成，祥瑞荐臻，災沴不作，斯蓋天地之垂祐，宗廟之降靈。至於庶政允釐，彝倫攸叙，則輔弼之力；戎夷畏服，疆埸底寧，則將帥之效。在于涼德，何能致是？而文武百辟，華夷衆心，繼瀝懇以同辭，願升中而展禮，雖歸功于上，足見忠誠，而涉道未深，殊增媿畏。再煩啓迪，徒切嘉稱，所請宜不允。」

〔一〕羽毛薦瑞　瑞即「符瑞」，董仲舒「天人感應」思想認爲，君主受命於天，要有專門的徵兆，即所謂「受命之符」，也稱作「符名」或「符瑞」。漢書卷五六董仲舒傳記董氏曰：「臣聞天之所大奉使之王者，必有非人力所能致而自至者，此受命之符也。天下之人同心歸之，若歸父母，故天瑞應誠而至。書曰『白魚入于王舟，有火復于王屋，流爲烏』，此蓋受命之符也。」春秋繁露符瑞篇亦曰：「有非力之所能致而自至者，西狩獲麟，受命之符是也。」王道篇則具體地説「下甘露，朱草生，醴泉出，風雨時，嘉禾興，鳳凰、麒麟遊於郊」都屬於「符瑞」。至白虎通，符瑞增加到了二十八種，宋書卷二七符瑞志更是將符瑞增至一百餘種。按封禪的傳統，只有在符瑞出現之後，君主方能舉行封禪大典。其實，大多符瑞都是普通的自然現象，官員人爲僞造的更是不在少數。新唐書卷一六八柳宗元傳記柳氏云：「董仲舒對三代受命之符，誠然，非耶？臣曰：『非也，何獨仲舒爾，司馬相如、劉向、揚雄、班彪、彪子固皆沿襲嗤嗤，推古瑞物以配受命，其言類淫巫瞽史，誑亂後代，不足以知聖人立極之本，顯至德，揚大功，甚失厥趣。』」司馬光傳家集卷六三貽劉道原書亦曰：「其符瑞等皆無用。」宋代朝廷的符瑞制度，宋會要輯稿瑞異一之八曰：「凡符瑞内外奏至，必宣示，宰相即時奏賀，大瑞，率群臣詣閤門拜表。」群書考索卷五七則引宏詞編記淳化元年宋炎曰：太宗「踐祚以來，郡國所獻，羽族之瑞三十七，蹄角之瑞三十六，草木之異、雲露之應不可勝紀。」

〔二〕伏願拾謙讓之小節　燕永成點校宋太宗實録卷二九校勘記〔四〕曰：「按文義，『拾』疑爲『捨』之誤。」甘肅人民出版社二〇〇五年版，第四一頁。

20癸巳，内外文武群臣三上表〔三〕曰：「臣琪等言：近者以昇平斯久，告謝猶稽，再陳率土之心，乞展泥金之禮。臣誠既竭，乃春未回，彌增深薄之憂，寧逭再三之瀆。臣琪等誠懇誠迫，頓首、頓首。伏惟應運統天睿文英武大聖至明廣孝皇帝陛下，慶演丹陵，道光赤水，勵清明而御俗，躬玄默以化人。武暢九垓，則華夷偃革；恩覃萬彙，則翔泳懷仁。頳莖玄甲之祥，昭宣緗史；文鉞碧砮之貢，洋溢槀街。去冬鄒、魯遺氓，班白舊老，掎裳連袂，萬衆一心，咸陳盛德之容，願覩升中之慶。而皇帝陛下，未回宸想，猶執謙尊。況今上瑞仍臻，休徵沓至，欽崇玄館，則湛露垂甘；堙塞洪河，則榮光順道。漢武之窮兵遠代，遽紀三山；世祖之乘運中興，仍修八陛〔二〕。功微大定，業謝時雍，豈若皇帝陛下今日之盛也？又安可久違玄貺，高謝鴻名，鬱宗社之耿光，略皇王之丕訓。伏覩采倪寬之往議〔三〕，詢梁松之舊言〔四〕。俾掌故奏儀，司歷練日，儼搢紳以戒路，肅羽衛于周廬。日觀儲精，俟（俟）蒼璧之禮；天孫寫望，迎黄屋之來。金泥玉檢以盡誠，六舞五声而節步。大備闕典，咸秩無文。驅彼黎元，躋于仁壽。垂統成化，億萬斯年。豈不盛哉！豈不偉哉！臣等本以微生，親承大化，儻獲侍和鑾而登降，（原闕）〔五〕。

〔一〕內外文武群臣三上表　續資治通鑑長編卷二五雍熙元年夏四月乙酉條記宋琪等請封禪三上表後，太宗接受，「詔以今年十一月有事於泰山」。宋大詔令集卷一一六典禮一封禪上宰相三上表答詔曰：「朕聞在昔帝王，虔膺命曆，罔不登封於岱嶽，降禪於云亭，所以昭大業於寰區，告成功於穹昊。遠則軒皇、舜后，禋燔之迹可尋；近則漢武、玄宗，銘記之文斯在。國家承百王之軌統，撫萬國之蒸民，屬唐、梁離亂之餘，接漢、晉衰微之後。四方文軌，尚未混同；萬里土疆，猶多僭僞。肆予小子，嗣守丕基。九域之中，既恢於禹迹；八紘之內，悉奉於周正。帝業於是會昌，人寰以之再造。加之俗無疵癘，歲有豐穰。蓋上帝之儲休，匪沖人之所及。方思日慎一日，安夫難安，粗答天休，敢言時邁。而宰衡庶尹，方岳大臣，蕃夷酋長之徒，耆艾緇黄之輩，共排閶闔，三貢表章，謂爲治定功成，可以繼三五之迹，升中肆覲，可以副億兆之心。其辭確然，無以遜避，且欲致孝以伸昭祀，祈福以庇蒼生。勉順群情，良深愧畏。朕以今年十一月二十一日有事于太山。咨爾執事之臣，暨于司禮之士，各揚其職，用副予懷。永惟對越上元，要在誠意，侈靡之飾，何所用焉？况仗衛素嚴，文物昭備，宜遵典故，勿致煩勞。諸路藩鎮，不得以修貢助祭爲名，輒有率斂。庶從簡儉，以洽靈心。凡爾臣僚，當體兹意。」宋會要輯稿禮二二之一所記與此略同。又，此表即爲百官表，朝野類要卷四百官表條曰：「百官詣殿拜表，皆宰相爲班首，繫銜總之云文武百寮，須云丞相臣某等。係禮部郎官行詞。」下文正曰：「臣琪等言。」

〔二〕漢武之窮兵遠代，遽紀三山；世祖之乘運中興，仍修八陛　漢武，指西漢武帝劉徹。元封元年四月，漢武帝封禪泰山。世祖，指東漢光武帝劉秀。中元元年二月，光武帝封禪泰山。又，「窮兵遠代」，燕永成點校宋太宗實録卷二九校勘記〔五〕曰：「按文義，疑『代』爲『伐』之誤。」甘肅人民出版社二〇〇五年版，第四一頁。

〔三〕倪寬之往議　漢武帝封禪泰山，倪寬在決議和禮儀方面都發揮了重要作用，漢書卷五八兒寬傳曰：「及議欲放古巡狩封禪之事，諸儒對者五十餘人，未能有所定。先是，司馬相如病死，有遺書，頌功德，言符瑞，足以封泰山。上奇其書，以問寬，寬對曰：『陛下躬發聖德，統楫群元，宗祀天地，薦禮百神，精神所鄉，徵兆必報，天地並應，符瑞昭明。其封泰山，禪梁父，昭姓考瑞，帝王之盛節也。然享薦之義，不著于經，以爲封禪告成，合祛於天地神祇，祇戒精專以接神明。總百官之職，各稱事宜而爲之節文。唯聖主所由，制定其當，非群臣之所能列。今將舉大事，優游數年，使群臣得人自盡，終莫能成。唯天子建中和之極，兼總條貫，金聲而玉振之，以順成天慶，垂萬世之基。』上然之，乃自制儀，采儒術以文焉。

既成，將用事，拜寬爲御史大夫，從東封泰山，還登明堂。」

〔四〕梁松之舊言　東漢光武帝封禪，禮儀多由梁松所定，後漢書卷三四梁統列傳附梁松傳曰：「松字伯孫，少爲郎，尚光武女舞陰長公主，再遷虎賁中郎將。松博通經書，明習故事，與諸儒修明堂、辟廱、郊祀、封禪禮儀，常與論議，寵幸莫比。」資治通鑑卷四四漢紀三六光武帝中元元年正月條曰：「上讀河圖會昌符曰：『赤劉之九，會命岱宗。』上感此文，乃詔虎賁中郎將梁松等按察河、雒讖文，言九世當封禪者凡三十六事。於是張純等復奏請封禪，上乃許焉。詔有司求元封故事，當用方石再累，玉檢、金泥。上以石功難就，欲因孝武故封石，置玉牒其中；梁松等爭以爲不可，乃命石工取完青石，無必五色。」

〔五〕宋會要輯稿禮二二之一記此下事有「十五日，命翰林學士承旨扈蒙、學士宋白、賈黄中、右散騎常侍徐鉉、兵部員外郎張洎、太常丞吕端、殿中丞韓琦同詳定封禪儀」、「十八日，以南作坊副使李神祐、北作坊副使劉承珪、通事舍人鄭偉、供奉官張文粲自京抵泰山，分成武、鄆州兩路，相度道路」。

21（原闕）事宋琪〔一〕爲封禪大禮使，翰林學士承旨扈蒙爲禮儀使，翰林學士宋白爲鹵簿使，賈黄中爲儀仗使〔二〕。

〔一〕事宋琪　宋琪官職時爲「門下侍郎、昭文館大學士、同平章事」，則「事」前所闕顯爲「同平章」。續資治通鑑長編卷二五雍熙元年四月庚子條曰：「以宰相宋琪爲封禪大禮使，翰林學士宋白爲鹵簿使，賈黄中爲儀仗使。宋琪等議所過備儀仗導駕，上曰：『朕此行蓋爲蒼生祈福，過自嚴飭，非朕意也。』乃詔惟告廟及至泰山下用儀仗，所過不須陳設。」則此事當在四月庚子。

〔二〕賈黄中爲儀仗使　宋會要輯稿禮二二之一作「賈黄中爲儀仗使，兼判橋道頓遞使事」。

22辛丑，以駕部員外郎劉蟠、監察御史索湘爲泰山路轉運使。太府卿馬峰卒。峰，太原人，仕劉繼元至右僕射致仕〔一〕。歸朝爲將作監，稍遷太府卿、分司西京。至是卒，年八十餘。詔輟視朝一日。峰善服食爲壽，康彊無疾，好持論，性鄙悋，無他可稱述焉。

〔一〕仕劉繼元至右僕射致仕　宋史卷四八二世家五作：「仕劉繼元至樞密使、右僕射致仕。」皇朝編年綱目備要卷三曰：「初，城中人猶欲固守，左僕射致仕馬峰以病卧家，舁入見北漢主，流涕以興亡諭之，遂納款。繼元妻，峰女也。」

23癸卯，以儀鸞副使康仁寶等部署丁匠七千五百人修宫壇於泰山〔一〕。

〔一〕以儀鸞副使康仁寶等部署丁匠七千五百人修宫壇於泰山　宋會要輯稿禮二二之一作：「儀鸞副使康仁寶、高品閻承翰、夏侯忠等六人，部丁匠七千五百，修宫壇，作石匱。」

24甲辰，布衣趙垂慶詣匭上書，言：「皇家當越五代，而上承唐統，爲金德〔一〕。若以梁上繼唐，傳後唐至國朝，亦合爲金德。矧自禪代已來，符瑞狎至。羽毛之類，色白者，不可勝紀，皆金德之應也。望改正朔，易車旗，服色，以承天統〔二〕。」事下尚書省，集百官定議。右散騎常侍徐鉉等奏議曰：「五運相承，國家大本，著于前載，具有明文。頃以唐末喪亂〔三〕，朱梁篡代，莊宗以早編屬籍〔四〕，繼立世功，親雪國讎，天下稱慶，即以梁比于浞、羿、王莽之徒〔五〕，不可以爲正統也。莊宗中興唐祚，重新土德。自後數姓相傳，晋以金，漢以水，周以木，天造皇宋，運膺火德〔六〕。況國初便祀火帝爲感生帝〔七〕，于今二十五年矣。而又圜丘展禮，已經六祭，自是日盛一日，年穀豐登，干戈偃戢，必若聖統，未合天心，焉有太平得如今日！此皆上玄降祐，清廟垂休，致成恢一統之運也〔八〕。豈可輒因獻議，便從改易，恐違眷命，深所未安。」又云：「梁至周，不合迭居五運，欲我朝上繼唐統，宜爲金德。且後唐以下，奄宅中區，合該正統，今便廢絶，禮實無謂。且五代運遷〔九〕，皆親承授，質文相次，間不容髮，豈可越數姓之上，繼百年之運，此不可之甚也。按唐書天寶九載，崔昌獻議自魏、晋至周、隋，皆不得爲正統，欲唐遠繼漢統，立周、漢子孫爲王者後，備三恪之禮。當時朝議，是非相半。集賢學士衛包挾同李林甫，遂行其事。至十二載，林甫卒後，復以魏、周、隋之後，依舊爲三恪，崔昌、衛包並皆遠貶。此又前載之甚明也。況今國家封禪有日，宜從定制，上答玄休，伏乞聖宋，永爲火德。」從之。

〔一〕金德　金、木、水、火、土，合稱爲「五行」。視五行爲宇宙間五種基本的元素，並以五行的消長來解釋人間王朝的興衰更迭，就是古代政治文化中著名的「五德終始説」。是説，遠溯先秦鄒衍等陰陽五行學説，至西漢董仲舒發展成熟，長期是古代王朝統治合法性的重要依據之一。其思想模式爲「天人合一」、「天人感應」，如周易繫辭上傳曰：「是故天生神物，聖人則之；天地變化，聖人效之。天垂象，見吉凶，聖人象之。河出圖，洛出書，聖人則之。」吕氏春秋應同篇曰：「凡帝王者之將興也，天必先見祥乎下民。黄帝之時，天先見大螾大螻，黄帝曰：『土氣勝！』土氣勝，故其色尚黄，其事則土。及禹之時，天先見草木，秋冬不殺，禹曰：『木氣勝！』木氣勝，故其色尚青，其事則木。及湯之時，天先見金刃生於水，湯曰：『金氣勝！』金氣勝，故其色尚白，其事則金。及文王之時，天先見火，赤烏銜丹書，集于周社。文王曰：『火氣勝！』火氣勝，故其色尚赤，其事則火。代火者，必將水，天且先見水氣勝。水氣勝，故其色尚黑，其事則水。」五德終始説雖然賦予君權神授的光環，但同時也視王朝的更迭爲新陳代謝的常態，所謂「易姓受命」改朝换代，如漢書卷七五睦孟傳引董仲舒語曰：「雖有繼體守文之君，不害聖人之受命。」同書卷三六楚元王傳亦曰：「王者必通三統，明天命所授者博，非獨一姓也。」極端化和通俗化的表述則是「皇帝輪流做，明年到我家」。在五德終始的文化氛圍之下，萬世一系式的君權永保被視爲不可接受的逆天行事，如後漢書卷一三隗囂公孫述列傳即抨擊秦始皇和王莽曰：「昔秦始皇毁壞謚法，以一、二數，欲至萬世；而莽下三萬六千歲之歷，言身當盡此度。循亡秦之軌，推無窮之數。是其逆天之大罪也。」

〔二〕改正朔，易車旗，服色，以承天統　春秋繁露三代改制質文篇曰：「王者必受命而後王。王者必改正朔，易服色，制禮樂，一統於天下，所以明易姓，非繼人，通以己受之於天也。」

〔三〕頃以唐末喪亂　續資治通鑑長編卷二五雍熙元年四月甲辰條作「頃者，唐末喪亂」。

〔四〕莊宗以早編屬籍　後唐莊宗李存勖之祖父朱邪赤心，「咸通中，討龐勳有功，入爲金吾上將軍，賜姓李氏，名國昌，仍係鄭王房」，事見舊五代史卷二五唐書一武皇紀上。故其滅後梁後即以少康、劉秀中興自居，舊五代史卷三〇莊宗紀四記其詔曰：「仗順討逆，少康所以誅有窮；纘業承基，光武所以滅新莽。咸以中興景命，再造王猷，經綸於草昧之中，式遏於亂略之際。朕以欽承大寶，顯荷鴻休，雖繼前修，固慚涼德，誓平元惡，期復本朝，屬四海之阽危，允萬邦之推戴。近者親提組練，徑掃氛祅，振已墜之皇綱，殄偷安之寇孽。國讎方雪，帝道爰開，拯編甿覆溺之艱，救率土倒懸之苦。」

〔五〕即以梁比于泚羿王莽之徒　續資治通鑑長編卷二五雍熙元年四月甲辰條作「即比梁於羿、浞、王莽之徒」。羿，即后羿；浞，即寒浞，史記卷二夏本紀索隱引左傳魏莊子曰：「昔有夏之衰也，后羿自鉏遷于窮石，因夏人而代夏政。恃其射也，不修人事，而信用伯明氏之讒子寒浞。浞殺羿。」王莽，西漢外戚，後廢劉自立，建立新朝。后羿、寒浞、王莽，在古代長期被視爲姦邪篡權的代表人物。

〔六〕晉以金，漢以水，周以木，天造皇宋，運膺火德　這是用五德終始中「五德相生」的模式，即「比相生」，春秋繁露五行對篇曰：「天有五行，木、火、土、金、水是也。木生火，火生土，土生金，金生水。水爲冬，金爲秋，土爲季夏，火爲夏，木爲春。春主生，夏主長，季夏主養，秋主收，冬主藏。藏，冬之所成也。是故父之所生，其子長之；父之所長，其子養之；父之所養，其子成之。」還有一種模式則是「五德相勝」，即「間相勝」，春秋繁露五行相勝篇曰：「夫木者，農也。農者，民也。不順如叛，則命司徒誅其率正矣。故曰金勝木。」「金者，司徒，司徒弱，不能使士衆，則司馬誅之，故曰火勝金。」「夫土者，君之官也，君大奢侈，過度失禮，民叛矣。其民叛，其君窮矣。故曰木勝土。」北宋開國，定爲火德，宋會要輯稿運曆一之一曰：「太祖建隆元年三月，有司上言：『國家受禪於周，周木德，木生火，合以火德王，其色尚赤，仍請以戌日爲臘。』從之。」

〔七〕況國初便祀火帝爲感生帝　宋史卷一〇〇禮三曰：「感生帝，即五帝之一也。帝王之興，必感其一。北齊、隋、唐皆祀之，而隋、唐以祖考升配，宋因其制。乾德元年，太常博士聶崇義言：『皇帝以火德上承正統，請奉赤帝爲感生帝。每歲正月，别壇而祭，以符火德。』事下尚書省集議，請如崇義奏。乃酌隋制，爲壇于南郊，高七尺，廣四丈，日用上辛，配以宣祖。」

〔八〕致成恢一統之運也　續資治通鑑長編卷二五雍熙元年四月甲辰條作「致成恢復一統之運也」，實録此處顯漏一「復」字。

〔九〕五代運遷　續資治通鑑長編卷二五雍熙元年四月甲辰條作「五運代遷」，燕永成點校宋太宗實録卷二九校勘記〔八〕曰：「『運代』原倒作『代運』，據長編卷二五乙正。又，歷代名臣奏議卷二八〇律曆作『五運迭遷』，亦可佐證。」甘肅人民出版社二〇〇五年版，第四一頁。

25丙午，以坊州刺史馮鐸、澤州刺史齊超，分巡黄河堤堰。

26戊申，以侍御史張昉本官知雜事，從憲臺之舉也。

書寫人：楊思恭　初對：班紹宗　覆對：霍良弼

太宗皇帝實録卷第三十 起太平興國九年五月，盡七月。

1 五月庚戌朔，上御乾元殿受朝賀。

2 辛亥〔一〕，車駕出南薰門，觀稼，召從官列坐於田中，令民刈麥，咸賜以錢帛。回，幸玉津園〔二〕，觀魚、張樂、習射。久之，宴飲，極歡而罷〔三〕。

〔一〕辛亥　續資治通鑑長編卷二五雍熙元年五月丁亥條作「五月丁亥」，與實録不同。案：宋史卷四太宗一作「辛亥」，玉海卷七七太平興國南薰門觀稼條亦曰：「太平興國九年五月二日辛亥，車駕出南薰門觀稼，召從臣列坐田中，令民刈麥，咸賜以錢帛。」當是續資治通鑑長編誤。任生太宗皇帝實録讀後記亦曰：「長編作丁亥。案是月無丁亥，長編誤，宋史本紀作辛亥是。」載責善半月刊第一卷第四期，一九四〇年五月。

〔二〕回幸玉津園　玉津園，始建於後周，北宋開封四大皇家御用園林之一，與瓊林苑、宜春苑、玉津園合稱「四園苑」。宋會要輯稿方域三之一〇曰：「玉津園在南薰門外，夾道爲兩園，中引閔河水別流貫之，周顯德中置，宋朝因之，以三班及内侍監領，軍校兵隸及主典，凡二百六十六人。歲時節物，進供入内，仲夏駕幸觀獲麥，錫從臣宴飲，及賞賚園官、嗇夫有差。又進麥穗三百秉、麥十斛、麵百囊，命分賜中外。凡契丹朝貢使至，皆就園賜射宴。又掌秦象，及種秫象菱芻，蓺藍漚淀，各有歲課。凡皇城南諸園池入官者，皆屬焉。」玉津園經後周、北宋兩代經營，規模宏大，水源便利，園苑兼有耕桑，還飼養有大象等多種珍禽異獸。穆修穆參軍集卷上城南五題玉津園詩記其景致云：「君王未到玉津遊，萬樹紅芳相倚愁。金鎖不開春寂寂，落花飛出粉牆頭。」蘇軾詩集卷三六古今體詩六十五首玉津園詩亦曰：「承平苑囿雜耕桑，六聖勤民計慮長。碧水東流還舊派，紫壇南峙表連岡。不逢遲日鶯花亂，空想疏林雪月光。千畝何時躬帝藉，斜陽寂歷鎖雲莊。」

〔三〕宴飲，極歡而罷　續資治通鑑長編卷二五雍熙元年五月丁亥條下有：太宗「謂近臣曰：『朕觀五代以來帝王，始則儉勤，終乃忘其艱難，恣爲逸豫，不恤士衆，妄生猜忌，覆亡之速，皆自貽也。在人上者，當以爲戒。』」羅從彦豫章文集卷三遵堯録二太宗亦曰：「雍熙元年夏五月，太宗幸城南，因謂近臣曰：『朕觀五代以來帝王，其始莫不勤儉，終則忘其艱難，恣於逸樂，不恤士衆，自生猜貳，覆亡之禍，皆自貽也。在人上者，豈得不以爲戒！』」

3 壬子，西州回鶻〔一〕與波斯外道來朝貢。西州婆羅門僧〔二〕永世自云：「本國名利得，國王姓牙羅五得，名阿喏你縛，衣黄衣，冠金冠，以七寶飾之。每出，乘肩輿，或乘象、馬，以音樂鑼鈸前導。多游佛寺，博施貧乏。妃摩訶你尾，衣大袖縷金紅衣，歲一出，多振施。人有冤抑，俟王及妃出，即隨之伸訴。置宰相四員，國中庶務、庫藏，皆宰相裁制之。五穀、六畜、果實與中國無異，市易用銅錢，其錢有文縵，大如中國所用者，但無穿耳〔三〕。東至大食國〔四〕六月程，又東至西州二月程，又東至夏州三月程。」波斯外道阿里標〔五〕自云：「本國王號黑衣王子〔六〕，姓張，名膃里没似〔七〕。衣錦綵衣，好乘馬游獵，每出二月，至三日即還。委大臣九人，同理國事。男子以白氎布爲衣，婦人豪富者衣錦綺，貧下者止服絹布。種陸田，無稻秫，土産絲、蠶、羊、馬、果實。無錢貨，以雜物相貿易。東至婆羅門〔八〕六月程，又東至大食國六月程，又東至夏州二月程。」〔九〕

〔一〕西州回鶻　西州，即高昌，今新疆吐魯番東。西州回鶻，爲回鶻族在唐末五代建立的一個地方政權，亦稱高昌回鶻、北庭回鶻、和州回鶻、阿薩蘭回鶻等，宋代史書中通常簡稱高昌。其統治區域大致東抵哈密、西至庫車、南達于闐、北越天山，首府即爲高昌。國王稱阿薩蘭汗，意爲獅子王，後改稱亦都護。回鶻曾多次同唐朝和親，因而與唐、宋中原王朝關係比較密切，其國王稱唐、宋皇帝爲舅，自稱外甥。北宋開國後，西州回鶻多次遣使朝貢，玉海卷一五四建隆高昌貢方物條曰：「高昌，漢車師前王庭，戊己校尉地。唐爲西州，後復爲國。或云高敞，亦曰回鶻。建隆三年四月庚子，西州回鶻阿督等四十二人貢方物。乾德三年十一月，可汗貢佛牙、瑠璃器、玉盞、虎珀盞。興國六年三月，稱西州師子王來貢；八年，與占城偕入貢。景德元年六月，貢良玉、名馬。其國用開元曆，有書樓，藏太宗、明皇御札。」太宗太平興國六年，派供奉官王延德、殿前承旨白勳出使西州回鶻，九年四月與其使者百餘人還，並詳細向太宗彙報了當地的情況，續資治通鑑長編卷二五太平興國九年四月甲辰條記載：「初發京師，越明年，四月乃至高昌國。師子王避暑於北庭，以其舅阿多于越守國，先遣人致意於延德曰：『我王舅也，使者拜我乎？』延德對曰：『持朝命而來，雖見王亦不當拜。』阿多于越復數日乃相見，然其禮頗恭。師子王邀延德至北庭，歷交河州，上金嶺，凡十四日乃至。師子王又先遣人致意，當擇日以見使者，願無訝其淹久。至七日，乃見，王及王子、侍者，皆東向拜，受賜，旁有持磬者擊以節拜，王聞磬乃拜。既而王之兒女親屬皆出，羅拜受賜。遂張樂宴飲，爲優戲。又連日與延德泛舟，遊佛寺。高昌猶用開元七年曆，以三月九日爲寒食，二社、冬至亦然。佛寺多唐時所建，額及經藏亦唐所賜。七月，令延德先還，國王九月乃還。時有契丹使者來，謂師子王曰：『聞漢遣使達靼而道出王境，誘王窺邊，宜早送至達靼，無使久留。』因言：『漢使來覘王封域，將有異圖，王當察之。』延德知其語，因謂王曰：『犬戎素不順中國，今乃反間，我欲殺之。』王固勸乃止。延德初自夏州歷王庭鎮、黄羊平，所過蕃部，皆以詔書賜其君長襲衣、金帶、繒帛，其君長各遣使謝恩。又明年，延德與其使凡百餘人，復循舊路而還，於是至京師。延德初至達靼境，頗見晋末陷虜者之子孫，咸相率遮迎，獻飲食，問其鄉里親戚，意甚悽感，留旬日不得去。」宋史卷四九〇外國六記載得更爲詳細，如曰：「高昌即西州也。其地南距于闐，西南距大食、波斯，西距西天步路涉、雪山、葱嶺，皆數千里。地無雨雪而極熱，每盛暑，居人皆穿地爲穴以處。飛鳥群萃河濱，或起飛，即爲日氣所爍，墜而傷翼。屋室覆以白堊，雨及五寸，即廬舍多壞。有水，源出金嶺，導之周圍國城，以溉田園，作水磑。地産五穀，惟無蕎麥。貴人食馬，餘食羊及鳧鴈。樂多琵琶、箜篌。出貂鼠、白氎、繡文花蕊布。俗好騎射。婦人戴油帽，謂之蘇幕遮。」

〔二〕婆羅門僧　佛教興盛前印度地區流行婆羅門教，其教旨主張通過種種苦修來消除自己的罪業，以期死後能夠生於梵天之上，也稱「梵志」。

〔三〕市易用銅錢，其錢有文縵，大如中國所用者，但無穿耳　宋會要輯稿蕃夷四之八九曰：「市易用銅錢，有文漫、圓徑，如中國之制，但實其中心，不穿貫耳。」

〔四〕大食國　宋代史書上的大食國，指阿拉伯阿拔斯王朝，通稱黑衣大食。唐、宋中國與阿拉伯之間交往頻繁，宋人對阿拉伯的風土人情有相當了解，但也雜有許多傳聞，如宋史卷四九〇外國六即曰：「大食國本波斯之别種。隋大業中，波斯有桀黠者探穴得文石，以爲瑞，乃糾合其衆，剽略資貨，聚徒浸盛，遂自立爲王，據有波斯國之西境。唐永徽以後，屢來朝貢。其王盆泥末換之前謂之白衣大食，阿蒲羅拔之後謂之黑衣大食。」

〔五〕波斯外道阿里嘌　宋會要輯稿蕃夷四之八九、文獻通考卷三三八皆作「波斯外道阿里煙」，宋史卷四九〇外國六則作「阿里烟」。中國史書上的波斯，大致指今天伊朗、阿富汗等地區，唐末宋初，當地由伊斯蘭教的薩曼王朝（八七四—九九九）統治。宋人對波斯的了解多爲傳聞，如諸蕃志卷上波斯國曰：「波斯國，在西南海上，其人肌理甚黑，鬢髮皆虯，以青花布纏身，以兩金串鈐手。無城郭。其王早朝以虎皮蒙杌疊足坐，群下膜拜而退。出則乘軟兜或騎象，從者百餘人，執劍呵護。食餅、肉、飯，盛以甆器，掬而啗之。」楊博文注釋（一〇）曰此波斯乃南海之波斯當在今蘇門答臘島之東北岸。外道，佛教術語，指佛教之外在西州回鶻傳播的宗教信仰。波斯外道，或即摩尼教，宋史卷四九〇外國六曰：西州回鶻「復有摩尼寺，波斯僧各持其法，佛經所謂外道者也。」

〔六〕本國王號黑衣王子　薩曼王朝名義上尊奉大食帝國阿拔斯王朝（即黑衣大食）的哈里發，實際上獨立自主，其王號稱「異密」（Amir）。

〔七〕姓張名腽里没似　太宗時薩曼王朝在位的統治者爲努哈・曼蘇爾（九七六—九九七在位）。宋會要輯稿蕃夷四之八九曰：「阿里煙自云：『本國王號黑衣，姓張，名哩里没。』」

〔八〕婆羅門　宋代史書中對今天印度地區的稱呼之一，宋史卷四九〇外國六曰：「天竺國舊名身毒，亦曰摩伽陀，復曰婆羅門。」本義爲古代印度地區婆羅門、刹帝利、吠舍、首陀羅種姓制度中的第一等級，屬掌握神權的祭司、僧侶貴族。

〔九〕宋會要輯稿蕃夷四之九〇：「永世、阿里煙，太平興國九年與西州回鶻同來。」同書蕃夷四之一二亦曰：「太平興國九年五月，西州回鶻與波（婆）羅門及波斯外道阿里煙朝貢，錫賚有差，館於禮賓院。西州進奉使易難具道本國主稱號、服飾、習尚、風俗、城邑、道里，一如龜兹國。其婆羅僧號永世，亦具道本國事。」則此次至開封者除永世、阿里煙之外，還有西州回鶻的使者易難，實録失載。

4 癸丑，以西京作坊使、順州刺史李克文〔一〕起復〔二〕雲麾將軍、麟州防禦使，依舊知夏州事。詔銀州、宥州復隸夏州〔三〕。

〔一〕李克文　李繼捧從叔，宋史卷四八五外國一誤作李繼捧之弟。李克文在黨項李氏貴族當中首先倡議納土内遷，歸順宋廷。故宋太宗在李繼捧等入朝後，仍命李克文權知夏州作爲過渡，但實權掌握在同知夏州事尹憲和銀、夏、綏、麟、府、豐、宥州都巡檢使曹光實手中。續資治通鑑長編卷二三太平興國七年五月辛丑條曰：「綏州刺史、西京作坊使李克文，繼捧之從父也，表言繼捧不當承襲，請遣使與偕至夏州諭繼捧令入朝。辛丑，以克文權知夏州，作坊副使尹憲同知州事。」

〔二〕起復　朝野類要卷三起復條釋曰：「已解官持服而朝廷特再擢用者，名曰起復。繫此二字，或已年及致仕，或在降責中，朝廷再擢用之謂也。」

〔三〕詔銀州、宥州復隸夏州　黨項李氏從唐末五代開始世襲定難軍節度使，而夏州爲定難軍節度使駐節之首州，銀、綏、宥、静四州皆隸屬於夏州，爲定難軍節度使管轄的「支郡」。宋太祖、太宗爲削弱各節度使的勢力，根除唐代藩鎮割據的局面，令藩鎮下轄支郡皆直屬於中央，續資治通鑑長編卷一八太平興國二年八月戊辰條曰：「始，唐及五代節鎮皆有支郡。太祖平湖南，始令潭、朗等州直屬京，長吏得自奏事。」「戊辰，上納瀚言，詔邠、寧、涇、原、鄜、坊、延、丹、陜、虢、襄、均、房、復、鄧、唐、澶、濮、宋、亳、鄆、濟、滄、德、曹、單、青、淄、兖、沂、貝、冀、滑、衛、鎮、深、趙、定、祁等州並直屬京，天下節鎮無復領支郡者矣。」李繼捧入朝，太宗遂令銀、宥等州脱離夏州直屬中央，但在李繼遷以復舊地爲號召起事反宋後，太宗此時復令銀、宥等歸夏州，是必要的政治姿態。

5 戊午，詔曰：「國家欽恤刑章，重惜人命，豈容酷吏，恣爲深文？掠治無辜，致其殞絶〔一〕，損傷和氣，莫甚於斯！鳳翔司理參軍楊鄴、許州司理參軍張睿〔二〕，並掠囚至死〔三〕，已從私罪決遣訖。今後犯者，並以私罪罪之。」先是，鄴、睿各無辜考掠人至死，法寺定爲公罪〔四〕，上怒，故有是詔〔五〕。

〔一〕致其殞絶　宋大詔令集卷二〇〇政事五三刑法上收録此詔，題名司理掠囚致死以私罪待之詔，文字與實録略同，「致其殞絶」則作「致其殞殺」。

〔二〕鳳翔司理參軍楊鄴、許州司理參軍張睿　宋大詔令集作「鳳翔司理參軍楊燕、鄭州司理參軍張睿」。然文獻通考卷一七〇亦作「鳳翔司理楊鄴、許州司理張睿」，與實録同。

〔三〕並掠囚至死　文獻通考卷一七〇詳記曰：「鳳翔司理楊鄴、許州司理張睿，並坐掠治平人及亡命卒致死。」

〔四〕公罪　亦稱公過。唐、宋公罪和私罪的區别比較嚴格，公罪是指在處理公務時，由於見解不同、辦事不力、失誤或者差錯所犯的過錯，而不是由於辦私事而犯罪。私罪正好相反，做的事與公事無關，只是爲了謀私利，或者打着辦公事的旗號辦私事，在這過程中所犯的罪叫作私罪。公罪和私罪皆只適用於官吏，在處理時公罪從輕，以免打擊官吏工作的積極性，提高辦事效率。私罪從重，這樣可以預防官吏濫用職權，以權謀私。唐律疏議卷二曰：「私罪，謂不緣公事，私自犯者；雖緣公事，意涉阿曲，亦同私罪」、「公罪，謂緣公事致罪，而無私曲者」、「私曲相須，公事與奪，情無私曲，雖違法式，是爲公坐。各加一年當者：五品以上，一官當徒三年；九品以上，一官當徒二年。」宋人對公罪、私罪的典型看法，如晁氏客語引范仲淹語曰：「作官公罪不可無，私罪不可有。」夢溪筆談卷二五雜誌二記宋代公、私罪的一件趣事云：「福建劇賊廖恩，聚徒千餘人，剽掠市邑，殺害將吏，江、浙爲之騷然。後經赦宥，乃率其徒首降，朝廷補恩右班殿直，赴三班院候差遣。時坐恩黜免者數十人，一時在銓班叙録，其脚色皆理私罪或公罪，獨恩脚色稱出身以來，並無公私過犯。」

〔五〕故有是詔　文獻通考卷一七〇亦記是詔：「詔曰：『法寺以鄴等本非用情，宜從公過議法。刑部以其擅行掠治，合以私罪定刑。雖所執不同，亦未爲乖當。國家方重惜人命，欽恤刑章，豈忍無辜之人，死於酷吏之手？宜如刑部之議。自今諸道敢有擅掠囚致死者，悉以私罪論。』」詞語與實録多有不同。

6甲子，以左神武大將軍吴元輔〔一〕領平州刺史，以監察御史宋璫爲陝西轉運使〔二〕。

〔一〕吴元輔　北宋開國樞密使吴廷祚長子，宋史卷二五七本傳不言其曾領平州刺史。

〔二〕轉運使　宋太祖乾德年間置，總攬一路財政事務，宋太宗時又司對地方官員的監察。宋大事記講義卷四曰：「開寶九年十一月，令轉運以三科察舉，分上、中、下三科，歲終以聞，政績尤異爲上。轉運置于乾德，本以總利權耳，而兼糾察官吏，自此始。厥後有判官，有副使，又有提點刑獄，皆所以糾察官吏，此漢部〔刺〕史職也。漢部刺史十三州，以六條問事，其五條皆及二千石，考其秩則六〔百〕石耳。秩卑則其人自奮，權重則其志得行，至於綏和更之爲牧成帝，秩二千石，其法隳矣。本朝之監司，以臺省寺監爲之，雖宰臣、侍從爲帥，亦許彈劾，此我宋三百餘年無藩鎮之患者，蓋以此也。信矣，監司之職，其一道守令之觀望歟？故監司志于舉廉，則留櫝還珠，郡有賢太守矣。馴雉鳴琴，邑有賢令尹矣。監司志于律貪，則望風解印，自甘遁迹者矣。故人私恩，難庇二天者矣。此我太宗時重轉運，以察官吏者，所以不輕于用人也。」

7乙丑，詔曰：「司理參軍〔一〕，專於推鞫，研覈情實，尤在得人。如聞諸道，多闕此官，蓋吏部拘以資叙，難爲注擬。自今應有闕處，宜令本州於見任、前任簿尉判司内〔二〕，選擇明敏有官業者充。秩滿當與陞奬，其罷軟不任職者，便可選官代之。」先是，諸處多闕此官，而吏部以資叙相妨，難於注擬。上以庶獄爲重，不可暫闕，故委本部選擇焉。

〔一〕司理參軍　簡稱司理，全稱爲司理參軍事，爲州府負責刑獄的幕職官。二程集河南程氏遺書卷一八：「問：『授司理，如何？」曰：「甚善。若能充其職，可使一郡無冤民也。」

〔二〕宜令本州於見任、前任簿尉判司内　宋大詔令集卷一六〇政事一三官制一收録此詔，題名司理闕令本州於見任簿尉判司内選充詔，無「前任」二字，疑漏。又，續資治通鑑長編卷二五雍熙元年八月癸巳條記田錫上疏曰：「有如前年敕下，令鄰近州府互差司理判官；至今年敕下，却令本州仍舊差置。」並以之作爲論據之一，批評太宗「朝令夕改」。

8庚午，以東上閤門使田仁朗判四方館事。

9辛未，以左拾遺、直史館宋準守本官知制誥。

10壬申，歸州刺史高繼元卒。繼元字若虚，中書令、南平王保融之第二子也〔一〕。保融承祖、父業，據有荊南，事具五代史〔二〕。及保融卒，弟保勖立〔三〕；保勖卒，保融子繼沖立。建隆四年，朗州周保權以部内將衡州刺史張文表叛，求救於朝。太祖遣山南東道節度使慕容釗〔四〕帥師援之，假道於荊南，繼沖不敢拒之。師既入城，繼沖乃舉其地内〔屬〕（有）而入覲焉。繼元，即繼沖弟也。繼沖卒後，授繼元歸州刺史。上親征太原，命繼元京師巡檢。車駕還京，以繼元爲河陰兵馬都監。至是卒，年三十一。

〔一〕歸州刺史高繼元卒。繼元字若虚，中書令、南平王保融之第二子也　高繼元，宋史卷四八三世家六荊南高氏高保融傳則作高繼充，其文曰：「高保融子繼沖、繼充，繼充至歸州刺史。」案：續資治通鑑長編卷一建隆元年八月甲午條曰：

「荆南節度使、守太傅、兼中書令南平貞懿王高保融寢疾，以其子繼元幼弱，未堪承嗣，命其弟行軍司馬保勖總判内外軍馬事。」與實録同，當以實録爲是。或謂高保融無子，高繼沖等皆其兄之子，如東都事略卷二四高繼沖傳曰：「保融，漢乾祐五年襲封南平王，卒謚曰正懿，無子。建隆元年，其弟保勖嗣立，太祖即授以節度使。……四年卒，子繼沖襲位。」隆平集卷一二亦曰：「保融漢乾祐五年襲封平王，卒謚正懿，無子。建隆元年，其弟保勖嗣立」、「建隆四年保勖卒，子繼沖正月襲位。」然新五代史卷六九南平世家曰：「保融之子繼沖立。」宋史卷四八三世家六荆南高氏高保融傳曰：「保融性迂闊淹緩，御兵治民，一時術略政事，悉委於母弟保勖焉。子繼沖、繼充，繼充至歸州刺史。」續資治通鑑長編卷一建隆元年八月甲午條曰：「荆南節度使、守太傅、兼中書令南平貞懿王高保融寢疾，以其子繼元幼弱，未堪承嗣，命其弟行軍司馬保勖總判内外軍馬事。」卷三建隆三年十一月甲戌條亦曰：「荆南節度使高保勖寢疾，召牙内都指揮使長安梁延嗣謂曰：『我疾遂不起，兄弟孰可付之後事者？』延嗣曰：『公不念正懿王乎？先王舍其子繼沖，以軍府付公，今繼沖長矣。』保勖曰：『子言是也。』即以繼沖權判内外軍馬事。」則繼沖、繼元皆高保融之子無疑。又，廿二史劄記卷二四宋初降王子弟布滿中外條有云：「角力而滅其國，角材而臣其人，未有不猜防疑忌而至於殺戮者，獨宋初不然。」「統計諸降王及諸降臣，無一不保全者。此等僭僞竊據之徒，歸降本非素志，況新造之邦，民志未定，國勢易摇，豈能一無顧慮，乃其主皆賜第京師，居肘腋之地，其子弟臣僚又皆分職州郡，掌兵民之權，而廟堂之上不聞操切猜防，入仕新朝者亦帖然各效其勤，無反側不靖之意。於此見宋太祖、太宗并包天下之大度，震服一世之神威，非詐力從事者所可及也。後之論者，往往謂宋開國之初即失於弱，豈知不恃詐力以爲强者，其强更甚也哉。」具體到荆南，趙氏曰：「高繼沖納土，但令王仁贍知軍府事，而仍令繼沖鎮其地。迨繼沖入朝，改授武寧軍節度使、徐宿觀察使，鎮彭門，凡十年。其叔高保衡歷知宿、懷、同、汝四州及光化軍。其臣孫光憲亦官黄州刺史，梁延嗣亦官復州防禦使。」高繼元爲京師巡檢、歸州刺史等職，當亦爲一例。

〔二〕保融承祖、父業，據有荆南，事具五代史　高保融祖高季興，父高從誨，其事迹見舊五代史卷一三三世襲列傳第二。

〔三〕弟保勗立　舊五代史卷一三三世襲列傳曰：「保勗，季興之幼子也。鍾愛尤甚，季興在世時，或因事盛怒，左右不敢竊視，唯保勗一見，季興則怒自解，故荆人目之爲『萬事休』。皇朝建隆四年春卒。是歲，荆門之地不爲高氏所有，則『萬事休』之言，蓋先兆也。」

〔四〕慕容釗　顯爲慕容延釗之誤，慕容延釗是後周、宋初禁軍資深將領之一，早在後周時即與宋太祖相交莫逆，北宋開國伊始，接替宋太祖出任殿前都點檢這一高級軍職。乾德元年宋軍伐湖南，慕容延釗以山南東道節度使、兼侍中爲湖南道行營都部署，出任宋軍主帥。續資治通鑑長編卷四乾德元年二月丙戌條曰：「時慕容延釗被病，詔令肩輿即戎事。」又同卷閏十二月乙卯條曰：「上雅與延釗友善，常兄事之，及即位，猶呼爲兄。延釗寢疾，上自封藥以賜，聞其卒，哭之慟。禮官言：『爲近臣發哀，哭聲宜有常。』上曰：『吾不知哀之所從出也。』」贈中書令、河南郡王。

11丙子，以判四方館事田仁朗自京至泰山，督治道之役。

12丁丑，乾元、文明二正殿災。是日既夕，陰雲四合，風雷暴作。夜漏初上，澍雨如傾，雷電震激，火發自月華門，抱關者不之覺。延燒漸北，煙焰上出。上遣小黄門開關視，火勢已盛，亟命宿衛數百人，毁回廊連屋。比明，役士皆至，併力救之，至辰巳乃息。

13己卯，以柳州團練使田欽祚爲郢州團練使。知夏州〔一〕、著作佐郎杜凝除籍爲民，以其知道州日居喪聽樂，爲人所訴故也。

〔一〕知夏州　疑實録誤，據宋史卷二七六尹憲傳和續資治通鑑長編時知夏州者當爲尹憲。

14六月壬午，以鹽鐵判官、虞部郎中樊若水爲荆湖轉運使。封故燕國長公主〔一〕次女高氏爲延昌縣主〔二〕。

〔一〕燕國長公主　宋太祖同母妹，宋史卷二四八公主曰：「秦國大長公主，太祖同母妹也。初適米福德，福德卒。太祖即位，建隆元年，封燕國長公主，再適忠武軍節度使高懷德，賜第興寧坊。開寶六年十月薨，太祖臨哭，廢朝五日，賜謚恭懿。真宗追封大長公主。元符三年，改秦國。」又，涑水記聞卷一曰：「周恭帝幼沖，軍政多決於韓通，通愚愎，太祖英武有度量，多智略，屢立戰功，由是將士皆愛服歸心焉。及將北征，京師間諠言：『出軍之日，當立點檢爲天子。』富室或挈家逃匿於外州，獨宮中不之知。太祖聞之懼，密以告家人曰：『外間詾詾如此，將若之何？』太祖姊或云即魏國長公主，面如鐵色，方在廚，引死麵杖逐太祖擊之，曰：『大丈夫臨大事，可否當自決胸懷，乃來家間恐怖婦女何爲耶！』太祖默然而出。」鐵圍山叢談卷一記北宋公主封號之制爲：「國朝帝女封號，皆沿習漢、唐。初封則有美號稱『公主』，出降則封『某國公主』，兄弟又封『某國長公主』，姑又封『某國大長公主』，祖姑則封『兩國大長公主』；而皇族則稱『某郡主』、『某縣主』」。

〔二〕次女高氏爲延昌縣主　高懷德女，按前引鐵圍山叢談卷一所記宋代制度，惟「皇族則稱某郡主、某縣主」，故澠水燕談録卷五官制有曰：「故事：親王女皆封郡、縣主。趙普以元勳，諸女封郡主；高懷德二女，特封縣主。當時禮官不言其失，諫官不言其非，此典禮之誤也。」又，容齋三筆卷一四夫人宗女請受條言郡縣主月俸頗厚，「戚里宗婦封郡國夫人，宗女封郡縣主，皆有月俸錢米，春冬絹綿，其數甚多，嘉祐禄令所不備載。頃見張掄娶仲儡女，封遂安縣主，月入近百千，內人請給，除糧料院幫勘，左藏庫所支之外，內帑又有添給，外庭不復得知」。

15 乙酉，麟州防禦使李克文來朝，以唐僖宗賜其祖夏州節度使拓跋思恭鐵券〔一〕、朱書御札上獻。上因觀其詞旨卑替，謂宰相曰：「朕嘗覽韓偓金鑾記〔二〕，見昭宗在鳳翔，梁太祖引兵至城下，號爲迎駕，其實脅君。韓偓爲翰林學士，昭宗欲見之，而爲中官所隔，潛匿伺便，方遂一見，可爲歎息也。」宋琪對曰：「唐末亂離，諸侯彊盛，其勢固不能久。」以雷德驤、石熙古、魏庠、朱昂〔三〕、李惟清、祖吉、雷有終、陳白、楊緘、李琯、崔邁、呂備分爲兩浙、峽路、京西、西川、淮南、荆湖、江南、廣南、河北、陝西轉運使。

〔一〕鐵券　演繁露卷一六鐵券條曰：「唐代宗紀：『功臣皆賜鐵券，藏名太廟，畫像淩煙閣。』錢鏐家在五季世嘗得之，而唐文粹有賜王武俊鐵券文，今世遂無其制，亦古事之缺者也。予按唐辛齊昊玉堂新制：鐵券半缺，形如小木甑，上有四竅，可以穿條，凸面鐫字，陷金以焕之。從齊昊所記，以想其制，是券也，鐵質金字，本形正圓，而空虛其中，鐫敕制文於外。已乃用古傳别法，中分其器而二之，一以藏官，一以授諸得券之人，故今存於世者，形如半甑，正與契券兩别之理相應也。周禮少宰聽稱責以傳别，二鄭謂大書於一札中字别之，兩家各得一者，是其證也。周之傳别主市易要約，故其札以木，老氏所謂如執左契者是也。後世鐵券，要之取録功堅久之義，故以鐵爲之。其謂形如半甑者，正是一札而兩分之也。然命以鐵爲券，無有辨其所始者，按漢高帝紀與功臣剖符、作誓、丹書鐵券、金櫃石室，藏之宗廟，其殆鐵券所始耶？至功臣表所載山河帶礪等語，乃鐵券丹書之文也。漢曰契，後世曰券，皆結約之謂也。」澠水燕談録卷二名臣曰：「祥符中，王沂公奉使契丹，館伴耶律祥頗肆談辨，深自衒鬻，且矜新賜鐵券，公曰：『鐵券，蓋勳臣有功高不賞之懼，賜之以安反側耳，何爲輒及親賢？』祥大沮矣。」又，金亦賜功臣鐵券，如金史卷七四宗翰傳曰：「賜宗翰鐵券，除反逆外，餘皆不問，賜與甚厚。」

〔二〕韓偓金鑾記　郡齋讀書志卷六曰：「金鑾密記一卷。右唐韓偓撰。偓，天復中爲翰林學士，從昭宗西幸。朱温圍岐三年，偓因密記某謀議，及所聞見事，止於貶濮州司馬。」卷一八：韓偓「京兆人。龍紀元年進士，累遷諫議大夫、翰林學士。昭宗幸鳳翔，進兵部侍郎、承旨。朱全忠怒，貶濮州司馬、榮懿尉。天祐初，挈族依王審知而卒。」

〔三〕朱昂　宋史卷四三九本傳記其以庫部員外郎爲峽路轉運使。朱氏爲宋初頗具傳奇性的名流人物，時稱之爲「小萬卷」，宋史將其列入文苑傳。朱昂歷仕周世宗、宋太祖、太宗、真宗四朝。以文采頗得太宗賞識，兩度出任直祕閣，並被選爲真宗藩府記室參軍。真宗朝，遂以藩府舊僚仕至知制誥、翰林學士。隆平集卷一三朱昂傳曰：「朱昂，字舉之，其先京兆人，父葆光寓潭州，遂家於衡山。昂少好學，有朱遵度者，時謂之朱萬卷，目昂曰小萬卷。常游廬陵，遇術士，謂昂曰：『中原當有真主矣，君仕可至四品。』遂北游江、淮。時周世宗南征，韓令坤統兵揚州，昂謁令坤，陳治亂方略，令坤器之，以權知永正縣。有政績，令坤遂表授本縣令。改衡州録事參軍，知州李昉見其文，深加歎賞，既又爲薛居正所知，二人遂薦引之。太宗朝，擢知水部郎中、直祕閣。真宗即位，除知制誥，入翰林爲學士。屢表乞骸骨，敦諭彌確，乃授工部侍郎致仕，仍令俟秋涼南還。故相張齊賢而下，皆賦詩贈行，詔從臣祖於東門。南省試貢士，遂以爲詩題。弟協仕至主客郎中、雍王府翊善，亦告老而歸，時以比之二疏。陳堯咨知荆南，表其居曰『東西致政坊』。昂所得俸，常以三之一購奇書，於所居爲二亭，曰知止、幽棲，自稱曰退叟。卒，年八十二，門人謚之曰静裕先生。」玉壺清話卷二則曰：「開寶塔成，欲撰記，太宗謂近臣曰：『儒人多薄佛典，向西域僧法遇自摩竭陁國來，表述本國有金剛坐，乃釋迦成道時所踞之坐，求立碑坐側。朕令蘇易簡撰文賜之，中有鄙佛爲夷人之語，朕甚不喜，詞臣中獨不見朱昂有譏佛之迹。』因詔公撰之。文既成，敦崇嚴重，太宗深加歎奬。公舉進士之時，趙韓王深所器重，謂人曰：『朱有君子之風，壽德遠到。』時宗人朱遵度有學名，謂之『朱萬卷』，目公爲『小萬卷』。敭歷清貴三十年，晚以工部侍郎懇求歸江陵，逾年方允。止令謝於殿門外，復詔賜坐。時方劇暑，恩旨寵留，詔秋涼進程。時吴淑贈行詩，有『浴殿夜涼初閣筆，渚宫秋晚得懸車』之句，尤爲中的。錫宴玉津園，中人傳詔，令各賦詩爲送。若李承旨維有『清朝納禄猶彊健，白首還家正太平』；及陳文惠公堯佐『部吏百函通爵里，送兵千騎過荆門』之句，凡四十八篇，皆警絶一時，朝論榮之。弟協亦同時隱，皆享眉壽，家林相接，謂之渚宫二疏。荆帥陳康肅堯咨表其居爲東、西致仕坊。八十二薨，門人請謚正裕先生。」同書卷六曰：「太宗一日幸禁林，謂朱翰林昂曰：『漢宣帝最好勤政，尚五日一視朝，萬務寧無壅積耶？朕則不敢輒怠也。』公因得建言：『臣聞堯、舜優游巖廊之上，亦萬機允正；唐太宗天下太平，房喬請三日一視朝臨政；高宗寰宇寧靜，長孫無忌請隔日視事，悉從。自後雙日不坐，隻日御視，五日一開延英，遂爲通式。今庶政清簡，百職猶寧居於私殿，惟陛下凝旒聽覽，繇無暫暇，宜三五日一臨軒，養洪算，蹈太和，合動直静專之道，扃攝思慮，保御真氣。』後中書知之，與臺諫繼陳奏請：『臣等竊見朱昂之請對，深協至治，仍乞徇所陳。』久而纔允。」

16丁亥，詔曰：「朕以不明，託於兆人之上，夙夜祇惕，罔敢怠荒〔一〕。賴九廟儲祥，上玄垂祐，萬務粗治，于今九年。而數日前，〔迅〕雷之中，烈火遽作，既延災於正殿，蓋示譴於眇躬。祇畏震驚，罔敢寧處。上天警戒，必有由然。豈非燭理之所未明，賞罰之所未當，物情尚多於壅塞，政理未洽於和平，生靈未息於瘡痍，獄訟未除於枉橈，賦調未得均一，賢良多所淪滯，有一于此，足敗政經。載深馭朽之誠，思啓納言之路。卿等列于有位，咸切致君，所宜各竭忠規，共申讜議，揚朝廷之闕失，陳時務之否臧，當悉乃心，必期無隱，朕將親覽，用自儆焉。」〔二〕

〔一〕朕以不明，託於兆人之上，夙夜祇惕，罔敢怠荒　宋大詔令集卷一五一乾元文明二殿災求言詔「朕以不明」作「朕以不敏」，「夙夜祇惕，罔敢怠荒」作「夙夜罔敢荒寧」，其餘語句與實録略同。

〔二〕除實録與宋大詔令集外，田錫咸平集卷一奏議上太宗應詔論火災亦引此詔，其文曰：「朕以不敏不明，託於兆人之上，夙夜祗惕，罔敢怠荒。賴九廟儲祥，上天垂佑，萬務粗治，於今九年。而數日前，迅雷之中，烈火遽作，既延災於正殿，蓋示譴於朕躬。恐畏震驚，不遑寧處。上天警戒，必有由然。豈非刑賞之有愆，措置之未當，或近習之屏蔽，致物情之壅塞，賦調未得均一，賢良多所淪滯？有一於此，是斁政經。予心惕然，思聞其失。内外群臣等，所宜各竭忠懇，共申讜議，必期無隱，朕將覽焉。」與實録大同小異。然宋會要輯稿瑞異二之三一所記是詔，文字却與實録和宋大詔令集所記多有不同，其文曰：「朕托於人上，臨兹域中，夙夜憂兢，動静畏慎。每躬親於政理，常恤念於黎元。外絶畋遊之娱，内無聲伎之惑。歲既屢稔，時亦小康；九年於兹，萬務粗理。蓋乾坤之降祐，顧寡昧以何能？而數日前，迅雷之中，烈火暴作，既延災於正殿，蓋示譴於眇躬，諒匪徒然，必有由也。豈非賞罰有所未當，燭理有所不明，物理尚欠於和平，言路猶多於壅塞，獄訟未除於枉橈，生靈未息於瘡痍，鄉閭之賦調未均，草野之賢良未進。有一于此，實政缺然。載深引咎之誠，彌增馭朽之〔懼〕。卿等列朝廷爵位，同君父之憂勞，所宜各竭忠規，共申讜議，指朝政之缺失，陳時務之否臧，勿惜上言，必期無隱。朕當親覽，用自儆焉。廣詢多士之謀，少答上天之戒。凡爾在位，宜悉朕懷。」並記其結果云：「明日，百僚上表稱賀。」周必大文忠集卷一八〇二老堂雜誌卷二史官改定制詔條曰：「本朝列聖實録，凡當時所下制詔，往往爲史官改易，殆以文體或未古也。宋景文公筆記亦嘗言之：唐魏帥田布以死事贈右僕射，白居易草制甚美，而舊唐書别載一制，全不相類，文雖可觀，然不若居易之宏暢。未知當時果用何制，其爲修史者所改無疑。本朝太祖受周恭帝禪詔，元本載五代開皇紀，與今實録無一字同，此事由來久矣。」據此，則實録、宋大詔令集所記或爲詔書原本，宋會要輯稿所記乃後來所改。又，東都事略卷三太宗本紀雍熙元年六月丁亥條記事爲「詔求直言」，當即指是詔，其下還記太宗謂近臣語曰：「朕訪求讜議，以規己失。昔禹拜昌言，世稱其明。今之諫者，苟能中時病，朕豈惜夏禹之拜乎？」咸平集卷一奏議所載上太宗應詔論火災即是田錫所作答文，其主旨謂：「臣所謂陛下有朝令夕改者，試舉其一二以明之：置而尋廢者，農師也；禁而不嚴者，車服也。臣所謂陛下有捨近謀遠者，試舉其一二以明之：宰相不得用人，而委員外郎差遣；近臣專受責，而求令録封章也。自此章奏必多，聽用必廣。聽用既廣，則條制必繁。條制既繁，則依從者少。既依從者少，則是法令不行。法令不行，則由規畫未當。有如前年敕下，令鄰近州府互差司理判官；至今年敕下，却令本州仍舊差置。又如前年敕下，應征科官吏限前得了即與超升，限外未了，即當降黜。即不以縣有大小之分，税有難易之征，土田沃瘠之不同，歲時豐稔之不等，風俗勤惰之各異，官吏能否之各殊，而一概以程限所拘，一例以升降爲定。自後，未聞限外欠者降一官，限前了者升一人。此無乃垂之空言，示之寡信。乞今後凡有所奏，或有所陳，幸陛下察而審之，令大臣議而行之。」續資治通鑑長編卷二二五雍熙元年八月癸巳條亦載田錫此文。

17己丑，登聞院引對婦人李氏自陳云〔一〕：「無兒息，身且病，恐一旦溘死，家業委棄，欲未死有所屬。」上因謂宰相曰：「此婦人數日前朕已令開封府依所欲裁置之，今復來告訴，稱其父已被繫矣，此是小事，何用禁繫〔二〕？京輦之下，尚敢如此，天下至廣，冤枉可知。朕恨不能徧閱天下獄訟，親行決斷，每見大理寺斷遣諸州刑獄，多爲其中小有未盡，即却之。今國家封疆闊遠，來往動是五、七千里，再令勘覆，轉是淹延。今後宜令遣使分詣諸州，令周細詳酌，如不干人命，使至便與斷決，不須重勘。」琪等曰：「謹奉詔。」即日，分遣殿中侍御史李範等八人，往兩浙、淮南、西川、廣南，録問刑獄〔三〕。以金部員外郎奚嶼爲京東轉運使。

〔一〕登聞院引對婦人李氏自陳云　登聞院，此時應當仍稱匭院，七月方改稱登聞院。引對，玉海卷一六八太平興國登聞院理檢院條記宋制曰：「今登聞院、鼓司進狀人有稱冤濫沈屈者，即引送理檢院審問。」

〔二〕此是小事，何用禁繫　借故肆意拘禁，是宋代司法的弊病之一，太宗多次明令「制聽獄之限」，然問題依然嚴重。宋史卷一九九刑法一曰：「復制聽獄之限，大事四十日，中事二十日，小事十日，不他逮捕而易決者，毋過三日。後又定令：『決獄違限，準官書稽程律論，踰四十日則奏裁。事須證逮致稽緩者，所在以其事聞。』然州縣禁繫，往往猶以根窮爲名，追擾輒至破家。」

〔三〕分遣殿中侍御史李範等八人，往兩浙、淮南、西川、廣南，録問刑獄　文獻通考卷一六六曰：太平興國九年「六月，詔遣殿中侍御史李範等四十人，分往江南、江浙、西川、荆湖、嶺南等道按問刑獄，情得者，即決之；若須證逮者，並具獄論如律。吏之弛怠者，劾其罪以聞。其臨事强明，刑獄無滯者，亦以名來上。」宋史卷一九九刑法一則曰：「即日遣殿中侍御史李範等十四人，分往江南、兩浙、四川、荆湖、嶺南，審決刑獄。吏之弛怠者，劾其罪以聞；其臨事明敏、刑獄無滯者，亦以名上。始令諸州十日一慮囚。」皆與實録不同。

18壬辰，詔曰：「朕恤念烝民，憂勤庶政〔一〕，每令詢訪，以導鬱堙。苟規益之有聞，豈卑高之是間。應天下幕職〔二〕州縣官，俱負吏才，咸通時務，其或知民俗利害，政令否臧，並許于本州附傳置以聞。如所言有可收採，必行旌賞；或無所取〔三〕，亦不加罪。」先是，轉運使〔四〕及知州、通判皆得上書言事，而州縣官屬則否〔五〕，上慮下情壅塞，故降是詔。

〔一〕憂勤庶政　宋會要輯稿帝系九之一亦載此詔，文字與實録略同，「憂勤庶政」作「勤勞庶政」。

〔二〕幕職　朝野類要卷二幕職條曰：「僉判、司理、司法、司户、録參、節推、察推、節判、察判之類。幕者本以主帥出塞，從權安營立帳而得此名，如衛青幕府是也。」

〔三〕或無所取　宋會要輯稿作「如無所取」。

〔四〕轉運使　宋會要輯稿作「轉運司」。

〔五〕而州縣官屬則否　宋會要輯稿作「而州縣官則否」，顯漏一「屬」字，當以實録爲是。

19 乙未，鎮安軍節度使、守中書令石守信〔一〕薨。守信，字德貞〔二〕，開封浚儀人，事周祖爲小校，累遷散指揮使。從世宗征并、汾，遇敵於高平〔三〕，以戰疾力，遷親衛左第一軍都指揮使。師還，授鐵騎左廂都指揮使。顯德二年，從征淮南，以功遷鐵騎、控鶴〔四〕四廂都指揮使，領嘉州防禦使。從平關南，以功授殿前都虞候〔五〕。未幾，遷殿前都指揮使〔六〕，領江州防禦使〔七〕。恭帝嗣位，授滑州刺史、充義成軍節度使，軍職如故。太祖陳橋之入也，時守信宿衛內庭〔八〕，聞變，登左掖門，嚴兵設備，閉關以守。太祖之典親軍官署在門內，太后居其中〔九〕，太祖未至，先遣帳下親信楚昭輔問太后起居。及昭輔至，守信啓關納之，太祖甚德之。踐祚，改領宋州刺史、歸德軍節度使。從平李筠，以功加同平章事。李重進據維揚叛，命守信充行營招討使、兼知揚州行府事。維揚平，改鄆州刺史、天平軍節度使，兼侍衛親軍馬步軍都指揮使〔一〇〕。上章乞解軍職，詔許之，以其子保吉尚許國公主，加兼侍中。上嗣位，加兼中書令，移河南尹、西京留守，進位守中書令。從征幽州，以失律降授隨州刺史、崇信軍節度使、兼中書令〔一一〕。尋進封衛國公。久之，改陳州刺史、鎮安軍節度使、復守中書令。至是薨，年五十七，詔輟視朝三日，贈尚書令，追封衛王〔一二〕，謚曰武烈。守信累任節鎮，惟以聚斂爲事，性貪嗇，積財鉅億萬計。雅信尚釋教〔一三〕，多所施捨，在西京造崇德佛寺，役人輦運瓦木，督責既急，而所給不充其傭直，人皆苦之。

〔一〕鎮安軍節度使、守中書令石守信薨　此事續資治通鑑長編失載。石守信，後周、宋初資深將領，位列北宋開國元勳之首。石氏早年在軍中與宋太祖、王審琦等人結成「義社十兄弟」，是宋太祖最爲親信的心腹將領之一，宋朝事實卷九勳臣曰：「太祖義社兄弟：保静軍節度使楊光義，天平軍節度使、同平章事、兼侍中石守信，昭義軍節度使、兼侍中李繼勳，忠武軍節度使、同平章事、中書令、秦王王審琦，忠遠軍節度使觀察留後劉慶義，左驍衛上將軍劉守忠，右驍衛上將軍劉廷讓，彰德軍節度使韓重贇，解州刺史王政忠。」在陳橋兵變中，石守信發揮了關鍵性作用。北宋開國後，出任侍衛親軍馬步軍副都指揮使、都指揮使等禁軍最高級軍職。平定李重進和李筠之役，宋太祖均以石守信在前線挂帥。建隆二年七月宋太祖「杯酒釋兵權」，功臣宿將多被解除軍職，惟石守信外放天平軍節度使，仍「兼侍衛都指揮使如故」。歷太祖、太宗兩朝，得以富貴終。古今源流至論後集卷六有評曰：「石守信，斬艾蓬蒿，芟夷根據，蓋平亂勳臣也。我太祖陪宴京師，眷留邸第，老死無憾焉。噫！太祖之恩固厚矣，而守信等乞解兵權，兩無猜嫌，其自全亦智也。」

〔二〕守信字德貞　宋史卷二五〇、東都事略卷一九石守信傳皆不言石守信字，惟見於實録。

〔三〕遇敵於高平　此即著名的「高平之戰」，後周顯德元年，周世宗柴榮即位伊始，北漢乘機來攻，周世宗力排衆議，御駕親征，雙方決戰於高平。在戰鬥中，侍衛馬軍都指揮使樊愛能、步軍都指揮使何徽等禁軍宿將臨陣潰逃，欲把周世宗出賣給北漢。在危急的時刻，周世宗臨危不懼，親率衛兵反擊，遂反敗爲勝，大破北漢，北漢主僅以身免。張永德、趙匡胤、石守信、王審琦、馬仁瑀、馬全義等青年將領，皆在是役中立有戰功。戰鬥結束後，周世宗斬樊、何等宿將七十餘人，破格提拔趙匡胤等人，從而完成了禁軍的新陳代謝。

〔四〕鐵騎、控鶴　皆爲禁軍殿前軍下轄的部隊番號，鐵騎爲騎兵部隊，控鶴爲步兵部隊。鐵騎、控鶴是殿前軍兩大精鋭主力，北宋太宗後定名爲「捧日」、「天武」，與侍衛親軍的龍捷和虎捷合稱爲「上四軍」，是禁軍中地位最高的部隊。

〔五〕殿前都虞候　後周和北宋禁軍殿前軍的高級軍職，在殿前司的地位僅略低於殿前都、副指揮使，但其負責統帥殿前諸班，即皇帝貼身的禁衛軍，因此地位極端重要，通常只由皇帝最親信的將領出任。宋太祖和宋太宗兄弟，都曾出任過殿前都虞候。

〔六〕殿前都指揮使　後周和北宋禁軍殿前軍高級軍職名，北宋廢除殿前都、副點檢之後，成爲殿前司的最高長官，例由擁有節度使頭銜的高級將領出任，俗稱「殿帥」。與殿前都虞候、侍衛馬軍都副指揮使、都虞候、侍衛步軍都副指揮使、都虞候等合稱「管軍臣僚」，簡稱「管軍」。

〔七〕領江州防禦使　宋史卷二五〇石守信傳作「領洪州防禦使」，舊五代史卷一二〇恭帝紀、東都事略卷一九石守信傳亦皆作「江州防禦使」，與實録同。

〔八〕太祖陳橋之入也，時守信宿衛内庭　石守信時任殿前都指揮使，當他得到兵變成功發動的消息後，立即同殿前都虞候王審琦一起響應宋太祖，迅速以本部兵力切斷了皇宫内外的聯繫，把後周皇帝、太后、宰相等重要人物牢牢控制在手中，與城外的宋太祖裏應外合，極其順利地奪取了政權。續資治通鑑長編卷一建隆元年正月癸卯條曰：趙普等人「夜，遣衙隊軍使郭延贇馳告殿前都指揮使浚儀石守信、殿前都虞候洛陽王審琦。守信、審琦，皆素歸心太祖者也。」同卷正月甲辰條：「又遣楚昭輔慰安家人。殿前都點檢公署在左掖門内，時方閉關，設守備。及昭輔至，石守信開關納之。」

〔九〕太祖之典親軍官署在門内，太后居其中　宋太祖時爲後周殿前都點檢，其都點檢公署在左掖門内。宋太祖母親杜太后陳橋兵變時在開封城中的經歷，宋代野史筆記中多有記載，可與實録等互爲補充，如涑水記聞卷一曰：「太祖之自陳橋還也，太夫人杜氏、夫人王氏方設齋於定力院。聞變，王夫人懼，杜太夫人曰：『吾兒平生奇異，人皆言當極貴，何憂也。』言笑自若。」曲洧舊聞卷一曰：「太祖皇帝在周朝受命北討，至陳橋，爲三軍推戴。時杜太后眷屬以下，盡在定力院。

有司將搜捕，主僧悉令登閣而固其扃鐍。俄而大搜索，主僧紿云：『皆散走，不知所之矣。』甲士入寺，陞梯，且發鑰，見蛛網絲布滿其上，而塵埃凝積，若累年不曾開者。乃相告曰：『是安得有人！』遂皆返去。有頃，太祖已踐祚矣。」揮塵録後録卷五引五季泛聞録曰：「太祖仕周，受命北伐，以杜太后而下寄於封禪寺。抵陳橋推戴，韓通聞亂，亟走寺中訪尋，欲加害焉。主僧守能者以身蔽之，遂免。太祖德之，即位後極眷寵之。年八十餘，臨終，語其弟子曰：『吾即澤州明馬兒也。』馬兒，五代之巨寇也。」邵氏聞見録卷七引建隆遺事曰：「杜太后度量恢廓，有才智，國初内助爲多。上初自陳橋即帝位，進兵入城，人先報曰：『點檢上時官爲點檢已作天子歸矣！』時后寢未興，聞報，安卧不答，晉王輩皆驚躍奔馬出迎晉王後受命，是爲太宗。斯須有上親信人至，入白后，后乃徐徐而起，曰：『吾兒素有大志，果有今日矣。』俄頃，上至，見后於堂上。衆皆賀之，惟后愀然不樂，上甚訝之。左右進白后曰：『臣聞母以子貴，自古如此。后子今作天子，胡爲不樂？』后謂上曰：『吾聞爲君不易，且天子者致身於兆庶之上，若治得其道，則此位可尊，苟或失馭，則欲爲匹夫不得，是吾所以憂也。子宜勉之！』上再拜曰：『謹受教。』」

〔一〇〕侍衛親軍馬步軍都指揮使　後周和北宋禁軍侍衛親軍司的最高級軍職，是侍衛親軍的最高長官，也是整個禁軍地位最高的將領。石守信之後，侍衛親軍馬步軍都指揮使一職即被取消。

〔一一〕從征幽州，以失律降授隨州刺史、崇信軍節度使、兼中書令　宋史卷二五〇石守信傳曰：太平興國「四年，從征范陽，督前軍失律，責授崇信軍節度、兼中書令。」續資治通鑑長編卷二〇太平興國四年八月壬子條曰：「守中書令、西京留守石守信從征范陽，督前軍失律，壬子，責授崇信節度使、兼中書令。」同月甲寅條：「彰信節度使劉遇責授宿州觀察使，光州刺史史珪責授武定行軍司馬，皆坐從征范陽，所部兵逗撓失律故也。」李燾在注中並有考證説：「守信失律事，實録、正史都不詳，所以班師，殆由此耳，當考」、「劉遇、史珪傳載失律事亦不詳，恐國史或有所避忌，更須參考。」宋會要輯稿儀制一〇之一〇亦曰：「從征范陽，督前軍失律。」然石守信早在「杯酒釋兵權」即已被實際解除了兵權，太平興國四年北伐幽州之役，石氏僅是隨軍而已，並没有指揮軍隊的權力，當然也就談不上「督前軍失律」的問題。默記卷上曰：「既迎大駕至幽州城下，四面攻城，而我師以平晉不賞，又使之平幽，遂軍變。太宗與所親厚夜遁……蓋一夜達旦，大駕行三百里乃脱。」涑水記聞卷二曰：「魏王德昭，太祖之長子，從太宗征幽州，軍中夜驚，不知上所在，衆議有謀立王者，會知上處乃止。上微聞，銜之，不言。」則石守信與劉遇、史珪等人被責，或即與擁立宋太祖長子德昭爲帝之事有關。又，兼中書令，太宗一朝，唯石守信、趙普二人，容齋三筆卷一二兼中書令條述其淵源曰：「邁考之典故，侍中、中書令爲兩省長官，自唐以來，居真宰相之位，而中令在侍中上。肅宗以後，始以處大將，故郭子儀、僕固懷恩、朱泚、李晟、韓宏皆爲之，其在京則入政事堂，然不預國事。懿、僖、昭之時，員浸多，率由平章事遷兼侍中，繼兼中書令，又遷守中書令，三者均稱使相，皆大敕繫銜而下書使字。五代尤多，國朝創業之初，尚仍舊貫，於是吳越國王錢俶、天雄節度符彦卿、雄武王景、武寧郭從義、保大武行德、成德郭崇、昭義李筠、淮南李重進、永興李洪義、鳳翔王彦超、定難李彝興、荆南高保融、武平周行逢、武寧王晏、武勝侯章、歸義曹元忠十五人同時兼中書令。太宗朝，唯除石守信，而趙普以故相拜。真宗但以處親王。嘉祐末，除宗室東平王允弼、襄陽王允良。元豐中，除曹佾，與允弼、允良相去十七八年，爵秩固存。沈括筆談謂有司以佾新命，言自來不曾有活中書令請俸則例，蓋妄也。官制行，改三使相並爲開府儀同三司。元祐以後，不復有之，雖崇、觀、政、宣輕用名器，且改爲左輔、右弼，然蔡京三爲公相，亦不敢居。乾道中，詔於録黄及告命内除去侍中、中書令，遂廢此官。今當先降指揮復置，則於事體尤愜當也。嗣王終不敢當，於是寢前命，而賜贊拜不名。」

〔一一〕追封衛王　宋史卷二五〇石守信傳作「追封威武郡王」，東都事略卷一九石守信傳則曰「追封武威郡王」，與實録不同。又，慕容延釗追封河南郡王、韓令坤南陽郡王、王審琦琅琊郡王、高懷德渤海郡王。宋宰輔編年録卷二淳化三年太師、魏國公趙普卒條則引舊典曰：「國朝稽西漢非劉氏不王之制，只封皇之期親爲王，其近親以年勞久次，止封郡王而已。至於贈典，非后之父祖亦不預王爵，惟祖宗以趙忠獻佐命興邦，以建宗社。若曹彬之封秦王、潘美之封鄭王，雖功亞趙忠獻，終緣有若孫爲后而得之。」然宋會要輯稿儀制一一之二曰「石守信，太平興國九年六月贈尚書令、衛王」，金石萃編卷一二九所收楊億撰石寶興碑亦曰：「歷位守中書令、追册爲尚書令、衛王，累封秦王。」皆與實録同，實録當不誤。

〔一二〕雅信尚釋教　如事物紀原卷七崇夏寺條曰：「東京記曰：唐大中三年置。建隆中，石守信以寺門窄狹重造，二年八月門成，車駕臨幸。宋朝會要：守信重修三門，詔治宮材也。」

20丙申〔一〕，上出粟、豆數十本以示近臣，因謂樞密使〔王〕（人）顯等曰：「今年風雨雖調，猶慮禾稼未得豐茂，昨令往京城四面百里外取得粟、豆凡數種，皆長數尺，大是好田〔二〕。」喜形於色。是日，草澤上書言時政，引對，詞甚狂勃，上不之罪，慰諭以遣之。因謂宰相曰〔三〕：「往昔帝王，多以尊極自居，詞氣嚴厲，左右無敢貢一言者。朕雖布衣言事，必温顔以待之，只如每與卿等款曲商榷時事。蓋欲通上下之情，無有所隱。」宋琪等頓首稱謝〔四〕。

〔一〕丙申　續資治通鑑長編卷二五雍熙元年六月壬辰條記太宗對王顯之語在「壬辰」日，而非「丙申」，與實録不同。

〔二〕大是好田　續資治通鑑長編卷二五雍熙元年六月壬辰條作「大是好苗」。

〔三〕因謂宰相曰　續資治通鑑長編卷二五雍熙元年六月丁酉條記太宗對宰相宋琪之語在「丁酉」日，而非「丙申」。

〔四〕宋琪等頓首稱謝　宋會要輯稿帝系九之一、二亦載太宗對宋琪等此語，文字與實録完全相同，然續資治通鑑長編卷二五雍熙元年六月丁酉條所記却與實録、宋會要輯稿多有不同，其辭曰：太宗「謂宰相曰：『前代帝王多以尊極自居，凛然顏色，左右無敢輒進一言。朕每與卿等款曲，商榷時事，蓋欲通上下之情，無有所隱。卿等直道而行，杜絶請託，勿以衆口鑠金爲慮。比來中外議朝廷政理爲何如？』宋琪曰：『陛下勞心致治，遠邇無間言。』上曰：『雖妄言如昨日草澤上書者，朕亦未嘗加譴。』琪曰：『狂瞽之人，當置嚴辟，但芻蕘不棄，以開言路，上聖之德也。』」顯然當爲史官所潤飾。

21丁酉，宰相以東封在近，導駕儀衛，合取進止〔一〕，上曰：「此行蓋爲告謝天地，與蒼生祈福，廣陳儀衛，即是勞擾，非朕意也，但一如令、式。」

〔一〕取進止　唐、宋公文習語，考古編卷九進止條曰：「奏劄言取進止，猶言此劄之或留或却，合稟承可否也。唐中葉，遂以處分爲進止。」

22己亥，舒州言：「五色雲見於靈仙觀〔一〕上。」

〔一〕靈仙觀　建於太平興國七年六月，續資治通鑑長編卷二三太平興國七年六月甲戌條曰：「先是，舒州懷寧縣有老僧過民柯蕚家，率蕚詣萬歲山取實，僧以杖於古松下掘得黝石，上刻誌公記云：『吾觀四五朝後，次丙子年，趙號二十一帝，敬醮潛山九天司命真君，社稷永安。』僧忽不見，蕚以石刻來獻。於是詔舒州修司命真君祠，黄門綦政敏往督其役，總成六百三十區，號曰『靈仙觀』。」玉海卷一九五太平興國五色雲條作「靈應觀」。

23 庚子，詔曰：「先是，六年十二月辛卯詔書〔一〕：『應諸道刑獄，長吏每五日一録問〔二〕。』今天下亦幾於治矣，然頗爲煩勞〔三〕，特示改更，永期遵守〔四〕。今後宜令十日一録問，杖罪〔五〕以下，便可依理疏決〔六〕。」

〔一〕六年十二月辛卯詔書　宋史卷一九九刑法一曰：「諸州大獄，長吏不親決，胥吏旁緣爲姦，逮捕證佐，滋蔓踰年而獄未具。自今長吏每五日一慮囚，情得者即決之。」宋大詔令集卷二〇〇政事五三刑法上收録此詔，題名先令諸道刑獄五日一録問今後宜十日一録問詔，「六年十二月辛卯詔書」作「六年十二月辛丑詔書」。

〔二〕長吏每五日一録問　宋大詔令集無「長吏」二字。

〔三〕然頗爲煩勞　宋大詔令集作「然頗爲勞煩」。

〔四〕永期遵守　宋大詔令集作「永則遵守」。

〔五〕杖罪　指處以杖刑的較輕犯罪行爲。宋代刑罰制度從輕至重依次爲笞、杖、徒、流、死，杖刑是用大杖拷打罪犯背、臀、腿等部的刑罰，分六十至一百五等，並可用銅六斤至十斤來贖罪。宋太祖建隆年間，創立了著名的「折杖法」，杖刑除作爲主刑外，又發展爲附加刑。宋史卷一九九刑法一曰：「太祖受禪，始定折杖之制。凡流刑四：加役流，脊杖二十，配役三年；流三千里，脊杖二十，二千五百里，脊杖十八，二千里，脊杖十七，並配役一年。凡徒刑五：徒三年，脊杖二十；徒二年半，脊杖十八；二年，脊杖十七；一年半，脊杖十五；一年，脊杖十三。凡杖刑五：杖一百，臀杖二十；九十，臀杖十八；八十，臀杖十七；七十，臀杖十五；六十，臀杖十三。凡笞刑五：笞五十，臀杖十下；四十、三十，臀杖八下；二十、十，臀杖七下。常行官杖如周顯德五年制，長三尺五寸，大頭闊不過二寸，厚及小頭徑不得過九分。徒、流、笞通用常行杖，徒罪決而不役。」

〔六〕依理疏決　宋大詔令集作「依理疏矣」。

24 壬寅，詔曰〔一〕：「朕以眇躬，嗣膺丕構〔二〕，涉道猶淺，布〔政〕（衣）未孚，中心惕然，常所祇懼。賴昊天垂祐〔三〕，黔首小康，豐年屢臻，四鄙不聳。豈敢暇逸，自謂宴安〔四〕？昨者文武群臣〔五〕，洎乎耆耋，盈廷抗疏，連袂扣閽，謂乎治平之時〔六〕，請舉升中之禮。顧惟涼德，豈可克堪〔七〕？而陳請再三，因以俞允，載惟盛禮，終覺愧懷。況封禪之儀，廢之已久，百司祇奉，辦集尤難〔八〕；萬姓供輸，勞擾斯甚。且令停罷，更俟後期〔九〕。國門之南，圓丘素備，宜輟登封之禮，聿修柴燎之誠。朕以十一月二十一日，有事于南郊。凡爾臣僚，當體茲意。」

〔一〕詔曰　宋大詔令集卷一一六典禮一封禪上收録此詔，題名罷封禪十一月二十一日有事南郊詔，宋會要輯稿禮二二之一、二所記則爲節録，始自「昨者文武」。

〔二〕嗣膺丕構　宋大詔令集作「嗣守丕構」。

〔三〕賴昊天垂祐　宋大詔令集無「賴」字。

〔四〕自謂宴安　宋大詔令集作「自懷宴安」。

〔五〕昨者文武群臣　宋會要輯稿作「昨者文武群官」。

〔六〕謂乎治平之時　宋大詔令集作「謂當治平之時」，宋會要輯稿則作「謂爲治平之時」。

〔七〕豈可克堪　宋大詔令集、宋會要輯稿皆作「豈所克堪」。

〔八〕辦集尤難　宋大詔令集作「辦集尤勞」，宋會要輯稿與實録同。

〔九〕萬姓供輸，勞擾斯甚。且令停罷，更俟後期　封禪泰山，勞民傷財，太宗將其擱置，是明智的。真宗澶淵之盟後，行封禪大典，終爲後人所笑，宋史卷八真宗紀贊即評曰：「封禪事作，祥瑞沓臻，天書屢降，導迎奠安，一國君臣如病狂然，吁，可怪也。」宋真宗後，歷代帝王未有再封禪泰山者。

25甲辰，以定國軍節度使宋偓〔一〕爲右衛上將軍。

〔一〕宋偓　宋太祖宋皇后之父。

26丁未，免開封府推官張雍，左、右軍巡判官〔一〕韓昭裔、宋延煦〔二〕，博州博平縣令楊處仁〔三〕等。左、右軍巡使殿直龐則、王業並降充殿前承旨，醫人陳士良〔四〕等並決杖流海島。初，寡婦劉氏有姦狀，恐事露，遂成憂悸之疾，復懼其子陳告，遂令侍婢陳訴，稱其子王元吉寘毒于食中，因病，但未死。事下開封府右軍巡，按之未得實狀，移于左軍巡。推典受劉氏賕，掠治元吉，遂自誣〔五〕。及開封府引問，元吉始以實對，府中不能決，又移於司録司〔六〕。盡捕兩軍巡元推胥吏，按問之，稍見誣構之迹。而府中以追捕者衆，遂列狀引見。上以元吉藥母事狀暗昧，令免死，決徒。開封府將杖元吉，元吉大呼曰：「元吉苟受刑，府中官吏豈得了乎？須盡還元吉所用貨賂。」府中不敢決，因問元吉行賂之狀，元吉歷指之，遂具元吉詞款上言，元吉復令妻張氏撾登聞鼓以聞。上覽之，臨軒顧問，悉見其寃枉之狀，亟令中使收捕元推官吏，送御史臺再鞫之。至是，獄具，引見，自雍而下，上一一親問，咸伏其辜。特詔免元吉，而有是命。先是，元吉繫左軍巡，爲獄吏繫縛〔七〕榜笞，備諸慘毒，不勝其苦。至是，上復令縛獄吏，以其法償之。獄吏宛轉號叫，惟求速死。上曰：「汝猶不勝其苦，他人能勝之乎？」及解其縛，兩手不能舉，良久方復。上因謂宰相曰：「刑獄中有如此慘酷，京城尚如此，況僻遠乎？」遂以右諫議大夫辛仲甫代劉保勳知開封府，保勳洎判官李繼凝各奪一季俸。郴州刺史張再興責授右率府副率，坐知雄州日以麤率自任，失政故也。

〔一〕左、右軍巡判官　即開封府左、右軍巡判官，爲左、右軍巡使副職，負責開封刑獄、審訊等事務，職官分紀卷三八左右軍巡使判官條曰：「國朝開封府左右軍巡使、判官，正八品，軍巡使掌京城内風火、盜賊及推鞫之事，判官爲之副。」並注曰：「國朝置左、右軍巡使、判官各一人，分治獄事。先是，左、右軍巡，開封府選牙校爲之。開寶六年，始用士流，或以三班充；判官，選幕職州縣官充。」左、右軍巡皆設有監獄。

〔二〕宋延煦　宋會要輯稿刑法五之二作「宋廷照」。

〔三〕博州博平縣令楊處仁　宋會要輯稿刑法五之二記其罪狀爲「嘗增改劉氏詞狀」，其處罰則爲「亦追一官」。

〔四〕醫人陳士良　宋會要輯稿刑法五之二作「陳上良」，並記其罪狀爲「誑稱之吉嘗用解毒藥」。

〔五〕遂自誣　宋會要輯稿刑法五之二下有「相次劉以疾死」句，實録無。

〔六〕司録司　即開封府司録參軍司，簡稱「府司」，與左、右軍巡院合稱爲「開封府三院」，負責開封刑獄、審訊事務，地位在左右軍巡之上，設有監獄。

〔七〕爲獄吏繫縛　宋會要輯稿刑法五之三記此酷刑名爲「鼠彈筝」。又據宋大詔令集卷二〇〇政事五十三刑法上及實録卷四三端拱元年正月乙酉條，太宗於端拱元年正月專門下詔禁鼠彈筝。

27 秋七月己酉朔，以保平軍節度使杜審進〔一〕爲右衛上將軍。

〔一〕保平軍節度使杜審進　北宋開國，宋太祖、太宗舅父健在者三人，即杜審瓊、審肇、審進。宋太祖、太宗對諸舅執家人禮，續資治通鑑長編卷三建隆三年九月丙辰朔條：「左領軍衛將軍杜審瓊，昭憲太后之兄也，與其弟審肇、審進家于常山，於是悉召赴闕。九月丙辰朔，以審瓊爲左龍武大將軍，審肇爲左神武大將軍，審進爲左武衛大將軍，並致仕，賜第京師。太后無恙時，審瓊嘗先入見，置酒萬歲殿，上及皇弟光義以元舅故，皆捧觴列拜稱壽。」玉壺清話卷三：「杜審琦（爲杜審瓊之誤），昭憲皇太后之兄也。建寧州節，一旦請覲，審琦（瓊）視太祖、太宗皆甥也。一日，陳内宴於福寧宮，昭憲后臨之，祖宗以渭陽之重，終宴侍焉。及爲壽之際，二帝皆捧觴列拜，樂人史金著者，麤能屬文，致詞於簾陛之外，其略曰：『前殿展君臣之禮，虎節朝天；後宮伸骨肉之情，龍衣拂地。』祖宗特愛之。」宋史卷四六三外戚上記杜審進時爲保義軍節度使，宋會要輯稿禮四七之二亦曰：太平興國「九年六月十日，前保義軍節度使杜審進謝許受楚王已下拜禮。」與實録不同，疑實録避太宗諱。

28壬子，改乾元殿爲朝元殿，文明殿爲文德殿，丹鳳門爲乾元門。

29癸丑，詔曰：「先是，郊禋五使〔一〕權用他司印，宜令有司，各鑄印以賜之。」

〔一〕五使　朝野類要卷一典禮五使條曰：「凡大典禮，皆有之。如郊祀、明堂，則有大禮使、禮儀使、儀仗使、鹵簿使、橋道頓遞使之類。山陵亦有總護、按行、覆按、修奉、橋道頓遞使之類。又有修奉都護，皆大臣帥座爲之。」

30乙卯，詔曰：「御史府：憲令所繫，獄訟攸歸〔一〕；凡在官聯，皆爲要劇。所宜恪謹〔二〕，以承重任，彊毅以肅群姦。豈可因循，恣成縱弛？如聞臺中鞫獄，多是委之有司，御史但雍容端坐，養高自重而已。故令群吏爲姦，無所不至，豈所謂徇公求理、欽恤慎重之意乎？今後凡有刑獄，當推御史，並須躬親訊問，研究詞情，不得信任胥吏。仍令中丞及知雜御史〔三〕，常加糾舉。」

〔一〕御史府憲令所繫，獄訟攸歸　宋代的御史臺，不僅是最高的監察機構，詔獄、官吏違法重案，以及地方上的疑難大案等的審判權，也歸御史臺。

〔二〕所宜恪謹　宋大詔令集卷二〇〇亦收此詔，題名爲御史府推獄令御史躬親詢問詔，其文與實録相同，惟「所宜恪謹」，作「所宜謹恪」。又，宋會要輯稿職官五五之二亦記此事曰：「太宗太平興國九年七月，詔御史臺推勘公事，其當推御史並須當面推鞫，不得垂簾，只委所司取狀，仍令中丞、知雜御史專切提點，務在公當，不得淹延。如經勘斷後致人披訴抑屈，勘鞫不實，本推官吏重寘之法，知雜御史與中丞別取旨。」

〔三〕中丞及知雜御史　宋御史臺以御史中丞和侍御史知雜事爲正、副長官。

31 庚申，詔改匭院爲登聞院〔一〕，東延恩匭爲崇仁檢，南招諫匭爲思諫檢，西申冤匭爲申明檢，北通玄匭爲招賢檢。

〔一〕改匭院爲登聞院　玉海卷一六八太平興國登聞院理檢院條曰：「唐置匭。太平興國九年，即雍熙元年，七月庚申，十二日，詔改匭院爲登聞院。」宋會要輯稿職官三之六二亦作「太平興國九年七月十二日詔改匭院爲登聞院」。但宋史卷四太宗一雍熙元年七月記爲：「改匭院爲登聞鼓院，東延恩匭爲崇仁檢院，南招諫匭爲思諫檢院，西申冤匭爲申明檢院，北通玄匭爲招賢檢院。」續資治通鑑長編卷二五雍熙元年七月庚申條則作「改匭院爲登聞檢院」，與實録不同。案：宋承唐制，設匭院以通下情、開言路，匭指供官民投遞文書的銅匣；同時亦設鼓司，供吏民擊鼓鳴冤和奏事朝廷。二者職能相近，但是兩個關列的機構。匭院於太宗太平興國九年七月改名登聞院，真宗景德四年又改名爲登聞檢院，簡稱「檢院」；鼓司則於景德四年五月更名爲登聞鼓院，簡稱「鼓院」。續資治通鑑長編卷六五景德四年五月戊申條曰：「詔以鼓司爲登聞鼓院，登聞院爲登聞檢院。命右正言知制誥周起、太常丞直史館路振同判鼓院，樞密直學士、吏部侍郎張詠判檢院，檢院亦置鼓。先有内臣勾當鼓司，自此悉罷。諸人訴事，先詣鼓院，如不受，詣檢院，又不受，即判狀付之，許邀車駕，如不給判狀，聽詣御史臺自陳。先是，上謂王旦曰：『開廣言路，理國所先，而近日尤多煩紊。車駕每出，詞狀紛紜，洎至披詳，無可行者。』故有此更置焉。起，鄒平人也。上嘗謂近臣曰：『登聞院每進疏，有言機密而狂妄者，皆付京府鞫罪。前日一僧即處徒坐，昨日一僧乃以疾爲解。當諭有司常加察舉，無令駢日之内同罪異罰，以疑于衆。』」朝野類要卷二六院條曰：「登聞檢院、登聞鼓院、官告院、都進奏院、諸軍司糧料院、兩審計司，皆儲材擢用之地。凡作縣有聲等官多除此。」可見，宋史卷四太宗一的説法是錯誤的，續資治通鑑長編的説法則是用真宗時的稱呼，也不準確。又，玉海卷一六八太平興國登聞院理檢院條在此下尚有「命諫官領之」一句，宋會要輯稿職官三之六二亦曰：「仍令諫院依舊差諫官一員判院。」較實録爲詳。

32 壬戌，中元節〔一〕。上幸建隆觀〔二〕，謂宰相曰：「道門以沖澹爲本，夫道者，天地萬物之祖，而其教終微，豈主之者非其人乎？」〔三〕移幸太平興國寺。回，御東華門樓觀燈，賜從官飲，夜分而罷。

〔一〕中元節　七月十五日爲中元節，東京夢華録卷八中元節曰：「七月十五日，中元節。先數日市井賣冥器：靴鞋、幞頭、帽子、金犀假帶、五綵衣服，以紙糊架子盤遊出賣。潘樓并州東西瓦子，亦如七夕。要鬧處亦賣果食、種生、花果之類，及印賣尊勝目連經。又以竹竿斫成三脚，高三五尺，上織燈窩之狀，謂之『盂蘭盆』。掛搭衣服、冥錢，在上焚之。構肆樂人自過七夕，便般目連經救母雜劇，直至十五日止，觀者增倍。中元前一日，即賣練葉，享祀時鋪襯桌面；又賣麻穀窠兒，亦是繫在桌子脚上，乃告祖先秋成之意。又賣雞冠花，謂之『洗手花』。十五日供養祖先素食，纔明即賣穄米飯，巡門叫賣，亦告成意也。又賣轉明菜花、花油餅、餕䭔、沙䭔之類。城外有新墳者，即往拜掃。禁中亦出車馬詣道者院謁墳，本院官給祠部十道，設大會，焚錢山，祭軍陣亡歿，設孤魂之道場。」楊萬里有中元日午詩曰：「雨餘赤日尚如炊，亭午青陰不肯移。蜂出無花絶糧道，蟻行有水遏歸師。今朝道是中元節，天氣過於初伏時。小圃追涼還得熱，焚香清坐讀唐詩。」中元節是道教的地官生日，也是佛教的盂蘭盆節，都是以祭鬼爲中心内容。每逢中元節，開封要舉辦三夜燈會，皇帝往往也至道觀和寺廟舉行祭祀活動。

〔二〕建隆觀　宋太祖於建隆三年，大規模地擴建周世宗在開封修築的太清宫道觀，並以自己的年號更其名爲「建隆觀」，在其中祭祀太上老君，以後皇帝齋修率就是觀。宋東京考卷一三觀曰：「建隆觀。在閶闔門外西北。周世宗建，初名太清觀。太祖以建隆改元，遂更名爲建隆觀，重修殿宇廊廡，總一百四十有九區。後取杭州昊天上帝銅像，奉安於中。大中祥符元年，以唐祕書監賀知章七代孫道士某住持是觀，加葺昊天上帝殿。後皆燬於金兵。」

〔三〕其教終微，豈主之者非其人乎　五代十國時期，道教，特别是北方地區的道教很不景氣，道藏尊經歷代綱目曰：

「唐末之亂，靈文祕軸，焚蕩之餘，散無統紀。」宋初名道劉若拙三洞修道儀曰：「道教微弱，星弁霓襟，逃難解散，經籍亡逸，宫宇摧殘。」常崇道天慶觀石幢題記亦曰：「奉道者，千萬人中一二矣。」見全宋文卷四七七。直至宋真宗時都城開封及其附近地區道冠數量還不到千人，而同時期佛教僧尼數近三萬，是道教的二十餘倍。道教如此慘淡局面的出現，除持續的戰亂、佛教的壓制之外，正如宋太宗所説，其自身素質存在着嚴重問題也是很重要的因素。太祖和太宗都尊崇道教，對道教也進行了整頓，續資治通鑑長編卷一三開寶五年十月癸卯條即曰：太祖委託劉若拙，「集京師道士試驗，其學業未至而不修飾者，皆斥之」。並專門下詔在禁止私度人爲道的同時，宣佈革除道教由來已久的「寄褐」之習，燕翼詒謀録卷二曰：「黄冠之教，始於漢張陵，故皆有妻孥，雖居宫觀，而嫁娶生子與俗人不異。奉其教而誦經，則曰『道士』，不奉其教不誦經，惟假其冠服，則曰『寄褐』，皆游惰無所業者，亦有凶歲無所給食，假寄褐之名，挈家以入者，大抵主首之親故也。太祖皇帝深疾之，開寶五年閏二月戊午，詔曰：『末俗竊服冠裳，號爲寄褐，雜居宫觀者，一切禁斷。道士不得畜養妻孥，已有家者，遣出外居止。今後不許私度，須本師、知觀同詣長吏陳牒，給公憑，違者捕繫抵罪。』自是宫觀不許停著婦女，亦無寄食者矣。」從而爲道教在北宋的發展和繁榮奠定了基礎。

33己巳，兵部侍郎致仕程羽〔一〕卒。羽字沖遠，深州陸澤人，少好學，能屬文，晋天福八年擢進士第，解褐爲鄆州陽穀縣主簿〔二〕。秩滿，授易、定、祁等州觀察支使，歷虞鄉、新都、醴泉三縣令，皆有政績。開寶中，選爲兩使判官。及引對，太祖詢其時事，稱旨，擢爲著作郎、出知興州。踰年，改知興元府，詔歸闕。上方尹京邑，羽以本官充開封府判官。羽性淳厚，莅事恪謹，上亦以長者待之。及上嗣位，拜給事中、賜金紫，知開封府。未幾，出知成都府，爲政寛簡，蜀人便之。入朝，拜禮部侍郎，充文明殿學士。以年老艱于步履，求罷近職，拜兵部侍郎。請告百日，假滿，上章乞致仕。詔從之，仍給全俸。至是卒，年七十三〔三〕。上嗟悼數四，官給葬事，贈禮部尚書。

〔一〕程羽　北宋理學宗師程顥、程頤之高祖，太宗尹開封，太祖親選其爲開封府判官，以此受知於太宗，「自府邸攀附致顯要」，是太宗最爲親信的幕府舊僚之一。新安文獻志卷六二上程大昌宋故文明殿學士尚書兵部侍郎贈太子少師程公羽世録詳細記載其生平事迹曰：「五代祖秀生二子，長即吾之高祖也，次俶，贈少府少監，生公，諱羽，字沖遠，通經書之學，擅詞章之業。幼舉進士，黜于禮部，皆侍郎張允知貢舉，公每下第，輒詣門獻文，謝不敏，允心媿重之。天福中，允復知貢舉，公遂登乙科。調鄆州陽穀縣尉，秩滿，易帥孫公辟觀察支使，改華、商支使，府罷，授河中府虞鄉、京兆府醴泉、成都府新都三縣令。選東銓，引見于崇政殿，太祖以久次有勞，特遷祕書省著作郎、知興州。未逾年，權山南府。太宗潛淵，判開封府，太祖妙簡時髦，備賓僚之選，宰相趙公普凡三進朝臣名，不可上意。一旦，太祖謂趙相曰：『吾自得之矣。昔者縣令授著作郎程羽在何處？可召來，除判官。』時與權官賈琰同幕也。太宗承乾纂緒，升離繼照，雲龍胥會，千載一時，超授給事中，權知開封府。并州不禀正朔，太宗將興問罪之師，且以坤維遠服，藉人鎮撫，非公才不可倚，出知益州。陛辭，面諭曰：『此行非大事，不久當召卿。』至任幾二載，召還，授禮部侍郎、文明殿學士。以宗伯之任，選群材，時謂得人，上益知遇之。護從北狩，歸，感疾甚，累拜章求致政，不遂所請。郊祀恩，改兵部侍郎，終於位。太宗聞訃，驚悼曰：

『方將大用。』贈禮部尚書，累贈太子少師。生一男希振，終於虞部員外郎。希振生三男：長適，終於右班殿直；次適，終於黄州黄陂縣令；次道，無禄而卒。適生三男：長珣，見任殿中丞；次璠，見任贊善大夫；次琉，未仕。道一男，瑜，汝州龍興令、監解州安邑鹽池。公以耆艾之德，逢熙洽之運，寵遇隆重，才望烜赫，而不登三事，弼輔萬幾，命矣夫。先是，公自醴泉移新都，屬國都新定，川蜀所在盜起，入劍門塗梗，不可進，棄官東歸。俄而令下，有司有不之任官，謫嶺表，永不録叙。公即時奔赴交代，以親老有退居志，端居醴泉私第，晨夕潔養，恬素爲樂。無何，鎮將使酒淩公，公慷慨發憤，受代詣闕，遂遇太宗拔擢，登翊王府，斯亦命歟？平生所著文稿，未嘗編綴，門户零替，嫡嗣繼亡，篋笥弗收，散落殆盡。前歲，從弟珦寄公五七言詩，一軸，廿六首，云偶得於他所。吾因略叙夫宗派世家，附于貽範集云。」二程集河南程氏文集卷五程頤上仁宗皇帝書中也談到：「臣高祖羽，太祖朝年六十餘，爲縣令，一言遭遇，聖祖特加拔擢，攀附太宗，終於兵部侍郎。顧遇之厚，群臣無比，備存家牒，不敢繁述。臣曾祖希振，既以父任，後祖適復被推恩。國家録先世之勳臣，父珦又蒙延賞，今爲國子博士。非有横草之功，食君禄四世，一百年矣。臣料天下受國恩之厚，無如臣家者。」

〔二〕陽穀縣主簿　程大昌宋故文明殿學士尚書兵部侍郎贈太子少師程公世録作「陽穀縣尉」。東都事略卷一一二循吏傳則曰「陽穀簿」，與實録同。

〔三〕年七十三　東都事略卷一一二循吏傳亦曰：程羽「卒，年七十三」，與實録同。然宋史卷二六二程羽傳作「年七十二」。

34癸酉，有司言：「有挾私逼脅人致死者，請以抵罪。」上曰：「朕讀唐書，見李義府逼畢正義死獄中〔一〕，然小人之情何所不至，亦不足怪也。」令論如律。歸州言：「古玉虛觀內天尊以木爲骨，其木忽生枝葉。」

〔一〕李義府逼畢正義死獄中　李義府，武則天時權臣，太宗所談其逼畢正義死事，見舊唐書卷八二李義府傳：「義府貌狀溫恭，與人語必嬉怡微笑，而褊忌陰賊，既處權要，欲人附己，微忤意者，輒加傾陷，故時人言義府笑中有刀。又以其柔而害物，亦謂之李猫。顯慶元年，以本官兼太子右庶子，進爵爲侯。有洛州婦人淳于氏，坐姦繫於大理，義府聞其姿色，囑大理丞畢正義求爲別宅婦，特爲雪其罪。卿段寶玄疑其故，遽以狀聞，詔令按其事，正義惶懼，自縊而死。」

35 乙亥，以前朔州觀察使、駙馬都尉石保吉起復雲麾將軍、新州刺史、威塞軍節度使；以前如京使石保興起復雲麾將軍、領順州團練使。

書寫人：張容　初對：班紹宗　覆對：霍良弼

太宗皇帝實録卷第三十一 起太平興國九年八月，盡雍熙元年十二月。

1 八月戊寅朔〔一〕，詔曰：「國家撫育黎民，哀矜庶獄，累降詔敕，以儆有司〔二〕。而約束之言，猶有未盡，更條其事，申而明之。應兩京及諸道州府，有鬬競至杖罪以下〔三〕，本處長吏便可躬親決斷，不必更下所司，廣有逮捕〔四〕，使獄吏因緣爲姦。及遠郡刑獄，有無可疑，而奏案待報者，自今並禁止之。」初，上謂宰相曰〔五〕：「朕於刑獄，尤所疚懷，今西蜀、嶺南皆數千里，往來〔奏〕覆，淹延刑禁，宜有條約。」乃降是詔。

〔一〕八月戊寅朔　宋大詔令集卷二〇〇政事五三刑法上收録此詔，題名諸道州府鬬競杖以下便可決斷不必下有司詔，繫其時於「太平興國九年八月戊寅」。

〔二〕以儆有司　宋大詔令集作「以警有司」。

〔三〕應兩京及諸道州府，有鬬競至杖罪以下　宋大詔令集無「及」、「有」二字。

〔四〕廣有逮捕　宋大詔令集作「廣有追捕」。

〔五〕上謂宰相曰　續資治通鑑長編卷二五雍熙元年八月戊寅朔條記太宗語爲：「每閱大理奏案，或節目小有未備，移文案覆，封疆悠遠，動涉數千里外，禁繫淹久，甚可憐也。自今卿等詳酌，如非人命所繫，即與量罪區分，勿須再鞫。」與實録差别較大。

2壬午，御製四「成」字、四「高」字詩，各一首，賜近臣，令屬和。以殿中侍御史趙安易、監察御史趙齊並爲宗正〔一〕少卿。

〔一〕宗正　職司皇家祭祀、宗廟、陵墓以及族譜等一類事務，因而只由「宗姓」，即趙姓官員來擔任。宋會要輯稿職官二〇之一曰：「宗正寺，掌奉宗廟諸陵薦享，司宗室之籍。」「凡寺官，皆宗姓爲之。」

3甲申，以静難軍節度行軍司馬劉知信〔一〕爲左衛將軍，領營州刺史。嘉州言：「江水暴漲，壞官寺廬舍，溺死者千計。」

〔一〕劉知信　其母爲宋太祖、宋太宗母親杜太后親妹，劉知信早年喪父，被宋太祖、太宗父親趙弘殷收養於家中，因而深得宋太祖、太宗信任，宋史卷四六三本傳稱其「以戚里致貴，尤被親任，中外踐歷，最爲舊故」，是宋太祖、宋太宗最爲親信的外戚。從開寶五年開始至太平興國六年，劉知信長期擔任特務機構武德司（皇城司）的長官武德使，是當時政治上的實權人物之一。太平興國七年，劉知信牽涉進秦王廷美一案，被貶官爲静難軍行軍司馬。至是方重得晋升，後歷任知州，曾參與對遼作戰，頗立戰功。真宗時卒，贈太尉、天平軍節度使。

4乙酉，以監察御史索湘爲河北轉運副使。

5壬辰，詔曰：「錢刀之用〔一〕，以通有無。輕重相權，泉流不匱。漢、魏之後，其弊蓋多。國家即山鑄銅，奄有吴、蜀，富姬周之九府〔二〕，法上林之三官〔三〕。而民俗之間，犯禁者衆，姦僞既廣，輕重滋多〔四〕。自今兩宫〔五〕及諸道州府，宜申明舊禁〔六〕，不得雜用私鑄、細小〔七〕，及鐵鑞錢〔八〕，仍每貫須重四斤半已上〔九〕。其細雜錢，限一月内並須納官。」

〔一〕錢刀之用　宋大詔令集卷一八三財利上收録此詔，題名禁細小雜錢詔，「錢刀之用」作「錢布之用」。

〔二〕姬周之九府　漢書卷二四下食貨志下曰：「凡貨，金錢布帛之用，夏殷以前其詳靡記云。太公爲周立九府圜法：黄金方寸，而重一斤；錢圜函方，輕重以銖；布帛廣二尺二寸爲幅，長四丈爲匹。故貨寶於金，利於刀，流於泉，布於布，束於帛。」注引李奇曰：「圜即錢也。圜一寸，而重九兩。」顔師古駁之曰：「此説非也。周官太府、玉府、内府、外府、泉府、天府、職内、職金、職幣皆掌財幣之官，故云九府。圜謂均而通也。」毛應龍周官集傳卷一引東萊吕氏曰：「自大府至外府，掌府藏財賦；自司會至職歲，掌會計財賦。故大府爲府藏長，以下大夫爲之；司會爲會計官長，以中大夫爲之。權勢足相檢括，不得爲姦利也。」又引歐陽謙之曰：「自大府至外府，貨財之所在而主藏者也，若宋監左藏庫官是矣。自司會至職幣，貨財數目多少之所在而主計者也，若宋户部是矣。後世通謂之九府，豈考之不詳而相襲以爲説乎？」野客叢書卷二五夏商鑄錢條則曰：「世言錢起於周，太公九府圜法，前漢志云：『凡貨，金錢布帛爲用，夏殷以來，其詳靡記。』漢鹽鐵論亦曰：『夏后以貝，殷以紫石，後世或金錢刀布。』是周以前未用錢。僕觀太公六韜曰：『武王入殷，散鹿臺之金錢，以與殷民。』史記曰：『紂厚賦斂，以實鹿臺之錢。』又曰：『散鹿臺之錢，以賑濟貧民。』高謙之亦曰：『昔禹遭大水，以歷山金鑄錢，救人之困；湯遭大旱，以莊山之金鑄錢，贖人之賣子。』是三代皆已鑄錢，不但周也。」

〔三〕上林之三官　漢武帝元鼎二年將鑄幣權完全收歸中央，由合稱爲上林三官的均輸、鍾官、辨銅三令丞具體負責，其所鑄錢稱「上林三官五銖」或「三官五銖」錢，爲漢代法定貨幣。上林三官，也有一説爲鍾官、辨銅、技巧，認爲鍾官主鑄造，辨銅主原料，技巧主刻範。史記平準書曰：「於是悉禁郡國無鑄錢，專令上林三官鑄。錢既多，而令天下非三官錢不得行，諸郡國所前鑄錢皆廢銷之，輸其銅三官。而民之鑄錢益少，計其費不能相當，唯真工大姦乃盜爲之。」集解曰：「漢書百官表：『水衡都尉，武帝元鼎二年初置，掌上林苑，屬官有上林均輸、鍾官、辨銅令。』然則上林三官，其是此三令乎？」

〔四〕輕重滋多　輕重，宋大詔令集作「輕細」，較實録爲長。

〔五〕兩宫　宋大詔令集卷一八三作「兩京」，當爲實録誤。

〔六〕申明舊禁　五代幣制混亂，私鑄、盜鑄成風，劣幣泛濫。北宋開國後，從宋太祖開始，連續頒布了一系列以嚴厲的刑罰，將鑄幣權收歸中央、禁止劣幣流通等措施，並取得了較好的成效。如續資治通鑑長編卷三建隆三年正月丙子條曰：「禁諸州鐵鑞錢及江南所鑄『唐國通寶』錢。民間有者悉送官，所在設棘圍以受之，敢有藏隱，許人陳告，重置之法。」建隆四年頒布的重詳定宋刑統卷二六私鑄錢條亦規定：「私鑄錢及造意人，及句合頭首者，並處絞，仍先決杖一百。從及居停主人加役流，仍各先決杖六十。若家人共犯，坐其家長；若老弱殘疾不坐者，則歸罪其以次家長。其鑄錢處，鄰保配徒一年；里正、坊正、村正各決杖六十。」續資治通鑑長編卷八乾德五年十二月丙辰條：「詔諸州輕小惡錢及鐵鑞錢等，限一月悉送官，限滿不送者罪之有差，敢私鑄者棄市。時開封府言民間新小錢每十錢才重五錢半，其極小薄者重二錢半，侵紊法制，莫甚於此故也。」宋會要輯稿食貨六七之一更詳記乾德五年十二月二日詔曰：「錢乃所以通貿易，布帛所以備財帛，時之急務，不可闕焉。故幣之輕姦，國家所禁；物之行濫，律令甚明。近聞都市之中，買人作僞，或刮銅取鉛，盜鑄公行；或塗粉入藥，詐欺規利。是致貨泉日弊，偷薄萌生，禁而止之，抑惟舊典。自今京城及諸道州府市肆，並不得行用新小錢鑞等錢，兼不得以疏惡絹帛入粉藥，違者重寘其罪。」太宗是詔，重申了乾德五年的詔令，主要是針對着江南、江西、福建等南方地區的，群書考索後集卷六〇引長編即曰：「雍熙元年八月，有司言：江南饒、洪、信等州民多盜買官銅，雜鉛、錫鑄新錢，請禁之。壬辰，詔江南諸州止得用舊錢。官庫所鑄新錢，每貫及四斤半者，悉送闕下；不及者，銷毁之。又以民間尚多惡錢，復申乾德五年之禁，稍峻其法。」案：今存續資治通鑑長編無此條，當爲佚文。

〔七〕不得雜用私鑄、細小　宋大詔令集作「不得雜用銅細小及鐵鑞錢」。

〔八〕鐵鑞錢　宋代流通的銅錢，並非純銅，而是銅、鉛、錫的合金。因此，銅含量比例的高低，就是衡量銅錢質量的重要指標之一。宋太宗時，北宋官方鑄錢銅、鉛、錫三者的比例，據續資治通鑑長編卷二四太平興國八年三月乙酉條：「歲鑄三十萬貫，凡用銅八十五萬斤，鉛三十六萬斤，錫十六萬斤。」其標準大約爲銅佔百分之六十二、鉛佔百分之二十六、錫佔百分之十二，參看汪聖鐸兩宋貨幣史上册，第二五四頁，社會科學文獻出版社二〇〇三年版。劣幣鑄造者爲了牟取暴利，通常使用的方法就是增加鉛、錫成分，甚至在其中摻雜鐵。鐵鑞錢，也作「鐵錫錢」，就是當時較典型的劣幣，湖南馬氏、南唐等政權都曾大量鑄造，並泛濫到北方，資治通鑑卷二七六後唐明宗天成四年四月庚子朔條云：「禁鐵錫錢。時湖南專用錫錢，銅錢一直錫錢百，流入中國，法不能禁。」胡三省注考證説：「馬殷得湖南，鑄錫爲錢，本用之境内，其後遂流入中國。五代會要：同光二年三月敕：『泉布之弊，雜以鉛、錫，江、湖之外，盜鑄尤多，市肆之間，公行無畏。因是綱商挾帶，舟載往來，換易好錢，藏貯富室，實爲蠹弊，須有條流。宜令京城及諸道於市行使錢内點檢，雜惡鉛錫並宜禁斷。沿江州縣，每有舟船到岸，嚴加覺察，若私載往來，並宜收納。』天成元年十二月敕：『行使銅錢之内，如聞挾帶鐵錢，若不嚴加科流，轉恐私加鑄造。應中外所使銅錢内鐵鑞錢即宜毁棄，不得輒更有行使。如違，其所使錢不計多少，並納入官，仍科深罪。』蓋鐵錫錢之禁舊矣，今又申嚴之而不能禁也。」舊五代史卷四〇明宗紀六此條則作「禁鐵鑞錢」，舊五代史考異曰：「案：通鑑作鐵錫錢。胡三省注云：馬殷得湖南，鑄錫爲錢，本用之境内，其後遂流入中國。疑原本『鑞』字誤。考册府元龜亦作鐵鑞錢，今仍其舊。」北宋開國後，曾多次嚴令禁止鐵鑞錢流通。

〔九〕每貫須重四斤半已上　銅錢作爲金屬貨幣，單位重量是其優劣和信譽的最主要和基本的保障，而千方百計減少單位貨幣的重量則是盜鑄、私鑄者牟利的主要手法。北宋銅錢從宋太祖開國伊始，即有嚴格的鑄造標準，稱「料例」，其中在重量方面的要求，儘管前後有所變化，但一直是在每貫錢四斤以上。如雞肋編卷中概括説：「自開寶以來，鑄宋通、咸平、太平錢，最爲精好。今宋通錢，每重四斤九兩。國朝鑄錢料例，凡四次增減：自咸平五年後來用銅、鉛、錫五斤八兩，除火耗，收净五斤。景祐三年依開通錢料例，每料用五斤三兩，收净四斤十三兩。慶曆四年，依太平錢料例，又減五兩半，收净四斤八兩。慶曆七年，以建州錢輕怯羸弱，遂却依景祐三年料例，至五年以錫不足，減錫添鉛。嘉祐三年，以有鉛氣，方始依舊。嘉祐四年，池州乞減鉛、錫各三兩，添銅六兩。治平元年，江東轉運司乞依舊減銅添鉛、錫，提點相度，乞且依池州擘畫。省部以議論不一，遂依舊法，用五斤八兩，收净五斤到今。」貫，是宋代銅、鐵等錢的計量單位，一枚銅錢爲一「文」，百「文」爲一「陌」，十陌爲一「貫」，即一千錢。在實際流通中，每陌通常不滿百錢，宋太宗時定以七十七錢爲陌，則每貫不過七百餘錢。宋史卷一八〇食貨下二曰：「自唐天祐中，兵亂窘乏，以八十五錢爲百。後唐天成中，減五錢；漢乾祐初，復減三錢。宋初，凡輸官者，亦用八十、或八十五爲百，然諸州私用則各隨其俗，至有以四十八錢爲百者。至是，詔所在用七十七錢爲百。」歸田録卷二曰：「用錢之法，自五代以來，以七十七爲百，謂之『省陌』。今市井交易，又尅其五，謂之『依除』。」容齋三筆卷四省錢百陌條曰：「用錢爲幣，本皆足陌。梁武帝時，以鐵錢之故，商賈浸以姦詐自破，嶺以東，八十爲百，名曰東錢；江、郢以上，七十爲百，名曰西錢。京師以九十爲百，名曰長錢。大同元年，詔通用足陌。詔下而人不從，錢陌益少，至于末年，遂以三十五爲百。唐之盛際，純用足錢。天祐中，以兵亂窘乏，始令以八十五爲百。後唐天成，又減其五。漢乾祐中，王章爲三司使，復減三。皇朝因漢制，其輸官者，亦用八十，或八十五，然諸州私用，猶有隨俗至於四十八錢。太平興國二年，始詔民間緡錢，定以七十七爲百。自是以來，天下承用，公私出納皆然，故名『省錢』。但數十年來，有所謂頭子錢，每貫五十六，除中都及軍兵俸料外，自餘州縣官民所當得，其出者每百纔得七十一錢四分，其入者每百爲八十二錢四分，元無所謂七十七矣。民間所用，多寡又益不均云。」

6癸巳，有布衣以皂囊封書獻者，其詞狂妄，上覽而不之罪。因謂宰相曰：「比降詔書，許人言事，近有上章者，朕皆一一覽之。但外人不知朝廷要務，所言孟浪，不切機會。本欲下情上達，庶事無壅，故雖狂勃，亦不加罪〔一〕。」宋琪等對曰：「陛下廣納言之路，苟百中得一，亦是國家之利。」

〔一〕亦不加罪　續資治通鑑長編卷二五雍熙元年八月癸巳條在此下，記太宗還有語爲：「自古人臣諫君，固是好事，然須言當其理。國家擢任，亦須平允之人，如賣直沽名，僥求陞進，悉非良善。」

7甲午，延州、淄州言：「大水壞官寺、民舍，漂溺人畜。」

8丙申，太一宫成〔一〕。上將親祠，先一日，遣翰林學士賈黄中〔二〕致祭告之，其詞曰：「維太平興國九年，歲次甲申，八月戊寅朔二十日丁酉，皇帝謹遣翰林學士、尚書司封郎中、知制誥賈黄中，稽首上告于五福君基十神太一帝君之神：夫明靈之降，難可度思，精意苟存，必垂昭格。顧惟寡昧，嗣守丕基，而德教未孚，化源猶鬱，日慎一日，于兹九年。苟非上帝垂休，明靈降鑒，則安得民庶和樂，豐穰荐臻？苟此殊休，實由玄貺。惟神功施造化，道貫幽明，握上帝之靈符，作群生之司命。頃者觀臺效職，保章獻言，以爲躔次所經，將莅斗牛之分，永惟靈馭，下屬勾吴，且欲伸蠲潔之誠，豈復以封域爲限？載營閒館，卜此近郊，庶苾芬之儀，親承於祀事；飈欻之駕，時覿於神光〔三〕。所望〔四〕納九有於胥庭，躋蒼生於富壽。但以正詞而陳信，敢言祕祝〔五〕以求恩。謹以至誠，上祈冥祐。」

〔一〕丙申，太一宫成　實録卷二七太平興國八年十一月己未條已曰：「城南太一宫成。」似自相矛盾。又，續資治通鑑長編卷二四太平興國八年十一月己未條亦曰：「太一宫成，凡千一百區，命張齊賢等共視之。」李燾並有注曰：「此據本紀。

本志、實録於明年八月丙申始書太一宮成，蓋誤也。」宋史卷四太宗一正繫「太一宮成」於太平興國八年十一月己未。

〔二〕賈黄中　以廉潔奉公和富於文采受知於太宗，邵氏聞見録卷六：「太宗既下江南，以賈黄中知金陵府。一日，黄中按行府第，見庫舍扃鐍甚嚴，集僚吏發之，得寶貨數十巨櫝，皆李氏宫闈之物，不隸於籍者。黄中悉表上之。太祖歎曰：『吾府庫之物有籍，貪黷者尚冒禁盜之，況此亡國之遺物乎？』賜黄中錢三百萬，以旌其潔。黄中，唐相耽四世孫也，年七歲，以童子舉及第。李文正公昉贈之詩曰：『七歲神童古所難，賈家門户有衣冠。十人科第排頭上，五部經書誦舌端。見榜不知名字貴，登筵未識管弦歡。從今穩上青雲去，萬里誰能測羽翰。』至太平興國中，遂參大政，年五十六以卒。太宗厚恤其家，謂其母曰：『勿以諸孫及私門之窘自撓，朕嘗記之也。』……賈黄中字昌民，滄州人，唐相耽之裔。所贈詩或云竇儀。年十五舉進士，授校書郎、集賢校理、左拾遺補闕。嶺南平，爲採訪使；江南平，知昇州。召還，知制誥；遷翰林學士。太宗多召見，訪以時政得失。對曰：『職當書詔，思不出位。』太宗益重之，除給事中、參知政事。太宗召見其母王氏，命之坐，謂曰：『教子如是，今之孟母也。』性端重，守家法，多知臺閣故事。朝之典禮，資以損益。當時名士皆出其門。有文集行於世，三十卷。公與宋白、李至、吕蒙正、蘇易簡五人同拜翰林學士，時承旨扈蒙贈詩曰『五鳳齊飛入翰林』，其後皆爲名臣。」又，東都事略卷三五賈黄中傳曰：「黄中性端重，守家法，多知臺閣故事，朝之典禮，資以損益。當時之名士，皆出其門，談論娓娓，聽者忘倦。特常憂畏，而執政循嘿，時論少之。」古今事文類聚別集卷二〇以名屬戲條則曰：「賈黄中爲相，盧多遜作參。一日，府廨有蝗蟲，盧曰：『某聞所有乃假蝗蟲。』賈曰：『亦聞不傷稼，但盧多損耳。』」

〔三〕庶苾芬之儀，親承於祀事；飈欻之駕，時覿於神光　玉海卷一〇〇太平興國太一宮條記此祭詞，作「親承祀事」、

「時覲神光」，皆無「於」字。

〔四〕所望　玉海卷一〇〇太平興國太一宫條無「所望」二字。

〔五〕祕祝　玉海卷一〇〇太平興國太一宫條作「祕貺」。

9丁酉，車駕親祠太一宫〔一〕。

〔一〕車駕親祠太一宫　玉海卷一〇〇太平興國太一宫條：「一本云：初就幄殿，若有微風動幄；出朱雀門，嘉氣塞路。入宫，慶雲環日，如飛鳳龜龍之狀。」

10壬寅，澶州言：「河漲，損民田。」雅州言：「江水漲九丈，壞民廬舍。」以〔左〕神武大將軍石曦知襄州，左領衛大將軍趙延進知揚州〔一〕。

〔一〕左領衛大將軍趙延進知揚州　左領衛大將軍，宋史卷二七一趙延進傳記其職爲「俄改右領軍衛大將軍，出爲高陽關、平戎軍都監兼緣邊巡檢，改鈐轄。知揚州，召入，授右屯衛大將軍，徙知相州」，與實録不同，隆平集卷一七趙延進傳亦曰：趙延進「以功遷右屯衛大將軍。知鎮州，民詣闕借留，許一年。改知揚州，徙并、代州鈐轄，又知相州」。趙延進，出身五代武將世家，其妻爲宋太宗夫人尹氏（追封淑德皇后）之妹，故宋史本傳稱其「興國中，頗任以腹心」。太平興國四年九月，在宋、遼滿城之役中，趙延進首倡改變宋太宗脱離戰場實際的陣圖部署，對宋軍奪取大捷居功至偉，續資治通鑑長編卷二〇太平興國四年十月庚午條曰：「契丹大入侵，鎮州都鈐轄、雲州觀察使浚儀劉延翰帥衆禦之，先陣於徐河。崔彦進潛師出黑盧隄北，緣長城口，銜枚躡敵後，李漢瓊及崔翰亦領兵繼至。先是，上以陣圖授諸將，俾分爲八陣。大軍次滿城，敵騎坌至，右龍武將軍趙延進乘高望之，東西亘野，不見其尾，翰等方按圖布陣，陣相去百步，士衆疑懼，略無鬭志。延進謂翰等曰：『主上委吾等邊事，蓋期於克敵爾。今敵騎若此，而我師星布，其勢懸絶，彼若乘我，將何以濟？不如合而擊之，可以決勝。違令而獲利，不猶愈于辱國乎？』翰等曰：『萬一不捷，則若之何？』延進曰：『倘有喪敗，延進獨當其責。』翰等猶以擅改詔旨爲疑，鎮州監軍、六宅使李繼隆曰：『兵貴適變，安可以預料爲定！違詔之罪，繼隆請獨當之。』翰等意始決，於是分爲二陣，前後相副，士衆皆喜。三戰，大破之，敵衆崩潰，悉走西山，投坑谷中，死者不可勝計。追奔至遂城，斬首萬餘級，獲馬千餘匹，生擒酋長三人，俘老幼三萬口及兵器、車帳、羊畜甚衆。」

11甲辰，以監察御史周渭爲兩浙西南路轉運使〔一〕。白州言：「大風壞官寺、民舍。」

〔一〕以監察御史周渭爲兩浙西南路轉運使　周渭，宋初能吏，頗得宋太祖、太宗賞識，涑水記聞卷一曰：「周渭，連州人。湖南與廣南戰，渭爲廣南所虜，其妻莫氏并二子留在家。渭仕廣南有官禄矣。太祖平廣南，得渭，喜，以爲平廣南得一人耳。後以爲侍御史、廣南轉運使。渭久已改娶，使人訪其故妻，先與之别二十七年矣。妻固不嫁，育二子皆長。渭欲復迎之，妻曰：『君既有室，我不可復往。且吾有婦孫，居此久，不可去。』渭爲具奏，詔特爵爲縣君，并其二子，渭皆爲奏官。」又曰：「周渭爲白馬縣主簿，大吏有罪，渭輒斬之，太祖奇其材，擢爲贊善大夫。後通判興州事，有外寨軍校縱其士卒暴犯居民，渭往責而斬之，衆莫敢動。上聞益壯之，詔褒稱焉。」又，周渭之妻名莫荃，當時稱爲「莫節婦」，宋史卷三〇四周渭傳曰：「渭妻莫荃，賢婦人也。渭北走時，不暇與荃訣，二子孩幼，荃尚少，父母欲嫁之。荃泣誓曰：『渭非久困者，今違難遠適，必能自奮。』於是親蠶績碓舂，以給朝夕，二子皆畢婚娶。凡二十六年，復見渭，時人異之。朱昂著莫節婦傳紀其事。」兩浙西南路轉運使，宋史卷三〇四周渭傳記爲「兩浙東西路轉運使」。案：續資治通鑑長編卷一九太平興國三年五月丙戌條曰：「刑部郎中楊克讓充兩浙西南路轉運使，宗正丞趙齊副之；祠部郎中河南劉保勳充兩浙東北路轉運使，右拾遺鄭驤副之。」乾道臨安志卷二廨舍條曰：「兩浙轉運衙：太平興國三年，錢氏納土，是年五月丙戌，始置轉運使，以刑部郎中楊克遜充兩浙西南路轉運使，宗正寺丞趙齊副之；祠部郎中劉保勳充兩浙東北路轉運使，右拾遺鄭遜副之。熙寧七年四月癸巳，檢正中書刑房公事沈括言欲乞分浙東西爲兩浙路轉運使，於杭州置司，杭、蘇、湖、常、秀、睦、潤七州爲浙西路，越、明、台、婺、温、衢、處七州爲浙東路，詔從之。舊治在霅門之北，爲南、北兩衙，今徙於湧金門南，爲轉運東、西衙。」則太宗時，兩浙轉運，分西南和東北兩路，當以實録爲是。

12九月戊申朔，以磁州團練使潘光裕〔一〕爲右千牛衛大將軍。

〔一〕潘光裕　續資治通鑑長編卷一〇開寶二年九月辛未條曰：「以龍捷左廂第六軍指揮使潘光裕爲内外馬步軍副都頭、領振州團練使，賞石嶺關捍寇之功也。」

13丙辰，以太子中允崔邁爲陝府西路轉運使副〔一〕，吕備爲轉運使。

〔一〕陝府西路轉運使副　疑應爲陝府西路轉運副使。

14壬戌，宰相率文武百官上言曰：「臣聞：道之大也，二儀生焉，萬物母焉，而豈辭希夷、罔象之謂〔一〕；天之高也，四時行焉，三光麗焉，而靡謝昭回、乾健之稱。斯蓋物理之常情，而聖人所以無避者也。伏惟應運統天睿文英武大聖至明廣孝皇帝陛下，功參玄極，道貫往初，思溢六虛，恩覃萬彙。納百王於軌度，懷九有於胥庭。大夏、九真、條支、越裳之貢，雜沓乎槀街；合穗、連理、華平、闊達之秀，充盈乎瑞諜。天人昭答，符應荐臻。猶且翼翼小心，乾乾夕惕，訪崆山而問道〔二〕，遇乙夜以觀書。游神於蠖濩之中，端拱於穆清之際。昨者人神合契，億兆同心，將以交歡三神，接統千祀，追云亭之盛禮，踐八九之遐蹤。檢玉之祠，不陳於祕祝；射牛之禮，已講於儒臣。而勞謙載懷，中道而止，神貺集而不答，盛禮闕而弗營。今柴燎在辰，華夏畢至，咸以爲：群心固而天聽不回，則何以綏懷萬國？盛德著而名號不稱，則何以對越穹旻？澤以濅之，德以覆之，昆蟲草木，罔不咸遂，可不謂至仁乎？恩以懷之，威以肅之，華夷蠻貊，罔有不率，可不謂明德乎？臣等不勝大願，上尊號曰應運統天睿文英武大聖至仁明德廣孝皇帝。伏惟上奉天明，下從人欲，誕受典策，光昭永圖。」答詔不允。

〔一〕而豈辭希夷、罔象之謂　典出韓愈順宗實録永貞二年正月：「上聖玄邈，獨超乎希夷；彊名之極，猶存乎罔象。豈足以表無爲之德，光不宰之功？然稱謂所施，簡册攸著；涵泳道德，感於精誠。仰奉洪徽，有以自竭。」又見唐大詔令集卷八。希夷，老子第十四章曰：「視之不見，名曰『夷』；聽之不聞，名曰『希』；搏之不得，名曰『微』。」河上公注曰：「無色曰夷，無聲曰希，無形曰微。」陳鼓應老子注譯及評介曰：「『夷』、『希』、『微』：這三個名詞都是用來形容感官所不能把捉的

『道』。」中華書局一九八四年版，第一一四頁。罔象，亦稱「象罔」，典出莊子天地篇：「黃帝遊乎赤水之北，登乎崑侖之丘而南望，還歸遺其玄珠。使知索之而不得，使離朱索之而不得，使喫詬索之而不得也。乃使象罔，象罔得之。黃帝曰：『異哉！象罔乃可以得之乎？』」王先謙莊子集解卷三天地第十二曰：玄珠，喻道也，「知以神索之，離朱索之形影，喫詬索之聲聞，是以愈索愈遠。象罔者，若有形，若無形，故眸而得之」。並引宣云：象罔「似有象而實無，蓋無心之謂」。陳鼓應莊子今注今譯曰：「象罔：無心之謂（成疏）；按『象』即形迹，『罔』同無，同忘；『象罔』喻無形迹，亦寓名。」並引王叔珉之說曰：「案覆宋本『象罔』並作『罔象』。御覽八〇三引同。李白大獵賦：『使罔象掇玄珠于赤水』，金門答蘇秀才詩：『玄珠寄罔象』，白居易求玄珠賦：『與罔象而同歸』，並用此文，皆作『罔象』。」中華書局一九八三年版，第三〇三頁。案：實録此條所記詔文，亦可作王氏宋本莊子「象罔」並作「罔象」之說的一個例證。

〔二〕訪峒山而問道　典出莊子在宥篇：「黃帝立爲天子十九年，令行天下，聞廣成子在於空同之山，故往見之，曰：『我聞吾子達於至道，敢問至道之精。吾欲取天地之精，以佐五穀，以養民人，吾又欲官陰陽，以遂群生，爲之奈何？』」

15丙寅，群臣三上表，詔曰：「朕祇膺丕構，奉若昊天，常懼燭理不明，聽斷乖誤，日慎一日，于今九年。賴上帝顧懷，宗社儲祉，兵戎甫定，民俗小康。載循沖人，何能致此？愧畏之意，不敢弭忘。今者輟升中之儀，修柴燎之禮，匪敢自大，要在致誠。夫溢美之累於道，虚言之過於實，朕所不取也。無爲煩數，當體至懷，所請宜不允。」

16庚午，免太常博士李頌，仍削兩任，以知齊州日，坐部內與尼姦故也。

17辛未，度支使、左衛大將軍〔一〕陳從信卒。從信，字思齊，譙郡〔二〕人也。上在藩邸，命從信典財用之出入，恭謹彊力，心計精敏，府中事無大小，悉委之。開寶二年〔三〕秋，有司言：太倉儲廪止於明年二月，請分屯諸軍，仍盡率民船，以資江、淮糧運。太祖大怒，切責計司曰：「國無九年之蓄曰『不足』，汝不素爲計度，而使倉儲垂盡，乃請分屯兵師，括率民船以資饋運，是可卒致乎？且設汝何用？苟有所闕，必爾乎取之〔四〕。」三司使楚昭輔〔五〕惶懼，計不知所出，乃詣晋邸，見上泣告，乞於太祖解釋，稍寬其罪，使得盡力營辦，上許之。昭輔出。上召從信，告之曰：「理將安出？」對曰：「從信嘗游楚、泗間，見糧運停阻之由，蓋是逐處勘給主船軍人糧食，是以凝滯。若令往復自初起程，即令計日併支沿路日食，便可責其定限。又楚、泗間運米入船，及至京輦米入倉，皆令促其程限。如此，每運可減數十日。楚、泗至京千里，舊八十日一運，一歲三運，若此，則歲可增一運焉。今又聞三司使令籍民船，無好惡皆取之，則冬中京師薪炭殆絶。不若以新好船令運糧，惡者任民載樵薪，則公私俱濟。今市中米貴，官乃定價，令㪷錢七十，商賈聞之，以不獲利，無敢載致京師者。雖富人儲物，亦隱匿不糶，是以益貴，而貧民將憂其餒殍也。今若聽其自便，四方商旅皆至，即米多而價自賤矣。」上曰：「然。」明日，具以白太祖，盡從其言，於是事集焉〔六〕。上即位，遷東上閤門使，樞密都承旨。坐事〔七〕，責授閑廄使，閤門祇候。上征并、汾，以從信爲大内都部署，遷左衞將軍，復爲樞密都承旨〔八〕。未幾，以本官罷。踰年，以本官充度支使，加本衞大將軍。至是卒，年七十二〔九〕，贈太尉。從信無他才，好詭誕，有李八百者，自言八百歲，從信事之甚謹，冀傳其術，而終無所得。侯莫陳利用〔一〇〕者，挾左道，有妖術，因從信推薦獲寵，人以此非之。

〔一〕左衞大將軍　宋史卷二七六陳從信傳作「右衞大將軍」。

〔二〕譙郡　宋史卷二七六本傳稱其爲「亳州永城人」，續資治通鑑長編卷一三開寶五年七月甲申條亦稱其爲「永城陳從信」。

〔三〕開寶二年　宋史卷二七六本傳曰「開寶三年秋」。續資治通鑑長編卷一三開寶五年七月甲申條則繫其事於開寶五年，李燾在注中考證説：「陳從信傳云事在開寶三年秋。實訓云在二年。按楚昭輔權判三司實四年五月，安得三年秋已有此事？今載於五年秋，庶免牴牾。冬十月，江、淮米十萬石至京師，即是從信之策行也。」

〔四〕必爾乎取之　實録此語，文意不清，續資治通鑑長編卷一三開寶五年七月甲申條作「必罪爾以謝衆」，較實録爲優。

〔五〕三司使楚昭輔　續資治通鑑長編卷一三開寶五年七月甲申條，及宋史卷二五七楚昭輔傳，皆記楚昭輔時任「權判三司」，並非三司使，實録誤。

〔六〕於是事集焉　玉壺清話卷八亦詳記此事，並記陳從信「心計精敏」的具體事例及其對宋代弩箭技術的革新，其文曰：「太宗居晉邸，知客押衙陳從信者，心計精敏，掌功官帑，輪指節以代運籌，絲忽無差。開寶初，有司秋奏：『倉儲止盡明年二月。』太宗因詰之。信曰：『但令起程即計往復日數，以糧券併支，可責其必歸之限。運至陳留，即預關主司，戒運徒先候於倉，無淹留之弊，每運可減二十日。楚、泗至京，舊限八十日，一歲止三運，每運出淹留虚程二十日，歲自可增一運。』太宗以白太祖，遂立爲永制。一歲，晉邸歲終籌攢年費，何啻數百萬計，惟失五百金，屢籌不出。一蒼頭偶記之：『晉王一日登府樓，遥觀尋橦者，賞歎精捷，令某府取庫金與之。』時信不在，後失告之。』魏丕爲作坊使，舊制，床子弩止七百步，上令丕增至千步，求規於信。信令懸弩於架，以重墜其兩端，弩勢負，取所墜之物較之，但於二分中增一分以墜新弩，則自可千步矣。如其制造後，果不差。」

〔七〕坐事　宋史卷二七六其本傳記曰：「七年，坐秦王廷美事，以本官罷。」實録或有避諱。

〔八〕復爲樞密都承旨　樞密都承旨，樞密院地位最高的屬官，楊萬里誠齋集卷七四樞密院官屬題名記曰：「中書、樞密曰二府，國朝之制也，亦因也。樞密之屬，曰都承旨、曰副都承旨、曰檢詳、曰編修。」

〔九〕年七十二　宋史卷二七六其本傳作年「七十三」。

〔一〇〕侯莫陳利用　本爲江湖游醫，自成都至開封賣藥，經陳從信推薦後，「以方術」得寵於宋太宗，宋史卷四七〇佞幸傳曰：「侯莫陳利用，益州成都人，幼得變幻之術。太平興國初，賣藥京師，言黄白事以惑人。樞密承旨陳從信白於太宗，即日召見，試其術頗驗，即授殿直，累遷崇儀副使。雍熙二年，改右監門衛將軍，領應州刺史。三年，諸將北征，以利用與王侁並爲并州駐泊都監，擢單州刺史。四年，遷鄭州團練使。前後賜與甚渥，依附者頗獲進用，遂横恣無復畏憚。其居處服玩皆僭乘輿，人畏之不敢言。」端拱元年三月，宰相趙普勸太宗因事誅之，續資治通鑑長編卷二九端拱元年三月乙亥條曰：「普因勸上曰：『利用罪大責輕，未塞天下望，存之何益！』上曰：『豈有萬乘之主不能庇一人乎？』普曰：『此巨蠹犯死罪十數。陛下不誅，則亂天下法。法可惜，此一豎子，何足惜哉。』上不得已，命賜死於商州。既而悔之，遽使馳傳貸其死，使者至新安，馬旋濘而踣，掀於淖而出，换它馬。及至，磔於市矣。聞者快之。」據何冠環宋太宗箭疾新考分析：侯莫陳利用得殊寵於太宗，當與太宗太平興國四年北伐幽州，在宋遼高梁河之戰時股中兩箭，箭傷一直未能痊愈，年年復發，需人診治有關。如默記卷中即曰：「神宗初即位，慨然有取山後之志。滕章敏首被擢用，所以東坡詩云：『先帝知公早，虛懷第一人』，蓋欲委滕公以天下之事也。一日，語及北虜事，曰：『太宗自燕京城下軍潰，北虜追之，僅得脱。凡行在服御寶器盡爲所奪，從人宫嬪盡陷没。上股中兩箭，歲歲必發，其棄天下竟以箭瘡發云。蓋北虜乃不共戴天之讎，反捐金繒數十萬以事之爲叔父，爲人子孫，當如是乎！』已而泣下久之，蓋已有取北虜大志。其後永樂、靈州之敗，故鬱鬱不樂者尤甚，愴聖志之不就也。章敏公爲先子言。」宋史卷二八一寇準傳亦有云：「準初自青州召還，入見，帝足創甚，自褰衣以示準，且曰：『卿來何緩耶？』」侯莫陳利用所賴以得寵的「方術」，或即治療箭瘡的民間偏方、驗方。侯莫陳，出自鮮卑，老學庵筆記卷一曰：「予嘗與查元章讀太宗實録，有侯莫陳利用者。予問有對否？元章曰：『昨虜使有烏古論思謀，可對也。』予曰：『虜人姓名，五字者固多矣。』元章曰：『不然，侯莫陳可析爲三姓，烏古論亦然，故爲工也。』」明淩迪知萬姓統譜卷一四〇代北三字姓條曰：「侯莫陳，其先後魏別部，居庫斛真水。同書云：武川人，世爲渠帥，隨魏南遷，號侯莫陳氏。」明楊慎升菴集卷五〇三字姓條亦曰：「魏初作府兵，八柱國掌之，侯莫陳崇其一也。侯莫陳三字姓，崇其名也。趙宋有侯莫陳利用，蓋其後裔。今讀者以侯莫爲一人，陳利用爲一人，非也。又代北邊人有三字姓：侯莫陳、阿史那、潛夫論，中國亦有白巴公氏。」

18壬申，以諫議大夫許仲宣權判三司。

19乙亥，詔史館所編文集將就，可令接續進來。上謂宰相曰：「自去年冬末，日讀御覽三卷，未嘗廢闕。有故即追補之，已讀八百餘卷矣〔一〕。」

〔一〕已讀八百餘卷矣　宋朝事實類苑卷二祖宗聖訓引帝學曰：「帝語宰相曰：『史館所修太平總類，自今日進三卷，朕當親覽。』宋琪曰：『陛下好古不倦，觀書爲樂，然日覽三卷，恐至罷倦。』帝曰：『朕性喜讀書，開卷有益，每見前代興廢，以爲監戒，雖未終盡記，其未聞未見之事，固以多矣。此書千卷，朕欲一年讀徧，因思好學之士，讀萬卷書，亦不爲難。大凡讀書，須性所好，若其不好，讀亦不入。昨日讀書從巳至申，有鶴飛上殿砌，至罷方去。』左右曰：『昔楊震講學，有鸛銜鱣墜堂下，亦此類也。』」楊文公談苑亦曰：「太宗詔諸儒編故事一千卷，曰太平總類。文章一千卷，曰文苑英華。小説五百卷，曰太平廣記。醫方一千卷，曰神醫普救。總類成，帝日覽三卷，一年而讀周，賜名曰太平御覽。」澠水燕談録卷六文儒亦曰：「太宗鋭意文史，太平興國中，詔李昉、扈蒙、徐鉉、張洎等，門類群書爲一千卷，賜名太平御覽。又詔昉等撰集野史爲太平廣記五百卷，類選前代文章爲一千卷，曰文苑英華。太宗日閲御覽三卷，因事有闕，暇日追補之，嘗曰：『開卷有益，朕不以爲勞也。』」又，續資治通鑑長編卷二五雍熙元年十月甲申條記太宗自述其讀書情形：「朕每日所爲有常度，辰巳間視事，既罷，即看書，深夜乃寢，五鼓而起，盛暑永晝未嘗卧，至於飲食，亦不過差，行之已久，甚覺得力。凡人飲食飽，無不昏濁，倘四支無所運用，更復就枕，血脈凝滯，諸疾自生。欲其清爽，得乎？老子云：『我命在我不在天。』全繫人之調適。卿等亦當留意，無自輕於攝養也。」同卷雍熙元年九月記事則云太宗曾引太平御覽中史實，「謂宰相曰：『昔楚文王得茹黄之狗，苑路之矰，畋於雲夢，三月不返。保申諫之，王引席伏地，申束箭五十，跪加王背者再，申趨出請死，王召而謝之，殺狗折矰，務治國事，并國三十九。朕觀書至此，未嘗不嗟賞數四，自古君臣，非道合何以及此。若君不信用，雖有直臣，亦無以行其道。』宋琪曰：『此事，一百年來人君亦罕有知者，非陛下博覽，安能得兹監戒。然臣聞「知之非艱，行之惟艱」，願陛下勉之。』上深然其言。」太宗修太平御覽、文苑英華諸書，有一種説法是爲了安置諸降王舊臣，如揮麈録後録卷一記朱希真曰：「太平興國中，諸降王死，其舊臣或宣怨言，太宗盡收用之，寘之館閣，使修群書，如册府元龜、文苑英華、太平廣記之類，廣其卷帙，厚其廩禄贍給，以役其心，多卒老於文字之間云。」然舊聞證誤卷一駁斥此説，曰：「按，會要，太平興國二年，命學士李明遠、扈日用偕諸儒修太平御覽一千卷、廣記五百卷。明年，廣記成。八年，御覽成。九年，又命三公及諸儒修文苑英華一千卷，雍熙三年成。與修者乃李文恭穆、楊文安徽之、楊樞副礪、賈參政黄中、李參政至、吕文穆蒙正、宋文安白、趙舍人鄰幾，皆名臣也。楊文安雖貫浦城，然耻事僞廷，舉後周進士第。江南舊臣之與選者，特湯光禄、張師黯、徐鼎臣、杜文周、吴正儀等數人。其後，湯、徐並直學士院，張參知政事，杜官至龍圖閣直學士，吴知制誥，皆一時文人。此謂『多老於文字之間』者，誤也。當修御覽、廣記時，李重光尚亡恙，今謂因『降王死而出怨言』，又誤矣。册府元龜乃景德二年王文穆、楊文公奉詔修，朱説甚誤。」日本竺沙雅章著、方建新譯宋朝的太祖和太宗則分析説：「太宗開展這項工作確實有籠絡南唐知識分子的意圖。例如，編纂官之一的徐鉉，在南唐時，擔任吏部尚書的要職，是精通文字學的著名學者。他所校訂的説文解字聞名於後世，另外還撰有其他多種著作。他曾受太宗之命編撰江南録，書的末尾寫道：『歷數有盡，天命有歸。』太宗對他的説法很不滿意。但是，這與其是説徐鉉對宋朝並不完全順從，還不如説他作爲南唐的傑出文人在文化方面流露出的一種自豪感。所以，如果讓他們脱離政治，從事文化事業的話，他們對新朝的不滿是會慢慢消除的，從中朝廷也能獲得崇尚文化的美名。這樣的考慮，太宗肯定是有的。一般説來，中國歷代王朝，完成了統一天下大業的皇帝，往往大力發展文化事業。如唐太宗時編纂五經新義、明永樂帝時編修永樂大典、清代康熙皇帝時編纂古今圖書集成就是例子。這些帝王往往以此標榜自己是中國傳統的文治國家的繼承者，同時又可以作爲籠絡知識分子的手段。」浙江大學出版社二〇〇六年版，第一一八—一一九頁。

20冬十月庚辰，以知叙州舒德郛爲叙州刺史。谿洞之首領，來請命也。詔曰：「應諸道州府，自今犯竊盜，五貫已上、十貫以下，並決杖，配隸所在徒役，不必更奏。十貫已上，及兇惡尤甚，爲人患者，即得取裁。」先是，竊盜獄成，皆取裁，多致凝滯。上知之，故降是詔〔一〕。

〔一〕故降是詔　宋史卷一九九刑法一詳記此詔曰：「雍熙〔二〕年，令竊盜滿十貫者，奏裁；七貫，決杖、黥面、隸牢城；五貫，配役三年，三貫，二年，一貫，一年。它如舊制。」文獻通考卷一六六亦略同，然繫其時於「十年五月」。

21癸未，乾明節，群臣上壽〔一〕。先是，飲群臣酒，三行乃止。是日，上悦，顧謂權御史中丞滕中正曰：「三爵之儀，是謂常禮，朕欲與群臣更飲一巵，可乎？」對曰：「陛下聖恩甚厚，臣敢不奉詔。」殿上皆稱萬歲〔二〕。

〔一〕乾明節，群臣上壽　鐵圍山叢談卷二：「國朝故事，天子誕節，則宰臣率文武百僚班紫宸殿下，拜舞稱慶。宰相獨登殿捧觴，上天子萬壽，禮畢，賜百官茶湯罷，於是天子還内。則宰相夫人在内亦率執政夫人以班福寧殿下，拜而稱賀。宰臣夫人獨登殿觴，上天子萬壽，仍以紅羅綃金鬚帕繫天子臂，退復再拜，遂燕坐於殿廊之左。此儒臣之至榮。」

〔二〕殿上皆稱萬歲　是事詳見玉壺清話卷八：「太宗推敦臺憲，動畏彈奏。雍熙九年，春讌，上歡甚，時滕中正權中丞，上謂群臣曰：『朕所樂者，非歌舞樽罍，蓋時平民康，與卿等放懷同慶爾。』顧中丞曰：『三爵之飲宴，實爲常禮，朕與群臣徹常算，快飲數杯可乎？』中正奏曰：『臣聞文王在鎬，與魚藻同樂。古之誡者，但恐湎淫失度爾，今君臣熙洽，穆穆皇皇，微臣敢不奉詔。』殿上皆呼萬歲。遂以虛爵徧授，俾恣飲焉。」

22甲申，詔曰：「華山陳摶〔一〕，養素丘樊，韜光巖穴，載應順風之請，是增少微之耀。慕我至化，來儀帝廷，不有嘉名，何彰貞範？可賜號『希夷先生』，仍賜紫衣一襲。」摶頗工詩什〔二〕，居華山雲臺觀。周世宗聞其名，召之。既至，館於禁中月餘，厚禮遣之還山。及上即位，來朝，今復至〔三〕。上待之甚厚〔四〕，謂宰相曰：「摶獨善其身，不干勢利，所謂方外之士也。入華山四十年，度其年近百歲人，且言天下安治，故來朝覲，此意亦可念也。即令引至中書，卿可試與之語。」摶既至，琪等因問曰：「先生得玄默修養之道，可以授於人乎？」摶（原闕）〔五〕。

〔一〕陳摶　字圖南，號扶摇子，宋太宗賜其號曰「希夷先生」，道教徒或尊稱其爲「陳摶老祖」，宋史列其於隱逸傳中。陳摶被公認爲道教内丹派發展史上承前啓後的代表性人物。道教内丹派，是唐宋之際興起的道教新流派。與以往魏晋隋唐時期道教煉製、服食用丹砂等多種藥物煉製成的丹藥（即所謂的外丹）不同，内丹派教義注重的是精神内修，主張性命雙修，强調以先天元氣爲藥物，以元神真意爲内煉主宰，不再單純地依賴外服丹藥。道教内丹派的興起，符合宋代文化由外向轉向内在的時代大趨勢，它不僅使道教擺脱了以往信徒往往因服食丹藥中毒而死對道教所帶來的負面影響，而且由於内丹派宣導以人體本身的精氣神爲修煉的「藥物」，聲稱不論是貴賤男女，得訣即可修煉成仙，不再以往那樣需要昂貴的專門藥物，就使得道教不再是單純爲達官貴人成仙夢想服務，而轉變爲社會各階層人士能夠普遍接受的宗教信仰，從而大大擴大了道教的群衆性和普及性。宋代以後，内丹派逐漸成爲道教的主流。陳摶身爲道士，但對周易等儒家經典亦有造詣，宋史卷四五七其本傳中即稱其「好讀易，手不釋卷」、「讀經史百家之言」，佛祖統紀卷四三亦曰：「處士陳摶受易於麻衣道者，得所述正易心法四十二章，理極天人，歷詆先儒之失。摶始爲之注，及受河圖、洛書之訣，發易道之祕，漢晋諸儒如鄭康成、京房、王弼、韓康伯，皆所未知也。」其道學思想儒道融合的特色十分明顯，尤其是他的易學，對宋代理學的形成有重要的作用。一般認爲，周敦頤、邵雍兩大理學的開山人物，其學術淵源皆可追溯至陳摶，周、邵二人所構建的太極—陰陽—五行—萬物的理學宇宙生成模式，就是直接淵源於陳摶的先天圖，是儒家學説和道教宇宙論的有機結合。宋史卷四三一儒林李之才傳曰：「之才初爲衛州獲嘉主簿、權共城令。時邵雍居母憂于蘇門山百源之上，布裘蔬食，躬爨以養父。之才叩門來謁，勞苦之曰：『好學篤志果何似？』雍曰：『簡策之外，未有迹也。』之才曰：『君非迹簡策者，其如物理之學何？』他日則又曰：『物理之學學矣，不有性命之學乎？』雍再拜願受業。於是先示之以陸淳春秋，意欲以春秋表儀五經，既可語五經大旨，則授易而終焉。」對邵雍影響重大的李之才，就是陳摶易學的三傳弟子，宋史卷四三一儒林李之才傳曰：李之才「青社人也，天聖八年同進士出身，爲人朴且率，自信，無少矯厲。師河南穆修，修性卞嚴寡合，雖之才亦頻在訶怒中，之才事之愈謹，卒能受易。時蘇舜欽輩亦從修學易，其專授受者惟之才爾。修之易受之种放，放受之陳摶，源流最遠，其圖書象數變通之妙，秦、漢以來鮮有知者。」貴耳集卷下亦曰：「濮上陳摶以先天圖傳种放，放傳穆修，修傳李之才，之才傳邵雍。放以河圖、洛書傳許堅，堅傳范諤昌，諤昌傳劉牧。修以太極圖傳惇頤，惇頤傳二程。」

〔二〕摶頗工詩什　宋史卷四五七隱逸陳摶傳曰其「頗以詩名」，撰有指玄篇、三峰寓言、高陽集、釣潭集，及「詩六百餘首」。

〔三〕今復至　陳摶是當時社會和政治上十分活躍的道教人物，周世宗、宋太祖、宋太宗等帝王都曾徵召過他，他也曾至開封覲見過周世宗和宋太宗。關於陳摶的生平事迹及其與周世宗、宋太宗的會面，楊文公談苑曰：「陳摶，譙郡真源人，與老聃同鄉里生，嘗舉進士不第，去隱武當山九室巖辟穀練氣。作詩八十一章，號指玄篇，言修養之事。後居華山雲臺觀，多閉門獨卧，經累月至百餘日不起。周世宗召至闕下，令於禁中扃户以試之，月餘始開，摶熟寢如故，甚異之。因問以神仙、黄白、修養之事，飛昇之道，摶曰：『陛下爲天下君，當以蒼生爲念，豈宜留意於爲金乎？』世宗弗之責，放還山，令長吏歲時存問。訖太祖朝，未嘗召。太宗即位，再召之。雍熙初，賜號『希夷先生』。爲修所居觀，留闕下數月，多延入宫中書閣内與語，頗與之聯和詩什。謂宰相宋琪等曰：『陳摶獨善其身，不干勢利，真方外之士。入華山已四十年，計其年近百歲，且言天下治安，故來朝覲，此意亦可念也。』遣中使送至中書，琪等問曰：『先生得玄默修養之道，可以授人乎？』曰：『摶遁迹山野，無用於世，神養之事，皆所不知，亦未嘗習練吐納化形之術，無可傳授。擬如白日升天，何益於治？聖上龍顔秀異，有天人之表，洞達古今治亂之旨，真有道仁聖之主，正是君臣合德以治天下之時，勤行修練，無以加此。』琪等表上其言，上覽之甚喜。未幾，放還山。端拱二年夏，令其徒賈德於張超谷鑿石室。成，手書遺表曰：『臣摶大數有終，聖朝難戀，於七月二十九日化形於蓮花峰下張超谷中。』緘封如法，至期卒于石室中，啟封視之，乃預知也。死七日，支體猶温，有五色雲閉塞洞口，終月不散。」澠水燕談録卷四高逸亦曰：「陳摶，周世宗常召見，賜號『白雲先生』。太平興國初，召赴闕，太宗賜御詩云：『曾向前朝出白雲，後來消息杳無聞。如今若肯隨徵召，總把三峰乞與君。』先生服華陽巾，草屨垂絛，以賓禮見，賜坐。上方欲征河東，先生諫止，會軍已興，令寢于御園，兵還，果無功。百餘日方起，恩禮特異，賜號『希夷』，屢與之屬和。久之，辭歸，進詩以見志云：『草澤吾皇詔，圖南摶姓陳。三峰千載客，四海一閒人。世態從來薄，詩情自得真。乞全麋鹿性，何處不稱臣。』上知不可留，賜宴便殿，宰相、兩禁傳坐，爲詩以寵其歸。」除此之外，對陳摶與宋太祖、宋太宗、宋真宗等帝王之間的關係，宋代野史筆記當中還有衆多富有傳奇性的記載，典型的如：東軒筆録卷一曰：「陳摶，字圖南，有經世之才，生唐末，厭五代之亂，入武當山，學神仙導養之術，能辟穀，或一睡三年，後隱於華山。自晉、漢已後，每聞一朝革命，則嚬感數日，人有問者，瞪目不答。一日，方乘驢遊華陰，市人相語曰：『趙點檢作官家。』摶驚喜大笑，人問其故，又笑曰：『天下這迴定疊也。』太祖事周爲殿前都點檢，摶嘗見天日之表，知太平自此始耳。」又曰：「太宗以元良未立，雖意在真宗，尚欲遍知諸子，遂命陳摶歷抵王宮，以相諸王。摶回奏曰：『壽王真他日天下主也。臣始至壽邸，見二人坐於門，問其姓氏，則曰張旻、楊崇勳，皆王左右之使令者。然臣觀二人，他日皆至將相，即其主可知矣。』太宗大喜，是時真宗爲壽王。異日，張旻侍中，楊崇勳使相，皆如摶之相也。」邵氏聞見録卷七曰：「華山隱士陳摶，字圖南，唐長興中進士，游四方，有大志，隱武當山詩云：『他年南面去，記得此山名。』本朝張鄧公改『南面』爲『南嶽』，題其後云：『蘚壁題詩志何大，可憐今老華圖南。』蓋唐末時詩也。常乘白騾，從惡少年數百，欲入汴州。中途聞藝祖登極，大笑墜騾，曰：『天下於是定矣。』遂入華山爲道士，葺唐雲臺觀居之。藝祖召，不至。太宗召，以羽服見於延英殿，顧問甚久。送中書見宰輔，丞相宋琪問曰：『先生得玄默修養之道，可以教人乎？』曰：『摶不知吐納修養之理。假令白日沖天，亦何益於聖世？上博達今古，深究治亂，真有道仁明之主，正是君臣同德致理之時，勤心修煉，無出於此。』琪等稱歎，以其語奏，帝益重之。帝初問以伐河東之事，不答，後師出果無功。還華山數年，再召見，謂帝曰：『河東之事，今可矣。』遂克太原。帝以其善相人也，遣詣南衙見真宗。及門亟還，及問其故，曰：『王門廝役皆將相也，何必見王？』建儲之議遂定。後賜號爲『希夷先生』。真宗即位，先生已化，因西祀汾陰，幸雲臺觀，謁其祠，加禮焉。帝知建儲之有助也。嗚呼！世以先生爲神仙，善人倫風鑒，淺矣。至康節先生，實傳其道於先生，世以比漢『四皓』云。」畫墁録曰：「太祖深鑒唐末五代藩鎮跋扈，即位盡收諸鎮之兵，列之畿甸，節鎮惟置州事，以時更代，至今百四十年，四方無吠犬之警，可謂不世之功矣。或云陳希夷之策。」續湘山野録曰：「祖、宗居潛日，與趙韓王遊長安市。時陳摶乘一衛遇之，下驢大笑，巾簪幾墜。左手握太祖，右手挽太宗：『可相從市飲乎？』祖、宗曰：『與趙學究三人並游，可當同之。』陳睥睨韓王甚久，徐曰：『也得，也得，非渠不得預此席。』既入酒舍，韓王足疲，偶坐席左，陳怒曰：『紫微帝垣一小星，輒據上次，不可！』斥之使居席右。」宋人軼事彙編卷一引古謠諺中神仙傳曰：「初兵紛時，太祖之母，挑太祖、太宗於籃以避亂。陳摶遇之，即吟曰：『莫道當今無天子，都將天子上擔挑。』」

〔四〕上待之甚厚　太宗承襲周世宗和宋太祖尊崇道教的政策，優禮道士，先後徵召的名道除陳摶外，還有丁少微、趙自然和柴通玄等多人。

〔五〕據續資治通鑑長編卷二五雍熙元年十月甲申條，此條所闕文字當爲：「對曰：『摶山野之人，於時無用，亦不知神仙黃白之事、吐納之理，無術可傳於人。假令白日上昇，亦何益於世？主上龍顔秀異，有天人之表，博達今古，深究治亂，真有道仁聖之主也。正是君臣協心同德，興化致治之秋，勤行修鍊，無出於此。』琪等表上其言，上益喜。甲申，賜摶號『希夷先生』，令有司增葺所止臺觀。上屢與屬和詩什，數月，遣還。」皇朝編年綱目備要卷三亦記陳摶語曰：「摶遁迹山野，無用於世，練養之事，皆所不知，無可傳授。然正使白日生天，何益於治？聖上龍顔秀異，有天日之表，洞達古今治亂之旨，真有道仁聖之主。正是君臣合德，以治天下之時，勤行修練，無以加此。」

23（原闕）〔一〕白山鶻一乾州貢，赤烏一趙州貢，白鷹五霸、濮、潞、晉、夏等州貢，白鷺鷥鷹二商、坊等州貢，白鵲一夏州貢，赤鵲一歸州貢，白鷂一鳳翔府貢，白鸜鵒一朗州貢，白銅觜一光州貢，青花山鵲一房州貢。琪等拜表稱謝，請圖之付史館，詔從之。

〔一〕據續資治通鑑長編卷二五雍熙元年十月癸巳條、玉海卷二〇〇太平興國瑞物六十三種圖條，此當爲太平興國九年十月癸巳、乙未時事，玉海卷二〇〇太平興國瑞物六十三種圖條曰：「癸巳，即雍熙元年，十一月改元，嵐州獻牝獸一，角如鹿，無斑，角端有肉，性馴善，人不能辨，示群臣參驗以聞。右散騎常侍徐鉉、諫議大夫滕中正、舍人王祐等援引圖史，以爲祥麟，上表曰：『按春秋：麕身而有角者，麟也。感精符云：麟一角，明海内共一主也。公羊云：上有聖帝明王、天下太平則至。蓋聖君御天下一統之應也。』宰相宋琪等表賀，請宣付史館，從之。上因謂琪等曰：『珍禽奇獸，無濟於事，非朕所尚。方内大寧，風俗淳厚，或云但時和歲豐，天下乂安，此爲上瑞。近年禽獸之異者，所獻甚多，止令畜於園囿，遂其生生之性，不欲宣揚於外。』琪等奏曰：『禽獸草木之異，皆帝王德化所感而生，前古以來，無不編録。今陛下謙而不有，中外無由得知，使一代簡書有所缺漏。欲望具録瑞物名數，圖寫宣付史館。』從之，因請宣示於外。乙未，内出瑞物六十三種，一本云：他日又固請，乃詔史官就後園圖寫，付宰相：白鹿六二，真定府、澤州貢；四，御苑所生、白兔十一六，嵐、許、潁、秦、鳳翔、易等州貢；五，御苑所生、黑兔一京兆府民進、紫兔一沂州貢、白麞四潁、單州貢、白雉一潁州貢、白鵲二兖州貢、白鳩一京西民進、紫鵲一忠州進、白鶉一易州進、白鸜鵒一越州貢、蒼鸜鵒一越州貢、白山鵲五唐、洋等州貢、緑山鵲一江陵府貢、紅山鵲一貝州貢、白雀四登、德、汝、虢等州貢、白鼠二京西民進、紅雀一德州貢、白戴勝三洞、乾等州貢、蒼烏一鄭州貢、白山鴉一乾州貢、赤烏一趙州貢、白鷹五霸、濮、潞、晋、夏等州貢、白鶻鷲鷹二商、坊等州進、白鵲一夏州貢、赤鵲一歸州貢、白鷂一鳳翔府貢、白鸜鵒一明州貢、白銅鵲一光州貢、青花山鵲一房州貢。琪等拜表稱謝，請圖付史館，詔從之。於是，群臣獻歌、詩、賦、頌稱美者甚衆。」當可補其闕文。宋大事記講義卷四祥瑞條亦曰：「雍熙元年十月，嵐州獻一角獸，徐鉉等以爲祥，上曰：『珍禽奇獸，奚益于事？方内乂寧，風俗淳厚，此乃爲上瑞耳。』十一月丁卯郊，奉宣祖配，改元。上嘗語宰相曰：『今歲大稔，民無疾疫，當與卿力行好事，以答天意耳。』黄魯直瑞芝亭記云：『使民田畝有禾黍，則不必芝草生户庭；使民伏臘有鷄豚，則不必麟鳳在郊藪；黠吏不舞文，則不必虎不渡河；里胥不追撓，則不必蝗不入境。』」

24戊戌，杖殺忠州録事參軍卜元幹，免知州、國子博士徐澤官，仍削兩任，並爲受賕枉法故也〔一〕。

〔一〕受賕枉法故也　太宗對官員受賕枉法往往嚴懲，宋大事記講義卷四官吏條曰：「太平興國三年六月，嚴贓吏法。去歲，永豐倉吏八人坐受賕爲姦，伏誅；是歲，中書令史李如古坐受賕出人罪，杖殺。至是，又詔贓吏配者，遇赦勿叙用。端拱初，少府監言：『配役人郭晃等皆任京朝官，會赦，當叙用』。上曰：『贓吏不可復齒仕籍。』止令釋之。淳化元年，蓬州司法鄭佀坐受贓故入復誅；淳化二年，知晋州祖吉坐贓杖殺。國初，贓吏有寘極刑者，今以贓敗者，惟罷而已；國初贓吏有不復齒仕籍者，今則有赦原之而已。民之瘡痍未瘳，而吏之罪惡已滌，吏何憚而不爲貪耶？」

25庚子，杖殺禁軍鐵林〔一〕小校李超，坐牧馬濟州，求掠民錢，及劫殺道上行人故也。先是，國家以諸軍戰馬數多〔二〕，其外軍屯戍者皆在外，而禁軍中騎兵尚多，皆本軍飼養之。每至三月，分出於近京州郡放牧，至九月復還本軍，故超因牧馬而爲姦焉〔三〕。

〔一〕鐵林　五代禁軍番號，舊五代史卷二六唐書武皇紀下：「武皇與汴軍戰於洹水之上，鐵林指揮使落落被擒。落落，武皇之長子也。」同書卷一二九李建崇傳亦曰：「李建崇，潞州人，少從軍，善騎射，初事唐武皇，爲鐵林都將。」宋初沿用，騎兵稱上鐵林，隸殿前司；步兵稱鐵林，隸侍衛步軍司。李超爲騎兵小校，當屬於上鐵林。宋太宗雍熙四年，把鐵林番號改爲「虎翼」，殿前司上鐵林爲「殿前司虎翼」、侍衛司步軍鐵林爲「侍衛司虎翼」。宋太祖、太宗兩朝禁軍番號的變更簡況，詳見玉海卷一三九太平興國易禁軍號條：「太平興國二年正月庚辰，詔改簇御馬直曰簇御龍直，鐵騎曰日騎，龍捷曰龍衛，控鶴曰天武，虎捷曰神衛，骨鍱子直曰御龍骨鍱子直，散手雄威曰雄勇，龍騎曰雄猛，以美名易禁軍之舊號也。雍熙四年五月庚辰，改殿前司日騎曰捧日，驍猛爲拱辰，雄勇爲神勇，又改上鐵林爲殿前司虎翼，腰弩爲神射，步軍鐵林爲虎翼。端拱二年正月，改軍頭引見司爲御前忠佐軍頭引見司，有馬步兩直。」「建隆二年十一月，改左右雄捷、驍武軍爲驍捷，左右備征爲雲騎，左右平遠爲廣捷，懷德爲懷順。」在宋遼、宋夏戰争中，虎翼都有較好的表現，如續資治通鑑長編卷五五咸平六年六月壬午條曰：「以威虎十指揮隸虎翼。先是，邊兵捍寇，虎翼多勝，蓋用勁弩也。時新置威虎，皆材勇之士，故以增之。」東齋記事卷一曰：「慶曆初，萬勝軍皆市井罷軟新應募者，西賊易之，而素畏虎翼。是時，麟府路兵馬鈐轄張亢修建寧寨，更其旗幟。賊見萬勝旗幟，不知其虎翼軍也，而先犯之。萬弩齊發，賊奔潰，斬首二千餘級。遂築建寧、清塞、百勝、中候、鎮川五堡。亢之智謀，大率如此。」又，鐵林也泛指軍兵，李廌濟南集卷三作塞上射獵行詩即有「鐵林子弟八九千，飲馬渡橋過河北」之句。

〔二〕諸軍戰馬數多　這只是曇花一現，從總體上看，戰馬不足的問題始終困擾着宋人，騎兵衰落、無法與遼、夏、金抗衡的一個重要原因就是戰馬數量不足。唐代内外官營馬場養馬數最高曾達七十萬匹之多，但安史之亂後隨着東北、西北産馬地區的大量喪失，馬匹緊缺的問題開始突出，不得不改以向周邊少數民族地區購買馬匹。五代時期，各政權普遍戰馬不足，導致騎兵的發展十分緩慢，舊五代史卷四四唐書明宗紀曰：長興四年二月癸丑朔「帝於便殿問范延光内外見管馬數，對曰：『三萬五千匹。』帝歎曰：『太祖在太原，騎軍不過七千，先皇自始至終馬纔及萬。今有鐵馬如是，而不能使九州混一，是吾養士練將之不至也。吾老矣，馬將奈何！』」北宋建立後，經宋太祖、太宗的苦心經營，尤其是太宗太平興國四年滅北漢和北伐燕雲，繳獲了大批馬匹，馬數達到了十七萬三千五百七十九匹，宋真宗時更增長到了二十餘萬匹，馬匹緊張的問題一度有了緩解。文獻通考卷一六〇兵考十二馬政曰：「宋初有左右飛龍二院，以左右飛龍使各二人分掌之，時諸州監牧多廢，國馬無復孳息。太祖始置養馬二務，又興葺舊馬務四，以爲放牧之地，分遣中使詣邊州歲市馬，自是閑廄之馬始備矣。」「太宗太平興國四年，詔市吏民馬十七萬匹，以備征討，是歲平太原，觀兵於幽州，得汾、晉、燕、薊之馬四萬二千餘匹。國馬增多，内皁充牣，始分置諸州牧養之。」「淳化二年，通利軍上十牧草地圖，上慮畜牧之地多侵民田，乃遣中使檢視，畫其疆界，又從内侍趙守倫之請，於諸州牧龍坊畜牝馬萬五千匹，逐水草放牧，不費芻秣，所生駒子可資用。自是，諸牧馬頗蕃息。」員興宗九華集卷七議國馬疏亦曰：「蓋五代之末，監牧多廢，官市多闕，國馬遂不蕃庶。自我國家之興，遂大葺治，每歲遣使，多方命官。太宗皇帝興國之初，詔市一十七萬。咸平已後，其政大修，諸坊諸軍，積至二十餘萬；飼馬兵校，多至萬有六千人；至芻藁，亦近七十餘萬；標占坊監，亦總四萬餘頃。檢示牧事，纖悉至此，可謂備矣。」但從宋仁宗時開始，馬匹緊張的問題急劇惡化，宋祁景文集卷二九又乞養馬劄子曰：「今天下馬軍，大率十人無一二人有馬。」當時的騎兵，十分之三、四無馬是十分普遍的現象。騎兵的衰敗程度由此不難想見，宋軍在戰爭中的弱勢也始終難以扭轉。參看王曾瑜宋朝兵制初探，中華書局一九八三年版，第二六三—二六八頁。

〔三〕故超因牧馬而爲姦焉　宋初由騎兵自行放牧馬匹的政策，弊病甚多，對宋騎兵發展的負面影響很大，如續資治通鑑長編卷二九端拱元年十二月記國子博士李覺上言曰：「夫冀北、燕、代，馬之所生，胡戎之所恃也，故制敵之用，實資騎兵爲急。議者以爲欲國之多馬，在啗戎以利，使重譯而至焉。然市馬之費歲益而厩牧之數不加者，蓋失其生息之理也。且戎人畜牧轉徙，旋逐水草，騰駒游牝，順其物性，由是浸以蕃滋也。暨乎市易之馬，至于中國，則縶之維之，飼以枯藁，離析牝牡，制其生性，玄黃虺隤，因而減耗，宜然矣；又不同中國之馬，服習成性，食枯芻，處華厩，率以爲常，故多生息，日無耗失。古者田賦之法，六十四井出戎馬四匹，兵車一乘，牛十二頭，天子畿方千里，提封百萬井，除山川、城池、邑居、苑囿三十六萬井不輸賦外，六十四萬井出戎馬四萬匹，兵車萬乘，此賦馬之數也。諸侯大者馬四千匹，兵車千乘，故稱千乘之國。卿大夫大者馬四百匹，兵車百乘，故云百乘之家。則天下之廣，諸侯之衆，戎馬之賦多矣。是以唐堯暨晋皆處河北，而北狄不能爲患，由馬之多。此馬並取於田賦，又不聞市馬於外也。洎秦壞井田，漢興阡陌，兵車不取田賦，戎馬悉從官給，是以匈奴歷年爲患，由馬之少也。故晁錯説文帝勸農功，令民有車騎馬一匹者，復卒三人，謂免三人甲卒之賦也。至武帝，七十年間，衆庶街巷有馬，千百成群，乘牝者擯而不得會聚，此則馬皆生於中國，不聞市之於戎也。今軍伍中牝馬甚多，而孳息之數尤鮮者，何也？皆云官給秣飼之費不充，又馬多産則羸弱，駒能食則侵其芻粟，馬母愈瘠，養馬之卒，有罪無利，是以駒子生乃驅令齅灰而死。其後官司知有此蠹，於是議及養駒之卒，量給賞緡，其如所賜無幾，而尚習前弊。今竊揣量國家所市戎馬，直之少者，匹不下二十千，往來資給賜與，復在數外，是貴市於外夷而賤棄於中國，非理之得也。國家縱未暇别擇牝馬，以分畜牧，宜且減市馬之半直賜蓄駒之將卒，增爲月給，俟其後納馬即止焉，則是貨不出國而馬有滋也。大率牝馬二萬而駒收其半，亦可歲獲萬匹，況復牝又生駒，十數年間馬必倍矣。昔猗頓，窮士也，陶朱公教以畜五牸，乃適西河，大畜牛羊于猗氏之南，十年間其息無算，況以天下之馬而生息乎？」並記：「上臨見奏而嘉之。」

26十一月壬子，高麗〔一〕國王王治〔二〕遣使以方物來貢〔三〕。

〔一〕高麗　九一八—一三九二年朝鮮半島的古代政權，宋史卷四八七外國三高麗曰：「高麗，本曰高句驪。禹别九州，屬冀州之地，周爲箕子之國，漢之玄菟郡也。在遼東，蓋扶餘之别種，以平壤城爲國邑。漢、魏以來，常通職貢，亦屢爲邊寇。隋煬帝再舉兵，唐太宗親駕伐之，皆不克。高宗命李勣征之，遂拔其城，分其地爲郡縣。唐末，中原多事，遂自立君長。」「府曰開城，管六縣，民不下三五千。有州軍百餘，置十路轉運司統之。每州管縣五六，小者亦三四，每縣户三四百。國境南北千五百里，東西二千里。軍民雜處，隸軍者不黥面。方午爲市，不用錢，第以布米貿易。地宜秔稻，風俗頗類中國。無羊、兔、橐駝、水牛、驢。氣候少寒，暑差多。有僧，無道士。民家器皿，悉銅爲之。樂有二品：曰唐樂，曰鄉樂。三歲一試舉人，有進士、諸科、算學，每試百餘人，登第者不過一二十。每正月一日、五月五日祭祖禰廟。又正月七日，家爲王母像戴之。二月望，僧俗燃燈如中國上元節。上巳日，以青艾染餅爲盤羞之冠。端午有鞦韆之戲。士女服尚素。地産龍鬚席、藤席、白硾紙、鼠狼尾筆。」因其創始人爲王建，故亦稱「王氏高麗」，簡稱「麗」，在宋代史籍中偶爾也沿用其古稱「新羅」，如宋會要輯稿蕃夷一之二二三三曰：至道元年「三月，新羅人二人自契丹來歸，入見崇政殿，各手持大螺，如五升器。稱在契丹十一年，教令學此，有五十人同技，常令吹之，其聲重濁、奮厲，大率如調角。問其曲，云是單于復小弄，契丹每軍行，則吹此。詔各賜衣服、緡錢，使隸軍籍。」高麗向遼稱臣，接受遼的册封，同時也向五代和宋朝貢，宋史卷四八七外國三曰：「後唐同光、天成中，其主高氏累奉職貢。長興中，權知國事王建承高氏之位，遣使朝貢，以建爲玄菟州都督，充大義軍使，封高麗國王。晋天福中，復來朝貢。開運二年，建死，子武襲位。漢乾祐末，武死，子昭權知國事。周廣順元年，遣使朝貢，以昭爲特進、檢校太保，使持節、玄菟州都督、大義軍使、高麗國王。」北宋開國後，承襲五代制度，封其王爲玄菟州都督、大義軍使、高麗國王。宋太祖時，曾賜其王推誠順化守節保義功臣號。太宗太平興國七年十二月封王治爲高麗國王，續資治通鑑長編卷二三太平興國七年十二月戊寅條曰：「權知高麗國王治封高麗國王，命監察御史李巨源、著作佐郎直史館單貽慶奉使。上喜訪求辭學之士，初得須城趙鄰幾，擢掌制誥，才數月，卒。上歎其窮薄，因問近臣誰可繼鄰幾者，楊守一與貽慶有舊，力薦之，由主簿召對，令中書試文，稱旨，即命以官。上知貽慶貧，故使副巨源使高麗。貽慶以母老辭，乃留不行。詔國子博士雍丘孔維代之。貽慶，萊州人也。高麗王治問禮於維，維對以君臣父子之道，升降等威之序。治喜曰：『吾今日復見中國夫子也。』」雍熙三年，宋太宗爲北伐燕雲，又派監察御史韓國華出使高麗，試圖夾擊契丹，但未收實效。宋仁宗天聖八年後，在遼的軍事和政治壓力下，高麗與宋的政治聯繫中斷了四十餘年，但雙方的民間貿易始終十分繁榮。宋神宗熙寧年間，高麗再度向宋朝貢，雙方的政治往來得以恢復並日益頻繁。宋哲宗時，蘇軾曾連續上論高麗進奉狀、論高麗進奉第二狀、乞令高麗僧從泉州歸國狀等奏章，反對與高麗關係過於密切，尤其是在論高麗買書利害劄子三首中蘇軾認爲接受高麗入貢有「五害」：「臣伏見高麗人使，每一次入貢，朝廷及淮、浙兩路賜予餽送燕勞之費，約十餘萬貫，而修飾亭館，騷動行市，調發人船之費不在焉。除官吏得少餽遺外，並無絲毫之利，而有五害，不可不陳也。所得貢獻，皆是玩好無用之物，而所費皆是帑廪之實，民之膏血，此一害也。所至差借人馬什物，攪撓行市，修飾亭館，民力暗有陪填，此二害也。高麗所得賜予，若不分遺契丹，則契丹安肯聽其來貢，顯是借寇兵而資盜糧，此三害也。高麗名爲慕義來朝，其實爲利，度其本心，終必爲北虜用。何也？虜足以制其死命，而我不能故也。今使者所至，圖畫山川形勝，窺測虛實，豈復有善意哉？此四害也。慶曆中，契丹欲渝盟，先以增置塘泊爲中國之曲，今乃招來其與國，使頻歲入貢，其曲甚於塘泊。幸今契丹恭順，不敢生事，萬一異日有桀黠之虜，以此藉口，不知朝廷何以答之？此五害也。」見蘇軾文集卷三五。高麗本經登州向宋朝貢，宋神宗後改由明州。又，澠水燕談録卷九雜録曰：「高麗，海外諸夷中最好儒學，祖宗以來，數有賓客貢士登第者。自天聖後，數十年不通中國。熙寧四年，始復遣使修貢，因泉州黄慎者爲向道，將由四明登岸。比至，爲海風飄至通州海門縣新港。先以狀致通州謝太守，云『望斗極以乘槎，初離下國；指桃源而迷路，誤到仙鄉』。詞甚切當。使臣御事民官侍郎金第與同行朴寅亮詩尤精，如泗州龜山寺詩云：『門前客棹洪濤急，竹下僧棊白日閑。』等句，中土士人亦稱之。寅亮嘗爲其國詞臣，以罪廢，久之，從金第使中國。」

〔二〕王治　王治，九八一—九九七在位，高麗史書稱其爲高麗成宗，謚康威章憲光孝獻明襄定文壹大王。宋史卷四八七外國三：「王治於宋太宗太平興國七年即位後，『遣使金全奉金銀線罽錦袍褥、金銀飾刀劍弓矢、名馬、香藥來貢，且求襲位。授治檢校太保、玄菟州都督，充大順軍使，封高麗國王，以監察御史李巨源、禮記博士孔維奉使』。宋大詔令集卷二三七四裔十高麗亦收録太平興國七年十二月戊寅王治拜官封高麗國王詔：「並建萬國，著於方册之訓；垂厥百世，存乎帶礪之盟。矧乃辰韓故墟，聲教攸暨。屬英王之云没，有介弟以丕承；聿遵嗣襲之文，式舉酬庸之命。權知高麗國事王治：世保海隅，心存王室，敦友弟以無爽，紹堂構而克恭。守臣云亡，所部寧謐，遠修貢於王府，來請命於天朝。事大之心，固推忠而斯至；柔遠之義，在懋賞以爲先。宜啓真王之封，式進上公之秩。併疏井賦，用示寵章。可光禄大夫、檢校太保、持節元菟州諸軍事、元菟州都督、充天順軍使、上柱國、食邑二千户，仍封高麗國王。」然王治後亦接受遼的册封，如遼史卷一一三聖宗紀：遼聖宗統和八年十一月：「辛酉，遣使册王治爲高麗國王。」楊文公談苑曾記其言行曰：「高麗自五代以來，朝貢不絶，朝廷每加爵命，必遣使以獎之。故吕相國端、吕侍郎文仲、祐之，皆相繼爲使。三人者，皆寬厚文雅，有賢者之風。如孔維輩，或朴魯，舉措爲其所哂，或貪猥，不能無求索，甚辱朝命。後劉式、陳靖至其國，國王王治者，因語及中國族望，必有高下，如唐之崔、盧、李、鄭。式等言，但以賢才進用，亦不論族姓。治曰：『何姓吕者多君子也？』蓋斥言三吕，亦因以警使者。」石林燕語卷四亦曰：「高麗自三國以來見於史者，句麗其國號，高其姓也。隋去『句』字，故自唐以來止稱高麗。五代史記後唐同光元年韓申來，其王尚姓高，則自三國至五代，止傳一姓。長興中，始稱『權知國事王建』。王氏代高，當在同光、長興之間，而史失其傳。元豐初，王徽遣使金梯入貢，建之七世孫也。其表章稱『知國王事』，蓋習用其舊；而年稱甲子，以其受契丹正朔故也。」

〔三〕遣使以方物來貢　此次高麗使者爲韓遂齡，宋史卷四八七外國三高麗曰：「雍熙元年，遣使韓遂齡以方物來貢。」又，高麗和日本一樣，大量求賜和購買中國典籍，始終是朝貢的重要目的之一，如楊文公談苑曰：「高麗國王王治上言，願賜板本九經書以夸示外國，詔給之。」東齋記事輯遺新羅條曰：「天聖中，新羅人來朝貢，因往國子監市書。是時，直講李畋監書庫，遺畋松子髮之類數種，曰：『生芻一束，其人如玉。』畋答以：『某有官守，不敢當。』復還之，曰：『中心藏之，何日忘之。』於是，使者起而折旋，道『不敢』者三。新羅，箕子之國，至今敦禮義，有古風焉。」蘇軾文集卷三五論高麗買書利害劄子三首中引國朝會要曰：「淳化四年、大中祥符九年、天禧五年曾賜高麗九經書、史記、兩漢書、三國志、晉書、諸子、曆日、聖惠方、陰陽、地理書等。」元祐八年高麗朝貢使人更提出大批購買宋國子監刻印諸書籍，如太平御覽、册府元龜、歷代史、太學敕式等，以至於蘇軾擔心「中國書籍山積於高麗」。又據蘇軾文集卷三〇論高麗進奉狀，高麗曾出資「於杭州雕造夾注華嚴經，費用浩汗，印板既成，公然於海舶載去交納，却受本國厚賞，官私無一人知覺者。」

27庚申，日有青赤背氣。

28甲子，上齋宿正殿。

29乙丑，宿太廟，上以天氣晴和，作歌詩三首，賜近臣，令屬和。

30丙寅，親饗五室，出宿於齋宮。

31丁卯，日南至，親祀南郊，回御乾元門。下制曰〔一〕：「惟皇撫運，樹洪業於中區；惟辟奉天，表至誠於大報。朕自祗膺睠命，嗣守丕基，夕惕晨興，宵衣旰食，九年于此，罔敢怠荒。而豐歲屢臻，五兵不試，符瑞昭應，書軌大同。顧惟沖人，何能致此？蓋玄穹之所降鑒，宗社之所儲休。所以躬事禋燔，告謝天地。文物以之大備，聲明於是孔昭。六變升聞，百神降假，純嘏之錫，豈獨在予！思與萬邦，同兹大慶。宜改紀元之號，仍覃作解之恩。可大赦天下〔二〕，改太平興國九年爲雍熙元年〔三〕。自雍熙元年十一月二十一日昧爽已前，應天下繫囚，除故殺人并十惡罪至死，及官典犯枉法贓不赦外，其餘罪無輕重，咸赦除之。内外馬步諸軍將卒並等第賞給〔四〕，文武前任、見任官、諸軍將校、致仕官並與加恩，禁軍指揮使已上未有功臣者，特賜功臣〔五〕。諸道州府民户少欠太平興國八年終已前夏秋税物、及義倉并賑貸斛㪷，並與除放。文武常參官，及内外諸司使、副，禁軍都虞候已上，諸道行軍副使、藩方馬步軍都指揮使，父母、妻未有官封者，並與官封；亡殁者，亦與封贈。文資常參官，衣緋緑及二十年者，許於吏部投牒，以名聞。諸處配流徒役人，内有曾任職官，已經恩放還者，委所司條奏；貶官未量移者，與量移。已量移者，與復〔資〕〔六〕。已復資者，量與叙用〔七〕。諸處征討將校殁於王事者，自副兵馬使已上，並與贈官；有親的子孫、弟，並與録用。諸處監管場務虧失官物，及人户增起課額自後不敷者，應舟船沈没及遭水火損敗錢帛，西川諸州鹽井煎煉不及者，昇、杭州等見有積欠係官地基錢物等，特與除放。兩浙先欠淮海國王回圖質庫錢、鹽等，應自開寶七年以後，舒、揚、泉、福、歙等州被江南燒爇却斛㪷，故涪陵王先於在京及諸州借過省倉庫錢帛斛㪷，見勒元借人填納者，河東管内僞命日於人户上舊率配錢物，及江南舊日於興國軍人户上白配供軍茶貨等，並特與除放。應江南、兩浙、湖南、嶺南人户見有丁身錢〔八〕，起今後並以年二十成丁，六十入老，其未成丁，已入老者，及身有廢疾，並與放免。應郊廟諸司職掌及行事官，並與加恩。欠一選者，令銓司注擬；欠兩選已上者，減一選。應自前亡命軍人及草寇聚集之處，限詔到兩月，並令於所在陳首，限滿不首，即論其罪。諸道進奏使、前資官等赴郊廟陪位者，並與加恩。西川、廣南、荆湖、江浙、漳泉發遣到僞命官吏等，如正身亡殁，其骨肉一任歸還。應諸抵法人，及殁於貶所者，並許骨肉歸葬。」

〔一〕制曰　宋朝事實卷四郊赦一亦記此詔，詞語與實録多有差異，其文曰：「門下：惟皇撫運，樹鴻業于中區；惟辟奉天，表至誠于大報。既謹就陽之禮，宜覃及物之恩。用慶昌期，式符前典。朕自虔膺實運，嗣守瑶圖，九載于兹，一心無怠，雖寰區既乂，敢忘于旰食宵衣。而風雨弗迷，屢覩于年豐俗阜，加以非煙甘露，雰霏繼灑於人寰；瑞獸珍禽，馴擾咸歸于御苑。四塞之干戈自息，八方之文軌大同，集是丕休，匪由涼德。斯蓋玄穹之所降鑒，清廟之所儲祥。朕所以躬事禋燔，告謝天地。千官景從，陪玉輅以供宸；諸侯駿奔，仰玄壇而助祭。矧乃文物大備，聲名孔修，當六變以升聞，荷百神之昭格。純嘏之錫，豈獨在予！思與萬邦，同兹大慶。仍改紀元之號，遐均作解之恩。可大赦天下，改太平興國九年爲雍熙元年。自雍熙元年十一月二十一日昧爽以前，云云。於戲！景運方隆，荷乾坤之眷祐；彝倫式叙，在刑政以交修。更賴文武藎臣、方岳庶尹，各伸乃力，共泰吾民，庶令擊壤之謡，不獨唐堯之代；可封之俗，復追虞舜之朝。凡爾含靈，知予至意。」宋大詔令集卷一二〇典禮五南郊二太平興國九年南郊改雍熙元年赦天下制與宋朝事實略同，皆當爲後來修訂。

〔二〕大赦天下　文獻通考卷一七三刑考十二記宋代赦宥制度曰：「宋朝赦宥之制：其非常覃慶，則常赦不原者咸除之，其次釋雜犯死罪以下，皆謂之大赦，或止謂之赦。雜犯死減等而餘罪釋之，流以下減等，杖笞釋之，皆謂之德音。亦有釋雜犯罪至死者，其恩霈之及有止於京城、兩京、兩路、一路、數州之地者，則謂之曲赦。」宋太宗一朝大赦，據文獻通考卷一七三刑考十二共有十一次，即：太宗即位大赦改元、太平興國三年郊大赦、四年平河東赦其地、二年五月以旱大赦，十一月郊大赦、雍熙元年郊大赦、端拱元年大赦、淳化四年郊大赦、五年大赦、至道元年立皇太子大赦、二年郊大赦。又，關於大赦問題，太宗時也有人提出異議，但爲趙普所否定，「帝嘗因郊議赦宥，有秦恩者上書，願勿赦，引諸葛亮佐劉備數十年不赦事。上頗疑之，時趙普對曰：『凡郊肆眚，聖明彝典，其仁如天，堯舜之道也。若劉備區區一方，臣所不取。』上善其對，赦宥之文遂定。」亦見文獻通考卷一七三刑考十二。

〔三〕改太平興國九年爲雍熙元年　宋代年號通常不超過九年，歸田録卷二：「國朝百有餘年，年號無過九年者。開寶九年改爲太平興國，太平興國九年改爲雍熙，大中祥符九年改爲天禧，慶曆九年改爲皇祐，嘉祐九年改爲治平。惟天聖盡九年，而十年改爲明道。」遊宦紀聞卷五曰：「改元始於共和，記號剏於漢武，後世遵用之。我宋年號，無過九年者。惟天聖盡九年，至十年十二月改明道，熙寧亦盡十年，紹興乃三十二年，淳熙亦十六年，而後揖遜。高廟居德壽者二十六年，孝廟居重華六年，光廟居壽安宫七年，寧宗嘉定十七年。」

〔四〕内外馬步諸軍將卒並等第賞給　是謂郊賞，按北宋制度：通常每三年行一次郊祀（祭天）大禮，届時對百官和士卒進行賞賜。其中最主要的是賞軍，如歷代兵制卷八曰：宋太祖「郊祀赦宥，先務贍軍享士，金幣絹錢，無所愛惜。」夏竦文莊集卷一三也説：郊賞「兵衛至衆，頒賚至多，府庫之實，半供其費，中民十家之賦，禁衛一卒之賞。」程顥、程頤二程集河南程氏遺書卷二二下則指出了郊賞的由來：「太祖初有天下，士卒人許賞二百緡。及即位，以無錢，久不賜，士卒至有題詩於後苑。太祖一日遊後苑，見詩，乃曰：『好詩。』遂索筆和之。以故，每於郊時，各賜賞給，至今因以爲例，不能去。或問：『今欲新兵不給郊賞，數十年後可革否？』曰：『新兵本無此望，不與可也，不數十年可革。』」郊賞的數額相當可觀，一次郊賞，約等於一名禁軍士兵一二十個月的俸錢，如張方平樂全集卷二三論國計出納事即曰：禁軍「每次南郊，賞給六百萬緡」。文獻通考卷一五二曰：「凡大祀有賞給……開寶四年祀南郊，禮畢，行賞。上以御馬直扈從郊祀，特命增給錢，人五千。」郊賞之費，例由皇帝内庫負擔，如楊時龜山集卷二〇答胡康侯其八即曰：「内府所藏，以待軍興、郊賞之費。」南宋承北宋舊制，建炎以來朝野雜記甲集卷一七渡江後郊賞數條曰：「渡江後郊賞，建炎二年，用錢二十萬緡，金三百七十兩，銀十九萬兩，帛六十萬匹，絲緜八十萬兩，皆有奇。紹興元年，越州明堂内外諸軍犒賜，凡百六十萬緡。四年，建康明堂增至二百五十九萬緡，宿衛神武右軍、中軍七萬二千八百餘人，共支二百三十一萬，每人率爲十三千有奇。劉、韓、岳、王四軍十二萬一千六百餘人，共支二十八萬，每人率爲二千有奇，而方州不與。其後，日有增益。二十八年，冬祀，上自立賞格，命有司行之。是歲，錫賚金緡視前郊減半，蓋自宫禁、百官、宗戚、閹宦下至醫祝、胥皂，人人有之，不可復廢矣。」

〔五〕禁軍指揮使已上未有功臣者，特賜功臣　指賜功臣號，如錢俶即改賜寧江鎮國崇文耀武宣德守道功臣。賜功臣號，夢溪筆談卷二故事二述其原委曰：「賜『功臣』號，始於唐德宗奉天之役。自後藩鎮下至從軍資深者，例賜『功臣』。本朝唯以賜將相。熙寧中，因上『皇帝』尊號，宰相率同列面請三四，上終不允，曰：『徽號正如卿等「功臣」，何補名實？』是時吴正憲爲首相，乃請止『功臣』號，從之。自是群臣相繼請罷，遂不復賜。」玉海卷一三五功臣號條則曰：「功臣。舊制：自推忠佐理至保運經邦二十二字，以賜中書、密院臣僚；自推忠保德至效順順化三十八字，以賜皇子、皇親、文武官、外臣；自拱衛翊衛至果毅肅衛二十字，以賜諸班直將士。神宗即位，不受徽號。元豐元年十一月己亥，二十九日，宰臣吴充等言：『功臣非古，始唐德宗多難之際，乃賜奉天定難之號，不應盛世，猶襲陳迹。』於是罷功臣號。紹興六年四月，復賜，中興後加賜者三人而已，韓世忠、張俊、劉光世。此外，唯安南國王加功臣號。」却掃編卷中亦曰：「功臣號起于唐德宗時。朱泚之亂既平，凡從行者，悉賜號『奉天元從定難功臣』。其後凡有功者，咸被賜，寖相踵爲故事。本朝循此制，宰相、樞密使初拜，賜焉。參知政事、樞密副使初除或未賜，遇加恩乃有之。刺史以上，止加階勳，勳高者亦或賜。中書、樞密賜『推忠協謀同德佐理』，餘官則『推誠保德奉義翊戴』，掌兵則『忠果雄勇宣力』，外臣則『純誠順化』，每以二字協意，或造或因，取爲美稱。宰臣初加即六字，餘並四字。其進加則二字或四字，多者有至十餘字；又有『崇仁』、『佐運』、『守正』、『忠亮』、『保順』、『宣忠』、『亮節』之號，文武迭用焉。中書、樞密所賜，若罷免，或出鎮，則改，亦有不改者。其諸班直禁軍將校，賜『拱衛』、『供奉』之號，遇加恩，但改其名，不過兩字。元豐中，神宗既累却群臣尊號之請，大臣將順，因請並罷功臣之名，詔從之。近歲始復以賜大將，然皆創爲之名，非復舊制矣。」案：太宗遍賜禁軍指揮使以上軍官功臣號，顯仍屬沿襲晚唐、五代舊習。又，明亦曾有授功臣號之制，胡道静夢溪筆談校證卷二引郭造卿舊藏本夢溪筆談墨筆手批曰：「本朝從高皇帝勳武臣皆『奉天翊衛推誠宣力武臣』，文臣皆『奉天翊衛推誠宣力守正文臣』。文皇帝勳武臣皆『奉天靖難推誠宣力武臣』，文臣勳如前。」上海古籍出版社一九八七年版，第一〇六頁。

〔六〕與復資　宋會要輯稿職官七六之二、三曰：「端拱元年正月十七日籍田赦書：應諸貶降官，未量移者與量移，已量移者與復資，已復資者與叙用。除名免官、免所居官及停見任、永不與官人，並於刑部投狀，具元犯取旨。」

〔七〕量與叙用　夢溪筆談卷一一官政一曰：「律云：『免官者，三載之後，降先品二等叙。免所居官及官當者，朞年之後，降先品一等叙。』降先品者，謂免官二官皆免，則從未降之品降二等叙之；免所居官及官當止一官，故降未降之品一等叙之。今叙官，乃從見存之官更降一等者，誤曉律意也。」「蓋除名叙法，正四品於正七品下叙，從四品於正八品上叙，即是降先品九等，免官官當若降五等，則反重於除名，此不得不止也。」

〔八〕丁身錢　北宋統一南方地區後，湖、廣、閩、浙地區仍沿襲五代舊制，在兩税之外，按丁徵收丁身錢、米，這是當地民衆的一項沉重的負擔，直至仁宗朝方基本蠲除。宋史卷一七四食貨上二曰：「初，湖、廣、閩、浙因舊制，歲斂丁身錢、米。大中祥符間，詔除丁錢，而米輸如故。至天聖中，始并除婺、秀二州丁錢。後龐籍請罷漳、泉、興化軍丁米，有司持不可。皇祐三年，帝命三司首減郴、永州、桂陽監丁米，以最下數一歲爲準，歲減十餘萬石。既而漳、泉、興化亦第損之。嘉祐四年，復命轉運司裁定郴、永、桂陽、衡、道州所輸丁米及錢絹雜物，無業者弛之，有業者減半；後雖進丁，勿復增取。時廣南猶或輸丁錢，亦命轉運司條上。自是所輸無幾矣。」續資治通鑑長編卷七六大中祥符四年七月壬申朔條曰：「兩浙、福建、荆湖、廣南諸州循僞制輸丁身錢，歲凡四十五萬四百貫。民有子者或棄不養，或賣爲僮僕，或度爲釋老。秋七月壬申朔，詔悉除之。」卷一二〇景祐四年七月辛酉條亦曰：齊廓爲荆湖南路提點刑獄「平陽縣自馬氏時税民丁身錢，歲輸銀二萬八千兩，民生子，至壯不敢束髮。廓奏，悉蠲除焉。」又，咸淳臨安志卷五九記南宋時新城縣仍有「丁身錢：六千九百一十四貫五百二十七文」。建炎以來繫年要録卷一五二紹興十四年十月己亥條亦曰：「御筆：除永、道、郴州、桂陽監、茶陵縣民丁身錢絹、米、麥。自馬氏據湖南，四州始增丁賦，至是左奉議郎羅長源知永州還，以爲請，上謂大臣曰：『天德好生，今民爲身丁錢，至子不舉，誠可閔也。若更循馬氏舊法，非所以上當天意。』」

32 癸酉，詔曰：「建州進士楊億〔一〕：年方髫齔，富有文華，召試於前，筆不停綴，詞體優贍，粲然可觀，言念俊奇，宜加秩序。噫！進〔修〕不已，砥礪彌堅，越景絶塵，一日千里，予有望于汝也〔二〕。可特授將仕郎、守祕書省正字。」億，建州浦城人，刑部郎中徽之從孫也。年十一，能屬文〔三〕，援筆立成。上聞其名，乃詔江南轉運使張去華〔四〕就加考試。去華試以詩賦、文論，咸有可觀，送至闕。引對便殿，神采俊爽，占對閑雅，上出詩、賦題試之〔五〕，億援筆頃刻而成，詞采靡麗，上大嗟賞。因謂宰相曰：「童蒙敏慧，未嘗有如此者。」宋琪等奏曰：「陛下好文獎善，故異人間出。」上曰：「可與一官，留於京師，時召之，令賦詩於前，以釋心耳。」故有是命。襄州言：「襄陽縣百姓劉昉，五世同居，長幼百口，内無異爨。」詔旌表門閭，常税外免其他役。

〔一〕建州進士楊億　字大年，宋初最著名的文士之一，太宗朝以神童嶄露頭角，淳化三年三月太宗特賜其進士及第，宋會要輯稿選舉九之一曰：「億時年十二，讀書祕閣，因擬文選兩京賦，作東、西京賦二道以進。太宗覽而嘉之，詔學士院試舒州進甘露頌，即時而就，帝益賞其俊才，故有是命。」案：楊億時年十九。真宗時長期擔任翰林學士，以文思敏捷、才華横溢領袖當時文壇，如宋史卷三〇五楊億傳即曰：「億天性穎悟，自幼及終，不離翰墨。文格雄健，才思敏捷，略不凝滯，對客談笑，揮翰不輟。精密有規裁，善細字起草，一幅數千言，不加點竄，當時學者，翕然宗之。而博覽强記，尤長典章制度，時多取正。」歸田録卷一亦曰：「楊大年每欲作文，則與門人賓客飲博、投壺、奕棋，語笑諠譁，而不妨構思。以小方紙細書，揮翰如飛，文不加點，每盈一幅，則命門人傳録，門人疲於應命，頃刻之際，成數千言，真一代之文豪也」、「楊大年爲學士時，草答契丹書云：『鄰壤交歡。』進草既入，真宗自注其側云：『朽壤、鼠壤、糞壤。』大年遽改爲『鄰境』。明旦，引唐故事，學士作文書有所改，爲不稱職，當罷，因亟求解職。真宗語宰相曰：『楊億不通商量，真有氣性。』」宋人尊稱其爲楊文公，有武夷新集等作品傳世。楊億與劉筠交好，合稱「楊、劉」，因楊億將二人唱和及其他風格類似的作品集爲西崑酬唱集二卷，所以又稱其所代表的詩風、文風爲「西崑體」。他們推崇的是晚唐詩人李商隱，爲詩、文講究「豐富藻麗」、「對偶親切」，最重辭句的推敲，並大量使用典故。特點是遣詞造句推敲精細，對仗亦十分的工整，但内容大多局限於宫廷遊宴、士大夫交游唱和等。由於「西崑體」與唐代韓愈、柳宗元提倡散文、排斥駢體文的「古文運動」風格不合，被視爲駢體文的回潮，所以在仁宗朝古文成爲文壇主流之後，遂遭到古文流派的批評。范仲淹范文正集卷六尹師魯河南集序曰：「洎楊大年以應用之才，獨步當世，學者刻辭鏤意，有希仿佛，未暇及古也。其間甚者專事藻飾，破碎大雅，反謂古道不適於用，廢而弗學者久之。」歐陽修全集附録卷二重修實録歐陽修傳亦曰：「國朝接唐、五代末流，文章專以聲病對偶爲工，剽剥故事，雕刻破碎，甚者若俳優之辭。如楊億、劉筠輩，其學博矣，然其文亦不能自拔於流俗，反吹波揚瀾，助其氣勢，一時慕效謂其文爲崑體。時韓愈文，人尚未知讀也。」其中最典型的是石介，他多次猛烈抨擊楊億，如徂徠石先生文集卷一九祥符詔書記曰：楊億「以性識浮近，不能古道自立，好名争勝，獨驅海内，謂古文之雄有仲塗、黄州、漢公，謂之輩，度己終莫能出其右，乃斥古文而不爲，遠襲唐李義山之體，作爲新制。楊亦學問通博，筆力宏壯，文字所出，後生莫不愛之。然破碎大道，雕刻元質，非化成之文，而古風遂變……又黄州、漢公皆已死，他人柔弱，無以摧楊雄鋩……楊遂肆然無復回避，爲文章宗主二十年。故斯文之弊，至於今矣。」卷五怪説中更曰：「昔楊翰林欲以文章爲宗於天下，憂天下未盡信己之道，於是盲天下人目，聾天下人耳，使天下人目盲，不見有周公、孔子、孟軻、揚雄、文中子、韓吏部之道。使天下人耳聾，不聞有周公、孔子、孟軻、揚雄、文中子、韓吏部之道。俟周公、孔子、孟軻、揚雄、文中子、韓吏部之道滅，乃發其盲，開其聾，使天下唯見己之道，唯聞己之道，莫知有他。今天下有楊億之道四十年矣。今人欲反盲天下人目，聾天下人耳，使天下人目盲，不見有楊億之道；使天下人耳聾，不聞有楊億之道。俟楊億道滅，乃發其盲，開其聾，使目唯見周公、孔子、孟軻、揚雄、文中子、韓吏部之道，耳惟聞周公、孔子、孟軻、揚雄、文中子、韓吏部之道。周公、孔子、孟軻、揚雄、文中子、韓吏部之道，堯、舜、禹、湯、文、武之道也，三才、九疇、五常之道也。反厥常，則爲怪矣。夫書則有堯舜典、皋陶、益稷謨、禹貢、箕子之洪範，詩則有大小雅、周頌、商頌、魯頌，春秋則有聖人之經，易則有文王之繇、周公之爻、夫子之十翼。

今楊億窮妍極態，綴風月，弄花草，淫巧侈麗，浮華纂組，刓鎪聖人之經，破碎聖人之言，離析聖人之意，蠹傷聖人之道，使天下不爲書之典、謨、禹貢、洪範，詩之雅、頌，春秋之經，易之繇、爻、十翼，而爲楊億之窮妍極態，綴風月，弄花草，淫巧侈麗，浮華纂組。其爲怪大矣！」但石介等對楊億的批評，宋人也有不以爲然者，如儒林公議卷上即曰：「楊億在兩禁，變文章之體，劉筠、錢惟演輩皆從而斆之，時號楊、劉。三公以新詩更相屬和，極一時之麗，億復編叙之，題曰：西崑酬唱集，當時佻薄者，謂之西崑體。其它賦、頌、章奏，雖頗傷於彫摘，然五代以來蕪鄙之氣，由兹盡矣。陳從易者，頗好古，深擯億之文章，億亦陋之。天禧中，從易試别頭，進策問時文之弊，曰：『或下里如會秤，或叢脞如急就。』億黨見者，深嫉之。近山東石介嘗作怪説以詆億，其説尤甚於從易，謂億刓鎪聖人之經，破碎聖人之言，欲盲聾天下耳目，謂吾學聖人之道，有攻之者，不可不反攻之，譬諸盜入主人家，奴尚爲主人拔戈、持矛以逐盜，死且不避。豈至是耶？」

〔二〕噫！進修不已，砥礪彌堅，越景絶塵，一日千里，予有望於汝也 宋史卷三〇五其本傳記其詔曰：「汝方髫齔，不由師訓，精爽神助，文字生知。越景絶塵，一日千里，予有望於汝也。」與實録不同。案：名臣碑傳琬琰之集下卷七曾鞏撰楊文公億曰：「詔授祕書省正字，有『進修不已，砥礪彌堅，越景絶塵，一日千里』之句。」正與實録相合。然石介徂徠石先生文集卷一九祥符詔書記引孫何語曰：楊億「自建州召試，授祕書省正字。詔褒之，有『精彩神助，文字生知』之語。」與宋史本傳合。又，太宗之寵遇楊億，玉壺清話卷四有云：「楊大年二十一歲爲光禄丞，賜及第。太宗極稱愛。三月，後苑曲宴，未貼職不得預，公以詩貽館中諸公曰：『聞戴宫花滿鬢紅，上林絲管侍重瞳。蓬萊咫尺無因到，始信仙凡迥不同。』諸公不敢匿，即時進呈。上訝有司不即召，左右以未貼職爲對，即日直集賢院，免謝，令預曲宴。後修册府元龜，王相欽若總其事，詞臣二十八人，分撰篇序。下詔，須經楊億删定，方許用之。」

〔三〕年十一，能屬文　五朝名臣言行録卷四之四内翰楊文公曰：「公名億，字大年，建州浦城人。七歲能屬文，年十一，太宗聞其名，詔送闕下，試詩賦，授祕書省正字，令就祕閣讀書。」宋史卷三〇五楊億傳亦曰：楊億「七歲，能屬文，對客談論，有老成風。雍熙初，年十一，太宗聞其名，詔江南轉運使張去華就試詞藝，送闕下。」疑實録誤。又，楊億出身於童子舉，楓窗小牘卷上曰：「本朝以童子舉，如國初賈黄中舉自五代不論，若太宗朝：洛陽郭忠恕，通九經，七歲舉童子科；淳化二年，賜泰州童子譚孺卿出身；雍熙間，得楊億，年十一，以童子召對，授祕書正字。咸平間，得宋綬；景德間，撫州進士晏殊，年十四；大名府進士姜蓋，年十三；祥符間，又得李淑；又趙焕以童子召對，令從祕閣讀書，時年十二。蔡伯希，年四歲，誦詩百餘篇，召爲祕書正字。神宗朝：元豐七年，賜饒州童子朱天錫五經出身，年九歲，賜錢五萬；又天錫從兄天申，年十二，試十經，皆通，賜五經出身。紹興七年，賜處州孝童周智出身。乾道、淳熙間，吕嗣興、王克勤賜童子出身。先君子以十歲通九經，以不謁丁晋公，擯不以聞，竟不得與諸君子同聲治朝也。」宋代科舉考試有「童子舉」科目，朝野類要卷二神童條曰：「十歲以下能背誦，挑試一經，或兩小經，則可以應補州縣小學生；若能通五經以上，則可以州官薦入於朝廷。而必送中書省覆試，中則可免解。」覆試條：「童子舉及應制科人，先進呈論、策卷子，如稱旨，必送中書省覆試。内童子赴都堂，於宰執前，同中書省官挑試。」文獻通考卷三五亦曰：「唐有童子科，凡十歲以下，能通一經，及孝經、論語每卷誦文十通者，予官；通七者，與出身……自置童子科以來，未有女童應試者。自淳熙元年夏，女童林幼玉求試中書，後省挑試，所誦經書四十三件，並通，詔特封孺人。」

〔四〕江南轉運使張去華　宋初三朝名流，太祖建隆初狀元及第，太宗太平興國七年任江南轉運使。其子師德則於真宗時中狀元。揮麈録前録卷三曰：「本朝父子狀元及第：張去華、子師德；梁顥、子固。兄弟：孫何、孫僅，陳堯佐、堯咨，四家而已。」丞相魏公譚訓卷五曰：「祖父常説：張去華侍郎狀元及第，文章、學問爲一時之賢，而孝養之行，遠追古人。獨不達政事，自翰林尹開封，事多留滯、倒錯，遂罷。常有一人犯夜，邏者執之以來，公問何爲夜行？對曰以母病求醫。問頗有見證否？人皆笑之。」宋史卷三〇六張去華傳則曰：「去華美姿貌，善談論，有藴藉，頗尚氣節。在營道得父同門生何氏二子，教其學問。受代，攜之京師，慰薦館穀，並登仕籍。嘗獻元元論，大旨以養民務穡爲急，真宗深所嘉賞，命以縑素寫其論爲十八軸，列置龍圖閣之四壁。」然其以不飾邊幅，急於進取，頗爲當時清議所貶，卒不登顯位，玉壺清話卷三曰：「張去華登甲科，直館，喜激昂，急進取，越職上言：『知制誥張澹、盧多遜、殿院師頏，詞學荒淺，深玷臺閣，願較優劣。』太祖立召澹輩臨軒重試，委陶穀考之，止選多遜入格，餘並黜之。時諺謂澹爲『落第紫微』，頏爲『揀停殿院』。賜去華襲衣銀帶，爲右補闕，士論短之。後十六年不遷，反不逮平進者，牓下宋白，昔同直館，白爲學士，去華猶守舊職。」言行龜鑑卷五亦曰：「士大夫不可爭名競進，致有缺行，玷平生之蹤迹。昔張去華當太祖朝乞試，有數知己皆館閣名臣，保舉之。太祖怒而問曰：『汝有多少文章，得如陶穀？』曰：『不如。』『敢與竇儀比試？』曰：『不敢。』『汝與張澹比試？』遂遲遲不對。遂令張澹比試。試畢，考校所試，優於張澹，然澹是季父。自此，去華一生不得入館閣，蓋由是耳。」續資治通鑑長編卷五乾德二年正月丁亥條亦詳細記載是事曰：「祠部郎中、知制誥、充史館修撰南陽張澹責授左司員外郎。以祕書郎、直史館張去華爲右補闕，賜襲衣、銀帶、鞍勒馬。先是，去華上章訴居官久次，且言澹及祠部員外郎、知制誥盧多遜等文字膚淺，願得校其優劣。上即詔澮等與去華偕試講武殿，命翰林學士承旨陶穀、知制誥高錫等考之。澮所對策不應問，故責。澮、錫素不相能，錫因教去華訐其短，又與穀共黨去華而黜澮。朝議薄去華輕躁，自是凡十六年不遷。去華，誼之子也。」

〔五〕上出詩、賦題試之　宋史卷三〇五其本傳曰：「試詩、賦五篇，下筆立成。」太宗親試楊億的詳情，湘山野録卷上有云：「楊大年年十一，建州送入闕下，太宗親試一賦一詩，頃刻而就。上喜，令中人送中書，俾宰臣再試。時參政李至狀：『臣等今月某日，入内都知王仁睿傳聖旨，押送建州十一歲習進士楊億到中書。其人來自江湖，對敭軒陛，殊無震慴，便有老成，蓋聖祚承平，神童間出也。臣亦令賦喜朝京闕詩，五言六韻，亦頃刻而成。其詩謹封進。』詩内有『七閩波渺邈，雙闕氣岧嶢。曉登雲外嶺，夜渡月中潮』，斷句云：『願秉清忠節，終身立聖朝』之句。」又，談苑卷四曰：「楊大年，年十一舉神童，至闕下，參政李至令賦喜朝京闕詩，有云：『七閩波渺邈，雙闕氣岧嶢。曉登雲外嶺，夜渡月中潮。』斷句云：『願秉清忠節，終身立聖朝。』」墨客揮犀卷七亦曰：「楊大年内翰，七歲對客談論，有老成風。年十一，太宗皇帝聞其名，召對便殿，授祕書省正字，且謂曰：『卿久離鄉里，得無念父母乎？』對曰：『臣見陛下，一如臣父母。』上歎賞久之。」林駉古今源流至論後集卷九則評論曰：「楊文公超出於岐嶷，幼稚之時，觀其『願秉忠清節，終身立聖朝』之句，則知有致君堯、舜之意。」

33 十二月庚辰，楚王元佐、陳王元佑、韓王真宗舊名、冀王元儁、益王元傑，各加食邑一千户〔一〕；以太師、尚書令兼中書令、淮海國王錢俶爲漢南國王，改賜寧江鎮國崇文耀武宣德守道功臣；以刑部尚書、平章事宋琪爲門下侍郎、昭文館大學士；工部尚書、平章事李昉爲中書侍郎、監修國史；左諫議大夫、參知政事呂蒙正、李至皆爲給事中，參知政事如故；宣徽南院使、兼樞密副使柴禹錫進封平陽郡侯、右諫議大夫；同簽署樞密院事張齊賢、王沔並加左諫議大夫；自藩鎮及内外文武官並進秩有差。以丁卯詔書加恩故也〔二〕。

〔一〕各加食邑一千户　朝野類要卷三食邑條記宋食邑之制曰：「官序及格，合封諸縣開國男以上者，隨有食邑户數，蓋比古之小大諸侯得國也。若又及格，則有食實封幾百户。舊制：每實封一户，隨月俸給二十五文。其加封，則自有格法。」

〔二〕以丁卯詔書加恩故也　春明退朝録卷上曰：「建隆至天禧，每朝廷大禮，二府必進官。天聖二年南郊，吕許公懇言之乃止。自是加恩而已。」

34 癸未，詔京城耆老百歲已上者，凡百許人，至長春殿，上親慰撫之。老人皆言：「自五代已來，未有如今日之盛也。」賜束帛、衣服、茶荈以遣之。

35 乙酉，詔曰：「王者賜酺〔一〕推恩，與衆共樂，所以表昇平之盛事，契億兆之歡心。累朝已來〔二〕，此事久廢。蓋逢多故，莫舉舊章。今四海混同，萬民康泰，嚴禋始畢，慶澤均行〔三〕。宜從士庶之情，共慶休明之運。可賜大酺三日。」酺飲起自秦，法：「三人已上會飲〔四〕，則罰金。」故因事賜酺，吏民得會飲，過則禁之。魏晉之後，無聞焉。唐景雲、開元、天寶間曾舉行之。至是，郊禋始畢，大慶溥洽，故有是詔。上因謂宰相曰：「朕讀唐書，見睿宗已後賜酺，或連夜至七日、九日，亦或彌月〔五〕，無乃太甚乎？娛樂不可過度，三日爲得宜矣。玄宗令三百里内刺史、縣令各率音樂集都下〔六〕，亦勞擾之甚也。」

〔一〕賜酺　其制始於戰國、秦、漢，盛於唐，爲「詔賜曠典」，如史記秦始皇本紀曰：「二十五年，大興兵，使王賁將，攻燕遼東，得燕王喜。還，攻代，虜代王嘉。王翦遂定荆江南地；降越君，置會稽郡。五月，天下大酺。」集解釋曰：「服虔曰：『酺音蒲。』文穎曰：『酺，周禮族師掌春秋祭酺，爲人物災害之神。』蘇林曰：『陳留俗，三月上巳水上飲食爲酺。』」正義：「天下歡樂大飲酒也。秦既平韓、趙、魏、燕、楚五國，故天下大酺也。」漢書卷四文帝紀曰：文帝即位「其赦天下，賜民爵一級，女子百户牛酒，酺五日。」顔師古注：「服虔曰：『酺音蒲。』文穎曰：『音步。漢律，三人以上無故群飲酒，罰金四兩，今詔横賜得令會聚飲食五日也。』師古曰：『酺之爲言布也，王德布於天下而合聚飲食爲酺。服音是也。字或作脯，音義同。』」許慎説文解字卷一四下酉部曰：「酺，王德布，大飲酒也。」其制可追溯至周禮中的祭酺，孫詒讓周禮正義卷二二地官族師春秋祭酺條考證説：「祭酺雖亦飲酒，然非賜酺也。故良耜正義謂因此祭酺聚錢飲酒，故後世聽民聚飲皆謂之酺。是聚飲之酺，乃後起之義。」「後世沿襲，遂以酺亦專爲會飲，而失其祭神之義，乃與醵無復區别，非其本也。」宋代賜酺始於太宗，後遂爲定制。隆平集卷三燕樂條曰：「酺飲起自秦，法：三人會飲則罰金。故因事賜酺，吏民會飲，過則禁之。太宗嘗謂輔臣曰：『朕讀唐史書，每見睿宗以後賜酺，或連夜七日九日，亦或彌月，無乃太甚乎？娛樂不可過，三日爲得宜矣。玄宗令三百里内刺史、縣令各率音樂集都下，能無勞擾耶？』」雍熙九年冬，南郊禮畢，詔賜大酺三日。丙申，自丹鳳樓至朱雀門張樂，遷四市物貨，會五方士女，旱車水船，往來御道，爲魚龍曼延之戲。又集開封府、縣及諸軍樂人列御樓前，音樂間發，觀者溢路。上御樓，燕群臣，賜畿甸耆老酒食，列坐於下。大中祥符以後，屢講是制。」雍熙九年，乃雍熙元年之誤。

〔二〕累朝已來　宋會要輯稿禮六〇之一亦載此詔，「累朝已來」作「累朝以來」；宋大詔令集卷一四五典禮三十宴集雍熙元年十二月乙酉賜酺詔亦作「累朝以來」。又，舊五代史卷三梁書太祖紀三朱温受禪於唐，即於「是日，大酺」。

〔三〕慶澤均行　宋會要輯稿禮六〇之一作「慶澤切行」，疑宋會要輯稿誤。宋大詔令集卷一四五亦作「慶澤均行」，與實録同。

〔四〕酺飲起自秦，法：三人已上會飲　玉海卷七三雍熙丹鳳樓觀酺條作「酺飲起自秦，秦法：三人已上會飲」，實録「法」前或漏一「秦」字。

〔五〕亦或彌月　舊唐書卷九九嚴挺之傳曰：「睿宗好樂，聽之忘倦。玄宗又善音律。先天二年正月望，胡僧婆陁請夜開門，燃百千燈。睿宗御延喜門，觀樂，凡經四日。又追作先天元年大酺，睿宗御安福門樓，觀百司酺宴，以夜繼晝，經月餘日。」

〔六〕各率音樂集都下　文獻通考卷一四七樂考二〇曰：「唐明皇在東洛，大酺於五鳳樓下，命三百里内守令率聲樂赴闕，較勝負而賞罰焉。」

36丙戌，月犯昴。以少府監段思恭爲右諫議大夫，祕書少監郭贄爲左諫議大夫。

37丁亥〔一〕，詔曰：「敦本抑末，教化於是興行；抵璧捐珠，浮靡於焉止息。朕祇承丕

構，緬慕古風，思欲崇尚儉朴，革去澆競，却難得之奇貨，復大化之淳源。宜自我先，以率天下。其嶺南諸州採珠場，罷之。」〔二〕

〔一〕丁亥　宋大詔令集卷一八三政事三六財利上收録此詔，題名曰罷嶺南採珠場詔，繫其時於雍熙元年丁卯，與實録不同。案：續資治通鑑長編卷二五雍熙元年十二月丁亥條、宋史卷四太宗一等皆繫於「丁亥」，與實録同，當以實録爲是。

〔二〕罷之　宋會要輯稿食貨四一之四五所載此詔「罷之」下尚有「官私毋得採取」一句，續資治通鑑長編卷二五雍熙元年十二月丁亥條於此詔下則曰：「自是，唯商船互市及受海外之貢。」又，宋會要輯稿食貨四一之四五、四六記仁宗與王欽若等言太宗此詔之意曰：「仁宗天聖三年五月，詔：『閩、廣州採珠場聽民户採取，止收税錢，自來有何條約？』王欽若等言：『先朝累有條約，蓋以海上採珠之民，深入淵潭，爲利所誘，不顧生命，比至出水，多至殞絶，故憫此艱苦，下令禁止。況珠玉寒不能衣，飢不可食，歷代聖帝明王，實穀貴賢，不以貨爲貴。』帝曰：『卿等所言是也。』」鐵圍山叢談卷五則詳述採珠之艱難曰：「凡採珠必蜑人，號曰蜑户，丁爲蜑丁，亦王民爾。特其狀怪醜，能辛苦，常業捕魚，生皆居海艇中，男女活計，世世未嘗捨也。採珠弗以時。衆咸裹糧，會大艇以十數，環池左右，以石懸大絙至海底，名曰定石。則別以小繩繫諸蜑腰，蜑乃閉氣，隨大絙直下數十百丈，捨絙而摸取珠母。曾未移時，然氣已迫，則亟撼小繩。繩動，舶人覺，乃絞取。人緣大絙上，出輒大叫，因倒死，久之始甦。下遇天大寒，既出而叫，必又急沃以苦酒可升許，飲之釂，於是七竅爲出血，久復活。其苦如是，世且弗知也。」

38 己丑，以左領軍衛大將軍致仕孫守彬爲右屯衛將軍。

39壬辰，制曰〔一〕：「王者祗膺寶圖，奉若天命，必在詳求淑哲，所以翊宣風教。故姬周之盛〔二〕，本自姜任之烈；虞舜之聖，亦資皇英之助。蓋化行於内，而陰教以孚〔三〕；位正於中，而人倫以叙。始於宫闈，迨於家邦〔四〕，前典具存，敢忘脩舉。隴西李氏〔五〕，柔嘉維則，和順積中。茂慶著於侯藩，盛則〔六〕傳於勳閥。清芬〔七〕桂郁，睿問川流，明惠成於自然，仁孝本於天賦。頃自作嬪帝室，毓德椒塗，象服垂風，光昭令則〔八〕，關雎播美，已著樂章。内理〔九〕肅而九御有倫，婦道著而六宫承式。服阿保之箴誡，知臣下之勤勞，固已績茂公桑，道光彤管，而造舟之禮，未加於徽命；厭翟之貴，未正於中宫。豈所謂昭德垂訓〔一〇〕，嗣世繼統者乎？宜考舊章，焕兹縟禮，法軒星而踐位，配皇極〔一一〕以爲尊。可立爲皇后〔一二〕，有司擇日備禮册命。」

〔一〕制曰　宋會要輯稿禮五三之一、宋大詔令集卷一八皇后上尊立上皆記此詔，宋大詔令集題名爲立隴西李氏爲皇后制，其文與實録略同。

〔二〕故姬周之盛　宋會要輯稿、宋大詔令集皆無「故」字。

〔三〕陰教以孚　宋會要輯稿與實録同，宋大詔令集則作「隆教以孚」。

〔四〕迨於家邦　宋大詔令集作「逮於家邦」，宋會要輯稿與實録同。

〔五〕隴西李氏　據宋史卷二四二后妃上明德李皇后、宋會要輯稿后妃一之一，李氏實爲潞州上黨人，其父爲宋太祖最親信的幕府舊僚、陳橋兵變重要的直接指揮者之一李處耘之次女，她嫁給宋太宗乃由宋太祖指定。李氏於太平興國二年七月入宫，至雍熙元年被立爲皇后，曾生一子，夭折。真宗時尊爲皇太后，卒謚明德。續資治通鑑長編卷二五雍熙元年十二月壬辰條作「立德妃李氏爲皇后」，李燾於注中考證說：「后以太平興國二年七月入宫，至是立爲皇后。詔詞但云隴西李氏，則未始封德妃也。按本傳及會要等亦不載德妃之號，不知本紀何故云耳，當考。」宋史卷四太宗一雍熙元年十二月壬辰亦曰：「立德妃李氏爲皇后。」司馬光稽古録卷一七亦曰：雍熙元年「十二月壬辰，立妃李氏爲皇后。」又，李皇后兄李繼隆，宋史卷二五七李繼隆傳曰：「在太宗朝，特被親信，每征行，必委以機要。真宗以元舅之親，不欲煩以軍旅，優游近藩，恩禮甚篤。」

〔六〕盛則　宋大詔令集作「盛烈」，宋會要輯稿亦曰「盛烈」。

〔七〕清芬　宋大詔令集作「清芳」。宋會要輯稿無「清芬桂郁，睿問川流，明惠成於自然，仁孝本於天賦」數句。

〔八〕光昭令則　宋大詔令集作「允昭令則」，宋會要輯稿無此句。

〔九〕内理　宋大詔令集作「内治」。

〔一〇〕昭德垂訓　宋大詔令集作「昭德成訓」。宋會要輯稿無「豈所謂昭德垂訓，嗣世繼統者乎」一句。

〔一一〕皇極　宋會要輯稿作「皇帝」。

〔一二〕可立爲皇后　宋大詔令集作「可册爲皇后」。宋初皇后册立禮儀較爲簡略，宋會要輯稿禮五三之一曰：「凡制書云册命者，多不行册禮。」自李氏之後「册命后妃，皆寫告身，用遍地塗金花龍鳳羅紙，以金塗標袋，有司進入」。

40甲午，駕幸城北水磑。回，召近臣宴於後苑。

41丙申，大酺。自丹鳳樓至朱雀門張樂，遷四市貨殖，五方士女大會，作山車、旱船，往來御道，爲魚龍曼延之戲。又集開封府諸縣及諸軍樂人，列於御街〔一〕。音樂雜發，觀者隘道〔二〕。上御樓臨視，召群臣宴飲，畿甸耆老，列坐其下，賜之酒食。

〔一〕列於御街　東京夢華録卷二御街條曰：「坊巷御街，自宣德樓一直南去，約闊二百餘步，兩邊乃御廊，舊許市人買賣於其間，自政和間官司禁止，各安立黑漆杈子，路心又安朱漆杈子兩行，中心御道，不得人馬行往，行人皆在廊下朱杈子之外，杈子裏有磚石甃砌御溝水兩道，宣和間盡植蓮荷，近岸植桃、李、梨、杏，雜花相間，春夏之間，望之如繡。」晁補之雞肋集卷八御街行詩記其景致云：「雙闕齊紫清，馳道直如線。煌煌塵内客，相逢不相見。上有高槐枝，下有清漣漪。朱欄夾兩邊，貴者中道馳。借問煌煌子，中道誰行此？且復就下論，驄馬知雜事。官卑有常度，郎得行同路。相效良獨難，且復東西去。」

〔二〕觀者隘道　宋史卷一一三禮十六詳記宋代的賜酺制度及其盛况，其文曰：「凡賜酺，命内諸司使三人主其事，於乾元樓前露臺上設教坊樂。又駢繫方車四十乘，上起綵樓者二，分載鈞容直、開封府樂。復爲棚車二十四，每十二乘爲之，皆駕以牛，被之錦繡，縈以綵絢，分載諸軍、京畿伎樂，又於中衢編木爲欄處之。徙坊市邸肆，對列御道，百貨駢布，競以綵幄鏤版爲飾。上御乾元門，召京邑父老分番列坐樓下，傳旨問安否？賜以衣服、茶帛。若五日，則第一日近臣侍坐，特召丞、郎、給、諫，上舉觴，教坊樂作，二大車自昇平橋而北，又有旱船四挾之以進，棚車由東西街交騖，並往復日再焉。東距望春門，西連閶闔門，百戲競作，歌吹騰沸。宗室親王、近列牧伯洎舊臣、宗室官，爲設綵棚於左右廊廡。士庶縱觀，車騎填溢，歡呼震動。第二日，宴群臣百官於都亭驛、宗室於親王宫。第三日，宴宗室、内職於都亭驛、近臣於宰相第。第四日，宴百官於都亭驛、宗室於外苑。第五日，復宴宗室、内職於都亭驛、近臣於外苑。上多作詩，賜令屬和，及别爲勸酒詩。禁軍將校日會於殿前、馬、步軍之廨。」

42丁酉，賜文武常參官詣尚書省宴飲〔一〕。上賜詩二首，特降中使宣旨曰：「今日卿等宴會，恐未盡歡，可更賜來日宴樂。」於是〔飲〕三日。群臣獻歌、詩、頌、賦稱美者，數十人，並宣付史館。

〔一〕賜文武常參官詣尚書省宴飲　宋會要輯稿禮六〇之一曰：「賜宰臣、樞密、翰林學士、文武官等宴於尚書省。」又，禮六〇之三曰：「官給其費。」

43庚子，以濟州刺史陳廷山爲光州刺史。

44壬寅，以氈毯使張延景爲尚食使。

45癸卯，麟州防禦使李克文爲博州防禦使。

46甲辰，雨雪。先是，上謂宰相曰：「今冬天氣和暖，開春恐有疫癘。今郊禮、酺宴之後，若得三五寸雪，大佳。」至是，陰雲四合，積雪盈尺。

書寫人：李奇　初對：吕興宗　覆對：霍良弼

中國史學基本典籍叢刊

宋太宗皇帝實録校注

下

〔宋〕錢若水 修
范學輝 校注

中華書局

太宗皇帝實録卷第七十六起至道二年正月，盡二月。

1至道二年，正月壬寅朔，上不視朝，群臣詣閤拜表稱賀。

2戊申，上齋宿于朝元殿。

3己酉，宿太廟。

4庚戌，親饗五室，出次南郊齋宮。禮儀使宋白上言：「臣今詳儀注：朝饗大廟，皇帝先詣罍洗，奠瓚〔一〕，祀昊天上帝。即未詣罍洗，奠玉幣，望詣罍洗後，奠玉幣爲允〔二〕。」上遽召宰相，問：「前代祀上帝，未罍洗而先奠玉幣，於禮可乎？」吕端等對曰：「王者親執玉帛以事上帝。玉帛者，接神之物也。於禮尤宜蠲潔，若未盥沃而先奠獻，殊失恭虔之意〔三〕。」宋白奏曰：「如允臣所陳，止一次升壇。」上慢然改容而言曰：「朕親行郊祀，蓋爲蒼生祈福，若變禮爲允，固當依卿所奏；如合遵舊典，雖百次登降，亦不以爲勞也。」吕端等皆言：「斯所謂得禮之中也〔四〕。」遂從宋白之議〔五〕。上以文物仗衛之盛，因詔有司畫南郊圖，凡爲三幅，外幅列儀衛，中幅車輅及導駕官，人物皆令長寸餘。警場、青城，别爲圖〔六〕，以紀一時之盛。

〔一〕皇帝先詣罍洗，奠瓚　續資治通鑑長編卷三九至道二年正月己酉條作：「皇帝先詣罍洗，後奠瓚。」較實録多一「後」字。然宋會要輯稿禮一之二八亦作「皇帝先詣罍洗，奠瓚」，與實録同。

〔二〕即未詣罍洗，奠玉幣，望詣罍洗後，奠玉幣爲允　實録此數句文章含糊，宋會要輯稿禮一之二八作：「即未詣罍洗，先奠玉幣。先後之際，恐爲未允。請先詣奠洗，後奠玉幣。」續資治通鑑長編卷三九至道二年正月己酉條作：「其祀天地，望先詣罍洗，後奠玉幣。」似皆較實録爲長。

〔三〕若未盥沃而先奠獻，殊失恭虔之意　宋會要輯稿禮一之二八、續資治通鑑長編卷三九至道二年正月己酉條皆作：「若沃盥而後奠獻，亦足以表虔潔之意。」

〔四〕斯所謂得禮之中也　宋會要輯稿禮一之二八作：「禮官所陳，得禮之中。」

〔五〕遂從宋白之議　真宗時復從舊制，宋會要輯稿禮一之二八曰：「咸平二年八月二十八日，禮儀使言：『南郊親祀，舊儀：先升壇，奠玉幣。訖，降壇，方詣罍洗。再升壇，行禮。至道二年先詣罍洗，後奠玉幣，即是一時新禮。』詔如舊儀。」

〔六〕警場、青城，别爲圖　群書考索卷二五禮門郊祀類至道南郊圖曰：「又畫圜壇、祭器、樂駕，悉皆詳備。」玉海卷八〇至道車輅儀衛圖條引志曰：「至道中，令有司以絹畫爲圖，凡三幅：中車輅、六引及導駕官，外兩幅儀衛，其警場、青城又别爲圖。圖成，以藏祕閣。凡仗内自行事官排列職掌，并捧日、奉宸、散手、天武外，步騎一萬九千一百九十八人，此極盛也。」同書卷九三郊祀下至道南郊圖咸平合祭條亦曰：「又圖畫圜壇、祭器、樂架，警場、青城，別爲圖，以紀一時之盛。令内臣裴愈、石承慶於朝元殿集翰林畫工繪之，仍命翰林學士承旨宋白監總，再朞而畢。」宋會要輯稿禮二八之五記此圖成於咸平元年，「真宗咸平元年八月二日，翰林學士承旨宋白等上新畫南郊圖。先是，至道二年，太宗令内侍裴愈、石承慶於朝元殿集畫工繪此圖，命白總其事，至是方畢。凡爲三幅：外幅列儀衛，中幅輅車及導駕官，人物皆長寸餘。又畫圜壇、祭器、樂架及青城、警場，悉皆詳備，命藏於祕府，賜白銀綵一百匹兩，愈、承慶各錢三萬，翰林畫待詔高元吉賜緋，餘工迨掌事緡錢有差」。警場，朝野類要卷一典禮警場條曰：「大禮等辦嚴也。皆用上軍及街仗司爲之。」青城，續資治通鑑長編卷二四八熙寧六年十二月丁亥條記同管勾外都水監丞程昉曰：「國家三歲一祠圜丘，齋宿之地常用幕，創成帷宮，謂之青城。」

5 辛亥，合祭天地於圓丘。回御乾元門，下制曰〔一〕：「我國家誕膺玄貺，光啓鴻圖。列
聖在天，鑒臨乎下土；群后在位，翊戴于眇躬。奄有多方，殆茲二紀。夙夜寅畏，若涉淵
谷；小心祗惕，罔敢遑寧。而風雨弗迷，蠻夷率服。疆埸甫定，無復金革之聲；田疇屢登，
聿起京坻之詠〔二〕。流亡雲集，富庶可期。天瑞荐臻，朝政粗治。非三靈之眷命，九廟之儲
祥，不穀不德，安能致此？是用講求典禮，祗祀郊丘，爰祈福於天宗，因讓德于穹昊。高煙
上達，既展於精誠；麗澤滂流，宜覃於大慶。可大赦天下：自至道二年正月十日昧爽已前，

天下繫囚，除故殺、謀殺、劫殺、鬬殺〔三〕、官典犯正枉法贓至死，并犯十惡外，其餘罪無輕重，咸赦除之。內外諸軍將士，並與兵級優賞。文武前任、見任官，並與加恩。文武常參官，內諸司使、副，內殿崇班，禁軍都指揮使已上，藩鎮馬步軍都指揮、行軍使，諸道節度副使、行軍司馬，父、母、妻並與叙封，亡父、母即與追贈。殿前指揮使及御龍直未有功臣者，並與功臣。應亡命卒及聚山林爲群盜者，限詔到百日，許于所在陳首。限滿不首，即論其罪。貶降官未量移者，與量移；已量移者，與復資；已復資者，與叙用。除籍、削任、免所居官人等，並令於刑部投牒。三班使臣〔四〕，亦各於本院投牒引對，取進止。配流徒役人，及先配充奴婢等，並免爲庶人。內有曾任職官者，件析以聞，別聽敕旨。文班常參官衣緋緑及二十周年者，許以吏部投牒引對〔五〕。五嶽四瀆、名山大川，及歷代聖帝明王、忠臣烈士有祠宇在逐處，並令精潔致祭。近祠廟、陵寢處，並禁樵採。如廟貌隳壞，令所在量加修葺。天下義夫節婦、孝子順孫及高蹈山林、不求聞達者，宜令所在搜訪以聞。孤老惸獨不能自給者，長吏倍加存恤。自淳化五年已前，諸道州府逋懸租調，及官吏監筦酒榷、茶鹽、市征所逋官錢無以償者，並與除放。貶降官歿於貶所者，許令歸葬。先削奪官爵，並與追復。叛逆緣坐者，不在此限。應官吏歿于王事者，先已録其子弟，内有妻息寡弱，不能自達者，委所在長吏，搜訪聞奏。諸司職掌及郊廟行事官等，並與加恩。欠一選者，吏部即與注擬；欠兩選，與減一選者。」

〔一〕下制曰　宋朝事實卷四郊赦一、宋大詔令集卷一二〇典禮五南郊三亦收至道二年南郊赦天下制，但與實録差異很大，其文曰：「門下：我國家千齡啟運，百世其昌。惟列聖之在天，介鴻休于下土。朕自祗膺眷命，嗣守皇圖，垂二十餘年，居億兆之上。域中四大，常師古聖之言；天下一家，幸接隆平之運。遠肅而蠻夷率服，時和而風雨弗迷。盡禹別之九州，來修厥貢；懋堯咨之四岳，咸建庶官。刑政于是相宜，聲明以之大備。夫何涼德，集是丕休。皆由九廟之儲靈，實荷二儀之降鑒。得不討論方策，博採乎禮經，祗奉郊丘，興崇于祀事。達孝思于清廟，祈景福于上玄。用薦精誠，斯爲大報。百神效祉，諸侯駿奔。羅羽衛于康莊，煙霞動色；設宫縣于兩觀，金石成文。千官扈蹕以雲從，百姓歡呼而雷動。禮終嚴祀，喜成昭事之心；候屬載陽，廣布惟新之慶；宜覃恩宥，溥洽寰區。可大赦天下。云云。於戲！時當獻歲，禮畢嚴禋。祖宗之純嘏無疆，天地之祥符有耀。仰資玄貺，敷佑蒼生。更賴三事大臣，六師上將，炳人文而宣教化，揚我武以定疆場。逮夫庶邦冢君，凡百執事，咸有一德，永孚于休。俾我邦家，紹統前代，盡善盡美，不其偉歟！告示萬方，明知朕意。」

〔二〕聿起京坻之詠　京坻，本作坻京，語出詩經小雅甫田：「曾孫之庾，如坻如京。」謂米穀堆積如山，指代豐收。

〔三〕天下繫囚，除故殺、謀殺、劫殺、鬬殺　續資治通鑑長編卷一二開寶四年十月甲申條曰：「詔：『兩京諸道，自十月後犯强竊盜，不得預郊祀赦。所在長吏，當告諭下民，無令冒法。』自後將郊祀，必申明此詔。」李燾注並引寶訓所載王旦言曰：「太宗時，每議郊祀，皆前下詔。又慮强盜恃恩犯法，乃詔不以赦原。」

〔四〕三班使臣　雲麓漫鈔卷四曰：「使臣之義，始於藩鎮。國初，武官處以三班，號祗應官，有左右班、供奉班是也。太宗以其資品少，又創三班借職、三班奉職；左右侍禁、左右班殿直、東西頭供奉官，有司號爲小使臣；内殿崇班、内殿承制爲大使臣。宣、政改制，易爲郎，使臣之名不改。二字害義爲多，即與漢、晉諸侯王得臣其境内一同，況此自是王官，而稱於比肩事主之人，尤礙理。」

〔五〕文班常參官衣緋、緑及二十周年者，許以吏部投牒引對　宋會要輯稿職官八之一曰：「至道二年正月，詔今後京官著緑，至加恩前及二十周年者，許於吏部投狀，依朝官例磨勘，奏候敕裁。内曾犯入己贓及踰濫者，不得施行。」太宗時制度：四、五品官衣緋，六、七品官衣緑。

6乙卯，陝西轉運使上言：「成州界金坑兩處，先是，州遣長吏掌之，歲課不能充入舊貫〔一〕，望遣使按行，更立新制。」詔曰：「捐金于山，前聖之盛德；所寶惟穀，舊史之格言〔二〕。朕緬慕太古之風，不貴難得之貨。何必言利，徒以勦民〔三〕。其成州金坑兩處，並宜停癈〔四〕。」

〔一〕歲課不能充入舊貫　宋會要輯稿食貨三四之一三所記此句作「歲課不能充」，無「入舊貫」三字。

〔二〕捐金于山，前聖之盛德；所寶惟穀，舊史之格言　捐金于山，典出班固兩都賦：「捐金於山，沈珠於淵。」後漢書卷四

○下班固傳李賢注引陸賈新語曰：「聖人不用珠玉而寶其身，故舜棄黄金於嶄巖之山，捐珠玉於五湖之川，以杜淫邪之欲也。」抱朴子外篇卷四亦曰：「唐堯之爲君也，捐金於山；虞舜之禪也，捐璧於谷。」所寶惟穀，典出張衡東京賦：「所貴惟賢，所寶惟穀。」又，文獻通考卷一八記宋太祖開寶三年詔曰：「古者不貴難得之貨，後代賦及山澤。上加侵削，下益抗敝，每念兹事，深疾於懷。未能捐金於山，豈忍奪人之利？自今桂陽監歲輸課銀宜減三分之一。」

〔三〕徒以勸民　宋大詔令集卷一八三財利上收録此詔，題爲罷成州金坑詔，「徒以勸民」作「徒以勤民」。宋會要輯稿食貨三四之一四亦作「徒以勤民」，與宋大詔令集同。

〔四〕其成州金坑兩處，並宜停廢　宋會要輯稿食貨三四之一四與實録同，然宋大詔令集卷一八三作「其成州兩處金坑宜停廢」。文獻通考卷一八征榷五記宋代金産地曰：宋興「産金有五，曰：商、饒、歙、撫州、南安軍」，「至道元年廢邵武軍院，二年又廢成州二院。饒州舊禁商人市販，頗致争訟，大中祥符五年，從淩策之請，除其禁，官收算焉」。又，皇朝編年綱目備要卷五在此條下有云：「是歲，有司又言：『鳳州出銅礦，定州出銀礦，請置官掌其事。』上曰：『地不愛寶，當與衆庶共之。』不許。」

7丁巳，祕書丞高紳上言：「臣受詔往江南諸州，首至宣州，勘責部内共欠官物千二百四十八萬數，望擇清幹勤事常參官一人，專徵督之。」上召宰相等謂曰：「高紳言一郡之内逋負官物千餘萬，蓋轉運使不稱職，長吏非其人之所致也。」吕端等奏曰：「近廉得荆湖轉運使何士宗爲政苛細，河東轉運使王嗣宗蒞事麤率，江南轉運使李若拙奉公弛慢。」上曰：「悉罷之，更授以他任。」即以若拙知涇州，嗣宗知耀州，士宗知華州。既而遣太常丞黄夢錫乘傳詣宣州，校計民所負官物，皆李煜日吏掌郵驛及鹽鐵、酒榷、供軍稾秸等物，以鐵錢計其數，逮四十年，州郡不爲削去其籍。夢錫凡檢勘合徵督者，纔三四萬數。民貧，皆無以償，吏督責猶急，夢錫盡條奏其事，云：「乃高紳廣增其數，以誑惑人主之聽，顗望恩澤也。」上覽奏，徵夢錫赴闕，紳亦不加罪焉〔一〕。以四方館使曹璨知靈州〔二〕。

〔一〕上覽奏，徵夢錫赴闕，紳亦不加罪焉　文獻通考卷二七曰：「宋太宗皇帝至道二年，祕書丞高紳上言：『受詔詣江南諸州，首至宣州，檢責部内逋官物千二百四十八萬。』即日詔太常丞黄夢錫乘傳案其事，皆李煜日吏掌郵驛、鹽鐵、酒榷、供軍稾秸等，以鐵錢計其數，逮四十年，州郡不爲削去其籍。夢錫檢勘，合理者纔三四萬，民貧無以償，乃詔悉除逋籍。」據此則太宗終「悉除逋籍」。

〔二〕以四方館使曹璨知靈州　續資治通鑑長編卷三九至道二年五月癸卯條李燾注曰：「按實録，正月乙卯命曹璨知靈州。」然實録繫其事於正月丁巳。李燾注又言曹璨實並未到職，即改任麟、府、濁輪寨鈐轄，「正月乙卯命曹璨知靈州，蓋以侯延廣病故，二月，延廣卒。據璨傳，璨未至即改爲麟、府、濁輪寨鈐轄，及繼遷寇靈州，部署郭密亦已卒，而璨復自河西入奏。至六月戊戌，乃命慕容德豐復知靈州。不知春夏間靈州守臣果是何人，獨寶神寶傳略見此，因掇出附載，更俟考尋也」。

8庚申，太常寺言：「音律官田琮以上新增九絃琴、五絃阮〔一〕均配十二律，旋相爲宫，隔八相生，並已叶律，冠于雅樂。」以旋宫相生之法，畫爲圖以獻。上覽之喜，詔本寺即與琮遷職以賞之。

〔一〕上新增九絃琴、五絃阮　太宗作九絃琴、五絃阮事，續資治通鑑長編卷三八至道元年十月乙酉條曰：「上嘗謂舜作五絃之琴以歌南風，後王因之，復加文、武二絃。乃增作九絃琴，五絃阮，别造新譜三十七卷，俾太常樂工肄習之以備登薦。乙酉，出琴阮示近臣，且謂之曰：『雅正之音，可以治心。古人之意，或有未盡。琴七絃，今增爲九絃，曰君、臣、文、武、禮、樂、正、民、心，則九奏克諧而不亂矣。阮四絃，今增爲五，曰金、木、水、火、土，則五材並用而不悖矣。』因命待詔朱文濟、蔡裔賫琴阮詣中書彈新聲，詔宰相以下皆聽。由是中外獻歌詩頌者數十人。上謂宰相曰：『朝廷文物之盛，前代所不及也。群臣所獻歌頌，朕再三覽之，校其工拙，唯李宗諤、趙安仁、楊億詞理精愜，有老成風，可召至中書獎諭。』又曰：『吴淑、安德裕、胡旦，或詞采古雅，或學問優博，抑又其次矣。』安仁，孚子。淑，丹陽人也。朱文濟者，金陵人，專以絲桐自娱，不好榮利。上初欲增琴阮絃，文濟以爲不可增，蔡裔以爲增之善。上曰：『古琴五絃，而文、武增之，今何不可增也？』文濟曰：『五絃尚有遺音，而益以二絃斯足矣。』上不悦而罷。及新增琴阮成，召文濟撫之，辭以不能。上怒而賜蔡裔緋衣，文濟班裔前，獨衣緑，欲以此激文濟。又遣裔使劍南，獲數千緡，裔甚富足，而文濟藍縷貧困，殊不以爲念。上又嘗置新琴阮於前，旁設緋衣、金帛賞賫等物誘文濟，文濟終守前説。及遣中使押送中書，文濟不得已，取琴中七絃撫之。宰相問曰：『此新曲何名？』文濟曰：『古曲風入松也。』上嘉其有守，亦賜緋衣。文濟風骨清秀若神仙，上令供奉僧元藹畫其像留禁中。」宋史卷一二六樂一亦曰：「太宗嘗謂舜作五絃之琴以歌南風，後王因之，後加文武二絃。至道元年，乃增作九絃琴、五絃阮，别造新譜三十七卷。凡造九絃琴宫調、鳳吟商調、角調、徵調、羽調、龍仙羽調、側蜀調、黄鐘調、無射商調、瑟調變弦法各一。制宫調鶴唳天弄、鳳吟商調鳳來儀弄、龍仙羽調八仙操，凡三曲。又以新聲被舊曲者，宫調四十三曲，商調十三曲，角調二十三曲，徵調十四曲，羽調二十六曲，側蜀調四曲，黄鐘調十九曲，無射商調七曲，瑟調七曲，碧玉調十四曲，慢角調十曲，金羽調三曲。阮成，以示中書門下，因謂曰：『雅樂與鄭、衛不同，鄭聲淫，非中和之道。朕常思雅正之音可以治心，原古聖之旨，尚存遺美。琴七絃，朕今增之爲九，其名曰：君、臣、文、武、禮、樂、正、民、心，則九奏克諧而不亂矣。阮四絃，增之爲五，其名曰：水、火、金、木、土，則五材並用而不悖矣。』因命待詔朱文濟、蔡裔齎琴、阮詣中書彈新聲，詔宰相及近侍咸聽焉。由是中外獻賦頌者數十人。二年，太常音律官田琮以九絃琴、五絃阮均配十二律，旋相爲宫，隔八相生，並協律吕，冠于雅樂，仍具圖以獻。上覽而嘉之，遷其職以賞焉。自是遂廢拱宸管。」

9 辛酉，宣政使王繼恩徵赴闕〔一〕，對于便殿，慰勞久之。

〔一〕宣政使王繼恩徵赴闕　宋史卷四六六宦者一王繼恩傳述其原委曰：「至道二年春，布衣韓拱辰詣闕上言：『繼恩有平賊大功，當秉機務，今止得防禦使，賞甚薄，無以慰中外之望。』上大怒，以拱辰惑衆，杖脊黥面配崖州。俄召繼恩。」朱子語類卷一二八本朝二法制記朱熹評論太宗以王繼恩爲宣政使事曰：「問：『唐之人主喜用宦者監軍，何也？』曰：『是他信諸將不過，故用其素所親信之人。後來一向疏外諸將，盡用宦者。本朝太宗令王繼恩平李順有功，宰相擬以宣徽使賞之。太宗怒，切責宰相，以爲太重，蓋宣徽亞執政也，遂創「宣政使」處之。朝臣諸將中豈無可任者，須得用宦者！彼既有功，則爵賞不得吝矣。然猶守得這些意思，恐起宦者權重之患。及熙、豐用兵，遂皆用宦者。李憲在西，權任如大將。馴至後來，遂有童貫、譚稹之禍。」」

10丁卯，禮部侍郎、兼祕書監賈黃中卒。黃中字娲民，滄州南皮人，唐相魏國公耽之四代孫。父玭，舉進士，仕至兵部郎中〔一〕。開寶中，坐舉官緣累削籍。上即位，起爲水部員外郎〔二〕，卒官。玭嚴毅，善教子，每士大夫家有子弟好學，必持刺修謁，孜孜誨誘之〔三〕。故舊親黨有未葬者，皆有收瘞；貧無以自給者，悉字養，使至成人，爲畢婚嫁。黃中幼聰悟，其父教督甚嚴，日誦書千言。漢乾祐初，舉童子登科，年始六歲。自是能屬文，每觸類必賦詠，多傳誦人口。其父常令蔬食，曰：「俟業成，即得食肉。」十六舉進士中第〔四〕，解褐校書郎、集賢校理，遷著作佐郎、直史館。國初，改左拾遺、左補闕、判太常禮院〔五〕。黃中多識故實，每詳定典禮，損益得中，號爲稱職。會嶺表平，以黃中爲採訪使〔六〕，廉直平恕，遠人便之，凡奏利害數十事，皆稱旨。江南平，受詔知宣州。歲饑，民多起爲盜賊，黃中以己俸造糜粥以濟飢民，全活者以千數，設法招誘，盜悉解去。上即位，拜禮部員外郎、知昇州。金陵歸復之始，人心俶擾，黃中以簡易爲政，不任苛察，部內甚治。未幾，召歸闕。執政有薦黄中文學高第，令召試丞相府〔七〕，稱旨，擢爲駕部員外郎、知制誥，遷司封郎中、知制誥，充翰林學士。未幾，真拜中書舍人，學士如故。俄兼史館修撰、同知京朝官考課。銓量平允，遠近稱之。兩受詔知貢舉，多柬拔寒雋，號爲無私。又掌吏部選事，除擬官吏數千員，品藻精當。上益知其材，拜給事中、參知政事。召見其母王氏，命坐，與語曰：「教子如是，真所謂今之孟母矣〔八〕。」因賦詩以美之，賜予甚厚。故與吕端厚善，重其爲人，端出領襄陽，黄中力薦於上，因留爲樞密直學士，擢參知政事。黄中之引薦，皆此類。頗小心畏慎，廟堂政事，多稽留不決，時論以此少之。未幾，以本官罷，出知澧州事〔九〕。上誡之曰：「夫小心翼翼，君臣皆當如是，若乃太過，即深失大臣之體。」黄中頓首謝。上因謂侍臣曰：「朕常念其母有賢德，年七十餘，未覺衰老，每與之語，甚明敏。黄中終日憂畏如此，必先其母老矣。」至所部，視事數月，疾作，俄而瘳，受代赴闕。黄中先豐碩，氣貌雄壯，自是頓羸瘵，鬱若枯腊。上憐之，拜禮部侍郎、兼祕書監，以黄中素嗜文籍，而祕府無事，優之也。纔數日，疾復作，上亟命太醫診視，勞問旁午。至是卒，年五十六，而其母尚無恙，卒如上言。上聞之悼惜，贈禮部尚書，賵賻加等。以其素貧，别賜錢三十萬給葬事。起三子，皆授官。既葬，其母求見上謝，又賜白金三百兩，謂之曰：「勿以諸孫爲念，朕常記之矣。」先是，黄中之卒，上悼惜之甚，念翰林無良醫，因遍令索京城善醫者，得百餘人，悉令試以方脉。又詔諸道州府，令訪能醫者，乘疾置闕下，俾近臣各得薦所知，以隸太醫署，其恩遇如此。黄中端謹，能守家法，多知臺閣故事，頗接引後進，當世知名之士，多由門下出。清白恭恪，中心常若憂畏，未嘗暫釋然。善談論，亹亹不絶，令人聽之忘倦。在翰林日，上多召見，訪以時政得失，黄中但言：「臣職當書詔，思不出位。至于外事，臣何由知？」上益重之，以爲謹厚。及知政事，專務循默〔一〇〕，無所發明，不爲時論所許。有文集三十卷，行於世。

〔一〕仕至兵部郎中　續資治通鑑長編卷四乾德元年四月乙酉條曰：「始命刑部郎中賈玭等通判湖南諸州。」隆平集卷一官名條曰：「諸州置通判，始於建隆四年，命刑部郎中賈玭等充湖南道諸州通判。」宋史卷二六五賈黄中傳亦曰：賈玭「宋初，爲刑部郎中。」皆不言其爲兵部郎中事。

〔二〕起爲水部員外郎　宋史卷二六五賈黄中傳言賈玭太宗時終「水部員外郎、知浚儀縣」。

〔三〕每士大夫家有子弟好學，必持刺修謁，孜孜誨誘之　宋史卷二六五其本傳記爲：「士大夫子弟來謁，必諄諄誨誘之。」

〔四〕十六舉進士中第　隆平集卷六賈黄中傳亦曰：「十六進士甲第。」與實録同，然宋史卷二六五、東都事略卷三五其本傳皆曰：「十五舉進士。」又，宋宰輔編年録卷二：賈黄中「十五歲舉進士」。直齋書録解題卷七賈公談録條亦曰：賈黄中「十六歲進士及第，第三人」。

〔五〕判太常禮院　宋史卷二六五其本傳言：「開寶八年，通判定州，判太常禮院。」

〔六〕會嶺表平，以黄中爲採訪使　續資治通鑑長編卷一五開寶七年四月丙午條曰：「命左補闕南皮賈黄中檢視廣南民田。」案：賈黄中爲採訪使於開寶七年，判太常禮院則在開寶八年。

〔七〕令召試丞相府　此處用的是古稱，指中書，宋史卷二六五其本傳即曰：「召試中書。」

〔八〕真所謂今之孟母矣　太宗亦曾以此贊蘇易簡之母薛氏，皇朝編年綱目備要卷四曰：「易簡母薛氏入禁中，上命之坐，問：『何以教子，遂成令器？』對曰：『幼則束以禮讓，長則訓以詩、書。』上顧左右曰：『今之孟母也，非此母，不生此子矣。』」續資治通鑑長編卷三六淳化五年十月丙戌條則曰：「上因謂左右曰：『黄中母有賢德，年七十殊未衰，每與之語，甚明敏。黄中終日憂畏，必先其母老矣。』又顧參知政事蘇易簡曰：『卿母亦然。自古賢婦人蓋不可多得。』易簡曰：『陛下孝治天下，重人之親。臣實何人，老母得蒙聖獎，此人子之榮耀也。』」

〔九〕以本官罷，出知澧州事　知澧州，續資治通鑑長編卷三六淳化五年十月丙戌條記曰知澶州，「給事中賈黄中出知澶州，上諭之曰：『夫小心翼翼，君臣皆當然，若太過，亦失大臣之體。非分之事，固已不爲，又何暇如是乎？』黄中頓首謝」。又，宋史卷二六五、東都事略卷三五其本傳皆曰：「四年冬，與沆並罷守本官。明年，知襄州，上言母老乞留京，改知澶州。」

〔一〇〕及知政事，專務循默　皇朝編年綱目備要卷四有曰：淳化四年十月「趙鎔、向敏中同知樞密院。鎔加宣徽北院使，敏中右諫議大夫。鎔等入對，上曰：『賈黄中等以循默守位，故罷，適垂泣叙謝，朕亦爲之悽然。昔周有亂臣十人，同心同德。人臣事主，可不念此以保始終？古人尚欲立功名於亂世，況盛世乎？卿等宜戮力，以副超擢。』」

11戊辰，升眉州爲防禦使，陵州爲團練使。詔廢諸州司理判官，只令參軍專鞫獄訟〔一一〕，從著作佐郎虞綽之請也。以都官員外郎梁鼎爲江南轉運副使，太常丞王挺爲荆湖轉運副使，以江南轉運副使宋搏爲轉運使。

〔一一〕詔廢諸州司理判官，只令參軍專鞫獄訟　詔廢諸州司理判官，宋史卷五太宗二繫其事於至道二年正月丁卯，與實録不同。諸州司理判官，始置於太平興國四年十二月丁卯。參軍，即諸州司理參軍，續資治通鑑長編卷三四淳化四年十月壬戌條曰：「自端拱以來，諸州司理參軍皆上躬自選擇，民有詣闕稱冤者，立遣臺使乘傳案鞫，數年之間，刑罰清省矣。諸路提點刑獄司未嘗有所平反，上以爲徒增煩擾，罔助哀矜，詔悉罷之，歸其事于轉運司。」

12庚午，以翰林學士承旨宋白兼祕書監。内侍裴愈自江東還〔一二〕，凡購得古書六十餘卷，名畫四十五軸，古琴九，王羲之、貝靈該〔一三〕、懷素等墨迹共八本，詔藏於祕閣。

〔一二〕内侍裴愈自江東還　至道元年六月，太宗遣裴愈往江南購募圖書，並分賜其御書，續資治通鑑長編卷三八至道元年六月乙酉條曰：「遣内侍裴愈乘傳往江南諸州購募圖籍，願送官者優給其直；不願者借出，於所在州命吏繕寫，仍以舊也。於是付愈賫詣名山福地，道宮佛寺，各藏數本；或邱園養素好古博雅之士，爲鄉里所稱者，亦賜之。」玉海卷三三至道草書經史故事條則曰：「至道元年六月戊戌，上草書經、史故事三十紙，詔翰林侍讀吕文仲一一讀之，因刻石。以數百本，并祕閣官吏姓名，付内侍裴愈，令於江東名山福地、道宮佛廟各藏三五本，或高逸不仕、純樸有行、好古博雅爲州里所稱者，分以賜之。」並引會要曰：「先是，六月乙酉，遣裴愈往江南求圖籍。」宋會要輯稿崇儒六之四：「至道元年，太宗草書經史故事三十紙，詔翰林侍讀吕文仲一一讀之，因遣刻石，以數百本，并列祕閣官吏姓名，付内侍裴愈，令於江東名山福地、道宮、〔佛〕廟，各藏一本。或高逸不仕，敦樸有行，爲州里所稱者，亦分賜之。」崇儒四之一七：「至道元年六月十日，命内品、監祕閣三館書籍裴愈乘傳往江南、兩浙諸州購募圖籍，願送官者優給其直，不願者就所在差能書史繕寫，以舊本還之。仍賫御書石本，所在分賜之。愈還，凡購得古書六十餘卷，名畫四十五軸，古琴九，王羲之、貝靈該、懷素等墨迹共八本，藏於祕閣。」宋史卷四五六忠義陳兢傳、洪文撫傳亦有云：「至道初，遣内侍裴愈就賜御書，還，言旭家孝友儉讓，近於淳古。」「至道中，本軍以聞，遣内侍裴愈賫御書百軸賜其家。」裴愈，歷太宗、真宗、仁宗三朝，在内臣中以文才著稱，端拱元年，裴氏爲監祕閣圖書。元豐類稿卷四九宦者條有云：「張洎居翰林，請以藍敏正爲學士，裴愈副之。上曰：『此亂政，朕方復古道，安得踵此覆轍邪？』洎慚而退。蓋祖宗之明理亂、慎威福之漸如此焉。」青箱雜記卷一〇、宋朝事實類苑卷三八詩歌賦詠肯堂集條更詳曰：「内臣裴愈，字益之，亦好吟詠。真宗朝，銜命江南，搜訪遺書、名畫，歸奏稱旨，用是累居三館祕閣職任。有詩送魯秀才南遊云：『東吴山色家家月，南楚江聲浦浦風。』聞蟬詩云：『楊柳影疏秋霽月，梧桐葉墜夕陽天。』皆其佳句。有子曰湘，字楚老，亦有詩名。明道中，仁宗御便殿，試進士房心爲明堂賦、和氣致祥詩，亦命湘賦之。湘蹈舞再拜，數刻而成，仁宗嗟賞，左右中人爲之動色。其和氣致祥詩曰：『君德承天道，沖融協太和。卿雲呈瑞早，膏澤應時多。煦集連枝木，嘉扶異穎禾。五星還聚井，丹鳳更巢阿。藪澤無遺士，邊方久息戈。黔黎逢至化，稽首載賡歌。』他詩亦類此。有肯堂集行於世。翰林學士李公淑爲之作序曰：『予嘗嘉河東父子，起銀璫右貂，能以屬辭拔其倫。益之三朝侍内，老不廢學，又課厲二子，使皆有立，約己慎履，如周仁、石慶。而楚老孳孳嗜書，克自淬琢云。』」又，今本續資治通鑑長編在卷三八至道元年六月詳記裴愈往江南購募圖書，然卷三九至道二年正月記事却一言無及其自江南還，失於照應，疑或有散佚。

〔二〕貝靈該　以學唐玄宗隸書聞名，歐陽修集古録跋尾卷九唐夔州都督府記條曰：「余嘗謂唐世人人工書，故其名堙没者不可勝數，每與君謨歎息于斯也。如貝靈該、繆師愈，今人尚不知其姓名，況其書乎！餘以集録之博，僅各得其一爾。」玉海卷四五淳化歷代帝王名臣法帖淳熙續法帖條：「至道元年六月十日命裴愈求圖籍，又得羲之、懷素等書八本，藏祕閣。」僅曰羲之、懷素，或即如歐陽修所説對貝靈該已「不知其姓名，況其書乎」。

13辛未，詔曰：「先是，祕書郎不給月俸，自今宜與著作佐郎同〔一〕。」又詔：「京官先以三十月爲滿，即罷給俸料，自今宜續之〔二〕，並著于甲令。」

〔一〕祕書郎不給月俸，自今宜與著作佐郎同　各給俸禄十七千，宋會要輯稿職官五七之一曰：「祕書郎、著作佐郎十七千。祕書郎舊無俸，兼二館職事者給八千。至道二年，令同著作佐郎給之。」

〔二〕自今宜續之　宋會要輯稿職官五七之二三亦載此詔，與實録同，惟「自今宜續之」作「自今宜續給之」。

14 二月壬申朔。

15 癸酉〔一〕，司空致仕李昉薨。昉字明遠，真定人〔二〕。父超，仕至都官郎中、集賢殿學士。昉自襁褓，叔父沼養爲己子〔三〕，沼亦仕至右贊善大夫。昉以門子補齋郎〔四〕，選授太子校書。乾祐初，舉進士及第，解褐祕書郎。宰相馮道引昉與吕端同直昭文館，遷右拾遺、集賢殿修撰。周顯德中，宰相李穀帥師征淮南，表昉爲記室。世宗每覽軍中奏記，愛其詞理明白，多稱善，問：「誰爲之？」左右以昉名對。軍還，擢爲主客員外郎、知制誥、充集賢殿直學士。會世宗親征淮南，駐蹕壽春城下，即行在所拜屯田郎中、知制誥、充翰林學士。在内署，頗稱謹密。國初，真拜中書舍人，學士如故。俄罷職，改給事中。會湖外初平，受詔祀南嶽，因命知衡州。未踰年，受代歸闕，翰林學士承旨陶穀適掌選，誣奏昉嘗薦親黨，求爲東畿令。太祖怒，召吏部尚書張昭面質其事，昭老儒，氣直，於上前投冠于地，抗聲論列，云穀罔上。太祖終疑之，昉亦不自辯，出爲彰武軍行軍司馬〔五〕。在延州六年，以吟嘯杯酒自適。徵還，復拜中書舍人。未幾，入直翰林。先是，盧多遜已先任學士，因重陽宴近臣于講武殿，太祖見昉在多遜下，問其所以，宰相對曰：「昉以本官直學士院，非即真。」即日真拜學士，令在多遜之上。俄知貢舉，會貢士徐士廉訴昉取捨非當，太祖召問，多遜奏云：「頗有遺落。」因命覆試，有覆退者，坐是左遷太常少卿。不踰年，復拜中書舍人、翰林學士。會宰相趙普爲盧多遜所構，數以其短聞於太祖，太祖惑之，因訪于昉，昉對曰：「臣書詔之外，思不出位。趙普行事，臣何由而知？」太祖默然。既而普出鎮，盧多遜知政事，昉獨當制命。自江南平，洎車駕雩祀西洛，書詔填委，昉略無凝滯，時論稱之。上即位，拜户部侍郎，學士如故。受詔與扈蒙、李穆、郭贄、宋白同修太祖實録，數年而成。從征太原，車駕次常山。常山，即昉之故里，有居第、園林焉，賜羊酒，俾爲讌樂，自丞相、卿大夫、藩侯悉預會。又召班白故老，置酒盡歡，如是者七日，公卿皆賦詩以美其事，刊於石。師還，拜工部尚書、充翰林學士承旨，改文明殿學士，俄以本官參知政事。會趙普出鎮，與宋琪同拜平章事，加監修國史。昉建議復時政記，故事：時政記月終送史館，昉先以進御而後付有司。時政記進御，自昉始也。雍熙初，郊祀，進位中書侍郎，平章事如故。先是，上面授昉與琪爲左右僕射，昉率琪懇讓，得旨，止加中書侍郎而已。端拱初，耤田禮畢，布衣翟馬周訟昉任宰相，屬戎虜入寇，不憂邊事，但賦詩飲宴，并奏女樂等數事。上惡之，召翰林學士賈黄中草制，以昉爲右僕射，罷知政事，令詔書切責。賈黄中言：「僕射，中臺師長，舊日宰相之任，今日工部尚書拜，斯爲美遷，非黜責之義，當以文昌務簡、均勞逸爲詞。」上然之。淳化二年，復以本官兼中書侍郎、平章事、監修國史。未幾，以嫡孫死，拜章求免。優詔不許，遣張齊賢等就第諭旨，昉復起視事。後數月，罷。先是，上召翰林學士張洎草制，罷昉爲左僕射。洎固沮之，上不得已，止令本官罷。張洎因草制書，切責昉踈諧無狀，昉惶恐就位。明年，上表，求解官。凡兩上，詔以司空致仕。上頗優待之，每遊讌，必首召昉，引至御榻之側，上勞問：「安否？」又詔：大朝會，令綴丞相班；歲時賜予，一與丞相等。二年，以三公陪祀南郊，得疾。將亟，召其孫昭迪〔六〕，口占遺表，教戒諸子以忠謹，無令門户衰替〔七〕。至是薨，年七十二。上聞之，嗟悼，輟視朝兩日，贈司徒，有司謚文貞〔八〕。昉寬厚多恕，士大夫稱其長者，兩在相位，循謹自守，無赫赫稱。爲文章，慕白居易標格〔九〕，簡徑易曉。爲人温和，無城府，不念舊惡。小心畏謹，在相位日，不敢有所請託。給事中張佖，耿介士也，昉初甚薄之，而雅厚善張洎。及昉之罷政事也，洎草制，深攻昉之短，而佖朔望常詣昉第謁見。人或謂佖：「李公待君素不厚。」佖曰：「我掌廷尉日，朝廷公卿多所請求，李公未嘗以私事干我，我由此重之故也。」昉先蓄妓樂，所居有園亭，城外又有别墅，每良辰美景，多召親友飲宴娱樂。自翟馬周上書後，昉甚恐懼，因不復遊宴矣。昉素病心悸，每數歲一發，必彌年不瘳。常語諸子曰：「我典誥命三十年，勞役思慮而致是疾，汝曹當戒之。」素與盧多遜善，待之不疑。多遜知政事，多譖昉於上，人有言于昉者，昉曰：「盧與我厚，不當爾。」後盧敗，昉知政事，上言及盧事，昉頗爲揮解之。上因言：「盧多遜居常毁卿不直一錢。」昉始信。上由此益重昉，常目爲善人〔一〇〕。

〔一〕癸酉　續資治通鑑長編卷三九至道二年二月壬申朔條、宋史卷五太宗二至道二年二月壬申朔條皆記李昉卒於二月「壬申朔」，與實録所記「癸酉」不同。

〔二〕真定人　隆平集卷四李昉傳、名臣碑傳琬琰之集下卷三李文正公昉條作「真定人」，資治通鑑卷二八八後漢紀三高祖乾祐元年十一月甲寅條亦作「真定李昉」，與實録同。雞肋編卷中並考諸國史曰：「則累朝將相，頗多河北人。若趙韓王普，實保塞人，曹冀王彬靈壽人，潘太師美魏人，李文正公昉及竇尚書儀之昆弟真定人，王太尉旦莘人，張尚書詠清豐人，柳公開元城人，李文靖公沆肥鄉人，張文節公知白清池人，宋宣獻公綬平棘人，韓忠獻公琦安陽人，餘有名公卿相望而立朝者，不可悉數。」亦與實録同。然宋史卷二六五、東都事略卷三二其本傳、宋宰輔編年録卷二、青箱雜記卷一等皆作「深州饒陽人」，續資治通鑑長編卷一建隆元年九月己酉條亦作「翰林學士饒陽李昉」。又，實録、宋史卷二六五其本傳皆云：「從征太原，車駕次常山。常山，即昉之故里，有居第、園林焉。」常山，用的是古稱，即鎮州，續資治通鑑長編卷二〇太平興國四年三月庚辰朔條即曰：太宗征太原「駐蹕於鎮州」。太平寰宇記卷六一河北道十鎮州條曰：「鎮州，常山郡。今理真定縣。」則其爲真定人明矣。然宋史卷二六五其本傳又曰：「晉侍中崧者，與昉同宗且同里，時人謂崧爲東李家，昉爲西李家。」據舊五代史卷一〇八李崧傳：「李崧，深州饒陽人。」

〔三〕叔父沼養爲己子　李昉實出繼于李沼，稱李超爲叔，宋史卷二六五李昉傳曰：「初，沼未有子，昉母謝方娠，指腹謂叔母張曰：『生男當與叔母爲子。』故昉出繼于沼。」燕翼詒謀録卷二：「皇朝以孝治天下，篤厚人倫，子之出繼他位者，得封贈其本生父母，此前所未聞也。李昉爲宰相，上言：『臣叔父超，故任工部郎中、集賢殿學士，叔母謝氏，故陳留郡君，是臣本生父母，臣不報罔極之恩，爲名教罪人。今郊祀覃恩，望與追榮。』太宗皇帝嘉之，淳化四年二月乙丑，詔贈超爲太子太師，謝氏鄭國太夫人。然此猶因昉有請而從之也。至真宗天禧元年八月辛未，詔文武陞朝官，父不在，無嫡母、繼母者，許敘封本生父母。則四海之内均沾寵惠，雖於古禮違悖，亦忠厚之至也。」容齋四筆卷一三宰相贈本生父母官條亦曰：「封贈先世，自晉、宋以來有之，迨唐始備，然率不過一代，其恩延及祖廟者絶鮮，亦未嘗至極品。郭汾陽二十四考中書令，而其父贈止太保；權德輿位宰相，其祖贈止郎中。唐末、五季，宰輔貴臣，始追榮三代，國朝因之。李文正公昉本工部郎中超之子，出繼從叔紹。昉再入相，表其事，求贈所生父、祖官封，詔贈祖温太子太保，祖母權氏莒國太夫人，父超太子太師，母謝氏鄭國太夫人。可謂異數，後不聞繼之者。」又，「出繼從叔紹」，四部叢刊續編本容齋隨筆「紹」作「沼」，與實録同，孔凡禮點校容齋四筆卷一三校勘記七曰：「『紹』原作『沼』，據李本、馬本、庫本改。」中華書局二〇〇五年版，第七九四頁。據實録此條所記，則四部叢刊續編本作李沼或不誤。

〔四〕昉以門子補齋郎　東都事略卷三二李昉傳曰：「昉以蔭補太廟齋郎。」

〔五〕出爲彰武軍行軍司馬　李昉被貶事，續資治通鑑長編卷五乾德二年三月丁丑朔條曰：「吏部尚書張昭與翰林學士承旨陶穀同掌選，穀誣奏左諫議大夫崔頌以所親屬給事中李昉求東畿令，引昭爲證。上召昭面質其事，昭知其不直，於上前免冠，抗聲言穀罔上。上不悦。三月丁丑朔，昉坐責爲彰武行軍司馬，頌爲保大行軍司馬。」後山談叢卷五則曰其中實另有隱情，「李相昉在周朝知開封府，人望已歸太祖，而昉獨不附。王師入京，昉又獨不朝，貶道州司馬。昉步行日十數里，監者中人問其故，曰：『須後命爾。』上聞之，詔乘馬，乃買驢而去。三歲，徙延州別駕。在延州爲生業以老，三歲當徙，昉不願内徙。後二年，宰相薦其可大用，召判兵部。昉五辭，行至長安，移疾六十日，中使促之行，至洛陽，又移疾三十日而後行。既至，上勞之，昉曰：『臣前日知事周而已，今以事周之心事陛下。』上大喜，曰：『宰相不謬薦人。』」黄震黄氏日抄卷五〇亦曰：「范質、李昉，皆先朝舊臣。王師入京，質頗誚讓，昉獨不朝，蓋賢於一時。其後，質相太祖，昉相太宗；質以兢謹，昉以寬恕。皆爲名臣，亦盛矣。」

〔六〕以三公陪祀南郊，得疾。召其孫昭迪　得疾，江鄰幾雜誌曰：「李相昉致仕後，陪位南郊，病傷寒卒。」昭迪，宋史卷二六五其本傳記李昉孫輩有：昭迥、昭遜、昭遹、昭述、昭適、昭遘等，無昭迪之名，惟楊億武夷新集卷五李廷評昭迪使淝上詩有云：「畫舸西風五雨斜，淮淝將命去程賒。衣纓黄閣相君後，門巷青春學士家。驛路新袍欺草色，公筵太白醉榴花。謝庭蘭玉多才思，休澣裁詩對客誇。」

〔七〕無令門户衰替　司馬光家範卷一、元張光祖編言行龜鑑卷四家道門曰：「國朝公卿能守先法久而不衰者，唯故李相昉家。子孫數世二百餘口，猶同居共爨，田園邸舍所收及有官者俸禄，皆聚之一庫，計口日給餅飯。婚姻喪葬所費，皆有常數，分命子弟掌其事。其規模，大抵出於翰林學士宗諤所制也。」宋史卷二六五李宗諤傳記真宗有云：「聞卿至孝，宗族頗多，長幼雍睦。朕嗣守二聖基業，亦如卿之保守門户也。」「國朝將相家能以聲名自立，不墜門閥，唯昉與曹彬家爾。」

〔八〕贈司徒，有司謚文貞　續資治通鑑長編卷三九至道二年二月壬申朔條、宋史卷二六五其本傳、宋史全文卷四、宋宰輔編年録卷二等皆曰：「贈司徒，謚文正。」隆平集卷四、東都事略卷三二李昉傳、名臣碑傳琬琰之集下卷三李文正公昉條亦曰：「贈司徒，謚曰文正。」與實録不同。案：建炎以來朝野雜記甲集卷九故事大臣謚之極美者條曰：「大臣謚之極美者有二：本勳勞，則忠獻爲大；論德業，則文正爲美。有國二百年，謚忠獻者才三人，趙韓王、韓魏王、張魏公是也。謚文正者亦才三人，王沂公、范汝南公、司馬温公是也，其品可知矣。李司空、王太尉皆謚文貞耳。宣、政間，蔡卞、鄭居中亦謚文正，終不足録。渡江後，秦檜謚忠獻，實博士曹冠爲之。」李司空，指李昉；王太尉，即王旦。又，賓退録卷三有云：「王孝先曾，謚文正。王子明旦，謚文貞，避仁廟嫌諱，亦稱文正。」則李昉實謚文貞，並非文正，惟後避宋仁宗趙禎諱，方亦稱文正，當以實録爲是。

〔九〕爲文章，慕白居易標格　青箱雜記卷一曰：「李文正公昉，深州饒陽人。太祖在周朝，已知其名，及即位，用以爲相。常語昉曰：『卿在先朝，未嘗傾陷一人，可謂善人君子。』故太宗遇昉亦厚，年老罷相，每曲宴，必宣赴賜坐。昉嘗獻詩曰：『微臣自愧頭如雪，也向鈞天侍玉皇。』昉詩務淺切，效白樂天體，晚年與參政李公至爲唱和友，而李公詩格亦相類，今世傳二李唱和集是也。」案：「微臣自愧頭如雪，也向鈞天侍玉皇」，乃扈蒙所撰詩； 太祖朝李昉未拜相。

〔一〇〕上由此益重昉，常目爲善人 玉壺清話卷三曰：「至道元年燈夕，太宗御樓，時李文正昉以司空致仕於家，上亟以安輿就其宅召至，賜坐於御榻之側，敷對明爽，精力康勁。上親酌御尊飲之，選殽核之精者賜焉，謂近侍曰：『昉可謂善人君子也，事朕兩入中書，未嘗有傷人害物之事，宜其今日所享也。』又從容語及平日藩邸唱和之事，公遽離席，歷歷口誦御詩幾七十餘篇，一句不訛。上謂曰：『何記之精耶？』公奏曰：『臣不敢妄對，臣自得謝無事，每晨起盥櫛，坐於道室，焚香誦詩，每一詩日誦一徧，閒或却誦道佛書。』上喜曰：『朕亦以卿詩别笥貯之，每愛卿翰墨楷秀，老來筆力在否？』公對曰：『臣素不善書，皆犹犬宗訥所寫爾。』上即令以六品正官與之，遂除國子監丞。」然續資治通鑑長編卷三九至道二年二月壬申朔條有云：李昉「卒後，上嘗謂近臣曰：『昉本以文章進用，及居相位，自知才微任重，無所彌綸，但憂愧而已。』」則太宗對李氏的真實評價不難推知。

16丙子，宴中書門下、翰林學士、文武常參官、節度、觀察、防禦、團練使、刺史、諸軍校百夫長已上、諸州進奉使、外國蕃客于含光殿。

17丁丑，寧州團練使侯延廣卒。延廣，西河平遥人〔一〕。祖益，仕至太子太師。先是，晉末益自鳳翔召赴闕〔二〕，王景崇據城叛，盡殺益親屬百餘口〔三〕。延廣時在襁褓，乳母劉氏以己子代延廣死，劉氏丐扶抱延廣至京師以還益。後延廣甫十數歲，父仁矩任德州刺史〔四〕，補牙校，會虜數十騎突入州城，居民驚擾，延廣引親信數騎馳出牙門，引弓亂射，殺其酋長一人，斬首數級，悉擒其餘黨。仁矩聞之，喜曰：「他日興吾門者，必汝也。」護軍李漢超以其事聞〔五〕。太祖嘉歎，詔以錦袍銀帶以賜之。仁矩死，起家授供奉官，預修永昌陵，督石作。功畢，賜予加等。會西北戎人擾亂，求可使徼巡者，左右言延廣將家子，習邊事，無出其右。延廣時被病，强起之，拜崇儀副使，充同、鄜、坊、延、丹、河西巡檢，遣太醫隨延廣之治所，視其疾，疾亦尋愈。叛卒劉渥嘯聚亡命數百人，寇耀州富平縣，謀入京兆，其勢甚盛。所過州郡皆城守，渥必殺居民，奪其財物，縱火而去，關右騷然。延廣率輕兵數百，自間道追之，會渥于富平西十五里，衆已千餘人，相持久之，渥素憚延廣，傳言：「我草間求活，視死如鴻毛，爾公侯，家世富貴，奈何不思保守，而與亡卒争一旦之命於鋒鏑之下乎？」延廣怒，因急擊之，挺身與渥鬬于大樹下，斷其右臂，因亡走，乘勝大破其衆。渥創甚，止谷中，後數日，爲追兵所獲。渥素號驍勇無敵，至是爲延廣所殺〔六〕，群盜喪氣，餘黨稍稍自歸，關右以定。上嘉之，擢拜崇儀使、領獎州刺史、知靈州。會趙保忠陰結繼遷，上遣大將李繼隆率兵問罪，以延廣護其軍。既而夏臺平，保忠就縛，受詔知延州、兼管内巡檢。先是，延廣知靈州日，戎人悦服，部下嚴整，李繼遷素避之。護軍康贊元害其功，誣奏延廣得虜情，恐後倔彊難制，遽徵還，以慕容德豐代之。部内甚不治，至是，繼遷寇靈武，即拜延廣寧州團練使、知靈州。戎人塞道，糧餽、使命皆不通，延廣獨引數十騎之鎮。戎人素服其威名，皆却，略引避。既至，視事日被病，亟謂中貴曰人李知信曰〔七〕：「延廣自度必不起，家世受國恩，今日得死所矣，但恨未立尺寸功以報陛下爾。」言訖而卒，年五十。上聞之傷悼，賵贈甚厚，以其子爲六品正員官。

〔一〕延廣，西河平遥人　宋史卷二五四侯益傳作「汾州平遥人」，西河、平遥皆爲汾州屬縣。

〔二〕晉末，益自鳳翔召赴闕　其事在後漢隱帝初，實録「晉末」之説不確。晉、漢之際，侯益依違於後漢、後蜀之間，故後漢高祖劉知遠派王景崇率兵逼迫其由鳳翔入朝，資治通鑑卷二八七乾祐元年二月戊戌條曰：「詔以王景崇兼鳳翔巡檢使。景崇引兵至鳳翔，侯益尚未行，景崇以禁兵分守諸門。或勸景崇殺益，景崇以受先朝密旨，嗣主未之知，或疑於專殺，猶豫未決。益聞之，不告景崇而去，景崇悔，自訴。戊戌，益入朝，隱帝問：『何故召蜀軍？』對曰：『臣欲誘致而殺之。』帝哂之。」

〔三〕王景崇據城叛，盡殺益親屬百餘口　侯益入朝後得史弘肇等庇護，反晉位中書令、開封尹，得毁王景崇於朝廷，王景崇遂據鳳翔起兵。盡殺益親屬，資治通鑑卷二八八乾祐元年九月庚申條曰：「王景崇盡殺侯益家屬七十餘人。」宋史卷二五四侯益傳亦曰：「益厚賂史弘肇輩，言景崇之横恣。諸權貴深庇護之，乃授以開封尹兼中書令。俄封魯國公。景崇聞之，遂據城叛，益親屬在城中餘七十口悉爲景崇所害。」

〔四〕後延廣甫十數歲，父仁矩任德州刺史　隆平集卷一七侯延廣傳亦曰：「延廣年十歲，父仁矩爲德州刺史，有敵騎數十入城，延廣領數騎馳出牙門，射殺其酋領，仍斬首數級，悉擒其餘黨」。然續資治通鑑長編卷一一開寶三年二月己卯條則繫其事於雄州，「雄州言刺史侯仁矩卒。仁矩，益之子也，備邊牧民皆稱職，上甚惜之，特遣中使護喪，官給葬事。仁矩子延廣亦有勇略。仁矩在雄州日，方飲宴，敵騎數千白晝入州城，居民驚擾，延廣引親信數騎馳出衙門，射殺其酋長一人，斬首數級，悉擒其餘黨。」宋史卷二五四其本傳亦曰：「延廣父歷通、祁、雄三州刺史，悉以補牙職。仁矩在雄州日，方飲宴，虜數十騎白晝入州城，居民驚擾。延廣引親信數騎馳出衙門，射殺其酋長一人，斬首數級，悉禽其餘黨。」皆與實録不同。案：德州距宋、遼邊境尚遠，宋太祖開寶年間遼軍亦未有如此深入，疑實録、隆平集誤。據續資治通鑑長編卷一一開寶三年十一月癸亥條是年契丹「以六萬騎至定州」，或即與是役有關，其游騎騷擾雄州等宋方沿邊州縣。又，續資治通鑑長編卷一一開寶三年二月己卯條言入州城敵騎有數千之衆，「數千」顯爲「數十」之誤，當據實録改正。

〔五〕護軍李漢超以其事聞　宋史卷二七三李漢超傳記其職實爲「齊州防禦使、兼關南兵馬都監」。

〔六〕至是爲延廣所殺　涑水記聞卷二亦記此事，可與實録相參照，「太宗末，關中群盜有馬四十匹，常有怨於富平人，志必屠之，驅略農人，使荷畚鍤隨之，曰：『吾克富平，必夷其城郭。』富平人恐，群詣荆姚見同州巡檢侯舍人告急。舍人素有威名，率衆伏於邑北，群盜聞之，捨富平不攻而去。舍人引兵於邑西邀之，令士皆傅弩，戒勿妄發，曰：『賊皆有甲，不可射，射其馬，馬無具裝，又劫掠所得，非素習戰也，射之必將驚潰。』既而合戰，衆弩俱發，賊馬果驚躍散走，縱兵擊之，俘斬略盡。餘黨散入他州，巡檢獲之，自以爲功，送詣州邑。盜固稱：『我非此巡檢所獲，乃侯舍人所獲也。』巡檢怒，自詣獄責之，曰：『爾非我所獲而何？』盜曰：『我昔與君遇於某地，君是時何不擒我邪？我又與君遇於某地，君是時棄兵而走，何不擒我邪？我爲侯舍人所破，狼狽失據，爲君所得，此所謂敗軍之卒，舉帚可撲，豈君智力所能獨辦邪？』巡檢慙而退。」侯舍人，當即侯延廣。

〔七〕亟謂中貴曰人李知信曰　疑當爲「亟謂中貴人曰李知信曰」。

18戊寅，以越王元份爲杭州大都督府、兼領會稽，吴王元傑爲揚州大都督府〔一〕、兼領壽春。先是，二王皆領大都督府長史，張洎任翰林學士日適草吴王制，嘗抗疏論列。至是，洎知政事，因郊祀覃慶〔二〕，遂改正焉。

〔一〕以越王元份爲杭州大都督府、兼領會稽，吴王元傑爲揚州大都督府　宋會要輯稿帝系二之七曰：至道二年二月「七日，以越王元份爲杭州大都督，兼領忠正軍節度使。」宋史卷五太宗二作：「以越王元份爲杭州大都督兼領越州，吴王元傑爲揚州大都督兼領壽州。」同書卷二四五宗室二越王元傑傳亦作：「至道二年，改揚州大都督、淮南忠正軍節度。」疑實録「以越王元份爲杭州大都督府」及「吴王元傑爲揚州大都督府」皆衍一「府」字。

〔二〕因郊祀覃慶　郊祀，朝野類要卷一典禮郊祀大禮條曰：「京城之外大祭祀，皆謂之郊祀。如三歲南郊圓丘大禮，如昔時北郊祀后土皇地祇。明堂則就内中，謂之明堂大禮。」

19己卯，以左衛上將軍、徐國公元偓領洪州都督、鎮南軍節度使，右衛上將軍、涇國公元偁領鄂州都督、武清軍節度使〔一〕。先是，上謂宰相等曰：「元偓等可與一傲外藩鎮，若内郡國，則本郡遣吏來賀，蓋爲劳擾爾。」吕端等曰奏〔二〕：「故事：皇子不合領傲外藩鎮。但可下詔本道，不得遣人上京可也。」從之，而有是命。以河陰縣依舊隷孟州。

〔一〕元偁領鄂州都督武清軍節度使　武清軍節度使，宋史卷五太宗二亦作「武清軍節度使」，與實録同。然宋會要輯稿帝系二之七、東都事略卷一五、宋史卷二四五楚王元偁傳皆作「武昌軍節度使」。案：元豐九域志卷六曰：「緊，鄂州，江夏郡，武昌軍節度。唐武昌軍節度。後唐改武清軍。皇朝太平興國三年復舊。治江夏縣。」宋會要輯稿方域五之六：「鄂州，唐武昌軍節度，後唐改武清軍，太平興國三年復爲武昌軍。」宋史卷八八地理四則曰：「鄂州，緊，江夏郡，武昌軍節度。初爲武清軍，至道二年，始改。」中華書局點校本此條校勘記據元豐九域志和宋會要輯稿方域五之六曰：至道二年始改「當作『太平興國三年始改』」。則太平興國三年武清軍已更名爲武昌軍，實録此處用的是舊稱。

〔二〕吕端等曰奏　顯爲「吕端等奏曰」之誤。

20庚辰，制曰：「國家讓德于天〔一〕，聿舉吉蠲之典；注意于相，宜推蕃庶之恩。銀青光禄大夫、行尚書户部侍郎、同中書門下平章事、上柱國、東平郡侯吕端〔二〕：岳瀆粹靈，陽秋正氣。自參大政，式副具瞻。接物之誠，蔑聞於澄撓；致君之節，曷有於緇磷〔三〕？朕倚之爲股肱，人望之若霖雨〔四〕。頃以郊祀上帝，祈福天宗，琮璧具陳，梯航畢至。汝佐佑薄質〔五〕，翊宣大猷。威儀三千，率周禮以無爽〔六〕；玉帛萬國，奉禹會而益恭。文物聲明，震疊華裔。將順其美，時乃之功。是宜踐黄闥之崇，正夏卿之任，併增階秩，式示寵光〔七〕。勉罄嘉謨，永輔台德。可光禄大夫、行門下侍郎〔八〕、兼兵部尚書，依前同中書門下平章事，餘如故。」給事中、參知政事寇準、張洎並加金紫光禄大夫、進封郡侯，以御史中丞李昌齡爲給事中、參知政事。以皇姪孫、左羽林大將軍惟吉領閬州觀察使，故魏王德昭之長子也〔九〕。

〔一〕國家讓德于天　宋大詔令集卷五九宰相九進官加恩別使一收録此詔，題爲吕端轉官制，「國家讓德于天」作「讓德于天」，無「國家」二字。

〔二〕東平郡侯吕端　東平郡侯，宋大詔令集作「東平郡開國侯」。宋大詔令集卷五一、宋宰輔編年録卷二亦作「東平郡開國侯」。案：開國侯爲宋代爵位名，從三品，郡侯爲其別稱，龔延明宋代官制辭典考證曰：開國侯別稱「郡侯。開國公、侯、伯、子、男五等，其中伯、子、男三等繫以縣名，封開國侯爵繫以郡名，故有此別稱。」中華書局一九九七年版，第六〇四頁。吕端於至道元年四月拜相，自此益得太宗信重，後遂受顧命，宋宰輔編年録卷二曰：「端歷官四十年始大用，太宗常恨任用之晚。端持重，識大體，同列奏對或多異議，一日内出手批，戒諭：『自今中書事，經吕端裁決，乃得聞奏。』」

〔三〕曷有於緇磷　宋大詔令集作「曷有於磷緇」。案：緇磷，典出論語陽貨：「不曰堅乎？磨而不磷；不曰白乎？涅而不緇。」如宋敏求編唐大詔令集卷三三封汭王等制有云：「行有枝葉，道無緇磷。」卷五三崔鉉淮南節度平章事制亦曰：「道無緇磷，言符體要。」蘇軾遊惠山詩其二亦有：「嘉我二三子，皎然無緇磷。」當以實録爲是。

〔四〕人望之若霖雨　宋大詔令集作「人望之爲霖雨」。

〔五〕汝佐佑薄質　宋大詔令集作「汝左右薄質」。

〔六〕率周禮以無爽　宋大詔令集作「率周禮而無爽」。

〔七〕式示寵光　宋大詔令集作「式是寵光」。案：册府元龜卷九八李源爲諫議大夫詔、宋輔編年録卷一二余深拜少宰制皆有「式示寵光」句，當以實録爲是。

〔八〕可光禄大夫、行門下侍郎　宋大詔令集無「光禄大夫、行」五字。

〔九〕惟吉領閬州觀察使，故魏王德昭之長子也　案：宋史卷二四四宗室一魏王德昭傳德昭五子：惟正、惟吉、惟固、惟忠、惟和，則惟吉爲德昭第二子，長子乃惟正，實録顯誤。又，宋史卷二四四於惟吉「至道二年，授閬州觀察使」句下有云：「凡邸第供億，車服賜與，皆與諸王埒，自餘王子不得偕也。」

21辛巳，以左諫議大夫許驤爲御史中丞。右僕射吕蒙正爲左僕射，吏部尚書宋琪爲右僕射，禮部尚書張齊賢爲刑部尚書，吏部侍郎張宏爲尚書右丞，工部侍郎王化基爲禮部侍郎，餘文武官進位有差，以壬子制書加恩故也。以水部員外郎、祕閣校理吴淑兼掌起居舍人事。

22戊子，以京東轉運使李中庸爲劍南轉運使。先是，轉運使劉錫擅舉牒與元巡檢水丘隆同知利州，隆不敢受牒，以聞。上怒錫專達，故命中庸代之也。以兵部員外郎郭異爲京東轉運使，工部侍郎錢昱爲郢州團練使。昱，秦國王俶兄之子。歸朝，領白州刺史，上表自陳，嘗習文藝，求改職。除祕書監，遷工部侍郎，連知宋、宿、泗等州，無善政。至是，郊祀，中外官進秩，上謂宰相曰：「昱，貴家子，無檢操，不宜任丞、郎。」故有是命。

23壬辰，内侍裴愈上言：「先受詔與越州山陰縣令許待旦、會稽縣令李易直等同尋訪縣界，得晋右將軍王羲之蘭亭舊迹，其流杯禊飲處尚在，僧子謙狀欲建佛廟殿閣，以藏所賜御札〔一〕，望賜名額。」從之，號天章寺〔二〕。又言：「茅山道觀凡九處，有水田三百頃，並免租税，令金壇、句容兩縣籍入之，歲量供給外，餘蓄藏以備修葺及三元齋醮。」從之。

〔一〕以藏所賜御札　桑世昌蘭亭考卷二記太宗御書爲：太宗皇帝「御書前人詩：『不到蘭亭千日餘，嘗思墨客五雲居。曾經數處看屏障，盡是王家小草書。』」

〔二〕號天章寺　燕翼詒謀録卷二曰：「太宗皇帝命内侍裴愈與山陰縣令李易直，訪王羲之蘭亭舊迹，其流杯修禊處在越州，僧子謙因請建寺於舊地，以藏御札。至道二年二月壬辰，詔從子謙之請，賜寺名天章，仍以御書賜之。」四庫全書本元豐九域志卷五有曰：「天章寺，即王右軍蘭亭也。」陸游劍南詩稿卷五八有秋夜聞蘭亭天章寺鐘詩曰：「絶湖上蘭亭，不過一炊頃。湖廢繚隄行，往返常畢景。猶有古寺鐘，迢迢下重嶺。煙雲含莽蒼，風露共淒冷。蕭然草堂卧，度此清夜永。百念一洗空，於焉發深省。」

24 戊戌，詔：「先是，造明光細鋼甲〔一〕以給卒者，無裏，宜以紬裏之，俾擐者不磨傷肌體焉。」

〔一〕明光細鋼甲　是一種鐵甲，亦稱明光細甲，如宋史卷二六一祁廷訓傳曰：「從征淮南，賜以明光細甲，令董舟師巡江界。」文苑英華卷三〇〇韓翃贈劉將軍詩曰：「明光細甲照錏鍜，昨日承恩拜虎牙。膽大欲欺姜伯約，功多不讓李輕車。青巾校尉遥相許，黑矟將軍莫太誇。闕下來時親伏奏，胡塵未盡不爲家。」

書寫人：杜友諒　初對：楷書王良弼　覆對：劉孝〔一〕。

〔一〕劉孝　當即劉孝廉。

太宗皇帝實録卷第七十七 起至道二年三月，盡四月。

1 三月辛丑朔，上幸晉國公主第〔一〕，省疾也。台州言：「黄巖縣民郭琮〔二〕，年七十四歲，兄弟三人，事母年一百四歲，終身蔬食，爲鄉里所稱。」詔旌表門閭〔三〕，賜其母米五碩、帛十匹。

〔一〕上幸晉國公主第　晉國公主，即宋太祖女延慶公主，下嫁石保吉。宋史卷二四八公主魯國大長公主曰：「太宗即位，進封許國。淳化元年，改晉國。」

〔二〕黄巖縣民郭琮　陳耆卿赤城志卷三四遺逸記其事迹曰：郭琮「黄巖人，少喪父，事母極孝，絶葷醴三十年，以祈母壽。母百有四歲，鄉黨異之。至道二年，士民陳贊等四十人狀其事于轉運使，請以聞。詔旌表門閭，復其徭役。明年，母無疾卒，琮執喪甚哀，自是邑人多化之。」卷九則録有杜範撰宋郭孝子碑，杜範清獻集卷一六則名曰郭孝子祠記。郭琮事，又見仕學規範卷九行己、黄氏日抄卷四五孝行録等。

〔三〕詔旌表門閭　赤城志卷二黄巖條曰：「孝行坊，在縣南一百二十步，舊名延慶，以至道中郭琮居此，故名。」

2 壬寅，詔曰：「淮南、西川、峽路等處州、府、軍、監，每歲度僧尼，並如江、浙、福建之例〔一〕。」

〔一〕每歲度僧尼，並如江浙、福建之例　宋太祖開寶年間規定僧、尼百人許歲度一人，太宗至道元年又令江南、兩浙、福建僧三百人、尼百人歲度一人，宋會要輯稿道釋之一之一五曰：「至道元年六月，詔：『江南、兩浙、福建僧尼，今後以見在僧數，每三百人放一人，仍依原敕比試，念讀經紙合格者，方得以聞。不如此式而輒奏者，知州、通判職官並除(若)〔名〕，干繫人吏、三綱主首，本犯人決配。僧尼死及還俗者，祠部畫時追毀訖，繳送祠部。應衷私剃度及買僞濫文書爲僧者，所在官司點檢，許人陳告，犯者刺面決配牢城，尼即決還俗。』先是，僧尼讀經止以三百紙爲限，而無念誦者。是歲，太宗閲泉州僧籍，已度數萬餘籍，未度者猶四千餘，始定此制。明年，又詔淮南、川、陝路並依此制。」燕翼詒謀録卷三：「江南李主佞佛，度人爲僧，不可數計。太祖既下江南，重行沙汰，其數尚多。太宗乃爲之禁，至道元年六月己丑，詔：江南、兩浙、福建等處諸州，僧三百人歲度一人，尼百人歲度一人。自昔歲度僧道惟試經，且因寺之大小立額，如進士應舉然。雖姦猾多竄身其中，而庸蠢之甚者無所容。自朝廷立價鬻度牒，而僕廝下流皆得爲之，不勝其濫矣。」曾鞏集卷四九本朝政要策佛教條亦曰：「建隆初，詔佛寺已廢於顯德中，不得復興。開寶中，令僧尼百人許歲度一人。至道初，又令三百人歲度一人，以誦經五百紙爲合格。先是，泉州奏僧尼未度者四千人，已度者萬數。天子驚駭，遂下詔曰：『古者一夫耕，三人食，尚有受餒者。今一夫耕，十人食，天下安得不重困？水旱安得無轉死之民？東南之俗，游惰不職者，跨村連邑，去而爲僧，朕甚嫉焉。』故立此制。」又，宋會要輯稿所言「陝路」，據實録顯爲「峽路」之誤。又，「誦經五百紙」，雲麓漫鈔卷三曰：「釋氏寫經，一行以十七字爲準。國朝試童行誦經，計其紙數，以十七字爲行，二十五行爲一紙。」

3癸卯，諸王府侍講邢昺上言：「被皇太子令，召臣於府内講毛詩久之，賓客李至、李沆皆列坐共聽〔一〕。」

〔一〕賓客李至、李沆皆列坐共聽　賓客，指太子賓客。至道元年八月，太宗立開封尹壽王元侃爲皇太子，改名恒，即真宗，並以李至、李沆兼太子賓客，續資治通鑑長編卷三八至道元年八月癸巳條曰：「以尚書左丞李至、禮部侍郎李沆並兼太子賓容，見太子如師傅之儀。太子見，必先拜，動皆諮詢。至等上表懇讓，詔不許。至等入謝，上謂至等曰：『朕以太子仁孝賢明，尤所鍾愛，今立爲儲貳，以固國本，當賴正人輔之以道。卿等可盡心調護，若動皆由禮，則宜贊成，事或未當，必須力言，勿因循而順從也。至如禮、樂、詩、書之道，可以裨益太子者，皆卿等素習，不假朕多訓爾。』至等頓首謝。」

4戊申，靈州言：「兵馬部署、安州觀察使郭密卒。」密，大名涇城人〔一〕。氣貌雄偉，膂力絶人，少喪父，隨母適同郡人王乙，因冒姓王氏。瀛帥馬仁瑀聞其名，使人召之，因以隸帳下。上在晋邸，方瘠寐奇傑，仁瑀薦密，得侍左右。即位，補衛士，始復姓郭氏。遷直長，累遷至都虞候、領富州刺史〔二〕，改馬步軍都軍頭。出爲棣州刺史，遷本州團練使、高陽關兵馬都部署。會李繼遷寇邊郡，以密有武略，擢領安州觀察使、充靈州兵馬部署〔三〕。至是卒，年五十八，贈保順軍節度使。

〔一〕密，大名涇城人　宋史卷二七五其本傳作：「貝州經城人。」

〔二〕累遷至都虞候、領富州刺史　本書卷四五端拱元年七月癸巳條有「殿前指揮使右班都虞候郭密領富州刺史」，故其職全稱當爲「殿前指揮使右班都虞候、領富州刺史」。

〔三〕充靈州兵馬部署　宋史卷二七五郭密傳作「充靈州兵馬都部署」，何冠環北宋武將研究考證曰：「按實録以郭密爲靈州兵馬部署，宋史作都部署，考田紹斌時爲靈州兵馬部署，實録疑脱『都』字。」香港中華書局二〇〇三年版，第一二八頁。又，宋史其本傳記郭氏在靈州：「訓練士卒，號令嚴肅，夏人畏服，邊境賴以寧謐。」侯延廣、郭密相繼病卒，使宋軍在靈州迭喪良將，易帥頻頻，終致李繼遷勢力更熾。

5庚戌，以府州界五族大首領折突厥移爲安遠大將軍。父死，來請命故也。詔曰：「應伎術官〔一〕見任京官者，自今遇慶澤，只加勳、階，不得擬常參官〔二〕，仍著爲定式。」

〔一〕伎術官　宋代指在朝廷任職的專門技藝之士，張邦煒宋代政治文化史論曰：「宋代的伎術官主要包括四類：一醫官，即所謂『和安大夫至醫學』；二天文官，即所謂『太史令至挈壺正』；三書法官、四繪畫官，即所謂『書藝、圖畫奉御至待詔』。宋史卷一六六職官志六入内内侍省稱：『翰林院勾當官一員，以内侍押班、都知充，總天文、書藝、圖畫、醫官四局，凡執伎以事上者皆在焉。』也就是宋代管理伎術官的主要機構是翰林院，其長官爲翰林院勾當官，由内侍充任。」人民出版社二〇〇五年版，第九九頁。

〔二〕不得擬常參官　宋代伎術官地位普遍較低，此類貶低歧視性規定頗多，燕翼詒謀録卷二有云：「應伎術官不得與士大夫齒，賤之也。至道二年正月，申嚴其禁，雖見任京朝，遇慶澤只加勳、階，不得擬常參官。此與書學、畫學、算學、律學並列，於文武兩學者異矣。」宋會要輯稿職官三六之一一一記至道二年三月補充規定：「應有落伎術官頭銜、見任京官者，遇恩澤只轉階，或加勳，不得授朝官。」

6 癸丑，靈州言：「部署、洋州觀察使皇甫繼明卒。」繼明，信都蓨人也〔一〕。父濟，仕至汾川令。繼明身長七尺，善騎射，以膂力聞於郡中，刺史張延翰以隸左右〔二〕。國初，補衛士，遷本班直長。上即位，累遷至馹騎都指揮使、領檀州刺史〔三〕，龍神衛四廂都指揮使、領羅州防禦使。未幾，改領洋州觀察使，出〔爲〕環慶路兵馬部署〔四〕。受詔護送輜重靈州，繼明已先約靈州部署田紹斌率軍迎援，適被疾篤，裨將白守榮謂繼明曰：「君疾甚，不可行，恐失期會，我率兵先往。」繼明宿將，慮守榮等輕佻，與戎人接戰失利，因謂之曰：「我疾少間。」遂擐鑠被甲上馬，彊行至清遠軍而卒，年六十三。上聞之惜悼，詔贈彰武軍節度使。繼明性謹愿，御下嚴肅，士卒頗畏憚之。

〔一〕信都蓨人也　宋史卷二五九其本傳作「冀州蓨人」。案：元豐九域志卷二曰：「上，冀州，信都郡，安武軍節度。」

〔二〕刺史張延翰以隸左右　宋史卷二五九其本傳作「張廷翰」，或以爲即宋史卷二五九張廷翰傳所載宋太祖朝禁軍大將張廷翰，然查張氏本傳，其人惟於宋初曾任開州刺史，尋遷果州團練使，從未任冀州刺史。實録此處所謂之張延翰，或非此人。

〔三〕累遷至駔騎都指揮使、領檀州刺史　宋史卷二五九其本傳作「累遷至捧日軍都指揮使、領檀州刺史」。駔騎，顯即「日騎」，後改稱「捧日」。

〔四〕出爲環慶路兵馬部署　宋史卷二五九其本傳作「環慶路馬步軍都部署」，何冠環北宋武將研究考證曰：「按實録以繼明爲環慶部署，宋史作都部署，疑實録脱『都』字。」香港中華書局二〇〇三年版，第一二七頁。

7甲寅，保州團練使曹思進卒。思進，中山人，少時戎人入寇，虜其父，思進奮擊得之，州里稱其勇。應募補本城永順軍使，選爲鐵騎軍使，累遷至駔騎指揮使，馬步軍都軍頭、領澄州刺史。受詔護邊兵，屢與戎虜接戰，殺獲甚衆，以功遷領本州團練使，改濮州團練使、定州兵馬副部署，移保州團練使。至是卒，年七十，贈滄州觀察使。司天言：「熒惑守東井。」河北轉運使言：「順安軍民鄭彦珪六世同居，内無異爨。」詔旌表門閭，常税外免其他役。

8庚申，詔曰：「先是，諸道州、府官借民錢，令市耕牛〔一〕，皆貧，無價以償，並除之，吏勿復徵督。」

〔一〕官借民錢，令市耕牛　事在淳化五年三月，宋會要輯稿食貨一之一六曰：「以宋、亳、陳、潁州民無牛畜者，自挽犂而耕，因令逐處人户團甲，每一牛，官借錢三千，令自于江、浙市之。又命直史館陳堯叟先齎踏犂數千具往宋州，委本處鑄造，以賜人户。」續資治通鑑長編卷三五淳化五年三月甲寅條曰：「宋、亳民市牛江、淮間，未至，上以時雨沾足，慮其耕稼失時。會太子中允武允成獻踏犂，以人力運之，不用牛，上亟令祕書丞、直史館陳堯叟等往宋州，依其制造，成以給民，民甚賴焉。」宋史卷一七三食貨上一亦曰：「淳化五年，宋、亳數州牛疫，死者過半，官借錢令就江、淮市牛。」又，續資治通鑑長編卷四二至道三年十月：「陳、宋州並言先貸民錢千萬令市牛，價納外所負尚多，許隨來歲夏秋稅輸送。詔悉除之。」

9辛酉，桂陽監言：「方鎔銀次，黯然有聲，銀液皆湧起，若山峰狀。」以獻。以宗正少卿趙安易爲宗正卿〔一〕。

〔一〕以宗正少卿趙安易爲宗正卿　容齋四筆卷一三知州轉運使爲通判條曰其淳化中曾由知州爲通判，「今世士大夫，既貴不可復賤。淳化中，北戎入寇，以殿前都虞候曹璨知定州，時趙安易官宗正少卿，已知州，遂就徙通判。同時有羅延吉者，既知彭、祁、絳三州，而除通判廣州。滕中正知興元府而通判河南。袁郭知楚、鄆二州，會秦王廷美遷置房州，詔崇儀副使閻彦進知州，而以郭通判州事。范正辭既知戎、淄二州，而通判棣、深。又陳若拙歷知單州、殿中侍御史、西川轉運使，召歸，會李至守洛都，表爲通判；久之，柴禹錫鎮涇州，復表爲通判。連下遷而皆非貶降，近不復有矣」。

10丙寅，有流星過中天，分爲三星，相隨而隱。

11丁卯，内殿崇班閻光澤、國子博士邢用之上言：「請開白溝河，自京師抵吕梁口，凡五六百里，以通漕運。」無山源，每歲京師水潦甚則通流，可勝百餘石舟；踰月不雨，即渴涸。光澤等妄言其利，上聽之，大發數郡丁夫以充役。未幾，宋州通判王矩上表，極陳其不可，且言：「用之襄邑有田園，每歲苦水潦，河渠成，即無患矣。」上覽奏，知其終不可成，因詔罷其事〔一〕。以皇后母陳留郡太夫人吴氏進封衛國太夫人〔二〕。以歲旱宿戒，乘輿將出諸寺觀祈雨，會大風，不果，遣宣政使王繼恩已下分禱焉。

〔一〕因詔罷其事　宋史卷九四河渠四白溝河曰：「至道二年三月，内殿崇班閻光澤、國子博士邢用之上言：『請開白溝，自京師抵彭城吕梁口，凡六百里，以通長淮之漕。』詔發諸州丁夫數萬治之，以光澤護其役。議者非之。會宋州通判王矩上表，極陳其不可，且言：『用之田園在襄邑，歲苦水潦，私幸渠成。』遂罷其役。咸平六年，用之爲度支員外郎，又令自襄邑下流治白溝河，導京師積水，而民田無害。」續資治通鑑長編卷五五咸平六年九月庚子條亦曰：「白溝河溢，害民田。庚子，命度支員外郎邢用之往度功役，以疏導焉。用之常建議，爲王矩沮罷，於是卒成之。」

〔二〕以皇后母陳留郡太夫人吴氏進封衛國太夫人　皇后，指太宗明德李皇后，吴氏實爲其嫡母，其親母爲韓氏，宋史卷二四二后妃上曰：「至道二年，封后嫡母吴氏爲衛國太夫人，後改封楚國，及封后母陳氏爲韓國太夫人。」

12戊辰，詔曰：「自今侍御史寒暑服，及殿中侍御史、左右司〔諫〕俸料、春秋賜帛，並如員外郎例給之〔一〕。」上以京師少雨，命有司講求故實，有司言：「凡京都旱，則祈岳鎮、海瀆，及諸山川能興雲雨者，於北郊望而告。又祈宗廟、社稷，每七日一祈。不雨，還從北郊；如初雨足，則報賽，用酒脯醢，如常祀。」詔以給事中、參知政事李昌齡祠北郊，張洎祠太廟，寇準祠社稷。

〔一〕並如員外郎例給之　此詔亦見宋會要輯稿職官五七之二三：「三月，詔曰：『自今侍御史春、冬衣，及殿中侍御史、左右司諫俸錢、春冬衣，並如員外郎例給之。』」

13己巳，以崇信軍節度使王顯知秦州，鎮寧軍節度使柴禹錫知涇州〔一〕。以皇太子妃郭氏進封秦國夫人〔二〕。

〔一〕鎮寧軍節度使柴禹錫知涇州　宋史卷二六八柴禹錫傳曰：「至道初，制授鎮寧軍節度、知涇州。入謝日，上謂曰：『由宣徽罷者不過防禦使爾，今委卿旌節，兼之重鎮，可謂優異矣。』禹錫流涕哽咽而已。」

〔二〕以皇太子妃郭氏進封秦國夫人　即真宗章穆郭皇后，宋史卷二四二后妃上曰：「章穆郭皇后，太原人，宣徽南院使守文第二女。淳化四年，真宗在襄邸，太宗爲聘之。封魯國夫人，進封秦國。真宗嗣位，立爲皇后。」

14庚午，以比部員外郎陳如錫爲河東轉運副使。誠州觀〔察〕使趙滔卒〔一〕。滔，貝州清河人。嘗給事壽帥趙贊，上在藩邸日，以隸帳下。即位，補衛士，遷直長，累遷至都虞候、領敏州刺史，龍衛右第三軍都指揮使、領本州團練使。出護鎮州屯兵，從破虜徐河，降璽書褒諭〔二〕。遷本軍右厢都指揮使，出爲博州團練使，俄充鎮州兵馬副部署，遷誠州觀察使、部署如故。至是卒，年七十，詔贈歸義軍節度使，葬事官給。

〔一〕誠州觀察使趙滔卒　宋史卷二七五趙瑫傳作「趙瑫」，與實録不同。

〔二〕從破虜徐河，降璽書褒諭　宋史卷二七五趙瑫傳曰：「亦以徐河戰功，加鎮州團練使。」案：太平興國四年十月宋軍大敗契丹於徐河，據續資治通鑑長編卷二〇太平興國四年十月庚子條，宋軍參與是役的重要將領有：劉延翰、崔彦進、李漢瓊、崔翰、趙延進、李繼隆等人，未記趙滔。

15 夏四月甲戌，以侍衛馬步軍都指揮使李繼隆〔一〕爲環、慶、靈等州兵馬都部署，殿前都虞候范延召副之〔二〕，以會州觀察使、知靈州田紹斌爲靈州兵馬都部署、内外都巡檢使。先是，上命洛苑使白守榮〔三〕、馬紹忠〔四〕等率兵護送芻粟四十萬於靈州，李繼遷偵知之，要擊於浦洛河，我師與戰不利，役夫棄輜重潰走，悉爲繼遷所獲。始上令調發車乘，分爲三輩護送，寇至易爲禦，而民力不匱乏。轉運使違旨，擅併爲一，遂致陷没，而丁夫相踏藉死者數萬人。上聞之怒，遽命繼隆等率師致討。又遣國子博士王用和乘傳捕轉運副使竇玭繫獄，詔驗問。

〔一〕侍衛馬步軍都指揮使李繼隆　宋會要輯稿兵八之一九曰：「至道二年四月，以侍衛馬軍都指揮使、静難軍節度使李繼隆爲環、慶、靈州、清遠軍兵馬都總管。」宋史卷五太宗二：「夏四月甲戌，命侍衛馬軍都指揮使李繼隆爲環、慶等州都部署。」卷二五七李繼隆傳亦言其軍職時爲侍衛馬軍都指揮使。案：自建隆三年九月侍衛馬步軍都指揮使石守信表解軍職之後，侍衛馬步軍都指揮使一職即不再除授，實録當衍一「步」字。

〔二〕殿前都虞候范延召副之　宋會要輯稿兵八之一九曰：「殿前都虞候、涼州觀察使范廷召副之。」宋史卷五太宗二亦曰：「殿前都虞候范廷召副之。」案：范氏之名，實録卷三五雍熙三年、卷四五端拱元年七月乙酉朔條皆作「范廷召」，與此條自相矛盾。又，宋會要輯稿、宋史等皆作「范廷召」。作「范延召」者，除實録外，又見小畜集卷二二賀勝捷表：「延州路馬步軍都部署范延召。」四庫本續資治通鑑長編卷二九端拱元年十月甲子條：「澄州防禦使范延召爲之。」然除此條外，卷四〇至道二年九月己卯條等其他皆作「范廷召」。

〔三〕洛苑使白守榮　亦作白志榮，如四庫本續資治通鑑長編卷一二三寶元二年六月丙子條：「至道初，特遣洛苑使白志榮率重兵護糧四十餘萬，遇寇浦洛河，兵夫潰走，自相蹂籍，糧、卒並没，志榮等僅以身免。」中華書局點校本已改爲「白守榮」。皇朝編年綱目備要卷五至道二年夏四月亦作：「命李繼隆討李繼遷。先是，洛苑使白志榮自環慶護芻糧往靈州，繼遷伏兵於洛浦河襲之，芻粟四十萬悉爲所獲，志榮僅以身免。上怒，命繼隆爲環慶都部署，討之。」案：洛浦河爲浦洛河之誤。

〔四〕馬紹忠　東都事略卷二〇李繼隆傳作「馬繼忠」。

16丙子，宴近臣於長春殿，餞李繼隆等赴河西行營故也。

17丁丑，命宰相及群官分於京城寺觀、祠廟祈雨。布衣韓拱辰詣檢院上言，訴宣政使王繼恩有平賊大功〔一〕，當秉機務，今止得防禦使，賞甚薄，無以慰中外之望。上大怒〔二〕，以拱辰妖言惑衆，杖脊、黥面配隸崖州，禁錮。

〔一〕王繼恩有平賊大功　平李順之變，王繼恩實爲主帥，宋會要輯稿兵一四之一即曰：「太宗淳化五年正月，命昭宣使王繼恩爲劍南西川招安使，討狂賊李順，軍中事委其制置，不從中覆。管内諸州繫囚，除十惡及官典犯枉法贓外，悉得以便宜決遣。」

〔二〕上大怒　范祖禹范太史集卷二六論宦官劄子評述此事曰：「漢有天下四百年，唐有天下三百年，及其亡也，皆由宦官。相去五百餘年，如循一軌。」「太宗時，王繼恩有平蜀之功，中書欲除宣徽使，太宗曰：『朕讀前代書史，不欲宦官預政事。宣徽使，執政之漸也。』宰相懇言：『繼恩有大功，非此不足爲賞。』太宗切責宰相等，乃命學士別立宣政使之目，以授繼恩。布衣韓拱辰詣檢院上言：『繼恩功大賞薄。』太宗大怒，以拱辰妖言惑衆，杖脊，黥面，配流崖州。太宗可謂深鑒前古，而塞禍亂之源矣。」

18癸未，澍雨霑足，近臣稱賀。

19甲申，屯田員外郎吕奉天上言〔一〕：「臣伏見經史年曆，自漢、魏已降，雖有編聯；周、秦已前，多無甲子。太史公司馬遷雖言歲次、詳求朔閏，則與經傳都不符合，乃言：『周武王元年歲在乙酉。』唐兵部尚書王起撰五位圖，言：『周桓王十年歲在甲午〔二〕四月八日佛生，常星不見。』又言：『孔子生於周靈王庚戌之年，卒於周悼王四十一年壬戌之歲。』皆非是也。馬遷乃古之良史，王起又近世名儒，後人因循，莫敢改易。臣竊以史氏凡編一年，則有十二月，有晦朔、氣閏，則須與歲次合同，苟不合同，何名歲次？恭惟聖朝，文教聿興，禮樂咸備，唯此一事，久未刊詳。臣探隱百家，用心十載，乃知唐堯即位之年，歲在丙子，迄太平興國元年，歲亦在丙子，凡三〔千〕（年）三百一年矣。虞、夏之間，未有甲子可證。成湯既没，太甲元年始有二月乙丑朔旦冬至，伊尹祀于先王。至武王伐商之年正月辛卯朔，二十八日戊午，二月五日甲子昧爽。又，康王十二年六月戊辰朔，三日庚午，朏，王命作册畢〔三〕。自堯即位年，距春秋魯隱公元年，凡一千六百七年；從隱公元年，距今至道二年，凡一千七百一十五年；從太甲元年，距今至道二年，凡二千七百三十二年。〔從〕魯莊公七年四月辛卯夜常星不見，距今至道二年，凡一千六百八十一年；從周靈王二十年孔子生，其年九月庚戌、十月庚辰兩朔頻食，距今至道二年，凡一千五百四十五年；從魯哀公十六年四月己丑孔子卒，距今至道二年，凡一千四百七十二年。已上並據經、傳正文，用古曆推校，無不符合，乃知史記及五位圖所編之年，殊爲闊略。諸如此事，觸類甚多，若盡披陳，恐煩聖覽。臣耽研既久，引證尤明，起商王小甲七年二月甲申朔旦冬至，自此之後，每七十六年得一朔旦冬至〔四〕，至此及古曆一蔀〔五〕。每蔀積月九百四十，積日二萬七千七百五十九，率以爲常，直至春秋魯僖公五年正月辛亥朔冬至〔六〕，了無差爽。用此爲法，以推經傳，縱小有增減，抑有經傳之誤，皆可以發明也。古曆到齊、梁已來，或差一日，更用近曆校課，亦得符合。伏望聖慈，許臣撰進，不出百日，其書必成。儻有可觀，願藏祕府。」詔許之，書終不就。

〔一〕屯田員外郎呂奉天上言　呂奉天，淳熙三山志卷二六記其爲「閩縣人」，太平興國五年蘇易簡榜進士及第。

〔二〕周桓王十年歲在甲午　宋史卷七〇律曆三、歷代名臣奏議卷二八〇所録呂奉天上言皆作「周桓王十年歲在甲子」，與實録「歲在甲午」不同。案：周桓王十年實爲「辛未」。

〔三〕康王十二年六月戊辰朔，三日庚午，朏，王命作册畢　尚書正義卷一九周書畢命曰：「康王命作册畢。分居里，成周郊，作畢命。畢命：惟十有二年，六月庚午朏，越三日壬申，王朝步自宗周，至于豐。」朏，孔穎達曰：「月光朏然而明也。」

〔四〕每七十六年得一朔旦冬至　宋史、歷代名臣奏議作「每七十六年一得朔旦冬至」，然續資治通鑑長編卷三九至道二年四月甲申條與實録同，當以實録爲是。

〔五〕至此及古曆一蔀　續資治通鑑長編卷三九至道二年四月甲申條作：「此即古曆一蔀。」文意較實録通順。

〔六〕正月辛亥朔冬至　續資治通鑑長編、宋史、歷代名臣奏議皆作「正月辛亥朔旦冬至」，疑實録誤。

20戊子，賜川、峽路知州袁逢吉、朱協、李虚己、薛顔、邵曄、查道、劉檢等七人璽書獎諭〔一〕。章衮部内不理，即令代還；韓起嗜酒，郡務多稽留不決；李文斐得狂易病，舉事乖當，下轉運使問狀；張嵩不曉時務，委轉運使按驗以聞。皆採訪使廉得其狀故也。

〔一〕七人璽書獎諭　續資治通鑑長編卷三九至道二年四月戊子條曰：「先是，遣使采訪川、峽諸州府貳之能否，多不治者。獨知夔州袁逢吉、知遂州李虚己、通判查道、知忠州邵曄、知雲安軍薛顔等七人以稱職聞，戊子，皆賜詔書獎諭。逢吉，鄢陵人。顔，河中人。道，元方之子也。」據此，則查道乃通判，薛顔乃知雲安軍，實録述七人皆爲知州，不確。又，李燾此條下有注曰：「七人者，又有朱協、劉檢，二人名迹不顯，因削去，但存其目。朱協恐即昂弟，然本傳亦不著嘗爲川、峽何官。」

21庚寅〔一〕，錫劍南招安使上官正手札曰：「言者，君子之樞機也〔二〕。樞機之發，榮辱之主。禍福無門，唯人所召，不可以不慎不密〔三〕。遇事輒發，悔不可追。至若劍南遺妖，尚未殄滅，民庶未得安堵，朝廷未得高枕，其誰罪乎〔四〕？汝律身御下，雖爲允當，然而爲之首領〔五〕，如有聞見善惡，但當密具奏陳，不令喜怒形於顔色。使巴、蜀官吏，各安其所，豈不善乎？」先是，上謂近臣曰：「上官正於國家甚著忠節，蜀川盗起之際，氣燄甚盛，朝廷深以棧道爲憂，正時在劍門，逆黨奄至，以孤軍破賊數萬之衆，首挫其鋒。及李順就誅〔六〕，其餘黨多亡命山澤，憑恃巖險，復相結集，攻劫郡縣，甚爲民患。王繼恩等多方招誘，猶未能致。正外抗威稜，内推信誓，諭以朝廷恩德，稍稍投戈來降，蜀境漸寧，正之力也。正自以受朕特達之知，左右浸潤之不行，由是不畏彊禦，不求聲援，勵力盡瘁，乃心公家。人有所不及，必面攻其短，至於訢詈。兩川官吏，咸懷怨怒，屢有封章，訴其違越者。朕以其嘗著功効，意欲全愛之，縱謗書押至，朕終與明辯，其如衆怒難犯，古人不侮鰥寡，柔亦不茹，正終是武人，不知書〔七〕，率意麤暴，因知人之材力兼備者，亦云鮮矣。朕恐正功業未終，而禍難先作，因親書一幅以戒之。」

〔一〕庚寅　宋大詔令集卷一九〇誡飭上亦收録太宗此詔，題爲誡約劍南招安使上官正詔，然繫其時於至道元年五月，與實録不同。案：宋史卷五太宗二至道元年十一月己未條曰：「是月，以峰州團練使上官正、右諫議大夫雷有終並爲西川招安使，召王繼恩歸闕。」則上官正爲招安使，當在至道元年十一月，宋大詔令集繫此詔於至道元年五月，顯然是錯誤的，當以實録爲是。

〔二〕言者，君子之樞機也　語出唐太宗，見魏鄭公諫録卷三對言者君子之樞機條。

〔三〕不可以不慎不密　宋大詔令集作「不可以不慎」。

〔四〕民庶未得安堵，朝廷未得高枕，其誰罪乎　宋大詔令集作：「庶民未得按堵，朝廷未得高枕，其誰之罪乎？」

〔五〕然而爲之首領　宋大詔令集作「然爲之首領」。又，宋史卷三〇八上官正傳亦録太宗此詔，然文字與實録、宋大詔令集差異較大，顯經改易和删節，其文曰：「言者，君子之樞機，樞機之發，榮辱之主，不可不慎也。夫遇事輒發，悔不可及。儻自恃無瑕，而好面攻人之短，豈謂喜怒不形於色耶？當以和輯遠民爲念，斯盡善矣。」

〔六〕及李順就誅　續資治通鑑長編卷三六淳化五年五月丁巳條曰：「王繼恩至成都，引師攻其城，即拔之，破賊十萬餘，斬首三萬，擒賊帥李順及僞樞密使計詞、吴文賞等，並甲鎧、僭僞服用甚衆。」然揮塵後録卷五引太宗實録曰：「淳化五年五月，李順之平，帶御器械張舜卿奏事言：『臣聞順已遁去，諸將所獲非也。』太宗云：『平賊纔數日，汝何從知之？徒欲害人功爾。』上怒，叱出，將斬之，徐曰：『前代帝王暴怒殺人，正爲此輩，然其父戍邊以死。』遂貫之，但罷近職。舜卿父訓爲定遠軍節度使，卒於鎮，故上念之。」並有案語曰：「明清後觀沈存中筆談云：『蜀中劇賊李順，陷劍南、兩川，關右震動，朝廷以爲憂，後王師破賊，梟李順，收復兩川，書功行賞，了無間言。至景祐中，有人告李順尚在廣州，巡檢使臣陳文璉捕得之，乃真李順也，年已七十餘，推驗明白，囚赴闕，覆按皆實。朝廷以平蜀將士功賞已行，不欲暴其事，但斬順，賞文璉二官，仍除閤門祗候。文璉家有李順案款，本末甚詳。順本蜀江王小波之妻弟，始王小波反於蜀中，不能撫其徒衆，乃共推順爲主。順初起，悉召鄉里富人大姓，令具其家所有財粟，據其生齒足用之外，一切調發，大賑貧乏。録用材能，存撫善良，號令嚴明，所至一無所犯。時兩蜀大饑，旬日之間，歸之者數萬人。所向州縣，開門延納，傳檄所至，無復完壘。及敗，人常懷之，故順得脱去，三十餘年，乃始就戮。』如此，則當平蜀時逃去，無可疑矣。信知盗亦有道焉。然舜卿非太宗之全宥，則刑歸於濫矣。」

〔七〕正終是武人，不知書　隆平集卷一八、宋史卷三〇八上官正傳皆言其「少舉三傳，爲鄜州推官」，本以科舉入仕，太宗却曰上官正「不知書」，未知何據。

22癸巳，上以梁、雍宿兵，歲凶歉〔一〕，心憂之，令宰相召司天少監苗守信〔二〕，問以：「天道咎徵安在？」守信具爲奏曰：「臣仰瞻玄象，及推驗太一經歷宫分，其荆楚、吴越、交廣並安寧。自來五緯淩犯、彗星出見，及四神太一〔三〕臨井、鬼之間，屬秦分，雍及梁、益之地〔四〕，民罹其災。四神太一來歲入燕分，歲在房心，正當京都之地，自兹朝野多有喜慶。」上覽奏，令付史館。

〔一〕歲凶歉　宋史卷四六一方技上苗訓傳附子守訓傳曰：「彌歲凶歉。」似較實録爲長。

〔二〕司天少監苗守信　其父苗訓，在陳橋兵變中發揮有重要作用，宋史卷四六一其本傳曰：「苗訓，河中人，善天文占候之術。仕周爲殿前散員右第一直散指揮使。顯德末，從太祖北征，訓視日上復有一日，久相摩盪，指謂楚昭輔曰：『此天命也。』夕次陳橋，太祖爲六師推戴，訓皆預白其事。既受禪，擢爲翰林天文，尋加銀青光禄大夫、檢校工部尚書。年七十餘卒。子守信。守信，少習父業，補司天曆算。」

〔三〕四神太一　宋史卷四六一苗守信傳作：「水神太一。」

〔四〕屬秦分，雍及梁益之地　宋史卷四六一苗守信傳作：「屬秦、雍分及梁、益之地。」

23乙未，詔：「自今五品以上官任子，不得復攝太祝，悉令同學究出身，依例赴選集。」

先是，上謂宰相曰：「膏粱之族，官動固以崇貴，子孫仕宦者，多至四五人。每覃慶，中書多授以攝官，未幾即授正員，不十數年至閨籍〔一〕，此甚弊政，亟宜革之。」故有是詔〔二〕。

〔一〕閨籍　即金閨籍，謝朓有始出尚書省詩曰：「既通金閨籍，復酌瓊筵醴。」康熙字典釋曰：「列名仕版也。」

〔二〕故有是詔　宋史卷五太宗二繫此詔於至道二年二月乙未，高紀春宋史本紀考證曰：「長編卷三九、皇宋十朝綱要卷二、宋史全文卷四載此詔皆在是年四月乙未，九朝編年備要卷五亦繫於是年四月。據此，本紀此條作『乙未』干支無誤，而置於二月則誤也，當移入四月以正之。」河北大學出版社二〇〇〇年版，第九六頁。又，燕翼詒謀録卷二評述太宗此詔曰：「國初，五品以上任子，有陳乞攝太祝者，雖班初品選人下，然不一二年，經營巧求，即同正員，是與侍從奏補無以異也。至道二年四月乙未，太宗皇帝深懲其弊，乃詔五品以上任子，悉同學究出身，不許攝太祝。自後京選判然，巧求者無所容其姦。」宋大事記講義卷四任子條曰：「用人以世，唐、虞、三代法也。非以豪異俊秀之才，俱出于公卿大夫之族，蓋以仁義道德之教，素行于聖賢明哲之家。自漢以下，公卿之家法既不如古，而朝廷教諸國子之意，一切廢棄，此任子之法所以弊，而我太祖、太宗與范、富諸人所以裁抑而不恤也。」太平寶訓政事紀年卷一亦引富弼等語曰：「古者賞延於世，止傳其禄，堪其事者，乃授以官。今之門蔭，坐置國籍，此最濫矣。若取太宗之詔，一切授以出身，則近古矣。」

24丁酉，大理寺丞皇甫選、光禄寺丞何亮等〔上〕言〔一〕：「先受詔往諸州興水利，臣等先至鄭渠，相視舊迹，按史記：鄭渠元引涇水，自仲山西抵瓠口，並北山東注洛，三百餘里，溉田四萬頃，收皆畝一鍾。白渠引涇水，首起谷口，尾入櫟陽，注渭中，袤二百餘里，溉田四千五百頃。兩處共田四萬四千五百頃，今之存者，不及二千頃，乃二十二分之一分也。詢其所由，皆云因近代職守之人，改條渠堰，坼壞舊防，走失其水，故灌溉之功，絶不及古〔二〕。況此水二郡六縣資其利，以溉田畝，望令增築堰埭。舊有於水斗門一百六十七處〔三〕，悉已毁壞，望繕治之。嚴禁豪民盜用水。移大石洪門〔四〕，就近上河岸不損處，開渠口，通河水。慎選能吏，專掌其事。」又言〔五〕：「鄧、許、陳、潁、蔡、亳、宿等七郡，民力耕種不及之處，官私閑田〔六〕共二十二萬餘頃。凡三百五十一處，並是漢、魏已來，邵信臣、杜詩〔七〕、任峻、司馬宣王、鄧艾等制置墾闢之地。内鄧州界鑿山穿嶺，疏導河水，散入唐、鄧、襄等三州，灌溉田土。又諸處陂塘防埭，大者長三十里至五十里，闊五丈至八丈，高一丈五尺至二丈。其溝渠，大者長五十里至一百里，闊三丈至五丈，深一丈至一丈五尺，可行小舟。臣等按視，諸處增築陂堰，大費工役，欲望於舊防未壞，可以疏引水利處，先耕二萬餘頃，漸興置之。」詔從其請，令自鄧州始，但募民耕墾，免其税。令選等保舉一人，與鄧州通判同掌其事，選與亮分路按察焉。以右諫議大夫雷有終知許州。

〔一〕大理寺丞皇甫選、光禄寺丞何亮等言　宋會要輯稿食貨六一之八九、九〇，食貨七之二、三四與宋史卷九四河渠四三白渠條，亦載皇甫選、何亮上言，皇朝編年綱目備要卷五則有節録。宋會要輯稿、皇朝編年綱目備要皆與實録略同，然宋史所録則大相徑庭，其文曰：「選等使還，言：周覽鄭渠之制，用功最大。並仲山而東，鑿斷岡阜，首尾三百餘里，連亘山足，岸壁頹壞，陻廢已久。度其制置之始，涇河平淺，直入渠口。暨年代浸遠，涇河陡深，水勢漸下，與渠口相懸，水不能至。峻崖之處，渠岸摧毁，荒廢歲久，實難致力。其三白渠溉涇陽、櫟陽、高陵、雲陽、三原、富平六縣田三千八百五十餘頃，此渠衣食之源也，望令增築堤堰，以固護之。舊設節水斗門一百七十有六，皆壞，請悉繕完。渠口舊有六石門，謂之『洪門』，今亦隤圮，若復議興置，則其功甚大，且欲就近度其岸勢，別開渠口，以通水道。歲令渠官行視，岸之缺薄，水之淤填，即時浚治。嚴豪民盜水之禁。涇河中舊有石堰，修廣皆百步，捍水雄壯，謂之『將軍翣』，廢壞已久。杜思淵嘗請興修，而功不克就。其後止造木堰，凡用梢椿萬一千三百餘數，歲出於緣渠之民。涉夏水潦，木堰遽壞，漂流散失，至秋，復率民以葺之，數斂重困，無有止息。欲令自今溉田既畢，命水工拆堰木寘於岸側，可充二三歲修堰之用。所役緣渠之民，計田出丁，凡調萬三千人。疏渠造堰，各獲其利，固不憚其勞也。選能吏司其事，置署於涇陽縣側，以時行視，往復甚便。」歷代名臣奏議卷二四九亦照録宋史。

〔二〕絶不及古　宋會要輯稿食貨六一之八九、七之三皆作「絶不及古渠」。

〔三〕舊有於水斗門一百六十七處　宋會要輯稿食貨六一之八九、九〇及七之三皆作「舊有放水斗門百七十六處」，宋史亦作「舊設節水斗門一百七十有六」，實録恐誤。

〔四〕移大石洪門　「大」爲「六」之誤。宋會要輯稿食貨六一之九〇即曰：「移六石洪門。」食貨七之二亦作「旁開六石門」。宋史亦曰：「渠口舊有六石門，謂之『洪門』。」又，水經注卷二九、通典卷二、玉海卷二三等皆言邵信臣：「開六石門，以節水勢。」實録顯誤。

〔五〕又言 此下一段，宋會要輯稿與實録略同，宋史亦大同小異。

〔六〕官私閑田 宋會要輯稿食貨六一之九〇、七之三皆作「官司閑田」。

〔七〕杜詩 宋會要輯稿食貨六一之九〇、七之三、宋史在其下皆還有「杜預」，皇朝編年綱目備要卷五亦列有「杜預」。案：玉海卷二二六門堰條曰：「後杜詩傳建武七年遷南陽大守，修治陂池，廣拓田土，時人方于召信臣，爲之語曰：『前有召父，後有杜母。』晉杜預傳：預修召信臣遺迹，激用滍、淯諸水，以浸原田萬餘頃，分疆刊石，使有定分，衆庶賴之，號曰『杜父』。」顯當以宋會要輯稿等爲是。

25戊戌，右領軍衛大將軍薛惟吉卒。惟吉，字世康，故相國居正之養子。居正妻妬悍，不生育，婢妾皆不得侍側，養惟吉爲己子，愛之甚篤。少有勇力，形質魁偉，多追逐京師無賴少年，蒲博、角觝、縱酒，爲不法事，居正不能禁。及居正卒，上親臨哭之，居正妻拜謁，上撫存數四，問：「不肖子安在？頗改節否？必不能負荷堂構，如何？」惟吉適在苫塊中，聞其言，驚懼愧赧，伏不敢起。自是益變節，謝絶故與遊不逞輩，居喪哀戚，甚爲得禮。惟吉以父〔任〕，累遷至左千牛衛大將軍，出知澶州，改揚州。俄丁母艱，抗表求終制。國朝故事：唯環衛之列有墨縗從事之文，多卒哭起視事。至是，惟吉懇求居喪，時論異之，優詔不從。起復，知河南府。連典岐、秦二郡〔一〕，改左領軍衛大將軍，受詔知延州，未行而卒於秦州之治所，年四十二。惟吉長貴家，既能折節下士，視財如糞土，輿議稱之。然治閨門無法度，及其死，家人競財物，妻、子滿獄矣〔二〕。以西上閤門使張昭允護靈州屯兵。

〔一〕連典岐、秦二郡　岐，指鳳翔，宋史卷二六四其本傳即載薛氏連知鳳翔府和秦州。

〔二〕及其死，家人競財物，妻子滿獄矣　宋史卷二六四其本傳曰：「及其死，家人争財致訟，妻、子辨對於公庭云。」較實録文意通順。又，續資治通鑑長編卷五三咸平五年十月丁亥條曰：「初，左領軍衛將軍薛惟吉妻，子一案，牽涉頗廣，

吉不能齊其家，妻柴氏無子，惟吉有子安上、安民，素與柴氏不叶。柴既寡，盡蓄其祖父金帛，計直三萬緡，并書籍綸告，以謀改適。右僕射張齊賢定娶之，自京兆遣牙吏約車來迎，行有日矣。安上詣開封府訴其事，府以聞。上不欲寘于理，命有司即訊柴氏。柴置對與安上狀繆異，上不得已，下其事於御史獄。柴因擊登聞鼓，訟兵部侍郎、平章事向敏中賤貿惟吉故第，又常求娶己不許，以是教安上誣告母，且陰庇之。上以問向敏中，向敏中言實以錢五百萬貿安上居第，近喪妻，不復議姻，未嘗求婚於柴也。上亦不復問。柴又伐鼓，訟益急，遂並其狀下御史獄鞫之，乃齊賢子太子中舍宗誨教柴爲詞，遂驗問柴之臧獲，發取瘞藏，得金貝僅二萬計。安上兄弟素不肖，先是嘗争競財貨，遂有詔不許其貿易父祖貲産，而向敏中乃違詔貿其居第，令安上日出息錢二千。御史獄索要契驗，向敏中所署字非一體。鹽鐵使王嗣宗素忌向敏中，因對，言向敏中議娶故駙馬都尉王承衍女弟，密約已定而未納采。上詢於王氏，得其實，因面責向敏中以不直。丁亥，向

敏中罷爲户部侍郎。張齊賢責授太常卿，分司西京。宗誨削一任，貶海州别駕。柴用蔭贖銅八斤。安上坐違詔貿居第，答之，以所得瘞藏金貝贖還其居第，仍令臺府常糾察焉。既而上謂吕蒙正等曰：「向敏中所負如此，騰於清議，不可不加黜免。朝廷進退宰輔，亦非細事，卿等更思持正守道，以輔朕躬。」先是，翰林學士宋白嘗就向敏中假白金十鋌，向敏中靳不與。於是，白草向敏中制書，極力詆之，有云『對朕食言，爲臣自昧』，向敏中讀制泣下。」

26己亥，殿前都虞候、并、代州都部署王昭遠徵赴闕。福州言：「天雨黄菽。」詔曰：「諸州司法參軍有不明律令者，宜令本路轉運司於管内判、司、簿、尉選通明格法者，兩换之。」先是，興國軍軍資庫〔一〕卒十六人共盗官錢，並按棄市。獄上，有司駁奏，内六人止坐徒，十人並合流三千里。上覽奏驚悼，故有是詔。

〔一〕軍資庫　宋代州一級官府主要的存儲日常經費的倉庫，古今源流至論别集卷二曰：「二税分數隸屬州縣，地利贏餘歸之本州，經費職之軍資庫。」揮麈餘話卷一則曰：「守臣、通判名銜必帶軍州，其佐曰簽書軍事，及節度、觀察、軍事推官、判官之名，雖曹掾悉曰參軍。一州税賦、民財出納之所，獨曰軍資庫者，蓋税賦本以贍軍，著其實於一州官吏與帑庫者，使知一州以兵爲本，咸知所先也。」軍資庫錢物的支出，主要包括上供、地方官員和軍隊的俸料、賞賜等。

書寫人：王壽昌　初對訖：王良弼　再對：霍良弼。

太宗皇帝實録卷第七十八起至道二年五月，盡八月。

1 五月辛丑，詔開封府判官楊徽之等三人分按行管内諸縣田畝，旱損甚者，蠲其税〔一〕。

〔一〕管内諸縣田畝，旱損甚者，蠲其税　諸縣，續資治通鑑長編卷三九至道二年五月辛丑條作「諸州」，中華書局點校本卷三九校勘記〔一六〕曰：「按太宗實録卷七八作『分按行管内諸縣田畝。』宋會要食貨一之二則載：至道二年四月，開封府諸縣民訴旱，命楊徽之等分路體量。疑此句『州』字或當作『縣』。」案：宋會要輯稿食貨一之二所記實爲：至道「二年四月，開封府諸縣民訴旱，命開封府判官、給事中楊徽之等三人，刑部郎中、直昭文館韓授等五人，分路體量。」宋會要輯稿食貨六一之七一亦録此詔，與食貨一之二完全相同。又，續資治通鑑長編在此下還有言曰：「及徽之等上所蠲租數，參知政事寇準曰：『東畿夏苗，歲收三十萬斛，令蠲免五分以上，其間貧下及新歸業者，理當蠲免，内形勢户慮成僥倖。』上曰：『自秦變阡陌，井田之制不復，故豪猾并兼，租税減耗，遂致棄本逐末。朕常念生人衣食之源，貧富不均，訟端四起。俟三五年，歲時豐稔，民庶康樂，必擇强幹有執守之人，先自兩京立法，止取地土頃畝，不以見墾及荒田，繁重者減省，僥倖者增益之。嚴其法制，務在必行，庶使百姓皆足，訟端永息也。』李燾並有注曰：「此事據寶訓，寇準既有此言，御史因請遣使覆按，故王欽若始受知于真宗。實録、正史皆略焉，亦可惜也。別本實録于明年六月丁酉載此事，與寶訓不同，今從寶訓。」宋會要輯稿食貨六一之七一同條下則曰：「六月，帝謂宰相曰：『自今開封府諸路檢田，當選京朝官幹事者，勿復差本府官屬。』」

2 壬寅，新作相國寺三門成，上親書額〔一〕，金填其字，以賜之。

〔一〕上親書額　太宗親書大相國寺額事，燕翼詒謀録卷二曰：「東京相國寺乃瓦市也，僧房散處，而中庭兩廡可容萬人，凡商旅交易，皆萃其中，四方趨京師以貨物求售轉售他物者，必由于此。太宗皇帝至道二年，命重建三門，爲樓其上，甚雄，宸墨親填書金字額，曰『大相國寺』，五月壬寅賜之。」玉海卷三四慶曆寶奎殿御書摹太宗御書條亦曰：「大相國寺額，太宗御書也，至道元年五月，重修大相國寺，廣殿庭、門廊、樓閣，凡四百五十五區，御題額。慶曆元年八月甲申，上謂輔臣曰：『近刱一小殿禁中，而有司過爲侈麗，不欲毀其成功，今大相國寺方營殿，藏太宗親書寺額，可遷置之。』呂夷簡因言：『陛下孝以奉先，儉以率下，聖人之盛德也。』二年正月辛未，詔以大相國寺新修太宗御書殿爲寶奎殿，摹太宗御書寺額于石，上飛白題之，命宰臣呂夷簡撰記，章得象篆額，樞密使晏殊撰御飛白書記。」又，能改齋漫録卷一三記事大相國寺額條曰：「大相國寺舊榜，太宗御書，寺十絶之一。政和中，改爲宫，御書賜額。舊榜遂爲高麗使乞歸。其後，復改爲寺，御書仍賜今額。」

3 癸卯，四方館使曹璨自河西來奏邊事，云：「李繼遷率衆萬餘，寇靈州〔一〕。」上召宰相等於北苑門，語其故，曰：「繼遷因劫得輜重，遂猖蹶自恣，敢窺靈武，驅烏合之衆，頓堅城之下，固無持久之理。却緣城中人齎表告急，爲賊所獲，賊以爲危窘，因頓兵，未即引去，卿等宜熟慮之，朕固有成筭矣。」吕端奏曰：「靈武軍儲甚闕，逆黨又據守瀚海津要，環、慶路不通。臣愚以爲朝廷於麟府、丹延、環慶三道各發勁卒，約輕齎，徑走平夏，攻取繼遷帳幕，繼遷必顧惜巢穴，望風引退。如此，則靈武之圍解，而糧餽得通矣。」上曰：「不然，三道起兵，深入其所，發甲卒凡幾萬人？何人爲將領？何人將輜重？況塞垣表裏沙磧，三道兵馬於何處會合？須更熟籌其事，不可輕舉。向來芻粟，朕令分三輩護送，丁夫悉令持弓矢自衛，并給拒馬〔二〕、勁弩以衛車乘、行李；士卒令爲方陣而行。若寇之至，則分布拒馬，發勁弩，士卒列陣以待之。誠能遵守紀律，豈至敗衄？而將校皆自率胷臆，不用條教，當寇之至，戰具未暇施設，而丁夫先潰亂，相蹂踐而死，豈謨畫不臧？蓋違朕節制所致也。」參知政事張洎曰：「盛暑之月，水泉乏絶，芻粟未集，而議者欲三道舉兵深入，以分賊勢，陛下以爲未見其利，誠如聖旨。」

〔一〕李繼遷率衆萬餘寇靈州　李繼遷此次圍攻靈州終未得手，續資治通鑑長編卷三九至道二年五月癸卯條曰：「時中使竇神寶在靈州，賊圍城歲餘，地震二百餘日，城中糧糗皆絶，潛遣人市糴河外，宵運以入。間出兵擊賊，卒全其城。」

〔二〕并給拒馬　續資治通鑑長編卷三九至道二年五月癸卯條作「兵給拒馬」。

4丙午，上飛白書數幅，以示近臣，字皆廣袤盈尺。先賜宰相吕端一幅，侍臣因競前争取，上笑曰：「昔劉洎登床〔一〕，正如此矣。」

〔一〕劉洎登床　典出唐太宗，舊唐書卷七四劉洎傳曰：「太宗工王羲之書，尤善飛白，嘗宴三品已上於玄武門，帝操筆作飛白字，賜群臣，或乘酒，争取於帝手。洎登御座，引手得之，皆奏曰：『洎登御牀，罪當死，請付法。』帝笑而言曰：『昔聞婕妤辭輦，今見常侍登牀。』」

5戊申，詔劾廣南西路轉運使張觀、採訪使、太常丞陳士隆，坐先奏交州黎桓爲亂兵所殺，丁璿復位，不實故也〔一〕。

〔一〕不實故也　張觀，於太宗朝以直諫聞名，宋史卷二七六張觀傳曰：「觀廣覽漢史，雅好論事，辭理切直，有古人之風焉。」皇宋通鑑長編紀事本末卷一二交趾内附條説述此事始末曰：「二年，交趾黎桓性凶狠，負限山海，屢爲寇害，漸失藩臣之禮。上志在撫寧荒服，不欲問罪。已而廣南西路轉運使張觀、欽州如洪鎮兵馬監押衛昭美皆言：『風聞黎桓爲丁氏斥逐，擁餘衆山海間，失其所據，故寇抄自給，今桓已死。』觀仍上表稱賀。詔太常丞陳士隆、高品武元吉奉使嶺南，因偵其事。士隆等復命，所言與觀同。其實桓尚存而傳聞者誤，觀等不能審核。既而有大賈自交趾回，言桓爲帥如故。五月戊申，詔劾觀等，會病卒。昭美伏誅於如洪鎮，士隆、元吉抵罪有差。」案：中華書局點校本續資治通鑑長編卷三九至道二年五月記事無此條，顯爲散佚，當據皇宋通鑑長編紀事本末增補。

6庚戌，司天中官正韓顯符言〔一〕：「熒惑犯輿鬼，秦、雍之分，國家當有兵在西北。」冬官正趙昭益言：「犯輿鬼，中積尸，秦分野有兵，人民災害之象。」上語宰相等曰：「天文謫見如此，秦地民罹其災。五星淩犯，朕常候之，未嘗無其應。朕旦夕念之，不遑寧處。李繼隆等兵馬已到環、慶，賊聞王師之至，固已破膽，其如靈州，救援未及，萬一不守，城中皆漢民，必盡爲此賊所屠戮。自閉壘來，居人乏食，饑死者必衆。」上因嗟嘆久之。

〔一〕司天中官正韓顯符言　司天，指司天監，神宗元豐後更名爲太史局；中官正，其屬官之一。宋會要輯稿職官一八之八二引兩朝國史志曰：「司天監：監、丞、主簿、春官正、夏官正、中官正、秋官正、靈臺郎、保章正、挈壺正。監及少監，則置判監事二人，以五官正以上充。」

7辛亥，降手詔〔一〕云：「靈州孤絶，救援不及，賊遷猖蹶，未就誅夷。居廟堂、侍幃幄者，正合運奇兵而伸婉畫〔二〕。宜令宰相呂端、知樞密院趙鎔等〔三〕，各述所見利害。再護送軍儲至靈武，合發軍民多少？舉兵深入賊境，以分其勢，又合用兵幾何？何人將領？何人監護？直書其事，言不必文，只今日實封來上。」呂端等相率詣長春殿見上，言曰：「臣等若各陳所見，乖詢謀僉同之義〔四〕，望共爲一狀，述其利害。」張洎越次奏曰：「呂端等備位廊廟，上有所詢問〔五〕，乃緘默而不言，深失訏謨之體。」端曰：「洎欲有言，不過揣摩陛下意爾，必無逆鱗忤旨之事。」上默然。

〔一〕手詔　朝野類要卷四文書手詔條曰：「或非常典，或示篤意，及不用四六句者也。」

〔二〕正合運奇兵而伸婉畫　宋大詔令集卷二一三政事六六備御上亦收録此詔，題名諮訪宰相樞密援靈州詔，此句作「正合運奇謀而伸婉畫」，似較實録爲長，然續資治通鑑長編卷三九至道二年五月辛亥條亦作「正合運奇兵而伸婉畫」，與實録同。

〔三〕知樞密院趙鎔等　宋大詔令集與實録同作「知樞密院趙鎔等」，然續資治通鑑長編卷三九至道二年五月辛亥條作「知樞密院事趙鎔等」，宋史卷二六八趙鎔傳記其職亦爲「知樞密院事」。案：實録此所云「知樞密院」乃是「知樞密院事」的簡稱，亦簡稱「知院」。知樞密院事，爲樞密院的長官，故與宰相吕端並列，如容齋三筆卷五樞密名稱更易條曰：「國朝樞密之名，其長爲使，則其貳爲副使；其長爲知院，則其貳爲同知院。」趙鎔，宋史卷二六八其本傳稱其「以刀筆事太宗於藩邸」，遂得太宗寵信。

〔四〕乖詢謀僉同之義　續資治通鑑長編卷三九至道二年五月辛亥條作「恐乖詢謀僉同之義」，似較實録爲長。

〔五〕上有所詢問　續資治通鑑長編作「上有所詢」。

8 壬子，張洎上疏〔一〕，徵賈捐之棄朱崖事，願棄靈武，以省關、隴餽餉〔二〕。上初有意，既而悔之，覽洎奏不悦，却以付洎，謂之曰：「卿所陳，朕不曉一句。」洎惶恐流汗而退。上召知樞密院事向敏中等〔三〕，謂曰：「張洎上言，果爲吕端所料〔四〕，朕以其奏付之矣。」

〔一〕張洎上疏　續資治通鑑長編卷三九至道二年五月壬子條記張洎此疏曰：「李繼遷違天逆命，跋扈邊陲，既掩截於軍儲，復攻侵於藩鎮，孤恩負德，夷夏共知，政當蹶躓之辰，復起轉輸之役，臣恐緣邊民庶，救死之不暇，豈敢有望於安堵者乎？況靈武郡城，介在河上，餽運艱阻，臣請備陳始末，一二條例以言之。昔在唐朝，吐蕃最盛，乘安史之亂，陷河隴之地，肅宗用靈武之師，克復兩京者，緣党項率先順命。靈武地界與党項接連，自長安出鄜時，度塞門，經鹽州，抵迴樂東阪，入靈武東門。迄至近代以來，謂靈武可以控守者，緣路在党項内地，無鈔略之患故也。今繼遷以党項餘孽，邊方黠虜，據平夏全壤，扼瀚海要衝，倏忽往來，若居衽席之上。國家若兵車大出，則獸驚鳥散，莫見其蹤由；若般運載馳，則蟻聚蜂屯，便行於劫奪。向來轉般芻粟，既下失地利，又上違聖謨，致此奔衝，理甚明顯，其事一也。甲馬行役，糧草飛輓，軍須所急，莫若井泉。自環抵靈瀚海七百里，斥鹵枯澤，無谿澗川谷。荷戈甲而受渴乏，雖勇如賁、育，亦將投身於死地，又安能與賊群争鋒哉，其事二也。自逆寇滔天，靈州閉壘，披猖之衆，蹂踐四郊，田疇日荒，樵蘇絶路，負户而汲，易子而食，備禦理盡，飛走望斷，豈能復爲國家堅守者乎，其事三也。假使靈州圍解，瀚海塵清，朝廷當須召發甲兵，裹送糧草，未逾終歲，輦運復興。乃是以日繫時，而轉輸無已，驅秦、雍之百姓，供靈武之一方，使無辜之民，膏塗原野。朝廷大計，豈若是乎，其事四也。況繼遷或成或敗，未足致邦國之安危，靈武或存或亡，豈能繫邊隅之輕重，得失大較，理甚昭然。或者謂臣曰：『今朝廷以天下之力，而不能救靈武之一郡，豈不爲耻乎？』臣對之曰：『聖智宏深，牢籠宇宙，處置戎務，盡妙窮微。向來臣下，但於宸算能舉一二而遵行之，則繼遷不足擒，而靈武安有攻守之慮也？今則事機已失，奔駟難追，豈可不問臧否，惟謀克取。昔漢武以英材雄略，征伐天下，然而以造陽之地百里舉而棄之；高祖棄王險之城，元帝棄珠崖之郡，咸能與時消息，垂裕無窮，豈德不至而力不任哉，事有不利故也。」或者又曰：「靈武如不能守，則環、慶等郡便與蕃戎接境，得不危殆乎！」臣應之曰：「靈武居平夏西北，夐絶一方，逆賊制瀚海之衝，斷飛輓之路，議者尚云可守而不可棄。今環、慶等州居山南之腹，非受敵之所，乃云受危，不亦過乎。況四裔郡城，皆在邊上，若以外壓蕃境，便曰阽危，甚非公論也。」或者又曰：「繼遷逆衆，尚在靈州，官兵數千，未出城邑，豈可不謀救援而坐觀陷没也？若國家於環慶、丹延、麟府等三處各出兵馬，齊驅賊境，分頭牽拽，繼遷必顧恤巢穴，望風而旋，城内官軍，定免淪胥之禍。況環慶一路雖乏井泉，清遠軍大有糧草可以就而食焉，丹延、麟府兩路河水已足供用，但所經蕃部旋加掩襲，則餱糧亦無闕矣。」若以救靈武戍卒，復起三道之師，當盛暑之辰，涉不毛之地，芻粟何自而計度，水泉從何而卜射，茫茫沙塞，千里而遥，復指何方，爲所詣之處。大軍一發，不可停留，善敗否臧，安能復保。若繼遷探三路兵馬，取一路可争之處，聚蕃戎之衆，據險隘之津，以逸待勞，攻我師之困乏，則轍亂旗靡，豈比前日之退衄也？一道疏失，則兩道不戰而自潰矣。謀謨之拙，莫甚於斯。今者恭奉德音，俾陳方略，臣以爲牽拽賊勢，兵甲不可令輒離本處，但密傳宣旨，令整排士馬，張皇氣勢，聲言剋日三道齊攻。逆賊聞之，必不能驅已老之師，頓堅城之下。若狃於進退，則牽拽之勢可見矣，又何必冒兵馬之所忌，犯盜賊之所長，率易啟行，自貽後悔。以臣愚見，所謂靈武封壤，必不可以即時保守，靈武士伍，必不可以深入應接，牽拽兵馬，必不可令起離本處。若踰此道，縱使良、平復生，亦不能爲謀矣。比來河西形勢，所以爲謀不及者，稽其始末，盡緣違聖君指畫，致賊猖狂。賊方侈謀，事皆倒置，養成邊禍，傷我國靈，乃臣子之罪也。然則聖人以天下爲度者，不以細過爲嫌，則棄地戢兵，事非獲已，乃從權之道也。況繼遷窮凶極惡，罪已貫盈，雖假息穹廬，怙亂沙塞，一旦上天降禍，首裂支分，財貨土田，咸歸聖有，亦猶晉侯璧馬，暫寄於外府，復何異焉。」

〔二〕徵賈捐之棄朱崖事，願棄靈武，以省關、隴餽餉　張洎此奏，固爲迎合太宗之意，然棄靈武之議於太宗末年至真宗初實則甚囂塵上，續資治通鑑長編卷四二至道三年十二月辛丑條即記參知政事李至上疏曰：「今靈州不可堅守，萬口同議，非臣獨然。」田錫、朱台符、楊億等亦多祖張氏是議。李華瑞宋夏關係史概述曰：「及至太宗北伐失敗，厭戰情緒日漸濃厚，並且在政治上轉向守内虛外之時，反戰論便成爲一種思潮在太宗晚年及以後遂得以盛行。在這種背景下，加上宋廷討伐繼遷『深入則饋運艱難，窮追則竄穴幽隱』。是故當李繼遷兵圍靈州之時，從太宗臨終到靈州被攻陷，宋廷朝野上下放棄靈州的呼聲甚囂塵上。」河北人民出版社一九九八年版，第三一一—三一二頁。咸平五年靈州終被李繼遷攻陷，與宋廷這種動搖的政策關係甚大。賈捐之上書棄珠崖，乃漢元帝時事，漢書卷六四下賈捐之傳記其言有曰：「臣竊以往者羌軍言之，暴師曾未一年，兵出不踰千里，費四十餘萬萬，大司農錢盡，乃以少府禁錢續之。夫一隅爲不善，費尚如此，況於勞師遠攻，亡士毋功乎！求之往古則不合，施之當今又不便。臣愚以爲非冠帶之國，禹貢所及，春秋所治，皆可且無以爲。願遂棄珠厓，專用恤關東爲憂。」

〔三〕知樞密院事向敏中等　續資治通鑑長編卷三九至道二年五月壬子條作「同知樞密院事」，宋史卷二八二向敏中傳亦記此時其官職爲「同知樞密院事」。案：此時知樞密院事實爲趙鎔，向敏中爲同知樞密院事，爲樞密院之副長官，實録顯誤。

〔四〕果爲吕端所料　玉壺清話卷八述其事曰：「至道二年，曹璨自河西馳騎入秦，賊遷萬餘衆寇靈州。上問吕相端、趙樞密鎔平戎之略，吕奏曰：『容臣等共陳利害，爲一狀進呈。』時張洎對上前，斥端曰：『居敵沃之地，君問即對，邊城之急，豈容冥搜抒思，檢閱補綴，深失訏謨之體。』端奏曰：『洎不過揣摩陛下意爾。』上爲之默笑。洎善事内臣，動息先知，蓋上意久欲棄之。果翌日，先於兩府獨抗一疏，盛言『乞棄靈武，深邊餽運，斗粟碩費，芻車野宿，孤迴難援。泉源高涸，莫屯厚兵』云。上謂向敏中曰：『洎果爲吕端所料，朕嘗不喜劉蟠輩動即迎合，以卜朕意，今洎亦然。』以疏還之，謂洎曰：『卿所陳，朕不會一句。』頃在翰苑，眷遇特厚，凡篇章褒答，止謂之翰長、儒臣，由此少解焉。」

9 癸丑，以給事中魏羽知潭州。上曰：「魏羽雅有心計，通明吏道〔一〕，但無執持，與物遷徙爾。朕自任使，來未十年，髭鬢盡白，亦可憐也。」

〔一〕魏羽雅有心計，通明吏道　宋大詔令集卷一八七慰撫上録有太平興國六年十一月甲午太宗答魏羽璽書曰：「知制誥魏羽：所上書言事具悉。汝朝有著位，身爲王臣，耻効衆人之從諛，遠慕昔賢之骨鯁。爰因按讞，有所見聞，飛章奏論，馳傳來上。朕頗駭其事，即令薄責，咸以條對，厥有端由：郭震守官十年，抱常調而難替；崔能視事未久，緣近詔而當移。有司循舉規繩，事狀明白。汝恐下民之無告，慮小吏之爲姦，遠有指陳，不畏强禦。嘉尚之間，再三不忘。更務傾輸，以副虚佇。」

10 丙辰，以左諫議大夫李惟清爲嶺南東西路都轉運使〔一〕。

〔一〕嶺南東西路都轉運使　宋史卷二六七其本傳作「二年，徙廣南東西路都轉運使」。案：至道三年，宋定十五路，十四曰廣南東路，十五曰廣南西路，宋史本此。然太宗時廣南東西路實稱嶺南東西路，如宋史卷五太宗二淳化三年八月丁丑條即曰：「釋嶺南東西路罰作荷校者。」實録更爲準確。

11丁巳，以河北轉運使、祠部郎中陳緯爲陝西轉運使，以江南轉運副使、起居舍人梁鼎爲陝西轉運副使，太常博士、直史館陳堯叟爲廣南西路轉運使〔一〕。

〔一〕陳堯叟爲廣南西路轉運使　陳堯叟，端拱二年狀元，宋會要輯稿選舉七之五曰：端拱「二年三月二十一日，帝御崇政殿，試禮部奏名進士，内出聖人不尚賢賦、五色一何鮮詩、禹拜昌言論題，得陳堯叟已下百八十六人，並賜及第。」

12己未，以西京作坊使、叙州刺史、御帶〔一〕石普繫御史府驗問，坐爲西川巡檢，擅離本部入奏事故也。上謂宰相等曰：「石普恃在朕左右〔二〕，不畏王法，徑赴闕庭，朕已令禁繫鞫問，使知有刑獄艱苦。昔蕭何、周勃、韓安國，皆將相大臣，猶不免於縲絏，況此小臣乎？」既而召見，赦其罪，復遣歸任〔三〕。

〔一〕御帶　續資治通鑑長編卷三九至道二年五月己未條即記曰：「帶御器械。」案：宋會要輯稿職官三四之一二曰：真宗咸平元年四月「以西京作坊副使石顒爲西京作坊使、西京作坊副使綦政敏爲供備庫使、供奉官張旻爲供備庫副使，並帶御器械。初，是職上名御帶，至是改焉。」則實録較續資治通鑑長編更爲準確。帶御器械，宋會要輯稿職官三四之一二又曰：「國初已來，嘗選三班已下武幹親信者佩櫜鞬、御劍，或以内人爲之。」並載紹興七年五月三十日高宗曰：「祖宗置此官，所以衛不虞也。」

〔二〕石普恃在朕左右　石普父子皆爲太宗藩邸之人，故有恃無恐，宋史卷三二四石普傳曰：「石普，其先幽州人，自言唐河中節度雄之後，徙居太原。祖全，事周爲鐵騎軍使。父通，事太宗於晉邸。普十歲給事邸中，以謹信見親。」隆平集卷一八、東都事略卷四二石普傳皆有云：「太宗常令善工製金帶，普帶御器械，輒面求，解以賜之。」

〔三〕既而召見，赦其罪，復遣歸任　續資治通鑑長編卷三九至道二年五月己未條於此下還記曰：「時賊黨王鷂鷂復聚集剽略，僞稱邛南王。普因言：『蜀之亂，由賦斂迫急，農民失業，不能自存，遂入於賊。望一切蠲其租賦，使知爲生，則不討自平矣。』上許之。普既還，揭榜告諭，蜀民無不感悦，部内以安。」宋史卷三二四其本傳更曰：「順餘黨復寇邛、蜀，僞稱邛南王。又爲西川都提舉捉賊使。時蜀民疑不自安，多欲爲盜者，普因馳入對，面陳：『蜀亂由賦斂苛急，農民失業，宜稍蠲減之，使自爲生，則不討而自平矣。』帝許之。普即日還蜀，揭牓諭之，莫不悦服。賊平，賜白金三千兩、襲衣、金帶、鞍勒馬。」據此，則石氏徑赴京師，乃急於國事，非但無罪，且有大功。

13辛酉，詔曰：「濱州管内蒲臺南北口岸等五處〔一〕，先是，置渡官，以船渡行旅，取其課。今水潦不降，河道枯涸，而吏猶責其直，宜除之。」以靈州牙校丁惟清爲殿直、知西涼州事，從戎人之請也〔二〕。

〔一〕蒲臺南北口岸等五處　宋會要輯稿方域一三之五作「濱州管内溝臺南北口等五處」。

〔二〕以靈州牙校丁惟清爲殿直、知西涼州事，從戎人之請也　宋會要輯稿方域二一之一五曰：「涼州復來請帥，詔以殿直丁惟清領州事，仍賜牌印。」並記丁惟清事迹曰：「太宗淳化二年權知西涼州、左厢押蕃落副使折浦阿喻丹來貢。先是，殿直丁惟清往涼州市馬，惟清至而境大豐稔，因爲其所留。」西涼州，即今甘肅武威，宋時爲吐蕃勢力實際控制，然向宋進貢，與黨項不斷攻戰，是宋牽制李繼遷的重要力量，宋會要輯稿方域二一之二一即有云：「遷賊未平，籍西涼腹背攻制。」咸平六年，李繼遷攻取涼州，丁惟清戰没。

14 六月甲戌，上遣中使，賫飛白書二十軸，賜宰相吕端等，人五軸。又以四十軸，藏於祕閣。字皆方圓數尺。吕端等相率詣便殿稱謝，上謂之曰：「飛白依小草書體〔一〕，與隸書不同。朕君臨天下，復何事於筆硯乎？中心好之，不能輕棄，歲月既久，遂盡其法焉。向來有江、浙人稱能小草書，因召問之，殊未知向背，但務填行塞白，裝成卷帙而已。小草書字學難究，飛白筆勢難工，朕亦恐此書遂成廢絶矣。」

〔一〕飛白依小草書體　皇宋通鑑長編紀事本末卷一四聖學條作「飛白依小篆書體」，與實録不同，然中華書局點校本續資治通鑑長編卷四〇至道二年六月甲戌條、玉海卷一三三等皆作「飛白依小草書體」，與實録同。宋會要輯稿崇儒六之四亦曰：「二年六月，出飛白書二十軸，賜宰相吕端等，人五軸，又以四十軸藏於祕閣，字皆方圓數尺。端等相率詣便殿稱謝，帝謂之曰：『飛白依小草書體，與隸不同，朕君臨天下，復何事於筆硯？但中心好之，不能輕棄，歲月既久，遂盡其法。然小草書字學難究，飛白筆勢罕工。朕習此書，使不廢絶也。』」當以實録爲是。太宗善飛白與小草，楊文公談苑太宗善書條曰：「太宗善飛白，其字大者方數尺，善書者皆伏其妙。又小草特工，語近臣曰：『朕君臨天下，亦何事筆硯？但心好之，不能捨耳。江東人多稱能草書，累召詣之，殊未知向背，但填行塞白，裝成卷帙而已。小草字學難究，飛白筆勢難工，吾亦恐自此廢絶矣。』以數十軸藏於祕府。」

15庚辰，温州言：「永嘉縣民陳侃五世同居，内無異爨，侃事親至孝，爲鄉里所稱。」詔旌表門閭，賜侃母秔米、束帛。上因謂侍臣曰：「江州德安縣義門陳旭一族，孝友、恭儉無比。」參知政事張洎奏曰：「旭家長幼千餘口，世世守家法，孝謹不衰，閨門之内，肅如公府。」上曰：「近聆本郡，歲或小歉，以官倉米二千石貸之，旭但肯受其半，且云：『省啬而食，可以及秋成。』謂之曰〔一〕：『何不受而糶之？以邀善價。』旭曰：『朝廷以旭群從千口聚居，荒歉之歲，特以王賦借貸私室，豈可見利忘義，爲罔上之事乎？』此深可嘉賞。」

〔一〕謂之曰　續資治通鑑長編卷四〇至道二年六月庚辰條作「或謂之曰」，似較實録爲長。

16甲申，月有食之。

17壬辰，駙馬都尉魏咸信上言，以其父仁浦郊祀覃慶，自晋王進封齊王，有避〔一〕，乞改封他國。上以問宰相，吕端奏曰：「晋國之上，唯秦國爲大。」寇準對曰：「自來中書不與朝廷執綱紀，如魏仁浦進王爵，當用三等〔二〕，以次追叙，豈合便封晋國？況晋國是陛下藩邸舊封，用爲贈典〔三〕，非允。乃致邇來自晋封齊，不滿望〔四〕，託以他故求改。」上曰：「可因此下詔，以近世已來，天下多故，憲章隳壞，〔不遵〕古道者若干事，並從釐改〔五〕。有司不能遵守者，許憲司彈劾。」既而宰相等終不能奉行上旨。

〔一〕有避　宋會要輯稿儀制一〇之一四「有避」作「有所避」，續資治通鑑長編卷四〇至道二年六月庚辰條則作「私有所避」。

〔二〕魏仁浦進王爵，當用三等　實録文意不明，宋會要輯稿儀制一〇之一四曰：「魏仁浦生爲郡王，死當用三等。」較實録爲優。然續資治通鑑長編卷四〇至道二年六月庚辰條亦作「魏仁浦進王爵，當用三等」，與實録同。

〔三〕用爲贈典　魏仁浦卒於開寶二年，宋史卷二四九其本傳惟言「贈侍中」。

〔四〕不滿望　宋會要輯稿儀制一〇之一四作「殊不滿望」，續資治通鑑長編卷四〇至道二年六月庚辰條作「猶不滿望」。

〔五〕並從釐改　宋會要輯稿儀制一〇之一四作「自今並從釐改」，然續資治通鑑長編卷四〇至道二年六月庚辰條與實録同。

18甲午，以五溪蠻酋向通漢爲富州刺史〔一〕，從其請也。

〔一〕以五溪蠻酋向通漢爲富州刺史　宋史卷四九三蠻夷一西南溪峒諸蠻上曰：「淳化二年，知晃州田漢權言，本管砂井步夷人粟忠獲古晃州印一鈕來獻。因請命，以漢權爲晃州刺史。又以五溪諸州統軍、鶴州刺史向通漢爲富州刺史，從其請也」、「至道二年，上親祀南郊，富州刺史向通漢上言：『聖人郊祀，恩浹天壤，況五溪諸州，連接十洞，控西南夷戎之地。惟臣州自昔至今，爲辰州墻壁，障護辰州五邑，王民安居。臣雖僻處遐荒，洗心事上。伏望陛下，察臣勤王之誠；因兹郊禮，特加真命。』詔加通漢檢校司徒，進封河内郡侯。」淳化二年，中華書局點校本宋史卷四九三校勘記〔二〕考證曰：「宋會要蕃夷五之七四、本書卷五太宗紀二都作『元年』。」又，宋會要輯稿蕃夷五之七四曰：淳化「四年閏十月，詔富州刺史、檢校左僕射向通漢特授檢校司空。」五之七五：至道二年向通漢檢校司徒、進封河内郡侯「開國侯加食邑五百户。參知政事寇準上言：『通漢已嘗真命，今此奏述，全以罔冒。』真（太）宗曰：『徼外蠻夷能慕風化，宜且從所請，向去制置可也。』八月，通漢又言父母妻姑及弟婦今遇郊禮，迄行封贈。詔惟父母妻循例授之。」則向通漢爲富州刺史乃在淳化元年，淳化四年已由檢校左僕射升檢校司空，至道二年因太宗郊祀，通漢請「特加真命」，遂又加檢校司徒、進封河内郡侯。富州，轄今湖北來鳳一帶，宋時爲羈縻州，刺史由向氏世襲，武經總要前集卷一九有云：「富州，蠻酋向氏世襲刺史。天禧初，向通漢來朝，官至五溪十洞都防禦使。」前集卷二〇亦曰：「富州刺史並兼都巡檢使，因本州向通漢上言五溪十洞控西夷之地，爲辰州墻壁，故加是名。天禧中，求納土疆，不許。」

19乙未，以兵部員外郎韓國華爲京東轉運副使〔一〕，祕書丞任中正爲江南轉運副使〔二〕。追復故静難軍節度行軍司馬徐鉉左散騎常侍，寧國軍節度行軍司馬李符右諫議大夫，徐鉉等先坐事左遷，没於貶所，至是始復之也〔三〕。

〔一〕以兵部員外郎韓國華爲京東轉運副使　京東轉運副使，宋史卷二七七韓國華傳曰：「改兵部員外郎，屯田郎中、京東轉運使。」與實録不同。案：實録本卷七月壬子條亦曰：「以京東轉運使韓國華爲峽路轉運使。」疑此處「京東轉運副使」

或爲「京東轉運使」之誤。

〔二〕祕書丞任中正爲江南轉運副使　任中正得太宗重用事，續資治通鑑長編卷四〇至道二年六月乙未條詳曰：「先是，詔徙河北轉運使、祠部郎中陳緯爲陝西轉運使。緯入對，盛稱大名府通判、著作佐郎濟陰任中正之才，請以代己。上曰：『朕自知之。』乃召見，遷祕書丞，乙未，授江南轉運使，賜五品服。上以中正頎長，自擇大笏，又命内臣取緋衣長者賜之。至部，歲大稔，賦租平糴，皆有羨盈。發運使王子輿欲悉調餉京師，中正曰：『東南歲輸五百餘萬，而江南所出過半。今雖有餘，而後或小歉，則數不登，將急取吾民乎？』子輿乃止。」續資治通鑑長編以任中正爲江南轉運使，與實録所記「江南轉運副使」不同，案：宋史卷二八八任中正傳亦曰：「召爲祕書丞、江南轉運副使。」東都事略卷四四任中正傳：「翰林學士錢若水嘗薦其才，遷著作佐郎、通判大名府，遷江南轉運副使。」皇朝編年綱目備要卷五至道二年秋七月置江淮兩浙發運使條亦曰：「未幾，任中正爲江南轉運副使。」皆與實録同，當以實録爲是。

〔三〕至是始復之也　是爲追復，龔延明宋代官制辭典曰：被免職的官員「死後因平反昭雪或遇大恩赦免罪而叙復舊官。金佗續編卷一三追復指揮：『與（岳飛）追復元官，以禮改葬，訪求其後，特與録用。』張綱華陽集卷五王存追復資政殿學士、右正議大夫、贈左銀青光禄大夫：『陷於鈎黨，賫志没地，久未昭雪。朕旌別淑慝……復以舊章。』」中華書局一九九七年版，第六五四—六五五頁。案：宋史卷二七〇李符傳曰：「至道二年，郊祀，追復右諫議大夫。」則徐鉉、李符二人乃因太宗郊禮而得死後追復。

20丁酉，河南府言：「瀍、澗、洛三水漲，壞鎮國橋。」亳州言：「蝗從北飛來，食田稼。」

21戊戌，會州觀察使、靈州兵馬部署田紹斌徵赴闕，以引進使慕容德豐知靈州。斬布衣鄭元輔於都市，坐告醫官副使趙自化陰事不實故也。始，元輔依吏部令史張崇敏家，崇敏，自化之姻也。元輔嘗從自化丐乞，無所獲，心銜之，因詣檢上書，告自化漏泄禁中語，及指斥、非所宜言等事。上初甚駭，亟命宣政使王繼恩就御史府鞫之，皆無狀，故抵於法。自化坐侍醫禁中，與非類交結，貶郢州別駕〔一〕。

〔一〕貶郢州別駕　宋史卷四六一趙自化傳曰：「自化坐交游非類，黜爲郢州團練副使。未幾，復舊職。」州別駕，龔延明宋代官制辭典曰：「散官名。宋代十等散官之第五等。多用於安置責降官。其官銜繫所除州名。如蘇轍『責授化州別駕、雷州安置』（宋詔令卷二〇八蘇轍散官安置制）。正九品。」中華書局一九九七年版，第六一五頁。

22秋七月己亥朔，綿州言：「魏城縣麥秀兩歧。」以殿前都指揮使王超爲夏、綏、麟、府州兵馬都部署〔一〕。

〔一〕以殿前都指揮使王超爲夏、綏、麟、府州兵馬都部署　太平治迹統類卷二記其職作「夏、麟、府州都總管、兼都排陣使」。

23庚子，新作壽寧觀成〔一〕。觀在崇明門之北，所費巨萬計，凡數年而功畢。

〔一〕新作壽寧觀成　壽寧，乃太宗誕節名，宋史卷五太宗二淳化元年正月戊寅朔條曰：「改乾明節爲壽寧節。」壽寧觀，劉敞公是集卷五有壽寧觀殘雪詩曰：「春陽漏潛管，凛氣留深殿。金莖向飛露，碧瓦仍鋪練。寒光寂寞迴，暖色依微變。壺中異風景，會待花如霰。」卷二八又有早春野泊壽寧觀詩：「小徑連村行幾曲，垂楊未緑草成蹊。門前野水還如帶，恐是仙源使客迷。」

24辛丑，建州言：「溪水漲，溢入州城，壞倉庫、居民廬舍萬餘區。」鄆州言：「河水漲，壞連堤四處。」

25甲辰，賜嵩陽書院〔額〕，及版本九經書、疏〔一〕，從本道轉運使之請也。

〔一〕賜嵩陽書院額，及版本九經書疏　嵩陽書院，本名太室書院，亦稱嵩山書院，宋會要輯稿崇儒二之二即作「至道二年七月六日，賜嵩山書院額，及印本九經書、疏。」嵩陽書院爲宋四大書院之一，玉海卷一六七嵩陽書院條曰：「國初，斯民新脱五季鋒鏑之阨，學者尚寡，海内向平，文風日起，儒老往往依山林，即閒曠以講授，大率多至數十百人。嵩陽、嶽麓、睢陽及白鹿洞爲尤著，天下所謂『四書院』者也。」版本九經書、疏，指雕版所印刷的九經書、疏，五代後唐至後周，在馮道等主持下，完成了九經的雕版刻印，玉海卷四三唐石經後唐九經刻板條曰：「後唐長興三年二月，令國子監校正九經，以西京石經本抄寫刻板，頒天下。四月，命馬鎬、陳觀、田敏詳勘。周廣順三年六月丁巳，十一經及爾雅、五經文字、九經字様板成，判監田敏上之。各二部，一百三十册，四門博士李鶚書，惟公羊前三禮郭嵠書。顯德二年二月，校勘經典釋文，三十卷，雕印，命張昭、田敏詳校。」同時，四川後蜀亦有九經刻本。容齋續筆卷一四周蜀九經條曰：「唐貞觀中，魏徵、虞世南、顔師古繼爲祕書監，請募天下書，選五品以上子孫工書者爲書手繕寫。予家有舊監本周禮，其末云：大周廣順三年癸丑五月，雕造九經書畢，前鄉貢三禮郭嵠書。列宰相李穀、范質，判監田敏等銜于後。經典釋文末云：顯德六年己未三月，太廟室長朱延熙書，宰相范質、王溥如前，而田敏以工部尚書爲詳勘官。此書字畫端嚴，有楷法，更無舛誤。舊五代史：漢隱帝時，國子監奏周禮、儀禮、公羊、穀梁四經未有印板，欲集學官考校雕造，從之。正尚武之時，而能如是，蓋至此年而成也。成都石本諸經，毛詩、儀禮、禮記皆祕書省祕書郎張紹文書。周禮者，祕書省校書郎孫朋古書。周易者，國子博士孫逢吉書。尚書者，校書郎周德政書。爾雅者，簡州平泉令張德昭書。題云廣政十四年，蓋孟昶時所鐫，其字體亦皆精謹。兩者並用士人筆札，猶有貞觀遺風，故不庸俗，可以傳遠。唯三傳至皇祐元年方畢工，殊不逮前。紹興中，分命兩淮、江東轉運司刻三史板，其兩漢書內，凡欽宗諱，並小書四字，曰『淵聖御名』，或徑易爲『威』字，而它廟諱皆只缺畫，愚而自用，爲可笑也。蜀三傳後，列知益州、樞密直學士、右諫議大夫田況銜，大書爲三行，而轉運使、直史館曹穎叔，提點刑獄、屯田員外郎孫長卿，各細字一行，又差低於況。今雖執政作牧，監司亦與之雁行也。」太宗一朝，曾多次將國子監刻印本九經賜予地方，如歷代名臣奏議卷一一五收朱熹上疏曰：白鹿洞書院「太平興國中，嘗蒙詔賜九經，而官其洞主，見於會要。」宋會要輯稿禮六二之二一：太平興國「二年三月，知江州周述言：『廬山白鹿洞學徒常數百人，望賜九經書，使之肄習。』詔國子監給以印本，仍傳送之。」黄氏日抄卷四〇引白鹿洞書院記曰：「唐李渤所隱居。我太宗驛置九經，俾諸生肄業，與嵩陽、嶽麓、睢陽爲四書院。晦翁淳熙六年爲守，得廢址，乃興今書院云。」宋會要輯稿崇儒二之二亦曰：「端拱二年五月三十日，康州言願給九經書，以教部民之肄業者，從之。」宋史卷四八七外國三高麗亦有云：高麗「又上言願賜板本九經書，用敦儒教，許之。」與此同時，從端拱元年開始，太宗命校勘並刻印唐孔穎達五經正義，至真宗初陸續完成，玉海卷四三端拱校五經正義條曰：「端拱元年三月，司業孔維等奉敕校勘孔穎達五經正義，百八十卷，詔國子監鏤板行之。易則維等四人校勘，李説等六人詳勘，又再校。十月，板成以獻。書亦如之，二年十月以獻。春秋則維等二人校，王炳等三人詳校，邵世隆再校，淳化元年十月板成。詩則李覺等五人再校畢，道昇等五人詳勘，孔維等五人校勘，淳化三年壬辰四月以獻。禮記則胡迪等五人校勘，紀自成等七人再校，李至等詳定，淳化五年五月以獻。淳化三年以前印板，召前資官或進士寫之。是年，判監李至言：『義疏釋文尚有訛舛，宜更加刊定。杜鎬、孫奭、崔頤正苦學强記，請命之覆校。』至道二年，至請命禮部侍郎李沆、校理杜鎬、吴淑、直講崔偓佺、孫奭、崔頤正校定。咸平元年正月丁丑，劉可名上言：『諸經板本多誤。』上令頤正詳校可名奏詩、書正義差誤事。二月庚戌，奭等改正九十四字。沆預政，二年，命祭酒邢昺代領其事，舒雅、李維、李慕清、王涣、劉士元預焉，五經正義始畢。國子監刻諸經正義板，以趙安仁有蒼、雅之學，奏留書之，踰年而畢。」同卷咸平校定七經疏義條：「咸平三年三月癸巳，命國子祭酒邢昺等校定周禮、儀禮、公羊、穀梁傳正義，又重定孝經、論語、爾雅正義。四年九月丁亥，一作丁丑，翰林侍講學士邢昺等及直講崔偓佺表上重校定周禮、儀禮、公、穀傳、孝經、論語、爾雅七經疏、義，凡一百六十五卷。一本云一百六十三卷。十月九日，命摹板頒行，於是九經疏、義具矣。」

26乙巳，宴近臣於崇政殿，以殿前都指揮使王超赴河西行營故也。

27戊申，陝西都轉運使、刑部郎中宋太初責授懷州團練副使〔一〕。轉運使、吏部員外郎盧之翰，副使、祕書丞竇玭，並除籍〔二〕，以之翰爲許州司户，玭爲商州司户掾〔三〕，並員外置。供奉官、閤門祇候李守仁決杖配隸汝州、禁錮。皆坐違制發軍糧詣靈州，爲李繼遷所剽劫故也〔四〕。嶺南諸州言：「大雨水。」以西京作坊使張守恩領綿州刺史。河南府言：「河南縣民崔榮家牛生三犢。」

〔一〕陝西都轉運使、刑部郎中宋太初責授懷州團練副使　都轉運使，端拱元年十月始置，續資治通鑑長編卷二九端拱元年十月曰：「是月，以右諫議大夫樊知古爲河北東、西路都轉運使。都轉運使自知古始。知古，即若水也，上爲改名焉。」李燾注曰：「都轉運使始此，實録不書，據本傳及會要追記，故不見其日，更俟詳考。」又太平興國四年十一月高繼申爲河北南路都運使，當時河北分兩路，繼申止爲南路，故不爲事始。」龔延明宋代官制辭典曰：「兩省五品官以上任轉運使者帶『都』字。煩劇之路置都轉運使，如河北、陝西、河東三路，各以兩制以上重臣爲都轉使。或數路轉運使之上，置都轉運使，以便協調統御。」中華書局一九九七年版，第四八三頁。如宋大詔令集卷一六〇政事一三官制一録王顯兼河北都轉運使詔曰：「近邊饋餉，責在轉輸；比擇時才，往分憂寄。而權輕位下，罕濟利權。特命大臣，兼掌其事。宜令定州駐泊都部署、山南東道節度使、同平章事王顯兼河北諸州水陸計度都轉運使，應供軍緡帛芻糧，並同經度。其餘刑獄公事，止令轉運使、副施行。」續資治通鑑長編卷四八咸平四年四月庚申條亦曰：「先是，上以西蜀遼隔，事有緩急，難於應援，故分四路，別置官屬。又慮漕輓者各司其局，失均濟之義，庚申，命知益州、右諫議大夫宋太初兼川峽四路都轉運使。」陝西都轉運使，全稱爲「陝府西路諸州水陸計度都轉運使」，宋會要輯稿食貨四九之三一曰：「於永興軍置司，總治六路。」

〔二〕並除籍　除籍，宋史卷二七七盧之翰傳作「除名」，唐律疏義卷三名例三除名者條曰：「諸除名者，官爵悉除，課役從本色。」「六載之後，聽叙，依出身法。」然據宋史卷二七七盧之翰傳，「明年，起爲工部員外郎，同管勾陜西轉運使」。

〔三〕以之翰爲許州司户，玭爲商州司户掾　宋會要輯稿職官六四之一二曰：「以之翰爲許州司馬，玭爲商州司户。」案：宋史卷二七七宋太初傳、盧之翰傳亦皆曰：盧之翰「貶許州司馬」，疑實録誤。又，宋史卷二七七宋太初傳亦言「玭商州司户掾」，與實録同，疑宋會要輯稿漏一「掾」字。

〔四〕皆坐違制發軍糧詣靈州，爲李繼遷所剽劫故也　宋會要輯稿兵八之一九曰：「始，帝令調發車乘，分爲三輩護送，寇至易爲禦而民力不匱乏，轉運使違旨，擅併爲一，遂致陷没。」宋史卷二七七盧之翰傳曰：「會調發芻糧輸靈州，詔分三道護送，命洛苑使白守榮、馬紹忠領其事。之翰違旨擅併爲一，爲李繼遷邀擊于浦洛河，大失輜重。」則違旨之責，盧之翰難辭其咎。然宋太初、盧之翰、竇玭三人被貶，涑水記聞卷二言其實在李繼隆之陷，「李繼隆與轉運使盧之翰有隙，欲陷之罪，乃檄轉運司，期八月出塞，令辦芻粟。轉運司調發方集，繼隆復爲檄言：『據陰陽人狀，國家八月不利出師，當更取十月。』轉運司遂散芻粟。既而復爲檄云：『得保塞胡偵候狀，言賊且入塞，當以時進軍，芻粟即日取辦。』是時，民輸輓者適散，倉卒不可復集，繼隆遂奏轉運司乏軍興。太宗大怒，立召中使一人，付三函，令乘驛騎取轉運使盧之翰、竇玭及某人首。丞相吕端、樞密使柴禹錫皆不敢言，惟樞密副使錢若水争之，請先推驗，有狀然後行法。上大怒，拂衣起入禁中。二府皆罷，若水獨留廷中不去。上既食，久之，使人偵視廷中有何人，報云：『有細瘦而長者，尚立焉。』上出詰之，曰：『爾以同州推官再朞爲樞密副使，朕所以擢任爾者，以爾爲賢，爾乃不才如是邪？尚留此安俟？』對曰：『陛下不知臣無狀，使得待罪二府，臣當竭其愚慮，不避死亡，補益陛下，以報厚恩。李繼隆外戚，貴重莫比，今陛下據其一幅奏書，誅三轉運使，雖有罪，天下何由知之？鞫驗事狀明白，乃加誅，亦何晚焉？獻可替否，死以守之，臣之常分。臣未獲死，固不敢退。』上意解，乃召呂端等，奏請如若水議，先令責狀，許之，三人皆黜爲行軍副使。既而虜欲入塞事皆虚誕，繼隆坐罷招討，知秦州。」

28己酉，以侍御史任肅爲工部郎中、河北轉運使〔一〕。

〔一〕河北轉運使　宋會要輯稿食貨五一之一曰：「太宗至道二年七月，詔河北三十五州軍、淮南二十一州軍、山南東道十州、京東應天府、江南昇州潤州絹，並納内藏，自餘納左藏。」

29壬子，宋州言：「河決穀熟縣〔一〕。」詔發丁夫塞之，以馬步軍都軍頭劉能護其役〔二〕。給事中、知襄州劉昌言上言：「臣自下車視事已來，屬連歲水旱之後，百姓艱食，輸納王賦，多是後期。先是，六月開倉，臣先一月令開倉，受民輸納；應管内館驛，臣並權宜制置，許民於逐處輸税，以備經費，不受轉運司約束以便民。部内擒獲群盜，臣盡令窮究沈命去處。準近詔：『杖脊配役丁壯，先準詔遣吏部送闕下。』臣恐吏柔懦不能制，再亡命，悉杖脊、配隸本城禁錮。此二事，皆臣權宜處置，不如詔書，慮讒慝之口〔三〕，因而浸潤，願陛下察之。」上賜璽書曰〔四〕：「制詔劉昌言：國家徵納租賦，以資國用；宣布律令，以肅天刑。三時之限甚寬，畫一之法已定。何乃妄率胷臆，作爲聰明！不循舊章，撓亂經制；廢格明詔，建立新規。斂怨於民，莫斯爲甚。自今敢叛離官次，背棄詔條，當遣薄責，不復恕也〔五〕。」以京東轉運使韓國華爲峽路轉運使〔六〕。

〔一〕河決穀熟縣　宋會要輯稿方域一六之一記曰：「至道二年六月，河決穀熟縣。」文獻通考卷二九六亦曰：「宋州河決穀熟縣。」與實録同。然宋史卷五太宗二至道二年秋七月條作：「是月，汴水決穀熟縣。」卷六一五行一上亦曰：至道二年七月「宋州汴河決穀熟縣。」與實録不同。案：穀熟縣，今屬河南虞城，鄰汴水，黄氏日抄卷六七引范成大攬轡録曰：「自此枯汴中。百十里，至穀熟縣。」宋時汴水多次於此決口，如續資治通鑑長編卷一二開寶四年六月曰：「汴水決宋州穀熟縣。」宋史卷三太祖三開寶五年六月己丑條：「河決陽武，汴決穀熟。」疑實録誤。

〔二〕以馬步軍都軍頭劉能護其役　宋會要輯稿方域一六之一記曰：「至道二年六月，河決穀熟縣，遣御前忠佐軍頭劉能乘急遞船往修塞之。」案：劉能之職，全稱當爲御前忠佐馬步軍都軍頭。

〔三〕盧讒慝之口　劉昌言本爲漳、泉陳洪進幕僚，續資治通鑑長編卷一九太平興國三年四月己卯條曰：「平海節度使陳洪進用其幕僚南安劉昌言之計，上表獻所管漳、泉二州，得縣十四，户十五萬一千九百七十八，兵一萬八千七百二十七。」劉氏以降臣得太宗寵遇，淳化四年更「驟用」、「登擢非次」爲同知樞密院事，遂「懼人傾奪」，宋史卷二六七其本傳曰：「連對三日，皆至日旰。昌言捷給詼詭，能揣人主意，無不稱旨」，「昌言驟用，不爲時望所伏，或短其閩語難曉，太宗曰：『惟朕能曉之。』又短其委母妻鄉里，十餘年不迎侍，别娶旁妻。太宗既寵之，詔令迎歸京師，本州給錢辦裝，縣次續食。」青箱雜記卷六亦曰：「劉昌言，泉州人。先仕陳洪進，爲幕客，歸朝，願補校官。舉進士，三上，始中第，後判審官院，未百日，爲樞密副使。時有言其太驟者，太宗不聽。言者不已，乃謂：『昌言，閩人，語頗獠，恐奏對間陛下難會。』太宗怒曰：『我自會得！』其眷如此。然昌言極有才思，嘗下第作詩，落句云：『唯有夜來蝴蝶夢，翩翩飛入刺桐花。』後爲商丘主簿，王禹偁贈詩曰：『年來復有事堪嗟，載筆商丘鬢欲華。酒好未陪紅杏宴，詩狂多憶刺桐花。』蓋爲是也。刺桐花，深紅，每一枝數十蓓蕾，而葉頗大，類桐，故謂之刺桐，唯閩中有之。」玉壺清話卷五則曰：「劉樞密昌言，泉人，爲起居郎，太宗連賜對三日，幾至日旰。捷給詼詭，善揣摩捭闔，以迎主意。未幾以諫議知密院，然士論所不協。君臣之會，亦隆替有限，一旦聖眷忽解，謂左右曰：『劉某奏對皆操南音，朕理會一句不得。』因遂乞郡，允之。」

〔四〕上賜璽書曰　宋大詔令集卷一九〇政事四三誡飭一亦收録此詔，題名誡約知襄州給事中劉昌言璽書，其文與實録略同，惟「徵納租賦」作「征納租税」，「叛離官次」作「離叛官次」。

〔五〕不復恕也　劉昌言便民行事，本無大過，太宗下詔切責，或與其至道元年正月罷同知樞密院事以給事中出知襄州，聖眷已衰，太宗「惡其爲人」有關，宋史卷二六七其本傳曰：「會誅凶人趙贊，昌言與贊素善，前在河南嘗保任之，心不自安。因太宗言及近侍有與贊交者，昌言蹶然出位，頓首稱死罪。太宗慰勉之，然自此惡其爲人。以給事中罷，出知襄州。」續資治通鑑長編卷四一至道三年六月甲辰條曰：「及劉昌言罷，太宗問趙鎔等曰：『見昌言否？』鎔等曰：『屢見之。』上曰：『涕泣否？』曰：『與臣等言，多至流涕。』太宗曰：『大率如此。當進用時，不能悉心補職，一旦斥去，即汍瀾涕泗。』」西塘集耆舊續聞卷一〇更曰：「劉昌言，太宗時爲起居郎，善捭闔以迎主意，未幾以諫議知密院。一旦，上眷忽解，曰：『劉某奏對皆操南音，朕理會一字不得。』雖是君臣隆替有限，亦是捭闔之術窮矣。」

〔六〕以京東轉運使韓國華爲峽路轉運使　宋史卷二七七韓國華傳作「改兵部員外郎、屯田郎中、京東轉運使，徙陝西路。舊制，川、陝官奉悉支鐵錢，資用多乏，國華奏增其數。」案：續資治通鑑長編卷四二至道三年十月曰：「知益州張詠奏屯駐兵士所請錢，乞依元降宣旨，銅錢一文與折支鐵錢五文。是時，峽路轉運使韓國華到闕，又言川、峽州縣幕職官等所請月俸，銅錢一文止支鐵錢二文，望增加鐵錢分數。帝令支銅錢一文，易給鐵錢五文。」宋會要輯稿職官五七之二四亦曰：「是時峽路轉運使韓國華到闕，言川、峽州縣幕職官等所請月俸，銅錢一文止折鐵錢二文，望增加鐵錢分數。帝令支銅錢一文，易給鐵錢五文。」顯然，韓國華至道二年當爲峽路轉運使，宋史誤，當以實録爲是。

30甲寅，青州言：「益都縣蝗生。」

31庚申，太常博士、直史館陳靖上言：「願募民墾田，官給耕具、糧種，五年外輸租稅。」敷引利害，凡數千言〔一〕。上覽之喜，謂宰相曰：「地廣荒大而不治，士之辱也，朕常念五代戰爭已來，民多捨本趨末，極目千里，污萊不闢，心欲恢復古道，驅民於南畝，致於富庶，晝夜思之，未嘗暫捨〔二〕。前後上書言農田利害者多矣，或知其末而暗其本，有其說而無其用。陳靖此奏甚詣理〔三〕，舉而行之，正是朕之本意。」因召對獎諭，賜食而遣之。呂端奏曰：「上失其道，民散久矣，今靖所立田法，更易舊制，大費國家資用〔四〕，望令三司詳議其可否。」從之〔五〕。

〔一〕凡數千言　續資治通鑑長編卷四〇至道二年七月庚申條記陳靖所奏曰：「先王之欲厚生民而豐其食者，莫大於積穀而務農也。臣早任計司判官，每獲進對，伏聞聖訓，以爲稼穡農耕政之本，苟能勸課田畝，康濟黎元，則鹽鐵榷酤，斯爲末矣。謹審天下土田，除江淮、浙右、隴蜀、河東等處，其餘地里敻遠，雖加勸督，亦未能遽獲其利。況古者强幹弱枝之法，必先富實於内。今京畿周環二三州，幅員數千里，地之墾者十才二三，税之入者又十無五六，復有匿里舍而稱逃亡，棄耕農而事遊惰。逃亡既衆，則賦額日減，而國用不充，斂收科率無所不行矣；遊惰既衆，則地利歲削，而民食不足，寇盜殺傷無所不至矣。又安能致人康俗阜，地平天成乎！望擇大臣一人有深識遠略者，兼領大司農事，典領於中；又於郎吏中選才智通明、能撫民役衆者爲副，執事於外。自京東、西擇其膏腴未耕之處，申以勸課。臣又嘗奉使四方，深見民田之利害，污萊極目，膏腴坐廢，亦加詢問，頗得其由。昔詔書屢下，許民復業，蠲其常租，寬以歲時。然鄉縣之間，擾之尤甚，每一户歸業，則刺報所由。朝耕尺寸之田，暮入差役之籍，追胥責問，繼踵而來，雖蒙蠲其常租，實無補於捐瘠。況民之流徙，始由貧困，或避私債，或逃公税。亦既亡遁，則鄉里斂其貲財，至於室廬、什器、桑棗、材木，咸計其直，鄉官用以輸税，或債主取以償逋。生計蕩然，還無所詣，以兹浮蕩，絶意言歸。姦心既萌，何所不至？如授臣斯任，則望錫以閒曠之地，廣募游惰之輩，誘之耕蠶，未計賦租，許令别置版圖，便宜從事。酌民力之豐寡，相農畝之磽肥，均配畀之，無煩督課，令其不倦。其逃民歸業，丁口授田，煩碎之事，並取大司農裁決。耕桑之外，更課令益種雜木蔬果，孳畜羊犬鷄豚。給授桑土，潛擬於井田，營造室居，便立於保伍，逮於養生送死之具，慶弔問遺之資，咸俾經營，並立條制。俟至三五年間，生計成立，有家可戀，有土可懷，即計户定征，量田輸税，以司農新附之名籍，合計府舊收之簿書，斯實敦本化人之宏略也。

若民力有不足，官借緡錢，或以市餱糧，或以營耕具。凡此給受，委於司農，比及秋成，乃令償直，依時價折估，納之於倉，以其成數關白户部。」「逃民復業及浮客請田者，委農官勘驗，以給授田土，收附版籍，州縣未得議其差役。其乏種糧、耕牛者，令司農以官錢給借。民輸税外，有荒田願附司農之籍者；民有牛，歲責以租課，願隸籍受田者：並聽。其田制爲三品：以膏沃而無水旱之患者爲上品，雖沃壤而有水旱之災、埆瘠而無水旱之慮者爲中品，既磽瘠復患於水旱者爲下品。上田人授百畝，中田百五十畝，下田二百畝，並五年後收其租，亦只計百畝，十收其三。一家有三丁者請加授田，如丁數以給，五丁從三丁之制，七丁者給五丁，十丁者給七丁；至二十丁、三十丁者，以十丁爲限。若寛鄉田多，即委農官裁度以賦之。其室廬、蔬韭及桑棗、榆柳種藝之地，每户及十丁者給百五十畝，七丁者百畝，五丁七十畝，三丁五十畝。除桑功五年後計其租，餘悉蠲其課。令常参官於幕職、州縣中各舉所知一人堪任司農丞者，分授諸州通判，即領農田之務。又慮司農官屬分下諸州，民頑已久，未能信服，更或張皇紛擾，其事難成。望許臣領三五官吏，於近甸寛鄉設法招攜，俟規畫既定，四方游民必盡麇至，乃可推而行之。」

〔二〕未嘗暫捨　實録所記太宗從「地廣荒大而不治」至「未嘗暫捨」一段話，宋會要輯稿食貨二之一、六三之六八皆失載，惟有其後「前後上書」至「舉而行之」一段，續資治通鑑長編卷四〇至道二年七月庚申條則曰：「朕思欲恢復古道，革其弊俗，驅民南畝，致於富庶。」顯爲節録。又，宋會要輯稿職官四二之一所記太宗謂宰相語，文字與實録大有不同，其文曰：「秦滅井田，置阡陌，經界廢而兼并作，遂使普天之下蚩蚩甿庶，迄至今日，貧富不均，而禮節不復者，良由是也。朕以涼德，獲臨大寶，思欲革百王之弊，立一朝之法，復古道而康下民，晝夜思之，未嘗暫輟。前後上言言農田利害者多矣，皆是知其末而暗其本，有其説而無其用，唯陳靖此奏，頗究根源，舉而行之，頗契朕意。」東都事略卷一一二陳靖傳亦記：「太宗曰：『秦滅井田，經界廢而兼并之民起，至今使貧富不均，而天下困，朕欲復古而未能也，前言此利害者衆矣，惟靖所言，與朕意合。』」當别有所本。

〔三〕此奏甚諳理　中華書局點校本續資治通鑑長編卷四〇至道二年七月庚申條作「此奏甚諳理」，與實録不同。案：宋會要輯稿食貨二之一、六三之六八皆作「此奏甚諳理」，皇宋通鑑長編紀事本末卷一一陳靖墾田之議條亦作「此奏甚諳理」，皆與實録同。疑點校本續資治通鑑長編誤改，當以實録爲是。

〔四〕更易舊制，大費國家資用　宋會要輯稿職官四二之一作「改更舊制非一，加又大費錢幣」。

〔五〕從之　宋會要輯稿職官四二之一在此下曰：「帝善之，委鹽鐵使陳恕及副使於部内簽選判官各一人，與恕、靖等會議，務令論講貫以極道理。」

32乙丑，宋州言：「穀熟縣河決已塞。」

33丙寅，以給事中、參知政事寇準守本官，罷知政事。先是，郊祀行慶，中外官吏皆進秩，準遂率意輕重〔一〕。其素所喜者，多得臺省清秩；所惡及不知者，即序進焉。廣州左通判馮拯〔二〕任右正言，右通判彭惟節任太常博士，惟節序於拯之下，及改秩爲員外郎，拯得虞部，惟節得屯田，反在拯上。惟節自以素居拯下，如舊，不易位。會奏報，準覆視，怒其亂班制，下詔書切責之〔三〕。拯憤曰：「上日閱萬機，安察見此細事，蓋寇準弄權爾。」因上疏極言，并及嶺南管内官吏除拜不平，凡數事，條列以聞。嶺南東路轉運使康戩又上書〔四〕，言除拜不平事，因言：「呂端、張洎、李昌齡，皆準所引，端心德之，洎曲奉準，昌齡畏愞，皆不敢與準抗，故得以任胸臆，亂經制，皆準所爲也。」上大怒，準適祀太廟行事〔五〕，召呂端等詰責之，端曰：「臣等皆陛下擢用，待罪相府，至於除拜專恣，實準所爲也。」準剛彊自任，臣等忝備大臣，不欲忿争，慮傷國體。」因再拜請罪。會準入對，上説及馮拯事，準抗言與端等同議除拜〔六〕。上曰：「〔若〕廷辯是非，又深失執政之體。」準猶力争不已。上先已惡準，因歎曰：「雀鼠尚知人意，況人乎？」翌日，準又抱中書簿領，論曲直於上前，上益不悦。至是，遂罷〔七〕。

〔一〕準遂率意輕重　舊聞證誤卷一曰：「祖宗時雖有磨勘法，然自朝官以上，悉中書行之，蓋以別流品耳。」

〔二〕廣州左通判馮拯　寇準素與馮拯不睦，故抑之，續資治通鑑長編卷四〇至道二年七月丙寅條曰：「拯嘗與準有隙，故準抑之」、「上欲召還，準素不悦拯，乃徙知朗州，道改通判廣州。」宋史卷二八五馮拯傳：「太宗欲召還，參知政事寇準素不悦拯，乃徙知鼎州。改通判廣州。」丁晉公談録亦曰：「上谷寇公爲參政日，素與馮拯不協。」案：宋會要輯稿職官六四之八曰：淳化二年「九月，以左正言尹黄裳知邕州，馮拯知端州、右正言王世則知蒙州、洪湛知容州。先是，黄裳等五人伏閤上疏，請建立許王元僖爲儲貳，詞章狂率，帝怒，不加罪，但宥之，以黄裳、世則、湛先直史館，盡解其職。右正言宋沆坐吕蒙正親，嘗先斥。至是，始黜黄裳等。」宋史卷二八五馮拯傳亦曰：「淳化中，有上封請立皇太子者，拯與尹黄裳、王世則、洪湛伏閤請立許王元僖。」而寇準則於壽王元侃爲皇太子有定策之功，續資治通鑑長編卷三八至道元年八月壬辰條曰：「初，參知政事寇準自青州召還，入見，上足創甚，自發衣以示準曰：『卿來何緩！』準曰：『臣非召不得至京師。』上曰：『朕諸子孰可以付神器者？』準曰：『陛下誠爲天下擇君，謀及婦人宦官，不可也；謀及近臣，不可也。惟陛下擇所以副天下之望者。』上俛首久之，屏左右曰：『元侃可乎？』對曰：『非臣所知也。』上遂以元侃爲開封尹，改封壽王，於是立爲太子。京師之人見太子，喜躍曰：『真社稷之主也。』上聞之，召準謂曰：『四海心屬太子，欲置我何地。』準曰：『陛下擇所以付神器者，顧得社稷之主，乃萬世之福也。』上趨宫中，語后嬪以下，六宫皆前賀。上復出，延準飲，醉而罷。」寇準與馮拯不睦，或即與此有關。廣州左通判，宋制：各州例置通判一員，惟藩府或設左、右兩員，宋會要輯稿職官四七之一曰：「通判，州各一人，與長吏均理州府之政，無不統治。藩府或置兩員，廣南小州，有試秩充通判兼知州者。」職官四七之五八更詳曰：「宋置諸州通判，各一員，西京、南京、天雄、成德、益、杭、并、鄆、荆南、潭、廣、秦、定等州，各兩員。小郡或不置。正刺史以上及諸司使、副使知州者，雖小郡亦特置，兼管内勸農使。」

〔三〕下詔書切責之　寇準切責馮拯，乃以「堂帖」，即中書劄子，而非詔書，宋會要輯稿職官一之七一曰：「中書降劄子。」續資治通鑑長編卷四〇至道二年七月丙寅條曰：「準怒，以中書劄子升惟節於拯上。切責拯，仍特免勘罪。」宋史卷二八一寇準傳：「準怒，堂帖戒拯毋亂朝制。」宋宰輔編年録卷二至道二年七月丙寅寇準罷參知政事條亦曰：「準怒，以中書劄子陞惟節於拯上，切責拯。」疑實録所記不確。又，馮拯上疏攻寇準，要害即在「封中書劄子以進」，而太宗實因此惡寇準專權，遂決意罷之，續資治通鑑長編卷四〇至道二年七月丙寅條曰：「上又曰：『前代中書有堂帖指揮公事，乃是權臣假此名以威服天下。太祖朝，趙普在中書，其堂帖勢重於敕命，尋亦令削去，今何爲却置劄子，劄子與堂帖乃大同小異爾。』張洎對曰：『劄子蓋中書行遣小事，亦猶京百司有符帖、關刺，若廢之，則别無公式文字可以指揮。』上曰：『自今大事，須降敕命。合用劄子，亦當奏裁，方可施行也』」。宋會要輯稿職官一之七一與續資治通鑑長編此段記載略同。却掃編卷上亦曰：「唐之政令，雖出於中書門下，然宰相治事之地，别號曰政事堂，猶今之都堂也。故號令四方，其所下書曰『堂帖』。國初，猶因此制。趙韓王在中書，權任頗專，故當時以謂堂帖勢力重於敕命，尋有詔禁止。其後，中書指揮事，凡不降敕者曰『劄子』，猶堂帖也。至道中，馮侍中拯以左正言與太常博士彭惟節並通判廣州，拯位本在惟節之上，及覃恩遷員外郎，時寇萊公爲參知政事、知印，以拯爲虞部、惟節爲屯田。其後，廣州又奏，仍使馮公繫銜惟節之上，中書降劄子處分，升惟節於上，仍特免勘罪。至是，拯封中書劄子奏呈，且論除授不當，并訴免勘之事。太宗大怒，曰：『拯既無過，非理遭降資免勘，雖萬里之外，争肯不披訴也？且前代中書有堂帖指揮公事，乃是權臣假此名以威福天下，太祖已令削去，因何却置劄子？劄子與堂帖，乃大同小異耳。』張洎對曰：『劄子是中書行遣小事文字，猶京百司有符牒、關刺，與此相似，别無公式文字可指揮常事。』帝曰：『自今但干近上公事，須降敕處分。其合用劄子，亦當奏裁，方可行遣。』至元豐官制行，始復詔尚書省已被旨事，許用劄子。自後相承不廢，至今用之。」

〔四〕嶺南東路轉運使康戩又上書　康戩，高麗人，續資治通鑑長編卷四〇至道二年七月丙寅條曰：「戩，高麗人，附國子學肄業，太平興國五年登進士第。歷官以清白聞，其爲轉運使，蘇易簡所薦也。」玉海卷一一六咸平賓貢條曰：「太平興國五年，高麗康戩舉進士，初肄業國學。咸平元年二月戊申，賜高麗賓貢進士金成績及第，附春榜。景祐元年，高麗賓貢進士康撫民召試舍人院，四月三日賜同出身。唐選舉志：太宗崇儒術，四夷若高麗、百濟、新羅、高昌、吐蕃遣子弟入學。中宗詔：蕃王及可汗子孫願入學者，附國子學讀書。登科記：長慶元年辛丑，賓貢一人金雲卿。」朱子語類卷一三三本朝七夷狄亦有云：「或問高麗風俗好。曰：『終帶蠻夷之風。後來遣子弟入辟雍，及第而歸者甚多。嘗見先人同年小録中有「賓貢」者，即其所貢之士也。當時宣賜幣帛之外，又賜介甫新經三十本，盛以黑函，黄帕其外，得者皆寶藏之。』」宋史卷四八七外國三高麗詳記康戩事迹曰：「又高麗信州永寧人康戩，字休祐，父允，三世爲兵部侍郎。戩少好學，時紇升與契丹交兵，戩從允戰木葉山下，連中二矢，神色不變。後陷契丹，遁居墨斗嶺，又至黄龍府，間道得歸高麗，時允猶在。開寶中，允遣戩隨賓貢肄業國學。太平興國五年，登進士第，解褐大理評事、知湘鄉縣，再遷著作佐郎，知江陰軍、江州。歷官以清白幹力聞，改太常博士。蘇易簡在翰林，稱其吏才，命爲廣南西路轉運副使，賜緋魚，就遷正使，再轉度支員外郎、户部判官。出知峽、越二州，連被詔褒其能政。又爲京西轉運使，加工部郎中，賜金紫。戩所至好行事，上章多建白，以竭誠自任。景德三年，卒，真宗特以其子希齡爲太常寺奉禮郎，給奉終喪。」

〔五〕準適祀太廟行事　宋會要輯稿職官七八之七、續資治通鑑長編卷四〇至道二年七月丙寅條皆曰：「準適祀太廟攝行事。」宋史卷二八一寇準傳亦曰：「準適祀太廟攝事。」

〔六〕準抗言與端等同議除拜　此爲寇準强辯，故太宗厭之，丁晉公談録曰：「拯以不合上章乞立儲貳，太宗怒，降授太常博士、知杭州。尋令轉官，與太傅彭惟節同制，時首台呂相公端除注二人，俱授屯田員外郎，上谷改其進呈文字，將馮拯授虞部。馮遂上章，訟中書除授不當。呂但與上前拜謝而待罪，終不言寇之僭擅改授。上聞之，尋索元呂某除注文字視之，由是睠注益厚。」

〔七〕至是遂罷　馮拯雖攻罷寇準，後却追悔不已，丁晉公談録曰：「然馮一生常追悔不合訟疏於寇，亦如陳左丞恕之訟大將軍、三司使王知贍；錢内翰易之訟馮侍中。皆是一時間不獲已而爲之，不免一生耻其缺行。」又，宋宰輔編年録卷二至道三年正月丙子張洎罷參知政事條曰：「洎性險詖，好攻人之短。洎諂事寇準，準力推輓之，故同秉大政。既與準同列，知太宗眷準稍衰，乃面奏準退有誹謗，準色變，不敢辯，由是罷政。」宋史卷二六七張洎傳亦曰：「洎既議事不稱旨，恐懼，欲自固權位。上已嫉準專恣，恩寵衰替。洎慮一旦同罷免，因奏事，大言寇準退後多誹謗。準但色變，不敢自辯。上由是大怒，準旬日罷。」則寇準罷參知政事，亦有張洎攻訐的因素。

34 丁卯，以主客郎中、直昭文館李若拙使交州。

35 戊辰，詔曰：「峽路諸州民，先欠至道元年租税及沿徵物〔一〕，並除之。」劍州言：「尤溪縣民鄭安母疾，安割股肉爲羹以飼母，母病愈。」許州、宿州、齊州言：「蝗生，不爲災，皆抱草死〔二〕。」邢州言：「内丘縣民劉顯父死，割左乳以祭。」

〔一〕先欠至道元年租税及沿徵物　宋會要輯稿食貨七〇之一五九作「先欠至道元年租税及緣科物」。案：宋史卷二太祖二有云：乾德三年正月「丙申，赦蜀，歸俘獲，除管内逋賦，免夏税及沿徵物色之半」；開寶元年「六月癸丑朔，詔民田爲霖雨、河水壞者，免今年夏税及沿徵物」。實録顯然更爲準確。

〔二〕蝗生，不爲災，皆抱草死　古人視其爲一種祥瑞，實則是一種由真菌引起的蝗蟲瘟疫，因染病的蝗蟲大多爬在草本植物的尖端，頭部向下，前足和中足抱草而死，所以稱之爲「抱草瘟」或「吊死瘟」，現稱蝗瘟病。宋史卷六二五行一下記淳化三年七月「貝、許、滄、沂、蔡、汝、商、兖、單等州，淮陽軍、平定、彭城軍，蝗、蛾抱草自死」。

36 閏七月己巳朔，以給事中寇準知鄧州。

37 庚午，有司言〔一〕：「諸州闕釐務京朝官〔二〕共五十餘員。」詔左右丞李至等八十四人〔三〕，各於州縣幕職中保舉廉恪有吏幹可任以事者一人。

〔一〕有司言　有司，指三司，宋會要輯稿選舉二七之七即曰：「至道二年閏七月，三司言：『諸州闕監當京朝官共五十餘員。』詔左丞李至等八十四人，各於州縣幕職中保舉廉恪有吏幹可任以事者一人。」

〔二〕京朝官　宋會要輯稿職官五九之三曰：「先是，常參官自一品以下，皆謂之京官；其未常參者，謂之未嘗參官。近代以常參官爲朝官，未常參官爲京官，故有京朝官之目焉。」

〔三〕詔左右丞李至等八十四人　宋會要輯稿選舉二七之七作「詔左丞李至等八十四人」，續資治通鑑長編卷四〇至道二年閏七月庚午條亦曰：「詔尚書左丞李至等八十四人於州縣、幕職官中舉廉恪有吏幹者各一人以補之。」。案：續資治通鑑長編卷三八至道元年八月癸巳條曰：「以尚書左丞李至、禮部侍郎李沆並兼太子賓客。」則李至其時實爲「尚書左丞」，疑實録衍一「右」字。

38 辛未，詔曰：「自今中書門下，只令宰相押班、知印〔一〕。其參知政事，遇正衙、横行參假，並重行異位〔二〕，非議軍國政事，不得升都堂〔三〕。祠祭、行香、署敕〔四〕，並以開寶六年六月庚戌詔書從事〔五〕。」先是，吕端入相，因上言：「臣兄餘慶任參知政事日，班制悉與宰相同，願舉而行之。」上從其請。至是，既逐準，即命復舊〔六〕。

〔一〕自今中書門下，只令宰相押班、知印　宋會要輯稿儀制五之五詳述此事原委，並概述太祖、太宗朝參知政事見宰相體例曰：「至道二年閏七月三日，詔：『今後中書門下只令宰臣押班、知印，其參知政事遇正衙、横行參假，重行異位，非議軍國政事，即不得升都堂。祠祭、行香、押敕，並以開寶六年六月庚戌詔書從事。』先是，吕端入相，因上言：『臣兄餘慶任參知政事日，班制悉與宰相同，願舉行之。』上從其請。至是，參知政事寇準坐除馮拯、彭惟節官不平罷免，因令閤門檢會參知政事見宰臣體例。閤門言：『開寶六年六月内，敕：中書門下押班、知印，及祠祭、行香，今後宜令宰臣趙普與參知政事薛居正、吕餘慶等輪知。繫書列銜，參知政事即低次。雍熙四年九月内，御史臺言：文德殿前未有參知政事塼位，欲乞依位排砌。依奏。至道元年四月内，敕：參知政事宜令與宰臣輪日知印、正衙押班，其塼位與中書門下一班，宰臣、使相上事並應有公事，並升都堂』。乃下是詔。」文獻通考卷四九亦曰：「宋承唐制，以同平章事爲宰相之職，無常員，有二人，則分日知印，以丞、郎以上至三師爲之。其上相爲昭文館大學士、監修國史，其次爲集賢殿大學士。或置三相，則昭文、集賢兩學士并監修國史並除焉。參知政事，掌副宰相，毗大政，參庶務。其除授不宣制，不押班，不知印，不預奏事，不升政事堂。殿庭别設塼位於宰相後，及敕尾署銜，降宰相一等。至道元年，詔宰相與參政輪班知印、同升政事堂。二年，詔復如舊制。」又，宋宰輔編年録卷一乾德二年四月乙丑薛居正呂餘慶並參知政事條：「以樞密直學士、兵部侍郎薛居正、呂餘慶並本官參知政事，不宣制，不押班，不知印，不升政事堂，止令就宣徽使廳上事，殿廷別設磚位於宰相，敕尾署銜降宰相數字，月俸雜給皆半之。蓋上意未欲令居正等與普齊也。」要之，太祖、太宗兩朝，非爲特命，參知政事僅參與謀議而已，中書門下決策大權集於宰相。宋大事記講義卷二即有云：「參政之官，自趙普獨相而復置以副之，其後則同知印，押班，非惟可以分其權，亦必使之共其政也。然自宰相之權重，爲參政者，不過簽書紙尾而已。惟魯宗道與王欽若相可否，唐介與王安石辨是非，不負太祖置官之本意矣。」押班，朱子語類卷一二八本朝二法制曰：「舊時主上每日不御正殿。然自升朝官以上，凡在京者皆著去立，候宰相奏事罷，却來押班，拜兩拜方了，日日如此。後來韓魏公不知如何偶然忘了，不及押班便歸第。御史中丞王陶即彈之，韓遂去國。」知印，指主持用印。

〔二〕遇正衙、横行參假，並重行異位　續資治通鑑長編卷四〇至道二年閏七月辛未條所記詔書無此句，作「殿廷別設別設甎位，次宰相之後」，然宋會要輯稿儀制五之五、職官一之七一、職官分紀卷三、群書考索後集卷五等所記皆與實録同，當以實録爲是。正衙，全稱正衙常參，亦稱常朝；横行參假，亦稱横行朝參，簡稱横行。兩者皆爲臣下朝謁皇帝的形式，宋史卷一一六禮一九述曰：「正衙常參。國朝之制：兩省、臺官、文武百官每日赴文德殿立班，宰臣一員押班。常朝官有詔旨免常朝，及勾當更番宿者不赴。遇假併三日以上，即横行參假。宰臣、參知政事及免常朝者悉集。」宋會要輯稿儀制八之二六曰：「御史臺言：舊例假三日，群官並赴文德殿横行朝參。」續資治通鑑長編卷三二〇元豐四年十一月己酉條曰：「侍御史知雜事滿中行言：『兩省、臺官、文武百官日赴文德殿東西兩向對立，宰臣一員押班，聞傳不坐，則再拜而退，謂之常朝。遇休假併三日以上，應内殿起居官畢集，謂之横行。自宰臣、親王以下應見、謝、辭者，皆先赴文德殿，謂之過正衙。然在京釐務之官，例以别敕免參，宰臣押班，近年已罷；而武班諸衛，本朝又不常置，故今之赴常朝者，獨御史臺官與審官待次階官而已。今垂拱内殿，宰臣已下既已日參，而文德常朝仍復不廢，舛謬倒置，莫此爲甚。至於横行參假，與夫見、謝、辭官先過正衙，雖沿唐之故事，然必俟天子御殿之日行之可也。有司失于申請，未能釐正，欲望特降指揮，先次罷去。』下詳定官制所，本所言：『今天子日聽政于垂拱，以接執政官及内朝之臣，而更于别殿宣敕不坐，實爲因習之誤。兼有職官升朝官五日一赴起居，而未有職事者反日參，疏數之節，尤爲未當。又辭、見、謝自已入見天子，則前殿正衙對拜自爲虚文。其連遇朝假，則百官自赴大起居，不當復有横行參假中行。乞罷常朝及正衙、横行爲是。』從之。」

〔三〕都堂　即宰相辦公的政事堂，却掃編卷上曰：「唐之政令雖出於中書門下，然宰相治事之地，别號曰政事堂，猶今之都堂也。」

〔四〕行香、署敕　宋會要輯稿儀制五之五作「押敕」，職官一之七二作「書敕」。行香，即國忌行香，雲麓漫鈔卷三曰：「國忌行香，起於後魏及江左齊、梁間，每然香熏手，或以香末散行，謂之行香。遺教經云：『比丘欲食，先燒香唄讚。』之安法師行香、定坐而講，所以解穢流芬也，斯乃中夏行香之始。唐高宗時，薛元超、李義府爲太子設齋行香；中宗設無遮齋，詔五品以上行香；不空三藏奏：爲神堯而下七聖忌辰設齋行香。至文宗朝，宰臣崔蠡奏：『國忌設齋行香，事無經據。』遂罷之。宣宗再興釋教，詔京城及外道州府國忌行香，並須精潔，以伸追薦之道。朱梁開平三年大明節，百官始行香祝壽。石晉天福中，竇正固奏：『國忌行香，宰臣跪罏，百官列坐，有失嚴敬。』今後宰臣跪罏，百官立班，仍飯僧百人，永爲定式。

本朝淳化中，虞部員外郎李宗訥請：『國忌，宰臣以下行香，復禁食酒肉，以表精虔。』從之。」又見燕翼詒謀録卷二、演繁露卷七等。

〔五〕並以開寶六年六月庚戌詔書從事 開寶六年六月庚戌詔書，宋史卷三太祖三開寶六年六月庚戌條曰：「詔參知政事與宰相趙普分知印押班奏事。」續資治通鑑長編卷一四開寶六年六月庚戌條則曰：「復詔薛居正、吕餘慶與普更知印、押班奏事，以分其權。」案：太祖開寶六年六月庚戌詔書，意在以參知政事分宰相趙普之權；太宗此詔，却意在突出吕端相權。

〔六〕既逐準，即命復舊 參知政事班制悉與宰相同，事在至道元年，本屬優待寇準之特例，續資治通鑑長編卷三七至道元年四月戊子條曰：「詔自今參知政事宜與宰相分日知印、押正衙班，其位輒先異位，宜合而爲一，遇宰相、使相視事及議軍國大政，並得升都堂。先是，趙普獨相，太祖特置參知政事以佐之，其後普恩替，始均其任，既而復有釐革。吕端初與寇準同列，及先任宰相，慮準不平，乃上言：『臣兄餘慶任參知政事日，悉與宰相同，願復故事。』上特從其請，亦以慰準意云。」宋史卷二八一吕端傳亦曰：「端爲相持重，識大體，以清簡爲務。慮與寇準同列，先居相位，恐準不平，乃請參知政事與宰相分日押班、知印，同升政事堂，太宗從之。」皇朝編年綱目備要卷五曰：至道二年「閏月，詔宰相獨押班、知印。上既罷準，仍詔自今參知政事不知印、押班，輒位列宰相後，不升政事堂，並如舊制。然押敕、齊銜、行並馬亦自準始，至今不易也。」宋大事記講義卷四評論此事曰：「國初置參政，所以貳宰相也。然其初不使之押班、知印者，所以正中書之權。其後復令同知印、押班者，所以防中書之專。然爲宰相者，必如吕端之待寇準；爲參政者，必如王文正之在政府，每事同列必至第咨禀而後行。則有同舟共濟之義，推車叶力之風。若荆公爲參政，則置中書條例以奪宰相之權；爲宰相，則置中書檢正以奪參政之職。何往而不爲私哉！」

39甲戌，慶州言：「懷安鎮屬國戎人誘諸族爲寇〔一〕，護軍趙繼昇〔二〕率兵擊敗之，獲羊、馬數千計，斬首三百級。」

〔一〕懷安鎮屬國戎人誘諸族爲寇　屬國戎人，意指接受宋官府管轄的邊地少數民族，時當稱「熟羌」。屬國，實録此處用的是漢代古稱，如漢書卷六武帝紀曰：元狩二年「秋，匈奴昆邪王殺休屠王，并將其衆合四萬餘人來降，置五屬國以處之。以其地爲武威、酒泉郡。」顔師古曰：「凡言屬國者，存其國號而屬漢朝，故曰屬國。」又，後漢書卷二三竇融列傳記竇融有云：「天下安危未可知，河西殷富，帶河爲固，張掖屬國精兵萬騎，一旦緩急，杜絶河津，足以自守，此遺種處也。」宋並無屬國之制，宋史卷四九一外國七党項即徑曰：「懷安鎮羌誘諸族寇慶州。」

〔二〕護軍趙繼昇　宋史卷四九一外國七黨項曰：「監軍趙繼昇。」案：護軍爲漢、魏官名，實録此處亦用古稱。

40乙亥，陜州言：「河水漲一丈三尺，有大樹流下，衝壞浮梁，失巨艦一。」

41丙子，吏部引對常選人，内一人自言：「臣在本州掌法按牘，多晨夜讀之，眼盡瘡生。」上謂之曰：「一州已如是，若在廷尉決獄，即當喪明矣。」笑而遣之。

42丁丑，罷嶺南都轉運使，詔李惟清乘傳赴闕。詔曰：「先是，邢州監牧草地爲民所占佃者〔一〕，俟秋成收刈畢，並以入官，更以他處閑田給之。」

〔一〕邢州監牧草地爲民所占佃者　宋會要輯稿兵二一之二四述此事原委曰：「至道二年閏七月，詔邢州先請射草地，並令撥歸牧龍坊，自餘荒閑田土，聽民請射。先是，詔應荒閑田土，許民請射，充永業。其間多有係牧龍坊草地者，州與本坊，互有論列，久未能決，乃遣中使相度而有是命。仍俟秋收畢，乃得取地入官。」

43丙戌，以深州團練使尹繼倫爲本州防禦使、充靈慶路兵馬都部署〔一〕。

〔一〕充靈慶路兵馬都部署　宋史卷二七五尹繼倫傳作「靈、慶兵馬副都部署」，「至道二年，分遣將帥爲五道，以討李繼遷。時大將李繼隆由靈環路往，逗撓不進，上怒，急召繼倫至京師，授靈、慶兵馬副都部署，欲以夾輔繼隆也。時繼倫已被病，强起受詔。上素聞其嗜酒，以上尊酒賜而遣之。即日乘驛赴行營，至慶州卒，年五十」。宋會要輯稿兵八之一九亦曰：「繼隆至靈、環，逗撓未進，詔以深州防禦使尹繼倫爲靈、慶兵馬副總管，以督其軍事。」與實録不同。案：宋會要輯稿兵八之一九曰：「至道二年四月，以侍衛馬軍都指揮使、静難軍節度使李繼隆爲環、慶、靈州、清遠軍兵馬都總管。」宋史卷二五七李繼隆傳亦曰其爲「靈、環十州都部署」。則靈、慶宋軍都部署當爲李繼隆。李繼隆爲太宗明德李皇后之兄，是最得太宗寵信的大將，是役雖「逗撓不進」，然據續資治通鑑長編卷四〇至道二年九月己卯條、宋史卷二五七李繼隆傳、卷二六八周瑩傳等所記，太宗僅「因手書數幅切責繼隆，命引進使周瑩賫詣軍前督之」而已，並無解除其兵權，以他人代之之議。宋史卷二七五尹繼倫傳所云：「授靈、慶兵馬副都部署，欲以夾輔繼隆也。」當得其實。實録顯誤。又，實録本卷八月庚申即曰：「上怒，急召繼倫，改本州防禦使、充靈慶兵馬副部署。」

44丁亥，桂州上言：「前轉運使、起居郎張觀，先坐奏交州事不實，使者就劾，獄未具而死。」觀，字仲賓，毗陵人，江南舉進士及第。歸朝，爲興元府掾〔一〕，復舉進士第〔二〕，改忠武軍掌書記。上書言事稱旨，召拜監察御史。獻文章，賜進士及第。會三司言劍外賦輕，詔遣觀乘傳按行諸州，因稍增之。觀上疏言：「俗異民遠，不可撓動，因而撫之，猶慮其失所，況擾之乎？」〔三〕上深然之，因留不遣，俄兼度支判官。改左司諫，上疏諫治佛寺，不報。又諫上與計臣論錢穀，失尊嚴之道，願一切責有司，不親細務。出爲諸路茶鹽副使〔四〕，上疏言更置茶鹽非便，不合旨，改知廣州〔五〕。遷揚州，有善政，徵爲三司河南東道判官〔六〕。會詔計司官屬不得離局言他事，觀自以任諫官，上書指言拾遺、補闕之職。上怒，出知道州，移嶺南西南轉運使〔七〕，被劾。至是卒，年五十三。觀博通史、漢〔八〕，雅好論事，典麗切直，有古人之風采焉。免國子博士李元吉，坐知宋州日河決故也。單州言：「大雨水，淹没管内諸縣民田，苗稼盡死。」

〔一〕歸朝，爲興元府掾　宋史卷二七六張觀傳曰：「歸宋，爲彭原主簿。太平興國初，移興元府掾。」

〔二〕復舉進士第　宋史卷二七六其本傳作「復舉進士不第」。案：實録下文有云：「獻文章，賜進士及第。」宋會要輯稿選舉一四之八曰：「太宗太平興國五年閏三月十一日，京兆府户曹參軍顔明遠、徐州節度推官劉昌言、洛州雞澤縣主簿張觀、德州將陵縣主簿樂史，並應進士舉，殿試合格，帝惜科第不與，乃除明遠中正軍、昌言歸德軍、觀忠武軍、史武成軍，並爲節度掌書記。」澠水燕談録卷一帝德亦曰：「興國中，張觀、樂史鏁廳合格，不得進士第，止以爲幕職官。太宗之愛惜科名如此。」實録此處顯然漏一「不」字。

〔三〕況擾之乎　續資治通鑑長編卷三二淳化二年二月丁巳條、宋史卷二七六其本傳在此下皆有云：「設使積粟流衍，用輸京師，愈煩漕輓之力，固不可也。分兵就食，亦非安全之策，徒斂怨於民，未見國家之利。」

〔四〕出爲諸路茶鹽副使　宋史卷二七六本傳作「諸路茶鹽制置副使」。案：宋史卷五太宗二淳化四年七月戊戌條曰：「復沿江務，置諸路茶鹽制置使。」實録不準確。

〔五〕不合旨，改知廣州　宋史卷二七六其本傳作「改知黄州」，續資治通鑑長編卷三四淳化四年二月戊子條李燾注亦曰：「然觀方制置茶鹽，又知黄州，恐此時必不在於朝矣。」案：廣州於宋爲大藩，地位遠高於黄州、揚州，疑實録誤。又，宋時黄州、廣州頗多混淆，如萍洲可談卷二有云：「廣州醫助教王士良，元祐元年，死三日而甦。自言被追至冥府，有衣淺絳衣如仙官者據殿，引問士良嘗爲人行藥殺妻，士良不服。有吏唱言『是熙寧四年始』，即取籍閲，良久云『並無』。仙官拊案曰：『本是黄州，誤做廣州。』令放士良還。既出，又令引至廡下，有揭示云：『明年廣南疫，宜用此藥方。』士良讀之，乃博濟方中鉤藤散也，本方治疫。士良讀之，乃竊詢左右：『此何所也？』或言太司真人，治天下醫工。」

〔六〕徵爲三司河南東道判官　宋史卷二七六其本傳作「三司河南道判官」。案：宋史卷二八四陳堯叟傳曰：「遷祕書丞，久之，充三司河南東道判官。」疑宋史誤，當以實録爲是。

〔七〕移嶺南西南轉運使　實録本卷至道二年五月戊申條有云：「詔劾廣南西路轉運使張觀。」宋史卷二七六其本傳亦曰「廣南西路轉運使」。嶺南西南轉運使，顯爲嶺南西路轉運使之誤。

〔八〕觀博通史、漢　宋史卷二七六其本傳作「觀廣覽漢史」。

45庚寅，詔曰：「江南、兩浙、福建等路州、府、軍、監部内，先是，貧民負欠富人息錢、物，無以償，没入男女爲奴婢者，限詔到，並令檢勘，還其父母，敢隱匿者，許鄰里告訴，差定其賞焉。」

46八月己亥朔，司天言：「壽星〔見〕丙地。」是日，詔江南、兩浙、淮南諸州置糴，分遣京朝官涖之，以歲熟故也〔一〕。

〔一〕以歲熟故也　此即和糴，以防豐收時穀賤傷農，宋會要輯稿食貨四一之一曰：「宋時市糴之名有三：和糴以見錢給之，博糴以他物給之，便糴則商賈以鈔引給之。太祖建隆中，河北穀賤，添價散糴，以惠貧民。自後，諸道豐稔，必詔諸道漕司增價和糴。」

47辛丑，許州舞陽縣尉劉蒙杖脊、配役少府監三年，坐決殺本縣役夫故也。密州言：「蝗生，不爲災患，抱草死。」

48丁未，容州觀察使傅思讓卒。思讓，冀州信都人，武勇，善騎〔一〕。上在藩邸日，以隸帳下，補親事都校。即位，補衛士直長，累遷馬步軍副都軍頭、領平州刺史。北征，破虜於唐興口，以戰功累遷龍衛右廂都指揮使、領獎州團練使。出爲鄭州防禦使、知冀州、兼兵馬都部署，改容州觀察使、知莫州，移知隴州〔二〕。至是卒，年七十四，詔贈保順軍節度使。

〔一〕善騎　宋史卷二七五傅思讓傳曰：「善騎射。」實録此處下空一字，當據宋史補「射」字。

〔二〕移知隴州　宋史卷二七五其本傳此下有云：「上命殿中丞林特同判州事，以夾輔之，以思讓所爲多不法故也。」

49己酉，以前虞部員外郎李宗訥爲駕部員外郎，前太常博士、直昭文館李宗諤爲禮部員外郎，直昭文館、前祕書省校書郎李宗諒爲大理評事，前國子四門助教李昭迪爲祕書省校書郎，皆故司空昉之子及孫也。上推恩舊老，而有是命。蜀州言：「捕獲劫賊十人，内文次年十三，其父令持兵器從行，法當死。」上以其幼騃，特宥之。

50庚戌，前商州豐陽令喻蟾接宰相，自言：「江東人，歸朝廷，凡四任令宰，年七十五，吏部以年當免，望許歸故郡。」宰相以聞，上憐之，特授以光州定城令。

51壬子，以右贊善大夫袁及甫爲殿中丞、峽路轉運副使，免前轉運副使、太常丞張曄，仍削一任。曄均定果、閬等州民歲輸租絹，爲有司所糾故也。先是，峽路諸州承孟氏僞政，賦稅輕重不等，閬州稅錢千八百爲絹一匹，果州稅錢六百爲絹一匹。民前後詣闕、撃登聞鼓陳訴者，凡二十年矣。詔下本道，官吏多因循，不爲理，曄年少氣鋭，會受詔按覆，因便宜行之。鹽鐵使陳恕奏曄擅改法制，計果州歲虧上供絹萬餘匹，以是獲罪〔一〕。駕部員外郎李宗訥上言：「乞河南府官地五十畝，以廣父塋城。」從之。

〔一〕計果州歲虧上供絹萬餘匹，以是獲罪　張曄均定果、閬等州民歲輸租絹，無罪有功，惟宋平蜀之後，長期推行掠奪性的斂其財富政策，絹、帛等蜀地絲織品尤爲大宗，張曄遂得罪。王小波、李順起兵反宋，亦與此聚斂政策有關，澠水燕談録卷八事誌曰：「蜀雖阻劍州之險，而郡縣無城池之固，民性懦弱，俗尚文學。而世以爲蜀人好亂，殊不知公孫述及劉闢、王建、孟知祥輩，率非土人，皆以姦雄乘中國多事，盜據一方耳。本朝王小波、李順、王均輩嘯聚西蜀，蓋朝廷初平孟氏，蜀之帑藏盡歸京師，其後言利者争述功利，置博易務，禁私市，商賈不行，蜀民不足，故小波得以激怒其人曰：『吾疾貧富不均，今爲汝均之。』貧者附之益衆。向使無加賦之苦，得循良撫綏之，安有此亂！古人云：『與其蓄聚斂之臣，寧蓄盜臣。』聚斂之爲害如此，可不戒哉！」皇宋通鑑長編紀事本末卷一三李順之變條亦曰：「蜀土富饒，絲帛所産，民織作冰紈綺繡等物，號爲冠天下。孟氏割據，府庫益以充溢。及王師取之，其重貨銅布，即載自三峽而下，儲於江陵，調發舟船，轉送京師；輕貨紋縠，即自京師至兩川設傳置，發卒負擔，每四十卒所荷爲一綱，號爲日進。不數年，孟氏所儲之諸物悉歸於内府矣。而言事者競起功利，以惑人主。成都除常賦外，更置博買務，諸郡課民織作，禁商旅不得私市帛，日進上供，又倍其常數。司計之吏，皆析秋毫。然蜀地狹民稠，耕稼不足以給，由是小民貧困。」故平蜀之後，太宗即下詔罪己，續資治通鑑長編卷三六淳化五年九月丁丑條曰：「上以蜀寇漸平，下詔罪己。初命翰林學士錢若水草詔，既成，進御，上笑謂若水曰：『朕爲卿潤色，可乎？』若水頓首謝，因命筆親竄數字，皆引咎深切，尤爲精當。詔辭略曰：『朕委任非當，燭理不明。致彼親民之官，不以惠和爲政；筦権之吏，唯用刻削爲功。撓我蒸民，起爲狂寇。』又曰：『念兹失德，是務責躬。改爲更張，永鑒前弊，而今而後，庶或警余。』」

52甲寅，以給事中魏庠知審刑院，張佖判大理寺〔一〕。

〔一〕以給事中魏庠知審刑院，張佖判大理寺　文獻通考卷一六六記至道二年「敕大理寺，所決天下案牘，大事限二十五日，中事二十日，小事十日。審刑院詳覆，大事十五日，中事十日，小事五日。」

53丙辰，遣翰林畫工二人，赴國子監畫三禮圖〔一〕，待詔一人督其事。

〔一〕赴國子監畫三禮圖　職官分紀卷二一國子監條曰：「國朝至道二年，遣畫工二人赴國子監畫三禮圖於壁，待詔一人督其事。」玉海卷五六建隆重集三禮圖至道國子監三禮圖條曰：「至道二年，丙申，八月丙辰，十八日，詔翰林畫工二人，圖三禮品物制度於國學講論堂之壁，以舊壁頽落，以板代之。三年秋七月癸酉，始畢。李至撰記曰：『崇義書成，天子詔國學圖於宣聖殿後北軒之壁，歲久闇落，聖上命改作於論堂之上，以版代壁，丹青爛然。安上治民，移風易俗，禮樂之本也。玉帛鐘皷，禮樂之末也。聖人務本以求理，存末以致用。新圖既成，與夫畫洛神之賦，尚列女之屏，豈同年而語哉？』」雲麓漫鈔卷四曰：「三禮圖，出於聶崇義，如爵作雀背承一器，犧象尊，作一器，繪牛象。而不知爵三足，有雀之髣髴而實不類雀；犧象皆作牛象形，空其背腹以實酒，今郊廟盡用此制。而國子監所畫，與方州所用，則從崇義說，不應中外自爲差殊。」

54己未，潮州言：「有胡僧一人在海岸，持帝鐘、鈴杵、銅鈴各一，銅佛一軀，貝葉書一篋。與之語，不能曉。」免太常博士劉顥，仍削一任，坐先受詔鞫獄真定，擅掠治囚致死故也。

55庚申，深州防禦使、靈慶路兵馬副部署尹繼倫卒。繼倫，開封浚儀人。父勳，終鄆州防禦使。以父任補殿直〔一〕，上即位，改供奉官，累遷至洛苑使、北面沿邊巡檢〔二〕。破虜於唐、徐二河間〔三〕，大克獲，虜畏之，以繼倫狀貌奇偉，面黧黑，相戒曰：「當避黑大王。」威聲大震。戎人自是不敢窺邊，以功領長州刺史。朝議以賞薄，改尚食使、領長州團練使〔四〕。遷深州團練使、兼兵馬部署。會分遣將帥，五道討李繼遷，大將李繼隆部署靈環路，逗撓不進軍，上怒，急召繼倫，改本州防禦使，充靈慶兵馬副部署。繼倫先以被病，聞詔，遽起受詔，即自殿門乘驛赴行營。既至，病甚而卒，年五十。上聞之嗟悼，追録其功，賻贈加等，遣中使護其喪，歸葬京師。

〔一〕以父任補殿直　宋史卷二七五其本傳曰：「父勳，郢州防禦使。嘗内舉繼倫以爲可用，太祖以補殿直，權領虎捷指揮，預平嶺表、下金陵。」

〔二〕累遷至洛苑使、北面沿邊巡檢　宋史卷二七五其本傳亦曰：「從征太原還，遷洛苑使，充北面緣邊都巡檢使。」與實録同。然續資治通鑑長編卷三〇端拱二年七月丁未條則言尹繼倫戰前之職爲「崇儀使、北面緣邊都巡檢」，唐、徐大捷後方升「洛苑使、領長州刺史，巡檢如故」。隆平集卷二亦曰：「崇儀使尹繼倫，端拱二年敗契丹於唐河。」「策功，止加洛苑使，長州刺史。」

〔三〕破虜於唐、徐二河間　事在端拱二年七月，是役尹繼倫率宋軍大破契丹，並擊傷契丹主將耶律休哥，續資治通鑑長編卷三〇端拱二年七月丁未條詳述是役曰：「威虜軍糧餽不繼，契丹欲窺取之，詔定州路都部署李繼隆發鎮、定大軍護送輜重，凡數千乘。敵將于越諜知之，率精鋭數萬騎來逆，崇儀使、北面緣邊都巡檢尹繼倫，率領步騎千餘人，按行塞上，正當敵所入道，敵不擊而過，徑襲大軍。繼倫謂麾下曰：『彼視我猶魚肉耳，南出而捷，乘勝驅我輩北去；不捷，亦洩怒于我，我無遺類矣。今捲甲銜枚襲其後，彼鋭氣前去，心輕我，不虞我之至，萬一有所成，縱死猶不失忠義，豈能爲邊地鬼乎！』衆皆憤激從命。繼倫因令軍中秣馬，會夜，遣人持短兵潛發躡敵後。行數十里，至唐河、徐河之間，天未明，敵去大軍四十五里，繼隆列陣於城北以待之。敵方會食，既食，則將進戰，繼倫出其不意，急擊之，殺敵將一人，號皮室，皮室者，彼相也，衆遂驚亂。于越食未竟，棄匕箸，爲短兵中其臂，創甚，乘善馬先遁。敵望見大軍，遂奔潰，自相蹂踐死者無數。繼倫與鎮州副都部署范廷召追奔過徐河十餘里，俘獲甚衆。定州副都部署孔守正又與敵戰曹河之斜村，梟其帥大盈相公等三十餘級。敵自是不敢大入寇，以繼倫面黑相戒曰：『當避黑面大王。』丁未，授繼倫洛苑使、領長州刺史、巡檢如故。」宋會要輯稿蕃夷一之二一亦曰：端拱二年「七月，大將李繼隆送芻粟入威虜軍，虜將于越率衆萬騎來邀我師，爲都巡檢使尹繼倫襲破於唐、徐二河間。殺其大將一人號皮室者，虜相也。衆大驚撓，于越乘善馬遁，其下相蹂踐死者無數。」

〔四〕朝議以賞薄，改尚食使、領長州團練使　宋史卷二七五其本傳言乃太宗親自擢升尹繼倫，「淳化初，著作佐郎孫崇諫自契丹逃歸，太宗詢以邊事，極言徐河之戰契丹爲之奪氣，故每聞繼倫名，則倉皇不知所措。於是遷繼倫尚食使，領長州團練使，以勵邊將。」玉壺清話卷七亦曰：「後淳化中，著作孫崇諫陷北歸，太宗召見，面詰虜廷事，崇諫備奏唐河之役，上始盡知，歎曰：『奏邊者忌其功，不狀其實以昧朕，非卿安知？』遽加防禦使。」宋史全文卷三引富弼曰：「尹繼倫以千餘之兵，破敵衆數萬，可謂奇功也。大將盡上其狀，太宗賞之，自諸司止加刺史。及數年之後，盡聞其功，立遷使職及加團練，仍召而厚賜之。人臣荷天子之知而恩賞如是，不惟繼倫盡心以報，而諸將無不感勸。」然如此大捷，太宗竟不得其實，賞功在「數年之後」，其拙於治軍一望可知。

56辛酉，以太常博士、直史館陳靖爲勸農使，按行陳、許、潁、蔡、襄、鄧、唐、汝等州，勸民墾田。以大理寺丞皇甫選、光禄寺丞何亮副之。選等上言，以爲功難成，願罷其事。上初不從，猶詔靖經度。未幾，三司議以爲費用官錢多〔一〕，萬一水旱，恐遂散失。上重違群議，遂寢〔二〕。

〔一〕三司議以爲費用官錢多　宋史卷四二六循吏陳靖傳曰：「既而靖欲假緡錢二萬試行之，陳恕等言：『錢一出，後不能償，則民受害矣。』」陳氏所假緡錢才二萬，費用官錢多之説恐爲托詞。

〔二〕遂寢　東都事略卷一一二陳靖傳評論陳靖曰：「靖好學，頗通古今利害事，在太宗、真宗朝多建言，於農事爲尤詳，然當時以爲泥古，難盡行也。」宋史卷四二六循吏陳靖傳亦曰：「靖平生多建畫，而於農事尤詳，嘗取淳化、咸平以來所陳表章，目曰勸農奏議，録上之，然其説泥古，多不可行。」宋論卷二太宗一三更猛烈抨擊陳靖之議曰：「爲君子儒者，亟於言治，而師申、商之説，束縛斯民而困苦之，乃自詫曰：『此先王經理天下大公至正之道也。』漢、唐皆有之，而宋爲甚。陳靖請簡擇京東、西荒地及逃民産籍，募民耕作，度田均税，遂授京西勸農使；陳恕等知其不可行，奏罷之，而黜靖知陳州。論者猶惜靖説之不行，爲恕等咎。嗚呼！非申、商之徒以生事殃民爲治術者，孰忍以靖之言爲必可行乎？聖王不作，而横議興，取詩、書、周禮之文，斷章以飾申、商之刻覈，爲君子儒者汩没不悟，哀我人斯，死於口給，亦慘矣哉！今姑勿論其言，且問其人。靖，太常博士也。非經國之大臣，無田賦之官守，出位以陳利害者何心？及授以陳州之民社，則尸位以終，於民無循良之績，於國無匡濟之能，斯其人概可知矣。故夫天下無事而出位以陳利國便民之説者，其人皆概可知也。必其欲持當國大臣之長短，思以勝之，而進其黨者也；不則其有所忮忌於故家大族而傾之也；不則以己之貧，嫉人之富，思假公以奪人者也；不則迎君與大臣之意旨，希得當以要寵利者也。即不然，抑偶覩一鄉一邑之敝，動其褊衷，不知天下之不盡然，而思概爲改作者也。如是者，覽其章奏，若有愛民憂國之忱；進而與之言，不無指天畫地之略；及授以政，則面牆而一無能爲。是其爲浮薄僥倖之匹夫也，逆風而聞其羶，而皮相者樂與之親。書曰：『何畏乎巧言、令色、孔壬』，誠畏之也。乃若其言，則苟實求諸事理而其姦立見。唯夫國敝君貪，大臣無老成之識，於是而其言乃售。今取靖言而按之，所謂荒地者，非荒地也；所謂逃民産籍者，非逃民也。自汴、晋交兵，迄於契丹之打草穀，京東、西之凋殘劇矣。張全義、成汭之僅爲拊循，周世宗以來之乍獲休息，乃有生還之游子，僑寓之羈人，越陌度阡，薄耕以幸利，而聊爲棲息。當陳靖陳言之日，宋有天下三十二年耳。兵火之餘，版籍錯亂，荒萊熟地，固無可稽；逃亡與歸鄉，抑無可據。則荒者或耕，逃者或復，幸有脱漏以慰鴻雁之哀鳴，百年大定以還，自可度地度人，以使服賦率。靖固知其非荒非逃，而假爲募民之説，俾寸土一民，詗窮而盡斂之。是役一興，姦民之訐發，酷吏之追償，無所底止，民生蹙而國本戕。非陳恕等力持以息其毒，人之死於靖言者，不知幾何矣。唐之爲此者，宇文融也，而唐以亂。宋之季世爲此者，賈似道也，而宋以亡。託井地之制於周官，假經界之説於孟子，師李悝之故智而文之曰利民，襲王莽之狂愚而自矜其復古，賊臣之賊也。而爲君子儒者，曾以其説之不行爲惆悵乎？夫三代之制，見於典籍者，既已略矣，若其畫地域民，而俾任土作貢者，則有以也。古之人民，去菇毛飲血者未遠也，聖人教之以耕，而民皆擇地而治，唯力是營；其耕其蕪，任其去就，田無定主，而國無恒賦。且九州之土，析爲萬國，迨周併省，猶千有八百諸侯，自擅其土以取其民，輕重法殊，民不堪命。故三代之王者，不容不畫井分疆，定取民之則，使不得損益焉。民不自爲經界，而上代爲之。非此，則擇肥壤，棄瘠原，争亂且日以興，蕪萊且日以廣。故屈天子之尊，下爲編氓作主伯之計，誠有不得已也，夫豈以限萬世而使其必服其征哉！乃其所謂再易者，非必再易也；一易者，非必一易也；其萊田，非必萊也；存其名，不覈其實，勤者不禁其廣耕，而田賦止如其素。故自上農以至下農，其獲五等。豈百畝之所獲，勤惰如是其差乎？萊地之耕否使然耳。及漢以後，天下統於一王，上無分土踰額之征，下有世業相因之土，民自有其經界，而無煩上之區分。至於兵火之餘，脱鋒刃而務菑畬者，或弱民有田而不敢自列於户，或丁壯有力而不但自墾其田。夫亦患田之不辟而民之不勤，百姓不足而國亦貧耳。無與限之，弗勞募也。名爲募而爲綜察，以與歸飛之雁争稻粱，不已慘乎！夫如靖者流，妒匹夫匹婦之偷得一飽，而爲富有四海之天子益錙銖升斗之利。孟子曰：『辟草萊、任土地者，次於上刑。』非若此儔，其孰膺明王之鈇鉞邪？不勸而自勸者，農也；勸農者，厲農者也。頭會箕斂，而文之曰『勸』。夫申、商亦何嘗不曰『吾以利民』哉！而儒者誣先王易簡之德，以申、商之纖密當之，晉陳靖以與周公齒。道之不明，莫斯爲甚矣。」

57 癸亥，殿中丞柳宜上言：「第三男蒙叟願於揚州崇道觀度爲道士。」許之。

58 乙丑，月入太微垣端門。

59 丙寅，詔制置劍南、峽路諸州旁户。先是，巴蜀〔一〕民以財力相君，每富人家役屬至數千户〔二〕，小民歲輸租庸，亦甚以爲便。上言者以爲蜀川〔三〕兆亂，職豪民嘯聚旁户之由也。遂下詔，令州縣檢責，俾鄉豪更相統馭，三年能肅静寇盜、民庶安堵者，並以其豪署州縣職以勸之。遣職方員外郎時載、監察御史劉師道乘傳齎詔書諭旨。既而載等復奏，旁户素役屬豪家，民皆相承數世，一旦更以他帥領之，恐人心遂擾，因有他變。上然之，其事遂寢〔四〕。

〔一〕巴蜀　宋會要輯稿刑法二之五作「巴庸」。

〔二〕每富人家役屬至數千户　川、峽富民奴役旁户，蘇洵嘉祐集卷五田制有云：「富民之家，地大業廣，阡陌連接，募召浮客，分耕其中，鞭笞驅役，視以奴僕，安坐四顧，指麾於其間；而役屬之民，夏爲之耨，秋爲之穫，無有一人違其節度以嬉。而田之所入，己得其半，耕者得其半。有田者一人，而耕者十人，是以田主日累其半以至於富强，耕者日食其半以至於窮餓而無告。」宋朝諸臣奏議卷一一二財賦門新法四收録韓琦上神宗論條例司畫一申明青苗事亦曰：「且西川四路鄉村，民多大姓，一姓所有客户，動是三五百家，自來衣食貸借，仰以爲生。」

〔三〕蜀川　宋會要輯稿作「兩川」，似較實録爲優。

〔四〕其事遂寢　宋史卷三〇四劉師道傳述此事原委較實録清晰，「川峽豪民多旁户，以小民役屬者爲佃客，使之如奴隸，家或數十户，凡租調庸斂，悉佃客承之。時有言李順之亂，皆旁户鳩集，請擇旁户爲三者長迭主之，疇歲勞則授以官，詔師道使兩川議其事。師道以爲迭使主領則争忿滋多，署以名級又重增擾害，廷奏非便，卒罷之。」對宋代夔峽一帶富民奴役旁户的現象，漆俠宋代經濟史分析説：「旁户從宋以前到宋神宗時世世代代地束縛在豪族大莊園的土地上，既不能『以它帥領之』，在保甲編排中也不能不讓豪族『充都副保正提轄』，統屬客户，因而旁户在實際上世世代代地成爲莊園主的私屬。很顯然，這種經濟關係與魏晋隋唐以來世族豪强同部曲、客結成的隸屬關係是一脈相承的，是前代的繼續。」「以夔州路爲中心的川峽諸路主户與地客所結成的關係，是莊園主農奴主與農奴的關係，莊園農奴制在這個地區依然占主導地位。」上海人民出版社一九八七年版，上册，第二〇〇—二〇一頁。

60 丁卯，史館以史記雕版成〔一〕，上之。詔以諸州販易私鹽三十九人，黥面爲卒，號平河指揮〔二〕。以潤州亡卒十二人隸焉。先是，御馬以織成帊覆鞍勒，詔以黃絹代之。

〔二〕史館以史記雕版成　太宗淳化五年命杜鎬等分校史記、前後漢書，畢後於杭州刻印頒行，宋會要輯稿崇儒四之一曰：「太宗淳化五年七月，詔選官分校史記、前後漢書，崇文院檢討兼祕閣校理杜鎬，祕閣校理舒雅、吴淑，直祕閣潘慎修校史記，朱昂再校；直昭文館陳充、史館檢討阮思道、直昭文館尹少連、直史館趙況、直集賢院趙安仁、直史館孫何校前後漢書。既畢，遣内侍裴愈齎本就杭州鏤板。」此後至仁宗嘉祐年間，宋廷又多次重校、刊印史記等正史，玉海卷四三淳化校三史嘉祐校七史條詳述其始末云：「淳化五年七月，詔選官分校史記、前後漢書，杜鎬、舒雅、吴淑、潘慎修校史記，朱昂再校，陳充、阮思道、尹少連、趙況、趙安仁、孫何校前、後漢書。咸平中，以校勘未精，命陳堯佐等覆校史記。景德元年正月丙午，任隨等上覆校史記刊誤文字五卷，賜帛。丁未，命刁衎、晁迥、丁遜覆校前、後漢書。二年七月壬戌，衎等上覆校前漢書板本刊正三千餘字，録爲六卷上之，賜器帛。今所行，止淳化中定本。咸平三年十月，校三國志、晉、唐書，五年畢。唐書將別修，不刻板。乾興元年十一月戊寅，校定後漢志三十卷，頒行。天聖二年六月辛酉，校南、北史、隋書。四年十二月畢。景祐元年四月丙辰，命宋祁等覆校南、北史。九月癸卯，詔選官校正史記、前後漢書、三國志、晉書。二年九月壬辰，詔翰林學士張觀刊定前漢書，下冑監頒行。祕書丞余靖請刊正前漢書，因詔靖盡取祕閣古本對校。踰年，乃上漢書刊誤三十卷。至是，改舊摹板。嘉祐六年八月，校梁、陳等書，鏤板，七年冬始集。八年七月，陳書始校定。熙寧二年八月六日庚子，進新校漢書。崇文目：三史刊誤四十五卷。咸平元年七月甲申，賜諸王及輔臣新印三史。嘉祐六年八月庚申，詔三館、祕閣校理宋、齊、梁、陳、後魏、周、北齊七史，書有不全者，訪求之。」麟臺故事卷二修纂則曰：「景祐二年九月，詔翰林學士張觀等刊定前漢書、孟子，下國子監頒行。議者以爲前代經史，皆以紙素傳寫，雖有舛誤，然尚可參讎。至五代，官始用墨版摹六經，誠欲一其文字，使學者不惑。至太宗朝，又摹印司馬遷、班固、范曄諸史，與六經皆傳，于是世之寫本悉不用。然墨版訛駮，初不是正，而後學者更無他本可以刊驗。會祕書丞余靖建言前漢書官本差舛，請行刊正，因詔靖及王洙盡取祕閣古本校對，踰年，乃上漢書刊誤三十卷。至是，改舊摹版，以從新校。然猶有未盡者，而司馬遷、范曄史尤多脱略，惜其後不復有古本可正其舛謬云。」

〔二〕號平河指揮　續資治通鑑長編卷四〇至道二年八月曰：「江、淮發運使楊允恭，捕販私鹽賊三十九人送闕下，上悉貸之，因顧左右曰：『此等越逸江湖，習性已久，固不能工作矣，可團爲一軍，以備舟檝之役，號曰平河。』」事務紀原卷一〇平河條亦曰：「至道二年八月，楊允恭引販私鹽三十九人見，太宗曰：『此皆久習江湖，宜團爲平河指揮，以備舟船。』間用帶甲剩員。」

書寫人：王壽昌　初對訖：王良弼　覆對：劉孝廉

太宗皇帝實録卷第七十九 起至道二年九月，盡十二月。

1 九月己巳，以單州刺史楊瓊爲本州防禦使、充靈慶路兵馬副部署〔一〕。

〔一〕充靈慶路兵馬副部署　宋史卷二八〇楊瓊傳言其職爲「靈慶路副都部署、河外都巡檢使」。

2 壬申，蘇州言：「虎夜入福山寨〔一〕，食戍卒四人。」

〔一〕福山寨　姑蘇志卷二五曰：「福山寨，在常熟縣北四十里。」

3 癸酉，六宅使、富州刺史張茂宗卒。茂宗，魏郡繁水人，舉進士及第，解褐大理評事，累遷太子中允、直御史府。先是，洛陽官市赤埾，吏第其價爲三第，民有訴其罔上者，事下河南府，踰年不能決，命茂宗馳傳視之。茂宗徑詣出赤埾處按驗，埾皆同色，無他異，吏伏罪。俄兼鹽鐵推官。上命欲儒士領内職，遷茂宗爲六宅副使〔一〕，改西京作坊使、知潭州〔二〕，民甚便之。善待過客，取名譽，使車出其境，以美聲聞於上者，日以充斥。徵爲六宅使、富州刺史、知河南府〔三〕，移知梓州、綿州，又知興元府。至是卒，年四十九，上頗嗟悼之。

〔一〕上命欲儒士領内職，遷茂宗爲六宅副使　實録卷四一雍熙四年六月甲寅條有云：「以鹽鐵推官、太子中允張茂宗爲六宅副使。」又，「上命欲儒士領内職」，疑當爲「上欲命儒士領内職」。

〔二〕改西京作坊使、知潭州　咸平集卷二九有田錫撰六宅副使張茂宗可西京作坊使敕，其辭曰：「具官張茂宗：嘗以文學，早策科名；爰自清班，俾從使職。謙恭周慎，所莅可觀；勤幹通明，何用不適。雖未周歲律，而益見時才。宜自副車之名，序遷繕工之局。表文武之兼濟，彰委任於踐更。勉荅寵光，別伸殊效。」景德傳燈録卷二六曰：「潭州雲蓋山海會寺用清禪師，河州人也。姓趙氏，本州出家，酷志求法，遠參長安，潛契宗旨，先住韶州東平山，淳化二年，知潭州張茂宗請居雲蓋。」

〔三〕知河南府　張茂宗，宋史、東都事略、隆平集等皆無傳，續資治通鑑長編、宋會要輯稿等亦未提及，惟宋史卷二七〇楊克讓傳言：「楊克讓子楊希閔「屬文善緘尺，趙普守西洛，府中牋疏，皆希閔所爲。將奏署本府掾，固辭不受，普優加給贍。張齊賢、李沆、薛惟吉、張茂宗繼領府事，皆優待之。」

4 戊寅，右僕射宋琪薨。琪，字淑寶，范陽薊人，少好學問，與同郡室昉齊名〔一〕。晉天福中，戎虜猖熾，每歲開貢籍，琪舉僞進士中第，署壽安王侍讀〔二〕。幽帥趙延壽恐其陷極塞，辟爲從事，會戎虜猾夏，隨延壽至京師，延壽以其子贇領河中節制〔三〕，署琪爲記室。周廣順中，府罷，調補澶州觀城〔四〕。未幾，世宗征淮南，起贇爲排陣使〔五〕，復辟琪在幕府。

及鎮廬江，表爲觀察判官。部有冤獄，琪辯之，活三人死命，制加朝散大夫。國初，贊連移鎮壽陽、延安，皆表爲從事〔六〕。召拜左補闕、開封府推官，上時領府尹，禮遇甚厚，坐與宰相趙普厚善，多遊其門，上惡之，白太祖出琪知隴州〔七〕。移閬州，改護國軍節度判官。上即位，召拜太子洗馬，選太常丞，徵歸，將大用，爲盧多遜所沮，改都官郎中、出知廣州。將行，求對于便殿，上以藩邸舊僚，不欲使之遠去，因留不遣，改兵部郎中、判三司勾院。廷辯事，忤旨〔八〕，責授本曹員外郎、通判開封府事。先是，開封府未嘗置通判，通判之召，自琪始也。俄拜右諫議大夫、同判三司，遷左諫議大夫、參知政事。時李昉參知政事，昉已任工部尚書，欲令琪居昉上，即日拜刑部尚書、參知政事如故。趙普出鎮，與昉同平章事〔九〕。會郊祀，加門下侍郎、昭文館大學士。琪嘗遣柴禹錫白上，請盧多遜舊宅，上惡琪無鍾離意委珠之操，又素好詼諧，無大臣體，因罷爲刑部尚書。琪將罷前數日，晨至侍漏舍，有異鳥，大于鴞，集琪之坐，左右驅不去。至是罷，人皆異之。端拱初，上親耕耤田，以舊相進位吏部尚書。琪生長戎虜，習知邊事，會北戎入寇，下詔博訪有位，琪獻平戎十策〔一〇〕，上嘉納之。事未果行，頗爲識者所許。拜右僕射，月給真俸〔一一〕。上以其衰老，特詔五日一朝。數月，被病，作多幸老民自叙〔二〕，以見志；又口占遺表數百字而卒。年八十，詔輟視朝兩日，贈司空，謚惠安。琪學術素淺，頗口諧捷給，在使府前後三十年，周知人之情僞，尤通明吏術。在相位，每百執事謁見，有所求請，必面折之，以是人用胥怨。詔：「劍南、峽路諸州民家先蓄藏兵器〔三〕，限詔到百日，悉上送官，敢匿而不以聞，發覺者斬。」

〔一〕與同郡室昉齊名　宋史卷二六四宋琪傳曰：「宋雄者，亦幽州人。初與琪齊名燕、薊間，謂之『二宋』。」未言及室昉。案：室昉，乃遼名臣，以學問位至樞密使、兼北府宰相、加同政事門下平章事等高位，與韓德讓、耶律斜軫等共同輔佐蕭太后，遼史卷七九室昉傳曰：「室昉，字夢奇，南京人。幼謹厚篤學，不出外户者二十年，雖里人莫識。其精如此。會同初，登進士第，爲盧龍巡捕官。」宋會要輯稿蕃夷一之二二有云：淳化元年「十二月四日，契丹僞命官室种來奔，授順州刺史，种自言虜相室昉之子也。」遼南京，即幽州。

〔二〕署壽安王侍讀　壽安王，即遼穆宗耶律璟，遼太宗耶律德光長子，遼史卷六穆宗上曰：「穆宗孝安敬正皇帝，諱璟，小字述律。太宗皇帝長子，母曰靖安皇后蕭氏。會同二年，封壽安王。」

〔三〕延壽以其子贊領河中節制　宋史卷二五四趙贊傳曰：「及平原陷，贊復受契丹署爲河中節度。」

〔四〕周廣順中，府罷，調補澶州觀城　宋史卷二六四宋琪傳曰：「周廣順中，贊罷節鎮，補觀城令。」疑實録漏一「令」字。

〔五〕起贊爲排陣使　宋史卷二五四趙贊傳記趙氏是時之職爲「淮南道行營左厢排陣使」。

〔六〕贊連移鎮壽陽、延安，皆表爲從事　壽陽，時爲忠正軍；延安，時爲彰武軍。據宋史卷二五四趙贊傳、續資治通鑑長編卷三建隆三年由月丙申條，趙贊建隆三年至乾德六年爲彰武軍節度使。「皆表爲從事」，從事乃唐節度使幕職官名，宋並無此職，如職官分紀卷三九幕職官條曰：「國朝兩使，各置判官、推官各一人。」朝野類要卷二幕職條亦曰：「僉判、司理、司法、司户、録參、節推、察推、節判、察判之類。幕者，本以主帥出塞，從權安營立帳而得此名，如衛青幕府是也。」然宋人仍沿用唐從事之稱，用以指代節度判官、推官。宋琪之職，實爲判官，宋史卷二六四其本傳、歷代名臣奏議卷三二二御邊皆記宋琪於淳化五年上疏自言曰：「臣頃任延州節度判官，經涉五年，雖未嘗躬造夷落，然常令蕃落將和斷公事，歲無虚月，蕃部之事，熟於聞聽。」四庫本續資治通鑑長編卷三五淳化五年正月亦曰：「臣頃任延州節度使判官，經涉五年。」中華書局點校本續資治通鑑長編卷三五淳化五年正月則曰：「臣頃任延州節度夷判官。」然其校勘記〔三〕却曰：臣頃任延州節度判官「『節度』下原有『使』字，據編年綱目卷五、宋史卷二六四宋琪傳及奏議卷三二二御邊改」。疑其或衍一「夷」字。據宋史卷二六四其本傳，宋琪建隆三年至乾德四年爲彰武節度判官，前後五年，故其自言「經涉五年」。

〔七〕上惡之，白太祖出琪知隴州　事在乾德四年，續資治通鑑長編卷一九太平興國三年十二月丁巳條曰：「乾德中，左補闕薊人宋琪爲開封府推官，上時尹京，初甚加禮遇。琪與宰相趙普、樞密使李崇矩善，多遊其門，上惡之，白太祖出琪知隴州，移閬州。上即位，由護國節度判官召赴闕，程羽、賈琰先自府邸攀附至顯要，琪爲所中，久不得調。丁巳，上召見詰責，琪拜謝，請悔過自新，乃授太子洗馬。」案：太祖時太宗與趙普長期矛盾極深，如續資治通鑑長編卷三三淳化三年七月己酉條記趙普死後，太宗仍謂近臣曰：「普事先帝與朕，最爲故舊，能斷大事。向與朕嘗有不足，衆人所知。」玉壺清話卷三更記太宗對趙普語曰：「朕幾欲誅卿。」宋琪交好趙普，自然爲太宗所不容。張其凡宋太宗分析此事曰：「光義之所以光義要趕走宋琪，是因爲他與趙普交好。但能恨之不已，十多年後猶耿耿於懷，則不應僅僅是交結趙普了。很有可能，光義要求認爲是宋琪向趙普透露了馮瓚納賂之事，致使趙普派人搜查馮瓚行李而獲贓證，於是向太祖報告宋琪交結趙普事，要求處罰宋琪。但此時太祖正寵信趙普，故僅將宋琪貶爲外官了事；同時爲了安撫光義，也不深究劉嶅，僅罷其官而已。然而，光義與趙普的矛盾並未因此化解，反而更加深了。」吉林文史出版社一九九七年版，第二一頁。

〔八〕廷辯事，忤旨　東都事略卷三一、宋史卷二六四宋琪傳皆曰：「與三司使王仁贍廷辯事，坐責兵部員外郎。」續資治通鑑長編卷二三太平興國七年二月辛未條詳述其事原委曰：「宣徽北院使、判三司王仁贍掌邦計幾十年，恣下吏爲姦，怙恩固寵，莫敢發者。又起范旻等獄，坐貶黜者十餘人，皆上南府時勳舊戚里用事吏，故中外益畏其口。會左拾遺南昌陳恕與兵部郎中宋琪同判勾院，其僚數人率以皦察不畏强禦自任，因議本司事，有不協者，互持短長。及造朝，恕獨出班具奏，上詰之，恕詞辨蜂起，仁贍屈伏，上怒甚。辛未，仁贍罷爲右衞大將軍；琪與度支判官、兵部郎中雷德驤，鹽鐵判官、金部郎中奚嶼，並責本曹員外郎；户部判官、户部員外郎王遹責授太常博士。以給事中侯陟、右正諫大夫王明同判三司，同判三司自陟、明始。兵部郎中劉保勳判勾院。擢恕爲度支員外郎，鹽鐵推官，耿振户部推官，元坰並權本曹判官事。琪初與恕同白上，既而反附仁贍，故亦左降。」

〔九〕與昉同平章事　東都事略卷三一、宋史卷二六四其本傳曰：「琪自庶僚，一歲中爲宰相，其速如此。」「自員外郎歲中四遷至尚書爲相。」石林燕語卷八亦曰：「宋琪自外郎，一歲四遷，至作相。」

〔一〇〕琪獻平戎十策　事在雍熙三年，續資治通鑑長編卷二七雍熙三年正月戊寅條有節録，李燾並考證其所上時間曰：「本傳及會要、經武聖略皆云端拱二年，時討幽薊，召群臣各言邊事，琪上此疏。按端拱二年，契丹侵擾河北，朝廷旰食，豈暇遠議幽薊。此疏蓋雍熙三年春曹彬等出師時所上，故專言幽薊事宜，今掇出附見于此。傳云吏部，亦誤也。」宋會要輯稿蕃夷一之一四曰：端拱「二年正月，詔問文武群臣，詢平虜之策，吏部尚書宋琪上疏，獻十策，曰：一契丹種族，二料賊甚寡，三賊來布置，四備邊，五命將，六排陣討伐，七和蕃，八饋運，九收幽州，十滅契丹。」宋史卷二六四其本傳詳述其平戎十策曰：「國家將平燕薊，臣敢陳十策：一、契丹種族，二、料賊衆寡，三、賊來布置，四、備邊，五、命將，六、排陣討伐，七、和蕃，八、饋運，九、收幽州，十、滅契丹。契丹，蕃部之別種，代居遼澤中，南界潢水，西距邢山，疆土幅員，千里而近。其主自阿保機始强盛，因攻渤海，死於遼陽。妻述律氏生三男：長曰東丹，次曰德光，德光南侵還，死於殺胡林；季曰自在太子。東丹生永康，永康代德光爲主，謀起軍南侵，被殺於火神淀。德光之子述律代立，號爲『睡王』。二年，爲永康子明記所篡。明記死，幼主代立。明記妻蕭氏，蕃將守興之女，今幼主，蕭氏所生也。晉末，契丹主頭下兵謂之大帳，有皮室兵約三萬，皆精甲也，爲其爪牙。國母述律氏頭下，謂之屬珊，屬珊有衆二萬，乃阿保機之牙將，當是時半已老矣。南來時，量分借得三五千騎，述律常留餘兵爲部族根本。其諸大首領有太子、偉王、永康、南北王、于越、麻答、五押等。于越，謂其國舅也。大者千餘騎，次者數百騎，皆私甲也。別族則有奚、霫，勝兵亦萬餘人，少馬多步。奚，其王名阿保得者，昔年犯闕時，令送劉琋、崔廷勳屯河、洛者也。又有渤海首領大舍利高模翰步騎萬餘人，並髡髮左衽，竊爲契丹之飾。復有近界尉厥里、室韋、女真、党項亦被脅屬，每部不過千餘騎。其三部落，吐渾、沙陀，洎幽州管內、鴈門已北十餘州軍部落漢兵合二萬餘衆，此是石晉割以賂蕃之地也。蕃漢諸族，其數可見矣。每蕃部南侵，其衆不啻十萬。契丹入界之時，步騎車帳不從阡陌，東西一概而行。大帳前及東西面，差大首領三人，各率萬騎，支散遊奕，百十里外，亦交相偵邏，謂之欄子馬。契丹主吹角爲號，衆即頓合，環繞穹廬，以近及遠。折木梢屈之爲弓子鋪，不設槍營壍栅之備。每軍行，聽鼓三伐，不問昏晝，一匝便行。未逢大敵，不乘戰馬，俟近我師，即競乘之，所以新羈戰蹄有餘力也。且用軍之術，成列而不戰，俟退而乘之，多伏兵斷糧道，冒夜舉火，土風曳柴，饋餉自齎，退敗無恥，散而復聚，寒而益堅，此其所長也。中原所長，秋夏霖霪，天時也；山林河津，地利也；槍突劍弩，兵勝也；財豐士衆，力强也。乘時互用，較然可知。王師備邊破敵之計，每秋冬時，河朔州軍緣邊砦栅，但專守境，勿輒侵漁，令彼尋戈，其詞無措。或戎馬既肥，長驅入寇，契丹主行，部落萃至，寒雲翳日，朔雪迷空，鞍馬相持，氊褐之利。所宜守陴坐甲，以逸待勞，令騎士並屯於天雄軍、貝、磁、相州以來，若分在邊城，緩急難於會合；近邊州府，只用步兵，多屯弩手，大者萬卒，小者千人，堅壁固守，勿令出戰。彼以全國之兵，此以一郡之衆，雖勇懦之有殊，慮衆寡之不敵也。國家別命大將，總統前軍，以遏侵軼，只於天雄軍、邢、洺、貝州以來，設掎戎之備。俟其陽春啓候，虜計既窮，新草未生，陳荄已朽，蕃馬無力，疲寇思歸，逼而逐之，必自奔北。前軍行陣之法，馬步精卒不過十萬，自招討以下，更命三五人藩侯充都監、副戎、排陣、先鋒等職，臨事分布，所貴有權。追戎之陣，須列前後，其前陣萬五千騎，陣身萬人，是四十指揮，左右梢各十指揮，是二十將。每指揮作一隊，自軍主、都虞候、指揮使、押當，每隊用馬突或刃子槍一百餘，並弓劍、骨朵。其陣身解鐙排之，俟與戎相搏之時，無問厚薄，十分作氣，槍突交衝，馳逐往來，後陣更進。彼若乘我深入，陣身之後，更有馬步人五千，分爲十頭，以撞竿、鐙弩俱進，爲回騎之舍。陣梢不可輕動，蓋防横騎奔衝，此陣以都監主之，進退賞罰，便可裁決。後陣以馬步軍八萬，招討董之，與前陣不得過三五里，展梢實心，布常山之勢，左右排陣分押之。或前陣擊破寇兵，後陣亦禁其馳驟輕進，蓋師正之律也。牧誓云：『四伐五伐，乃止齊焉。』慎重之戒也。是以開運中晉軍掎戎，未嘗放散，三四年間，雖德光爲戎首，多計桀黠，而無勝晉軍之處，蓋併力禦之。厥後以任人不當，爲彦澤之所誤。如將來殺獲驅攘之後，聖人務好生之德，設息兵之謀，雖降志難甘，亦和戎爲便。魏絳嘗陳五利，奉春僅得中策，歷觀載籍，前王皆然。易稱高宗用伐鬼方，詩美宣王薄伐玁狁，是知戎狄侵軼，其來尚矣。然則兵爲凶器，聖人不得已而用之。若精選使臣，不辱君命，通盟繼好，弭戰息民，此亦策之得也。臣每見國朝發兵，未至屯戍之所，已於兩河諸郡調民運糧，遠近騷然，煩費十倍。臣生居邊土，習知其事。況幽州爲國北門，押蕃重鎮，養兵數萬，應敵乃其常事。每逢調發，惟作糗糧之備，入蕃旬浹，軍糧自齎，每人給麨斗餘，盛之於囊以自隨。征馬每匹給生穀二斗，作口袋，飼秣日以二升爲限，旬日之間，人馬俱無饑色。更以牙官子弟，戮力津擎裹送，則一月之糧，不煩饋運。俟大軍既至，定議取捨，然後圖轉饟，亦未爲晚。臣去年有平燕之策，入燕之路，具在前奏，願加省覽。」宋琪之平戎十策，又見宋會要輯稿蕃夷一之一四至一九，歷代名臣奏議卷三二二御邊。

〔一一〕月給真俸　宋史卷二六四其本傳曰：「特令月給實奉一百千。」

〔一二〕作多幸老民自叙　錦繡萬花谷前集卷二五曰：「多幸老民。宋琪拜右僕射，被病，作多幸老民叙，以見志。」宋史卷二六四其本傳曰：「是年九月被病，令其子貽序秉筆，授辭作多幸老民叙，大抵謂洪範五福，人所難全，而已兼有之，實天幸也。」洪範五福，胡瑗洪範口義卷上曰：「五福：即一曰壽、二曰富、三曰康寧、四曰攸好德、五曰考終命是也。」

〔一三〕劍南、峽路諸州民家先蓄藏兵器　禁民私蓄兵器，續資治通鑑長編卷一一開寶三年五月丁未條：「禁京城民家不得蓄兵器。」宋史卷五太宗二淳化二年閏二月丁亥條亦曰：「詔内外諸軍，除木槍、弓弩矢外不得蓄他兵器。」川、峽自李順之變，其禁尤嚴，除實録所記此詔外，續資治通鑑長編卷二八〇熙寧十年二月己丑條有云：「成都府、利州路安撫司言：『茂州緣邊接蕃界，自來人户蓄藏兵器有禁，昨蕃賊叛，無以扞禦，乞稍損此禁。』詔緜、漢、邛、蜀、彭州及永康軍接近蕃界户，除禁兵器及甲弩外，許置其餘兵器，仍經官注籍，非緝捕賊盗，毋得持入禁地。」

5己卯，夏、綏、延行營上言：「兩路合勢，破賊于烏池〔一〕，斬首五千級，生擒二千餘人，獲米募軍主、吃囉指揮使等二十七人〔二〕，馬二千匹，兵器、鎧甲數萬〔三〕。」群臣稱賀。先是，上怒繼遷，親部分諸將攻討，李繼隆自環州、丁罕自慶州、范廷召自延州、王超自夏州、張守恩自麟州，凡五路，率兵抵平夏。上皆先授以成筭，師已有期，會繼隆遣其弟繼和馳驛上言：「路回遠，欲自清岡峽直抵繼遷巢穴〔四〕，不及援靈武。」上怒，召繼和於便殿，詰之曰：「汝兄如此，必敗吾事矣。」因手札數幅〔五〕，切責繼隆，命引進使周瑩齎詣軍前督之。瑩至，而繼隆已便宜發兵，不俟報。而與丁罕兵合，行十數日，不見虜，引軍還。張守恩見虜不擊，率兵歸本部。獨王超、范廷召至烏、白池，與賊遇，大小數十戰，雖頗克捷，而諸將失期〔六〕，士卒困乏，終不能擒賊焉。

〔一〕兩路合勢，破賊于烏池　烏池，當爲烏、白池，宋會要輯稿兵八之一九曰：「夏、綏、延行營兩路合勢，破賊於烏、白池。」玉海卷一四三至道崇政殿教陣圖條亦曰：「至道二年九月，夏州、延州行營言：『兩路合勢，破賊於烏、白池，賊首李繼遷遁去。』」小畜集卷二二賀勝捷表、宋史卷五太宗二至道二年九月己卯條、續資治通鑑長編卷四〇至道二年九月己卯條、宋史全文卷四、群書會元截江網卷一六、卷二三等皆曰「烏、白池」。又，實録此條下文亦有云：「獨王超、范廷召至烏、白池，與賊遇，大小數十戰。」

〔二〕獲米募軍主、吃囉指揮使等二十七人　宋會要輯稿兵八之一九亦曰：「獲米募軍主、吃囉指揮使等二十七人。」與實録同。然宋會要輯稿兵一四之一四則曰：「殺來慕軍主一十人，乞囉指揮使二十餘人。」小畜集卷二二賀勝捷表亦曰：得進奏院狀報「掩殺著名蕃賊，殺下來慕軍主一十一人，吃囉指揮等二十餘人。」疑實録不確。又，米募軍主，宋會要輯稿兵八之一九、宋史卷二八九范廷召傳與實録同。然宋會要輯稿兵一四之一四、小畜集皆作「來慕軍主」，宋史卷五太宗二至道二年九月己卯條則作「未幕軍主」。高紀春宋史本紀考證曰：「長編卷四〇作『未慕軍主』，太宗皇帝實録卷七九、宋會要兵八之一九皆作『米募軍主』，宋會要兵一四之一四又作『來慕軍主』。未、米、來三字形近，未知孰是孰誤。」河北大學出版社二〇〇〇年版，第九六頁。

〔三〕兵器、鎧甲數萬　宋軍此役戰果，宋會要輯稿兵八之九一、兵一四之一四、小畜集卷二二賀勝捷表、續資治通鑑長編卷四〇至道二年九月己卯條皆與實録略同，惟「兵器、鎧甲數萬」，宋會要輯稿兵一四之一四作「衣甲、器械、糧儲、老幼極多」、小畜集作「奪到衣甲、器械二萬餘事件」、續資治通鑑長編作「兵器、鎧甲萬數」。案：實録等此役宋軍「斬首五千級，生擒二千餘人」之説，顯爲誇大之辭，續資治通鑑長編卷一二三寶元二年六月丙子條記夏竦有云：「王超、范廷召至烏白池，以諸將失期，士卒困乏而還。是時，臣父皓隸廷召麾下，並見輕舉之害。」宋史卷二七八王德用傳亦曰：「至道二年，分五路出兵擊李繼遷，超帥兵六萬出綏、夏，德用年十七，爲先鋒，將萬人戰鐵門關，斬首十三級，俘掠畜産以數萬計。進師烏白池，他將多失道不至，虜鋭甚，超按兵不進，德用請乘之，得精兵五千，轉戰三日，敵勢却。德用曰：『歸師迫險必亂。』乃領兵距夏州五十里，絶其歸路，下令曰：『亂行者斬。』一軍肅然，超亦爲之按轡。繼遷躡其後，左右望見隊伍甚嚴整，莫敢近。超撫其背曰：『王氏有子矣。』」則最爲有名的鐵門關一戰，宋軍斬首才區區十三級而已。王超、范廷召兩軍實僅能全師而還，並無多少實際戰果，李繼遷仍然是「鋭甚」。宋史卷四八五外國一夏國上即明確説：「王超、范廷召遇之于烏白池，大小數十戰，不利，諸將失期，士卒困乏。」宋軍「不利」，當得其實。小畜集卷二二賀勝捷表中所列「打奪到牛羊老小不少，收到糧米、料草、窖窌極多，並已散與一行諸軍。其蕃賊帳族舍屋，並燒毁蕩盡；所有蕃賊田禾苗穀，並總收刈，及踐踏浄盡」，或爲宋軍此役僅有的收穫。是役之後，李繼遷勢力更熾。

〔四〕欲自清岡峽直抵繼遷巢穴　宋史卷二五七李繼隆傳曰：「五路討繼遷，以繼隆出環州，取東關鎮，由赤檉、苦井路赴之。繼隆以所出道回遠乏水，請由橐駝路徑趨賊之巢穴。」案：李繼隆由環州出清岡峽路，實爲便利捷徑，宋史卷二六四宋琪傳曰：「靈武路自通遠軍入清岡峽五百里，皆蕃部聲氣相熟户。向來使人、商旅經由，並在部族安泊，所求賂遺無幾，謂之『打當』，亦如漢界逆旅之家宿食之直也。此時大軍或須入其境，則鄉導踏白，當如夏州之法。況彼靈州便是吾土，芻粟儲畜，率皆有備。緣路五七程，不煩供饋，止令逐都兵騎，裹糧輕齎，便可足用。諺所謂『磨鎌殺馬』，劫一時之力也，旬浹之餘，固無闕乏矣。」續資治通鑑長編卷四〇至道二年九月己卯條亦記盧斌言：「若自環州抵賊巢，才十日程爾。」

而太宗所指定的赤檉路則「回遠乏水」，兼「由靈州趨烏、白池，月餘方至」，顯然脱離戰場實際，易致大軍於險地。

〔五〕因手札數幅　太宗頗自負其指揮才能，好以手札遥控前線指揮，宋會要輯稿兵一四之一三記至道元年太宗語曰：「用兵之法，古賢所著兵書已備，無以越其規矩焉，在人探討耳。朕粗留心，至若漢高祖以必戰而滅楚，晉謝安以孤軍而敗秦，此用兵之妙也。夫文武之略，天不賜全，倘使張良有韓信之武勇，韓信有張良之沈謀，則高祖焉能駕馭之乎？朕每出兵攻伐，意頗精密，將兵之人，丁寧諭之，不聽者多至敗事。」

〔六〕諸將失期　宋會要輯稿兵一四之一四記太宗曰：「自師興已來，歷春夏，皆躬親謀度，夏中嚴暑尤甚，常用意軍事，未敢寧息。」續資治通鑑長編卷四〇至道二年九月己卯條亦記太宗有言：「此行合戰與還師之期，悉如所料，但諸將不能盡依方略，致此賊越逸。」諸將失期、「諸將不能盡依方略」云云，實屬太宗諉過於人。案：五路出師，與党項勢力決戰沙漠，聲勢固然浩大，但在其時的軍事文明條件之下，協調、配合困難不可避免，兼兵力分散，互不統屬，易遭敵各個擊破，更失地利，實爲取敗之道。是役及太宗雍熙三路伐遼、神宗元豐五路伐夏之敗，無不如此。又，續資治通鑑長編同條亦記：「初，命五將出師，衛州團練使河陽李重貴實爲麟府路濁輪寨都部署，得對便殿，因言：『賊居沙磧中，逐水草畜牧，便於戰鬭，利則進，不利則走。今五路齊入，彼聞兵勢大，或不接戰，且謀遠遁。欲追則人馬乏食，將守則地無堅壘。賊既未平，臣輩何顔以見陛下。』上善之，賜以御劍，又屢遣使撫勞。及諸將果無大功，重貴還，上思前言，命爲并代副都部署。」「師已有期，銀夏鈐轄盧斌求對，懇言曰：『番夷之俗，馬驕兵悍，往來無定，敗則走他境。疾戰沙漠，非天兵所利，不若堅保靈州，於内地多積芻粟，以師援送。苟其至也，會兵首尾擊之，庶幾無枉費，且不失固圉之策。』上不從，改授斌環慶鈐轄，領兵三萬爲繼隆前鋒。」則太宗本人並非不知兵分五路的決策爲誤。

6庚辰，詔：「陳州管内，先是，節度使石守信在任日〔一〕，科屬縣民輸藥物十二種，非風土所産者，並除之。」

〔一〕節度使石守信在任日　據宋史卷二五〇石守信傳石氏太平興國七年「徙鎮陳州」，太平興國九年卒。

7甲申，貶會州觀察使、環慶路副部署田紹斌爲右監門衛率府副率、虢州安置〔一〕。先是，白守榮、馬紹忠受詔與大將皇甫繼明護送軍糧，紹斌自靈州率兵迎援，次浦洛河。會繼明卒，守榮等後期一日至，適爲繼遷所圍。守榮等欲擊之，紹斌曰：「蕃賊輕佻，勿棄輜重與戰，但按轡結陣徐行。」守榮等忿曰：「我不受節度，若但率兵來迎爾，勿預吾事。」紹斌因率所部去輜重四五里。繼遷初望見紹斌旌旗，不敢擊，守榮等自欲邀奇功，遂與戰。敗，丁夫相驚潰走，蹂踐死者無數。紹斌振旅徐還，所部不亡失一人〔二〕。上初嘉之，未幾，李繼隆遣護軍馮訥入奏，言浦洛河之敗，紹斌握精卒，登隴上，顧望不救〔三〕，自言靈武非我不能守，欲規圖方面，有異志。上大怒，曰：「是嘗背太原來投，今又首鼠兩端，真賊臣也〔四〕。」立遣使捕繫詔獄鞫問，而有是命。

〔一〕虢州安置　宋會要輯稿職官六四之一三曰：「先是，詔紹斌領兵於普樂河應接裹送糧草入靈州，尋遇番賊劫虜，拋失官糧。準律：守備不設，爲賊所掩覆者，斬。準令：五品以上，犯非惡逆以上，聽自盡。時從寬宥。」又，環慶副部署，宋史卷五太宗二至道二年九月甲申條作「環慶副都部署」，實録顯漏一「都」字。

〔二〕所部不亡失一人　武經總要後集卷七、宋史卷二八〇田紹斌傳皆曰：「紹斌率所部徐還，一無遺失。至清遠，與張延州會食。見濠中人裸而呼曰：『我，白守榮也。』繩引而上，解衣遺之。」

〔三〕顧望不救　田紹斌實不救白守榮，惟隆平集卷一八田紹斌傳言此乃誣告：「紹斌爲擊走賊，護糧以行，詔褒之。俾副李繼隆帥環慶，繼隆誣以守榮、昭忠落浦河之敗，紹斌不救，有異志。」

〔四〕是嘗背太原來投，今又首鼠兩端，真賊臣也　田氏叛北漢，事在後周顯德四年，宋史卷二八〇其本傳曰：「田紹斌，汾州人。仕河東劉鈞爲佐聖軍使，戍遼州。周顯德四年，領五十騎來歸，鈞屠其父母家屬。世宗召補驍武副指揮使。」田紹斌手握精兵，竟坐視白守榮部宋軍覆滅，實亦難逃其罪，然喪師之敗將白守榮僅被降爲洛苑副使、馬紹忠降爲供奉官，兩者相較，太宗可謂賞罰不公。其關鍵，就在於太宗認定的田氏「北漢降將」的身份，何冠環北宋武將研究詳細考證曰：「田紹斌這趟能保住性命，已算萬幸。田紹斌這次被貶，可以再一次看出太宗及其嫡系將領，對北漢降將的不信任及猜疑態度。至道二年，田紹斌棄北漢降周歸宋已近四十年。他身經百戰，多立戰功，然而太宗心底竟然還對他不放心，翻他當年背北漢之舊賬，還當衆罵他首鼠兩端；而只爲李繼隆一面之辭，就將這個百戰功高的良將重譴。這事發生之前，太宗表面上很重用田紹斌，有功即重賞；但一旦有譖言，太宗可不像保護楊業般保護田紹斌。事實上，在北漢降將中，楊業是例外地受太宗信任的。其餘的人，像陳廷山和田紹斌，太宗一直都不放心。太宗的親信耳目都看出這一點，是故他們敢於一再欺侮打擊屬於他們異己的太原降將。在蒲洛河一役中，白守榮等的官職要比田紹斌低許多，但他們却竟敢面斥他，説他們不受田的節度，要田不要干預他們出兵。他們敢於田争權争功，因爲他們知道，田紹斌以太原降將之身，是不敢與他們競争的。至於李繼隆後來要誣陷田紹斌，大概是因田性子剛戾，在某些地方開罪了李繼隆；而李出師無功，正要找人出氣並替罪，於是找上他們一向歧視的田紹斌。李繼隆一夥能成功地誣陷田紹斌，一方面是太宗對田紹斌這員悍將放心不下，怕他據有宋廷鞭長莫及的靈州，擁兵自重。另一方面，李繼隆大概黨同了白守榮等一班敗軍之將，一齊誣告田紹斌。白等既爲自己罪咎開脱，也爲平素對北漢降將的偏見，是故恩將仇報，出面指證田紹斌在蒲洛河之過錯。田紹斌朝中無人，他們太原一系的人馬又勢孤力弱，只好認罪，免吃眼前虧。」香港中華書局二〇〇三年版，第一二九—一三一頁。

8 癸巳，以右武衛將軍韋韜爲本衛大將軍致仕。韜年八十餘，病足，不任序班，爲御史臺所糾，上以其老病，憐之，故有是命。

9 甲午，詔翰林學士、兩省五品、尚書省四品已上，各賜一子出身。以壽寧節，特推恩故也〔一〕。以都官郎中黄夷簡直祕閣。夷簡上言浙右人無預館閣之職者，因自陳故吴越王僚佐，嘗勸王入朝〔二〕。詞甚懇激，上憐之，故有是命。以右諫議大夫雷有終知并州。

〔一〕特推恩故也　是詔主旨，續資治通鑑長編卷四〇至道二年九月甲午條有云：「先是，近臣因誕節或以疏屬求廕補，至是始爲限制，非其子孫及親兄弟，多寢而不報。」

〔二〕因自陳故吴越王僚佐，嘗勸王入朝　宋史卷四四一文苑三黄夷簡傳曰：「夷簡少孤，好學，有名於江東，爲錢惟治明州判官。太平興國初，隨錢俶來朝，授檢校祕書少監、元帥府掌書記。」然續資治通鑑長編卷一五開寶七年八月丁亥條曰：「吴越王俶遣元帥府判官福人黄夷簡入貢。」吴越備史卷四大元帥吴越國王則曰：開寶五年「冬十月，王遣元帥府掌書記黄夷簡入貢。」則開寶年間黄夷簡已經爲元帥府判官，或元帥府掌書記。又，玉壺清話卷一有言：「黄夷簡閒雅有詩名，在錢忠懿王俶幕中陪尊俎二十年。開寶初，太祖賜俶開吴鎮越崇文耀武功臣，遣夷簡謝於朝。將歸，上謂夷簡曰：『歸語元帥，朕已於薰風門外建離宫，規模華壯，不減江浙，兼賜名禮賢宅，以待李煜與元帥，先朝者即賜之。今煜崛彊不朝，吾將討之，元帥助我乎？無爲他謀所惑，果然，則將以精兵堅甲奉賜。向克常州，元帥有大功，俟江南平，可暫來相見否？無他，但一慰延想爾，固不久留，朕執圭幣三見於天矣，豈敢自誣？即當遣還也。』夷簡受天語，俛首而歸，私自籌曰：『茲事大難，王或果以去就之計見決於我，胡以爲對？』殆歸，見俶，固不匿，盡以天訓授之，遂稱疾於安溪別墅，保身潛遁。咸平中，歸朝爲光禄少卿，後以壽終焉。」則黄氏實並無「勸王入朝」之功。夷簡山居詩有『宿雨一番蔬甲嫩，春山幾焙茗旗香』之句。雅喜治釋。

10乙未，詔：「建州歲貢龍鳳茶〔一〕，先是，研茶丁夫，悉鬃去鬚髮。自今但幅巾洗滌手爪，給新浄衣。吏敢違者，論其罪。」

〔一〕建州歲貢龍鳳茶　宋會要輯稿食貨三〇之二作「建州歲造龍鳳茶」。

11丙申，詔廢衢州銀治。建三泉縣爲大安軍，以西縣隸焉。

12丁酉，以天長軍降爲縣，依舊隸揚州。六合縣隸建安軍。

13冬十月戊戌朔，有司言：「諸州職事令録、判司簿尉等，共闕一千七百餘員，望令京東、江浙、荆湖、漳泉等處，州縣官有兩員處，不更置；有三員處，發遣一員赴闕。」從之。

14庚子，殿前都指揮使、夏綏銀等州都部署王超徵闕。

15辛丑，環、慶、丹、延、晉、絳州、京兆府皆上言：「前月十九日，地晝夜十二震。」

16甲辰，壽寧節。群臣上壽，退赴佛寺宴飲，詔令皇太子赴會。

17辛亥，月有食之。

18己未，以池州新鑄錢監爲永豐監〔一〕。

〔一〕以池州新鑄錢監爲永豐監　續資治通鑑長編卷四〇至道二年十月己未條記其事曰：「先是，饒州有永平監，兵匠多而銅錫不給，知州馬亮請分其工之半，別置監於池州。詔從之。於是歲增鑄錢數十萬緡。」宋會要輯稿食貨一一之四、五亦曰：「至道二年十月，賜池州新置錢監名曰永豐。先是，州每年鑄錢四十萬貫，至是，復於池州分置是監，共鑄錢六十四萬貫。」九朝通略云：四十四萬貫。」

19庚申，宴中書門下、翰林學士、文武常參官、節度、觀察、防禦、團練使、刺史、諸軍校百夫長已上、諸州進奉使、外國蕃客於含光殿。

20辛酉，以主客員外郎周渭爲京東轉運副使。

21壬戌，以泰寧軍節度使、兼侍中張永德爲左衛上將軍。永德遣親吏市〔官〕（言）茶，興販規利〔一〕，闌出徼外，買羊犒將卒。爲轉運使王嗣宗所糾，故罷其節鎮，而有是命。虢州刺史劉宇卒。宇，范陽盧龍人，受虜署易州刺史。車駕北征，宇開門迎王師〔二〕，歸朝，累受郡印。至是來朝，卒于京師，年七十五。宇伉健有勇力，以弧矢、鞍馬自任，雖老，猶矍鑠不衰，往往以騎射爲樂。爲政寬易，郡民甚愛之。

〔一〕永德遣親吏市〔官〕（言）茶，興販規利　張永德時任泰寧軍節度使、兼侍中，判并州兼并代部署，宋史卷二五五張永德傳詳述其事曰：「自五代用兵，多姑息，藩鎮頗恣部下販鬻。宋初，功臣猶習舊事。太宗初即位，詔群臣乘傳出入，不得齎貨邀利，及令人諸處圖回，與民争利。永德在太原，嘗令親吏販茶規利，闌出徼外市羊，爲轉運使王嗣宗所發，罷爲左衛上將軍。」

〔二〕車駕北征，宇開門迎王師　續資治通鑑長編卷二〇太平興國四年六月丁卯條曰：「上躬擐甲胄，率兵次岐溝關。契丹東易州刺史劉禹以州降，留兵千人守之。東易州即岐溝關也。」劉禹，李燾注曰：「劉禹或作劉宇，今從守正傳。」易州刺史，當爲東易州刺史。宋會要輯稿兵七之八曰：「二十日，帝躬擐甲胄，率兵次東易州，州，戎人之所立也，僞刺史劉宇率官吏開門迎王師，乞降。」蕃夷一之五亦曰：太平興國四年六月「二十日，車駕次東易州，州即戎人所立，僞刺史劉宇率官吏開門迎王師，乞降，賜以衣服、錢帛，慰撫之，命宇爲左驍衛將軍。」宋朝事實卷二〇經略幽燕曰：「二十日，帝躬擐甲胄，率兵次東易州，僞刺史劉宇率官吏開門迎王師，乞降。」宋史卷四太宗一太平興國四年六月丁卯條亦曰：「次東易州，刺史劉宇以城降，留兵千人守之。」

22甲子，免京東轉運使、工部郎中郭異，坐前知越州，用法失入故也。詔併三司勾院爲一〔一〕，以工部員外郎劉(原闕)〔二〕。

〔一〕詔併三司勾院爲一　三司勾院，宋史卷一六二職官二記其職掌曰：「判官各一人，以朝官充。掌勾稽天下所申三部金穀百物出納帳籍，以察其差殊而關防之。鹽鐵院、度支院、户部院勾覆官各一人。」太宗朝，其或分爲三院，或合爲二院，或合爲一院，亦曾置三司都勾院，變化不定。皇朝編年綱目備要卷五至道二年冬十月併三司勾院爲一條述此次合併的原委曰：「先是，上嘗召三司孔目官李溥等二十七人，問以錢穀之務，溥等言不可口占，願得條對。上許之，因謂宰相曰：『此輩自幼寢處其中，必周知本末。卿等但假以顔色，引令剖析，宜有所資益。』三司使陳恕等終不肯降意。後上召恕等責以吏事廢弛，恕言：『國用所須浩瀚，臣等時舉利權，朝廷慮侵民皆不行，又時有災沴，必盡蠲其積欠，雖桑弘羊復生，亦所不逮也。』上曰：『卿等清而不通，且如簿領一處節目未備，即十年五年不決，此卿等之過也。』皆頓首謝。溥等條上利害七十一事，中書參校其四十四事可行，遂著於籍，其十九事令恕議定而後行之。上因謂侍臣曰：『朕豈不知以崇高自任耶？錢穀細務，亦自與用心區分者，蓋以如前代帝王昏弱者，天下十分財賦，未有一分入於王室。唐德宗在梁、洋，公私窘乏，韓滉專制鎮海，積聚財貨，德宗遣其子皋往求，得百萬斛，以救艱危，則當時朝廷事勢可見矣。朕今收拾天下遺利，以贍軍國，以濟窮困，若豪户猾民，望吾毫髮之惠，不可得也。』元年，因三司孔目官楊元實等所陳條目，置行帳司，檢校三司帳籍，命御史知雜張秉主之，官物羨溢者，凡三百三十八萬五千餘緡。上以元實等首爲規畫，悉遷其秩，充逐部孔目官。上又欲併三司爲一，命官總判，令鹽鐵使陳恕議其可否。恕言：『三司繁委，若爲三部，各設主司，此爲良策。其勾院、磨勘兩司，出於舊制，關防之要，莫加於此。理欠、憑由二司，雖非舊制，亦爲允當。其行帳司，近日權置，了絶舊帳，司額自除。提點司，是中旨特置，提振三司廢怠之事，固非有司敢得擬議。』上然之，是秋遂併理欠、憑由司爲一，廢提點司。至是復有今命。」又，宋會要輯稿職官五之二四曰：至道「三年十一月，復分三部勾院」。宋大事記講義卷四於此事下評論曰：「國朝以宰相掌民，樞密掌兵，三司掌財，目爲計相。其權至重，正使位亞執政，恩數與參樞同；副使位亞待制，廩禄與卿監同。自唐及五代，胄按隷之夏官，磨勘衙司隷之秋官，修造河梁隷之冬官，而地官不得與焉。國朝悉屬之三司，職任既專，利權不分矣。然我太祖之時，既分三司，各置使矣，又併三司爲一使，又置三司總計使，以陳恕爲之。分則出納、移用政令互出，動相違戾，合則錢糧繁劇，非一人所能總。然使三司得如陳晋公之通曉，則合而爲一可也，否則不如分之，可以互相稽考也。抑財利之職，必專其權、久其任而後可，司馬温公嘗論：『先朝陳恕在三司十餘年，至今稱能治賦者，以恕爲首。豈恕之才獨異於人哉？蓋得久於其職故也。』」

〔二〕以工部員外郎劉（原闕）　此句以下至「以詩戒之」，據續資治通鑑長編卷四〇所闕當爲十月甲子條部分及十一月全部，十二月乙巳前，其内容續資治通鑑長編所記爲：「甲子，併三司勾院爲一，工部員外郎劉式專領之。上面命式曰：『以汝一人當三人之職，宜勉盡力，副朕所望。』式久居計司，深究簿領之弊，江、淮間舊有横賦，積逋租至多，奏免之，人以爲便。然多所條奏，檢校過峻，卒爲下吏所訟，免官。十一月丁卯朔，司天冬官正楊文鎰上言，請於新曆六十甲子外，更增二十年。事下有司，判司天監苗守信等議，以爲無所稽據，不可行用。上曰：『支干相承雖止於六十，儻兩周甲子，共成上壽之數，期頤之人，得見所生之歲，不亦善乎！』因詔有司，新曆以百二十甲子爲限。初，河東轉運使索湘，遣憲州録事参軍永康胡則部送芻糧，爲一月計。則曰：『爲百日備，尚恐不支，奈何以一月計耶？』湘遣則以其事入奏，上因問以邊策，對稱旨，上顧左右曰：『州縣豈乏人！』遂令記姓名於中書。及李繼隆討賊，兵久不解，湘曰：『微子，幾敗吾事。』繼隆復移文曰：『兵且深入，糧有繼乎？』則謂湘曰：『彼師老欲歸爾，但以有備報之。』已而果然。先是，淮南十八州軍，其九禁鹽，餘則不。商人由海上販鹽，官倍數取之；至禁地，則上下其直。民利商鹽之賤，故販者益衆，至有持兵器往來爲盜者。發運使楊允恭以爲行法宜一，即奏請悉禁之，而官遣吏主其事。事下三司，三司言其不可。允恭固以請，甲午，詔從之。允恭又請令商人先入金帛京師及揚州博務者，悉償以茶。自是，鬻鹽得實錢，茶無滯貨，歲課增五十萬八千餘貫。禮部侍郎蘇易簡性嗜酒，初入翰林，告謝日，飲已半酣，其後沈湎不已。上嘗因接見，誡約深切，易簡垂涕再拜。翌日，復具表稱謝，上親批答以申奬勵，又草書勸酒、戒酒二詩賜易簡，令對其母讀之。自是每入直，不敢飲，或休暇在第，賓客候之，則已醉矣。十二月乙巳，易簡卒，上曰：『易簡竟以酒敗，深可惜也。』」

23（原闕）以詩戒之。易簡恐懼，每入直，不敢復飲酒。或休假在私第〔一〕，賓客候之，常醉矣，以致其死。上曰：「易簡果以酒敗，可惜也。」雅善筆札，好談謔，所著文房四譜及文集二十卷〔三〕，行于世。

〔一〕或休假在私第　宋會要輯稿職官六〇之一五記宋代休假制度曰：「國初，休假之制，皆按令式：歲節、寒食、冬至，各假七日，休務五日；聖節、上元、中元，各假三日，休務一日；春秋二社、上巳、重午、重陽、立春、人日、中和節、春分、立夏、三伏、立秋、七夕、秋分、授衣、立冬，各假一日，不休務。」

〔二〕雅善筆札，好談謔，所著文房四譜及文集二十卷　宋史卷二六六其本傳曰：「雅善筆札，尤善談笑，旁通釋典，所著文房四譜、續翰林志及文集二十卷，藏於祕閣。」文房四譜，郡齋讀書志卷一四曰：「文房四譜五卷。右皇朝蘇易簡撰。集古今筆、硯、紙、墨本原故實，繼以賦頌述作，有徐鉉序。」四庫館臣提要曰：「是編集古今筆、硯、紙、墨原委本末及其故實，繼以辭賦詩文，合爲一書。前載徐鉉序，末有雍熙三年九月自序，謂因閱書祕府集成此譜。蓋亦類書之體也。其搜採頗爲詳博，如梁元帝忠臣傳、顧野王輿地志等書，今皆久亡，惟藉此以獲見其略，其他徵引亦多。宋以前舊籍，足以廣典據而資博聞。凡筆譜二卷，硯、紙、墨譜各一卷，而以筆格、水滴附焉。當時甚重其書，至藏於祕閣。」

24丙午，處州言：「稻再熟〔一〕。」命宰相及群臣，分于京城諸寺觀、祠廟禱雪。

〔一〕稻再熟　處州麗水縣是年稻再熟，楊億武夷新集卷一二賀再熟稻表曰：「據本州麗水等縣狀申：今年人户所種早稻，自秋初刈，後爲雨水調適，元根再發青苗，結實成熟，共得兩收。已具州司別狀聞奏者。多稼並熟，所謂有年；嘉穀再登，斯爲上瑞。」除此之外，太宗朝還有兩次稻再熟，玉海卷一七九太平興國嘉禾瑞麥雍熙嘉禾詩淳化嘉禾合穗圖條曰：太平興國三年「十月甲子，荆南言：『江陵縣稻再熟。』五年正月癸未，歙州言：『稻再熟。』」稻再熟，自然發生的一種雙季稻的現象，稱再生雙季稻，曾雄生宋代的雙季稻曰：宋「再生稻栽培廣泛，各地名稱也不盡相同。史書中多統稱爲『稻再熟』，而玉峰（江蘇崑山）等地則稱爲『再撩稻』，安徽無爲等地的再生稻則稱爲『稻孫』，浙江會稽稱『魏撩』，台州則稱爲『二稻』、『傳稻』，或『孕稻』，江西等地則稱爲『女禾』」、「再生稻是水稻收穫（或敗收）之後，其莖基部的休眠芽萌發抽穗結實。宋人詩中所謂『田收長稻孫』的詩句就是對此種現象的描述。再生稻最初是一種自然現象，後來被人爲地加以利用，便成了一種種植制度。宋代的再生稻遍及兩浙、江淮，甚至於荆湖等許多地區。」載自然科學史研究二〇〇二年第三期

25甲寅，雨雪，近臣稱賀。

26乙卯，以給事中温仲舒爲户部侍郎、左諫議大夫李惟清爲給事中。

27丙辰，以工部郎中、直集賢院胡旦守本官、知制誥。右贊善大夫宋貽序上表，乞終喪紀，從之。貽序，故右僕射琪之次子〔一〕，琪卒，上悉起諸子，授以官，廪給之。至是，貽序上言，故不奪其志。

〔一〕故右僕射琪之次子　宋史卷二六四宋琪傳僅言宋氏有貽序、貽庥、貽廣三子，貽序似爲長子。

28丁巳，命工部郎中、知制誥胡旦序立于馮起之上。故事：知制誥先入者居上，不繫

于官次。至是，馮起任祠部郎中，故命旦居其上〔一〕，非常例也。

〔一〕馮起任祠部郎中，故命旦居其上　宋尚書省二十四司郎中，皆爲從六品，據慶元條法事類卷四職制門一官品雜壓職制令、宋會要輯稿職官四之三、宋史卷一六八職官八等，其官由高至低依次爲：尚書吏部、司封、司勳、考功、户部、金部、倉部、禮部、祠部、主客、膳部、兵部、職方、駕部、庫部、刑部、都官、比部、司門、工部、屯田、虞部、水部郎中。馮起任祠部郎中，位在任工部郎中的胡旦之上。

29 戊午，詔曰：「自今州縣官部内流民及亡失租調計之一者〔一〕，並書下考。」東上閤門使安忠卒〔二〕。忠，洛陽人，事上於藩邸〔三〕，形質魁岸，書纔記姓名〔四〕。上即位，授供奉官，累遷至東上閤門使，俄遷左龍武大將軍、判右金吾街仗事。忠泣訴於上，以環衛之任在外朝，不得侍左右，願復舊職。上笑曰：「大將軍，三品顯官，汝終不知朝廷表著〔五〕。」因從其請。出護洪、吉七州屯兵〔六〕。至是卒，年六十四。

〔一〕亡失租調計之一者　宋會要輯稿職官五九之五記此詔曰：至道二年十二月二十三日，詔今後州縣官部内流民及亡失租調什之一者，並書下考。」續資治通鑑長編卷四〇至道二年十二月戊午條亦曰：「自今州縣官部内流民及亡失租調什之一者，並書下考。令民間所織縑帛，非鬻于市者，勿出算。」皇朝編年綱目備要卷五至道元年七月蠲陳許等州夏税雜征條曰：「尋詔州縣部内流亡及失租調什之一者，書下考。又令民間自織縑帛，非鬻市勿筭。」實録「計之一」，顯當爲「什之一」。又，宋會要輯稿食貨一七之一三所記此詔，惟曰：「民間所織縑帛，非出鬻於市者，勿得收筭。」

〔二〕安忠卒　宋史卷二七六安忠傳言安氏「至道三年，以病求歸，至泗州卒，年六十四」。

〔三〕忠，洛陽人，事上於藩邸　宋史卷二七六其本傳曰：「安忠，河南洛陽人。祖叔千，仕晉累任方鎮，以太子太師致仕。父延韜，左清道率府率。忠形質魁岸，不知書，纔通姓名而已。事太宗藩邸，殆二十年。」宋史卷二七六有論曰：「太宗居潛，左右必求忠厚彊幹之士。及即位，修舊邸之功，陳從信、張平、王繼昇、尹憲、王賓、安忠六人者，咸備任使，又皆畀以兵食之重寄，而各振舉其職焉，有足稱者矣。」又，安氏實爲沙陁人，其祖安叔千，舊五代史卷一二三安叔千傳即曰：「安叔千，沙陁三部落之種也。」並言其通契丹語。鄧小南祖宗之法分析了此類書籍貫而不言其民族背景的做法，認爲：「主要根據五代資料編纂而成的舊五代史、新五代史等書，對於傳記主人的沙陁、代北、回鶻等族屬記載得相對明白；而入宋有年之後，宋人所寫墓誌、所修國史以及在其基礎上編撰的宋史，在談到後輩傳主時，則傾向於只回溯籍貫地而不涉及其族屬背景。從安審琦一家、張從恩父子與藥彦稠父子等人的傳記資料中，可以明顯地看出這種趨向。這種傾向，最終導致歷史記録中宋初民族色彩的淡出，也使後世研究者們較少注意到這一過程。隨着時代與觀念的轉變，『胡、漢』之類的區分絶少再被提及，而『文、武』對舉的表述則愈益凸顯出來。」三聯書店二〇〇六年版，第九八—九九頁。實録此條亦即一個例證。

〔四〕書纔記姓名　宋史卷二七六本傳言其「不知書，纔通姓名而已」。其祖安叔千，即以「安没字」聞名，舊五代史卷一二三安叔千傳曰：「叔千鄙野而無文，當時謂之安没字，言若碑碣之無篆籀，但虚有其表耳。開運初，朝廷將大舉北伐，授行營都排陣使，俄改左金吾衛上將軍。契丹入汴，百僚迎見于赤崗。契丹主登高崗駐馬，而撫諭漢官。叔千出班，效國語，契丹主曰：『爾是安没字否？卿比在邢州日，遠輸誠款，我至此，汝管取一喫飯處。』叔千拜謝而退。」

〔五〕汝終不知朝廷表著　宋史卷二七六其本傳記太宗、安忠君臣語曰：「王賓出知揚州，以忠代爲左龍武軍大將軍。忠泣請：『諸衛將軍列在朝外，不得迎左右，願復舊職。』上笑曰：『環列之官，古官也。大將軍三品，汝終不知朝廷表著之位。』」

〔六〕出護洪、吉七州屯兵　宋史卷二七六本傳言其職爲「淮南諸州兵馬鈐轄」。

30是歲，天下户四百五十七萬四千二百五十七〔一〕。

〔一〕四百五十七萬四千二百五十七　續資治通鑑長編卷四〇至道二年卷末作：「是歲大有年，天下户三百五十七萬四千二百五十七」。與實録不同。案：中華書局點校本續資治通鑑長編卷四〇校勘記〔三七〕有云：天下户三百五十七萬四千二百五十七「太宗實録卷七九作『四百五十七萬四千二百五十七』。按宋會要食貨一一之二六：太祖開寶九年天下主客户三百九萬五百四，太宗至道三年天下主客户四百一十三萬二千五百七十六。宋史卷八五地理志亦載：至道末，天下主客户爲四百一十三萬二千五百七十六，與會要所紀同。疑本書此處『三百』當作『四百』。」然除實録此條外，續資治通鑑長編卷一二三寶元二年三月壬寅條及玉海卷二〇寶元歷代户數條、宋朝事實類苑卷五祖宗聖訓等皆作：「太祖朝二百五十萬八千九百六十五，太宗朝三百五十七萬四千二百五十七。」楓窗小牘卷上、説郛卷三〇下亦曰：「國初，杭、粤、蜀、漢未入版圖，總户九十六萬七千五百五十三，至開寶末，增至二百五十萬八千六十五户。太宗拓定南北，户猶三百五十七萬四千二百五十七。此後遞增，至徽廟有一千八百七十八萬之多。噫！可謂盛矣。及乘輿南渡，江、淮以北，悉入虜廷，今上主户亦至一千一百七十萬五千六百有奇。生息之繁，視宣和已前，僅減七百萬耳。尚令此虜假氣游魂，何也？」又，宋會要輯稿食貨一一之二六曰：「太宗至道三年，天下主客户四百一十三萬二千五百七十六。」宋史卷八五地理序、玉海卷二〇嘉祐户口條、群書考索卷六三户口類條等亦同。若至道二年户口數果爲四百五十七萬四千二百五十七，則至道二年到至道三年一年之中，户口數當鋭減了四四萬以上，在其時並無大的戰争和災害的情況下，顯然這是不可能的。疑實録四百五十七萬四千二百五十七之説爲誤，當以續資治通鑑長編所載三百五十七萬四千二百五十七爲是。

書寫：王壽昌　初對：楷書王良弼　再對：霍良弼

太宗皇帝實録卷第八十起至道三年正月，盡山陵。

1至道三年，春正月丙寅朔，上不受朝，群臣詣閤門拜表稱賀。

2丁卯、癸酉，並輟視朝，以孝章皇后〔一〕啓欑並發引故也。群臣詣閤奉慰。

〔一〕孝章皇后　宋太祖皇后宋氏，開寶二年入宫爲皇后，太宗朝稱開寶皇后，石林燕語卷一曰："太宗即位，尊孝章皇后爲開寶皇后，移居東宫，而不建名。"宋史卷二四二后妃上曰："孝章宋皇后"太祖崩，號開寶皇后。太平興國二年，居西宫。雍熙四年，移居東宫。至道元年四月崩，年四十四。有司上謚，權殯普濟佛舍。三年正月，祔葬永昌陵北。命吏部侍郎李至撰哀册文，神主享于别廟。神宗時，升祔太廟。"又，至道元年宋后崩時有"群臣不成服"之"不成喪"之説，宋史卷五太宗二贊並將"宋后之不成喪"，列爲太宗"後世不能無議焉"之一。續資治通鑑長編卷三七至道元年五月甲寅條詳曰："翰林學士王禹偁兼知審官院及通進、銀臺、封駁司，制敕有不便，多所論奏。開寶皇后之喪，群臣不成服，禹偁與賓友言：『后嘗母天下，當遵用舊禮。』或以告，上不悦。甲寅，禹偁坐輕肆，罷爲工部郎中、知滁州。"此事與"太宗於太祖崩不踰年改元"、"廷美、德昭不得其死"等，往往被視作"皆足以追證燭影之疑"，程敏政篁墩文集卷一一宋太祖太宗授受辨則曰："宋乃太祖第三后，長編謂其崩，太宗設次發哀，群臣奉慰，以后初立，未嘗降詔，故喪儀多所貶損，百官不成服。固當時禮官之過也。就使因召德芳而銜之，則其事亦在太祖崩後矣。」

3丙子，以户部侍郎温中舒、禮部侍郎王化基，並守本官參知政事〔一〕，給事中李惟清同知樞密院事。以給事中、參知政事張洎爲刑部侍郎〔二〕。

〔一〕以户部侍郎温中舒、禮部侍郎王化基，並守本官參知政事　續資治通鑑長編卷四一至道三年正月丙子條、皇朝編年綱目備要卷五至道三年正月條、宋史全文卷四此下皆曰：「時邊境多事，上垂欲相仲舒而罷吕端，會不豫，乃止。」宋宰輔編年録卷二至道三年正月丙子條亦同。案：宋史卷二六六温仲舒傳，温氏淳化二年至四年任樞密副使、同知樞密院事，太宗曾有言曰：「仲舒嘗總機密之職，在吾左右。」太宗欲以其爲相，或與此有關。

〔二〕以給事中、參知政事張洎爲刑部侍郎　續資治通鑑長編卷四一至道三年正月丙子條曰：「參知政事張洎罷爲刑部侍郎。」宋宰輔編年録卷二至道三年正月丙子條亦曰：「同日，張洎罷參知政事。」較實録清晰。

4己卯，上元節，京城張燈。上幸乾元門樓，宴從官，夜分而罷。

5戊子，孝章皇后神主還京，宰相率百官拜迎於順天門外。

6己丑，刑部侍郎張洎卒。洎，滁陽人〔一〕，少有俊才，博通墳典，李景日舉進士及第，解褐上元尉，遷校書郎。景長子燕王冀卒，有司謚武宣，洎獻議駁正，詞理精當，擢拜監察御史。自以論事稱旨，遂率意彈擊，不避權貴大臣，游簡言等共嫉之。會景避地豫章，留其子煜居守，即共薦洎掌煜記室，不得從。未幾，景卒於豫章，煜襲位，擢爲工部員外郎、試知制誥。滿歲，爲禮部員外郎、知制誥。累遷中書舍人、清輝殿學士，參預機密，恩寵第一。洎故字師黯，煜令字偕仁，常以字呼之。清輝殿在後苑中，煜愛之，不令旦夕離左右，故授以内殿之職。中外之務，一以咨之〔二〕。每兄弟宴飲宫中，作妓樂，洎獨得預。宫城東北隅，賜以大第，爲寫書萬餘卷，别創書堂，煜自科著之。常至其第，召見妻子，慰撫、賜予甚厚。洎尤好建議，每所規畫，煜未即行，必稱疾不起，煜以手札開釋之，始復視事。及王師圍城踰年，城危甚，洎每勸煜勿降，廣〔引〕（言）符命，指引玄象無變〔三〕，金湯之固，未易取也。旦夕當引退，願勿憂。又言：「一旦有不虞，當先死社稷。」既而城陷，洎携妻子及金玉重寶，自便門入止宫中，與樞密使陳喬同升閣，將俱死。既至，喬自經，氣絶，洎乃下〔四〕，見煜曰：「臣與喬同掌機務，今日國亡，當俱死，念主入朝，誰辯明主？所以不死爾，將有以報也。」歸朝，太祖召見，責之曰：「汝教煜不降，使至今日。」因出帛書示之，乃王師圍城，煜遣洎草徵上江救兵蠟丸中詔書也。洎頓首請罪曰：「臣之所爲也。犬各吠非其主，此其一爾，他尚多。今得死，臣之分也。」詞色不變。太祖初欲殺之，及是，喜，拜太子中允〔五〕。上即位，以文雅，選直舍人院。未幾，使高麗，復命，改户部員外郎，出知相、貝二州。頗簡慢，部内不治，轉運使田錫言其狀，徵還。洎求見，廷辯，上以其儒生，不復責以吏事，詔不問。以本官知譯經院，改兵部員外郎，禮部、户部二郎中，選爲太僕少卿，拜右諫議大夫、判大理寺，俄充史館修撰、判集賢院事。上令以儒行篇刻於版，賜近臣及新及第貢舉人〔六〕，洎上表稱述，敷引前代以媚上，上以其該博，命丞相獎諭〔七〕。數月，擢拜中書舍人、充翰林學士。洎性便佞，能伺候人主意，博涉經史，多知典故，每上有所著述及賜近臣詩什，洎必上表，廣徵引以將順其美〔八〕。與蘇易簡同在翰林數月，尤不協，及易簡秉政，洎旦夕攻之。既而易簡罷，以洎爲給事中、參知政事。與寇準同列，先是，準知吏部選事，洎掌考功，爲吏部官屬。準年少，新進氣鋭，思欲老儒附己以自大。洎夙夜坐曹視事，每冠帶候準于省門，揖而退，不交一談，準益重之。因召與語，洎捷給，善持論，多爲準規畫，準心伏，遂兄事之，極口誇洎於上。漸欲進用，又知其在江表日多讒毁良善，李煜殺中書舍人潘佑，洎嘗預謀，心疑之。待詔尹熙古、吴郢，皆江東人，洎常善待之，上一夕召熙古等侍書禁中，因問以佑得罪故，熙古言煜忿佑諫説太直爾，非洎也。自是洗然，遂擢用，蓋準推挽之也〔九〕。既同秉大政，準亦忌之，洎奉事準愈謹，政事一決於準，洎無所參預，專修時政記，甘言諛詞以自媚於上。會議靈州事不稱旨，恐懼，欲自固權寵。上已嫉準專恣，恩寵衰替，洎慮一旦同罷免，因奏事，大言寇準退後多誹謗上，準但色變，不敢自辯，上由是大惡準，旬日罷。未幾，洎被病，家居滿百日，力疾請對，方拜，踣於上前。明日，表解職，優詔不允。後月餘，改刑部侍郎，罷知政事。捧詔嗚咽，疾遂亟。後十餘日卒，年六十四。上聞之軫悼，特贈本曹尚書，賻襚賵贈加等，以其二子皆爲六品正員官。洎風儀灑落，文彩清麗，兼通禪寂虚無之理，終日清談，亹亹可聽。尤險詖，好攻人之短。舊事李煜，及煜歸朝，甚貧，洎猶丐索之，煜以銀頮面器與洎，洎怒不得金者。時潘慎修掌煜記室，洎疑慎修教煜，素與慎修善，自是亦稍疏之。煜子仲寓，雅好蒲博、飲宴，洎因切諫之，仲寓謝過。後數月，人有言仲寓蒲博如故，洎遂與之絶。及仲寓死郢州，歸葬京師，洎亦不赴吊。與張佖議事不協，遂爲讎隙。始父事佖，既而不拜〔一○〕。尤善事黄門宦官，在翰林日，引唐故事，奏内供奉官藍敏貞爲翰林學士使、内侍裴愈副之。上覽奏，謂曰：「此唐室弊政，疑貳大臣，處處以中人監之。朕方恢復古道，安肯踵此覆轍？卿言過也。」洎慙而退。洎自江東歸朝廷，故舊無登其門者。

性鄙悋，雖親戚無所及。常與故散騎常侍徐鉉厚善，心重之，因議事小不協，遂絶，然手寫鉉文章，訪求其筆札，藏於篋笥，甚於珍玩，此其異也。

〔一〕滁陽人　隆平集卷六張洎傳亦作「滁陽人」，然宋史卷二六七張洎傳作「滁州全椒人」。

〔二〕中外之務，一以咨之　張洎以清輝殿學士主南唐國政，續資治通鑑長編卷一四開寶六年十月壬午條曰：「洎時爲清輝殿學士，參預機密，恩寵莫二。清輝殿在後苑中，國主不欲洎遠離左右，故授以此職。洎與太子太傅臨汝郡公徐遼、太子太保文安郡公徐遊别居澄心堂，密畫中旨，多自澄心堂出，遊從子元楀等出入宣行之。中書、密院，乃同散地。」同書卷一五開寶七年六月甲申條亦記宋太祖對南唐使者曰：「爾國弄權者結喉小兒張洎，何不入使？爾歸，可諭令一來，朕欲觀之。」

〔三〕指引玄象無變　燕永成點校本宋太宗實録改「引」作「言」，其卷八〇校勘記〔二〕曰：「據長編卷四一改。」甘肅人民出版社二〇〇五年版，第二〇八頁。

〔四〕喬自經，氣絶，洎乃下　續資治通鑑長編卷一六開寶八年十一月乙未條叙事不取實録及國史張洎傳此説，其文曰：「城陷。初，陳喬、張洎同建不降之議，事急，又相要以同死社稷。然洎實無死志，於是攜妻子及槖裝入止宮中，引喬同見國主。喬曰：『臣負陛下，願加顯戮。若中朝有所詰問，請以臣爲辭。』國主曰：『運數已盡，卿死無益也。』喬曰：『陛下縱不殺臣，臣亦何面目見國人乎。』遂縊。洎乃告國主曰：『臣與喬共掌樞務，今國亡當俱死。又念陛下入朝，誰與陛下辨明此事，所以不死者，將有待也。』」李燾並於注中考證曰：「國史張洎傳，言洎約陳喬同升閤，喬自縊，洎視喬氣絶乃下。

而談苑載喬縊於視事廳，洎猶不知。國史蓋因九國志陳喬傳所云，恐九國志未可信也。洎既已背約不死，亦何待喬氣絶，乃下閤乎？談苑又言國主求喬不得，或告洎以爲喬已北降，明年乃得喬尸。按此，則所云同升閤者，繆甚矣。今參酌修潤，庶免牴牾。大抵城破時，洎與喬猶同見國主，請如前約，喬遂死，而洎不死耳。洎固不能死，所以同見國主者，度國主必不許其死也。」馬氏南唐書卷一七義死陳喬傳所記，或得其實：「及城將陷，後主自爲降款，俾喬與世子仲寓開城門納之。喬遽歸府，以款投於承霤。後主促之愈急，喬入見，曰：『自古豈有不亡之國乎！降無益也。臣請城下一戰而死。』喬意欲與後主俱死，而不忍言。後主執其手，泣曰：『盍與我北歸。』喬曰：『臣當大政，而致國家如此，非死無以報。臣死，而歸之以逆命之罪，則陛下保無恙也。』掣其手去。入視事堂，召二親吏，解所服金帶遺之，曰：『吾死，掩屍無泄。』遂自縊。二吏徹榻瘞之。後主求喬不得，張洎曰：『已死北軍矣。』語未畢，而王師遽入。後主俘於京師，太祖皇帝責其拒命勞師，果以陳喬固執爲對」。案：實録、國史張洎傳皆出自楊億，而涑水記聞卷三有云：「洎女嫁楊文公，驕倨不事姑，或效其姑語以爲笑，後終出之。由是兩家不相能，故文公修國史，爲洎傳，極言其短。」則實録此説或出於傳聞。何冠環北宋武將研究曰：「從太宗一朝始，還有一特别現象，就是南唐降臣及北漢降將極受排擠和歧視。」香港中華書局二〇〇三年版，第一三二頁。張洎被實録、國史極言其短，或即當爲一例。又，實録稱陳喬時任樞密使，不確，馬氏南唐書卷一七義死陳喬傳曰：「時降樞密院爲光政院，喬爲光政使，而張洎爲副，同掌機密。」故釣磯立談、續資治通鑑長編、馬氏南唐書、陸氏南唐書皆書其職爲「光政使」。

〔五〕拜太子中允　續資治通鑑長編卷一七開寶九年正月辛未條述其事曰：宋太祖「又責張洎曰：『汝教李煜不降，使至今日。』因出帛書示之，乃王師圍城，泊所草召江上救兵蠟彈内書也。泊頓首請死，曰：『書實臣所爲也。犬吠非其主，此其一耳，他尚多。今得死，臣之分也。』辭色不變。上初欲殺泊，及是奇之，謂曰：『卿大有膽，朕不罪卿。今事我，無替昔之忠也。』」宋朝事實類苑卷一一名臣事迹張泊條引魏王筆録則曰：「張泊在圍城中，作蠟丸帛書，間道求北戎之援，爲邊候所得。泊歸朝，太祖召泊詰責，以書示之。泊神色自若，徐曰：『此臣在國所作。』太祖厲聲曰：『汝國稱藩事大，何乃反覆如此？汝實爲之，誰之過也？』泊曰：『當危難之際，望延歲月之命，亦何計之不爲？臣所作帛書甚多，此特其一耳。』上喜之曰：『忠臣也。』召坐，慰勞之。」

〔六〕上令以儒行篇刻於版，賜近臣及新及第貢舉人　儒行篇，即禮記儒行篇。太宗以儒行篇賜近臣及新進士，事在淳化三年三月，續資治通鑑長編卷三三淳化三年三月辛丑條曰：「時詔刻禮記儒行篇，賜近臣及京官受任於外者，并以賜何等，令爲座右之戒。初，内殿策士，例賜御詩以寵之，至陳堯叟始易以箴，用敦勉勵。暨孫何，則詩、箴並賜，時論榮之。」宋史卷一五五選舉一亦曰：「淳化三年，諸道貢士凡萬七千餘人。先是，有擊登聞鼓訴校試不公者。蘇易簡知貢舉，受詔即赴貢院，仍糊名考校，遂爲例。既廷試，帝諭多士曰：『爾等各負志業，效官之外，更勵精文采，無墜前功也。』詔刻禮記儒行篇賜之。」宋會要輯稿選舉二之二：「淳化三年三月初九日，賜新及第進士御製詩、儒行箴各一首。十五日，詔新及第進士及諸科貢舉人儒行篇各一軸，令至所著於壁，以代座右之誡。」麟臺故事卷五恩榮：「太宗皇帝待遇三館特厚。淳化二年，詔翰林學士蘇易簡以上三體書石本遺吏部侍郎兼祕書監李至、左諫議大夫楊徽之及三館學士，凡二十五人，皆上表謝。明年，以新印儒行篇賜中書、樞密院、兩制、三館、御史中丞、尚書丞郎、給諫等，人各一軸。」宋史卷一六八職官八：真宗時「又以禮記儒行篇賜親民釐務文臣」。然仁宗天聖五年、八年，宋廷改以禮記中的中庸、大學兩篇取代儒行篇以賜新及第進士，宋會要輯稿選舉二之七曰：天聖五年四月「二十一日，賜新及第中庸一篇」、天聖八年四月「四日，賜新及第進士大學一篇。自後與中庸間賜，著爲例。」神宗熙寧五年八月，又下詔正式停止賜文臣儒行篇，續資治通鑑長編卷二三七熙寧五年八月辛丑條曰：「詔：『文臣京朝官至幕職州縣官，武臣諸司使副以下至三班使臣，朝辭日，並罷賜誡勵敕并七條、攝生論，其賜儒行篇亦罷之，內攝生論並藥方惟廣南州軍各賜一本，與聖惠方同頒之。』」余英時朱熹的歷史世界分析這種變化的原因及其意義曰：「當時何以有此變更？是否涉及某種争論？史料不足，今已不能解答。但是就道學的起源而言，這是一個劃時代的事件。理學家後來奉爲四書的兩大聖典都通過科舉而從此遍傳天下了。程頤曾毫不客氣地指出：『儒行之篇，此書全無義理，如後世遊説之士所爲誇大之説。觀孔子平日語言，有如是者否？』（遺書卷一七）同樣的話他在另一場合又重複了一次。（卷一九）過去我們不理解他爲什麽單單挑出儒行篇來予以痛斥。現在我們完全明白了，這是針對太宗淳化三年賜進士儒行篇而發。他既然對儒行篇如此注意，則仁宗初年賜中庸和大學之事必然在他心中留下了更深刻的印象。我們可以肯定地説：道學家的興起並不是遍讀六經，經過仔細權衡，最後才决定將大學、中庸兩篇選出來作爲儒家的基本文獻。他們也不可能是直接從韓愈、李翱的文字中得到了啓發。爲什麽呢？因爲這一類的説法都不免捨近求遠，不着邊際，與思想史的一般進程太格格不入了。我們必須破除『返之六經而後得之』或『讀孟子而自得之』這些神話，才能真正開始研究道學起源與形成的問題。」三聯書店二〇〇四年版，上册第九三頁。

〔七〕上以其該博，命丞相奬諭　宋史卷二六七其本傳有云：「時上令以儒行篇刻於版，印賜近臣及新第舉人。洎得之，上表稱謝，上覽而嘉之。翌日，謂宰相曰：『群臣上章獻文，朕無不再三省覽。如張洎一表，援引古今，甚不可得。可召至中書，宣諭朕意。』數月，擢拜中書舍人，充翰林學士。上顧謂近臣曰：『學士之職，清要貴重，非他官可比，朕常恨不得爲之。』故事，赴上日設燕，教坊以雜戲進，久罷其事。至是，令盡設之，仍詔樞密直學士呂端、劉昌言及知制誥柴成務等預會，時以爲榮。俄判吏部銓。嘗引對選人，上顧之謂近臣曰：『張洎富有文藝，至今尚苦學，江東士人之冠也。』

〔八〕廣徵引以將順其美　宋史卷二六七其本傳此下有云：「上因賜詩褒美，有『翰長老儒臣』之句。」

〔九〕蓋準推挽之也　涑水記聞卷三曰：「太宗時，洎爲員外郎、判考功，寇萊公判流内銓，年少倨貴，每入省，洎常立於省門，磬折候之。萊公悦，引與語，愛其辨博，遂薦於太宗。太宗欲用之，而聞潘佑因洎而死，薄其爲人。太宗好琴、棋，琴棋待詔多江南人，洎皆厚撫之。太宗嘗從容問佑之死於待詔，曰：『人言皆張洎譖之，何如？』待詔對曰：『李煜自忿佑言切直而殺之，非執政之罪也。』萊公又數爲上言洎學術該富，知識宏敏，上亦自愛其才，久之，遂與萊公皆參知政事。」

〔一〇〕始父事佖，既而不拜　涑水記聞卷三引國史曰：「張洎爲舉人時，張佖在江南已通貴，洎每奉謁求見，稱從表姪孫；既及第，稱姪；稍貴，稱弟；及秉政，不復論中表，以庶僚遇之。佖怨洎入骨髓。國亡，俱仕中國。洎作錢俶謚議云：『亢而無悔。』佖奏駁之，洎廣引經傳自辨，乃得解。」

7 庚寅，以都官郎中沈繼宗爲淮南轉運使〔一一〕，工部郎中、知制誥胡旦兼史館修撰。

〔一一〕以都官郎中沈繼宗爲淮南轉運使　沈繼宗，宋初宰相沈義倫之子。

8 辛卯，以侍衛親軍馬步軍都虞候傅潛爲延州路兵馬都部署〔一二〕，殿前都虞候王昭遠爲靈州路兵馬都部署，西京作坊使石普爲關右、河西巡檢，户部使張鑑調發陝西諸州軍糧，工部郎中、知制誥張秉，祠部郎中、知制誥馮起，翰林侍讀、起居舍人吕文仲推節催督之〔二〕。

〔一〕侍衛親軍馬步軍都虞候傅潛爲延州路兵馬都部署　續資治通鑑長編卷四一至道三年正月辛卯條曰：「以步軍都虞候傅潛爲延州路都部署。」與實録不同。案：宋會要輯稿兵八之一九曰：「三年正月，以侍衛親軍馬步軍都虞候傅潛爲延州路兵馬都總管。」宋史卷五太宗二至道三年正月辛卯條：「以侍衛馬步軍都虞候傅潛爲延州路都部署。」宋史卷二七九傅潛傳曰：「雍熙四年，起爲内外馬步都軍頭、領潘州防禦使，尋拜殿前都虞候、領容州觀察使。端拱初，加殿前副都指揮使、領昭化軍節度，出爲高陽關都部署。淳化二年四月，拜侍衛馬步軍都虞候、領武成軍節度。至道中，出爲延州路都部署，改鎮州。」續資治通鑑長編顯誤，當以實録爲是。

〔二〕推節催督之　續資治通鑑長編卷四一至道三年正月辛卯條作「持節催督之」，實録顯誤。又，續資治通鑑長編在此下記張鑑上疏建議棄靈州曰：「伏以關輔之民，數年以來，併有科役，畜産蕩盡，室廬頓空。加以浦洛之行，曾經剽劫，原州之役，又致遷延，非獨令之弗從，實緣力所不逮。況復先棄糧草，見今逐處追科，本户税租，互遣它州送納，往返千里，費耗十倍，愁苦怨嗟，充塞路岐，自春徂冬，曾無暫息，餱糧乏絶，力用殫窮。顧此疲羸，尤堪軫惜。今若復有差率，益致流亡，縱使驅迫而前，復恐逗撓而潰。願陛下特垂詔旨，無使重勞，因兹首春，俾競東作，慎固邦本，詳求賦經。況靈州一方，僻居塞外，雖曰西陲之要地，實爲中夏之蠹區。竭物力以供須，困甲兵而援送，蕭然空壘，祇益外虞，不若以賜繼遷，使懷恩奉籍，稍息芻挽之役。事當深慮，理要預防。若待川決而後隄，火熾而方戢，則焚溺之患深矣，雖欲拯救，其可得乎！」

9 二月丙申朔，以許州司馬盧文翰爲工部員外郎，同勾當陝西轉運事。

10 丁酉，孝章皇后祔別廟，群臣皆詣閤奉慰。

11 庚子〔一〕，靈州行營言：「敗李繼遷萬餘衆，斬首二千級，獲鞍馬鎧甲數千計，繼遷單騎遁走。」群臣稱賀。

〔一〕庚子 稽古録卷一七亦曰：至道三年「二月庚子，靈州行營奏破李繼遷，繼遷單騎遁去。」與實録同。宋史卷五太宗二則繫其事於至道三年二月丙申朔。實録、稽古録所記當爲奏到時間。又，續資治通鑑長編卷四一至道三年二月不記是役，惟於三月癸酉條曰：「傅潛等言，護送二十五州軍芻粟已入靈州。會上不豫，因止其出師。」據此，則靈州宋軍似並未有大的戰果。

12 辛丑，上不豫，止於便殿決事。

13 甲辰〔一〕，詔曰：「朕獲主萬邦，于兹二紀。囹圄之際，專務於盡心；肖翹之微〔二〕，常憂其失所。矧畿甸之富庶，而輦轂之浩穰，方春陽和之時，品物邕茂，禁繫猶衆，狴犴未空，雖多辟之所招，在好生而斯切。議獄緩死，宜順於天常；宥過眚災，聿遵於時令。自至道三年二月九日已前，應京畿繫囚：死罪並降從流，流已下並放〔三〕。」

〔一〕甲辰　宋大詔令集卷二一五恩宥上收録此詔，題名爲在京畿縣降雜犯死罪放流罪已下德音，繫其時於至道三年二月甲寅，與實録不同。案：宋史卷五太宗二亦繫其時於至道三年二月甲寅，與實録同。又，全宋文卷七四宋太宗一五校勘記有考證曰：「甲辰正爲九日，與太宗皇帝實録詔文合。」當以實録爲是。

〔二〕肖翹之微　指微小的飛蟲，典出莊子胠篋：「肖翹之物，莫不失其性。」

〔三〕流已下並放　宋大詔令集所録此詔，文字與實録差異較大，其辭曰：「門下：朕獲主萬邦，于今二紀，承昊穹之景貺，致區宇之大同。然猶業業兢兢，日慎一日，輟寐而常思至道，虚心而博訪嘉猷，務洽和平，用綏黎庶。而輦轂之下，民物浩穰，慮禁繫之稍繁，或滯淹而未決。況陽春啟蟄，農事方興，議獄緩刑，宜遵於古典；布德行惠，蓋順於天時。云云。且子育之民，遐邇無異，而王畿之内，力役所叢，須議優矜，式符欽恤。咨爾中外，宜悉朕懷。」

14戊午，詔：「文武百官並於崇政殿起居，自皇太子、親王及諸軍校，分爲七班。」先是，上不豫，不御前殿，猶孜孜視政事，延見群臣，無有厭怠。至是，以文武班列衆多，久坐罷倦，而有是詔。

15壬戌，大食、賓同朧國〔一〕各遣使朝貢。以右諫議大夫雷有終爲給事中、知并州。

〔一〕賓同朧國　實録亦簡稱「賓同」。今越南南部地區古政權，宋史卷五太宗二至道三年二月壬戌條作「賓同隴國」，卷四八九外國五占城則作賓陁羅國，宋代史籍中尚有賓瞳龍國等稱呼。宋朝事實卷一二儀注賓同隴條原注曰：「海南小國，其王室利波庶稅，至道中來朝貢，今不具到。」諸蕃志卷上志國賓瞳龍國條則曰：「賓瞳龍國，地主手飾衣服與占城同。以葵蓋屋，木作柵護。歲貢方物於占城。今羅漢中有賓頭盧尊者，蓋指此地言之。賓瞳龍，音訛也，或云目連舍基尚存。雍熙四年，同大食國來貢方物。」楊博文諸蕃志校釋詳細考證曰：「賓瞳龍國，即占城之南部「皇華四達記作奔陁浪州（新唐書地理志卷四三下引），新唐書環王傳作奔浪陁，疑爲奔陁浪之倒誤，嶺外代答占城國作賓瞳龍與賓陁陵，又誤爲二地。而宋史占城傳作賓陁羅，注輦傳作賓頭狼山，大食傳作賓同隴國。雲麓漫鈔作賓達儂，島夷誌略作賓童龍，明史占城傳、皇明象胥録占城又作邦都浪，皆是梵名Panduranga 之對音，占文作Panran、Panrang、Pandaran 。（荷蘭人名之曰馬來灣），地在今之藩朗(Phanrang)。我國史籍上之環王時期，曾一度以此爲都城。賓瞳龍原是扶南屬國，於扶南衰落後獨立，其後又成爲林邑屬國。九世紀時又成爲環王國都。土人名其地曰藩朗，安南人譯爲藩龍，或因『藩朗』（或『藩龍』）與環王音近所致，並又爲都城，故稱其國曰環王。」中華書局二〇〇〇年版，第一六—一七頁。嶺外代答卷二外國門上占城國條曰：「其屬有賓瞳朧國、賓陁陵國。目連舍基在賓陁陵，或云即王舍城。」楊武泉嶺外代答校注引伯希和等諸家曰：「法國伯希和中國載籍中之賓童龍（載西域南海史地考證譯叢二編）謂賓瞳朧與賓陁陵爲同名異譯，即安南中圻之藩籠（藩朗）。藤田豐八謂賓瞳朧爲藩朗，而賓陁陵爲Ponagar（在慶和省）。岑仲勉謂賓瞳朧爲國名，賓陁陵爲其國之一城，乃商港名。（二氏說見岑著中外史地考證頁四九九—五〇〇）。章巽我國古代的海上交通（頁三三）謂賓瞳朧爲藩朗，賓陁陵在藩朗附近略北。諸說紛歧，以伯希和說較流行，謂代答誤分爲二也。」中華書局一九九九年版，第八〇頁。

16是月，以上不豫，皇太子、諸王及文武群臣、宦内諸司使、諸軍將校，各於佛寺齋居會祈福。

17三月乙丑朔，永興軍節度使田重進卒。重進，范陽人，形質奇偉，有武力。周顯德中，應募爲卒〔一〕，太祖時統禁軍，以重進隸麾下。從征淮南，有戰功。又從太祖北征，會陳橋軍變，重進以翊戴功，遷御馬軍使。累遷控鶴指揮使、領瀼州刺史。上即位，擢爲天武左厢都指揮使、領瀼州團練使，改侍衛步軍都虞候、豐州觀察使。從攻太原，部攻城南面，會劉繼元降，録其功，依前領豐州刺史，充天德軍節度使、侍衛步軍都指揮使。未幾，河大決滑州房村，發卒數萬人，命重進護其役。既而河塞，改邠州刺史、静難軍節度使〔二〕，領軍職如故。王師北征，以重進爲飛狐路兵馬都部署〔三〕。大破虜，擒其將大鵬翼、監軍馬贇〔四〕、副將何萬通，並契丹、渤海三千餘人，斬首數千級，獲鞍馬鎧甲數萬〔五〕。追北四十餘里，下飛狐、靈丘數城，乘勝取蔚州。會曹彬不利，重進以所部護送蔚州官吏士庶凱旋，以功改涇州刺史、彰化軍節度使、充侍衛親軍馬步軍都虞候，出爲定州兵馬都部署〔六〕。端拱初，改真定尹、成德軍節度使，移京兆尹、永興軍〔節〕度使〔七〕。至是卒，年六十九。輟視朝兩日，贈侍中。重進朴愿，不知書，上在藩邸時日，憐其忠勇，嘗令給以酒炙，重進不肯受，使者云：「晉王以賜汝，汝安敢拒！」重進曰：「我但知有陛下，不知晉王是何人也。」卒不受。上知而嘉其質直無他腸，故終始委遇，又以長壽縣主適其子守信以寵之〔八〕。

〔一〕應幕爲卒　宋史卷二六〇田重進傳作「應募爲卒」，實録顯誤。

〔二〕既而河塞，改邠州刺史、静難軍節度使　田氏領静難軍節度使，宋史卷二六〇其本傳曰：田重進太平興國「六年，改侍衛步軍指揮使。八年，改領静難軍節度使。九年，河決滑州韓、房村，重進總護其役，以劉吉爲之副，河遂塞。」與實録不同。

〔三〕以重進爲飛狐路兵馬都部署　雍熙北伐田氏之職，隆平集卷一七田重進傳亦曰：「領飛狐路都帥。」與實録同。然宋會要輯稿兵八之一曰：「侍衛親軍步軍都指揮使、静難軍節度使田重進爲定州路行營馬步軍都總管。」宋史卷五太宗二雍熙三年正月庚寅條亦曰：「侍衛步軍都指揮使、静難軍節度使田重進爲定州路都部署，出飛狐。」名臣碑傳琬琰之集中卷四三曹武惠王彬行狀、武經總要後集卷五、宋朝事實卷二〇經略幽燕等，亦皆言其爲定州路都部署。

〔四〕監軍馬贇　宋史卷二六〇其本傳作「監軍馬贇」，遼史卷一一聖宗二統和四年三月癸未條作「康州刺史馬贇」，與實録同。然宋會要輯稿兵八之三、宋史卷五太宗二雍熙三年三月癸未條、宋朝事實卷二〇經略幽燕皆作「康州刺史馬頵」，續資治通鑑長編卷二七雍熙三年三月癸未條亦作「監軍馬頵」。又，中華書局點校本遼史卷一一校勘記〔五〕曰：康州刺史馬贇「馬贇，國志卷七作馬碩，長編及宋史五、通考三四六並作馬頵。」

〔五〕並契丹、渤海三千餘人，斬首數千級，獲鞍馬鎧甲數萬　是役戰果，宋會要輯稿兵八之三曰：「田重進又敗契丹於飛狐北，斬首千級，俘七百人，獲馬畜千六百。」續資治通鑑長編卷二七雍熙三年三月癸未條亦曰：「并契丹、渤海千餘人，斬首數千級，俘老幼七百人，獲馬畜鎧累萬計。」皆較實録爲小，實録當有所誇大。

〔六〕出爲定州兵馬都部署　宋史卷二六〇其本傳言：「乃命重進董師駐定州，遷定州駐泊兵馬都部署。」咸平集卷二四表二賀田重進奏捷表：「臣錫言：今月五日進奏院狀報：十一月三日，定州駐泊都部署田重進奏殺下契丹，並奪到鞍馬衣甲器械不少者。」宋會要輯稿兵一四之一〇亦曰：「雍熙二年十二月，定州駐泊都總管田重進等上言：『入虜界，攻下岐溝關，殺守城兵士千餘人，及獲牛羊積聚器甲甚衆。』」

〔七〕移京兆尹、永興軍〔節〕度使　田重進晚年好道術，洛陽搢紳舊聞記卷三田太尉候神仙夜降條曰：「田太尉重進，始起於戎行，常爲太祖皇帝前隊。積勞至侍衛馬步軍都虞候，太宗朝，移鎮永興軍。重進晚年好道，酷信黄、白可成。有揀停軍人張花項，衣道士服，俗以其項多雕篆，故目之爲花項。晚出家爲道士，今時有人見尚在關右。自言有術，黄、白金可成，重進信重之。花項又引一道士爲己同志，重進與之同飲食，前後所要錢帛，悉資之，無少違者。久之無成，遂紿重進云：『涇州本城有一人，即某二人之師，太尉暫能召至，至則其藥立就。』重進發牒詣涇州，令暫發遣至永興軍。涇州以不奉宣命，不敢發，重進使人教之，爲有疾不可醫者。本州上言，重進爲經營之，得出軍籍。涇之軍既至，重進喜甚，花項曰：『得此人至，同去採所少藥，今年八月必得就。』時已六月矣。前後費用重進錢物，且懼八月無成，必當及禍，遂密同設計，謀潛遁去。花項素不飲酒，僞稱不飲酒，一日昏黑，方來歸衙，田訝之，既至，即已醉矣。怒歸遲，面詰之曰：『尊師從來？」對重進言：『不解喫酒，昨晚大醉。』辭色俱厲，花項微笑，徐答曰：『某從來實不飲酒，昨日街市偶見仙人。』言訖，向西望空頂禮。重進曰：『仙人是誰？即今何在？』花項肅容，低聲而言曰：『即呂洞賓。』時人皆知呂洞賓爲神仙，故花項言見之。重進曰：『見却何言？』曰：『既見呂洞賓，須相召於街市飲酒，某言不喫，曰：但飲，必不大醉。某禮拜謝訖，凡二十餘盞，仍問某何處下？某答云在太尉處。呂曰：某聞之久矣，太尉武人，却能如此好道，此人有壽，今已有微疾矣，時田微染風疴，某當暫去，與少藥療之。』田聞言，大喜曰：『重進麤人，何消神仙下降。』且曰：『何時至？』花項曰：『此月十五日夜三更必至，呂言不欲多見人，望太尉於東位射弓處，安排張設，用新好細席，於静室燃香燭，須鮮果好酒。太尉自齋沐，换新衣，具靴笏，深夜候之，必來降矣。』重進曰：『謹受教。』至期，命陳設東位，帷帳裀褥，一一新潔，焚香燃燭，齋潔披秉，瞻望星斗，拜告以俟其至。須臾，報三更矣，不至。又取香燃之，望空再拜。時重進足重，兼染風恙，甚難折腰。是夕熱，拜訖，大喘流汗，衣皆霑濕，略無倦怠。須臾，又報四更。重進雖燃香未輟，意疑訝，引頸瞻望，略無兆眹。報四更五點，重進疑怪殊甚，問花項等三人，欲責其虚誕。親信人來白：『尊師門大開，中並無人，向來囊篋，般運已盡。』蓋花項等誑令開東邊便門，揭篋俱潛遁矣。重進慙恨嗟歎，但嗚指謂左右曰：『無良漢！無良漢！』自是無復求道術矣。時永興有匿名人遺詩二首嘲之，置詩於廳事前，田命賓席讀之，愈慚。乃散差人追捕，皆不獲。詩本失其一，前永興士人多能誦之，余授右僕射、判永興軍，備知其事，録之以誡貪夫云。匿名詩曰：『鉛作黄金汞作銀，無端姦倖計生新。一朝誑惑田重進，半夜攀迎呂洞賓。獃漢出門時引領，黠兒得路已潛身。惟稱三箇無良漢，笑殺長安萬萬人。』」

〔八〕又以長壽縣主適其子守信以寵之　此事宋史卷二六〇其本傳失載。長壽縣主，乃太宗弟秦王趙廷美之長女，後封長清郡主，續資治通鑑長編卷三四淳化四年三月曰：「又以涪王女長壽縣主適其子守信焉。」同書卷九三天禧三年六月甲寅條則曰：「長清郡主卒，秦悼王之長女也，適莊宅使田守信。」縣主，爲宋宗室近親之女的稱呼，萍洲可談卷一有云：「帝女號公主，壻爲駙馬都尉。近親號郡主、縣主，而壻俗呼郡馬、縣馬，甚無義理。近世宗女既多，宗正立官媒數十人，掌議婚。初不限閥閱，富家多賂宗室求婚，苟求一官，以庇門户，後相引爲親。京師富人如大桶張家，至有三十餘縣主。」

18丙寅，以慎州觀察使桑贊知貝州，考功員外郎張素爲荆湖南路轉運使。

19丁卯，以工部侍郎張雍知京兆府。占城國遣使朝貢。

20庚午，以懷州團練副使宋太初爲工部郎中、知梓州〔一〕。

〔一〕宋太初爲工部郎中、知梓州　宋史卷二七七宋太初傳作「爲祠部郎中，知梓州」。

21癸酉，環慶路行營言：「護送輜重已入靈州。」

22丁亥，出麥、豆穗數十，以示近臣，上曰：「今歲多稼豐茂，數倍常年。」引手而言其苗過膝，桑柘甚盛，蠶績必有大所獲，喜動顏色。

23壬辰，不視朝。

24癸巳，追班於萬歲殿，宣制曰〔一〕：「朕聞兩曜麗天，不能逃虧昊之數〔二〕；四時成歲，無以逾代謝之期。知冥運之有終，乃達人之大觀。朕以涼德，君臨萬邦，二紀于兹，庶政咸乂〔三〕。爰從春首，憂勞遘災，雖藥石之載加，奈沈綿而愈劇〔四〕，以至大漸，弗瘖弗興。皇太子〔五〕：克茂温文，夙彰孝愛，自處前星之位，彌光主鬯之賢。嗣守丕圖，必符昌運。宜于柩前即皇帝位。爾其任賢去邪，克遵于往誥；布德施惠，深念于蒸民〔六〕。更賴中外藎臣、文武多士，一心協佐，共致雍熙。諸軍賞給，並取嗣君處分。喪紀以日易月，山陵制度，務從儉約。應在外臣僚，不得擅離治所，只于本處舉哀。於戲！有生必死，品物之大端；送往事居，前哲之明訓。克構鴻業〔七〕，吾無恨焉。」是日，上崩於萬歲殿，太子即皇帝位〔八〕。

〔一〕宣制曰　此即太宗遺制，續資治通鑑長編卷四一至道三年三月癸巳條、宋史全文卷四至道三年三月癸巳條皆曰：「參知政事温仲舒宣遺制。」宋會要輯稿禮二九之七則曰：「召文武百官叙班殿庭，參知政事温仲舒宣制。發哀畢，移班謁見帝於殿之東楹，稱賀，復奉慰，盡哀而退。」

〔二〕不能逃虧昃之數　宋會要輯稿禮二九之六、宋大詔令集卷七帝統七遺制所録至道遺制皆曰：「不能逃虧昃之數。」與實録不同。案：虧昃，爲天文術語，虧指月食，昃指太陽偏斜，如文獻通考卷二八〇象緯考三曰：「南方者，太陽之位，而天地之經也。七曜行至陽位，當天之經，則虧昃留逆而不居焉，此天之常道也。」意指世事無常，如周易下經豐（卦五十五）彖曰：「日中則昃，月盈則食，天地盈虚，與時消息，而況於人乎，況於鬼神乎？」唐創業起居注卷中記李淵出師誓衆文有曰：「夫天地定位，否泰迭其盛衰；日月著明，虧昃貶其貞滿。惟神莫測，尚乃盈虚。」文苑英華卷一〇〇〇李觀弔漢武帝文序亦曰：「日月高明，有時虧昃；珠玉貞潔，不免瑕疵。」魏晋隋唐墓誌銘，多用「日月虧昃，人事難停」句。太宗遺制，顯當爲「虧昃」，實録誤。

〔三〕庶政咸乂　宋大詔令集作「庶民皆乂」，宋會要輯稿與實録同。

〔四〕奈沈綿而愈劇　宋大詔令集與實録同，宋會要輯稿則作「逾劇」，疑當以實録爲是。

〔五〕皇太子　宋大詔令集與實録同，宋會要輯稿此下則有「真宗御名」四字。案：宋立皇太子及傳位詔書，必明書其名，如續資治通鑑長編卷二〇八治平三年十二月辛丑條曰：「帝疾增劇，輔臣問起居罷，琦復奏曰：『陛下久不視朝，中外憂惶，宜早立皇太子，以安衆心。』帝頷之，琦請帝親筆指揮，帝乃書曰：『立大王爲皇太子。』琦曰：『必潁王也，煩聖躬更親書之。』帝又批於後曰：『潁王頊。』琦即召内侍高居簡授以御札，命翰林學士草制。學士承旨張方平至榻前稟命，帝憑几出數語，方平不能辨，帝以手指畫几，方平因請進筆書所諭，遂進筆，帝書『來日降制，立某爲皇太子』十字，所書名不甚明，方平又進筆請之，帝再書『潁王』二字，又書『大大王』三字，方平退而草制。」又，宋大詔令集卷七帝統七遺制所録開寶遺制曰「皇弟晋王某」，嘉祐遺制曰「皇子某」，元符遺制曰「皇弟端王某」，乾興遺詔、治平遺制、元豐遺詔皆曰「皇太子某」，同卷内禪所收宣和傳位詔則曰「皇太子桓」。疑當以宋會要輯稿爲是。

〔六〕深念于蒸民　宋大詔令集作「深念於黎民」，宋會要輯稿與實録同。

〔七〕克構鴻業　宋大詔令集作「克慎洪業」，宋會要輯稿則曰「克稱鴻業」。

〔八〕上崩於萬歲殿，太子即皇帝位　宋史卷五太宗二至道三年三月癸巳條曰：「是日崩，年五十九，在位二十二年，殯於殿之西階。」春明退朝録下則曰：「至道三年三月二十九日旬假，是日太宗猶對輔臣，至夕帝崩。李南陽永熙挽詞曰：『朝馮玉几言猶在，夜啟金縢事已非。』時稱佳作。」又，真宗即位，實經歷了激烈的鬥争，續資治通鑑長編卷四一至道三年三月癸巳條曰：「初，太宗不豫，宣政使王繼恩忌上英明，與參知政事李昌齡、知制誥胡旦謀立楚王元佐，頗間上。宰相呂端問疾禁中，見上不在旁，疑有變，乃以笏書『大漸』字，令親密吏趣上入侍。及太宗崩，繼恩白后至中書召端議所立。端前知其謀，即給繼恩，使入書閣檢太宗先賜墨詔，遂鎖之，亟入宫。后謂曰：『宫車宴駕，立嗣以長，順也，今將奈何？』端曰：『先帝立太子，政爲今日，豈容更有異議！』后默然。上既即位，端平立殿下不拜，請捲簾，升殿審視，然後降階，率群臣拜呼萬歲。」李燾於注中並曰實録有所隱諱：「王繼恩等謀廢立，實録、國史絶不見其事迹，蓋若有所隱諱。今據呂誨集正惠公補傳及司馬光記聞增修，補傳所載，比之記聞尤詳也。」

25甲午，小殮。

26丁酉〔一〕，百官成服，遂大殮。翰林學士承旨、吏部侍郎宋白上議曰：「臣聞：明一合道曰皇，德象天地曰帝。聰明文思，行也；堯、舜、禹、湯，謚也。王者膺圖受曆，應天順人，美盛德而試諸難，騰英聲而節一惠。生有尊號，終受大名，垂諸簡編，如揭日月。伏惟大行皇帝：允恭克讓，豁達神武。千年誕聖，彤雲紫氣之祥；五行鍾秀，日角龍顔之表。純孝因心，奉宣祖而尊嚴父〔二〕；雍睦悌長，翊太祖以肇興王〔三〕。始者姬室下衰，梁王在位〔四〕，謳謳獄訟，去周歸宋〔五〕。王于出征〔六〕，帝出言邁〔七〕，三靈改卜，百姓與能。陳橋有切諫之言〔八〕，京邑無敚攘之患，市不易肆，遂登皇極，佐聖之功大也。乃荒魯邦，乃建元侯。内總熊羆，肅清禁衛〔九〕。龍潛邸第，晦九五之迹；鳳德尹京，洽億兆之心。洎奄有四海，爲天下君，大寶曰位，其命惟新。改元太平，符守文之代；於鑠軍政，叶下武之時〔一〇〕，應運之期至也。蕞爾汾晉，結援林胡，逆節亂常，兩朝三紀，勞人動衆，堅不可拔。帝赫斯怒，定議親征，矢石齊攻，金湯不守，折鐵易于摧枯，渠魁倏已銜璧。與民更始，惠如春陽。本封晉王，終定厥土，受天之命光也。漳泉入覲，混同文軌；杭越獻地，一統寰區。無思不服，無遠弗届，占城、于闐之封，大食、賓同之國，獻琛奉贄，府無虚月〔一一〕；白鸚、紫鵲之異，神麟丹鳳之靈，嘉禾連理，史不絶書，中孚之信及也。經緯天地，克定禍亂，政之大者，必躬親之。高臺講武，臨軒選士，英儒贍聞之鴻博，骨騰肉飛之俊傑〔一二〕，天下英雄，落吾彀中。外之峻級〔一三〕，待以清華，不十數年，有登廊廟而定疆場者，知臣之精鑒也。幽有鬼神，明有禮樂，墜典聿修，無文咸秩。五展南郊之儀，一議東封之禮。耤田勸農，御樓肆赦。釋老之教，崇奉爲先，名山大川，靈蹤勝境，仁祠仙宇，經之營之，致恭之誠廣也。求賢審官，化民成俗，爲政以德，惟刑恤哉。置詳刑之曹，下考課之令，菅蒯不棄，涇渭分流，時無遺才，吏皆守法。興廢繼絶，矜孤振寡，視民如子，使無盜乎。水旱〔一四〕思艱食爲憂，幽遐念籲天無所〔一五〕。增加使額，勤恤人隱，納隍之言遠也。俯仰山谷，詳定隱淪〔一六〕，修史氏之職，改班秩之稱，著治化之書，貞觀之風也；紀他山之石，開元之事也〔一七〕。弧矢以威天下，善射通神；藥石以救齊人，仙方填委。樂正雅頌，無相奪倫。幸太學以談經，召儒臣而侍讀。卑宮室則斵彫爲樸〔一八〕，減尊稱則法天崇道，開理檢以登聞，升便殿而崇政。立儲定社稷之本，清心希大庭之妙〔一九〕，治世之規備也。在宥天下，二十有二年，王澤深矣，機務詳矣，臣下之歸尊至矣，黎甿之受賜多矣。越書契以無倫，盡帝王之能事。還淳反古，如指諸掌；泥金檢玉，方卜近期〔二〇〕。而鼎成龍至，聖駕上僊，萬方縞素，九域遏密〔二一〕。下臣奉詔，擬議徽烈，丕揚耿光，追惟古始。巢、燧之際，載籍未備；神、黄已還〔二二〕，聲明有章。若乃兼商、周之質文，總唐、漢之雄盛，乃聖乃神，乃武乃文，叙全功與全德〔二三〕，實映後而輝前也。旁稽禮文，恭按謚典，應變無方，不疾而速，得不謂之神乎！施爲于民，財成萬物，得不謂之聖乎！萬邦作憲〔二四〕，帝德廣運，得不謂之文乎！保大定功，奄有九域，得不謂之武乎！太法太初，前志謂『太上立德』〔二五〕；宗以宗德，禮經有『宗祀配天』〔二六〕。惟千齡應運之君，爲百代不遷之主。請上尊謚曰神功聖德文武皇帝，廟號太宗。」

〔一〕丁酉　據宋會要輯稿禮二九之一〇時在六月丁酉，並曰：「三日，大斂，成服，群臣入臨，帝服衰絰，慟哭，群臣奉慰。」此前當漏「六月」二字。

〔二〕奉宣祖而尊嚴父　宋大詔令集卷七謚議上所收太宗謚議與實録同，宋會要輯稿禮二九之一〇、一一則作「奉先祖而尊嚴父」。

〔三〕雍睦悌長，翊太祖以肇興王　宋會要輯稿與實録同，宋大詔令集則作「雍睦悌弟，翊太祖而肇興王」。

〔四〕始者姬室下衰，梁王在位　姬室，指後周，後周太祖郭威自稱爲姬室遠裔，舊五代史卷一一〇周書一太祖紀一記周太祖郭威即位制曰：「朕本姬室之遠裔，虢叔之後昆，積慶累功，格天光表，盛德既延於百世，大命復集於眇躬，今建國宜以大周爲號。」資治通鑑卷二九〇亦記郭威曰：「朕周室之裔，虢叔之後，國宜號曰周。」胡三省注曰：「周自以爲周虢叔之後。春秋、戰國之世，傳記謂虢叔之後有國者爲虢公，後謂之郭公。虢、郭音近也。虞大夫宫之奇曰：虢仲、虢叔，王季之穆也。郭之得姓本於周，故建國號曰周，通鑑因謂之後周。」梁王，即後周恭帝柴宗訓，其本封梁王，舊五代史卷一二〇周書一一恭帝紀曰：恭帝「顯德六年六月癸未，制授特進左衛上將軍，封梁王。」資治通鑑卷二九四亦曰：顯德六年六月「癸未，立皇子宗訓爲梁王」、「甲午，宣遺詔，命梁王宗訓即皇帝位，生七年矣。」

〔五〕去周歸宋　宋會要輯稿作「去周來宋」，宋大詔令集與實録同。

〔六〕王于出征　宋會要輯稿與實録同，宋大詔令集則作「至于出征」。

〔七〕帝出言邁　全宋文卷五六宋白一太宗皇帝謚議據歐陽修等撰太常因革禮，改作「帝亦言邁」；宋會要輯稿、宋大詔令集亦皆作「帝亦言邁」。疑實録誤。

〔八〕陳橋有切諫之言　續資治通鑑長編卷一建隆元年正月甲辰條曰：「或以黄袍加太祖身，且羅拜庭下稱萬歲。太祖固拒之，衆不可，遂相與扶太祖上馬，擁逼南行。匡義立於馬前，請以剽劫爲戒。」隆平集卷一聖緒曰：太宗「顯德七年，從太祖北征，太祖既爲諸軍擁戴，師還，太宗叩馬首告曰：『諸軍將校，若恃功肆行剽略，使民肝腦塗地，非順天應人之意，願誓而後進。』太祖遂誓於衆，諸將而下，翕然禀命。太祖嘉帝英略，友愛益至，傳位之意始於此。」然續資治通鑑長編卷一建隆元年甲辰條李燾有注曰：「舊録禁剽劫都城，實太祖自行約束，初無納説者。今從新録。」袁桷清容居士集卷四一修遼金宋史搜訪遺書條列事狀曰：「宋太祖實録，舊有兩本。一是李昉諸臣所爲，太宗屢曾宣索，已有避忌。至真宗咸平再修，王禹偁直書其事，出爲黄州。禹偁所著建隆事，足見深意。前實録無太宗叩馬一段，後録增入，顯是迎合。」鄧廣銘治史叢稿所收陳橋兵變黄袍加身故事考釋更曰：「舊録中既然也載及太祖被擁上馬後約束將士等事，則是對於受禪之事並非闕略，然而新録却又於此等處『創行紀述，視前録稍詳』，則其凡所加詳之處，必皆爲揣摩着太宗的私意而製造的，當無可疑。太宗之所以極端關心此事，是因爲：他之繼太祖而爲皇帝，本不是以正當手段得來（此事另詳拙作宋太祖太宗皇位授受問題辨析文内），爲欲掩蓋此事實，乃造作了種種證據，以證明太祖早已決意傳位於他，其最好的理由，自然莫如説因他在陳橋事件中之曾立有大功。横豎太祖已死，不能起而反駁，於是盡量示意於史臣，使其特别提高他在陳橋事件中的地位，把他描繪爲主要策動人物。史臣們既找不到任何具體的事項可資補述，窘迫之餘，乃設爲太宗與趙普的種種談論，以及其應答一般將士的話語，欲藉這些空洞的詞句以混淆天下後世的聽聞。其結果乃至於把太祖自行約束士兵的話也改爲太宗馬前所獻之策了。」北京大學出版社一九九七年版，第四六九—四七〇頁。案：續資治通鑑長編卷一建隆元年正月癸未條記：早在陳橋兵變前夜，趙普「因語諸將曰：『興王易姓，雖云天命，實繫人心。前軍昨已過河，節度使各據方面，京城若亂，不惟外寇愈深，四方必轉生變。若能嚴敕軍士，勿令剽劫，都城人心不摇，則四方自然寧謐，諸將亦可長保富貴矣。』皆許諾，乃共部分。」則陳橋兵變禁剽劫事，實爲太祖、太宗、趙普等人事先之共識，太宗禁剽劫之建言，未必定爲太宗即位後編造，惟決策者顯爲太祖。「切諫」云云，確當爲迎合、過譽。

〔九〕内總熊羆，肅清禁衛　指陳橋兵變後太宗出任殿前都虞候一職，續資治通鑑長編建隆元年正月甲子條曰：「以皇弟殿前都虞候匡義領睦州防禦使，賜名光義。」是職統領禁軍最精鋭的殿前諸班直，故宋朝事實卷三記宋太宗親撰手詔有云：「洎太祖即位，親討李筠、李重進，朕留守帝京，鎮撫都城，上下如一，其年蒙委兵權。」

〔一〇〕叶下武之時　宋會要輯稿與實録同，宋大詔令集則作「協下武之時」。

〔一一〕府無虚月　宋大詔令集作「歲無虚月」，似較實録爲長，然宋會要輯稿與實録同。

〔一二〕英儒瞻聞之鴻博，骨騰肉飛之俊傑　宋大詔令集作「英儒贍文之鴻博，骨騰肉飛之傑俊」，宋會要輯稿則作「英儒贍聞之鴻博，骨騰肉飛之傑俊」。骨騰肉飛，本意指雜技，如隋書卷三〇地理中曰：「齊郡舊曰濟南，其俗教飾子女淫哇之音，能使骨騰肉飛，傾詭人目。俗云齊倡，本出此也。」隋書卷六四沈光傳曰：「光以口銜索，拍竿而上，直至龍頭。繫繩畢，手足皆放，透空而下，以掌拒地，倒行數十步。觀者駭悅，莫不嗟異。時人號爲『肉飛仙』。」後多用指行動矯健的猛士、武將，如秦觀淮海集卷一八將帥曰：「國家將帥，可謂盛矣：閱禮樂而敦詩書者，肩摩而轂擊；縱橫剽悍，稱智囊而號肉飛者，至不可勝計。」

〔一三〕外之峻級　全宋文據太常因革禮改作「升之峻級」，宋會要輯稿、宋大詔令集亦皆作「升之峻級」，疑實録誤。

〔一四〕使無盜乎水旱　宋會要輯稿與實録同，宋大詔令集則作「使無蹈乎水旱」，當以實録爲是。

〔一五〕幽遐念籲天無所　宋會要輯稿與實録同，宋大詔令集則作「遐幽在念，籲天無所」。

〔一六〕詳定隱淪　全宋文據太常因革禮改作「詳延隱淪」。宋會要輯稿、宋大詔令集亦皆作「詳延隱淪」，實録誤。

〔一七〕紀他山之石，開元之事也　宋大詔令集作「紀仙山之石」，宋會要輯稿則曰「紀佗山之石」。案：劉禹錫有三鄉驛樓伏睹玄宗望女幾山詩小臣斐然有感詩曰：「開元天子萬事足，唯惜當時光景促。三鄉陌上望仙山，歸作霓裳羽衣曲。仙心從此在瑶池，三清八景相追隨。天上忽乘白雲去，世間空有秋風詞。」宋白引此典，當指太宗擅長音樂，自撰曲目，有唐玄宗望仙山作霓裳羽衣曲之盛，疑當以宋大詔令集爲是。

〔一八〕斷彫爲樸　全宋文據太常因革禮改作「斲雕爲樸」。宋會要輯稿、宋大詔令集亦皆作「斲雕爲樸」，疑實録誤。

〔一九〕清心希大庭之妙　宋會要輯稿作「清心布大庭之妙」，宋大詔令集則作「清心希天庭之妙」，似較實録爲長。

〔二〇〕方卜近期　全宋文據太常因革禮改作「方卜遐期」，然宋會要輯稿、宋大詔令集皆與實録同，疑當以實録爲是。

〔二一〕九域遏密　宋會要輯稿與實録同，宋大詔令集則作「九成遏密」。

〔二二〕神、黄已還　宋會要輯稿作「神、皇已還」，宋大詔令集作「炎、黄以還」。

〔二三〕叙全功與全德　宋會要輯稿與實録同，宋大詔令集則作「叙全功與令德」。

〔二四〕萬邦作憲　宋會要輯稿、宋大詔令集皆作「萬邦爲憲」。

〔二五〕太法太初，前志謂太上立德　太法太初，宋會要輯稿與實録同，宋大詔令集則作「夫法太初」，當誤。太上立德，意指「以德化民」。志，或指三國志，三國志卷四魏書三少帝紀曰：「於是復命講禮記。帝問曰：『太上立德，其次務施報。爲治何由而教化各異，皆修何政而能致于立德，施而不報乎？』博士馬照對曰：『太上立德，謂三皇五帝之世以德化民，其次報施，謂三王之世以禮爲治也。』帝曰：『二者致化薄厚不同，將主有優劣邪？時使之然乎？』照對曰：『誠由時有樸文，故化有薄厚也。』」太上立德，禮記注疏卷一曲禮上本曰：「太上貴德，其次務施報。」鄭玄注曰：「太上，帝、皇之世，其民施而不惟報」、「三王之世，禮始興焉。」

〔二六〕禮經有宗祀配天　禮記注疏卷四六祭法曰：「祭法：有虞氏禘黄帝而郊嚳，祖顓頊而宗堯。夏后氏亦禘黄帝而郊鯀，祖顓頊而宗禹。殷人禘嚳而郊冥，祖契而宗湯。周人禘嚳而郊稷，祖文王而宗武王。」鄭玄注曰：「禘郊祖宗，謂祭祀以配食也。此禘謂祭昊天於圜丘也，祭上帝於南郊曰郊，祭五帝五神於明堂曰祖宗。祖宗，通言爾。」孝經注疏卷五亦曰：「嚴父莫大於配天，則周公其人也。昔者周公郊祀後稷以配天，宗祀文王於明堂，以配上帝。」

27 八月己未，以大行皇帝謚册告于南郊〔一〕。

〔一〕告于南郊　宋會要輯稿禮二九之一二曰：「二十六日，攝太尉、宰臣吕端率群臣奉謚號册寶告于南郊。」

28庚申，告于萬歲殿，册曰〔一〕：「哀子嗣皇帝臣謹再拜稽首言曰〔二〕：『臣聞天地之大，莫能形容；神聖之功〔三〕，無所擬議。然則圓方之象，必取于彊名；堯、舜之稱，蓋從乎節惠。伏惟大行皇帝：承天立極〔四〕，執象臨人。其生也感大電之精〔五〕，其出也應真人之運。聲身爲其律度，道德作其藩籬〔六〕。若日月之明，無幽不燭；如江海之量，無大不容。爰自曆〔數〕在躬，大横叶繇〔七〕，舊疆來復，盡有江、吴。戎輅親征，旋平汾、晉〔八〕。皆出於睿斷，遣以聖謀〔九〕。繫象不能賾其微，鬼神不能窺其奥。是以總宇宙于掌握，得英雄于彀中〔一〇〕，宅諸夏以制四維，坐明堂而覲群后。髽首貫胷之類，接武于藁街；景星甘露之祥，疊書于册府。在宥天下二十年〔一一〕，當是時也，靈臺偃伯，象闕懸書，甌脱彌嚴〔一二〕，縣道率化，物無疵癘，歲有順成。積粟腐于太倉，豐財溢乎内帑。材官劍客，皆六郡之豪〔一三〕；分闈登壇，盡萬人之敵。自歷代已來，未有若斯之盛者也。於是賜民酺飲，展禮耤田，被衮冕於泰壇，躬俎豆於清廟。幸成均而視學，屢覩横經；紀延閣以垂文，嘗紆睿思〔一四〕。若乃生知多藝，天縱聰明，洒草、隸之華，得琴碁之絶。擅弧矢之妙，洞玄釋之微，皆作世楷模，出人意表。豈力學之能及〔一五〕？實振古之未聞。大哉邈乎！不可得而論矣。然猶日慎一日，雖休勿休，温顔以盡下情，虚己以延讜議。一夫不獲，納隍之慮每深；萬邦有罪，在予之責尤切。至若省去徽號，漢后之不言聖也；杜絶田獵，玄元之慮發狂也。屏藻井之飾，夏禹之卑宫；念黄沙之枉，成湯之祝網也。有一於此，猶謂之聖，況兼是數者乎！方將鳴鑾東夏，檢玉介丘，而天禍忽臨，仙駕長往。群臣咽絶，願贖以身；萬姓克窮，如喪厥考〔一六〕。顧惟寡昧，虔奉丕圖，荒疚哀迷，懼不克荷。今因山俯畢〔一七〕，同軌咸臻，敢薦大名，爰稽載籍。詢博士、禮官之公議，叶宰衡、庶尹之輿情，定謚于南郊，得請於上帝。謹遣攝太尉、右僕射、兼門下侍郎、平章事臣吕端，奉寶册，謹上尊謚曰：『神功聖德文武皇帝。』〔一八〕廟號。」（原闕）〔一九〕。

〔一〕册曰　宋會要輯稿禮二九之一二曰：「攝中書令李至讀册。」

〔二〕哀子嗣皇帝臣謹再拜稽首言曰　宋會要輯稿禮二九之一四、宋大詔令集卷九謚册太宗謚册所記册文無「曰」字，宋會要輯稿在「皇帝臣」下有「真宗御名」四字，宋大詔令集在「哀子」前則有「惟至道三年，歲次丁酉，八月癸巳朔，二十八日庚申」數句。

〔三〕神聖之功　宋會要輯稿、宋大詔令集皆作「聖神之功」。

〔四〕承天立極　宋會要輯稿與實録同，宋大詔令集作「承天位極」。

〔五〕其生也感大電之精　史記卷一五帝本紀：「黄帝者，少典之子。」正義曰：「母曰附寶，之祁野，見大電繞北斗樞星，感而懷孕，二十四月而生黄帝於壽丘。」

〔六〕聲身爲其律度，道德作其藩籬　宋會要輯稿與實録同，宋大詔令集作「聲身爲律度，道德作藩籬」。

〔七〕大横叶繇　宋大詔令集與實録同，宋會要輯稿則作「大横葉兆」。案：石林燕語卷一有云：「太祖皇帝微時，嘗被酒入南京高辛廟，香案有竹杯筊，因取以占己之名位。俗以一俯一仰爲聖筊。自小校而上至節度使，一一擲之，皆不應。忽曰：『過是則爲天子乎？』一擲而得聖筊。天命豈不素定矣哉！晏元獻爲留守，題廟中詩，所謂『庚庚大横兆，謦欬如有聞』，蓋記是也。」張方平樂全集卷三英宗皇帝挽辭五首亦有句曰：「不問大横兆，天人心是真。」疑當以宋會要輯稿爲是。

〔八〕旋平汾、晋　宋會要輯稿與實録同，宋大詔令集作「旅平汾晋」，顯當以實録爲是。

〔九〕遣以聖謀　宋會要輯稿、宋大詔令集皆作「運以聖謀」。

〔一〇〕是以總宇宙于掌握，得英雄于彀中　宋會要輯稿與實録同，宋大詔令集作「視宇宙於掌握，得英雄於彀中」。

〔一一〕在宥天下二十年　宋會要輯稿、宋大詔令集皆作「在宥天下，二十二年」，實録顯漏一「二」字。

〔一二〕甌脱彌嚴　宋會要輯稿作「甌脱弛嚴」、宋大詔令集作「甌脱弛禁」，文意與實録正相反。甌脱，指邊境，漢書卷九四上匈奴傳上曰：「東胡王愈驕，西侵。與匈奴中間有棄地莫居千餘里，各居其邊爲甌脱。」服虔注曰：「甌脱，作土室以伺也。」顔師古曰：「境上候望之處，若今之伏宿舍也。」

〔一三〕材官劍客，皆六郡之豪　六郡之豪，漢書卷二八下地理志下曰：「漢興，六郡良家子選給羽林、期門，以材力爲官，名將多出焉。」顔師古注曰：「六郡，謂隴西、天水、安定、北地、上郡、西河。」材官，本爲秦、漢時郡國所置地方軍，文獻通考卷一四九曰：「秦始皇既并天下，分爲三十六郡，郡置材官。」漢書卷一高帝紀下曰：「上乃發上郡、北地、隴西車騎，巴蜀材官及中尉卒三萬人爲皇太子衛。」顔師古注：「應劭曰：『材官，有材力者。』張晏曰：『材官、騎士，習射御騎，馳戰陳，常以八月，太守、都尉、令、長、丞會都試，課殿最。水處則習船，邊郡將萬騎行障塞。光武時省。』」實録此處意指太宗時宋軍兵精將勇。

〔一四〕嘗紆睿思　宋會要輯稿與實録同，宋大詔令集則作「嘗緬睿思」。

〔一五〕豈力學之能及　宋會要輯稿、宋大詔令集皆作「豈力學之攸及」。又，「皆作世楷模」，宋大詔令集誤作「皆作世模楷」。

〔一六〕萬姓克窮，如喪厥考　宋會要輯稿與實録同，宋大詔令集作「百姓哀窮，如畏厥考」，顯誤。

〔一七〕今因山俯畢　宋會要輯稿與實録同，宋大詔令集作「今因山甫畢」。

〔一八〕神功聖德文武皇帝　太宗謚號後由八字增至十六字，東都事略卷三曰：「大中祥符元年，加上尊謚曰至仁應運神功聖德文武大明廣孝皇帝；五年，再加上尊謚曰至仁應運神功聖德文武睿烈大明廣孝皇帝。」宋大詔令集卷一四〇亦記：大中祥符元年，太宗加謚議「加上尊謚曰至仁應道神功聖德文武大明廣孝皇帝」；大中祥符元年十一月二十七日，太宗加號册「加上尊謚曰太宗至仁應道神功聖德文武大明廣孝皇帝」；天禧元年正月己酉，太宗加謚册文「加上尊謚曰太宗至仁應道神功聖德文武睿烈大明廣孝皇帝」。容齋續筆卷三謚法條曰：「國朝祖宗謚十六字，唯神宗二十字，曰體元顯道法古立憲帝德王功英文烈武欽仁聖孝，蓋蔡京所定也。」

〔二九〕廟號（原闕）　據宋會要輯稿禮二九之一三、宋大詔令集卷九謚册太宗謚册所記册文，實録所闕之文當爲：「廟號太宗。恭惟聖靈，誕膺茂典，錫兹純嘏，俾盛業之無疆；播厥鴻休，垂永代而不朽。嗚呼哀哉！」宋會要輯稿並曰：「禮畢，進名奉慰。」太平寶訓政事紀年卷一太宗皇帝引富弼等評論太宗曰：「人君尚儉，前代稍賢者能之。太宗之尚儉，其難哉！時天下平定，功業盛大，自唐及五代，四方僭僞之國，盡爲我有；貢獻之物，府無虚月。加之生民脱去亂世，各居富樂。三代之下，帝王致太平如此盛者有幾？雖尚奢侈，固有餘力，亦未掩大德，而過爲儉素，所難能也！此無他，正以厚天下之俗，爲子孫之法耳。祖宗時，天子嘗自選知州，今宰相亦不自選，委之審官，審官又不選，而依次撥人，故州部多不治。其長育人材，文武不乏，馮繼業自矜守邊之功，以爲他人難繼，太宗命一郎官代之，威名方略過於繼業，當時養材如此之盛！」東都事略卷三太宗本紀有臣稱曰：「太宗以英睿之姿，佐太祖定天下，開子孫帝王萬世之業，故太祖勤勤於傳襲，非特以昭憲顧命而已。太宗以明繼聖，而能廣文之聲，卒其成功，乃大一統，于時北自常碣，南極嶺表，東際海、岱，西接洮、隴。宋之威德，斯爲盛矣。」宋史卷五太宗二有贊評價太宗曰：「帝沈謀英斷，慨然有削平天下之志。既即大位，陳洪進、錢俶相繼納土。未幾，取太原，伐契丹，繼有交州、西夏之役。干戈不息，天災方行，俘馘日至，而民不知兵；水旱螟蝗，殆徧天下，而民不思亂。其故何也？帝以慈儉爲寶，服澣濯之衣，毁奇巧之器，却女樂之獻，悟畋遊之非。絶遠物，抑符瑞，閔農事，考治功。講學以求多聞，不罪狂悖以勸諫士，哀矜惻怛，勤以自勵，日晏忘食。至於欲自焚以答天譴，欲盡除天下之賦以紓民力，卒有五兵不試、禾稼荐登之效。是以青、齊耆耋之叟，願率子弟治道請登禪者，接踵而至。君子曰：『得乎丘民而爲天子』，帝之謂乎。故帝之功德，炳焕史牒，號稱賢君。若夫太祖之崩不踰年而改元，涪陵縣公之貶死，武功王之自殺，宋后之不成喪，則後世不能無議焉。」案：續資治通鑑長編卷三二淳化二年八月丁亥條記太宗語近臣曰：「國家若無外憂，必有内患。外憂不過邊事，皆可預防。惟姦邪無狀，若爲内患，深可懼也。帝王用心，常須謹此。」宋堪與漢、唐並列「後三代」，内政或勝漢、唐一籌，文明更「不愧三代」，有「華夏民族之文化，歷數千載之演進，造極於趙宋之世」盛譽。然其國勢却遠不及漢、唐强盛，難逃「弱宋」之譏。要之，皆與太宗，皆與太宗如此「帝王用心」，有宋如此「祖宗家法」關係匪淺，其功過得失豈易置評？南宋吕中撰宋大事記講義，其卷一有國勢論，現録之部分如左，「國之修短，當觀其治體；治亂，當觀其制度；强弱，當觀其國勢。殷、周治安皆千歲，而漢、唐享國不及三四百年者，治體之有純駁也。漢四百年，治多而亂少；唐三百年，亂多而治少者，制度之有疏密也。漢、唐多内難而無外患，本朝無内患而有外憂者，國勢之有强弱也。蓋我朝有唐、虞三代之治體、制度，而無漢、唐之國勢。自昔惟患人主之不講學也，而我朝列聖，無一日而不學；自昔惟患人主之不好言也，而我朝臣子，則無一人之不可諫；自漢五日一朝長樂宮，祖宗以來，母后皆朝夕見，則有事親之法；漢朝女主臨朝，稱制專擅，我朝高、曹、向、孟之賢，皆爲社稷計，則有齊家之法；母后之族，不預政，則有待外戚之法；宫殿無華侈之飾，則有尚儉之法；宫中宴居，冠服必以禮，則有尚禮之法；臣下有黜無誅，則有寬仁之法。此治體之所以多純而少駁，制度之所以似疏而寔密。蓋其根本之地，有可言者。而國勢之所以不若漢、唐者，則有由矣。蓋我朝北不得幽、冀，則河北不可都；西不得靈、夏，則關中不可都。不得已而都汴梁之地，恃兵以爲强，通漕以爲利，此國勢之弱一也；諸鎮皆束手請命，歸老宿衛，一兵之籍，一財之源，一地之守，皆人主自爲之，郡縣太輕而委瑣不足恃，兵財盡關於上而遲重不易舉，此國勢之弱二也；以科舉程度而取士，以銓選資格而任官，將帥知畏法而已，不敢法外以立功，士大夫知守法而已，不敢法外以薦士。論安言計，動引聖人，群疑滿腹，衆難拂膺，此古今儒者之所同病。而以朱墨爲法，以議論爲政，又本朝規模所獨病，此國勢之弱三也。故其始也雖足以戢天下之異志，終也不足以弭夷狄嫚侮之驕心。譬之長江、大河，無黿鼉蛟龍，奮翅鼓鬣，以激其衝突潰蕩之勢，帖然安静之久，人亦得狎而玩之。五尺之童，且操舟其上矣」。能改齋漫録卷一一記詩則録北宋無名氏題宋仁宗寢宫詩一首，或可爲有宋一代之縮影，「農桑不擾歲常登，邊將無功吏不能。四十二年如夢覺，春風吹淚過昭陵」。

附録一：輯佚

太平興國二年

1正月丙寅，〔左藏一庫〕分爲絲綿、金銀、匹帛三庫。置合同憑由印。

（輯自玉海卷一八三太平興國左藏庫三庫淳化左右庫條）

命賈黄中、程能、馮瓚分掌三庫。先是，貨泉與金帛通掌。至是，以帑藏充溢，始命分之。漢有中藏，晉有左右藏，唐有左藏庫。以太府少卿知左藏出納，自晉始也。

（輯自玉海卷一八三太平興國左藏庫三庫淳化左右庫條）

2戊辰，吕蒙正等一百九人，諸科二百七人。

（輯自玉海卷一一六雍熙崇政殿試條）

3己巳，宴新進士吕蒙正等於開寶寺，賜御製詩二首以寵之。故事：敕下之日，醵錢於曲江爲聞喜之飲，近世多於名園、佛廟，至是官爲供帳。

（輯自玉海卷三〇太平興國賜進士詩條，又見燕翼詒謀録卷一）

4庚午，上御講武殿，覆試禮部合格八科舉人，得九經一人、開寶通禮四人、三禮八十人、三傳五十三人、三史三人、學究四十一人、明法十四人，凡百九十六人，並賜本科及第。其九經、五經，七人不合格，上憐其老，亦賜同三傳出身。自隋大業中，始設進士科，至唐尤盛，每歲不過三十人。咸亨上元中，增舊額爲七八十人，尋亦復故。開成中，連數歲放四十人，旋復舊制。進士外，以經術登科者，亦不及百人。自上即位，以州縣闕官，旬浹之間，拔貢士幾五百人。先是，戊辰，御講武殿試進士，上親作詩賦題，詔翰林學士李昉、扈蒙閲所試，定其優劣，爲三等，凡百三十三人，並賜及第。實録。

（輯自玉海卷一一六太平興國八科條）

5壬申，詔曰：「虞書考績，爰及三年；漢官奏課，聿定九等。曹掾官及令簿尉，吏部南曹給印紙、曆，俾州縣長吏書其績用愆過，秩滿差其殿最，斯舊章也，其申明之。」

（輯自玉海卷一一八淳化考課院條）

詔曰：「今後州府録曹、縣令、簿、尉，吏部南曹並給印紙、曆子，外給公憑者罷之。」

（輯自燕翼詒謀録卷一）

6癸酉，賜新及第進士、諸科緑袍、鞾、笏。未命以官，先解褐，非常則也。

（輯自玉海卷八六太平興國賜進士録袍鞾笏條，又見燕翼詒謀録卷一）

7庚辰，詔改簇御馬直曰簇御龍直，鐵騎曰日騎，龍捷曰龍衛，控鶴曰天武，虎捷曰神衛，骨鋘子直曰御龍骨鋘子直，散手雄威曰雄勇，龍騎曰雄猛，以美名易禁軍之舊號也。

（輯自玉海卷一三九太平興國易禁軍號條）

8辛巳，詔禮部上進士及諸科凡十舉至十五舉者，得百六十人，並賜同本科出身。

（輯自玉海卷一一六太平興國八科條）

9二月壬辰朔，〔樊〕若冰請置監於昇、鄂、饒等州，大鑄銅錢，凡山之出銅者，悉禁民採，並取以給官鑄。諸州官所貯銅錢數，盡發以市金帛輕貨上供及博糴麥。銅錢既不渡江，益以新錢，民間錢愈多，鐵錢自當不用，悉鑄爲農器，以給江北流民之歸附者，且除銅錢渡江之禁。詔從其請，民甚便之。鑄鐵錢爲農器，别本實録見七月丁亥，今並書之。

（輯自續資治通鑑長編卷一八太平興國二年二月壬辰朔條）

10癸巳，吴越國王貢黄金錯刀四，銀錯刀二十，修時貢也。

（輯自玉海卷一五一太平興國金錯刀條）

11甲午，〔契丹〕遣使貢御服金玉帶、玉鞍勒馬、金銀飾戎仗馬百匹，來賀上登極。别貢御服金帶鞍馬，爲賀正之禮。

（輯自玉海卷一五四開寶契丹獻玉帶條）

12戊戌，詔常參官知節鎮並借紫，防禦、團練、刺史州借緋，候回日依舊服色。其服緋人任諸州亦借紫，惟軍壘則否。

（輯自燕翼詒謀録卷一）

13〔丁未〕，先是，官貨鹽與民，蠶事既畢，即以絲絹償官，謂之蠶鹽，令民隨夏秋賦租納其直。

（輯自續資治通鑑長編卷二建隆二年四月壬戌條）

14辛酉，詔以度支官錢給其三分之一。

（輯自玉海卷一三五祥符定百官俸糧料三院條）

新擬賨州録事參軍孟鑾避遠宦不之任，詣匭自陳，上怒，命決杖流海島。祖宗故事有「引事惑衆，誣罔切害」八字，疑修書官潤色，今從實録。

（輯自續資治通鑑長編卷一八太平興國二年二月辛酉條）

15三月戊寅，詔翰林學士李昉、扈蒙、左補闕知制誥李穆、太子少詹事湯悦、太子率更令徐鉉、太子中允張洎、左補闕李克勤、右拾遺宋白、太子中允陳鄂、光禄寺丞徐用賓、太府寺丞吴淑、國子寺丞舒雅、少府監丞吕文仲、阮思道等，十四人，同以前代修文御覽、藝文類聚、文思博要及諸書，分門編爲一千卷，又以野史、傳記、小説雜編爲五百卷。

（輯自玉海卷五四太平興國太平御覽太平廣記條）

16庚寅，知江州周述言：「廬山白鹿洞學徒數千百人，請賜九經書肄習。」詔從其請，仍驛送之。

（輯自玉海卷一六七白鹿洞書院條）

17〔四月己亥〕，殿中丞劉珝勒停，仍永不録用，坐知劍州有盜官物者，珝募人告獲，上言乞賞告者。朝廷以珝不用心捕賊，擅立賞募人，故有是命。此據别本。

（輯自續資治通鑑長編卷一八太平興國二年四月己亥條）

18壬寅，增劍南幕官俸，月增五千。

（輯自玉海卷一三五祥符定百官俸糧料三院條）

19五月癸亥，安遠節度使向拱換左衛上將軍，張永德等皆罷節制，歸環衛。

（輯自玉海卷一三九隆興復環衛條）

安遠軍節度使向拱換左衛上將軍，制詞略曰：「王者念宗社之重，思將帥之賢，内外迭居，以均勞逸。安遠軍節度使向拱等：事我先帝，時惟寶臣。入則參帷幄之謀，出則奉節旄之寄。粤予沖人，肇承丕業，豈敢以藩鎮之任，重煩舊德也。式罷藩宣之寄，俾昇環列之榮。拱、永德，並可左衛上將軍；美可左驍衛上將軍；廷遜可右驍衛上將軍。」先時，張永德帥鄧，張美帥滄，劉廷遜帥澶，至是皆罷節制，歸環衛。

（輯自盤洲文集卷四三討論環衛官劄子）

20乙丑，習射於玉津園。

（輯自玉海卷七五太平興國玉津園習射條）

21丁亥，詔太子中舍陳鄂等同詳定玉篇、切韻。藝文志載鄂等重詳定篇、韻在雍熙中，與本紀、實録不同，恐志誤也，今不取。

（輯自續資治通鑑長編卷一八太平興國二年五月丁亥條，又見玉海卷四五雍熙新定廣韻條）

22〔七月庚午〕，三司令諸處場院主吏，有羨餘粟及萬石、芻五萬束以上者，上其名，請行賞典。此苟非倍納民租，私減軍食，亦何以致之？宜追寢其事，勿復頒行。

（輯自續資治通鑑長編卷七乾德四年四月）

23閏七月丁巳，二十八日，有司上諸州所貢閏年圖。故事，三年令天下貢地圖，與版籍皆上尚書省。國初以閏爲限，所以周知地理、山川之險易，户口之衆寡。三年五月吴越納土，四年五月北漢平。至雍熙中，吴、晋悉平，奉圖來獻者，州郡幾四百。

（輯自玉海卷一四太平興國閏年圖條，又見續資治通鑑長編卷一八太平興國二年七月丁巳條）

24有司言：「八月一日入閤，舊儀：軍校等不入殿庭起居，文武官至位，蹴踖疾趍，入沙墀，再拜、鞠躬，不呼萬歲。望如冬正朝賀例，軍校陪位拜舞，禮畢先退門外序立，文武官舞蹈，如中書門下班。」從之。制下，會雨而止。

（輯自玉海卷七〇建隆崇元殿入閤條）

25八月戊辰，罷節鎮領支郡之制，從右拾遺李瀚之言也。

（輯自玉海卷一八開寶較州縣數條）

26九月乙未，幸造弓箭院，賜工役人錢帛。

（輯自玉海卷一五〇至道賜弓條）

27丁酉，詔所在用七十七陌。初，因漢乾祐之制，以八十五爲百。

（輯自玉海卷一八〇淳化鑄錢議條）

28壬寅，幸西御園習射，上中的者八。

（輯自玉海卷七五太平興國玉津園習射條）

29〔辛亥〕，先是，太宗紹服之初，一意事戎，思有邊警，備振天威。每朝罷，即於便殿，或在後苑，親閱禁卒，取其伉健者隸親軍，罷軟老弱分配外州，自是蕃衛之卒益精。詔築臺於千秋城西門外之楊村，因名曰講武臺。是日，大閱，上與大臣、從官登臺觀焉。千乘萬騎，雷動雲合，甲兵之盛，近代無比。一云：南北綿亘二十餘里，建五色旗，并金鉦鼓，架於中央。天武左廂都校崔翰親執旗鼓，每援旗指縱，六師如一，軍容甚整。鼓以麾兵，兵乃大合。周旋數四，擊金退軍。上甚悦。一云：先以殿前楊信董其事，帝以信病瘖不能言，命崔翰分布士伍，南北綿亘云云。同上。千乘萬騎，周旋如一，甲兵之盛，近代無比。因謂左右：「晉朝之將，必無如崔翰者。」言晉將不得人而軍政墮紊也。丙辰，上始狩於近郊，作詩賜群臣，令和。

（輯自玉海卷一四五太平興國講武臺大閲觀射連弩條）

30丙辰，校獵近郊。

（輯自玉海卷三〇太平興國御製獵詩習射賜詩條）

郭忠恕，字恕先，以字行。能屬文，善史書。周廣順中，累爲周易博士，貶乾州司户。

秩滿，遂不復仕。多遊岐、雍、宋、洛間，縱酒，逢人無貴賤，常口稱貓。遇山水佳處，絶糧數日不食。盛夏暴於日中，體不沾汗；窮冬大寒，鑿河冰而浴，溶傍冰澌皆釋。太宗召授國子監主簿，縱酒自肆，謗讟時政。太宗怒，決杖配登州。行至齊州臨邑，謂部送吏曰：「我逝矣。」因掊地，窟才容面而卒。遂槀葬於道左，後數日，有取其尸改葬，視之空空，若蟬蜕然。

（輯自楊文公談苑）

31丁巳，御製獵詩二章，賜群臣，屬和。

（輯自玉海卷三〇太平興國御製獵詩習射賜詩條）

32十月戊午朔，賜百官、諸軍冬服。

（輯自玉海卷九〇建隆長春節賜衣條）

33辛酉，〔契丹〕獻良馬、方物。

（輯自玉海卷一五四開寶契丹獻玉帶條）

34甲子，群臣上壽崇德殿，渤泥、契丹使咸陪位。

（輯自玉海卷七四太平興國崇德殿上壽條）

35己巳，幸京城西北隅，觀親衛士與契丹使馳射，又宴射内園。

（輯自玉海卷一四五太平興國校獵西郊畋近郊條）

36壬申，鄆州言：「平陰縣柞木連理。」

（輯自玉海卷一九七慶曆紹興瑞木條）

37十一月庚寅，日南至，御乾元殿，受朝賀。退，御大明殿，群臣上壽。

（輯自玉海卷七一太平興國乾元殿受朝賀條）

幸内園習射。

（輯自玉海卷七五太平興國玉津園習射條）

38癸丑，習射内園，上中的者六。

（輯自玉海卷七五太平興國玉津園習射條）

39〔十二月〕乙丑，幸講武臺，觀飛山卒發機石、射連弩，上將有事於晉陽，一云：將有事於太原，習武事也。明年，遂平河東。

（輯自玉海卷一四五太平興國講武臺大閱觀射連弩條）

40庚午，車駕畋於近郊。一云：上觀狩於西郊。親王、宰相、翰學、節察、防團、刺史及劉鋹、李煜、渤海、泥國使皆從。上親馳射，中走兔二。回，幸金鳳園，張樂，賜從臣飲。

（輯自玉海卷一四五太平興國校獵西郊畋近郊條）

太平興國三年

1正月丙申，王克正直舍人院。

（輯自玉海卷一六八開寶舍人院條）

2丁酉，潭州輦送唐玄宗所書道林寺、王喬觀二碑。

（輯自玉海卷三三唐明皇書道德經條）

3戊戌，開襄、漢漕渠，直抵京師，以通湘、潭之漕。渠成，而水不行。

（輯自玉海卷二二太平興國襄漢漕渠條）

4丁未，知廣州李符獻海外諸域圖、嶺表花木圖各一。

（輯自卷一六太平興國海外諸域圖條）

5己酉，命李昉、扈蒙、李穆、董淳、趙鄰幾同修太祖實録。

（輯自玉海卷四八咸平重修太祖實録條）

命湯悦、徐鉉、王克正、張洎同修江表自楊行密以來事迹。

（輯自玉海卷一五太平興國修江表事迹條）

6 癸丑，幸迎春苑習射，帝中的者九。

（輯自玉海卷七五太平興國迎春苑宜春苑射條）

7 二月丙辰朔，成，通略：庚辰，詔曰：「國家聿新宗宇，大集群書，宜賜佳名，以光策府。其三館新修書院，宜爲崇文院。」崇文院有祕閣，見閣類。自經始至畢工，臨幸者再。按六典：武德中始置修文館，貞觀建史館於禁中，掌國史。開元五年，乾元殿東廊寫四部書，十三年改集仙殿爲集賢，以修書院爲集賢殿書院。三館之名，肇於此矣。自是，集賢殿、昭文館置大學士，史館置監修國史，皆以宰相兼領。史館、集賢修撰，史館有直館、檢討，集賢有直院、校理，皆以他官領之。其昭文館隷門下省，史館寓集賢，尚未合爲一。自梁徙汴都，舊制未備。禎明中，始於今右長慶門東北小屋數十間爲三館，五代時三館在右掖門内，湫隘卑陋，僅庇風雨，周廬徼道，多出其旁。衛士騶卒，朝夕喧雜。每受詔撰述，多移他所。上即位，因幸故館，一本云太平興國中幸，歷覽舊址，顧左右曰：「若此之陋，豈所以待天下之賢俊耶？」即日詔有司，度左昇龍門東北車府地爲三館，舊車輅院地，命中貴人督工徒晨夜兼作。其棟宇之制，皆上親授。自舉役，車駕凡再幸。二年九月。又三年二月辛未，帝御崇文院，觀群書久之，詔親王、宰相恣其檢閲。三年二月丙辰朔，有司奏畢功，乃下詔。詔在前。輪奂壯麗，冠乎内廷，近世鮮比。又詔敞園苑，植花木，引溝水以灌溉之。西序啓便門，以備臨幸。盡遷西館之書，分於兩廊貯焉。東廊爲昭文書庫，南廊爲集賢書庫，西廊爲史館書庫，凡六庫。分經、史、子、集四部，正副本凡八萬卷。初，乾德中平蜀，得書萬三千卷。開寶中平吴，得書二萬餘卷。參以舊書，爲八萬卷。凡六庫書籍，皆以類相從，用雕木爲架，以青綾帕冪之。簡册之府，翕然一變矣。一云：前列三館，後建祕閣。是年錢俶歸朝，收書籍送館閣。

（輯自玉海卷一六八太平興國崇文院條，又見群書考索後集卷六）

功畢。實録云：於乾元殿東創修三館，列四庫書。雍熙中，於三館北建祕閣，分内府書藏之。

（輯自玉海卷一六五太平興國三館條）

8甲子，罷昌州鹽井虚額。

（輯自玉海卷一八一咸平江淮鹽法條）

9辛未，幸西綾錦院，觀織室。還，幸崇文觀書，宰輔、諸王檢閲問難。賜飲中堂，盡醉而罷。

（輯自玉海卷二七太平興國崇文院觀書條）

10三月己丑，壽州言：「甘露降官舍後園檜木。」畫圖以聞。

（輯自玉海卷一九五太平興國甘露圖淳化甘露圖頌條）

11己酉，吴越王俶入朝，見於崇德殿，寵賚甚厚，賜宴長春殿。

（輯自玉海卷七〇太平興國乾元殿受朝條）

秦州都巡檢使田仁朗襲殺蕃部千餘口，焚族帳二千餘所，獲馬五百十匹，牛羊三千餘口，詔褒之。此據别本實録。乃三月二十三日事，四月末奏到京，附三月末。本紀在六月末，今不取。

（輯自續資治通鑑長編卷一九太平興國三年三月己酉條）

12四月己卯，平海節度陳洪進獻漳、泉二州，得縣十四。

（輯自玉海卷七〇太平興國乾元殿受朝條）

13庚辰，駕幸景風門，駐輦，觀刈麥，宰臣、親王、節度使及吴越王、劉鋹、李煜皆從。移幸玉津園，召從官射，上中的者五。張樂，飲群臣酒。

（輯自玉海卷七七太平興國幸景風門觀刈麥條）

14五月乙酉朔，御乾元殿，受朝，仗衛如冬、正儀。赦漳、泉。是日，俶上表，獻所管十三州、一軍，凡得縣八十六。

（輯自玉海卷七〇太平興國乾元殿受朝條）

15丁亥，廣州獻銅鼓一。

（輯自玉海卷一一〇乾德銅鼓條）

16六月戊午，詔乘驛者皆給銀牌，復舊制也。

（輯自玉海卷八五太平興國樞密院銀牌條，又見燕翼詒謀録卷四）

17丙子，遣蕃僧曼殊室利歸其國。天竺之法，國王死，太子襲其位，餘子皆出家爲僧，不復居國中。曼殊室利者，中印土王子也。開寶中來至中國，太祖詔令館於相國寺。善持律，都人歸向，施財盈室。衆僧頗嫉之，以其不解華言，即僞爲奏請歸。既得請，始驚恨，衆僧諭以上意，不得已，遲留數月乃去。自言詣南海，附賈人船以往，竟不知所終云。實録云不解唐言，此蓋承襲前史舊文。宋主天下，何唐之有，今改稱華言。

（輯自續資治通鑑長編卷一九太平興國三年六月丙子條）

18七月乙酉，詔曰：「七夕佳辰，近代多用六日，宜以七日爲七夕，頒行天下。」

（輯自燕翼詒謀録卷三）

19 庚戌，改明德門爲丹鳳。

（輯自玉海卷一六四太平興國丹鳳樓端拱樓條）

20 八月壬戌，眉州言：「嘉禾生。」滑州言：「黄河清。」

（輯自玉海卷一九七太平興國嘉禾瑞麥雍熙嘉禾詩淳化嘉禾合穗圖條）

21 九月甲申，試胡旦等七十四人，加論一首，自是以三題爲凖。又詔律賦依平側用韻，賜緑袍鞾笏。故事：禮部春放榜，今秋試，非常制也。

（輯自玉海卷一一六雍熙崇政殿試條）

22 丁未，〔勃泥〕其王尚打遣使奉表貢龍腦、玳瑁，對其使崇政殿，賜鞍馬、器幣，館於禮賓院。

（輯自玉海卷一五四太平興國勃泥入貢條）

23 十月甲子，荆南言：「江陵縣稻再熟。」

（輯自玉海卷一九七太平興國嘉禾瑞麥雍熙嘉禾詩淳化嘉禾合穗圖條）

24 庚午，車駕校獵於西郊。

（輯自玉海卷一四五太平興國校獵西郊畋近郊條）

25〔乙亥〕，〔王〕侁送契丹使至境上。

（輯自續資治通鑑長編卷一九太平興國三年十一月丙申條）

26辛巳，詔兩浙所送淮海國王伶人馬安國等百餘人，俾教坊肄習之。

（輯自續資治通鑑長編卷一九太平興國三年十月乙亥條）

27十一月乙未，親享太廟。

（輯自玉海卷一六四太平興國丹鳳樓端拱樓條）

28丙申，合祭南郊，御丹鳳樓，大赦，受册尊號於乾元殿，始奉太祖升侑。殿直王操獻南郊頌。

（輯自玉海卷一六四太平興國丹鳳樓端拱樓條）

29己酉，以〔王操〕爲太子中允。

（輯自玉海卷六〇太平興國南郊頌條）

30十二月戊寅，〔王侁〕與郭守文同護靈河之役。

（輯自續資治通鑑長編卷一九太平興國三年十一月丙申條）

太平興國四年

1庚寅，命宣徽南院使潘美等進師。

（輯自玉海卷一九三上太平興國親征太原平晋詩賦記頌條）

2癸巳，賜簽樞石熙載宅一區。

（輯自玉海卷一七五建隆賜宅條）

3癸卯，儀成，踰年而成，機用精至，詔置文明殿，今之文德殿也，東南隅漏室中。長編：置文明殿之鐘鼓樓；志云：置殿廷東鼓樓下。以思訓爲渾儀丞。

（輯自玉海卷四太平興國文明殿渾儀條）

4〔二月〕壬子，幸國子監，因幸玉津園習射。

（輯自玉海卷一一三太平興國幸國子監端拱幸太學條）

5甲子，上親征。

（輯自玉海卷一九三上太平興國親征太原平晋詩賦記頌條）

6〔丙子〕，命威勝軍使米文睿赴太原，隸曹翰麾下，以潞州兵馬都監陳欽祚知威勝軍。

（輯自續資治通鑑長編卷二〇太平興國四年二月丙子條）

7三月庚辰朔，次真定。

（輯自玉海卷一九三上太平興國親征太原平晋詩賦記頌條）

8四月壬戌，克岢嵐。

（輯自玉海卷一九三上太平興國親征太原平晋詩賦記頌條）

9乙丑，克隆州。

（輯自玉海卷一九三上太平興國親征太原平晋詩賦記頌條）

10己巳，克嵐州。繼元外援不至，饟道絶，王師四合。

（輯自玉海卷一九三上太平興國親征太原平晋詩賦記頌條）

11庚午，上次太原，駐蹕汾水東。

（輯自玉海卷一九三上太平興國親征太原平晋詩賦記頌條）

12壬申，上幸太原城南，躬擐甲胄，督諸將麾兵發機石攻城。先是，上有取太原之意，乃選諸軍勇士數百人，教以舞劍，皆能擲劍於空中，躍其身左右承之，妙絶無比。會北戎遣使修貢，上宴其使於後殿，因出劍舞士數百人，袒裼鼓譟，揮刃而入，跳擲承接，霜鋒雪鍔，飛舞滿空。戎使見之，恐形於色。及親征太原，必令爲前導，賊衆喪膽。

（輯自玉海卷一四五太宗教諸軍舞劍條）

13五月壬午，幸城南。上曰：「翌日重午，當食於城中。」

（輯自玉海卷一九三上太平興國親征太原平晉詩賦記頌條）

幸城西北隅，北漢馬步軍都指揮使郭萬超來降。萬超來降，實録在壬午，今從本紀。

（輯自續資治通鑑長編卷二〇太平興國四年五月辛巳條）

14癸未，諸將急攻，城欲壞。帝恐屠城，麾衆少退。是夜，繼元納款。

（輯自玉海卷一九三上太平興國親征太原平晉詩賦記頌條）

15甲申，幸城北，張樂宴從臣，於城臺受降。

（輯自玉海卷一九三上太平興國親征太原平晉詩賦記頌條）

御製平晉賦及七言詩，命從臣和。

（輯自玉海卷一九三上太平興國親征太原平晉詩賦記頌條）

太原平。直史館宋白從征，因獻平晉頌。

（輯自玉海卷六〇太平興國平晉頌條）

北漢平，凡得州十，軍一，縣四十一，户三萬五千二百二十，兵三萬。國史云：亡命卒數百人，選其巨害者斬之，餘悉分隸諸軍，與九國志及實録皆不同，今不取。

（輯自續資治通鑑長編卷二〇太平興國四年五月甲申條）

16乙酉，赦河東。自劉旻歷四主，凡二十九年。

（輯自玉海卷一九三上太平興國親征太原平晋詩賦記頌條）

17丁亥，上幸太原。

（輯自玉海卷一九三上太平興國親征太原平晋詩賦記頌條）

18己丑，御製平晋賦，賜從官，皆令繼作。又製平晋五、七言詩各一首，賜從官，俾之屬和。

（輯自玉海卷三一太平興國平晋賦鑾輿凱旋賦條）

19丁酉，詔曰：「并門底定，鑾輅凱旋，宜崇衆善之因，以紀一戎之業。其行在所，創爲佛廟，賜號平晋寺。」御製平晋記，刻石，建於寺内。

（輯自玉海卷三一太平興國平晋賦鑾輿凱旋賦條）

20辛丑，次榆次縣，御製鑾輿凱旋賦，賜從官，令繼作。

（輯自玉海卷三一太平興國平晋賦鑾輿凱旋賦條）

21 癸卯，製回鑾至側石書懷詩一首。

（輯自玉海卷三一太平興國平晉賦鑾輿凱旋賦條）

22 六月甲寅，發京東、河北軍儲赴北面行營。

（輯自玉海卷一九三上太平興國親征幽州條）

23 戊午，賜從官新茶，御製新茶詩，詔屬和。

（輯自玉海卷三〇太平興國新茶詩條）

24 庚申，上北征。

（輯自玉海卷一九三上太平興國親征幽州條）

25 辛酉，次定州，御製悲陷蕃民並值雨詩二首，賜從官，俾屬和。

（輯自玉海卷三〇太平興國新茶詩條）

26 丁卯，上躬率兵攻東易州，其刺史劉宁〔宇〕以州降，留兵千人守之。

（輯自玉海卷一九三上太平興國親征幽州條）

27 戊辰，涿州降，以萬人戍守。

（輯自玉海卷一九三上太平興國親征幽州條）

28庚午，駐蹕幽州城南，敵不敢居城中，有萬餘衆屯城北，上率兵乘之，斬千餘級，餘黨遁。

（輯自玉海卷一九三上太平興國親征幽州條）

遲明，次幽州城南，駐蹕於寶光寺。契丹萬餘衆屯城北，上親率兵乘之，斬首千餘級，餘黨遁去。契丹傳及會要云：契丹聞王師至，皆不敢居城中。若不敢居城中，又何誒攻圍也？今止從實録、本紀。

（輯自續資治通鑑長編卷二〇太平興國四年六月庚午條）

29壬申，命諸將攻城。

（輯自玉海卷一九三上太平興國親征幽州條）

旬有五日，以士卒疲，且食盡。

（輯自玉海卷一九三上太平興國親征幽州條）

30七月甲申，班師。

（輯自玉海卷一九三上太平興國親征幽州條）

31八月癸亥，命潘美屯三交口，潛師襲之，敵棄城，美因積粟屯兵以守之。

（輯自玉海卷一九三上太平興國親征幽州條）

32〔甲戌〕,〔魏王德昭〕暴疾卒。

（輯自鐵圍山叢談卷三）

33九月乙酉,初聽銅錢入蜀。

（輯自玉海卷一八〇開寶錢監條）

34丁亥,楊可法爲皇子侍講。一作侍讀。

（輯自玉海卷一三〇太平興國諸王府侍講條）

35戊子,詔改京城内外門名二十有五,外城十七門,内城八門,無開遠、朱雀。

（輯自玉海卷一七〇太平興國東京城門條）

36癸巳,嘉州得黑石二,皆丹文,緘其石,來獻。晏殊爲贊曰:「輝煌丹文,見于介石。」

（輯自玉海卷一九六太平興國瑞石條）

37己亥,幸新城西南隅,觀鐵林軍射强弩。

（輯自玉海卷一四五太宗教諸軍舞劍條）

38十月,契丹寇關南,左龍武將軍崔彦進與崔翰及鎮州都監李繼隆將兵八萬禦之。三戰,大破之。

（輯自玉海卷一九三上太平興國親征幽州條）

39庚午，關南言：「大破敵於遂城西，斬獲數十萬。」

（輯自玉海卷一九三上太平興國親征幽州條）

40乙亥，齊王廷美進封秦王，宰相薛居正加司空，沈倫加左僕射，盧多遜兼兵部尚書，樞密使曹彬兼侍中，文武官預平太原者皆遷秩有差，初行賞功之典也。此據實録。

（輯自續資治通鑑長編卷二〇太平興國四年十月乙亥條）

41十一月己丑，校獵近郊。

（輯自玉海卷一四五太平興國校獵西郊畋近郊條）

42己亥，以河北轉運使高繼申爲河北南路都轉運使。據實録則高繼申於太平興國四年十一月己爲之。

（輯自續資治通鑑長編卷二〇太平興國四年十一月己亥條）

43辛丑，又言破其衆數萬。

（輯自玉海卷一九三上太平興國親征幽州條）

44〔十一月〕，先是，詔中使趙守倫優給價和市在京及諸州民間私馬，於是得十七萬三千五百七十九匹。本志載市馬事在興國四年。按正月即出師，恐在四年以前矣。實録别本載趙守倫市馬數在四年十一月乙巳前，今因之，蓋市馬前此事，及此乃上其所得之數也。

（輯自續資治通鑑長編卷二〇太平興國四年十一月條）

45十二月丁卯，畋近郊。

（輯自玉海卷一四五太平興國校獵西郊畋近郊條）

太平興國五年

1正月丙子朔，上御乾元殿，受朝賀。退，御大明殿，群臣上壽。

（輯自玉海卷七一太平興國乾元殿受朝賀條）

2壬午，景陽門外新作四廐成，詔以爲天駟監，左右各二。改左、右飛龍院爲左、右天廐院，使爲天廐使。

（輯自玉海卷一四九太平興國天駟監天廐院四廐雍熙天廐坊條）

3甲申，改閑廐使爲崇儀使。

（輯自玉海卷一四九太平興國天駟監天廐院四廐雍熙天廐坊條，又見續資治通鑑長編卷二一太平興國五年正月壬

午條）

4癸未，歙州言：「稻再熟。」

（輯自玉海卷一九七太平興國嘉禾條）

5三月庚辰，賜文明殿學士程羽浚儀縣泰寧坊宅一區。

（輯自玉海卷一七五建隆賜宅條）

6戊子，會鞠於大明殿上，獲多算。

（輯自玉海卷三〇太平興國新茶詩條）

7己丑，御製擊毬五、七言詩，各一首，詔近臣屬和。

（輯自玉海卷三〇太平興國新茶詩條）

8辛卯，御製擊毬詩，賜近臣屬和。

（輯自玉海卷三〇太平興國新茶詩條）

9丙申，御製喜春雨詩一首，賜近臣，俾屬和。

（輯自玉海卷三〇太平興國喜春雨詩條）

10閏三月丙午，幸北園習射，上中的者五。

（輯自玉海卷七五太平興國迎春苑宜春苑射條）

11甲寅，蘇易簡等一百十九人〔及第〕。

（輯自玉海卷一一六雍熙崇政殿試條）

顔明遠、劉昌言、張觀、樂史殿試合格，帝惜科第不與，皆授掌書記。

（輯自玉海卷一一六太平興國鏁廳試條）

12丁卯，賜新及第舉人宴於迎春苑。

（輯自玉海卷一七一太平興國宜春苑條）

13〔四月〕癸未，應百篇科趙國昌自陳求試。御便殿，親出五言四句詩云：「松風雪月天，花竹雲鶴烟。詩酒春池草，山僧道柳泉。」凡二十字，各爲五篇，率四韻。國昌至晚，僅成數十篇，辭無可取，帝欲激勸後學，故特賜及第。仍詔今後應此科者，約此韻題爲式。

（輯自玉海卷一一六太平興國百篇舉條）

14己亥，以〔楊〕通寶爲誠州刺史。去年七月，本紀書十洞首領楊藴，今年實録於此書楊通寶，未知孰是？本傳亦兩存之。

（輯自續資治通鑑長編卷二二太平興國五年四月己亥條）

15五月己酉，鄭州言：「修東嶽祠宇，穿土，得玉杵臼。」以獻。

（輯自玉海卷九一太平興國玉杵臼條）

16六月己亥，以白鹿洞主明起爲褒信主簿，賜陳裕三傳出身。起、裕以講學爲業，故有是命。

（輯自玉海卷一六七白鹿洞書院條，又見朱熹晦庵集别集卷三、説郛卷一二下）

17〔九月癸卯〕，交州遣使江巨瑝以方物來貢。

（輯自續資治通鑑長編卷二一太平興國五年九月甲辰條）

18甲辰，史館上太祖實録五十卷。

（輯自續資治通鑑長編卷二一太平興國五年九月甲辰條）

賜監修沈倫、史官李昉、扈蒙等襲衣金帶、錦綵銀器。

（輯自玉海卷四八咸平重修太祖實録條）

19丁未，習射内園。

（輯自玉海卷七五太平興國迎春苑宜春苑射條）

20壬戌，校獵近郊。

（輯自玉海卷一四五太平興國校獵西郊畋近郊條）

21 十月丙申，資州言：「梅、青棡二木合成連理。」

（輯自玉海卷一九七慶曆紹興瑞木條）

22 十一月庚子，丁璿上表。

（輯自續資治通鑑長編卷二一太平興國五年九月甲辰條）

丁璿上表曰：「臣族本蠻酋，辟處海裔，修職貢於宰旅，假節制於方隅。臣之父兄，代承閫寄，謹保封略，罔敢怠遑。爰暨淪亡，將墜堂構，將吏耆耋，乃屬於臣。俾權軍旅之事，用安夷落之衆。土俗獷悍，懇請愈堅，拒而弗從，慮其生變。臣已攝節度行軍司馬權領軍府事，願賜真秩，令備列藩。干冒宸扆，伏增震越。」

（輯自宋史卷四八八外國傳四交阯）

23 己酉，詔巡北邊。

（輯自玉海卷三〇太平興國大名凱旋詩條）

24 壬子，上北征。

（輯自玉海卷一九三上太平興國親征契丹諭渤海車駕凱旋條）

發京師。

（輯自玉海卷三〇太平興國大名凱旋詩條）

25癸丑，關南言破其萬餘衆。

（輯自玉海卷一九三上太平興國親征契丹諭渤海車駕凱旋條）

26戊午，次大名。雄州言：「契丹遁去。」車駕即凱旋，上作詩示群臣，有「一箭未施戎馬遁，六軍空恨陣雲高」之句。

（輯自玉海卷三〇太平興國大名凱旋詩條）

27十二月甲戌，畋，因以閲武，賜軍校、衛士襦袴。

（輯自玉海卷一四五太平興國校獵西郊畋近郊條）

太平興國六年

1正月辛亥，易州言破敵兵數千。

（輯自玉海卷一九三上太平興國親征契丹諭渤海車駕凱旋條）

2乙卯，建易州大保寨爲平寨軍。

（輯自續資治通鑑長編卷二二太平興國六年正月乙卯條）

3丙寅，改静戎軍爲静安軍。（輯自續資治通鑑長編卷二二太平興國六年正月乙卯條）

4二月癸酉朔，詔京朝官釐務於外者，咸給御前印紙，令書治迹，有司但以細事混淆其間，自今非課最，不得書爲勞績。一本云：二月一日，詔群臣給御前印紙，善惡無隱，殿最必書。（輯自玉海卷一一八淳化考課院條）

5〔三月己未〕，許仲宣爲轉運使，會征交州，師不習水土，以便宜罷其軍，分屯諸郡。太宗嘉之，仲宣遂草檄，以諭交州渠帥，即送款内附，遣使修貢。（輯自玉海卷一八八嶺南轉運使諭交州渠帥檄條）

6〔四月丁丑〕，詔：「囚當訊掠，則集官屬同問，勿委胥吏搒決。」别本實録在四月丁丑，今從本志附三限後。（輯自續資治通鑑長編卷二二太平興國六年三月己未條）

7〔五月丙辰〕，詔：「諸州大獄，長吏不親決，胥吏旁緣爲姦，逮捕證左，滋蔓踰年而獄未具。自今長吏每五日一慮囚，情得者即決之。」上不欲天下有滯獄，乃建三限之制，大事四十日，中事二十日，小事十日，不須追捕而易決者無過三日。三限，别本實録繫之五月丙辰，今從本志。

（輯自續資治通鑑長編卷二二太平興國六年三月己未條）

8辛丑，契丹以七千人入侵平寨軍，守將擊走之，所殺獲甚衆，詔褒之。此據別本實録，恐即是六月丙子所奏也，然別本特以爲二事，當考。

（輯自續資治通鑑長編卷二二太平興國六年五月辛丑條）

9〔六月〕丙子，平寨軍言破契丹萬餘衆。此據實録，別本實録亦同，恐即五月辛丑日事。本紀無之，當考。

（輯自續資治通鑑長編卷二二太平興國六年六月丙子條）

10七月丙午，將大舉北伐，遣使賜渤海王詔諭意曰：「今靈旗掃北，宜率部族來應。」然竟無至者。

（輯自玉海卷一九三上太平興國親征契丹諭渤海車駕凱旋條）

11庚戌，全興等辭赴嶺南，詔引進使梁迥供帳于玉津園餞之。

（輯自續資治通鑑長編卷二二太平興國六年三月己未條）

12〔九月〕庚子，〔東上閤門使程德玄〕出爲崇信行軍司馬。別本云：「坐懈于事，而不副所任。」今不取。

（輯自續資治通鑑長編卷二二太平興國六年九月庚子條）

13壬寅，以〔田〕錫爲河北南路轉運副使。授河北轉運之日耳，今據實録，在壬寅，初八日也。

（輯自續資治通鑑長編卷二二太平興國六年九月壬寅條）

14丙午，詔京朝官除兩省、御史臺，自少卿監已下，奉使從政於外受代而歸者，令中書舍人郭贄、御史知雜滕中正、户部郎中雷德驤考勞積、量才器，以中書門下缺員，類能擬定，引對而授之，謂之差遣院。唐有選院。案前代常參官，一品以下皆曰京官，今謂常參曰朝官，祕書郎而下未嘗參曰京官。舊制，京官有員數，京、朝皆屬吏部，三十月爲滿任，校其考第，赴集。國初之制，月限既滿停其俸，而釐務者復支，罷則已，但不常參。除授，皆出中書。至是，與朝官悉差遣院主之。

（輯自玉海卷一六八太平興國差遣院條）

15〔辛亥〕，太子太保趙普奉朝請累年，盧多遜益毁之，鬱鬱不得志。普子承宗，娶燕國長公主女。承宗適知潭州，受詔歸闕成婚，禮未踰月，多遜白遣歸任，普由是憤怒。會如京使柴禹錫等告秦王廷美驕恣，將有陰謀竊發。上召問普，普對曰：「臣願備樞軸，以察姦變。」退復密奏：「臣開國舊臣，爲權倖所沮。」因言昭憲顧命及先朝自愬之事。上於宫中訪得普前所上章，并發金匱，遂大感寤，即留承宗京師，召普謂曰：「人誰無過，朕不待五十，已盡知四十九年非矣。」辛亥，以普爲司徒、兼侍中。「不待五十，已知四十九年非。」此太宗盛德要語也。今正史乃削去，可不惜哉！今依實録具載聖語。實録又云即日復相，恐未然。正史稱未幾復相，當得其實也。

（輯自續資治通鑑長編卷二二太平興國六年九月辛亥條）

及寢疾，上侍藥餌不離左右。疾革，召普入受遺命。后問上曰：「汝自知所以得天下乎？」上嗚咽不能對。后曰：「吾自老死，哭無益也，吾方語汝以大事，而但哭耶？」問之如初。上曰：「此皆祖考及太后餘慶也。」后曰：「不然。政由柴氏使幼兒主天下，群心不附故耳。若周有長君，汝安得至此？汝與光義皆我所生，汝後當傳位汝弟。四海至廣，能立長君，社稷之福也。」上頓首泣曰：「敢不如太后教。」因謂普曰：「汝同記吾言，不可違也。」普即就榻前爲誓書，於紙尾署曰「臣普記」。上藏其書金匱，命謹密宫人掌之。正史、新録稱太宗亦入受顧命，而記聞不載，今從記聞。按：太宗初疑趙普有異論，及普上章自訴，且發金匱，得普所書，乃釋然。若同于牀下受顧命，則親見普書矣，又何竢普上章自訴，且發金匱乎？蓋正史、新録容有潤色。按太宗實録載普自訴章，其辭略與記聞同，當顧命時，太宗實不在旁也。正史、新録别加删修，遂失事實耳。故必以太宗實録及記聞爲正。

（輯自續資治通鑑長編卷二建隆二年六月甲午條）

16 十月丙寅，幸含芳園習射。

（輯自玉海卷七三太平興國含芳園習射條）

幸天駟左監，賜從臣馬，本監官吏、將士緡帛。

（輯自玉海卷一四九太平興國天駟監天廄院四廄雍熙天廄坊條）

17 丙戌，詔賈黄中等於崇文院編録醫書。

（輯自玉海卷六三雍熙神醫普效方條）

18 甲午，蘇州言：「太一宫成。」楚芝蘭又言：「都城東南地名蘇村，可徙築宫于此，以應蘇臺之名，則福集帝都。」太宗曰：「太一，天之貴神也，所臨之方，民必受福，今四海一家，若立廟吴中，歲時嚴奉，頗成疏遠。」

（輯自玉海卷一〇〇太平興國太一宫條）

19 十一月甲辰，〔武德司〕改今名，有皇城使。

（輯自玉海卷一三九太平興國皇城司條）

本朝舊號武德司，太平興國詔改今名。實録。

（輯自記纂淵海卷三三）

20〔丁巳〕，全興伏誅；陳欽祚、郝守濬、崔亮皆責授團練副使，欽祚慶州，守濬磁州，亮嵐州。贈仁寶工部侍郎，官其二子。孫全興伏誅，陳欽祚等責降，實録在十一月丁巳，侯仁寶贈官在明年二月庚寅。

（輯自續資治通鑑長編卷二三太平興國六年三月己未條）

21壬戌，封神爲翊聖將軍。

（輯自玉海卷一〇〇興國鳳翔上清太平宫條）

國初，有神降于盩厔民張守真家，守真爲道士，即所居創北帝宫。太宗嗣位，真君降言，有「忠孝加福，愛民治國」之語，詔於終南山下築宫。凡二年，宫成，宫中有通明殿，題曰上清太平宫，如真君預言。祀神之夕，上望拜。

（輯自玉海卷一〇〇興國鳳翔上清太平宫條）

國初，有神降於鳳翔府盩厔縣民張守真家，自言：「天之尊神，號黑殺將軍。」守真遂爲道士。每神欲至，室中風蕭然，聲如嬰兒，守真獨能辨之，凡百之人有禱，言其禍福多驗。開寶九年，太祖召守真，見於滋福殿，疑其妄。十月十九日，命内侍王繼恩就建隆觀降神，神有「晉王有仁心」等語。明日太祖晏駕，晉王即位，是謂太宗。詔築上清太平宮於終南山下，封神爲翊聖將軍。出太宗實録、國史道釋志。

（輯自邵氏聞見後録卷一）

22 十二月己卯，校獵近郊，親射中走兔四，顧謂從臣曰：「臘日出狩，以順時令，緩轡從禽，且非荒也。」回幸講武臺，張樂賜從臣飲。

（輯自玉海卷一四五太平興國校獵西郊畋近郊條）

23〔太平興國六年〕，范旻，質之子也，判大理寺正，持法平允。太宗實録。

（輯自古今事文類聚新集卷二七，又見古今合璧事類備要後集卷三四、記纂淵海卷三一）

太平興國七年

1 正月壬寅，翰林承旨李昉準詔詳定車服制度，以士庶之家車服踰僭，故令詳定。昉等言：「商賈車馬漆素鞍者，勿禁。工商、庶人聽乘車兜子，不得過二人。茘支帶非恩賜者，官至三品乃得服。品官緑袍，舉子白襴。下皆服紫，請禁之。其私第便服，通許服皂。」從之。

（輯自玉海卷七八太平興國車服制度衣服令條）

詔三品以上銙以玉，四品以金，五品、六品銀銙金塗，七品以上并未常參官並内職武官以銀。上所特賜，不拘此令。八品、九品以黑銀，今世所謂藥點烏銀是也。流外官、工商、士人、庶人以鐵角二色。其金荔枝銙，非三品以上不許服。

（輯自燕翼詒謀録卷一）

2二月庚午，幸宜春苑習射。

（輯自玉海卷七五太平興國迎春苑宜春苑射條）

幸新修御廩。

（輯自玉海卷一八四太平興國御廩條）

3〔庚寅〕，贈仁寶工部侍郎，官其二子。孫全興伏誅，陳欽祚等責降，實録在十一月丁巳，侯仁寶贈官在明年二月庚寅。

（輯自續資治通鑑長編卷二二太平興國六年三月己未條）

4三月辛酉，舒州民柯蕁，一作孫蕁，於萬歲山得玄石，有白文，其文乃誌公所記，以石來獻。

(輯自玉海卷一九六太平興國瑞石條)

5〔四月甲子〕，以如京使柴禹錫爲宣徽北院使、兼樞密副使，翰林副使楊守一爲東上閤門使，充樞密都承旨。守一即守素也，與禹錫同告秦王廷美陰謀，故賞之。樞密承旨加「都」字，自守一始。趙鎔及相里勳皆同告廷美陰謀。勳既無傳，實録亦不載鎔除官，故略之。

(輯自續資治通鑑長編卷二三太平興國七年四月甲子條)

6乙丑，左衛將軍、樞密承旨陳從信罷爲左衛將軍，皇城使劉知信爲右衛將軍，弓箭庫使惠延真爲商州長史，禁軍列校蔣人皇甫繼明責爲汝州馬步軍都指揮使，棗强范廷召責爲唐州馬步軍都指揮使，定人王榮責爲濮州教練使，皆坐交通秦王廷美及受其私犒故也。榮未行，或又告榮嘗與廷美親吏狂言：「我不久當得節帥。」遂削籍流海島。實録坐廷美事左降又有劉令威等數人，其名姓後皆不顯，今略之。

(輯自續資治通鑑長編卷二三太平興國七年四月乙丑條)

7五月辛丑，高陽關敗敵衆數萬於唐興口。

(輯自玉海卷一九三上太平興國親征契丹諭渤海車駕凱旋條)

8辛亥，以涇州直屬京。太祖平湖南，始令潭州等屬京，其後大縣亦有直屬者，興元之三泉是也。太宗即位之初，命高保寅守懷，得自奏事。懷州，故隸河陽。至是，邠、寧、涇、原等州並屬京，節鎮無領支郡者矣。

（輯自玉海卷一八開寳較州縣數條，又見續資治通鑑長編卷一八太平興國二年八月戊辰條）

9己未，府州破萬餘衆於朔州界。

（輯自玉海卷一九三上太平興國親征契丹諭渤海車駕凱旋條）

10七月甲午，封皇子衛王、廣平郡王，同日拜平章事。

（輯自玉海卷一三〇太平興國封諸王條）

11乙未，授〔牛〕思進右千牛衛上將軍。上將軍當作大將軍。實録、正史思進傳並誤也。

（輯自續資治通鑑長編卷二三太平興國七年七月乙未條）

12己卯，一本七月，又一本九月己卯。實録七月，會要作十一月，司天冬官正吴昭素及留内直苗守信造成新曆，以應天置閏差也，凡律經二卷，記晨昏分一卷，日躔陰陽經一卷，日出入刻一卷，晝夜刻分一卷，五更中星一卷，共九卷，總目云八卷，以獻。上命衛尉少卿元象宗，集本監明律曆者同校定。賜號乾元曆，上自製序。先是，以應天曆氣朔少差，昭素與徐瑩、黄昭告各進新曆，而昭素所造頗爲精密，因命施行，賜昭素等金帛。

（輯自玉海卷一〇太平興國乾元曆條）

13〔八月甲子〕，海門採珠場獻真珠五千斤，皆徑寸者。

（輯自鐵圍山叢談卷五）

14乙亥，刑寺官俸增給見錢。

（輯自玉海卷一三五祥符定百官俸糧料三院條）

15〔十二月壬子〕，覃及聶詠杖脊，范祥、卜倫除名。實録在十二月壬子，今并書。

（輯自續資治通鑑長編卷二三太平興國七年八月己卯條）

16閏十二月丙申，校獵近郊，中兔二，回幸講武臺。

（輯自玉海卷一四五太平興國校獵西郊畋近郊條）

幸臺，賜飲。

（輯自玉海卷一四五太平興國講武臺大閲觀射連弩條）

17庚戌，詔：「民爲邦本，食乃民天。令諸道州府擇練土地之宜，明種植之法者爲農師。」通略：丁酉詔。實録：庚戌，大詔令同。

（輯自玉海卷一七八太平興國農師條）

詔諸道州府推擇一人練土地之宜，明種植之法，補爲農師。令相視田畝沃瘠，五穀所宜。

（輯自玉海卷七七建隆勸農詔條）

太平興國八年

1二月甲寅，召近臣習射後苑，上中的九。

（輯自玉海卷七五太平興國瓊林苑習射後苑習射條）

2三月庚申，幸御龍直班院閲武。回，幸後園習射。

（輯自玉海卷七五太平興國瓊林苑習射後苑習射條，又見玉海卷一四五太宗教諸軍舞劍條）

3癸亥，分三司，各置使。

（輯自玉海卷一八六宋朝三司使淳化總計使條）

4己巳，王遹爲王府諮議，戴玄翊善，可法、姚坦等爲皇子翊善，邢昺諸王府侍講。先是，詔丞、郎、給、諫以上，舉年五十以上通經者備宫寮。

（輯自玉海卷一三〇太平興國諸王府侍講條）

5癸酉，又幸瓊林苑習射，上中的四。

（輯自玉海卷七五太平興國瓊林苑習射後苑習射條）

6丙子，賜王世則等及第。

（輯自玉海卷七三太平興國進士賜宴條）

王世則等二百二十九人。登科記：八年三月始分甲。按國史志，五年分第甲乙。

（輯自玉海卷一一六雍熙崇政殿試條）

7四月辛卯朔，始就瓊林苑賜宴。

（輯自玉海卷七三太平興國進士賜宴條）

賜宴瓊林苑，爲定制。

（輯自玉海卷三〇太平興國賜進士詩淳化賜進士詩箴儒行篇條）

8〔四月〕丁未，詔應京朝官受任於外，并州縣幕職官朝辭，并於閤門宣旨戒勵，以其詞著之坐右。

（輯自燕翼詒謀録卷三）

上作戒諭辭二，付閤門，一戒京朝司，有深刻聚斂、避事偷安之戒。一戒幕職、州縣官，有正身幹事之訓，貪慢殘民之戒。朝辭日舍人宣示之。聖訓曰：「大臣又欲剛柔相濟。」是歲，賜王顯軍誡。

（輯自玉海卷一三一太平興國淳化祥符天聖戒諭辭條）

9乙卯，改講武殿爲崇政。

（輯自玉海卷一一六雍熙崇政殿試條）

10〔五月丁卯〕，遂詔有司就城南蘇村營建，命東上閤門使趙鎔董其役。

（輯自玉海卷一〇〇太平興國太一宫條）

11〔十月壬辰〕，上嘗謂趙普曰：「朕每讀書，見古帝王多自尊大，深拱凝嚴，誰敢犯顔言事？若不降情接納，乃是自蔽聰明。或喜賞怒刑，豈能歸天下之心哉。」普曰：「帝王若賞罰無私，内外無間，上求其理，下竭其誠，馴至太平，不爲難事。」

（輯自續資治通鑑長編卷二三太平興國七年五月甲辰條）

12〔十月甲午〕，上謂曰：「世之治亂，在賞罰當否，賞罰當其功罪，無不治，或以爲飾喜怒之具，即無不亂，與卿等戒之。」琪曰：「賞罰二柄，乃御世之銜勒。若馬無銜勒，何以控御？治天下者，苟賞罰至公，未有不致太平也。」昉初與盧多遜善，待之不疑，多遜屢譖昉，人或告昉，昉曰：「盧與我厚，不當爾。」於是上語及多遜事，昉頗爲解釋，上因言：「多遜居常毁卿不直一錢。」昉始悟，上由此益重之。別本載上與宰相論賞罰，在十月甲午。按宋琪此時未爲宰相，今從琪本傳，附琪初拜宰相日也。

（輯自續資治通鑑長編卷二四太平興國八年十一月壬子朔條）

其後，上因言及三司財賦，謂宰相趙普等曰：「仁贍縱吏爲姦，諸州場院皆隱没官錢以千萬計。朕初即位，悉令罷去，分命使臣掌其事。仁贍再三言其不便，朕語仁贍此自朕意，若歲課致虧，不以責卿。既一歲，舊千緡者爲一二萬緡，萬緡者爲六七萬緡，爲利入數倍，用度皆足，儻遇水旱，即可以免百姓租税。仁贍自知其非，心頗慚悸，朕亦優容之耳。」別本，上與宰相論仁贍在八年十月甲午，今移入此。

（輯自續資治通鑑長編卷二三太平興國七年二月辛未條，又見文獻通考卷一四）

上又問：「治民之道，復有何術？」普曰：「陛下恤念生民，每聞利病，無不即日施行，古聖王愛民之心止於此矣。」寶訓此二事皆云在興國八年。別本亦在八年十月壬辰及甲午兩日，但不出宰相姓名。今從寶訓繫之趙普，仍移見親決庶獄後，若八年十月，則普將去位矣。

（輯自續資治通鑑長編卷二三太平興國七年五月甲辰條）

13〔十一月乙丑〕，上又謂宰相曰：「近者内外政事，漸成條貫，遠近官吏，無不畏謹。

朕思之，不覺自喜。日行好事，利益於人，便是修行之道。假如飯一僧、誦一經，有何功德，朕夙夜孜孜，固不爲己，每焚香，惟願民庶安輯，不近理之事，斷不爲也。大凡爲君爲臣，常宜兢畏，不可放逸。後唐莊宗夾河相持，千征萬戰，備嘗艱苦，天下甫定，便恣溺惑，不及三年，果致傾覆，若此可爲鑒戒。」宋琪曰：「陛下勤儉于己，勵精政務，以百姓心爲心，所謂『其身正，不令而行』也。」焚香願民安輯等語，别本在十一月乙丑，今從寶訓，宜入此。

（輯自續資治通鑑長編卷二四太平興國八年十月甲申條）

太平興國九年

1 二月壬午朔，上御崇政殿，親閱將校，自都指揮使已下至百夫長，皆按名籍，參驗勞績而升降，凡數日而畢。既而謂近臣曰：「朕選補將校，先取循謹能馭下者，武勇次之。」

（輯自玉海卷一四五太平興國閲將校名籍條）

2 四月甲午，詔有事于泰山。

（輯自玉海卷九八祥符封禪儀注頌圖記録條）

幸金明池，習水戰，上御水心殿，召近臣觀之，因幸講武臺，閲諸軍都試。軍中之絶技者，遞加賜賚。登瓊林苑樓，樓前百戲皆作。

（輯自玉海卷一四五太平興國講武臺大閲觀射連弩條）

3丙申，定封禪儀。

（輯自玉海卷九八祥符封禪儀注頌圖記録條）

4〔七月〕，上嘗語宰相曰：「統制區夏，自有道理，若得其要，不爲難事。必先正其身，則孰敢不正？若恣情放志，何以使人凜懼。朕每自勉勵，未嘗少懈。至於内外官吏，皆量才任職，喻如匠者架屋，棟梁榱桷咸不可闕也。」宋琪曰：「近見陛下，自供奉官、殿直、承旨、三司大將、諸州邸吏，咸加選擢，褒獎功勤，振拔淹滯，内外無不知勸。」上曰：「此輩久歷艱難，皆無曠敗，若曾有瑕玷，人不保者，不預兹選。朕非但振舉湮沈，亦欲激厲使爲好事耳。」琪曰：「陛下不以卑冗，躬自搜訪，量材任職，無有棄人，所謂竹頭木屑亦不遺棄者也。」選用三司大將等事，寶訓云在九年，因取「量材任使如作屋」等語聯書之。選用三司大將，别本亦在此年七月。

（輯自續資治通鑑長編卷二五雍熙元年十二月甲辰條）

5〔十月庚寅〕，初，李繼捧入朝，其弟夏州蕃落使繼遷留居銀州。及詔發繼捧親屬赴闕，獨繼遷不樂内徙，時年十七，勇悍有智謀，僞稱乳母死，出葬郊外，以兵甲寘棺中，與其黨數十人奔入蕃族地斤澤，距夏州東北三百里，出其祖彝興像以示戎人，戎人皆拜泣，繼遷自言：「我，李氏子孫，當復興宗緒。」族帳稍稍歸附，嘗遣所部奉表詣麟州貢馬及橐駝等。敕書招諭之，繼遷不出。是月，知夏州尹憲偵知繼遷所在，與巡檢使曹光實選精騎，夜發兵掩襲地斤，再宿而至，斬首五百級，燒四百餘帳，獲繼遷母、妻及羊馬器械萬計，繼遷僅以身免。本紀、實録載此事於十月庚寅，蓋據奏到耳，今移見九月。（輯自續資治通鑑長編卷二五雍熙元年九月）

6 癸巳，即雍熙元年，十一月改元，嵐州獻牝獸一，角如鹿，無斑，角端有肉，性馴善，人不能辨，示群臣參驗以聞。右散騎常侍徐鉉、諫議大夫滕中正、舍人王祐等援引圖史，以爲祥麟，上表曰：「按春秋：『麕身而有角者，麟也。』感精符云：『麟一角，明海内共一主也。』公羊云：『上有聖帝明王、天下太平則至。』蓋聖君御天下一統之應也。」宰相宋琪等表賀，請宣付史館，從之。上因謂琪等曰：「珍禽奇獸，無濟於事，非朕所尚。方内大寧，風俗淳厚，或云但時和歲豐，天下乂安，此爲上瑞。近年禽獸之異者，所獻甚多，止令畜於園囿，遂其生生之性，不欲宣揚於外。」琪等奏曰：「禽獸草木之異，皆帝王德化所感而生，前古以來，無不編録。

今陛下謙而不有，中外無由得知，使一代簡書有所缺漏。欲望具録瑞物名數，圖寫宣付史館。」從之，因請宣示於外。

（輯自玉海卷二〇〇太平興國瑞物六十三種圖條）

7 乙未，内出瑞物六十三種，一本云：他日又固請，乃詔史官就後園圖寫，付宰相，白鹿六二，真定府、澤州貢；四，御苑所生、白兔十一六，嵐、許、潁、秦、鳳翔、易等州貢；五，御苑所生、黑兔一京兆府民進、紫兔一沂州貢、白麞四潁、單州貢、白雉一潁州貢、白鵲二兖州貢、白鳩一京西民進、紫鵲一忠州進、白鶉一易州進、白鸜鵒一越州貢、蒼鸜鵒一越州貢、白山鵲五唐、洋等州貢、緑山鵲一江陵府貢、紅山鵲一貝州貢、白雀四登、德、汝、虢等州貢、白鼠二京西民進、紅雀一德州貢、白戴勝三洞、乾等州貢、蒼烏一鄭州貢、白山鴉一乾州貢、赤烏一趙州貢、白鷹五霸、濮、潞、晋、夏等州貢、白鸕鶿鷹二商、坊等州進、白鶻一夏州貢、赤鶻一歸州貢、白鷃一鳳翔府貢、白鸚鵡一明州貢、白銅觜一光州貢、青花山鵲一房州貢。琪等拜表稱謝，請圖付史館，詔從之。於是群臣獻歌詩賦頌稱美者甚衆。

（輯自玉海卷二〇〇太平興國瑞物六十三種圖條）

雍熙二年

1〔五月癸亥〕，出御草書，謂宋琪曰：「朕聽政之外，未嘗晝寢，讀書寫字，自得其趣。正書之外，草書、飛白，尤愛臨學，雖非帝王事業，但遊畋聲樂，性所不好；宫中釋悶，惟書籍筆札而已。」琪曰：「陛下躬親庶務，固前代所未有，又讀書染翰，無有棄日，信聖心務學之至也。」嘗夜召書學葛湍，問：「徐鉉草書如何？」湍曰：「鉉留心籀篆，不聞草聖。」上曰：「鉉嘗見朕書否？」湍曰：「臣僚非詔賜，無由得觀。」上喜，於軸中出御草書二紙，曰：「一以賜汝，一以賜鉉。」太宗實録。

（輯自玉海卷三三雍熙草書條）

雍熙三年

1三月癸酉，一日，命宰臣李昉等就第，爲觀花賦詩之會。酒酣，各賦奉詔賞花詩，帝亦作詩賜之。翌日，學士扈蒙等詣垂拱殿門謝。

（輯自玉海卷三〇雍熙賞花賜詩條）

2〔丁亥〕，田重進圍飛狐，令大鵬翼至城下，諭其守將，定武軍馬步軍都指揮使、鄚州防禦使吕行德尚欲堅守，重進急攻之。

（輯自續資治通鑑長編卷二七雍熙三年三月丁亥條）

3辛卯，行德乃與其副都指揮使張繼從、馬軍都指揮使劉知進等舉城降。詔升其縣爲飛狐軍。以行德爲左驍衛將軍、順州防禦使，繼從爲右屯衛將軍、檀州刺史，知進爲左監門衛將軍。

（輯自續資治通鑑長編卷二七雍熙三年三月辛卯條）

4丙申，〔重進又圍靈丘〕，其守將步軍都指揮使穆超舉城降。

（輯自續資治通鑑長編卷二七雍熙三年三月丙申條）

5〔四月癸卯〕，以超爲右監門衛將軍。實録在四月癸卯，今併書之。

（輯自續資治通鑑長編卷二七雍熙三年三月丙申條）

6〔四月〕，初，曹彬與諸將入辭，上謂彬曰：「但令諸將先趨雲、應，卿以十餘萬衆聲言取幽州，且持重緩行，毋得貪利以要敵。敵聞之，必萃勁兵於幽州，兵既聚，則不暇爲援於山後矣。」既而潘美果下寰、朔、雲、應等州，田重進又取飛狐、靈丘、蔚州，多得山後要害之地，而彬等亦連收新城、固安，下涿州，兵勢大振。每捷奏至，上頗疑彬進軍之速，且憂敵斷糧道。彬至涿州，留十餘日，食盡，乃退師至雄州，以援供饋。上聞之，大駭曰：「豈有敵人在前，而却軍以援芻粟乎？何失策之甚也。」亟遣使止之，令勿復前，引師緣白溝河與米信軍接，養兵畜鋭以張西師之勢，待美盡略山後之地，會重進東下趣幽州與彬、信合，以全師制敵，必勝之道也。而彬所部諸將聞美及重進累戰獲利，自以握重兵不能有所攻取，謀畫蜂起，更相矛盾，彬不能制，乃裹五十日糧，再往攻涿州。敵當其前，且行且戰，去城才百里，歷二十日始至。有敵酋領萬騎與米信戰，相持不解，俄遣使紿言乞降。上蔡令大名柳開督饋餉隨軍，謂信曰：「此兵法所謂無約而請和者也。彼將有謀，急攻之，必勝。」信遲疑不決。踰二日，敵復引兵挑戰。後偵知，果以矢盡，俟取於幽州也。詐降事，柳開傳云將至涿州時，今附見於此。彬雖復得涿州，時方炎暑，軍士疲乏，所齎糧又不繼，乃復棄之，還師境上。實録云：「軍士疲乏，所齎糧且盡，上憂之，令還師境上。」據契丹及曹彬傳則再往涿州，復還境上，非有詔旨也。

（輯自續資治通鑑長編卷二七雍熙三年四月）

7 六月戊戌朔，上以諸將違詔失律，作自勉詩，賜宰相李昉、樞使王顯等。

（輯自玉海卷三〇雍熙賜近臣歌詩條）

上以諸將違詔失律，作自勉詩賜近臣。初議興兵，上獨與樞密院計議，一日至六召，中書不預聞。及敗，召樞密院使王顯，副使張齊賢、王沔，謂曰：「卿等共視朕，自今復作如此事否？」上既推誠悔過，顯等咸愧懼，若無所容。推誠悔過事，更當考。宰相李昉等相率上疏曰：「伏思用兵北伐，蓋有其由。良以晋朝生靈僅踰百萬，遭罹否運，役於北戎，迫其兇威，畜爲奴婢。陛下内懷痛悼，將圖拯救，而倚任之際，將帥非才，莫遵廟勝之謀，荐致輿尸之敗。天聲靡振，敵氣彌驕，罔能救於淪胥，乃自致於狼狽，兩河生聚，幾陷兵鋒。然悔既往而難追，事已成而不咎，未可與争，灼著於前經，姑務息民，何嫌於屈己。况天生北狄，爲患中國，漢高祖以三十萬之衆，困於平城，卒用奉春之言，以定和親之策。以至文帝，奉之彌優，外示覊縻，内深抑損，而邊城晏閉，黎庶息肩，所傷匪多，其利甚溥矣。况獯鬻之性，惟利是求，儻陛下深念比屋之罄縣，稍減千金之日費，密諭邊將，微露事機，彼亦素蓄此心，固乃樂聞其事，不煩兵力，可弭邊塵。此所謂屈於一人之下，伸於萬人之上者也。伏望陛下裁之。」此疏據實録别本昉傳，在幽、薊失利後，不得實日月，今附見，本傳乃無之。

（輯自續資治通鑑長編卷二七雍熙三年六月戊戌朔條）

8七月癸未，京兆府鄠縣民甄婆兒，報母讎殺人，詔決杖遣之。

（輯自燕翼詒謀録卷四）

9九月戊辰，户部郎中、知陝州張去華獻大政要録三十篇，上覽而嘉之，璽書褒美，賜帛五十段，因留不遣。

（輯自玉海卷五八雍熙大政要録條）

10甲戌，重陽，詔昉等爲登高會，又賜詩二首。

（輯自玉海卷三〇雍熙賞花賜詩條）

11癸未，詔知州、通判、幕職、州縣官秩滿至京師，於法書内試問，如全不知者，量加殿罰。

（輯自燕翼詒謀録卷三）

12十月丙申朔，上出飛白書一軸，賜宰臣李昉等，曰：「朕退朝之暇，未嘗虚度光陰，觀書之外，嘗留意於真、草，近又學飛白書，此雖非帝王事業，然不猶愈於遊畋聲樂乎！」昉等頓首謝。

（輯自玉海卷三三雍熙賜宰臣飛白書條）

13辛丑，益州貢禾，一莖九穗。

（輯自玉海卷一九七太平興國嘉禾瑞麥雍熙嘉禾詩淳化嘉禾合穗圖條）

14丙午，並改爲寶，别鑄用之。

（輯自燕翼詒謀録卷三）

15己酉，幸〔啓聖院〕。

（輯自玉海卷一六八雍熙啟聖院條）

16庚戌，下元節，宴輔臣于樞密使王顯第。夜分，就賜御製雜言一篇。

（輯自玉海卷二八雍熙御製雜言條，又見玉海卷三〇雍熙賜近臣歌詩條）

17〔甲寅〕，詔祠部，凡僧尼籍有名者，悉牒度之。又詔自今須經業精熟，閲試及三百者乃許係籍。太宗普度特放凡兩次，太平興國七年及此年也，實録不記此年事，今追書之。考試經業，實録載其事於此月甲寅，今亦附月末。

（輯自續資治通鑑長編卷二七雍熙三年十月）

18戊午，御製新譯三藏聖教序，以冠經首，令刊石御書院。

（輯自玉海卷一六八太平興國譯經院傳法院乾華院條）

19庚申，以黎桓爲静海節度使。

（輯自續資治通鑑長編卷二七雍熙三年十月庚申條）

20十一月戊寅，日南至，御製七言冬至詩一首，賜宰相李昉等，令属和。

（輯自玉海卷三〇雍熙雪詩條）

21丙戌，幸建隆觀、相國寺，祈雪。

（輯自玉海卷三〇雍熙雪詩條）

22十二月乙未朔，大雨雪，上大悦。其晚，御玉華殿，宴宰相、近臣，謂曰：「得此嘉瑞，思與卿等同醉。」出御製雪詩一首，令屬和。

（輯自玉海卷三〇雍熙雪詩條，又見玉海卷一九五雍熙雪詩條）

23壬寅，翰林學士宋白等上。宋白等表曰：「席緒經史，堂列縑緗，咀嚼英腴，總覽翹秀，撮其類列，分以布居，使沿泝者得其餘波，慕味者接其雅唱。」上覽而善之，詔答曰：「近代以來，斯文浸盛，雖述作甚多，而妍媸不辨，遂令編緝，止取菁英，所謂擿鸞鳳之羽毛，截犀象之牙角。書成來上，實有可觀，宜付史館。」

（輯自玉海卷五四雍熙文苑英華條）

宋白等進文苑英華。

（輯自困學紀聞卷一七）

24〔辛巳〕，命左補闕李若拙、國子博士李覺齎詔往使。桓制度踰僭，若拙既入境，即遣左右戒以臣禮，桓拜詔盡恭。燕饗日，以奇貨異物列於前，若拙一不留盼，又却其私覿，惟取陷蠻使臣鄧君辨以歸。桓又謂覺等曰：「此地山川悠遠，中朝人乍歷之，不亦勞乎！」覺對曰：「國家提封萬里，列郡四百，地有平易，亦有險固，此一方何足云也。」桓默然色沮。覺使交州，實録在十二月辛巳，今并書之。

（輯自續資治通鑑長編卷二七雍熙三年十月庚申條）

25〔雍熙三年〕，扈蒙傳：太平興國九年，將東封，進宣示内外御札草，上嘉其文，御批紙尾以獎之。明年春，侍宴後苑，近臣應制賦詩，蒙詩末句云：「微臣自愧頭如雪，亦聽鈞天侍玉皇。」上曰：「善因事陳情。」翌日，和以賜之，有「珍重老臣」之語。時爲翰林承旨。

（輯自玉海卷三〇太平興國賜進士詩淳化賜進士詩箴儒行篇條）

開寶九年正月，受朝乾元殿，降王在列，聲明大備。知制誥扈蒙上聖功頌，以述其事：「赫矣昌運，巍乎成功。大荒夷夏，高格旻穹。始肅禋祀，蒼璧黄琮；爰命將帥，旅矢彤弓。乃定湘楚，乃服巴邛，乃平嶺表，乃殄江東。四隩既宅，八表攸同；皇明所被，如日之融。帝業之盛，如嶽之崇。六合之内，其樂邕邕；萬方之外，其來憧憧。慕我慶澤，熙我薰風。闕里諸彦，康衢游童，咸歌大化，悉願東封。耀德如是，儲休永隆。臣蒙作頌，播告寰中。」詔褒之。本傳。

（輯自玉海卷六〇開寶聖功頌條）

雍熙四年

1正月乙丑，製歲日詩一首，賜昉等。

（輯自玉海卷三〇雍熙雪詩條）

2二月丁未，詔以故静安軍爲深州治所，避敵禍也。深治陸澤，於是省陸澤入下博，因改下博曰静安。本紀于去年十二月王師敗於君子館後，書廢深州，此月丁未，乃書復置深州。案實録所載詔文，但徙治耳，未嘗有所廢置也。地理志亦不云深州經廢而復置，本紀誤矣。按雍熙二年廢静安軍，静安軍故深州下博縣也，軍廢，則下博還屬深州，於是自陸澤徙治下博，而下博嘗置軍曰静安，故詔書以静安軍爲名，而不云下博縣。既而下博縣亦改名静安，然廢静安軍，實録獨不書，故載此詔，但云以静安軍爲深州治所，其實静安軍已前廢矣。今特詳著之。

（輯自續資治通鑑長編卷二八雍熙四年二月丁未條）

詔：深州管内人户等，昨以敵人肆暴，侵我封陲，惟彼生民，被其荼毒。永言憫恤，日志于懷。思有改更，庶期安輯。宜以静安軍爲深州治所。

（輯自宋大詔令集卷一五九建易州縣以静安軍爲深州治所）

3 戊午，製中春遣懷詩二首，賜近臣，屬和。

（輯自玉海卷三〇雍熙雪詩條）

4 三月己卯，十七日，賞花，宴于後苑。上臨池垂釣，令侍臣賦賞花釣魚詩，應制者凡二十有六人。俄出五言御詩一章，賜宰臣李昉等。晚，御水心殿習射。翌日，庚辰，上依韻和宰臣及知制誥而上十三人所進詩以賜，又令和所進應制詩以獻。

（輯自玉海卷三〇雍熙賞花賜詩條）

5 庚辰，詔：「知州、通判給御前印紙，書課績，罷官日上中書考校。」

（輯自玉海卷一一八淳化考課院條）

詔知州、通判給御前印紙。

（輯自玉海卷三三淳化書印紙條）

6四月丙申，以光州所進緑毛龜示近臣，仍御製七言詩，賜昉等。

（輯自玉海卷三〇雍熙雪詩條）

7己亥，詔合水路、陸路發運爲一路，以王繼昇掌之，董儼爲同掌。

（輯自燕翼詒謀録卷五，又見玉海卷一八二建隆發運使條）

8〔五月乙丑〕，詔舉文臣中有武略知兵者。

（輯自續資治通鑑長編卷二八雍熙四年五月乙丑條，又見河東集卷一六）

9庚寅，上製平戎萬全圖，以示宰相、樞密院及掌兵將校。凡九圍，共成一陣，内三爲方陣，一爲前鋒，一爲後殿，二爲左翼，三爲右翼。凡中心，連排方陣三，每陣三，各大將一人主之。其陣，各方五里，又相去一里，東西占十七里。每陣周回二十里，計七千二百步。每五步爲一地分，用戰車一乘，兵士二十二人，一陣計一千四百四十地分，戰車千四百四十乘，地分兵士三萬一千六百八十八人，無地分兵士五千人。以三十人爲一隊，計百六十六隊餘二十人。其兵士隊，於二陣前列行。東西陣各用騎兵萬人，解鐙，分爲兩行，配五十騎爲一隊，計百二十五。陳三路標馬計三十隊，每路各陳圖子排列，計百六十五騎。前後陣各用騎五千，解鐙分爲兩行，配五十人騎爲一隊，計六十二隊。後行配三十人騎爲一隊，計六十三隊餘十五人。路探馬計五十隊，每路各陳圖子排列，計二百七十五騎。三陣圖，凡用兵士十四萬九千三百人。時虜未殄，太宗嘗驛召邊將潘美、田重進、崔翰、王承衍等入對，並召在京掌兵將帥，訪以備邊之策，帝又親爲規制，爲此圖以示之。

（輯自玉海卷一四三雍熙平戎萬全圖條）

端拱元年

1〔閏五月壬寅〕，復以湖南爲武安軍。本紀於二月即云襄王兼領荆南、湖南兩鎮，至是復云改湖南爲武安軍。按：實録，襄王二月未嘗兼領湖南也，疑復軍額後迺除節度使，本紀恐誤，更俟詳考。

（輯自續資治通鑑長編卷二九端拱元年閏五月壬寅條）

2十月甲子，特置馬步軍龍神衛四廂都指揮使、殿前捧日天武四廂都指揮使，以振州防禦使孔守正、澄州防禦使范廷召爲之。據孔守正傳云：上以守正練習戎旅，特置龍神衛四廂都指揮使以授之。按：實録，龍神衛四廂，蓋與捧日天武四廂同置都指揮使，范廷召與守正並命。今附見，更須考詳。

（輯自續資治通鑑長編卷二九端拱元年十月甲子條）

3癸未，詔曰：「洛汭之歌，上林之諷，明鑒不遠。朕惟好生之德，解網之仁，今後順時行禮，非時更不於近甸遊獵。五坊鷹犬，放之諸州，不得來獻。」（輯自玉海卷一四五太平興國校獵西郊畋近郊條）

4〔十一月己丑〕，守文上言：「破契丹於唐河。」（輯自續資治通鑑長編卷二九端拱元年十一月己丑條）

契丹累歲寇邊，頗爲民患，國家乃於鎮、定、高陽關大屯兵甲，以犄角之。遣將之日，上親授以成算。至是，果克捷焉。（輯自續資治通鑑長編卷二九端拱元年十一月己丑條）

端拱二年

1正月癸巳，十一日，詔文武群臣各陳備邊禦戎之策。直史館温仲舒章獨先上。乙未，賜金紫。（輯自玉海卷二五端拱備邊禦戎策條，又見續資治通鑑長編卷三〇端拱二年正月癸巳條）

2二月壬子朔，稽古録：二月癸亥，以左諫議大夫陳恕爲河北東路招置營田使，魏羽副之；

右諫議樊知古爲河北西路招置營田使，索湘副之。先是，自雄州東際海，多積水，戎人患之，未嘗敢由是路，惟順安軍西至北平二百里，地方無閡，故多從此入寇。議者以爲宜作方田，實邊廩而限戎馬，於是命使，欲大興營田也。

（輯自玉海卷一七七端拱河北營田營田使方田條）

3 壬戌，下兩制與禮院詳定制度。

（輯自玉海卷七八太平興國車服制度衣服令條）

4 癸亥，詔曰：「河、朔之間，富有膏腴之地，法其井賦，令作方田。三農必致於豐穰，萬世可知於利澤。」先是，雍熙三年岐溝關、君子館敗衄之後，河朔之地，耕桑失業者衆，屯戍又倍於往日，故遣恕等爲方田，積粟以實邊。恕傳云：詔罷營田，止葺堡壁。

（輯自玉海卷一七七端拱河北營田營田使方田條）

帝與近臣議方田爲戰守之備，内出手詔，諭邊將曰：「朕今立法，令緣邊作方田，已頒條制，量地里之遠近，列置寨柵，此可以限其戎馬，而大利我之步兵也。雖使彼衆百萬，亦無所施其勇。自春至秋，其功告畢，持重養鋭，挫彼黠虜。如此，開復幽、薊，滅林胡有日矣。」

（輯自玉海卷一七六端拱方田條，又見宋朝事實卷二〇）

5 三月丁酉，壽州言：「甘露降。」

（輯自玉海卷一九五太平興國甘露圖淳化甘露圖頌條）

6 六月己未朔，潭州上言：「湘陰縣長樂九乳灘下得鐘，製作精妙，上有古篆八十三字，人不之識，畫圖以進。」實録己未朔。

（輯自玉海卷一〇九端拱潭州古鐘條）

7 七月丙戌，以御書急就章藏於祕閣。急就章者，漢黄門令史游之所作也，帝留心字學，先是，下詔求前賢墨迹，有以鍾繇書急就章爲獻，字多踳駁，上親草書一本，藏於祕閣。仍刻石，分賜近臣。太宗實録。

（輯自玉海卷三三端拱書急就章條）

8 丁亥，詔以八月二十四日親饗太廟，有司詳定儀注。辛丑，詔以彗孛停。

（輯自玉海卷九七乾德親饗太廟條）

9 八月己酉，詔臣庶之家，自居室、服器、車輿、鞍勒之制，悉裁爲令，以頒天下。先是，詔云：「輦轂士民，服御纖華，室居宏麗，因命攸司，參爲定式。」紀云：「頒冠服、居室、器用、車馬之式。」

（輯自玉海卷七八太平興國車服制度衣服令條）

10冬十月癸丑朔，詔復置折中倉，以范正辭等掌之。先是，募民及聽商賈入粟，給券，於江、淮給茶鹽償之，謂之折中。或有言其濫弊，廢之。自是，歲失國用百萬之入，故復之。尋以歲旱，中止。

（輯自玉海卷一八四端拱折中倉淳化折博倉條）

11葉齊以館陶主簿改光禄寺丞、直史館。

（輯自續資治通鑑長編卷三九至道二年四月戊子條）

12十二月丙辰，大雨雪。前二日，太史言月有蒼白暈，西有黑氣丈餘，占云：「雨雪之象也。」至是果驗。詔近臣於中書宴飲，令各賦詩，上製瑞雪歌以賜之。

（輯自玉海卷一九五端拱瑞雪歌條，又見玉海卷三〇端拱瑞雪歌條）

13辛亥，舒州得瑞木，文成「大吉」二字，以獻。

（輯自玉海卷一九七端拱合歡木圖條）

14端拱二年，河南府言：「前郢州刺史穆彦璋以愛子死，不願生，挺身入山林飼餓虎。」

（輯自清波雜志卷一二飼餓虎條）

淳化元年

1正月戊寅朔，上御朝元殿受朝賀，下詔改元。（輯自玉海卷七一淳化朝元殿受朝賀上壽儀雅樂條）赦文：「應諸路僞授官，先賜緋人止令服緑，今並許仍舊。其先衣紫人，任常參官，亦許仍舊。」（輯自燕翼詒謀録卷四）

2己卯，改〔乾明節〕爲壽寧節。（輯自玉海卷七四太平興國崇德殿上壽條）

3二月己未，宴近臣於後苑，習射、張樂、飲酒，詔群臣賦詩，上亦賦一章，賜宰相吕蒙正等。（輯自玉海卷七五淳化後苑習射賦詩條，又見玉海卷三〇雍熙賞花賜詩條）

4四月辛亥，上親草書、飛白書紅綾扇，賜宰相、樞密使、翰林學士、尚書丞郎、兩省給舍以上各一。（輯自玉海卷三三淳化書紅綾扇飛白書條）

5五月辛卯，詔刑部置詳覆官，六員，閱案牘。

（輯自玉海卷六七淳化刑部詳覆條）

6甲午，詔致仕給半俸。

（輯自玉海卷一三五祥符定百官俸糧料三院條）

7六月丙午，詔罷中元、下元張燈。

（輯自燕翼詒謀録卷三）

8七月丁酉，以御製祕藏詮十卷、逍遥詠十一卷、祕藏諸雜詩賦十卷、佛賦一卷、幽隱律詩四卷、懷感一百韻詩四卷、懷感迴文五七言詩一卷，凡四十一卷，藏於祕閣。

（輯自玉海卷二八淳化祕閣御製條）

9八月癸卯朔，召近臣閱祕閣圖籍。

（輯自玉海卷二七淳化閱祕閣圖籍條）

賜宴於祕閣。先是，遣使於諸道求募古書奇畫，及先賢墨迹，小償以金帛，大授以官。數年間，獻書者不可勝計，諸道募得者數倍。復詔史館取天文、占候、讖緯、方術等書五千一十二卷，并内出古畫圖迹百四十軸，悉藏祕閣。圖籍之盛，近代無比。

祕閣有王羲之父子、庾亮、蕭子雲、唐玄宗、顔真卿、歐陽詢、柳公權、桑門懷素、懷仁等筆迹。實録淳化元年八月。

（輯自玉海卷二七淳化閲祕閣圖籍條）

10癸亥，至等上言曰：「伏以王者藏書之府，自漢置未央宫，則有麒麟、天禄，命劉向、揚雄典校，謂之中書，即内庫書也。後漢藏之東觀，亦在禁中；漢末置祕書監，掌禁中圖書。祕記，謂之祕書。及魏文帝分祕書爲中書，而祕書監者，掌藝文圖籍之事。晉、宋因之。宋謝靈運補祕閣之遺逸，齊末祕閣經籍遺散，梁江子一請祕閣觀書。至隋煬帝時，寫祕閣之書，分爲三品，於觀文殿東西廊貯之。則祕閣之設，其來久矣。及唐開元間，五年，亦於乾元殿東廊繕寫四庫書，以充内庫，命褚無量、馬懷素總之。至十三年，置集賢書院。雖沿革不常，而祕閣之書，皆置於内也。自唐室陵夷，斯道幾廢，陛下復興祕閣，以藏奇書，總群經之博要，資乙夜之觀覽，況睿藻宸翰，盈溢編帙，則其奥祕，非復與群司爲比。伏乞特降明詔，令與三館並列。至於高下之次，先後之稱，亦乞著爲定式。」詔祕閣宜次三館，其祕

（輯自玉海卷四五淳化歷代帝王名臣法帖條）

書省依舊屬百司。

（輯自玉海卷一六三端拱祕閣藏書閣淳化閲祕閣圖籍淳化祕閣贊飛白祕閣條）

11 九月辛巳，八日，召近臣後苑習射，因御崇政殿，觀角抵之戲。

（輯自玉海卷七五淳化後苑習射賦詩條）

12 十月丙寅，閬州言：「麥秀兩岐。」

（輯自玉海卷一九七淳化瑞麥圖條）

13 庚午，金州觀察使、判和州錢儼獻皇猷録一卷，優詔答之。

（輯自玉海卷五八淳化皇猷録條）

14 十一月庚辰，朗州言：「準詔修桃源觀五百仙人閣成。」賜名望仙閣。内中有恭天崇道閣，奉三清諸聖。

（輯自玉海卷一六三淳化望仙閣條）

15 〔十二月〕，孔承恭遷大理正，議獄平允，權判大理少卿事。

（輯自翰苑新書前集卷二二）

〔孔承恭〕年纔六十一，便乞致仕，太宗皇帝欣然許之，仍特降詔書褒獎，以敦勸人倫。

（輯自歐陽修全集卷九四蔡州乞致仕第二劄子熙寧四年）

淳化二年

1正月〔乙酉〕，改殿前承旨爲三班奉職。

（輯自舊聞證誤補遺）

2己丑，詔京朝官釐務於外者，受詔後給假一月澣濯，所在州府以赴上日聞，違者有罪。

（輯自燕翼詒謀録卷三）

3丁酉，詔荆湖、江淮、二浙、四川、嶺南管内州縣訴水旱，夏以四月三十日，秋以八月三十日爲限。

（輯自燕翼詒謀録卷四）

4閏二月戊寅，祕書監李至進新校御書三百八十卷，上從容謂之曰：「人之嗜好，不可不謹。人君當淡然無欲，勿使嗜好形見於外，則姦佞無自入焉。朕他無所欲，但喜讀書，多見古今成敗，善者從之，不善者改之。」至拜舞稱賀。

（輯自玉海卷三三淳化新校御書條）

5己丑，内出御製獨飛天蛾、大海求明珠二棋勢，示三館學士，皆不能曉，上召裴愈授以指要。

（輯自玉海卷二八祥符太宗游藝集條）

詔：「相聚蒲博，開櫃坊，屠牛馬驢狗以食，私銷銅錢爲器用，並令開封府嚴戒坊市捕之，犯者定行處斬，引匿不以聞與同罪。」

（輯自燕翼詒謀録卷二）

6〔閏二月〕，以翰林學士賈黄中、蘇易簡同知朝京官考課，李沆權判吏部流内銓。故事：學士掌内庭書詔，指揮邊事，院達邊謀，天子機事、密命在焉，不當豫外司公事，蓋防纖微間或漏省中語。故學士院嘗在金鑾殿側，號爲深嚴。自國朝太祖以來，藉其才用，始令判三銓及知太常禮院事。太宗實録。

（輯自古今合璧事類備要後集卷二二翰林學士條，又見古今事文類聚新集卷二〇）

7三月庚子朔，宴後苑，上臨池釣魚，詔群臣賦詩。因習射，上中的四。

（輯自玉海卷七五淳化後苑習射賦詩條）

8乙卯，射瓊林苑。

（輯自玉海卷七五太平興國瓊林苑習射後苑習射條）

9〔四月〕，傅潛自殿前副都指揮使遷侍衛馬步軍都虞候，在殿前都指揮使戴興之上。

（輯自群書考索後集卷四〇）

10五月庚子，命董循等十人，分往諸路提點刑獄。

（輯自玉海卷六七淳化刑部詳覆條）

11〔六月甲戌〕，潘美，大名人。父璘，以膂力應募，隸兵籍，遷軍小校，戍常山，以病免歸鄉里。美少有大志，隸府中典謁，時漢政荒亂，美私語里人王密曰：「漢氏歷數將終，兇臣肆虐，有三靈改卜之兆，大丈夫當於此時立功名、取富貴，豈宜碌碌然與萬物共盡。」會周祖鎮大名，世宗自環衛領牙門軍，美遂解職委質焉。世宗即位，補供奉官。從征高平，配美精卒數千，扼江渚嶺，虜果由其路來援，美堅壁不與戰，虜遁去。以功，遷西上閤門副使。凱旋，遷正使，出監陝州軍，俄遷東上閤前使。從征關南，遷改引進使。世宗將用師隴、蜀，命美護永興屯兵，因令經度西事。恭帝嗣位，召爲客省使。太祖素與美厚善，及爲諸軍推戴，還入京城，即遣美往見執政，美因敷述天命以諭之。陝帥袁彦，性兇率，恣行威福，群小用事，多殺人取財賄，陝民苦之，復日夕繕治甲兵。太祖慮其爲變，遣美監其軍，遂圖之。美單騎入城，諭以受命之事，因諷令入朝，彦即治裝上道。上喜，謂左右曰：「潘美不殺袁彦，諭令朝覲，成我志矣。」李重進叛，命美乘傳發宿州兵擊賊。會以石守信爲招討使，即以美爲行營都監。揚州平，留美爲巡檢以鎮撫之。車駕還都，録其功，授秦州團練使。屬湖南軍亂，其將汪端友叛，朝廷興師翦滅，人心未寧，以美爲潭州防禦使，賜黄金帶、御馬。嶺南劉鋹數寇桂陽、江華，美率兵擊走之。郡界溪峒蠻獠，自唐末之亂，不供王賦，頗恣侵略，爲居民患。美率兵深入，窮其巢穴，斬首萬餘級，餘黨潰散，美悉令招誘，貸其罪，以己奉市牛酒宴犒，賜金帛以慰撫之，夷落遂定。乾德二年，又與南面兵馬都監引進使丁德裕、朗州團練尹崇珂、衢州刺史張繼勳，率兵克郴州。即日，繼勳爲刺史。開寶三年九月，征嶺南，以美爲賀州路行營馬步都部署，遣使十餘，發諸州兵赴賀州。是月，進兵，克富州，敗廣軍萬餘衆。進師，至臨賀，鋹遣將仵彦柔率萬餘衆來援，美逆戰於南鄉，俘千餘人，斬首數千級。彦柔衆大潰，克賀州。十月，又下昭、桂、連三州，西江諸州相繼而下，即以美爲南面都部署。長驅至韶州，其地，越人之北門也，衆十餘萬，背城而陣，以待官軍。美揮兵乘之，鋹軍大敗，棄甲而遁，俘斬數萬計，拔韶州。鋹既窮蹙，四年二月，遣僞諫議大夫王珪詣軍門，求通好，罷兵。又遣僞左僕射蕭漼、中書舍人卓惟休，奉表至軍中乞降，美即令殿直冉彦衮部送漼等赴闕。鋹復遣其弟保興率衆拒戰，美即率厲士卒，倍道趨柵頭，去廣州百二十里，鋹衆十五萬，依山谷，堅壁以待王師。美因築壘休士，與轉運使王明及諸將計曰：「彼編竹木爲柵，若構火以焚之，必擾亂，以鋭師夾擊之，此萬全之策也。」遂分遣丁夫數千人，持二炬，間道造其柵。會暮夜，萬炬俱發，天大風，火勢甚盛，鋹衆驚擾，來犯王師，美麾兵急擊之，鋹衆大敗，斬數萬計，長驅抵城下。鋹盡焚其府庫，及克其城，擒鋹送闕下，露布告捷。即日，命美與尹崇珂同知廣州，兼市舶使。五月，録功，就拜山南東道節度。五年，兼嶺南道轉運使。土豪周思瓊聚衆負海爲亂，美討平之，嶺表以定。七年，召還，命升殿，慰勞，賜御馬、玉帶。八年秋，議征江南。九月，遣美與步軍都虞候劉遇、東上閤門使梁迥並率兵先赴江陵。十月，既命美爲昇州西南路行營馬步軍戰櫂都監，與曹彬偕往，自江陵發兵，進討秦、淮。次時，舟楫未具，美率兵先赴，號令軍中曰：「美受詔提驍果數萬人，戰必勝、攻必取，豈限此一帶水而不徑度乎！」遂率麾下涉水，大軍隨之，吴師大敗。及采石磯浮梁成，吴以戰艦二十餘艘，鳴鼓泝流而上，急趣浮梁。美麾兵擊敗之，奪其戰艘，生擒僞神衛諸軍頭鄭賓等七人，獲軍器萬餘計。俄又破其城南水寨，殺戮千餘衆，美分師以保之。奏至，太祖立召樞密副使楚昭輔草詔，令徙置戰櫂以防它變，即賜其食，遣馳馹徑去。使者至，會暮，美即凖詔徙軍。是夕，吴人急攻水寨，皆無所獲。進傅金陵城下，王師日進捷。江南平，録其功，加檢校太傅、宣徽北院使。是秋，命副党進攻太原，爲行營馬步軍都監。與并人萬餘衆戰汾上，破之，獲馬千餘匹，牛羊數千計，俘數萬口以歸。太平興國初，還，改南院使。三年，加封開府儀同三司。四年正月，命將征太原，遣美爲北路都招討兼制置太原行府，部分諸將進討。美等奉辭，太宗召升殿，授以方略，賜襲衣、金帶、鞍勒馬，遣之。及繼元降，并州平隳其城，以榆次縣爲治所。王師征范陽，又以美知幽州行府事。及班師，命美兼三交都部署，留兵留屯，以扞北寇，以功加檢校太師。三交西北三百里，地名固軍，溪谷險絶，敵之所保，多由此入寇，美潛師襲之，敵弃城遁，軍使安慶以其族降，因積粟屯兵以守之。自是，敵不敢侵軼，居民以安。頃之，美巡撫至代州，宿，戒部下秣馬蓐食，俄敵萬餘騎來寇近寨，美令軍士銜枚往擊之，大破其衆，生擒其都指揮使李重誨，殺其駙馬侍中一人，獲馬數百匹，俘馘甚衆，手詔褒諭，進封代國公。七年，以三交寨爲并州治所，詔美爲都部署。八年，以王顯、弭德超爲宣徽南北院使，美罷使，改忠武軍節度，進封韓國公，領屯兵如故。雍熙二年，太宗爲真宗娶美次女爲夫人，後追謚莊懷皇后。將成禮，召美還都，數月，歸屯所。三年春，大舉征幽州，爲雲、應、朔等州行營都部署，雲州觀察使楊業爲之副，磁州團練使郭超爲押陣都監。三月，美率師出西徑，與虜遇，追到寰州，破之，斬首五百級，刺史趙彦辛以城降。遂圍朔州，其節度副使趙希贊以城降。轉攻應州，其節度副使文正、觀察判官宋雄以城降。四月，下雲州，斬首千級。會班師，詔美歸代州。俄受詔，遷四州之民於内地，會戎人奄至，與戰不利，喪驍將楊業。八月，詔曰：「忠武軍節度、檢校太師潘美：位處殿邦，任隆分閫，摠貔貅之族，執金鼓之權。昨以雲、朔吏民，不忍委於戎敵，因令南徙，俾總援兵。經塗非賒，精甲甚衆，不能申明斥堠，謹設隄防，陷此生民，失吾驍將，據其顯咎，合正刑書。尚念久在邊陲，累分憂寄，爰伸念舊，特示從輕。可削三資，爲檢校太保。」明年二月，復爲檢校太尉。端拱初，知真定府。未幾，復爲并代都部署、知并州。淳化二年，就加同平章事。數月，卒，年六十七。廢朝二日，贈中書令，謚武惠。中使護其喪，歸葬洛陽。咸平二年八月，詔以美配饗太宗廟庭。子惟德、惟固、惟平、惟清、惟熙。惟熙、惟德至宮苑使，惟平西京作坊使，惟清崇儀副使，惟熙娶王氏、延和縣主，至莊宅使、平州刺史。惟熙子承規，今爲閤門祇候。

（輯自名臣碑傳琬琰之集下卷一潘武惠公美傳）

12 己酉，汴決，上乘步輦視之，命戴興督步卒數千塞之，隄立而水勢定。河陰汴口，每歲均節水勢，濟江、淮漕運。

（輯自玉海卷二二宋朝四渠四河條）

13 七月戊申，祕書監李至言：「祭祀祀辭，臨事撰進，辭義淺近，不合典式。」乃取舊一百九首，集唐郊祀録祝辭，增撰八十一首，爲正辭録三卷，上之。取左氏祝史正辭之義。一本云：前代舊文，辭體典正，臣依古式修撰，凡百九十三首，内八十四首新製，餘依舊辭，分爲三卷。先是，端拱元年八月二十三日，至謂祝文稱尊號，非禮，請告饗宗廟稱嗣皇帝，請祠稱皇帝。從之。

（輯自玉海卷一〇二淳化正辭録條）

祕書監李至以新撰正辭録三卷上。崇文目同。先是，祠祀祝詞，命著作局官屬臨事撰進，多不合典禮，向來所用之文，辭義淺近，罔依古式，至是乃撰成數百首上進，永爲定式焉。一本云：凡百九十三首，内八十四首新製，餘皆依舊詞，取左氏祝史正辭之義也。

（輯自玉海卷五八淳化正辭録條）

14 八月癸酉，參政張齊賢獻太平雜編二卷，崇文目卷同，付史館。所涉歷、聞見及賦詠，皆編類之。

（輯自玉海卷五四淳化太平雜編條）

15 己卯，詔置審刑院於禁中，以樞密直學士李昌齡知院事。凡具獄案牘，先經大理，斷讞既定，關報審刑知院，定成文章，奏訖然後下丞相府，丞相又以聞，始命論決，蓋重慎之至也。一云：太宗以中書權太重，諫官向敏中請分吏房置審官院、刑房置審刑院，以兩制領之。先是，刑部設詳覆之官，諸路命糾察之使。

（輯自玉海卷一六八淳化審刑院條）

16 九月庚子，王化基爲中丞，化基慕范滂之志，獻澄清略，言五事：一復尚書省，二慎公舉，三懲貪吏，四省冗員，五擇遠官，上嘉納。實録云：十事。

（輯自玉海卷六一淳化澄清略條）

17 十月辛巳，翰林承旨蘇易簡獻續翰林志二卷，詔藏於史館，仍賜御書二章以寵之。批紙尾云：「意美卿居清華之地也。」又飛白「玉堂之署」四字以賜易簡，因謂宰相曰：「易簡告朕求此數字，可召至中書授之，他日爲翰林中美事。」因賜李昉等草書各一幅。

（輯自玉海卷三三淳化賜飛白玉堂書三體書賜詩四體書條，又見玉海卷五七淳化續翰林志條）

18 十月，置興國縣。

（輯自雲谷雜紀卷三）

19 十一月丙申朔，詔復百官次對。唐制：百官入閤，有待制、次對官，各舉論本司事。興元中，詔延英坐日，常令朝官三兩人，面奏時政得失，後唐天成中，詔百官每五日内殿起居，拜舞訖退，遂廢待制、次對之官。每遇起居日，令百官轉對言事。長興初，停轉對，有論奏，許非時上言。晉天福中，詔五日起居，以兩人轉對，各具實封以聞。漢乾祐初，陶穀奏停，許詣閤門拜章。至是始復舊制，每起居日，常參官兩人次對，閤門受其章。

（輯自玉海卷六一淳化次對條，又見燕翼詒謀録卷二）

詔自今内殿起居日，復令常參官兩人次對，閤門受其章。實録云：漢乾祐三年，給事中陶穀奏乞停五日轉對。皇朝因之，遂無轉對之事。至是，上勵精求理，務廣言路，始復舊制。

（輯自續資治通鑑長編卷三二淳化二年十一月丙申條）

20 甲辰，日南至，製冬日詩，賜近臣。

（輯自玉海卷三〇淳化雪詩條）

21戊午，易簡上言：願以上所賜詩刻石。上爲真、草、行三體書各一本，命待詔吴文賞模勒刻石以賜易簡，仍以百本分賜近臣。

（輯自玉海卷三三淳化賜飛白玉堂書三體書賜詩四體書條）

22十一月，詔以來月朔御文德殿入閤，令史館修撰楊徽之、張洎與有司取舊圖，定儀注以聞。洎上奏曰：「按今之乾元殿，即唐含元殿也，在周爲外朝，唐爲大朝。冬至、元日設仗衛，朝萬國，在此殿。今之文德殿，即唐宣政殿也。在周爲中朝，在漢爲前殿，在唐爲正衙。凡朔望起居，凡册后妃、太子、王公、大臣，對四夷君長，試制策舉人，在此殿也。今之崇德殿，即唐紫宸殿也。在周爲内朝，在漢爲宣室，在唐爲上閤，即隻日常朝之殿也。東晋太極殿，有東西閤。唐制：紫宸上閤，法此制也。所謂入閤者，蓋隻日御紫宸。上閤之時，先於宣政殿前立黄麾金吾仗，俟勘契畢，唤仗，自東西閤門入，故謂之入閤。今朝廷以文德正衙權爲上閤，非憲度也。切見長春殿正與文德殿南北對，請改牓此殿，以爲上閤，作隻日立仗視朝之所。其崇德、崇政殿，即唐之延英殿也，爲隻日常時聽斷之所。」疏入，不報。上以入閤舊圖，承五代草創，禮容不備，命徽之等討論故事，别爲新圖。

（輯自玉海卷七〇淳化文德殿入閤條）

23十二月丙寅朔，上御文德殿，群臣入閤。禮畢，賜百官廊下食。唐制：朔望，天子御宣政殿，受百官起居，及諸司奏事，仗衛如式。敬宗始於紫宸殿，展入閤之儀。

（輯自玉海卷七〇淳化文德殿入閤條）

遂行其禮于文德殿。實録又云：唐恭宗始於紫宸殿展入閤之禮，而五代以來，諸事草創，禮容多闕。國朝久廢其禮，至是始復舊制。

（輯自續資治通鑑長編卷三二淳化二年十二月丙寅朔條）

24丁丑，命圉人取善馬數十匹，於便殿設皁棧，教以芻秣。帝以其法諭輔臣，頒于諸軍，復以馬醫方書賜近臣。

（輯自玉海卷一四九太平興國天駟監天厩院四厩雍熙天厩坊條）

25己卯，易簡受詔，以上三體書石本，遺祕書監李至等三館學士，凡二十五人，皆上表稱賀。范杲獻玉堂記。

（輯自玉海卷三三淳化賜飛白玉堂書三體書賜詩四體書條）

26癸未，甘澤始降，上作喜雨詩，賜近臣，俾屬和。

（輯自玉海卷一九五淳化喜雨詩條，又見玉海卷三〇淳化喜雨詩條）

27辛卯，易簡於本院會學士韓丕、畢士安、李至、楊徽之、梁周翰、柴成務、呂佐之、錢若水、王旦、潘慎修、王著、呂文仲等，觀御飛白「玉堂之署」四字，并三體書詩石。上聞之，賜上尊酒，太官設盛饌，至等各賦詩，以紀其事，宰臣李昉等亦有詩。易簡編次以聞。上謂李昉曰：「易簡以卿等詩來上，斯足以見儒墨之貴，學士之榮也。」別録一本進入。因以詩賜易簡，其字以素繒書之，徑二尺餘，觀之曲盡神妙。

（輯自玉海卷三三淳化賜飛白玉堂書三體書賜詩四體書條）

28〔淳化二年〕，〔王〕明之節義端勁，功烈卓偉，其始卒豎立，冠於皇朝名臣。當太祖、太宗時，戡靖亂略，剗削僭僞，駕馭英傑，撫定區夏，而明感會風雲之際，周旋金革之間，勤餉王師，生擒僞將，卒能下嶺表，平江南，繼成大功，論籍第一。

（輯自孝肅包公奏議卷二論功請謚王明）

淳化三年

1正月丙申朔，服衮冕，御朝元殿受朝賀。禮畢，改通天、絳紗，受群臣上壽。初，大明殿常服上壽，奏教坊樂。至是，始命有司約開元禮定上壽儀，以法服行禮，用雅樂、宮縣、登歌、萬舞，酒三行而罷，復舊制也。罷大明殿上壽之禮。取嗣位以來祥瑞，作祥麟、丹鳳、白龜、河清、瑞麥五曲用之。上壽用和安之曲。諸臣撰二十三曲。

（輯自玉海卷七一淳化朝元殿受朝賀上壽儀雅樂條）

2戊戌，製朝元及元日除夜詩，各一首，賜近臣屬和。

（輯自玉海卷三〇淳化雪詩條）

3辛丑，知舉蘇易簡上合格孫何等。始命易簡受詔即赴貢院，以防請託。

（輯自玉海卷一一六景德考試新格條）

4癸卯，大雨雪，賜近臣于中書宴飲，御製詩賜之。

（輯自玉海卷三〇淳化雪詩條）

5丙午，太宗命諸道貢舉人悉入對崇政殿，凡萬七千三百人。

（輯自燕翼詒謀録卷二）

6丙辰，舒州言：「甘露降靈仙觀三清閣前柏木。」畫圖來獻。上以示近臣，宰相李昉等表賀。三月，詔楊億試舒州進甘露頌。

（輯自玉海卷一九五太平興國甘露圖淳化甘露圖頌條）

7〔二月壬申〕，詔所舉京官，除三司、三館職事官已升擢者不在薦論，其有懷才外任，未爲朝廷所知者，方得奏舉。此詔别本在二月壬申，今移見舉官下。

（輯自續資治通鑑長編卷三三淳化三年正月丙午條）

8二月癸未，賜宰相李昉、參政黄中、沆、樞臣仲舒、準。内出五部賜。

（輯自玉海卷六三太平聖惠方條）

9三月戊戌，雨沾足，直昭文館李宗諤獻詩三篇，上於紙尾批御詩一首賜之。有「傳家之子能文章」之句。

（輯自玉海卷三〇淳化雪詩條）

崇政殿試，又爲糊名之制。孫何等不知御題所出，叩檻請之，乃示以大義。

（輯自玉海卷一一六景德考試新格條）

10癸卯，詔曰：「書云同律度量衡，所以建國經，立民極也。國家底慎財賦，校量耗登，既府庫之充盈，須權衡之平允。秬黍之制，或差毫釐，捶鉤爲姦，害及黎獻。宜詳定秤法，著爲通規。」事下有司，内藏庫使劉承珪、劉蒙正言：「大府寺銅式：自一錢至十五斤，凡五十一，輕重無準。府藏歲受黃金，必自毫釐計之。式自錢始，則傷於重。權衡法：以十黍爲絫，十絫爲銖，二十四銖爲兩。度之法：起於忽，十忽爲絲，至十釐爲分，每分爲二絫四黍。以開元通寶錢肉好周郭均者校之，十分爲一錢，積十錢爲一兩。凡一錢，爲十萬忽。自一錢至半錢，作秤以校之，差擇得錢二千四百。」并以絲、忽、毫、釐、銖、絫之準奏御。上詔三司重校定，以御書淳化三體錢二千四百，磨令與開元通寶錢輕重等，付有司，以爲定制。仍命別鑄新式，頒行天下。志云：遂尋究本末，別製法物。

（輯自玉海卷八淳化權衡新式大府寺銅式條）

賜新進士孫何等御製箴一首。

（輯自玉海卷三〇太平興國賜進士詩淳化賜進士詩箴儒行篇條，玉海卷三一淳化賜進士箴條）

11丙午，宴後苑，上臨池釣魚，詔群臣賦詩，特召楊億賦詩御座之側，因習射。

（輯自玉海卷五九淳化賞花詩條）

宴後苑，因習射，五發皆中的。

（輯自玉海卷七五淳化後苑習射賦詩條）

12丁未，以群臣所賦賞花詩五十二首，付史館。

（輯自玉海卷五九淳化賞花詩條）

13戊申，賜宰相李昉詩一首。

（輯自玉海卷三〇淳化雪詩條）

14己酉，賜儒行篇各一軸，令至治所，著於壁，以代座右之誠。

（輯自玉海卷三〇太平興國賜進士詩淳化賜進士詩箴儒行篇條）

詩、箴並賜，時論榮之。初，内殿策士賜詩，至堯叟始易以箴。

（輯自玉海卷三一淳化賜進士箴條）

15丙辰，宴瓊林苑，御製詩三首賜之。

（輯自玉海卷三〇太平興國賜進士詩淳化賜進士詩箴儒行篇條）

16庚申，宴瓊林苑，因習射，中的五。

（輯自玉海卷七五太平興國瓊林苑習射後苑習射條）

17辛酉，御製遊瓊林苑詩，賜近臣。

（輯自玉海卷三〇淳化雪詩條）

18四月丁丑，賜太師趙普璽書。

（輯自玉海卷六四淳化璽書條）

19壬午，御製刑政稼穡詩一首，賜近臣，宰相李昉等表謝。

（輯自玉海卷三〇淳化御製刑政稼穡詩條）

20癸未，上親真、草、行、小草四體書刑政稼穡詩各一首，以示近臣。

（輯自玉海卷三〇淳化御製刑政稼穡詩條）

21五月甲午朔，御文德殿，群臣入閤。先是，舊制：入閤惟殿中省細仗隨兩省供奉官先入，陳於廷。上以爲儀衛太簡，命有司增設黄麾仗二百五十人，其殿中省細仗仍舊。

（輯自玉海卷七〇淳化文德殿入閤條）

22丁酉，上親草書紅綾扇，賜宰相李昉等各一。

（輯自玉海卷三三淳化書紅綾扇飛白書條）

23己酉，以歲旱，分遣官決獄。是夕，降雨尺餘。

（輯自玉海卷一九五淳化喜雨詩條）

上以久愆時雨，憂形於色，謂宰臣曰：「亢陽滋甚，朕懇禱精至，並走群望，而未獲嘉應者，豈非四方刑獄有冤濫，郡縣吏不稱職，朝廷政治有所闕乎？」因遣常參官十七人分詣諸路按決刑獄。是夕，雨。

（輯自續資治通鑑長編卷三三淳化三年五月己酉條）

24庚戌，宰臣相率稱賀，上曰：「朕孜孜求理，視民如傷，内省于心，無所負矣。而久愆時雨，蓋陰陽之數，非朕所憂。憂在獄吏舞文巧詆，計臣聚斂掊克，牧守不能宣布詔條，卿士莫肯修舉職業爾。」李昉、張齊賢及賈黄中、李沆慚懼拜伏，退，上表待罪。上曰：「朕之中心，苟有所懷，即欲與卿等言之。既言之，即無事矣。然中書庶務，卿等尤宜盡心也。」昉等復上表稱謝焉。實録别本昉傳有昉等所上表及太宗答詔，正傳皆無之，今亦不載。

（輯自續資治通鑑長編卷三三淳化三年五月庚戌條）

25宰相以時雨應期，相率拜賀。

（輯自玉海卷一九五淳化喜雨詩條）

26辛亥，置理檢院於乾元門之西北廊，以知制誥錢若水領之，復唐制也。

（輯自玉海卷一六八太平興國登聞院理檢院條，又見燕翼詒謀録卷二）

27甲寅，詔增修祕閣。

（輯自玉海卷三一淳化祕閣贊序條，又見玉海卷三三淳化飛白祕閣條）

先是，度崇文院之中堂爲祕閣址，而層宇未立，書籍止扃偏廳廡内，至是始命修之。

（輯自玉海卷一六三端拱祕閣藏書閣淳化閲祕閣圖籍淳化祕閣贊飛白祕閣條）

28六月庚申，有蝗自東北來，蔽天，經西南而去。上謂宰相曰：「朕素不識此蟲，群飛而過，其勢甚盛，必恐害及田稼，朕憂心如擣。亟遣人馳詣所集處視之，卿等何策可去？」悉對曰：「蟲螟因旱乃生，頻雨則不能飛，爲災與否，亦繫歲時，聖心焦勞，憂及黎庶，固當感通天地。臣等職在燮調，伏增慚懼。」是夕，大雨，蝗盡殪。實訓載聖語于二年，然二年蝗未嘗過京師也。今從實録。實訓稱吕蒙正，而三年蒙正已罷相，故改其名。

（輯自續資治通鑑長編卷三三淳化三年六月庚申條）

29辛卯，詔置常平倉，命常參官領之。歲熟增價以糴，歲歉減價以糶，用賑貧民，復舊制也。

（輯自玉海卷一八四淳化常平倉條）

30〔七月乙巳〕，上親耕耤田，普上疏引姚崇十事以諫，因求入朝。

（輯自續資治通鑑長編卷二八雍熙四年十二月庚寅朔條）

普在相位幾十年，獨斷政事，太祖疑其專恣，欲用薛居正、吕餘慶爲相。普惡其與己同列，但令參知政事於宣徽廳赴上，位在丞相後，但奉行制書，不得預奏事，以明其異等。中書印唯宰相得知，事無大小，盡決於普，居正等恐慄備位而已。太祖患之，會爲趙玭所訐，盧多遜又旦夕攻之，雷有鄰訟中書不法事，太祖因令居正等知印、押班，以分普權。

（輯自續資治通鑑長編卷五乾德二年四月乙丑條）

或云普於中書接見群官，必語次尋繹有言人短長者。既退，即命吏追録之。事發，引以爲證。由是群官悚息，無敢言者，中書事益壅蔽。中書事益壅蔽，此據附傳。然普三入相，所謂命吏追録人長短，殆皆實譜事也，普必當不如此。而附傳則以爲普素所蓄積皆如此，則恐過矣。故因實譜事著此語，且以或云略見普未必常如此之意。

（輯自續資治通鑑長編卷二九端拱元年三月乙亥條）

31　八月壬戌朔，宴宰臣李昉以下于祕閣，三館與焉，上作詩以美其事。已而祕書監李至上表，乞御製贊以光祕府，上許之，仍以六體親書贊文并序及篆額刻石。一本云：閣成，帝作贊賜之，李至上表，請以御製贊刻石祕閣。帝以宰臣前已陳請，又重違至意，詔曰：「近以延閣載新，萬機多暇，聊書贊詠，以美成功，遽覽封章，願刊穹石，垂于不朽，良積厚顔，其贊并序，當親書篆額，以旌祕府。」

（輯自玉海卷三一淳化祕閣贊序條）

祕閣成，帝作贊賜之。祕書監李至上表，引顔真卿題放生池碑額、近翰林學承旨蘇易簡乞御飛白「玉堂之署」爲比，乞御書新額，以光祕府。

（輯自玉海卷三三淳化飛白祕閣條）

32戊辰，詔中書、樞密院近臣觀新閣，又賜上尊酒，太官供膳。是日，遣中使賫御飛白書「祕閣」二字以賜李至。李昉等相率稱謝，退就宴，三館學士預焉。又賜御詩以美其事，李至上表，請以御製刻石，詔：「贊并序，朕爲親書，并篆額，以旌祕府。」

（輯自玉海卷三三淳化飛白祕閣條）

賜宰臣李昉已下及三館宴，賜詩美之。

（輯自玉海卷三〇淳化祕閣宴賜詩條）

33己卯，上賦社日詩六首，賜近臣。

（輯自玉海卷三〇淳化雪詩條）

34九月甲寅，幸天駟監閱馬，賜從臣馬各一匹。

（輯自玉海卷一四九太平興國天駟監天厩院四厩雍熙天厩坊條）

幸潛龍園，駐輦池東岸，臨水，謂近臣曰：「朕不至此已十年，昔尹京日，每嘗痛飲，倒載者無數，今池邊之木已成喬林矣。」嗟嘆久之。登水心亭習射，上中的者四。

（輯自玉海卷一七一淳化潛龍園奉真園條）

35乙卯，潞州言：「嘉禾異隴合穗。」圖以獻。詔示近臣。

（輯自玉海卷一九七太平興國嘉禾瑞麥雍熙嘉禾詩淳化嘉禾合穗圖條）

36己未，上草書千字文，賜近臣各一本。

（輯自玉海卷三三淳化八分書千字文條）

上幸祕閣觀書，賜從臣及直館閣官飲。既罷，又命皇城使王繼恩召馬步兵都虞候傅潛、殿前都指揮使戴興等飲宴，縱觀群書。上意欲武將知文儒之盛也。據職官志、會要，淳化四年始置昭宣使，此時未也，繼恩但爲皇城使爾。實録并藝文志皆誤，今改之。

（輯自續資治通鑑長編卷三三淳化三年九月己未條，又見玉海卷二七淳化閲祕閣圖籍條）

37十月癸亥，以御書千字文，遣中使李懷節付祕閣。李至請於御製祕閣贊碑陰摹石，上曰：「千字文，蓋梁武得鍾繇書破碑千餘字，俾周興嗣次韻而成，非垂世立教之言。孝經，百行之本，朕當躬書，勒之碑陰。」仍賜至以詔書諭旨。

（輯自玉海卷三三淳化祕閣碑陰書孝經條）

38 丙子，命雷有終爲江淮、兩浙制置茶鹽使，張觀、薛映副之。上欲更立榷制，初以趙昌言爲使，昌言力陳非便，以有終代之。

（輯自玉海卷一八一淳化制置茶鹽使條）

39 戊寅，始置京朝、幕職州縣官考課院。

（輯自玉海卷一一七淳化審官院考課院條）

詔曰：「三考黜陟，有虞之茂典；八使按行，東漢之舊章。苟課最之不明，於賞勸而何在？應諸道知州、通判及釐務京朝官録事判官、縣令、簿尉，内有德行尤異，吏民畏服，及居官廉恪，莅事明敏，獄訟無滯，倉庫盈羨，寇盜翦滅，部内清肅者，本道轉運使各以名聞，當驛召赴闕，親臨問狀，增秩懋賞，以旌其能。其有貪猥自私，臨涖無取，條狀來上，當行貶斥。

（輯自玉海卷一六八淳化審官院條）

40壬午，以王沔、謝泌、王仲華同知京朝官考課，張宏、高象先、范正辭同知幕職州縣官考課，魏廷式、趙鎔、季著同較三班院殿直。上慮内外官吏清濁混淆，莫能甄别，故分命沔等考校其課績，以其狀聞，因行黜陟之典。沔既條奏其法，於是御史戈子元、郎吏張紳皆以負黜焉。

（輯自玉海卷一六八淳化審官院條）

41十一月己亥，二十七日。公卿議：「來年正月二日上辛，行郊祀之禮。」從之。漢武以正月上辛，祀甘泉、圜丘，取齋戒自新之義。

（輯自玉海卷九三淳化上辛祈穀條）

42十二月丁卯，八日。大雪。數年已來，涉冬無雪，至是降及尺餘。上喜，賜近臣宴於中書，詔令盡醉。上賦詩，親以八分書，遣中使就宴所賜之。是日，又詔祕書監李至會三館學士宴於祕閣。凡應制賦詩者，三十五人。

（輯自玉海卷三〇淳化雪詩條，又見玉海卷一九五淳化雪詩立春日雪條）

淳化四年

1正月庚寅朔，親享五室。

（輯自玉海卷九三淳化上辛祈穀條）

2辛卯，合祭天地於圜丘，以宣祖、太祖升配。先是，禮儀使蘇易簡言：「郊祀以宣祖侑神，符嚴父之義；太祖光啟丕基，以聖授聖。謹按唐永徽中以高祖、太宗同配，請自今郊丘親祀，宣祖、太祖同配。又按唐永泰中，杜鴻漸奏云云，諸儒以爲得禮，今欲孟春祈穀，孟冬祀神州，季秋大享明堂，以宣祖配。冬至祀天，夏至祀地，孟夏雩祀，以太祖配。」從之。御乾元門，下制曰：「泰壇燔柴，國之大典；上辛祈穀，禮有舊章。祇見上帝，祈福天宗。」

（輯自玉海卷九三淳化上辛祈穀條）

3癸巳，上賦南郊宿齋五、七言詩六首，賜近臣。

（輯自玉海卷三〇淳化雪詩條，又見玉海卷九三淳化上辛祈穀條）

4乙未，大雨雪，上作立春日瑞雪詩三首，賜近臣。

（輯自玉海卷三〇淳化雪詩條）

李至上言曰：「原隰同縞，隴畝載滋。適因祈穀之祥，遂契有秋之望。」

（輯自玉海卷一九五淳化雪詩立春日雪條）

祕書監李至言：「自廟徂郊，纖飈不摇。羽衛如植，升壇而星象炳焕，訖事而雲氣鬱興。應門肆赦，非煙可挹。」

（輯自玉海卷九三淳化上辛祈穀條）

5 癸卯，幸乾元樓宴，作觀燈詩二首并序，賜近臣，令屬和。

（輯自玉海卷三〇淳化雪詩條）

6 二月癸亥，詔廢沿江八處，應茶商並許於出茶處市之。未幾，有司恐課額有虧，復請于上。

（輯自燕翼詒謀録卷二）

7 乙丑，詔贈〔李〕超爲太子太師，謝氏鄭國太夫人。

（輯自燕翼詒謀録卷二）

8 丙戌，以考校京朝官爲審官院，幕職州縣官爲考課院。

（輯自玉海卷一一七淳化審官院考課院條，又見玉海卷一六八淳化審官院條，燕翼詒謀録卷二，群書考索後集卷七）

9 三月己丑朔，司天言：「按太一式：來歲太一，君棊、臣棊皆臨宋分，至乙未歲，民棊亦至。三棊，皆天之大福神，主邦國乂寧，五穀豐稔，遠夷内附之應。」

（輯自玉海卷一〇〇太平興國太一宫條）

10甲午，承矩言：「欲因水利，大興屯田，以便民。」從之，令河北諸郡發卒墾田。

（輯自玉海卷一七七淳化河北屯田屯田使條，續資治通鑑長編卷三四淳化四年三月壬子條）

11壬子，以六宅使何承矩爲制置河北沿邊屯田使、大理寺丞黄懋充判官。懋嘗言：「河北州郡，陂塘甚多，引水溉田，省功易就，乞興水田，三五年内，必獲其利。」太宗嘉之，以承矩初至滄州，建屯田之議，因遣按視。復奏，咸如懋言。即令承矩領護，以懋爲佐。發諸州戍兵萬八千人，給其役。凡雄、莫、霸州、平戎、破虜、順安軍，興堰六百，置斗門，引淀水灌溉。是年八月，稻熟，民賴其利。承矩載稻穗數車，送闕下。

（輯自玉海卷一七七淳化河北屯田屯田使條）

12甲寅，宴後苑，命群臣賦詩，因習射水心殿，上五發中的。

（輯自玉海卷七五太平興國習射水心殿條）

13四月丙戌，内出御八分書千字文，賜宰臣李昉以下，各一卷。

（輯自玉海卷三三淳化八分書千字文條）

14五月己亥，内出麥穗、穀苗以示近臣，皆長尺餘。上以膏澤應期，禾稼滋茂，喜形於色。

（輯自玉海卷七七淳化南莊觀稼條）

15丁未，以翰林學士錢若水、樞密直學士劉昌言同知審官院。先是，置京朝官差遣院，以别令校其殿最，至是，併而爲一，命若水等主之。淳化五年五月戊寅，親書課最之意一十餘幅，以賜若水等。又以幕職州縣官考課院歸流内銓，俾承旨蘇易簡、虞部王旦同領其事。從易簡之請也。唯三班無所改易。一云：太宗初置京朝磨勘院、差遣院、京朝官院。四年二月丙戌，改爲審官院。又太平興國中所置差遣院，至是併入。院在宣德門外西北廊，掌校考京朝官之殿最，分擬内外之任而奏之。知院事二人，書令史七人。舊制：右職升朝以上，並除授於樞密院。

（輯自玉海卷一六八淳化審官院條，又見群書考索後集卷七）

16戊申，併爲一使。魏羽判三司，判官六員。

（輯自玉海卷一八六宋朝三司使淳化總計使條）

17六月壬戌，出十種秋稼苗穗示近臣，皆長尺餘，至二尺。

（輯自玉海卷七七淳化南莊觀稼條）

18丁卯，〔舒州〕又言降刺史廳梧桐木，畫圖以獻。

（輯自玉海卷一九五太平興國甘露圖淳化甘露圖頌條）

19八月丙辰朔，上草書宋玉大言賦，賜翰林承旨蘇易簡，易簡召近列同觀，因擬宋玉作大言賦以獻，其詞曰：「皇帝書自龍飛，作大言賦，賜玉堂臣易簡。御筆煌煌，聖詞洋洋，瓌瑋特達，不可備詳，因伏而奏曰：『恨宋玉不與陛下同時。』帝曰：『噫！何代無人焉，卿爲朕言之。』易簡因爲大言賦曰：『聖人興兮告成功，登崑崙兮展升中。』」上覽賦，嘉賞，詔褒之。又草書勸酒、戒酒二詩賜之。

（輯自玉海卷三三淳化書大言賦條）

20〔九月丙戌〕，京畿民牟暉擊登聞鼓，訴家奴失豭豚一，詔令賜千錢償其直，因語宰相曰：「似此細事悉訴于朕，亦爲聽決，大可笑也。然推此心以臨天下，可以無冤民矣。」王得臣麈史誤以此事爲太祖朝，今從國史志。按别本實録繫之九月朔。

（輯自續資治通鑑長編卷三四淳化四年十月癸未條）

21〔九月〕，户部使魏庠除〔知蘇州〕。

（輯自姑蘇志卷三）

22〔十月辛未〕，鎔等入謝，上曰：「黄中等以循默守位，故罷，適垂淚叙謝，朕亦爲之悽然。昔周有亂臣十人，同心同德。人臣事主，可不念此以保終始。古人尚欲立功名於亂世，況盛世乎？卿等宜各戮力，以副超擢。」黄中等以循默守位故罷，據别本實録。

（輯自續資治通鑑長編卷三四淳化四年十月辛未條）

23庚午，蘇易簡上言：「初任京官，未歷州縣，不得擬知州、通判。」詔從之。

（輯自燕翼詒謀録卷五）

置二使，分領左右計。魏羽、董儼。

（輯自玉海卷一八六宋朝三司使淳化總計使條）

24閏十月辛卯，後苑習射，四中的。

（輯自玉海卷七五太平興國習射水心殿條）

25己酉，置總計使。陳恕爲之。判左右計事、左右計使分判十道事，分天下爲十道，曰：河南、河北、河東、關西、劍南、淮南、江南東西、兩浙、廣南道。東京爲左計，西京爲右計，各置判官領之。五年七月，詔給御前印紙，考課以别能否。

（輯自玉海卷一八六宋朝三司使淳化總計使條）

26 十一月甲寅朔，日南至，上壽。

（輯自玉海卷三〇淳化雪詩條）

上謂侍臣曰：「朕自即位以來，用師討伐，蓋救民於塗炭，若好張皇誇耀，窮極威武，則天下之民幾乎磨滅矣！」宰相吕蒙正對曰：「前代征遼，人不堪命。隋煬帝全軍陷没，唐太宗躬率群臣運土填塹，身先士卒，終無所濟。」上曰：「煬帝昏暗，誠不足語。唐太宗猶如此，何失策之甚也。且治國在乎修德爾，四夷當置之度外。朕往歲既克并、汾，觀兵薊北，方年少氣鋭，至桑乾河，絶流而過，不由橋梁。往則奮鋭居先，還乃勒兵殿後，静而思之，亦可爲戒。」蒙正曰：「兵者傷人匱財，不可屢動。漢武帝及唐太宗俱英主，然用兵皆不免于悔，爲後世非笑。陛下及其未有悔也，而早辯之，較二王豈不遠哉。」上曰：「朕每議興兵，皆不得已，古所謂王師如時雨，蓋其義也。今亭障無事，但常修德以懷遠，此則清静致治之道也。」蒙正曰：「古者以簡易治國者，享祚長久。陛下崇尚清静，實宗社無疆之休也。」此段據別本實録并寶訓及富弼所撰吕蒙正神道碑删修。「中國安静，四夷自歸」，按蒙正本傳實蒙正語，而寶訓乃屬之趙安仁，「清静致治」，按別本實録亦蒙正語，而寶訓乃屬之吕端，今並不取。咸平五年六月，蒙正復有此對。

（輯自續資治通鑑長編卷三四淳化四年十一月甲寅朔條）

27丁巳，賜近臣宴於中書，上賦詩賜之。

（輯自玉海卷三〇淳化雪詩條）

28甲子，增幕職州縣官奉緡錢。

（輯自玉海卷一三五祥符定百官俸糧料三院條）

29庚辰，治因劉式等復命，上言願賜板本九經，從之。

（輯自玉海卷一五四淳化賜高麗九經條）

30十二月庚子，製立春歌詩三首，賜近臣。

（輯自玉海卷三〇淳化雪詩條）

淳化五年

1正月甲寅朔，上製元旦、除夜詩，五言，各一首，賜近臣，俾屬和。翰學張洎上表解釋詩意，凡數千言，甚稱旨，上命宰相召至中書獎諭。

（輯自玉海卷三〇淳化雪詩條）

2庚申，安易復請鑄，帝不從，但令兩川以銅錢一當鐵錢十，民頗便之。

（輯自玉海卷一八〇淳化鑄錢議條）

3甲戌，討李順。又以張詠知成都府，寇掠之際，民多脅從，詠移文諭以朝廷恩信，使各歸田里。詠曰：「順脅民爲賊，吾化賊爲民。」

（輯自玉海卷一八八樞密直學士知益州諭益州民條）

上始聞李順攻劫劍南諸州，命昭宣使、河州團練使王繼恩爲西川招安使，率兵討之。軍事委繼恩制置，不從中覆。諸州繫囚，非十惡、正贓，悉得以便宜決遣。實録及會要並于此下即書以張詠知成都。按成都記及他書，詠至成都乃今年九月。繼恩出師，知成都當郭載。死，雷有終代之，詠又代有終者。實録、會要皆誤矣。實録既于此下即書詠知成都，四月辛丑又書張詠知封駁司，按此，則其誤明甚，然詠知封駁亦在前矣，此豈申命耶？按宋祁所作墓銘、韓琦所作碑，乃是春除，既而留不行，及秋乃令赴任。

（輯自續資治通鑑長編卷三五淳化五年正月癸酉條）

4二月癸卯，南海商人獻吉貝布，畫海外蠻圖及猩猩圖、玉帶，上於北苑召近臣觀之。

（輯自玉海卷一五四祥符諸國奇獸條）

5丙午二十四日，駕幸南御莊，觀稼。因幸玉津園，習射，張樂，賜從官飲。

（輯自玉海卷七七淳化南莊觀稼條）

6〔戊申〕，上謂宰相曰：「倖門如鼠穴，何可塞之！但去其甚者，斯可矣。近來綱運之上，舟人水工有少販鬻，但不妨公，一切不問，却須官物至京無侵損爾。」吕蒙正對曰：「水至清則無魚，人至察則無徒。小人情僞，君子豈不知？蓋以大度容之，則庶事俱濟。昔曹參以獄市爲寄，政恐姦人無所容也。陛下如此宣諭，深合黄、老之道。」實録别本在二月戊申。

（輯自續資治通鑑長編卷三五淳化五年二月條）

7三月癸丑朔，時雨霑足，近臣稱賀。

（輯自玉海卷一九五淳化喜雨詩條）

8癸亥，内出踏犂數千，分給宋、亳人户。先是，太子中允武允成獻踏犂一具，不用牛，以人力運之。至是，上以宋、亳間牛多死，求得此制，令尚方工官造成數千具。先遣直史館陳堯叟齎於宋州，大起冶鑄，以給與貧民。先是，借民錢，於江、淮間市牛，未至，上以時雨沾足，恐耕墾失時也。參政蘇易簡曰：「昔長沮、桀溺耦而耕，此其遺象也。」按耦耕以雙耜並耕耳，非踏犂之制也。一本：以陳、潁、宋、亳民無牛者多，自挽犂而耕。二月乙卯，命直史館陳堯叟齎踏犂數千具往宋州，委本處鑄造，以賜民户。先是，武允成嘗進踏犂，至是其制猶存，命鑄造賜焉。

（輯自玉海卷一七八淳化踏犂式條）

9戊午，召近臣賞花宴後苑，上臨池釣魚，命群臣賦詩，時應制三十九人，上亦賦詩，以賜宰相呂蒙正等。因習射，上中的者六。張樂飲酒，詔群臣盡醉。

（輯自玉海卷三〇雍熙賞花賜詩淳化條）

10戊辰，復以國子學爲監，改講書爲直講。

（輯自玉海卷一一二建隆增修國子監條）

11夏四月壬午朔，詔：「應天下主吏，先逋欠官物，令元差官典及旁親人均配填納者，凡四十五萬貫、匹、斤、石，勿復理。自今守藏、掌庾、筦榷等虧欠官物，止令主吏及監臨官均償之。」實録載此詔，乃云始令官吏均償。按本志，則官吏均償蓋舊矣，但不及旁親人爾，今從本志。

（輯自續資治通鑑長編卷三五淳化五年四月壬午朔條）

賜諸王印章。先是，親王皆兼領兩鎮，詔有司合其名，鑄爲印一紐賜之。

（輯自玉海卷八四淳化賜諸王印章條）

12癸未，命張洎、李至等同修國史。先是，上語宰相曰：「先朝事耳目相接，今實録中多有漏略，可集史官重修。」蘇易簡對曰：「近代委學士扈蒙修史，蒙性懦，逼於權勢，多所諱避，甚非直筆。」上因言及太祖受命之際，非謀慮所及，陳橋之事，史册所缺，宜令至等重加綴緝。

（輯自玉海卷四八咸平重修太祖實録條，又見玉海卷一六八雍熙修史院條）

13甲申，上聞趙保忠既成擒，詔以趙光嗣爲夏州團練使，高文岯爲綏州團練使，削保吉所賜姓名，復爲李繼遷。稽古録載復李繼遷姓名在至道元年九月，與實録、本傳不同，今兩存之。

（輯自續資治通鑑長編卷三五淳化五年四月甲申條）

14丙戌，史館修撰張佖言：「聖朝編年，謂之日曆，惟紀報狀序敕文，至聖政皇猷、群臣忠邪、庶務沿革，莫有紀述。謹按六典故事，請置起居院，修左、右史之職，記録爲起居注，每月與時政記同送史館。」上嘉之，乃置院於禁中，命梁周翰、李宗諤掌郎舍人事、修撰體式，檢討故事以聞。

（輯自玉海卷四八淳化崇政殿起居注條）

15丁酉，周翰等言：「禮記：『左史記言，右史記動。』漢武帝有禁中起居注，魏、晋職歸著作，後魏始置起居令史，行幸宴會，則在御坐左右記録，後别置起居注二人。北齊有起居省，隋置舍人，唐初隸門下，顯慶中郎、舍人分屬兩省。今陛下重興古道，乞今後應有崇德殿、長春殿皇帝宣諭之言，侍臣論列之事，依舊中書編爲時政記，月終送史館。自餘百官封拜、除改，沿革之事，並令關報起居院，以備編録，每月送史館。仍命郎、舍人分直崇政殿，以記言動，别爲起居注。每月先進御，後付史館。」從之。

（輯自玉海卷四八淳化崇政殿起居注條）

16辛丑，張詠知封駁司。

（輯自續資治通鑑長編卷三五淳化五年正月癸酉條）

17壬寅，王繼恩言王師由小劍門路入研口寨，破賊，斬首五百級，逐北過青强嶺，遂平劍州。按張洎集，賜王繼恩詔云：大軍十八日到緜州界，其取劍州必在此數日前，既無可考，姑從實録，俟奏到乃書之。

（輯自續資治通鑑長編卷三五淳化五年四月壬寅條）

18癸卯，〔時雨霑足，近臣稱賀〕。上謂宰相曰：「膏澤霶霈，上天之貺也。」命以蒲萄酒、建茶、珍果賜近臣，詔曰：「喜此甘澤，與卿等同慶。」

（輯自玉海卷一九五淳化喜雨詩條）

19戊申，直史館錢熙至自宋州，得趙鄰幾所撰補會昌已來日曆三十六卷、文集三十四卷，所著䤨子一卷，六帝年略一卷，史氏懋官志五卷，他書又五十卷來上。詔以錢十萬賜其家。

（輯自玉海卷五七淳化史氏懋官志條）

詔曰：「天下酒榷，先遣使者監筦，宜募民掌之，減常課之十二，使其易辦，吏勿復預。」

（輯自燕翼詒謀録卷三）

20五月壬子，亳州獻瑞麥圖，有分四岐、三岐、兩岐者。

（輯自玉海卷一九七淳化瑞麥圖條）

上語近臣曰：「朕雖德愧前王，然於政事，靡敢怠惰。天下事急若奔駟，日日聽斷，尚恐有照燭不至者。而況唐末帝王，深處九重，民間疾苦，何嘗得知！每一思之，誠可警畏。」吕蒙正曰：「中書、樞密院，自來難處之地。唐末帝王，專委臣下，致多闕失，兼家族罕有保全。今陛下躬決萬幾，臣下止于奉行聖旨，臣嘗與同列等言，實知榮幸。」因再拜，三呼萬歲。上又曰：「唐末帝王，臣下少得見面，縱開延英，亦有中人在側，何嘗君臣言得一事！」趙昌言曰：「當日延英，苟踰數刻，史臣書之，以爲美談。今天下苟非陛下聽斷不倦，則封疆萬里，豈能肅清！斯所謂一人有慶，兆民賴之也。」實録别本在五月朔，今附此戊寅後。

（輯自續資治通鑑長編卷三六淳化五年五月戊寅條）

21癸丑，王繼恩言王師入綿州境，賊衆望風奔潰，殺戮及溺水死者不可勝計。

（輯自續資治通鑑長編卷三六淳化五年五月甲寅條）

22甲寅，繼恩言克綿州。繼恩以四月十八日入綿州，當是十九日或二十日也，今但用實録，竢奏到乃書。

又言先遣内殿崇班曹習，分兵自葭萌趨老溪，賊萬餘衆依險爲寨，習擊破之，斬首三千級，擁入江溺死者甚衆，遂克閬州。據張洎集賜王繼恩詔載曹習狀稱四月十日領軍發葭萌，到青山鎮，其鎮已爲賊燒焚，至十二日到老溪，賊依阻江山，分爲二寨，約萬餘人，習擊破之，十三日收閬州。今但依實録，奏到乃書，更不追正。

又言巡檢使胡正違，率兵破賊五千人，克巴州。

（輯自續資治通鑑長編卷三六淳化五年五月甲寅條）

23庚午，十九日，上臨軒，親選郭玘等四人，並爲常參官，仍給印紙，令滿秩日自賫於御前，較其課最。

（輯自玉海卷三三淳化書印紙條）

24戊寅，賜近臣御飛白書，各一軸。

（輯自玉海卷三三淳化書紅綾扇飛白書條）

上自書一幅，曰：「公務刑政，惠愛臨民，奉法除姦，方可書爲勞績。」又別書二十餘幅，賜大理正尹玘等，人一通。皆京朝官之選也。召知審官院錢若水曰：「奉法除姦之語，恐不曉者，因而生事，可語之曰：『除姦之要，在乎奉法。』」

（輯自玉海卷三三淳化書印紙條）

25庚辰，初伏，上親書紅綾扇，賜近臣各一。一本云：三年三月甲午朔，文德殿百官入朝，上親書綾扇，賜近臣李昉等。

（輯自玉海卷三三淳化書紅綾扇飛白書條）

司空致仕李昉獻詩，陳情叙感，上和以賜之，仍別賜昉詩一首。

（輯自玉海卷三〇雍熙賜近臣歌詩條）

26五月，李順之平，帶御器械張舜卿奏事，言：「臣聞順已遁去，諸將所獲非也。」太宗云：「平賊纔數日，汝何從知之？徒欲害人功爾。」上怒，叱出，將斬之。徐曰：「前代帝王，暴怒殺人，正爲此輩，然其父戍邊以死。」遂貰之，但罷近職。舜卿父訓，爲定遠軍節度使，卒於鎮，故上念之。

（輯自揮麈録後録卷五）

27六月己酉，命内供奉官盧敏正賫御草書五軸，藏祕閣，詔史館修撰張佖與三館、祕閣學士觀焉。

（輯自玉海卷三三淳化祕閣草書條）

28甲辰，詔翰林學士班丞、郎之上。

（輯自玉海卷七〇建隆合班儀條）

29〔七月辛亥〕，以殿中丞丁顧言守本官，復充堂後官。堂吏自唐至漢、周，率自京百司以有人材、能書札、行止廉幹者抽補，分掌諸房公事，年深即授檢校少卿監，同正將軍。至國初，趙普在中書，奏令檢校諸曹郎中。自邇以來，屢懲其貪而數惡其黨，故參用士人有科第、歷外官者。至是，復秩以朝籍，蓋矯昔之枉也。此據别本乃七月朔日事，今附月末，須更考詳，會要亦在七月。

（輯自續資治通鑑長編卷三六淳化五年七月）

30八月戊子，社，詔近臣宴于中書，御製詩賜之。

（輯自玉海卷三〇雍熙賞花賜詩條）

31庚寅，李虚己以得御書印紙，上表獻詩，上曰：「吾得良二千石矣。」

（輯自玉海卷一一八淳化考課院條）

帝批其紙尾曰：「虚已學古入官，榮親事主，奉書爲郡，知恩奉上，欲布新規，朕已得良二千石矣。」乃賜五品服，命儒臣閱所批詔，兼賜五十萬錢。後卞衮通判宣州廉幹聞，亦預焉。

（輯自玉海卷三三淳化書印紙條）

32庚子，驤、範上言重删定淳化編敕三十卷。一本：淳化二〔五〕年八月庚子，右諫議大夫、判審刑院許驤以新定編敕一部三十卷上獻。編敕與刑統並行，上以其滋章煩碎，因命重删定，至是畢，付有司頒行天下。

（輯自玉海卷六六淳化編敕條）

33九月庚戌朔，磁州言：「嘉禾合穗。」畫圖來獻，以示近臣。

（輯自玉海卷一九七淳化瑞麥圖條）

34壬子二十三日，中書門下獻大射圖。先是，八月五日甲申，上有意於大射，詔有司講求典故，實録云：講求大射儀注。自周官射禮及開元、開寶禮斟酌損益，草定其儀。大約如朝謁元會之禮：酒三行，有司奏賜王公下射，侍中稱制可。皇帝改服武弁，射於殿上。布七埒於殿下，自公卿大夫，各有著位。開樂虡於東廂中，設熊虎等侯，陳賞物於東階，以賞能者；設醴爵於西階，以罰否者。并畫其冠冕儀式、表著埻音準埒之位以進。上覽，嘉之，謂宰相曰：「俟弭兵，當與卿等行之。」

（輯自玉海卷七五淳化大射圖條）

35 十月丙午，翰林學士張洎等上重修太祖紀十卷，以朱墨雜書，凡躬承聖問及史官採摭之事，即朱以別之。先是，淳化五年四月癸未，以李至、張洎、張佖、范杲同修國史。

（輯自玉海卷四六淳化太祖紀條）

36 十一月丁巳，上賦詩一首，示翰林學士張洎、錢若水。洎因揣摩上意，上疏稱述，凡數千言。上覽而善之，召宰相等，賜坐於崇政殿西廡，謂曰：「洎所上表，深論朕意，足以戒躁競之輩，殄澆薄之風矣。」令付史館，許衆人就觀。因歎薄俗良久，出別賜張洎詩一首。一本云：作七言詩示學士，以戒躁競之士，末章有純直之訓。張洎上表謝，上曰：「洎深論朕意，宜付史館，以塞奔競之源。」又別賜洎詩一首。又出四體書前所賦詩一幅，草書者尤絶妙，蘇易簡頓首告上乞之，吕蒙正亦欲得焉，易簡前奏曰：「臣先請，蒙正已不及矣。」上笑而賜之。

（輯自玉海卷三〇淳化賜詩四體書條）

37丙寅，十七日，上幸國子監，賜直講孫奭五品服，因幸武成王廟，徧閲塑像。至郭子儀，曰：「名將無震主之威，宜其祀享。」至李晟，曰：「德宗播越，非晟克復，則唐運已去。」咨嗟久之。復幸太學，賜群臣坐。時侍講李至執經講堯典一篇未畢，令奭講説命三篇，帝曰：「尚書主言治世之道，説命最備。文王得太公，高宗得傅説，皆賢相也。」至「事不師古，以克永世，匪説攸聞」，上曰：「誠哉是言！」因歎曰：「何高宗之時而有賢相如此！」飲從官酒，三行，賜奭帛三十匹。

（輯自玉海卷一一三淳化幸國子監條）

38十二月辛丑，三司復各置使。罷十道、左右計，恕及張延德、張鑑領之。兩京、十道，復歸三部。三使各領一司，局分相違，簿書交錯，綱條失序，言論盈庭。

（輯自玉海卷一八六宋朝三司使淳化總計使條）

39淳化五年，判國子學李至言：「監中印書，亦主掌錢物，凡有公文，其所司止以印書錢物所名，稍爲近俗，今乞改爲國子監庫官。」從之。太宗實録。

（輯自古今合璧事類備要後集卷四〇國子監書庫官條，又見翰苑新書前集卷二五書庫官條，記纂淵海卷三二）

至道元年

1正月丙辰，新作上清宫成，御書額，以金填其字賜之。車駕臨幸，謂近臣曰：「造此祠宇，爲民祈福。」

（輯自玉海卷三三至道書上清宫額條）

度支判官陳堯叟、梁鼎言：「陳、許、鄧、潁、蔡、宿、亳、壽，自漢、魏、晉、唐以來，用水利墾田，陳迹具在，可開公田，發江、淮州軍散卒，給官錢市牛及耕具。」上覽奏嘉之，詔大理丞皇甫選、光禄丞何亮乘傳按視，經度其役，令募民耕墾，免其税。

（輯自玉海卷一七六至道開公田條）

2〔壬戌〕上語蒙正曰：「夫否極則泰來，物之常理。晉、漢兵亂，生靈凋喪殆盡。周祖自鄴南歸，京城士庶，皆罹掠奪，下則火光，上則彗孛，觀者恐慄，當時謂無復太平日矣。朕躬覽庶政，萬事粗理，每念上天之貺，致此繁盛，乃知理亂在人。」蒙正避席曰：「乘輿所在，士庶走集，故繁盛如此。臣常見都城外不數里，飢寒而死者甚衆，未必盡然。願陛下視近以及遠，蒼生之幸也。」上變色不言。蒙正侃然復位，同列咸多其亢直。別本實録「火光」「彗孛」等語乃至道元年正月壬戌，又載吕端、蘇易簡對答。

（輯自續資治通鑑長編卷三五淳化五年正月甲寅朔條）

3 三月壬戌，宴後苑，登水心殿習射。

（輯自玉海卷七五太平興國習射水心殿條）

後苑賞花，特召司空李昉坐於尚書之上。帝臨池釣魚，賦詩一章，賜宰相蒙正等，群臣應制者五十五人。上作釣魚詩，斷章意以屬吕端，後數日爲相。

（輯自玉海卷三〇至道賞花賜詩條）

4 己巳，上御崇政殿，召殿前指揮使、御龍官數百輩射於殿前，詔銀州牙校張浦觀焉。先是，趙保吉遣其弟延信入貢，上賜二弓，皆力及一石六斗已上，但威示戎虜而已，非有人能挽。至是，衛士皆引滿平射，有餘力，上問浦：「戎人敢敵否？」浦奏曰：「蕃部弓弱矢短，豈敢拒敵？」

（輯自玉海卷一五〇至道賜弓條，又見玉海卷一四五至道親閲武士崇政殿試射條）

5〔四月〕戊子，詔自今參知政事宜與宰相分日知印、押正衙班，其位輒先異位，宜合而爲一，遇宰相、使相視事及議軍國大政，並得升都堂。先是，趙普獨相，太祖特置參知政事以佐之，其後普恩替，始均其任，既而復有釐革。吕端初與寇準同列，及先任宰相，慮準不平，乃上言：「臣兄餘慶任參知政事日，悉與宰相同，願復故事。」上特從其請，亦以慰準意云。實録云：「初，宰相趙普初議置參知政事，與宰相異等。」按太祖置參知政事，實用陶穀議，非普所建白也，今不取。

（輯自續資治通鑑長編卷三七至道元年四月戊子條）

6 五月甲子，上觀之，以不忘本業，留書禁中，賜錢萬。

（輯自玉海卷七七至道養蠶經條）

7 六月己卯，詔重造天下郡縣二税、户口版籍，放其式於天下。

（輯自玉海卷二〇至道版籍式條）

8 乙酉，遣内侍裴愈乘傳往江南諸州購募圖籍，願送官者優給其直；不願者借出，於所在州命吏繕寫，仍以舊本還之。上嘗草書經、史三十紙，召翰林侍讀吕文仲一一讀之，列祕閣官屬名位，刻石模印，裝飾百軸。於是付愈賫詣名山福地，道宫佛寺，各藏數本；或邱園養素好古博雅之士，爲鄉里所稱者，亦賜之。賜石刻，實録在六月戊戌，今并書。

（輯自續資治通鑑長編卷三八至道元年六月乙酉條）

9 己丑，詔江南、兩浙、福建等處諸州，僧三百人歲度一人，尼百人歲度一人。

（輯自燕翼詒謀録卷三）

10丁酉，詔募民耕曠土爲永業，蠲三歲租。三年外，輸三分之一。墾田之數，書州縣官印紙，以俟旌賞。

（輯自玉海卷一七六建隆度民田條，又見玉海卷七七建隆勸農詔條）

11戊戌，上草書經、史故事三十紙，詔翰林侍讀吕文仲一一讀之，因刻石，以數百本，并祕閣官吏姓名，付内侍裴愈，令於江東名山福地、道宫佛廟，各藏三五本。或高逸不仕、純樸有行、好古博雅，爲州里所稱者，分以賜之。

（輯自玉海卷三三至道草書經史故事條，又見續資治通鑑長編卷三八至道元年六月乙酉條）

12己亥，詔：「諸州長吏，凡決徒罪，並須親臨。」因太常博士王柣有請也。

（輯自燕翼詒謀録卷三）

13七月甲寅，司天監丞王睿獻新曆。睿言：「開元大衍曆議定大衍之數，乃何承天氣朔母法，參詳監司所奏，於二萬以下修撰，日法渾紀不過億數。臣今於二萬以下參詳到日法，有演二元不及億數，其一日法一萬五百九十，演得積年一千六百五十一萬五千九百餘歲；其一日法一千七百，演得積年三百九十八萬一千一百有餘歲。今各依所立法數，撰到氣朔用率積年等。今具筭到氣朔以進。」詔：夏官正鄭昭晏重校正疏密以聞。

（輯自玉海卷一〇至道王睿獻新曆條）

14癸亥，以楊允恭爲都大發運使，改擘劃爲制置茶鹽使。

（輯自玉海卷一八一淳化制置茶鹽使條）

癸亥，以楊允恭爲江淮、兩浙發運使。一本云：淳化四年二月，以楊允恭爲淮南、兩浙都大發運，允恭籍三路舟，江、浙所運，止於淮、泗，由淮、泗輸京師。行之一歲，上供者六百萬。

（輯自玉海卷一八二建隆發運使條）

15癸酉，眉州言：「嘉禾一莖二十四穗。」

（輯自玉海卷一九七太平興國嘉禾瑞麥雍熙嘉禾詩淳化嘉禾合穗圖條）

16八月壬辰十八日，以開封尹壽王爲皇太子。自唐天祐以來，斯禮久廢，上始舉行，中外胥悦。

（輯自玉海卷七二至道朝元殿皇太子册禮條，又見玉海卷一二九至道東宫官條）

17戊戌，詔以九月册皇太子。有司言：「禮：『天子執鎮圭，公執桓圭。』無太子執圭之文，請定制：太子服遠遊冠、朱明衣、執桓圭以受册，朝會、謁廟亦如之。」詔可。

（輯自玉海卷八七至道皇太子桓圭條）

18九月丁未，上問侍臣汴水疏鑿之由，張洎講求其事，奏曰：「惠民、金水、五丈、汴水等四渠，派引脉分，會于天邑，舳艫相接，贍足京師，以無匱乏。惟汴水横亘中國，首承大河，漕引江、湖，利盡南海，半天下之賦，由此而進。大禹疏鑿，煬帝開畊，終爲國家用，其天意乎！」

（輯自玉海卷二二宋朝四渠四河條）

19壬子，重陽，賜近臣於中書宴飲，以御詩賜之。

（輯自玉海卷三〇雍熙賞花賜詩條）

20癸丑，翰林天文鄭昭晏上言：「先受詔考校王睿所撰淳化四年新曆，今比校得十八事内，六事失。」實録云：十八事合，十二事失。以聞，上嘉之，賜昭晏金紫，令知曆算。

（輯自玉海卷一〇至道王睿獻新曆條）

21丁卯，朝元殿行册禮，以楊徽之、畢士安兼左右庶子，喬惟岳、楊礪兼左右諭德，夏侯嶠兼中舍，李至、李沆兼賓客。詔：「太子見賓客，如師傅禮。」太子每見，必先拜迎，降階及門，動皆咨詢，至有答問政幾。至等入謝，上曰：「太子仁孝賢明，賴正人輔之以道，卿等盡心調護，動由禮則贊成，事未當則力言，勿因循面從也。」

（輯自玉海卷一二九至道東宫官條）

22十月乙亥，太子遜宫寮稱臣，許之。

（輯自玉海卷七二至道朝元殿皇太子册禮條）

23乙酉，上以新增九絃琴、五絃阮宣示近臣，曰：「古樂之用，與鄭、衛不同，朕内治心術，外觀時政，求古人之意，有未盡者，增琴爲九絃，曰：君、臣、文、武、禮、樂、正、民、心；爲五絃阮，曰：金、木、水、火、土。別造新譜，凡三十七卷，琴譜二十卷，阮譜十七卷。祥符五年八月丁巳，陳彭年表上請付中書門下詳校。俾太常樂工肄習之，以備登薦。」因令待詔朱文濟、蔡裔賫琴阮詣中書彈，上製鳳歸林、鶴唳天等曲。實録云：新弄，文濟以爲不可增，裔以爲增之善。琴、阮成，吕文濟撫之，辭以不能。召樞密院及翰林學士、中書舍人等聽焉。

（輯自玉海卷一一〇至道九絃琴五絃阮十二律旋相宫圖條）

24戊子，以新琴、阮譜藏祕閣。

（輯自玉海卷一一〇至道九絃琴五絃阮十二律旋相宫圖條）

25甲午，翰苑、祕閣、三館學士以上新增琴、阮絃，各獻歌、賦、詩、頌，上謂宰相曰：「朝廷文物甚盛，群臣所獻頌，校其工拙，唯李宗諤、趙安仁、楊億，詞理精當；吴淑、安德裕、胡旦，或詞采古雅，或學問優博。」（輯自玉海卷一一〇至道九絃琴五絃阮十二律旋相宮圖條）

26〔十一月己未〕，有挽强一石五斗，連二十發而有餘力者。常語左右：「今宇内阜安，材武間出，弧矢之妙，亦近罕有也。」又令騎、步兵各數百，東西列陣，挽强弩，視其進退，發矢如一，容止中節。上曰：「此殿庭間數百人爾，猶兵威可觀，况堂堂之陣，數萬成列乎！」（輯自玉海卷一四五建隆便殿講武大閱西郊條會要並實録。）

27十二月庚辰，新鑄銅渾儀成，韓顯符加司天秋官正，專渾天之學。淳化初，表請造銅儀，詔給用度工匠，俾顯符規度，擇巧匠鑄之。至道元年十二月，儀成。沈括謂顯符所造，依倣孔挺、晁崇、斛蘭之法，失於簡略。太宗顧侍臣曰：『渾儀制度，廢之已久，如顯符於陰陽律曆，頗有性格，遂令考天象，倣古人遺意，創造此器，踰年而就。觀其日月晦明，節候盈縮，星辰晷度，以管一窺，疏密高下，無絲毫之誤，信靈臺之祕寶也。』詔於司天監築臺置之，仍以其事付史館，賜顯符雜綵五十匹。

（輯自玉海卷四至道司天臺銅渾儀條）

28丁亥，詔來年正月十日有事南郊。

（輯自玉海卷九三淳化上辛祈穀條）

至道二年

1〔二月乙未〕，祠部員外郎、主判都省郎官事王炳上言曰：「尚書省，國家藏載籍、興治教之府，所以周知天下地里廣袤、風土所宜、民俗利害之事。當成周之世，治定制禮，首建六官，即其源也。漢、唐因之，軌範斯著，簡策所載，焕然可觀。蓋自唐末以來，亂離相繼，急於經營，不遑治教。故金穀之政，主於三司，尚書六曹，名雖存而其實亡矣。謹案六曹，凡二十四司，所掌事物，各有圖書，具載名數，藏於本曹，謂之載籍。所以周知天下之事，由中制外，教導官吏，興利除害，如指諸掌。臣故曰藏載籍、興治教之府也。今職司久廢，載籍散亡，惟吏部四司官曹小具，祠部有諸州僧道文帳，職方有諸司閏年圖，刑部有詳覆諸州已決大辟案牘及旬禁奏狀，此外無舊式。欲望令諸州每年造户口租税實行簿帳，寫以長卷者，別寫一本送尚書省，藏於户部。以此推之，其餘天下官吏、民口、廢置、祠廟、甲兵、徒隸、百工、疆畔、封洫之類，亦可籍其名數，送尚書省分配諸司，俾之緘掌。俟期歲之後，可以振舉官守，興崇治教。望選大僚數人博通治體者，參取古今典禮令式，與三司所受金穀、器械、簿帳之類，仍詳定諸州供送二十四司載籍之式。如此，則尚書省備藏天下事物名數之籍，如祕閣藏圖書，國學藏經典，三館藏史傳，皆其職也。」上覽奏嘉之，詔令尚書丞郎及兩省五品以上集議其事。

吏部尚書宋琪等上奏曰：「王者六官，法天地四時之柄，文昌列署，體象緯環拱之文，是爲布政之宫，王化之本，典教所出，何莫由斯。然而古今異宜，沿革殊制，或從權而改作，亦因時而立法。唐之中葉，兵革弗寧，始建使名，專掌邦事，權去省闈，政歸三司。五代相循，未能復舊。今聖文垂拱，書軌無外，將循名而責實，庶稽古以建官，悉舉舊章，以蹈前軌，而歲祀寖久，曹局僅存，有司失傳，遺編多闕。臣等欲望委崇文院檢討六曹所掌圖籍，自何年不係都省，詳其廢置之始，究其損益之源，别俟討論，以期恢復。」上以其迂闊，竟寢之。王炳奏議，不得其日，宋琪自吏部尚書遷右僕射在二月，今琪猶以吏書見，故附此事於二月末。實録别本亦載此事於二月乙未。

（輯自續資治通鑑長編卷三九至道二年二月）

2〔七月庚子〕，上謂宰相曰：「夫君子小人，趨向不同，君子畏謹，務在不欺闇室，執持名節，造次靡渝。小人則不然，内荏外剛，雖善談忠信，而履行頗僻，所以真僞難辨，然久而必敗。其在官，黷於貨賄，罔畏刑辟，及贓狀露驗，雖爲小吏所持，亦不耻拜以求解。如薛智周爲侍御史、知婺州，政以賄成，士俗多以羅帛爲獻，智周聚斂不知紀極，州民謂之『羅端公』，即其爲治可知矣。卿等職在掄材，今令朝臣舉官，已是逐末，更不擇舉主，何由得人也？」別本見七月庚子，今附舉官後。

（輯自續資治通鑑長編卷四〇到至道二年閏七月庚午條）

3〔閏七月癸未〕，恕峭直守公，性靡阿順，每便殿奏事，上或未察，必形誚讓，恕斂版踧縮，退至殿壁，負墻而立，若無所容。俟上意稍解，復進，慤執前奏，終不改易，如是或至三四。上察其忠亮，多從其議。嘗御筆題殿柱曰「真鹽鐵陳恕」。當時言稱職者，亦以恕爲首焉。別本在癸未。

（輯自續資治通鑑長編卷四〇至道二年閏七月癸未條）

4十月己未，池州新置錢監賜名永豐。先是，饒之永平，歲鑄四十萬貫，今分置是監，共鑄六十四萬貫。楊允恭言其事，始分鑄於池。

（輯自玉海卷一八〇至道永豐監條）

5十一月丁卯朔，司天冬官正楊文鎰請新曆六甲外增六十年事。上曰：「支干相屬承，雖止六十，儻兩周甲子，共成上壽之數，使期頤之人，得見所生之歲，不亦善乎。」因詔新曆以百二十甲子爲限。

（輯自玉海卷一〇至道王睿獻新曆條）

附録二：錢若水墓誌銘

宋故推誠保德翊戴功臣鄧州管内觀察使金紫光禄大夫檢校司空兼御史大夫上柱國長城郡開國公食邑二千四百户食實封四百户贈户部尚書錢公墓誌銘

楊億武夷新集卷九

咸平六年秋七月，詔鄧州觀察使、并代等州經略使、長城公歸京師，疾故也。上開宣室，御武帳，延登前席，勞問數四。以公美疹初復，未任朝謁，賜告就第，俾之頤養。汔九月，勿藥有喜，入謁未央宫。自是五鼓登車，晨趨無廢；三杯退食，常膳載加。朝野之人，室家相慶，喜良臣之獲祐，而斯文之未喪也。十月戊寅，宿戒知友，會竺乾之宇，爲桑門之饌。與開士輩，談苦空，讚真諦，俄起更衣，偃然就枕，若假寐焉。少頃視之，乃風眩暴作，如大醉狀。肩舁歸第，是夕以不起聞，享年四十有四。上臨軒震悼，遣使吊問。法賻之數，有加常等；窀穸之事，悉從官給。翌日，詔贈户部尚書。天子以公母夫人在喜懼之年，有羸老之疾，不克終堂之養，實深擠壑之痛，特命中貴人面賜白金三十觔。禮極哀榮，恩霑存殁，君臣之際，斯爲至矣。

公諱若水，字淡成，河南新安人，蓋凌煙功臣巢國公九隴之後。世胄閥閲，譜諜存焉。贈太子太保蕚，追封瑯琊郡太夫人王氏，曾祖、妣也。贈太子太傅柔，追封清河郡太夫人丁氏，祖、妣也。尚書司門員外郎、贈太子太師文敏，烈考也。往者，公參掌萬機，追榮三代，始贈孤卿，再躋極品。至于延賞之命，乃慰令伯之心。蓋由夫錫羡貽謀，重世始大，臧孫于焉有後，太丘以之無慚者也。

公始在孩稚，穎悟不群，爰自青衿，即齒鄉校，開卷成誦，發言有章。纔十歲，能屬文；逮志學之年，已博涉六藝。方領矩步，比肩諸生，而符采超邁，襟懷散朗。山庭月角，蓋有公侯之相；瓊樹瑶林，自是風塵外物。華山陳摶一見公，以爲有仙風道骨，名在丹臺紫府中。柏閣僧宗裔者，有人倫之鑑，獨識公于儕輩，且云：「斯人者，異日登金門，上玉堂，升赤霄，捧白日矣。」

太平興國七年，詔郡國貢士，河南太守以公首薦于賢能之書，時纔弱冠，會有期功之喪，不克隨計。再上，登甲科，解褐同州觀察推官。專以經術，緣飾吏事，至有鄰郡之民，滯訟未決，不遠千里，來求片言。時先太師掌内帑于西都，倉卒捐館，公見星而往，指景悼生，泣血倚廬，柴毁骨立。左馮之人，相與列狀太守，且云：「失賢從事，民將疇依？」升聞于天，特俾權奪。公墨縗而贊幕畫，心喪以畢禮經，郡政倚成，甿頌尤塞。

今三司使、夏官侍郎上谷公，時任樞密學士、領選部，方與天子論思帷幄之中，進退天下之士，而品藻人物，講求茂異，孜孜慰薦，唯恐不及。當是時，公及太原王扶，潁川陳充、同郡錢熙，皆爲外諸侯賓屬，即抗章以聞，咸傳召歸闕。天子命丞相府召試，以公文最高，超拜祕書丞、直史館。中謝日，面賜緋衣、銀魚。自扶而下，只除殿中丞，不得與公比。明年，拜右正言、知制誥，與今給事中柴公成務、吕公祐之、諫議馮公起、參知政事王公旦，同制並命焉。

淳化三年，郡國貢士幾二萬人，貢舉以來，莫斯爲盛。天子詔公同掌文柄。數月，又命案行平凉、五原等郡，公乘驛至塞下，盡得其利病，歸奏於青瑣中，畫地聚米，如指諸掌，天子嘉歎，且諭以登用之意，公辭以身被逢掖，業在黄卷，得司誥命、爲詞臣，足矣。天子乃召公入翰林爲學士，自屯田員外郎遷職方，仍賜三品服。審官辯論人材，周太宰之任；銀臺出納王命，漢尚書之職。又詔公兼總二司焉。

至道元年春正月，命公爲右諫議大夫、同知樞密院事，進階朝散，賜勳柱國。樞衡之任，機務在焉。自唐朝以來，皆二府兼領；逮朱梁之後，與三事抗衡。至若赤白之囊，曉傳邊奏；輶軒之使，夕發兵符。承密旨于禁中，授神算于閫外，丞相有所不聞也。天子以公忠肅明允，温恭篤慎，付以是任，一二咨之。

未幾，太宗上仙，聖皇紹統，擢拜金紫光禄大夫、尚書工部侍郎，進封長城郡侯，策勳上柱國，餘如故。上以公顧命大臣，股肱良弼，虚懷延納，垂拱仰成。公亦夙夜在公，憔悴事國。小大之務，思竭其力而致其身；謨猷之言，必沃乎心而逆乎耳。穆清體貌，曾靡違顔；私庭休沐，不遑調膳。一日，乘清閒之宴，面陳至誠，直以聖朝之日長，高堂之齒暮，願得綵衣膝下，以奉其歡心。上敦諭再三，不俞其請；公兩奉奏牘，確乎不拔。上將欲崇進其秩，公頓首固辭，即以本官罷機務，充集賢院學士、判院事。

俄受詔修永熙國書。公即引給事中柴公成務、侍御史南陽宗度、祕閣校理濮陽吴淑，及億亦在選中。曾未朞年，書成奏御，既終乙夜之覽，爰備名山之藏。上又以太祖皇帝十七年中，經營四方，削平海内，規模宏遠，功德茂盛，當時史臣，殊爲簡略，又命公舉爾所知，再加論次。公辭不獲免，乃奏故刑部郎中、知制誥王公禹偁，今翰林學士梁公顥，知制誥李公宗諤、趙公安仁。纔及周星，俄已絶筆，彌縫闕漏，號爲詳備。兩朝大典，出于公手，百代而下，垂于信書。

俄掌吏部三銓、兼秋曹案讞。會鳴鏑入寇，大輅親征，公扈從鈎陳，駐蹕全魏。或爟火傳警，羽檄交馳，天驕舉南牧之師，雲臺有未決之議，上必遣親近，咨其計策，給以筆札，受其條對。六騾宵遁，萬乘天旋，命公權開封府事。鄴都缺帥，北顧是憂，命公知天雄軍府兼兵馬部署。言事者以上郡之地，控扼党項，宜修復城隍，大聚兵穀。朝廷惑之，發卒萬人，嬴糧深入，因舉夫版築之役，而謀夫盈庭，利害蜂起，上未能決。適公自魏乘驛，會師于離石，以幄幕九張，兵車百乘，意決野宿，凡五日造廢壘焉。公據鞍少選，當機立斷，輒罷其役。飛章以聞，宸襟洞開，疑謀冰釋。因詣闕而白其狀，上嘉納慰勞。適屬親試貢士，命近臣考甲乙科第，俾公預焉。東堂校文，時推精識；西清賜對，帝善其言。數日，又命公撫巡陝西緣邊諸郡，且以便宜從事。凡七旬復命，上謂公曰：「天官書：上將、次將，位在文昌宫。漢宣亦云：『邊境有事，左右之臣，皆將帥也。』文武是憲，内外迭處，亦何常之有？」公不能諭上旨。翌日，有獲下之拜。上以太原西北勁兵處，控帶雁門、雲中，匈奴之所走集，思得賢帥，付以師律，即命公兼并、代等州經略等使，判并州事，盡付諸將，倚爲長城。又下詔案行邊塞，周視亭障。并土嚴凝，窮冬尤劇，擐甲胄者，或至墮指，襲狐貉者，僅如懷冰。公夙駕載馳，蒙犯霜霰，且多飲醇酒，以禦寒氣，因傷肺得疾，頗施鍼砭，忽瘍潰于脛，流血石餘，四體薾然，僅存微喘。上遣中使、太醫，冠蓋相望，又別賜手札，丁寧款密。初蒙藥石之效，未任軍旅之事。適會府州有所經度，公將力疾而往，上亟令止之。雖漳濱有瘳，而衛幕多故，伐謀制勝，固可以坐籌；破虜鏖兵，亦難于卧護。乃降優詔，俾之來朝。方將驗上池之十全，延明庭之三接，出驅六纛，授鈇鉞以專征；入序九功，登巖廊而論道。爲國方、召，播美於聲詩；致君堯、舜，躋俗於仁壽。如何奄忽，乃至云亡！里巷輟舂，搢紳揮涕。管公明不及嫁娶，遺恨終天；張元伯頓隔死生，緒言在耳。嗚呼！即以其年十二月壬申，歸葬于河南府新安縣暖泉鄉，祔于先塋，禮也。

公歷階至金紫、策勳上柱國，視秩水土，兼職風憲，三進爵爲郡公，真食至四百户，功臣之號，凡三加焉。禄位官封，亦云盛矣。一子延年，祕書省正字，始七歲，雖在稚齒，了無童心，擗踊哀摧，啜泣孺慕，出于天性，殆過成人，藐是遺孤，庶乎有後。公母范陽盧氏，累封濮陽郡太夫人；夫人滎陽鄭氏，故殿中丞處升之女，封北海郡夫人，皆以公貴也。兄若訥、若虚早亡，若愚今任大理評事、通判台州。公于昆弟中爲最幼。虢州虢略簿若沖，從父弟也。大理評事維周、前河南永城簿智周，兄之子也，皆由公而成立焉。

公眉宇秀拔，豐神標映。體二鄰幾，識探繫、象；下學上達，文成雅誥。推己恕物，殆過放麑之仁；虚受兼容，乃有涵牛之量。善談名理，聽之者更僕忘疲；多識典故，扣之者撞鐘輒應。品題人物，汝南之子將；坐鎮雅俗，東晉之安石。挹其儀表者，若披雲霧；與之游從者，如薰椒蘭。蓋所謂鑚之彌堅，仰之彌高，澄之不清，撓之不濁者也。

公在先朝時，爲北門學士，與故刑部侍郎張公洎同日侍上，天子喜金鼇之得賢，詠嘉魚而申美，特詔宣演國樂，魚龍雜戲，近臣咸預，式宴盡歡。時方隅未寧，斥候屢警，在於內署，實司密命。每天子臨便坐，決啟奏，軍書手詔，急於星火，斧扆之側，授簡立成，曲盡事機，不加點竄，秉筆者推之。掌審官之柄也，如良工度材，輪轅咸適其用，雖小人懷土，胡、越不違其情，罷謫蒙於安全，淑慝以之區別。居中樞之地也，罄竭謨猷，參決機會。守正持重，曾不將迎；憂邊思職，屢蒙嘉獎。屬疊起益部，盜據坤維，絓湯網者居多，皆呂刑之不宥，賴公全活，實繁有徒。且以慎密自持，彌綸無迹。詭詞而出，雖温樹以不言；陰德豈誣，在里門而終大。嘗以爲百年之計，莫如樹人，三代之昌，皆由得士，姑務引翼，以答恩遇。祁司馬之舉善，外不避讎；鄭當時之薦賢，言之有味。又以難進易退，儒者之行，既得患失，鄙夫所爲。乃辭禄樞府，退就書殿，士林歌頌，堆案盈几，馳競頓息，風俗歸厚。既而述唐、虞之二典，極班、馬之三長。西狩終篇，南箕起謗，或以不署宰衡，是爲專美；或以倒置昭穆，於焉瀆宗。公討尋故實，援引詔令，廷諍數四，策書乃定。群邪側目，正人增氣。領選部也，山公啓事，多所薦陳；掌秋曹也，不疑平反，號爲寬大；權涖京轂也，獄囚數百，一旦決之，桴鼓稀鳴，鉤距靡設，雖曰浩穰，殆臻清浄。出撫魏郡，其政亦同。乃有元戎貴侯，高牙大旆，提七校之師；中人、内侍，銀璫左貂，從九天而降。公卮酒大胾，率以交驩；郊勞飲餞，曾無違禮。奉緡靡給，私帑屢空，坦然放懷，不以屑慮。及罷上郡之役，而晉民息肩；握大鹵之兵，而胡騶屏迹。乃至易簀而没，家無餘財，行路之間，人皆流涕。非誠信素著，譬李廣之不言；仁惠見思，同子産之遺愛者，安能及是哉？

公有德有言，多材多藝，精覈數術，善評書畫。雅好班固漢書，常日讀一卷。周急好施，勞謙善下，多所折券，未嘗治産。收養孤幼，俾郈成分宅之仁；協比親戚，掩游吉亢宗之説。勤接士類，皆虚往而實歸；善與人交，必相先而莫逆。薦引後進，有知人之明；購求墜簡，俾祕書之副。每燕居私第，角巾東道，叩虚課寂，味兹玄關。近年深信佛乘，雅習禪觀，隱几終日，陶然自得。歸全之明日，上遣近侍，求兩朝策書遺草，若沖等搜於巾箱，盡以進御，且述素志，願得薄葬，免於勞民，上亦允其請。茂陵遺札，幸天子之見求；京兆新阡，固鄉人之不犯。族子光禄寺丞易，卓犖稽古，時之聞人，集公生平文章，爲二十卷。某辱公之顧，爲日斯久，道同氣合，心照神交。親奉齋終，幸無怛化。知音逝矣，空絶伯牙之絃；冢樹蒼然，誰表延陵之墓。含酸隕涕，且爲之銘。銘曰：

明堂肇基，衆材具施。如何棟梁，中道而隳。元首睠懷，同體是宜。吁嗟股肱，一旦而空餘話言，布在方策。人失司南，國亡遺直。虧。腹背何益，鍛兹六翮。碱砆奚爲，喪我垂棘。伊南州之高士兮，徒嗟太山兮其頹，悲玉樹兮將埋。悵浮生兮朝露，閟英魂兮夜臺。漬酒以申哀；背鮮原兮臨紫陌，啓新阡兮從舊域。嚴封樹兮禁樵蘇，志泉扃兮刻金石。諒西土之耆老兮，盍樹碑以表德。

附録三： 諸家著録與題跋

1 尤袤遂初堂書目實録類

太宗實録。

2 晁公武郡齋讀書志

衢本卷六實録類

太宗實録八十卷。右皇朝錢若水等撰。至道三年，命若水監修，不隷史局，若水即引柴成務、宋度、吴淑、楊億爲佐，咸平元年書成，上於朝。起即位，至至道三年丁酉三月，凡二十年。初，太宗有馴犬常在乘輿側，及崩，犬輒不食。李至嘗作歌紀其事，以遺若水，其斷章曰：「白麟赤鴈君勿書，勸君書此懲浮俗。」而若水不爲載。吕端雖爲監修，而未嘗涖局，書成，不署端名，至抉其事以爲專美，若水援唐朝故事若此者甚衆，時議不能奪。世又傳億子娶張洎女而不終，故洎傳多醜辭。嗚呼！若水及億，天下稱賢，尚不能免於流議若此，信乎執史筆者之難也。

袁本前志卷二上實録類第七

太宗實録，八十卷。右皇朝錢若水等撰。起即位，止至道三年丁酉三月，凡二十年。至道三年，詔若水、柴成務、宋庚、吴涉、楊億同修。咸平元年，書成上之。

3 陳振孫直齋書録解題卷四起居注類

太宗實録，八十卷。錢若水等以至道三年十一月受命，咸平元年八月上之。九月而畢，人難其速。同修撰者：給事中濟陰柴成務寶臣、祕閣校理丹陽吴淑正儀、直集賢院建安楊億大年。案億傳，書凡八十篇，而億獨草五十六卷。

4 王應麟玉海卷四八藝文實録咸平太宗實録

至道三年十一月己巳，真宗初即位，命集賢院學士錢若水等修太宗實録，若水請柴成務、宗度、吴淑、楊億同修，請令修實録官遞宿本院。十二月甲午，又言：「太平興國八年以前，君臣獻替，不著於話言；淳化五年以後，親決萬機，不聞於策府。請降詔旨，於前任宰執、三司等處移牒求訪，以備缺文。」從之。時有昭宣使王延德，一本作王建德，上太宗南宫事迹三卷，命送修實録院。咸平元年八月乙巳，十九日，書成，凡八十卷，楊億獨修五十六卷，若水等奉表以獻。表云：「借箸之畫，咸所預聞。執簡而書，莫非摭實。」上親覽，涕泗嗚咽，命坐，從容勞問。纔九月而畢，上甚歎其速，以其書入禁中。時若水判集賢院，因用院印，史館無所預，以諸王賜食廳爲修撰所，令莊宅使劉承珪掌其事。乙卯，若水等加食邑、階勳，賜器帛。

長編：至道三年十一月乙巳，詔工部侍郎、集賢院學士錢若水修太宗實録。若水舉官同修，起居舍人李宗諤預焉。上曰：「自太平興國八年以後，皆李昉在中書日事。史策本憑直筆，若子爲父隱，何以傳信於後代？」除宗諤不可，餘悉許。至咸平元年以後，並同前，上前出會要。祥符九年二月己丑，監修王旦言：「兩朝實録，事有未備者，望付修史官增修。」從之。

5 鄭樵通志卷六六藝文略第四目録經史目

遂委趙安仁、晁迥等增續，明年，書成，其卷帙如舊。

6 章如愚群書考索卷一七正史門國史類實録

太宗實録目，二卷。

至道三年，詔李若水等撰太宗實録，八十卷。咸平元年，書成，上之。

7林駉古今源流至論前集卷四實録

至道三年，命錢若水修太宗實録，若水言自太平興國，請降詔書求訪，從之。咸平九年八月，書成，凡八十卷。又，祥符九年，王旦言兩朝實録有未備者，望降史官增修，詔可。

8群書會元截江網卷三〇國史事實源流

真宗時，若水等上太宗實録。

9宋史卷二〇三藝文二史類編年類

太宗實録，八十卷。錢若水修。

10馬端臨文獻通考卷一九四經籍二一

太宗實録，八十卷。

晁氏曰：「皇朝錢若水等撰。至道三年，命若水專修，不隸史局，若水即引柴成務、宋度、吴淑、楊億爲佐。咸平元年，書成，上於朝，起即位，止至道三年丁酉三月，凡二十年。初，太宗有馴犬，常在乘輿側，及崩，犬輒不食。李至常作歌紀其事，以遺若水，其斷章曰：『白麟赤馬君勿書，勸君書此懲浮俗。』而若水不爲載。吕端雖爲監修，而未嘗涖局，書成，〔不〕署端名。至抉其事，以爲專美。若水援唐朝故事若此者甚衆，時議不能奪。世又傳億子娶張洎女而不終，故洎傳多醜辭。嗚呼！若水及億，天下稱賢，尚不能免於流議如此，信乎執史筆者之難也。」

陳氏曰：「錢若水等以至道三年十一月受命，咸平元年八月上之，九月而畢，人難其速。按楊億傳：書凡八十篇，而億獨草五十六卷。」

11 康熙御定佩文齋書畫譜纂輯書籍

宋太宗實録，錢若水。

12 錢大昕跋黄丕烈藏本

宋太宗實録，本八十卷，今僅存十二卷，每卷後有書寫人及初對、覆對姓名，字畫精妙，紙墨亦古，遇宋諱皆缺筆，即慎、惇、廓、筠諸字亦然，決爲南宋館閣鈔本。以避諱證之，當在理宗朝也。前朝實録，唯唐順宗一代，附昌黎集以傳，宋、元絶無存者。蓋正史修於易姓之後，汗青甫畢，實録遂成廢紙，尟有過而問焉者矣。頃蕘圃孝廉出此見示，雖寸縑斷璧，猶是五百年前舊物。銘心絶品，正不在多許耳。丙辰臘月十二日，竹汀居士錢大昕書於吴門寓館。

13 錢大昕潛研堂文集卷二八跋宋太宗實録

宋太宗實録，八十卷，集賢院學士錢若水撰。今吴門黄孝廉蕘圃所藏廑十二卷，且有脱葉。每卷末，有書寫人及初對、覆對姓名。書法精妙，紙墨亦古，於宋諱皆闕筆，即慎、敦、廓、筠諸字亦然，予決爲南宋館閣鈔本。以避諱驗之，當在理宗朝也。其中與宋史互異，如李從善僞封鄭王，「鄭」作「鄧」，年四十八作五十；蘇易簡妻弟崔範作妻兄；劉遇滄州清池人作浮陽，漢州刺史「漢」作「溪」，蔚州防禦使「蔚」作「鬱」，洮州團練使「洮」作「應」；劉庭讓浩州團練使「浩」作「涪」；陳從信年七十三作七十二，皆當以實録爲正。劉廷讓避太宗諱改名，宋史闕而不書，亦當依實録增入。

14 陳撰稽瑞樓書目小樹叢書

宋太宗實録，八卷，殘本，鈔，一册。

15 張金吾愛日精廬藏書志卷一一史部别史類

宋太宗實録，殘本，八卷，抄本，從陳君子準藏舊抄本傳録，宋錢若水等撰，原八十卷，今存卷二十六至三十、卷七十六、卷七十九、八十，共八卷。晁公武曰：「楊億娶張洎女不終，故洎傳多醜辭。」洎傳適在卷中，如曰：「性便佞，能伺候人主意。」又曰：「尤險詖，好攻人之短。」又曰：「善事黄門宦官。」又曰：「性鄙吝。」又曰：「在江表日，多讒毁良善。」誠爲醜詆，流議之來，有由致也。每卷末俱有書寫人某某、初對某某、覆對某某一條。

郡齋讀書志曰：「太宗實録，八十卷，皇朝錢若水等撰。至道三年，命若水監修，不隸史局，若水即引柴成務、宋度、吴淑、楊億爲佐。咸平元年，書成，上於朝。起即位，至至道三年丁酉三月，凡二十年。初，太宗有馴犬，常在乘輿側，及崩，犬輒不食。李至嘗作歌紀其事以遺若水，其斷章曰：『白麟赤鴈君勿書，勸君書此懲浮俗。』而若水不爲載。吕端雖爲監修，而未嘗涖局，書成，不署端名。至抉其事，以爲專美，若水援唐朝故事若此者甚衆，世人不能奪。又傳億子娶張洎女而不終，故洎傳多醜辭。嗚呼！若水及億，天下稱賢，尚不能免於流議若此，信乎執史筆者之難也。」

直齋書録解題曰：「錢若水等以至道三年十一月受命，咸平元年八月上之，九月而畢，人難其速。同修撰者，給事中濟陰柴成務寶臣、祕閣校理丹陽吴淑正儀、直集賢院建安楊億大年。案億傳，書凡八十篇，而億獨草五十六卷。」

16汪士鐘藝芸書舍宋元本書目史部

太宗實録，宋抄，存三十之三十五、四十一之四十五、七十七、七十八卷。

鈔本太宗實録，存三十一卷至三十五卷，四十一卷至四十五卷，七十七卷，七十八卷。

17瞿鏞鐵琴銅劍樓藏書目録卷九

宋太宗實録，八卷，鈔本，宋錢若水、柴成務、宋度、吴淑、楊億同撰，見晁氏讀書志、陳氏書録解題。原書八十卷，今存卷第二十六至三十，卷七十六，卷七十九至八十，共八卷。億本傳云：「實録凡八十篇，億獨草五十六卷。」則此本多其筆也。卷末有書寫人及初對、覆對姓名，宋諱皆闕筆。郡中黄氏得南宋時館閣鈔本，此從之傳録。

18曾釗跋

宋太宗實録，殘本，卷廿六、廿七、廿八、廿九、三十、七十六、七十九、八十，凡八卷。原本八十卷，錢若水等修。李燾通鑑長編：太平興國八年十一月，「太一宮成」。注云：「實録於明年八月丙申始書太一宮成。」今按此本，實在八年十一月，與長編注所引不合，長編注往往引實録别本，彼所稱豈非於别本而偶有脱文歟？抑此爲别本歟？嘉定錢氏跋蘇閶黄蕘圃藏本云：「十二卷。」此本僅八卷，不知異同何如？當借校之。道光丁亥九月曾釗記。

19吴蘭修跋

宋太宗實録，殘本，八卷，李申耆明府寫以寄余，勉士從余轉鈔者，徐星伯舍人以書索之，不及别寫，以勉士此本奉寄，俟他日補寫，還之。愛書成癖，亦文字一場公案也。願舍人以宋會要沿革一册報之，以此爲引玉之磚矣。道光癸巳九月望日吴蘭修記。

20繆荃孫藝風藏書續記卷四史學第五

宋太宗實録，八卷。傳鈔本。宋太宗實録原八十卷，今存卷二十六至三十，卷七十六及七十九，八十，共八卷。李申耆先生寫寄粤東吴石華蘭修、曾勉士釗從而傳鈔，徐星伯先生以書索之石華，石華即以此本寄京，後有曾、吴兩跋，石華并索星伯所撰宋會要沿革一册爲報，未知星伯寫寄與否？同治初年，徐書散出，歸韓小亭觀察，由韓歸鄭盦師，今歸式之比部。

比部跋云：「藝芸書目有十二卷，爲三十一之三十五、四十一之四十五、七十七、七十八，與此不同，自是兩本。藝芸所收，悉出士禮，後歸海源閣、持静齋爲多。而檢楊、丁兩目無之，殆已不可蹤迹，設仍在天壤間，將兩本合刊，得二十卷，已有原書四分之一，豈非幸事？」荃孫檢張氏、瞿氏書目，所藏亦祗此八卷，每卷末俱有書寫人某某、初對某某、復對某某一條。瞿跋并云出自黄蕘圃，疑李申耆亦從張氏録出，似祗此一本，然考錢辛楣跋明云十二卷，與汪目合，所云李從善諸條，不見此本，其爲兩本無疑。

右太宗實録，殘本，卷廿六、廿七、廿八、廿九、三十、七十六、七十九、八十，凡八卷。原本八十卷，錢若水等修。李燾通鑑長編：太平興國八年十一月「太一宫成」。注云：「實録於明年八月丙申始書太一宫成。」今按此本，實在八年十一月，與長編注所引不合，長編注往往引實録别本，彼所稱豈出於别本而偶有脱文歟？抑此爲别本歟？嘉定錢氏跋蘇州黄蕘圃藏本云：「十二卷。」此本僅八卷，不知異同何如？當借校之。道光丁亥九月曾釗記。

是編與長編相核，互有詳略，惟太平興國止八年，九年即雍熙元年，此書仍作太平興國九年。卷二十八群臣第三表儻獲事私曹而登降，下接宋琪爲封禪大禮使。案：長編不收表文。以宰相宋琪爲封禪大禮使表文恐長，中脱去一葉。卷七十九詔併三司爲一，以工部員外郎劉，下接以詩戒之。據長編：「詔併三司句院爲一，工部員外郎劉式專領之，上面命式曰：『汝以一人當三人之職，宜勉盡力，副朕所望。』」是十月之事。「禮部侍郎蘇易簡卒，易簡嗜酒，初入翰林日，飲已半酣，上嘗接見，誡約深切。又草書勸酒、戒酒二詩戒之。」是十二月之事，又脱去一葉矣。

21 繆荃孫藝風藏書再續記傳鈔本第七

宋太宗實録，二十卷。宋太宗實録，八十卷。前只見八卷：二十六、二十七、二十八、二十九、三十、七十六、七十九、八十，李申耆先生寫本，與潛研堂集跋語不符。後又得十二卷：三十一、三十二、三十三、三十四、三十五、四十一、四十二、四十三、四十四、四十五、七十五、七十八，合之有四分之一，可謂驚人祕笈。前代實録，只唐順宗實録五卷及此兩種，實録體例可以概見：每事必具首尾，大臣卒後，必附傳一篇，謂之小傳，國史謂之大傳，每帝不過數十卷，質實可爲史料。明實録卷衺已繁，猶守此例，不似我朝，動輒數百卷，專録上諭，重複舛錯，事無首尾，大臣亦無小傳，從來無此例也。

22 翁同龢趙宗建舊山樓藏本題記

光緒己丑八月廿八日，翁同龢獲觀，敬題記。

23費念慈舊山樓藏本題記

光緒乙未十一月六日，常孰曾之撰、武進費念慈同觀於舊山樓，念慈題記。

24吴大澂題舊山樓藏本

余嘗得宋時玉押、銅押，以癸辛雜識所載十五帝御押證之，一爲宋太祖玉押，一爲太宗銅押，寶藏之數年矣。今次侯先生出示宋鈔閣本太宗實録十二卷，有汪氏、士禮居圖章，知係黄氏蕘圃先生舊藏，每卷後有書寫人及初對、覆對姓名，卷中缺筆字如慎、貞、署、筠、朗、構、樹、玄、徵、讓、敦、廓、朐、詬、巡、桓等十餘字，竹汀居士審爲理宗朝寫本。今世藏古家，得宋刻印本書數卷，珍如拱璧，况墨本官書乎？况次侯爲趙王孫，數典而不忘其祖，不尤可寶乎！余所得銅押，爲太宗舊物，亦當與是書同歸趙氏。附記於此，以爲券。光緒乙未臘月，吴大澂題。

25吴大澂舊山樓藏本題記

光緒乙未冬十二月，吴縣吴大澂、江寧相國治同觀於虚廓園。

26曹菊生舊山樓書目出版説明

南宋館閣墨本官書太宗皇帝實録殘本，有「趙印次公」、「舊山樓祕匧」等印，歸海鹽張氏涉園。

27范希曾書目答問補正卷二史部別史類

宋太宗實録，宋錢若水等撰，民國元年上海國學扶輪社排印，殘本，八卷，在古學彙刊內。

28吴廷燮太宗皇帝實録序

宋史藝文志：「太宗實録，八十卷，錢若水修。」續資治通鑑長編至道三年十一月己巳：「詔工部侍郎、集賢院學士錢若水修太宗實録。」十二月甲午：「錢若水等言：『所修太宗實録，自太平興國八年以前，君臣獻替，不著於話言；淳化五年以後，親決萬機，不聞於策府。請降旨詔，許臣等于前任見任宰相、參知政事、樞密院使、三司使等處移牒求訪，以備闕乏。』許之。」咸平元年八月乙巳：「錢若水等上太宗實録八十卷。上覽書流涕，賜詔褒賚有差。」纔九月而畢。按：宋代，實録凡藏書家，幾皆有之。通考經籍考、晁、尤、陳氏書目皆見。明初，盧熊姑蘇志于宋代知蘇州者引實録，年月皆具，其時尚未亡佚。永樂大典只載目録，不載其文，自後文淵閣書目即不見。近年嘉定瞿氏有宋太宗實録八卷，上虞羅氏已爲之序，今江安傅沅叔先生復得十二卷，合之瞿氏八卷，已得全書四分之一。明實録修時，每代先成凡例。宋實録今無完本，序例莫知，惟靖康要録係鈔自欽宗實録，凡命相等皆載制詞，京外要任拜罷亦多録入。是書命相等制詞皆録，亦及節度使除授，蓋循五季實録之舊，而不覈太宗以後節度使已無支郡，與五季不同。又宋代凡一路知首府州者，謂之大藩，往往提點一路兵甲，權寄埒於方鎮，長編未能全書，向輯北宋經撫年表，於太宗一朝，知大藩府者，得之此書頗多，如雍熙二年二月三月戊午，以屯田郎中趙昌言知大名府；四年五月壬午，光州刺史王明知并州；三年三月丁卯，工部侍郎張雍知京兆府之類，皆據是書，此可以補長編之闕。因力勸江安先生授梓，庶可不亡。嗟乎！自唐志所載梁皇帝實録之屬，今俱亡佚，唐順宗實録見昌黎集者，亦非完本，而宋十四朝實録，惟此吉光片羽，尚在人間，俾考史者得知其時政治之大要，寶藏諸公之有功乙部，殊可欽已。丙子初秋，江寧吴廷燮謹識。

29 傅增湘藏園訂補郘亭知見傳本書目卷四史部二編年類

補：太宗皇帝實録，八十卷。宋錢若水等纂修。宋寫本，九行二十字，上下單闌。左右無闌，猶是卷子裝遺式。卷末有書寫人、初對人、再對人姓名。已印入四部叢刊三編。存卷二十六至三十五，四十一至四十五，七十六至八十，計二十卷。民國乙亥，余以宋鈔舊鈔合校，刊入雙鑑樓叢書中，吴君廷燮爲撰序。

30 張元濟跋太宗皇帝實録

晁公武郡齋讀書志：「太宗實録，至道三年，詔李若水、柴成務、宋度、吴淑、楊億同修。咸平元年，書成，上之，凡八十卷。」是爲南宋館閣寫本，宋諱避至筠字，錢竹汀定爲理宗朝重録之書。存者僅二十卷：第三十一至三十五，第四十一至四十五，第七十七，第七十八，皆宋寫原本，卷末有書寫人、初對、覆對姓名，有塗改、補注、轉互之字，丹黄遺迹，燦焉具存。第二十六至三十、第七十六、第七十九、第八十，則從寫本迻録。此八卷，張月霄、李申耆輩展轉傳鈔，不少概見。獨前十二卷，則僅見藝芸精舍宋元本書目，其後即不復再見。曾勉士、繆筱珊嘗求之而不得，今歸余插架，不敢自祕，因從吾友瞿良士乞假所藏，併印行世。是書與李燾通鑑長編互有詳略，與宋史亦必有異同，倘取以互校，證訛補闕，於讀者當甚有裨也。海鹽張元濟。

31北平圖書館善本書目乙編續目卷二史部編年類

宋太宗皇帝實録，□□卷，鐵琴銅劍樓抄本，存八卷。二十六至三十，七十六，七十九，八十。

32俞涵青國立北京圖書館由滬運回中文書籍目録史部編年類

宋太宗實録，二册。宋錢若水等纂修，鐵琴銅劍樓抄本。

33甘鵬雲崇雅書録卷四史部五别史類

宋太宗實録，八卷。宋錢若水奉敕修，風雨樓活版本。

34胡玉縉四庫未收書目提要續編卷二史部編年類

宋太宗實録，八卷。宋錢若水等撰。若水字澹成，一字長卿，河南新安人，事迹具宋史本傳。是編以至道三年十一月奉敕專修，不隸史局，遂引柴成務、宋度、吴淑、楊億爲佐，咸平元年八月上之，凡九閲月而畢。原書八十卷，據宋史億傳，億獨草五十六卷，是全書泰半出億之手。晁公武郡齋讀書志、陳振孫書録解題均著録，傳本久佚，僅常熟陳揆藏有舊鈔本，存卷二十六至三十、卷七十六、卷七十九、八十，共八卷。張氏藏書志、瞿氏目録皆從之移録。近人始以活字印入古學彙刊中，即此本也。其書事無巨細，起訖兼詳，大臣薨逝，附立專傳，可考見古來實録之體式。所附邊珝、劉載、沈承禮諸傳，雖視宋史本傳爲略，而劉載卒年七十一，此作七十六，張洎傳「犬吠非其主」，此作「犬各吠其主」，往往足訂異同。又載「吴鉉，餘杭人，所定切韻多以吴音，作俗字數千增之，鄙陋尤甚。尋禮部試貢士，爲鉉韻所誤，有司以聞。詔盡索而毁之，永不得行用」云云，此事在大中祥符重修廣韻以前，爲近來言韻學者所罕知，尤裨掌故而資聞見。晁氏以億娶張洎女不終，洎傳多醜辭，譏其不能免於流議。今案傳中如曰「性便佞，能伺候人主意」，又曰「尤險陂，好攻人之短」，又曰「善事黄門宦官」，又曰「性鄙吝」，又曰「在江表日，多讒毁良善」，此即晁氏所謂醜辭，而宋史本傳，大率仍而未改，知爲實録而非流議矣。原書每卷末俱有「書寫人某某，初對某某，覆對某某」一條，又卷中宋諱皆闕筆，瞿氏謂從南宋時館閣鈔本傳録，其説良是，今本蓋非其舊云。

主要參考書目

史記，司馬遷撰，中華書局一九五九年版。

漢書，班固撰，中華書局一九六二年版。

後漢書，范曄撰，中華書局一九六五年版。

三國志，陳壽撰，中華書局一九八二年版。

南史，李延壽撰，中華書局一九七五年版。

隋書，魏徵等撰，中華書局一九七三年版。

大唐西域記校注，玄奘、辯機原著，季羨林等校注，中華書局二〇〇〇年版。

文苑英華，李昉等編，中華書局一九八二年版。

册府元龜，王欽若、楊億等編，中華書局一九八九年版。

李太白全集，李白撰，王琦注，中華書局一九七七年版。

唐大詔令集，宋敏求編，洪丕謨等點校，學林出版社一九九二年版。
唐律疏議，長孫無忌等著，劉俊文點校，中華書局一九八三年版。
通典，杜佑撰，王文錦、王永興、劉俊文、徐庭雲、謝方點校，中華書局一九八八年版。
新唐書，歐陽修、宋祁等撰，中華書局一九七五年版。
舊唐書，劉昫等撰，中華書局一九七五年版。
新五代史，歐陽修撰，徐無黨注，中華書局一九七四年版。
舊五代史，薛居正等撰，中華書局一九七六年版。
舊五代史新輯會證，陳尚君輯纂，復旦大學出版社二〇〇五年版。
遼史，脱脱等撰，中華書局一九七四年版。
丁晋公談録，潘汝士撰，百川學海本。
九華集，員興宗撰，影印文淵閣四庫全書本。
二程集，程顥、程頤著，王孝魚點校，中華書局一九八一年版。
小畜集，王禹偁撰，四部叢刊初編本。

中吴紀聞，龔明之撰，孫菊園點校，上海古籍出版社一九八六年版。

中興小紀，熊克著，顧吉辰、郭群一點校，福建人民出版社一九八五年版。

五朝名臣言行録，朱熹編，四部叢刊初編本。

元豐九域志，王存撰，王文楚、魏嵩山點校，中華書局一九八四年版。

公是集，劉敞撰，叢書集成初編本。

分門古今類事，佚名撰，影印文淵閣四庫全書本。

歷代兵制，陳傅良撰，影印文淵閣四庫全書本。

天一閣藏明鈔本天聖令校證，天一閣博物館、中國社會科學院歷史研究所天聖令整理課題組校證，中華書局二〇〇六年版。

太平治迹統類，彭百川撰，影印文淵閣四庫全書本。

太平御覽，李昉等編，中華書局一九六〇年版。

太平廣記，李昉等編，中華書局一九六〇年版。

太平寰宇記，樂史撰，王文楚等點校，中華書局二〇〇七年版。

太平寶訓政事紀年，佚名編，台北文海出版社一九八一年版。

太宗皇帝實録，錢若水修，四部叢刊三編本。

文山集，文天祥撰，影印文淵閣四庫全書本。

文忠集，周必大撰，影印文淵閣四庫全書本。

文莊集，夏竦撰，影印文淵閣四庫全書本。

王文正公筆録，王曾撰，叢書集成初編本。

包拯集校注，包拯撰，楊國宜校注，黄山出版社一九九九年版。

北軒筆記，陳世隆撰，影印文淵閣四庫全書本。

古今合璧事類備要，謝維新編，影印文淵閣四庫全書本。

古今源流至論，林駉撰，上海古籍出版社一九九二年四庫類書叢刊本。

玉海，王應麟撰，上海古籍出版社一九九二年四庫類書叢刊本。

玉壺清話，文瑩撰，鄭世剛、楊立揚點校，中華書局一九八四年版。

玉照新志，王明清撰，汪新森、朱菊如點校，上海古籍出版社一九九一年版。

石林燕語，葉夢得撰，宇文紹奕考異，侯忠義點校，中華書局一九八四年版。
全宋文，曾棗莊、劉琳主編，巴蜀書社一九八八年版。
全宋詩，傅璇琮等主編，北京大學古文獻研究所編，北京大學出版社一九九一年版。
名臣碑傳琬琰之集，杜大珪編，影印文淵閣四庫全書本。
吏部條法，黄篤才點校，黑龍江人民出版社二〇〇二年版。
安陽集，韓琦撰，影印文淵閣四庫全書本。
考古編，程大昌撰，劉尚榮校證，中華書局二〇〇八年版。
曲洧舊聞，朱弁撰，孔凡禮點校，中華書局二〇〇二年版。
朱子語類，黎靖德編，王星賢點校，中華書局一九八六年版。
江南野史，龍衮撰，影印文淵閣四庫全書本。
江湖長翁集，陳造撰，影印文淵閣四庫全書本。
江鄰幾雜誌，江休復撰，江蘇廣陵古籍刻印社一九八三年筆記小説大觀本。
老學庵筆記，陸游撰，李劍雄、劉德權點校，中華書局一九七九年版。

西崑酬唱集注，楊億編，王仲犖注，中華書局一九八〇年版。
西塘集耆舊續聞，陳鵠撰，孔凡禮點校，中華書局二〇〇二年版。
吴越備史，范坰、林禹撰，影印文淵閣四庫全書本。
孝肅包公奏議，包拯撰，叢書集成初編本。
宋人軼事彙編，丁傳靖輯，中華書局二〇〇三年版。
宋大事記講義，吕中撰，影印文淵閣四庫全書本。
宋大詔令集，佚名編，中華書局一九六二年版。
宋太宗實録，錢若水修，燕永成點校，甘肅人民出版社二〇〇五年版。
宋文鑑，吕祖謙編，齊治平點校，中華書局一九九二年版。
宋刑統，竇儀等撰，吴翊如點校，中華書局一九八四年版。
宋宰輔編年録校補，徐自明撰，王瑞來校補，中華書局一九八六年版。
宋高僧傳，贊寧撰，范祥雍點校，中華書局一九八七年版。
宋景文筆記，宋祁撰，影印文淵閣四庫全書本。

宋朝事實，李攸撰，叢書集成初編本。
宋朝事實類苑，江少虞撰，上海古籍出版社一九八一年版。
宋朝諸臣奏議，趙汝愚編，北京大學中國古代史研究中心校點整理，上海古籍出版社一九九九年版。
宋會要輯稿，徐松輯，中華書局一九五七年版。
宋詩紀事，厲鶚輯撰，上海古籍出版社一九八三年版。
赤城志，陳耆卿撰，影印文淵閣四庫全書本。
邵氏聞見録，邵伯温撰，李劍雄、劉德權點校，中華書局一九八三年版。
邵氏聞見後録，邵博撰，劉德權、李劍雄點校，中華書局一九八三年版。
事林廣記，陳元靚撰，中華書局一九九二年版。
事物紀原，高承撰，李果訂，金園、許沛藻點校，中華書局一九八九年版。
建炎以來繫年要録，李心傳撰，中華書局一九五六年版。
建炎以來朝野雜記，李心傳撰，徐規點校，中華書局二〇〇〇年版。

徂徠石先生文集，石介著，陳植鍔點校，中華書局一九八四年版。

東京夢華録箋注，孟元老撰，伊永文箋注，中華書局二〇〇六年版。

東原録，龔鼎臣撰，叢書集成初編本。

東軒筆録，魏泰撰，李裕民點校，中華書局一九八三年版。

東都事略，王稱撰，巴蜀書社一九九三年中國野史集成影印光緒九年淮南書局重刊本。

東齋記事，范鎮撰，汝沛點校，中華書局一九八〇年版。

武夷新集，楊億撰，影印文淵閣四庫全書本。

武經總要，曾公亮、丁度等撰，影印文淵閣四庫全書本。

河東集，柳開撰，影印文淵閣四庫全書本。

泊宅編，方勺撰，許沛藻、楊立揚點校，中華書局一九八三年版。

直齋書録解題，陳振孫著，徐小蠻、顧美華點校，上海古籍出版社一九八七年版。

苕溪漁隱叢話，胡仔纂集，人民文學出版社一九六二年版。

范太史集，范祖禹撰，影印文淵閣四庫全書本。

范文正公集，范仲淹撰，四部叢刊初編本。

范成大筆記六種，范成大撰，孔凡禮點校，中華書局二〇〇二年版。

金石録，趙明誠撰，影印文淵閣四庫全書本。

青箱雜記，吴處厚撰，李裕民點校，中華書局一九八五年版。

侯鯖録，趙令畤撰，孔凡禮點校，中華書局二〇〇二年版。

南宋館閣録續録，陳騤、佚名撰，張富祥點校，中華書局一九九八年版。

却掃編，徐度撰，影印文淵閣四庫全書本。

咸平集，田錫撰，影印文淵閣四庫全書本。

後山談叢，陳師道撰，李偉國點校，中華書局二〇〇七年版。

春明退朝録，宋敏求撰，誠剛點校，中華書局一九八〇年版。

春渚紀聞，何薳撰，張明華點校，中華書局一九八三年版。

洛陽搢紳舊聞記，張齊賢撰，影印文淵閣四庫全書本。

癸辛雜識，周密撰，吴企明點校，中華書局一九九八年版。

皇宋十朝綱要，李𡌴撰，台北文海出版社一九六七年版。

皇宋中興兩朝聖政，佚名編，台北文海出版社一九六七年版。

皇宋通鑑長編紀事本末，楊仲良撰，李之亮校點，黑龍江人民出版社二〇〇六年版。

皇朝編年綱目備要，陳均編，許沛藻、金圓、顧吉辰、孫菊園點校，中華書局二〇〇六年版。

相山集，王之道著，沈懷玉、凌波點校，北京圖書館出版社二〇〇六年版。

矩山存稿，徐經孫撰，影印文淵閣四庫全書本。

郡齋讀書志校證，晁公武撰，孫猛校證，上海古籍出版社一九九〇年版。

孫公談圃，孫升撰，叢書集成初編本。

容齋隨筆，洪邁撰，孔凡禮點校，中華書局二〇〇五年版。

席上腐談，俞琰撰，影印文淵閣四庫全書本。

晁氏客語，晁説之撰，影印文淵閣四庫全書本。

浮溪集，汪藻撰，影印文淵閣四庫全書本。
海録碎事，葉廷珪撰，李之亮校點，中華書局二〇〇二年版。
涑水記聞，司馬光撰，鄧廣銘、張希清點校，中華書局一九八九年版。
秦觀集編年校注，秦觀撰，周義敢、程自信、周雷編注，人民文學出版社二〇〇一年版。
能改齋漫録，吴曾撰，上海古籍出版社一九七九年版。
華陽集，王珪撰，影印文淵閣四庫全書本。
記纂淵海，潘自牧撰，影印文淵閣四庫全書本。
陸氏南唐書，陸游撰，四部叢刊續編本。
馬氏南唐書，馬令撰，四部叢刊續編本。
乾道臨安志，周淙撰，影印文淵閣四庫全書本。
國老談苑，夷門君玉撰，叢書集成初編本。
崇文總目，王堯臣等撰，影印文淵閣四庫全書本。
張乖崖集，張詠著，張其凡整理，中華書局二〇〇〇年版。

張載集，張載著，章錫琛點校，中華書局一九七八年版。
捫蝨新話，陳善撰，中華書局二〇〇〇年影印儒學警悟本。
潏帚稿略，包恢撰，影印文淵閣四庫全書本。
晦菴集，朱熹撰，影印文淵閣四庫全書本。
桯史，岳珂撰，吴企明點校，中華書局一九八一年版。
梁谿集，李綱撰，影印文淵閣四庫全書本。
淮海集，秦觀撰，影印文淵閣四庫全書本。
淳熙三山志，梁克家撰，影印文淵閣四庫全書本。
清波雜志校注，周煇撰，劉永翔校注，中華書局一九九四年版。
清異録，陶穀撰，影印文淵閣四庫全書本。
萍洲可談，朱彧撰，李偉國點校，中華書局二〇〇七年版。
鄂國金佗稡編續編校注，岳珂編，王曾瑜校注，中華書局一九八九年版。
野客叢書，王楙撰，王文錦點校，中華書局一九八七年版。

釣磯立談，史温撰，影印文淵閣四庫全書本。
隆平集，曾鞏撰，巴蜀書社一九九三年中國野史集成影印康熙七業堂校本。
黄氏日抄，黄震撰，影印文淵閣四庫全書本。
揮麈録，王明清撰，影印文淵閣四庫全書本。
景定建康志，馬光祖修，周應合纂，中華書局一九九〇年宋元方志叢刊本。
曾鞏集，曾鞏撰，陳杏珍、晁繼周點校，中華書局一九八四年版。
朝野類要，趙升編，王瑞來點校，中華書局二〇〇七年版。
湘山野録，文瑩撰，鄭世剛、楊立揚點校，中華書局一九八四年版。
畫墁録，張舜民撰，影印文淵閣四庫全書本。
葉適集，葉適撰，劉公純等點校，中華書局一九六一年版。
貴耳集，張端義撰，影印文淵閣四庫全書本。
遂初堂書目，尤袤撰，影印文淵閣四庫全書本。
遊宦紀聞，張世南，張茂鵬點校，中華書局一九八一年版。

雲谷雜紀，張淏撰，影印文淵閣四庫全書本。

雲笈七籤，張君房編，李永晟點校，中華書局二〇〇三年版。

雲麓漫鈔，趙彦衛撰，傅根清點校，中華書局一九九六年版。

傳家集，司馬光撰，影印文淵閣四庫全書本。

夢溪筆談校證，沈括著，胡道静校證，上海古籍出版社一九八七年版。

新安志，羅願撰，影印文淵閣四庫全書本。

楊文公談苑，楊億口述，黄鑒筆録，宋庠整理，李裕民輯校，上海古籍出版社一九九三年版。

楊萬里集箋校，楊萬里撰，辛更儒箋校，中華書局二〇〇七年版。

楓窗小牘，袁褧撰，叢書集成初編本。

温國文正公文集，司馬光撰，四部叢刊初編本。

群書考索，章如愚撰，上海古籍出版社一九九二年四庫類書叢刊本。

群書會元截江網，不著撰人，上海古籍出版社一九九一年四庫類書叢刊本。

資治通鑑，司馬光編著，胡三省音注，「標點資治通鑑小組」校點，中華書局一九五六年版。

嘉祐集箋注，蘇洵著，曾棗莊、金成禮箋注，上海古籍出版社一九九三年版。

演繁露，程大昌撰，中華書局二〇〇〇年影印儒學警悟本。

盡言集，劉安世撰，影印文淵閣四庫全書本。

聞見近録，王鞏撰，影印文淵閣四庫全書本。

蔡襄集，蔡襄著，吴以寧點校，上海古籍出版社一九九六年版。

齊乘，于欽纂修，中華書局一九九〇年宋元方志叢刊本。

劍南詩稿，陸游撰，影印文淵閣四庫全書本。

墨客揮犀，彭□輯撰，孔凡禮點校，中華書局二〇〇二年版。

墨莊漫録，張邦基撰，孔凡禮點校，中華書局二〇〇二年版。

慶元條法事類，謝深甫編，戴建國點校，黑龍江人民出版社二〇〇二年版。

樂全集，張方平撰，影印文淵閣四庫全書本。

歐陽修全集，歐陽修著，李逸安點校，中華書局二〇〇一年版。

澗泉日記，韓淲撰，孫菊園點校，上海古籍出版社一九九三年版。

盤洲文集，洪适撰，影印文淵閣四庫全書本。

稽古録，司馬光撰，影印文淵閣四庫全書本。

談苑，孔平仲撰，影印文淵閣四庫全書本。

諸蕃志校釋，趙汝适著，楊博文校釋，中華書局二〇〇〇年版。

豫章文集，羅從彦撰，影印文淵閣四庫全書本。

儒林公議，田況撰，江蘇廣陵古籍刻印社一九八三年筆記小説大觀本。

儒林公議，田況撰，影印文淵閣四庫全書本。

潞公文集，文彦博撰，影印文淵閣四庫全書本。

澠水燕談録，王闢之撰，吕友仁點校，中華書局一九八一年版。

燕翼詒謀録，王栐撰，誠剛點校，中華書局一九八一年版。

獨醒雜誌，曾敏行撰，朱傑人點校，上海古籍出版社一九八六年版。

蘆浦筆記，劉昌詩撰，張榮錚、秦呈瑞點校，中華書局一九八六年版。

穆參軍集，穆修撰，影印文淵閣四庫全書本。

翰苑新書，不著撰人，上海古籍出版社一九九一年四庫類書叢刊本。

錦繡萬花谷，不著撰人，影印文淵閣四庫全書本。

麈史，王得臣撰，俞宗憲點校，上海古籍出版社一九八六年版。

默記，王銍撰，朱傑人點校，中華書局一九八一年版。

龍川别志，蘇轍撰，俞宗憲點校，中華書局一九八二年版。

嶺外代答校注，周去非著，楊武泉校注，中華書局一九九九年版。

濟南集，李廌撰，影印文淵閣四庫全書本。

甕牖閒評，袁文撰，李偉國點校，中華書局二〇〇七年版。

臨川文集，王安石撰，影印文淵閣四庫全書本。

舊聞證誤，李心傳撰，崔文印點校，中華書局一九八一年版。

龜山集，楊時撰，影印文淵閣四庫全書本。

歸田録，歐陽修撰，李偉國點校，中華書局一九八一年版。

職官分紀，孫逢吉撰，中華書局一九八八年版。

雞肋集，晁補之撰，影印文淵閣四庫全書本。

雞肋編，莊綽撰，蕭魯陽點校，中華書局一九八三年版。

騎省集，徐鉉撰，影印文淵閣四庫全書本。

嬾真子，馬永卿撰，中華書局二〇〇〇年影印儒學警悟本。

蘇軾文集，蘇軾撰，孔凡禮點校，中華書局一九八六年版。

蘇軾詩集，蘇軾撰，王文誥輯注，孔凡禮點校，中華書局一九八二年版。

蘇魏公文集，蘇頌著，王同策、管成學、顏中其等點校，中華書局一九八八年版。

蘇轍集，蘇轍著，陳宏天、高秀芳點校，中華書局一九九〇年版。

類説，曾慥編，影印文淵閣四庫全書本。

蘭亭考，桑世昌撰，影印文淵閣四庫全書本。

續考古編，程大昌撰，劉尚榮校證，中華書局二〇〇八年版。

續湘山野録，文瑩撰，鄭世剛、楊立揚點校，中華書局一九八四年版。

續資治通鑑，畢沅撰，標點續資治通鑑小組校點，中華書局一九五七年版。

續資治通鑑長編，李燾撰，上海師範大學古籍整理研究所、華東師範大學古籍整理研究所點校，中華書局二〇〇四年版。

續資治通鑑長編，李燾撰，影印文淵閣四庫全書本。

續資治通鑑長編拾補，黄以周等輯注，顧吉辰點校，中華書局二〇〇四年版。

鐵圍山叢談，蔡條撰，馮惠民、沈錫麟點校，中華書局一九八三年版。

鶴林玉露，羅大經撰，王瑞來點校，中華書局一九八三年版。

麟臺故事校證，程俱撰，張富祥校證，中華書局二〇〇〇年版。

讜論集，陳次升撰，影印文淵閣四庫全書本。

中州集，元好問編，影印文淵閣四庫全書本。

文獻通考，馬端臨撰，中華書局一九八六年版。

古今事文類聚，富大用編，影印文淵閣四庫全書本。

佛祖歷代通載，釋念常撰，影印文淵閣四庫全書本。
宋史，脱脱等撰，中華書局一九七七年版。
宋史全文，佚名著，李之亮校點，黑龍江人民出版社二〇〇五年版。
言行龜鑑，張光祖編，影印文淵閣四庫全書本。
金史，脱脱等撰，中華書局一九七五年版。
清容居士集，袁桷撰，影印文淵閣四庫全書本。
宋史紀事本末，陳邦瞻編，中華書局一九七七年版。
汴京遺迹志，李濂撰，周寶珠、程民生點校，中華書局一九九九年版。
姑蘇志，王鏊撰，影印文淵閣四庫全書本。
書史會要，陶宗儀撰，影印文淵閣四庫全書本。
説郛，陶宗儀等編，上海古籍出版社一九八八年版。
歷代名臣奏議，楊士奇、黄淮等編，上海古籍出版社一九八九年版。
十國春秋，吴任臣撰，徐敏霞、周瑩點校，中華書局一九八三年版。

六藝之一録，倪濤撰，影印文淵閣四庫全書本。

廿二史劄記校證，趙翼著，王樹民校證，中華書局一九八四年版。

日知録集釋，顧炎武著，黄汝成集釋，欒保群、吕宗力點校，上海古籍出版社二〇〇六年版。

宋東京考，周城撰，單遠慕點校，中華書局一九八八年版。

宋論，王夫之著，舒士彦點校，中華書局一九六四年版。

周禮正義，孫詒讓撰，王文錦、陳玉霞點校，中華書局一九八七年版。

春明夢餘録，孫承澤撰，影印文淵閣四庫全書本。

春秋繁露義證，蘇輿撰，鍾哲點校，中華書局一九九二年版。

茶香室叢鈔，俞樾撰，貞凡、顧馨、徐敏霞點校，中華書局一九九五年版。

莊子集解，王先謙撰，沈嘯寰點校，中華書局一九八七年版。

御定佩文齋書畫譜，孫岳頒等編，影印文淵閣四庫全書本。

湖廣通志，邁柱等纂修，影印文淵閣四庫全書本。

愛日精廬藏書志，張金吾撰，中華書局一九九〇年版。

嘉定錢大昕全集，錢大昕撰，陳文和主編，江蘇古籍出版社一九九七年版。

嘯亭雜録，昭槤撰，何英芳點校，中華書局一九八〇年版。

舊山樓書目，趙宗建著，古典文學出版社一九五八年版。

藏園訂補郘亭知見傳本書目，莫友芝撰，傅增湘訂補，傅熹年整理，中華書局二〇〇九年版。

藝芸書舍宋元本書目，汪士鐘撰，中華書局一九九〇年版。

藝芸書舍宋元本書目，汪士鐘撰，書目類編影印宣統元年晨風閣叢書本。

藝風堂藏書記續記再續記，繆荃孫撰，中華書局一九九三年版。

鐵琴銅劍樓藏書目録，瞿鏞撰，中華書局一九九〇年版。

讀史方輿紀要，顧祖禹撰，賀次君、施和金點校，中華書局二〇〇五年版。

讀通鑑論，王夫之著，舒士彦點校，中華書局一九七五年版。

二十史朔閏表，陳垣著，中華書局一九六二年版。

中國古代職官科舉研究，龔延明著，中華書局二〇〇六年版。

中國歷史地圖集，譚其驤主編，中國地圖出版社一九八二年版。

五代禁軍初探，張其凡著，暨南大學出版社一九九三年版。

太宗皇帝實録讀後記，任生撰，責善半月刊第一卷第四期一九四〇年版。

王禹偁事迹著作編年，徐規著，杭州大學出版社一九九九年仰素集版。

北宋武將研究，何冠環著，香港中華書局二〇〇三年版。

仰素集，徐規著，杭州大學出版社一九九九年版。

朱熹的歷史世界，余英時著，三聯書店二〇〇四年版。

老子注譯及評介，陳鼓應著，中華書局一九八四年版。

宋太宗，張其凡著，吉林文史出版社一九九七年版。

宋太宗實録校證，柳詒徵撰，南京大學出版社二〇〇二年南京大學百年學術精品歷史學卷版。

宋代史學思想史，吴懷祺著，黄山書社一九九二年版。

宋代官制辭典，龔延明編著，中華書局一九九七年版。
宋代東京研究，周寶珠著，河南大學出版社一九九二年版。
宋代修史制度研究，蔡崇榜著，台北文津出版社一九九一年版。
宋代政治文化史論，張邦煒著，人民出版社二〇〇五年版。
宋代財政和文獻考論，李偉國著，上海古籍出版社二〇〇七年版。
宋代經濟史，漆俠著，上海人民出版社一九八七、一九八八年版。
宋史本紀考證，高紀春著，河北大學出版社二〇〇〇年版。
宋史叢考，聶崇岐著，中華書局一九八〇年版。
宋初朋黨與太平興國三年進士，何冠環著，中華書局一九九四年版。
宋夏史研究，李華瑞著，天津古籍出版社二〇〇六年版。
宋夏關係史，李華瑞著，河北人民出版社一九九八年版。
宋朝兵制初探，王曾瑜著，中華書局一九八三年版。
宋朝的太祖與太宗，竺沙雅章著，方建新譯，浙江大學出版社二〇〇六年版。

宋詩選注，錢鍾書選注，人民文學出版社一九八九年版。
宋遼關係史研究，陶晋生著，聯經出版事業公司一九八五年版。
兩宋貨幣史，汪聖鐸著，社會科學文獻出版社二〇〇三年版。
岳飛和南宋前期政治與軍事研究，王曾瑜著，河南大學出版社二〇〇二年版。
金明館叢稿二編，陳寅恪著，三聯書店二〇〇一年版。
金匱之盟真僞考，王育濟撰，山東大學學報一九九三年第一期。
南宋史學研究，燕永成著，甘肅人民出版社二〇〇七年版。
祖宗之法，鄧小南著，三聯書店二〇〇六年版。
胡昭曦宋史論集，胡昭曦著，西南師範大學出版社一九九八年版。
莊子今注今譯，陳鼓應注譯，中華書局一九八三年版。
國史舊聞，陳登原著，中華書局二〇〇〇年版。
探知集，漆俠著，河北大學出版社一九九九年版。
楊億年譜，李一飛著，上海古籍出版社二〇〇二年版。

經略幽燕，曾瑞龍著，香港中文大學出版社二〇〇三年版。
趙普評傳，張其凡著，北京出版社一九九一年版。
鄧廣銘全集，鄧廣銘著，河北教育出版社二〇〇五年版。
鄧廣銘治史叢稿，鄧廣銘著，北京大學出版社一九九七年版。
疁城集，朱瑞熙著，華東師範大學出版社二〇〇一年版。

中國史學基本典籍叢刊　書目

穆天子傳匯校集釋
國語集解
國語彙校集注
吴越春秋輯校彙考
越絶書校釋
西漢年紀
兩漢紀
漢官六種
東觀漢記校注
校補襄陽耆舊記（附南雍州記）
十六國春秋輯補
洛陽伽藍記校箋
建康實録
荆楚歲時記
大唐創業起居注箋證（附壺關録）
貞觀政要集校（修訂本）
唐六典
鑾書校注
十國春秋
皇朝編年綱目備要
皇宋十朝綱要校正
隆平集校證
宋史全文
宋太宗皇帝實録校注
金石録校證
丁未録輯考
靖康稗史箋證
中興遺史輯校
鄂國金佗稡編續編校注
皇宋中興兩朝聖政輯校
中興兩朝編年綱目
續宋中興編年資治通鑑

續編兩朝綱目備要
宋季三朝政要箋證
宋代官箴書五種
契丹國志
西夏書校補
大金弔伐録校補
大金國志校證
聖武親征録（新校本）
黑韃事略校注
元朝名臣事略
明本紀校注
皇明通紀
明季北略
明季南略
國初群雄事略
三朝遼事實録
小腆紀年附考
小腆紀傳
史略校箋
廿二史劄記校證
通鑑地理通釋
文史通義校注